U0529799

人文传统 一

【第七版】

[美] 费尔罗（Gloria K. Fiero） 著 王瑞阳 译

史前文明——中世纪

The Humanistic Tradition

1

·长沙·

Gloria K. Fiero
THE HUMANISTIC TRADITION, BOOK 1, THE FIRST CIVILIZATIONS AND THE CLASSICAL LEGACY, SEVENTH EDITION
ISBN 978-0-07-337666-0
THE HUMANISTIC TRADITION, BOOK 2, MEDIEVAL EUROPE AND THE WORLD BEYOND, SEVENTH EDITION
ISBN 978-1-259-35209-6
Copyright ©2015 by McGraw-Hill Education.

All Rights reserved. No part of this publication may be reproduced or transmitted in any form or by any means, electronic or mechanical, including without limitation photocopying, recording, taping, or any database, information or retrieval system, without the prior written permission of the publisher.
This authorized Chinese translation edition is published by China South Booky Culture Media Co.,LTD in arrangement with McGraw-Hill Education (Singapore) Pte. Ltd. This edition is authorized for sale in the People's Republic of China only, excluding Hong Kong, Macao SAR and Taiwan.
Translation Copyright ©2025 by McGraw-Hill Education (Singapore) Pte. Ltd and China South Booky Culture Media Co.,LTD.

版权所有。未经出版人事先书面许可，对本出版物的任何部分不得以任何方式或途径复制传播，包括但不限于复印、录制、录音，或通过任何数据库、信息或可检索的系统。
此中文简体翻译版本经授权仅限在中华人民共和国境内（不包括香港特别行政区、澳门特别行政区和台湾）销售。
翻译版权 ©2025 由麦格劳－希尔教育（新加坡）有限公司与中南博集天卷文化传媒有限公司所有。
本书封面贴有 McGraw Hill 公司防伪标签，无标签者不得销售。

© 中南博集天卷文化传媒有限公司。本书版权受法律保护。未经权利人许可，任何人不得以任何方式使用本书包括正文、插图、封面、版式等任何部分内容，违者将受到法律制裁。

著作权合同登记号：字 18-2021-73

图书在版编目（CIP）数据

人文传统. 一 /（美）费尔罗（Gloria K. Fiero）著；王瑞阳译 . -- 长沙：湖南文艺出版社，2025.5
ISBN 978-7-5404-8829-1

Ⅰ. ①人… Ⅱ. ①费…②王… Ⅲ. ①文化史—世界 Ⅳ. ①K103

中国版本图书馆 CIP 数据核字（2021）第 058882 号

上架建议：世界文化通史

RENWEN CHUANTONG.YI
人文传统. 一

著　　者：[美] 费尔罗（Gloria K. Fiero）
译　　者：王瑞阳
出 版 人：陈新文
责任编辑：吕苗莉
监　　制：于向勇
策划编辑：陈文彬
文字编辑：罗　钦　刘　盼　赵　静
营销编辑：时宇飞　黄璐璐　刘　爽
版权支持：辛　艳　张雪珂　刘子一
封面设计：利　锐
出　　版：湖南文艺出版社
　　　　　（长沙市雨花区东二环一段 508 号　邮编：410014）
网　　址：www.hnwy.net
印　　刷：北京嘉业印刷厂
经　　销：新华书店
开　　本：889 mm×1194 mm　1/16
字　　数：732 千字
印　　张：28.25
版　　次：2025 年 5 月第 1 版
印　　次：2025 年 5 月第 1 次印刷
书　　号：ISBN 978-7-5404-8829-1
定　　价：128.00 元

若有质量问题，请致电质量监督电话：010-59096394
团购电话：010-59320018

序言
Preface
人 文 传 统

1992年，《人文传统》首次出版。作为一名长期教授人文学科的老师，我意识到只从西方视角理解世界文明的基础是远远不够的。然而，现有的人文教科书并不能满足我的需要。于是，我决定撰写此书。这项挑战十分艰巨，令人生畏。对人文学科而言，研究西方的文学、哲学、美术、音乐和舞蹈等各方面历史，已是一份雄心勃勃的事业。我该采用何种办法，既能将视角扩展至亚洲、非洲和美洲，又能避免课程内容过于繁杂？

针对这个问题，我在课堂上找到了解决方案。我并未像往常一样，采用严格的历史研究方法（正如我曾经在历史课上所做的那样），而是按照主题编排我的人文课程，并着眼于文明的普遍主题、主要风格和重大事件，包括诸神和统治者、古典主义、帝国主义、浪漫主义英雄人物、种族和性别平等、全球化等。因为这些元素反映或塑造了特定时间或地区的文化。

最终，《人文传统》的内容架构由以上思想和课堂实践演化而来。本书并不希望将学生埋在书山之中，让他们一味地接受海量信息，而是立足全球视野，采用主题法和编年法讲述人文知识，并致力于引发读者的思考和讨论。

如今，《人文传统》第七版将着眼于艺术和思想之间的相互联系，以及两者揭示的人文特征，并借此培养读者的创造性思维。

本书的宗旨仍与当下息息相关，希望每位读者都能通过此次阅读让自己的未来变得更加丰富多彩。

第七版修订

在《人文传统》第七版中，我添加了一个新的板块："调查研究"。该板块以图解的方式分析了世界文明中的重要作品，包括新石器时代的巨石阵（含土耳其东南部最新的考古发现）、帕提侬神庙、彼特拉克和多恩的十四行诗、印度湿婆舞王像、文艺复兴时期画家杨·凡·爱克的作品《阿尔诺芬尼夫妇像》，以及美国现代艺术家朱迪·芝加哥的画作《晚宴》。

为了培养读者的批判性思维，第七版还加入了两个热门板块："问题探讨"和"触类旁通"。"问题探讨"侧重于介绍有争议的观点和当前的争论（比如文物所有权之争、创造论与进化论之争），而"触类旁通"则关注古今之间的传承与差异。在"问题探讨"中，我加入了学界对印度吠陀文化起源的争论（第三章）。而在"触类旁通"中，我提出了一种全新观点，解释当代中国人对于传统山水画的感受（第十四章）。

作为《人文传统》的一大标志，本版仍将文学、视觉和听觉等方面的原始资料逐章进行整合。为了让文学作品深入浅出、通俗易懂，一些阅读材料将以译文形式替代原文出现。此外，还有一些文学材料只在讨论中出现，并未编入正文。我在这些材料上添加了注释，旨在引导学生进行补充学习。

新增加的艺术作品包括内布拉星象盘，希腊化时期的马赛克艺术，法国著名画家德拉克洛瓦的作品《阿尔及尔妇女》，大洋洲文身艺术，日本阿弥陀佛像，查尔斯·威尔森·皮尔的作品《穆罕默德·亚罗肖像画》（美国最早的穆斯林肖像），以及英国女建筑师扎哈·哈迪德的作品盖达尔·阿利耶夫文化中心。此外，我更新了第三十七章和第三十八章，探讨了信息时代和全球化等主题，并简要叙述了当今世界的问题，包括恐怖主义、生态问题、种族冲突和数字艺术。

在人文课程中，每个部分的内容年代跨度各异。认识到这一点之后，我决定独树一帜，将《人文传统》丛书分为六卷。每一卷的篇幅都力求精练，这样不仅能让教师灵活安排课程，也方便学生将教材带到课堂、图书馆和其他地方进行学习。因此，第七版将继续保留六卷本，并把两卷合订成一册，以便开展最为常见的两学期课程。

在第七版的准备工作中，我对英国劳伦斯·金出版社的优秀编辑和制作团队一直信赖有加，并向其领导者唐纳德·丁威迪先生表示感谢。另外，我要对来自英国劳伦斯·金出版社的卡拉·哈特斯利·史密斯以及来自麦格劳希尔高等教育集团的莎拉·雷明顿特别表示感谢。

格洛丽亚·K. 费尔罗

目录 Contents

人 文 传 统

引 言
001

开 篇　　史前时期和文明的诞生
003　　约公元前 700 万年—公元前 1500 年

　　史前时期　　　　　　　　　　　　　　　　005
　　文明的诞生　　　　　　　　　　　　　　　　015

第一章　　美索不达米亚：神祇、统治者和社会秩序
025　　约公元前 3500 年—公元前 330 年

　　两河流域　　　　　　　　　　　　　　　　　027
　　美索不达米亚诸神　　　　　　　　　　　　　027
　　美索不达米亚的统治者　　　　　　　　　　　035
　　社会秩序　　　　　　　　　　　　　　　　　036
　　美索不达米亚的艺术　　　　　　　　　　　　040
　　铁器时代　　　　　　　　　　　　　　　　　041
　　希伯来人　　　　　　　　　　　　　　　　　042
　　铁器时代的帝国　　　　　　　　　　　　　　054

第二章　非洲：诸神、统治者与社会秩序

061　约公元前 3100 年—公元前 330 年

非洲：古埃及	063
古埃及诸神	063
古埃及的统治者	065
社会秩序	073
古埃及的艺术	075
非洲：苏丹地区	077

第三章　印度、中国和美洲

081　约公元前 3500 年—公元前 500 年

古印度	083
古代中国	087
美洲	092

第四章　希腊：人文主义和思辨哲学的飞跃

097　约公元前 3000 年—公元前 332 年

爱琴海地区青铜时代的文明	099
英雄时代	102
希腊城邦和希波战争	112
雅典和希腊黄金时代	113
个体和群体	117
希腊哲学：思辨的飞跃	133
人文主义哲学	135

第五章　古典风格

153　约公元前 700 年—公元前 30 年

古典风格　　　　　　　　　　　　　　　155
古典风格的演变　　　　　　　　　　　　158
诗歌的古典风格　　　　　　　　　　　　168
音乐和舞蹈的古典风格　　　　　　　　　170
古典风格的传播：希腊化时代　　　　　　172

第六章　罗马：帝国的崛起

181　约公元前 1000 年—公元 476 年

罗马帝国的崛起　　　　　　　　　　　　183
罗马帝国的文学成就　　　　　　　　　　190
罗马帝国的艺术成就　　　　　　　　　　205
罗马帝国的衰亡　　　　　　　　　　　　217

第七章　中国：帝国的崛起

221　约公元前 770 年—公元前 220 年

孔子及其经典著作　　　　　　　　　　　223
中国崛起之路　　　　　　　　　　　　　226
中华帝国的文学成就　　　　　　　　　　228
视觉艺术与音乐　　　　　　　　　　　　232

第八章　信仰的盛行：基督教与佛教

237　约公元前 400 年—公元 300 年

- 基督教产生的背景　239
- 基督教的兴起　243
- 保罗的教义　247
- 基督教的传播　250
- 佛教的兴起　251
- 佛教的传播　254

第九章　信仰的语言：象征主义与艺术

259　约公元 300 年—公元 600 年

- 基督徒身份　261
- 佛教徒身份　280

第十章　伊斯兰世界：宗教与文化

289　约公元 570 年—公元 1300 年

- 伊斯兰教的宗教信仰　291
- 伊斯兰教的扩张　293
- 伊斯兰文化　296

第十一章　中世纪的生活方式

315　约公元 500 年—公元 1300 年

- 日耳曼部落　317
- 查理曼和加洛林文艺复兴　323
- 中世纪早期文化　326
- 中世纪盛期文化　336

第十二章　基督教和中世纪思潮

349　约公元 1000 年—公元 1300 年

中世纪教会　351
中世纪文学　354
中世纪大学　374

第十三章　中世纪的艺术

381　公元 1000 年—公元 1300 年

罗马式教堂　383
哥特式教堂　390
中世纪绘画　400
中世纪音乐　402

第十四章　西方之外的世界：印度、中国和日本

409　约公元 500 年—公元 1300 年

印度　411
中国　419
日本　432

引言
Before We Begin
人　文　传　统

学习人文学科能让我们追本溯源，与原始材料对话——回到艺术作品诞生的时代。无论是文学艺术、视觉艺术，还是听觉艺术，原始材料均来源于文本（text）。其中，时间、地点和环境构成了背景文本，各种各样的隐含意义构成了潜在文本。因此，我们从文本、背景文本和潜在文本的角度出发研究人文学科。这不仅有助于我们理解人类的文化遗产，而且能让我们明了人类在更广阔世界中的位置。

文本

在原始材料中，文本包括媒介（它由什么制成）、形式（它的外形）以及内容（它描述的主题）。

文学：文学形式取决于不同的词语排列方式。因此，诗歌与散文大不相同。如同音乐和舞蹈一样，诗歌具有节奏韵律，而散文通常缺乏韵律。诗歌不受传统语法的束缚，从而为表达强烈情感提供了一种独特的创作形式。而记叙文通常用于平铺直叙、描述事物并传递信息。对于哲学（通过理性分析探寻真理）和历史（记录过去），人们使用记叙文交流思想、分析信息。通常而言，文学与其他大多数表达方式一样，内容和形式相互关联、密不可分。文学作品的主题或形式决定了该作品的体裁。例如，一首叙述英雄冒险经历的长篇叙事诗构成了一部史诗。为了颂扬某人或某物，人们开创了一种正式的、庄重的文体——颂词。

视觉艺术：视觉艺术使用的媒介多种多样，从绘画使用的传统彩色颜料，到木材、黏土、大理石，以及（现今）用于装饰的塑料和霓虹灯，再到各式各样的数字媒体（包括摄影和电影艺术）。艺术品的形式或外形取决于艺术家处理颜色、线条、纹理和空间等元素的方式。与文字不同，这些元素缺乏指称意义。视觉艺术主要存在于空间中。换言之，欣赏与创作这些作品都需要依靠空间来实现。通过巧妙处理作品形式，艺术家们不仅可以描绘眼前的世界（如肖像画和风景画），也可以进行艺术发挥，从而创作出幻想和想象的世界。在此过程中，他们也可能脱离主题，编造一些难以识别的抽象文本。

音乐和舞蹈：音乐的媒介是声音。音乐与文学一样，不仅可以流传于世，也是特定时代的体现。音乐的主要元素包括旋律、节奏、和弦、音色。同样，这些元素也是口述文学的特征。通常而言，我们看到的文学或视觉文本均为描述性作品。然而，音乐却总是十分抽象。音乐的含义只存在于声音之中。因此，音乐是最难用语言描述的艺术形式。相对而言，舞蹈能让人体本身成为艺术表达的媒介。舞蹈与音乐类似，并更加侧重表演。舞蹈不仅将节奏视为一种形式表现的手段，而且能像音乐一样反映时代风貌。此外，舞蹈也像绘画和雕塑一样，能在空间和时间中展现自我。

总而言之，艺术家特有的创作或表达方式，我们称之为风格。通过研究文本，我们发现艺术家会灵活运用媒介和形式实现自己的独特风格。通过比较特定时代各类文本的风格，我们发现艺术作品的典型特征通常十分相似。例如，希腊神庙与希腊悲剧、中国抒情诗与山水画。而这种相似性反映了各自文化所认同的道德观念和美学思想。

背景文本

背景文本描述了文本中特定的历史和文化环境。在探究人文传统时，理解背景文本与正文之间的关系是主要关注点之一。为了确定背景，我们会问：这些作品最初诞生在何时何地？在所处的社会环境中如何发挥作用？主要用于装饰、说教、巫术，还是宣传？是否符合当地的宗教或政治需求？有时，我们对这些问题的回答仅仅是一种猜测。

例如，旧石器时代洞穴壁上的绘画可能不是现代意义上的"艺术品"，而是一种神秘的标志，用于为了共同生存而举行的宗教仪式中。通常而言，确定文本功能有助于明确其形式的性质，反之亦然。例如，《希伯来圣经》《罗兰之歌》和许多其他文学作品在早期均是口头吟唱的，而非供人们阅读。所以，这些文学作品倾向于使用重复和押韵等修辞手法，从而便于人们记忆并口口相传。

潜在文本

潜在文本指正文中隐含或暗示的内容。潜在文本揭示了嵌入或隐含在文本中的概念性信息。例如，古希腊人的史诗颂扬英勇和冒险精神，暗示了男性对美德的独有观念。17世纪，法国国王路易十四的肖像暗指国家具有无可撼动的力量，并握有绝对权力。美国艺术家安迪·沃霍尔用可口可乐瓶创作出一系列改编作品，并以诙谐的风格讽刺了美国社会的商业心态。挖掘文本的隐含信息不仅可以帮助我们认清时代背景的价值，也能激发出我们自己独特的见解。

开 篇
史前时期和文明的诞生

约公元前700万年—公元前1500年

谁实知之？谁实明之？他们何来？造化何来？
——《梨俱吠陀》

图 0.1 斑点马和凹型手印 出自法国洛特省佩什-梅尔洞穴，约公元前1.5万年—公元前1万年

通常而言，人们认为研究人类历史的起源阶段是最具挑战性的工作。那一段历史扑朔迷离、错综复杂，需要科学家和历史学家拼接起种种蛛丝马迹。许多信息碎片就像埋藏的宝藏，大多数都已经被挖掘出来，重见天日。经过重新组合之后，这些细节不仅揭示了人类从最早开始演变的过程，也追踪记录了人类从基因和行为两方面适应自然环境（通常十分恶劣）的过程。几十亿年前，最简单的生命形式就已经在原始海洋中繁衍生息，而现代人类的故事则是这漫长发展历史的最后一个篇章。为了理解那段故事，我们先要看一看史前时期留下的证据。

史前时期

1860年左右，一个起源于法国的组织开始研究文字记录出现之前的历史，这段历史被称为史前时期。由于没有文字记录，史前史专家主要依靠各种学科来了解关于那一时期的信息，包括地质学、古生物学、人类学、考古学和人种学。例如，地质学家通过使用仪器测量留存在地层有机物中的放射性原子，断定了地球的年龄大概有45亿年；古生物学家研究记录化石的历史，以及地球早期生物的历史；人类学家研究人体生物学、社会以及文化习俗；考古学家则负责分析、揭示并解释史前社会中的各种物质遗迹；最后，在文化人类学研究中，有一群特殊的学者被称为人种学家，他们的研究对象是至今仍停留在前文字时期的社会。所有这些专家学者都做出了各自的贡献，共同为人类最早的生活环境和史前时代描绘了一幅详尽的画卷。

在地层中，最早留存的有机物拥有将近40亿年的历史。随着单细胞生物在地球水层的繁衍，更高级的生命形式由此开始逐渐演化而来。数亿年前，恐龙占据地球，最终灭绝，原因可能是它们没能适应环境的变化。8000万年前，哺乳动物开始在地球上繁盛。至于人类，虽然学者们争论不休，没能确定哪一天是最确切的日期，但通常认为在距今1000万年前到500万年前，人类始祖首次在地球上出现，大致分布在非洲东部和南部。人类确切的演化谱系仍存在很大的争议，但在过去的50年间，人类学家在某些方面已经澄清了人类和早期灵长类动物（包括猴子、猿类和人类在内的哺乳动物群）之间的关系。而化石证据也揭示了人类和黑猩猩（以及其他类人猿）的生理结构相似性。最近，更多分子生物学的研究显示，黑猩猩的DNA和人类的DNA相似度达99%，这一点说明人类与黑猩猩的关系比家猫与狮子之间的关系更加紧密。

旧石器时代文化[1]
（约公元前700万年—公元前1万年）

20世纪初，人类学家首次发现类人或早期猿人的生物化石，并将其统称为原始人类，这些人类在地球的生活要追溯到500万年前或更久远的时候。原始人类群居生活，他们采集种子、野果和蔬菜，可能还在非洲大草原上狩猎过野兽。20世纪90年代中期，在南非发现了原始人类的脚印。2002年以来，又在中非和黑海附近发现了化石。这些都揭示了原始人类可能在600万年前就开始直立行走。

现代人类和已灭绝的亲缘物种之间有什么联系？针对这一问题，分子生物学家分析了化石中的DNA，并断定人类的种族有很多分支。人属中的不同种群从非洲向外迁徙的时间也各不相同，有些种群在灭绝之前曾经共存。其中，有一个分支代表了我们的祖先，那就是现代人类（也称智人）。他们在大约6.6万年前开始离开非洲。而且，很多人类种群在当时都比我们的祖先更加先进。

大概在300万年前，一种生活在南非的原始人类，被称为南方古猿，他们就开始使用锋利的石块对猎物进行砍切和剥皮。此外，能人（制作工具的人）用石、骨创制出了首批工具和武器，他们凭借解决问题的创造力应对生存挑战。大约50万年前，石尖矛开始被使用。人类学家长期认为，工具制造是现代人类的典型特征。工具制造代表着文化的萌芽，并且作为人类最早的技术，工具和武器的出现标志着人类改造自然的初步尝试。在非洲和东亚的一些地方，直立人与能人共存了50万年。比起前一代人类，以狩猎和采集为生的直立人在制作工具上已经变得更加多样和高效。这些工具包括手斧、砍刀、凿子，以及各种各样的切割器。手斧是砍切、

---

1. "旧石器时代"和"新石器时代"这两个术语指的并不是统一的时间区段，而是世界各地出现的不同时期的文化。

挖掘和刮削的标准工具。同样，作为人类早期文化的重要组成部分，火不仅为人类提供了安全与温暖的环境，也是烹饪食物的一种手段。火究竟在多少年前首次得到使用尚未可知，但是考古学家确信，火在大多数直立人的居所中十分常见。

大约10万年前，一群类人生物出现在德国杜塞尔多夫附近的尼安德特山谷，并已经具有现代人类的解剖特征和大脑尺寸。尼安德特人埋葬的尸体（尸身用赭土染红），以及在墓穴中放置的工具、武器、食物和鲜花，都是智人具有自我意识、能够创造符号的证据。由于具有记忆力和先觉能力这两大特征，这些现已灭绝的现代人类近亲，率先通过准备仪式和处置尸体展示了他们对于死亡的自觉关注。而这一关注可能包括了他们对死者的尊重或恐惧，以及对死后生活的预想。

对灵长类动物来说，智人的演化与大脑的尺寸及复杂度是密不可分的。数百万年以来，人类大脑的平均尺寸增长到了大猩猩大脑的近3倍。同样重要的是，人类发展出了更加复杂的运动能力。言语沟通的方式渐渐替代了动物和类人使用的非言语沟通。经过一段时间之后，现代人类开始使用口语作为媒介来传递信息。通过口语进行沟通，使得智人从众多灵长类中脱颖而出。与此相反，黑猩猩可以将两根棍子绑在一起，用来取下挂在树上的一串香蕉，但由于缺乏及时有效的传授方式，它们无法把这一技能传给后代。而智人开发出了符号系统，这使得他们能够传授想法和创意。所以可以这么说，文化不仅需要对自然的操控与改造，也需要用语言符号表述和传递。

到了冰河时期，地球环境出现剧烈波动，旧石器文化随之不断演变。大概在300万年前到1万年前之间，至少有四次大冰川使得整个北半球区域结冰。对当时以狩猎和采集为生的人来说，他们不得不在被迫迁徙或适应环境变化中做出选择。那一时期也许有超过15种人类种群彼此共存，而最后只有智人生存了下来，其他均已灭绝。究其根源，是智人的想象力和创造力比其他人种发展得更好。

早期现代人类开发出了相当多的技术，用于制作石制、骨制工具和武器，从而改善了他们的生活和安全条件，也在心理上切实增强了他们的自信心。比如，一把7英尺的石尖矛能使猎人在6码[1]或更远距离之外攻击猎物。其他发明装置的出现也增加了手臂的力量，延长了攻击的距离。长矛、鱼叉和冰河时期末出现的弓箭，成为旧石器时代人们手中更有威力的武器，他们的效率和安全从而得到了更好的保障。此外，斧和刀也提高了他们加工食物的能力。

洞穴艺术

自1875年开始，考古学家就已经在欧洲、非洲、大洋洲和北美洲发现了洞穴墙壁上的绘画和雕刻。其中，最新发现的遗迹位于西班牙西北部的埃尔卡斯蒂略洞穴，内部画着圆盘、棒状的符号和数以百计的手印。这些画作距今至少有3.7万年，是世界上已知最古老的壁画。手印通常存在于很多史前洞穴中（图0.1），这可能是当时的人类把手放在墙上，之后再通过一根空心芦苇将自然颜料吹到或溅到手上形成的。在旧石器时代文化中，无论是制作工具、武器，还是绘画，手都明显发挥着重要作用。

1940年，人们在法国南部的拉斯科洞穴发现一处遗迹。悲剧是，有一组壮观的动物和符号绘画，在藻类、细菌和真菌的侵蚀下正在消失（此洞穴自1963年起不对外开放）。拉斯科洞穴突出了旧石器时代常见猎物的各种特征，这些猎物包括野牛、驯

---

1. 英尺和码均为英美制长度单位，1英尺=12英寸≈0.3048米，1码=3英尺。——编者注

科技发展一览表

公元前250万年	石器工具在东非开始使用。
公元前50万年	在中国，直立人开始在家中用火。
公元前2.4万年	在欧洲，开始使用鱼钩和鱼线。
公元前2万年	弓箭出现在北非和西班牙；以动物脂肪为燃料的油灯也开始投入使用。
公元前1.3万年	出现投射鱼叉和标枪的装置。

*全书表中所有日期均为约数，后文不再备注

鹿、麋鹿、猛犸象和斑马。20世纪90年代初，人们又在法国南部海岸发现了考斯科洞穴和肖维洞穴。在这两处洞穴中，壁画对旧石器时代物种的描绘更加广泛，包括犀牛、马、熊、狮子、豹子、鬣狗和海鸟等。这些遗迹中的画作绘于3万年前到1万年前之间，多彩的矿物性颜料将画中动物展现得活灵活现，沥青和天然焦炭为其涂上了阴影，使它们看起来十分自然原始。画中的动物或站立或奔跑，通常被长矛或箭矢所伤。它们栩栩如生的样子，有时看起来像是从凹凸不平的岩石表面突出来一样，极具立体感（图0.2）。

洞穴艺术的功能和目的是什么？一直以来，学者对此争论不休。一些学者认为，洞穴艺术是狩猎仪式的组成部分。另外一些学者则主张，画在洞穴墙壁上的生物是部落图腾，或是男女力量的象征。还有一些学者把洞穴墙壁上的某些抽象符号解读为太阴历法，并认为这些符号是用于预测季节变化或动物的季节性迁移的。长久以来，人们会把生命之

图0.2 公牛大厅石灰岩画 位于法国多尔多涅省拉斯科洞穴左墙，约公元前1.5万年—公元前1万年

源与阴间黄泉联系起来。因此，洞穴也许成了一间举行仪式的密室、神龛或议事的房间，萨满教巫师作为自然和精神世界的灵媒，可以在这里精心举行各种仪式。在美洲、非洲和波利尼西亚的前文字社会，萨满教巫师习惯把动物用于传递消息、展示部落图腾和引导精神。也许，这些史前时代的洞穴动物壁画也发挥着类似作用。

这些壁画位于洞穴中最难进入的区域，通常是一幅接一幅地展现在墙壁上。显然，这些画的创作并没有考虑清晰度。所以，洞穴绘画既不太可能是正式的装饰品，也不会是真实狩猎的记录。虽然如此，人们依然相信洞穴艺术和狩猎活动之间存在联系。民族志证据也支持这一点。早在20世纪初叶，在非洲刚果举行的狩猎仪式上，猎人头领会用沙画展示将要作为目标的猎物，然后将带火的箭射在画上。如果此次狩猎成功，他们就会用猎物的血和毛发涂抹图像。这样的仪式算是感应巫术的一种。通过在视觉（描画的标志）、言语（吟唱或歌唱一连串咒语），或者给定手势和肢体动作（舞蹈）等方面展现捕获猎物的场面，人、动物或事物可以从中获得力量。

有人认为，在法国肖维洞穴中，画中的某些动物几乎从未或很少被猎杀。然而，考古学家证实，美洲豹、美洲虎和狮子等物种的灭绝，其原因正是早期人类的狩猎活动。这种猎杀并不完全是为了食物，因为在旧石器时代，人类是猎人，但同时也是猎物。正因如此，上述提到的这些动物不仅是人类获得其他小型猎物的对手，更是捕食人类的猎手。一些动物，例如毛茸茸的猛犸象，人们将其猎杀，取出骨头用于制作武器、乐器，以及建造冰河时代的小屋。在乌克兰和俄罗斯的一些地方，至少70根遗骨被发现了。

纵观人类历史，感知巫术是宗教仪式的一大特征，在史前世界尤其如此，因为当时掌握自然规律对个体生存至关重要。也许我们从来不知道它确切的功能，但洞穴艺术就像工具和武器一样，能让沐浴在采集狩猎文化中的人们休戚与共。

大地之母

责任共享也许是早期人类社会的一大重要特征。女人通过采集野果确保食物充足，她们也负责治疗疾病、养育后代。自从女性（作为养育子女的角色出现）确保了部落延续之后，她们特殊的重要性就得到了确立。作为生命的赐予者，女性被认为具有生育的神秘力量，人们尊称她们为大地之母。

世界各地的人类学家发现，在史前社会，女性的重要性可以通过大量的女性雕像来证实。这些雕像中有很多都展示了女性的裸体，包括下垂的胸部、硕大的臀部以及肿大的腹部，这些都在极力表现女性怀孕的样子（图0.3）。

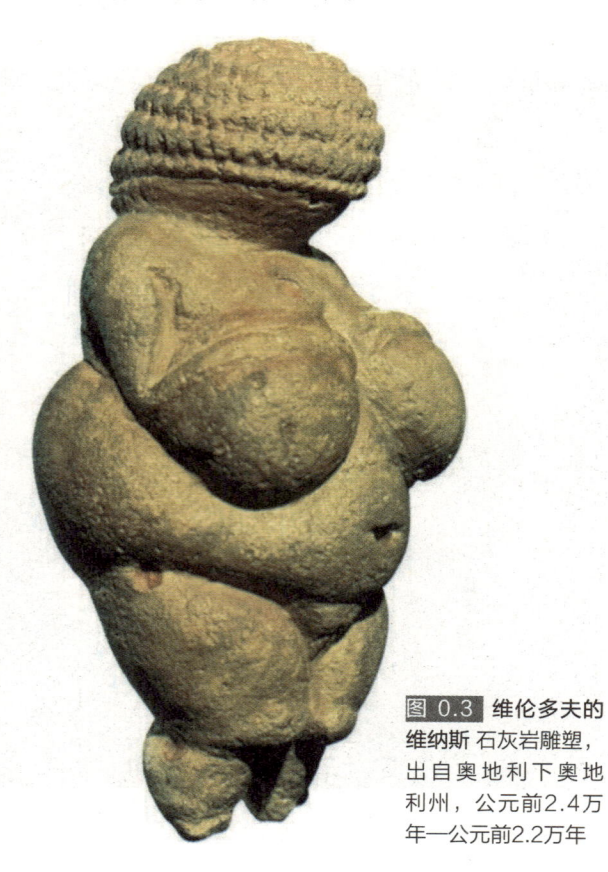

图 0.3 维伦多夫的维纳斯 石灰岩雕塑，出自奥地利下奥地利州，公元前2.4万年—公元前2.2万年

新石器时代文化
（约公元前1万年—公元前4000年）

在旧石器时代，人们的生活听天由命。然而，大约公元前1万年到公元前8000年之间，冰河世纪即将结束，当覆盖在北半球的冰川融化，郁郁葱葱的森林和平原占据了一度被冰雪覆盖的陆地，一个转变悄然而至——人类开始从采集、狩猎的游牧文化，发展到从事食物生产的定居文化。其主要特征包括：驯化野生动物、生产磨制石器工具和武器，并使用泥土或砖木建立定居点和巨石祭祀中心。这一转变让社会组织结构得到了进一步发展，使其变得更加复杂。但是，新石器时代文化的标志性事件还是农业大发展。有发现表明，这一时期的人们可能将野生谷物和野果用于种植。向新石器时代文化的过渡是逐渐发生的，并且不同地区处于不同的发展阶段。

非洲撒哈拉沙漠曾一度是草长莺飞的绿洲，在这片沙漠的塔西利，人们发现了一些岩画艺术品。这些画作的出现不仅揭示了人类从狩猎到畜牧的过渡，而且证明了人对牛和骆驼的成功驯养。当猎人、采集者和牧民经历了几个世纪，渐渐成为从事粮食生产的农民，新石器时代的文化脉搏就开始跳动起来。粮食生产使得人们不再四处迁徙，他们逐渐安家落户，并长久定居，进而形成农耕社会。人们种植高蛋白作物，比如在亚洲种植的小麦、大麦和水稻，以及在美洲种植的玉米。人们饲养山羊、绵羊、猪和牛，为生活提供稳定的食物来源，以及有价值的副产品（如羊毛和皮革）。在社会组织上，人类生活从狩猎采集阶段向农牧阶段的过渡是一个革命性的发展，因为这标志了生活方式从游牧到定居的转变。

在亚洲西南部（尤其是以色列、约旦、土耳其、伊朗和伊拉克）、东亚（中国和日本）和中美洲，人们发掘出了新石器时代的遗址。这些遗址均集中于村落，那里有很多用泥土和石灰石筑成的小

图 0.4 等尺寸重建的新石器时代房屋，位于美索不达米亚哈苏纳，原建筑由泥土和石灰石构成

屋（图0.4），是人类农业的摇篮。在耶利哥地区，人们曾在房屋四周筑墙环绕，用于防御；在地下，墓穴里存有当地村民曾放入的陪葬品。在伊拉克北部的耶莫遗址，曾有一个150多人组成的村落，那里的人开始用石镰刀收割小麦。人们打磨石制工具，并专门设计一些工具用于务农，之前使用的简陋工具最终被替代。1万年前，中国尚未出现作物种植和农业，但在南方很多村落，人们已经能使用简单的凹型陶范制作陶器。而在亚洲西南部，一些彩绘陶器精品也开始出现。这些陶器的装饰主题均十分抽象，比如苏萨古城的陶瓶上描绘的长颈鸟类（图0.5）。人们用这些容器储存剩余的食物，为过冬做准备。此外，地毯和纺织品可以抵御风雨严寒，让人们感觉更加舒适。在新石器时代社会中，家庭主妇、艺术家和牧羊人发挥了重要作用。

农业生活促使人们对季节变化产生了全新的意识，并对大自然执掌生死的力量敬若神明。比如，阳光和雨水对能否丰收至关重要。于是土壤肥力和季节循环成为农业文化十分关注的两大要素。在新石器时代的坟墓中，人们发现了大量女

图 0.5 绘有山羊、狗和长颈鸟类的烧制陶土大瓶，出自伊朗西南部苏萨古城，约公元前5000年—公元前4000年

图 0.6 女性大理石雕像，公元前2600年—公元前2400年

科技发展一览表

公元前1.2万年	驯养犬（演化自亚洲狼）出现。
公元前1万年	山羊被驯养，在亚洲和非洲开始出现放牧活动。
公元前8000年	在美索不达米亚，黏土代币被用于商品交易。
公元前7000年	安纳托利亚（今属土耳其）出现织布。
公元前5000年	在美索不达米亚，首次出现农作物灌溉。

性雕像。这说明，从采集食物过渡到粮食生产的过程中，"大地之母"已经显得越发重要。同时，土壤肥力和农业丰收也成为群体生活的重要因素。然而，正如岩洞艺术一样，所谓"母系女神"的确切意义和功能仍然有待推测。这些女性雕像可能在庆祝季节更替的仪式上发挥作用，也可能与人们希望后代健康成长的生殖崇拜有关。在几乎所有的古代社会中，女性子宫都象征着"大地之母"，这一关联发挥了重要作用。在奥地利维伦多夫，我们从旧石器时代"维纳斯"雕像（图0.3）中可以看出，人物的性别特征被大胆夸大。相较于此，来自希腊爱琴海基克拉泽斯群岛的大理石雕像（图0.6），却如同现代雕像一般别具一格。来自基克拉泽斯的雕像并未像那尊"维纳斯"雕像一样，突出表现人物的性别特征。即便如此，它们也可能在寻求"大地之母"保佑的宗教活动中发挥类似作用。

新石器时代的土方工程

几乎所有早期文化都认为，死者是物质世界和灵魂世界的信使，所以要小心安葬。新石器时代的人们用巨石标记出墓穴，竖立的石板之间放上一块压顶石，从而组成了石墓或门式石阵墓（图0.8）。

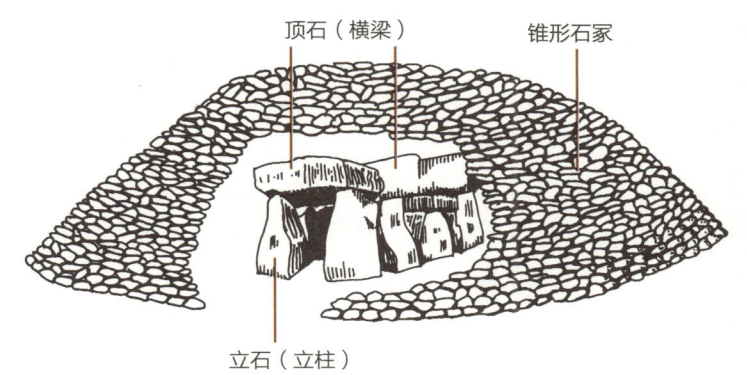

图 0.7 门式石阵遗址和梁柱结构

图 0.8 门式石阵墓，新石器时代墓地遗址，位于法国卡纳克镇北部克鲁库诺

在一些遗址中，人们将泥土和碎石盖在墓穴上方，组成一个土堆（图0.7），并以此象征一座圣山（诸神的住所）和女性的子宫（后代生命之源）。从中美洲的寺庙到佛龛，这一形状在宗教建筑中十分盛行。而门式石阵墓使用了最简单的建筑结构原理——梁柱式原理。

在仪式中心场地和墓地，人们可能将巨石环形或成列排布，并在上面盖一层石板。最近，在土耳其东南部，发现了新石器时代最古老的土方工程（见调查研究，图0.9、0.10）。哥贝克力山丘位于底格里斯河与幼发拉底河之间，处在新月沃地的西北边缘，考古学家在此发现了至少四处约公元前9000年的环形石阵。

然而，最有名的新石器时代土方工程，当数位于英格兰南部的巨石阵圣殿，那里留存了一组同心环形石阵。2000年间，这一石阵被分阶段建成，构成了史前世界最为神秘的仪式场所之一，给人留下了极其深刻的印象（见调查研究，图0.11）。在当时，作为附近众多城镇的一个中心，巨石阵可能发挥了天文日历的作用（预测日月运动，记录季节交替），由此为重视时令的农业社会提供信息。

此外，在石阵边缘环绕有56个大坑。这些大坑被发掘之后，人们在其中发现了许多骨灰。所以，巨石阵也可能是一个大型墓地。最近，在杜灵顿墙附近的发掘证实，巨石阵可能是对火化之后的骨灰举行埋葬仪式的地方。

大约在公元前2600年，位于杜灵顿的巨大定居点内有数以百计的房屋，也有用于仪式庆典的复杂建筑群，并配有同心木环。考古学家认为，这些建筑以"冬至轴"为基准，沿着一条宽阔的大道次第排列，建筑内部摆放着很多神龛。而这条大道的修筑似乎是专门为了将杜灵顿和巨石阵连接起来。

一些学者猜测，巨石阵的原型也许可以在另一处新石器时代工程中找到，那就是最近在苏格兰奥克尼群岛发现的一个定居点。此地名为布罗德盖岬角，靠近水边。这里有用于庆典仪式的环形石阵和土方墙，时间可追溯至公元前3500年。2011年，经过数次发掘，此处出土了很多打磨过的石制工具、黏土烧制的陶器，并首次发现了在建筑表面涂刷红黄颜料的证据。仍在进行的挖掘工作无疑将会解开更多的谜团，人们还会发现新石器时代的其他标志性建筑。

调查研究

新石器时代环形石阵

哥贝克力环形石阵由重10—16吨的石灰岩巨石组成，并装饰有浅浮雕，雕刻的主题包括狮子、狐狸、蛇、蝎子、野熊、蜘蛛、食腐鸟和人的肢体等（图0.9）。该石阵可能是一处宗教圣坛建筑群的一部分（图0.10）。由于只有5%被挖掘出来，这片遗迹对揭开人类起源的历史来说，其重要性还没有定论。虽然该地区缺乏农业村庄存在的证据，但在这里却出现了一个仪式中心。这一点表明，相比于新石器时代文化下复杂的农业社区，露天圣殿的历史也许更加久远。

同样，巨石阵也有可能是仪式中心。在这样一个风吹日晒的地方，这些巨石高20英尺，每块重达

图 0.9 配有动物浅浮雕的哥贝克力石柱 T字形石块像是制式化的人类。可以看到，石柱上雕刻的各种动物均为雄性，可能是部族图腾

图 0.10 哥贝克力石阵复原图 埋藏的遗存均被发现，然而证据显示，每隔几十年，一个较早的石阵就会被埋没，另一个新的石阵会被建造。这一建筑工程在约公元前8200年终止

数十吨。它们先从20英里[1]以外的采石场被拖拽至此，汇聚在一起，然后被打磨成型，并在没有金属工具的情况下组成一个巨大的外环石阵，再用梁柱石组成马蹄形内石阵。在遗迹中心区域，另外摆放着两个环形石阵。这些石料是从170英里外的威尔士西南部运送而来，包括80块4—6吨的青石。此外，一块35吨的石碑（被称为"踵石"）从建筑群当中脱颖而出，它标记了太阳在夏至日（一年中白昼最长的一天）升起的时间点，人们在内环正中心就可以看到（图0.11）。

1. 英美制长度单位，1英里合1.61千米。——编者注

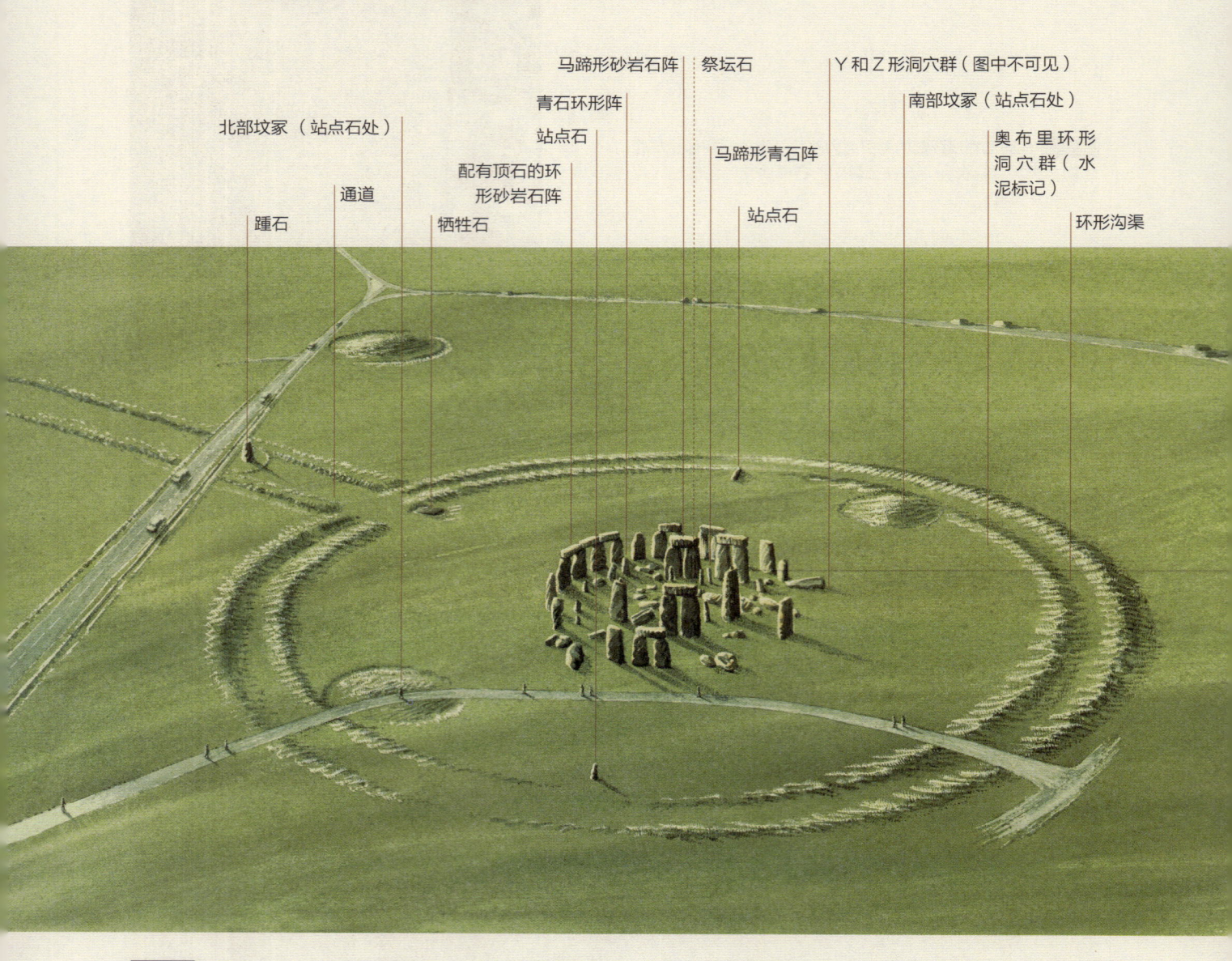

马蹄形砂岩石阵　祭坛石　Y和Z形洞穴群（图中不可见）
青石环形阵　　　　　　　南部坟冢（站点石处）
北部坟冢（站点石处）　站点石　　　　　奥布里环形洞穴群（水泥标记）
　　　　　配有顶石的环　马蹄形青石阵
通道　　　形砂岩石阵
踵石　　　牺牲石　　　　站点石　　　　环形沟渠

图0.11 巨石阵 位于英格兰威尔特郡索尔兹伯里平原，约公元前3000年—公元前1800年，环形阵直径长97英尺，最高高度22英尺

文明的诞生

在新石器时代，村庄的人口数量和规模都有了不同程度的增长。大约在公元前4000年，人类历史翻开了崭新篇章。人们开始有了剩余食物和货物，用于跟附近村庄进行交易。随着生产力和贸易需求的增加，劳动的分工和专业性也相应发生变化，从而迅速促进了经济发展效率的提升。作为已知的最早期文明，苏美尔和埃及两地均出现了技术进步，比如创制轮子、犁和太阳历。有轮子的推车让人、食物和货物在陆地上流通，而帆船凭借风这一天然动力在水路上航行。此外，大面积的农业种植需要人工修筑的灌溉系统，这也需要人们同心协力，具有高度的组织性。因此，很多新石器时代的村庄开始变得复杂起来，并最终发展成这一新时代的繁华都市。文明的诞生标志着人类从农牧文化向城市商业文化的转变。更准确地说，是从简单的村庄生活到更复杂形式的社会、经济和政治组织的转变，这一转变与城市的存在是紧密相关的。

古代世界的首个文明出现在美索不达米亚，这里是一片沃土，位于亚洲大陆西南部的底格里斯河和幼发拉底河之间。美索不达米亚东起新月沃地，西至尼罗河三角洲。在新月沃地东南部四周，一些城市共同组成了苏美尔文明，这是历史上已知最古老的文明。在苏美尔人短暂兴起之后，约公元前3500年，古埃及文明在非洲东北部尼罗河沿岸出现。在印度，印度河流经整个印度次大陆的西北部，最早的城镇中心就出现在该流域。中华文明诞生在广阔的华中地区北部，黄河在那里奔涌流淌。所以，四大古文明并非同时出现。从苏美尔文明诞生伊始，到中国城市兴起，整整过了一千年。在秘鲁西海岸首都利马，新发现了两处遗址（约公元前3000年），也可以归入大河流域文明之内。在这些美洲早期文明中，虽然没有发现文字书写存在的证据，但有一些特点明显带有大河文明的印记（见第三章）。

不同于自给自足的新石器时代村庄，早期城镇的发展更加趋于外向。劳动的分工和专业化刺激了生产力的提高，鼓励了贸易的开展，进而促进了城市经济的发展。货物的生产、分销等交易活动只依靠记忆已经不行，因此人们需要一套有效率的体系进行核算和记账。

科技发展一览表

公元前4500年	帆船在美索不达米亚投入使用。
公元前4200年	已知的第一部历法（365天）在埃及出现。
公元前4000年	埃及人开始开采和冶炼铜矿石；美索不达米亚人开始用窑烧制砖块。
公元前3600年	青铜在美索不达米亚开始得到使用。
公元前3500年	犁、带轮推车、陶工旋盘、带有象形文字印痕的徽章、酿造红酒和啤酒的工艺流程等开始引入苏美尔地区。

书写的演化

书写使得保存和传递信息成为可能。书写由计数演化而来，文字的形成是一个过程而非一项发明。早在约公元前7500年，人们把泥土块模压成型，做成标志，用来代表特定的货物。例如：一个圆锥体代表一单位的粮食，一个蛋状体代表一单位的油，等等。人们把标志放入随运货物的空泥球中，到达目的地后把这些泥球打碎，取出标志。这样一来，货运的量就可以通过"标志"来计数了。

最后，贸易商们开始将标志图案盖在潮湿的黏土上，用以确定货物的种类和质量。约公元前3100年，这些图像符号，或称之为象形文字，逐渐替代了原来的标志。而另外一些图像符号（表示人和地点）也被编入其中，形成了总数约1500个早期的象形文字。人们通常会把象形字组合起来，表达自己的想法。比如把表示"嘴"和"食物"的符号组合起来就构成了一个表意文字（一种可以表达想法或事物的符号），用以指代"吃"这个动作。由于要刻在潮湿的黏土板上，象形文字呈现的形状更加趋向于棱角和楔形。作为古代的一种书写形式，楔形文字在两河流域盛行了超过三千年，并开启了世界第一次信息时代。数以千计的黏土板保留了下来，其中年代最久远的一块来源于美索不达米亚的苏美尔人（图0.12）。楔形文字的内容大多数跟生产和贸易相关，少量的则包括历史记录、神话、祈祷文和当地统治者的家谱等信息。

在埃及，一系列被称为"神圣符号"的象形文字也满足了相似的需求。古埃及文字的具体含义，长久以来一直是个谜团。直到1822年，罗塞塔石碑［1799年在埃及城镇拉希德（又名"罗塞塔"）发现的一块黑色玄武岩石板，见图0.13］上的信息被破译之后，人们才发现石碑上刻有分层排列的三种文字，前两种是古埃及文，另一种是古希腊文。这些文字在当时只有一些学者才能理解。最终，法国历史学家让-弗朗索瓦·商博良（1790—1832）用某些埃及法老（例如克娄巴特拉）的希腊姓名匹配出了这些象形文字的意思。根据商博良的研究结果，象形文字的书写是表音文字（表示声音的符号）和表意文字的结合体。

图 0.12 楔形文字板背面 出土于伊拉克的杰姆代特奈斯尔，约公元前3000年。这块板上列出了多种动物和商品的账目，包括面包和啤酒

书面语的发展通常被认为是"文明"社会的一个关键特征。但事实上，一些复杂的城市文明（比如居住在美洲的普埃布洛人和安第斯人）没有文字体系也依然存在。在城市进化发展的初期，众多"发明"相继诞生，书写只是其中之一。同样，技术本身也将发生巨大的变革。

图 0.13 **罗塞塔石碑** 公元前196年。碑上用三种文字刻着相同信息，包括古埃及象形文、古埃及俗体文（简化版象形文字）和古希腊文

科技发展一览表

公元前3100年	在苏美尔地区，楔形文字作为已知最早的文字形式开始出现；在埃及，出现了象形文字的早期形式。
公元前3000年	在埃及，开始手工制作蜡烛；在印度，棉布开始用于纺织；苏美尔人推衍出了以60作为单位的数学运算（60成为测量时间的基本单位）。
公元前2600年	伊姆霍特普（埃及人）写出了第一部已知的医学论著；在美索不达米亚东部，失蜡法在铸造青铜中得到使用。
公元前2500年	在苏美尔地区，度量衡的系统性标准开始出现。
公元前1600年	排布着满天星斗的内布拉星象盘出现。

冶金术

几乎在书写系统出现在美索不达米亚地区的同时，金属工具也开始逐渐代替石制和骨制工具。约公元前4000年，冶金术首次应用于小亚细亚地区，这一技术让人们有了更加坚固耐用的工具和武器，从而明显提升了人类改造自然的能力。最初，人们将铜矿石从地表沉积物中开采出来。之后，冶金工匠开发出了很多更加先进复杂的方法，用以开采和冶炼矿石。其产物就是青铜，作为铜锡合金，在耐用性和硬度上都远超石、骨材料。由于铜、锡这两种金属矿藏通常相隔较远，对青铜时代的文明来说，迁徙和贸易就显得尤为重要。冶炼金属整个过程十分耗时，人员都需要受过专业训练，并且分工明确。因此，青铜武器耗费巨大，只有少数富人使用得起。这一现象的出现促成了军事精英集团的形

成，他们凭借手中的先进武器掌握权力。从图0.14描绘的胜利纪念碑上可以看出，苏美尔武士配备了青铜制的头盔、盾和矛。

与此同时，青铜铸造技术传遍了整个古代世界。公元前3000年起，美索不达米亚人成为最早使用失蜡法（图0.15）铸造金属的民族之一。向东传播到印度河流域之后，失蜡法技术被广泛应用到珠宝、乐器、马具和玩具的制作当中。在古代中国，铸造青铜方尊先要用不同的黏土模具铸造出方尊各个部分，然后再把这些部分连接在一起。中国冶金师的青铜铸造技艺炉火纯青，创造出了古代世界一个伟大的艺术形式（见第三章）。

公元前2000年起，欧洲的青铜时代也开始发展，并留下了古代占星术的实物证据，这就是人类已知最古老的观天仪：内布拉星象盘（图0.16）。这一星象盘不同寻常，直到最近，人们才认识到这是铸造品。该盘重5磅[1]、直径12.5英寸[2]，并镶嵌有象征太阳、新月和星辰的黄金制符号。此物发现于德国萨克森-安哈尔特地区，其历史可以追溯至约公元前1600年，在当时可能是作为便携日历或是导航仪来使用。

图 0.14 拉格什王率领方阵进入战场的剪影，安那吐姆王得胜石碑细节图，伊拉克泰洛赫，约公元前2450年，石灰石

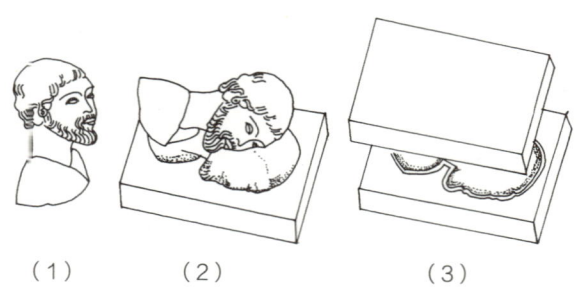

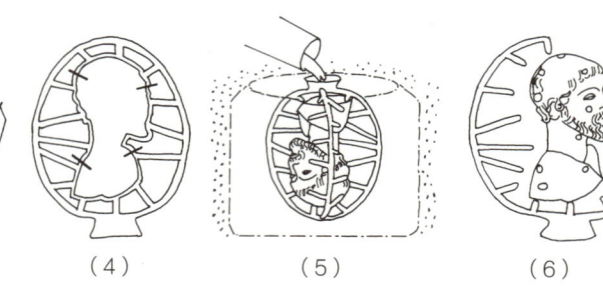

（1）　　（2）　　（3）　　（4）　　（5）　　（6）

图 0.15 失蜡法 公元前3000年起，这一青铜铸造术在美索不达米亚得到发展。步骤如下：（1）先制作一个外凸模；（2）做好之后，按压出一个凹型范；（3）接着在内表面覆盖上一层蜡，再把冷却的耐火土填入蜡壳，然后取出模具；（4）向坯子里面加入金属杆，以保持每一层土位置不变；在青铜水缓缓注入时，这些金属杆可以作为蜡层的通风口；（5）把整个坯土结构埋在沙土中，再将蜡烧化，接着准备注入熔化的青铜水；（6）把金属熔炼通道填满，去掉金属杆，得到铸成的青铜头

1. 英美制质量单位，1磅=0.453 6千克。——编者注
2. 英美制长度单位，1英寸=2.54厘米。——编者注

图 0.16 **内布拉星象盘** 人们对侧边和底边的金色弧形说法不一，有一种观点认为可能是后来加上的

之而来。在早期文明的历史中，女性神似乎要多于男性神，并且一方神明只享一方供奉。通过特定的男女祭司来沟通人神两界，古代人和他们信奉的神明形成了一种契约关系：作为对神供奉的报答，诸神能按照他们所信的那样，让他们在生活中如愿以偿。

关于起源的传说和探索

人与自然

如同他们的史前祖先一样，在最早期的文明中，居民身处的生活环境和自然紧密相关。他们仰视自然的力量——比如太阳、风和雨——并认为这些现象是有意志、有灵魂的，甚至将其奉为神明。这就是所谓泛灵论的信仰。

正因为他们发明工具改造自然环境，他们也构思出了一些策略用以理解和控制自己的信仰世界。在古代信仰体系中，自然的神明呈现出了人类的特质和性格。他们会温和可亲，也可能会睚眦必报；会美丽动人，也可能丑陋无比；会忠实可靠，抑或三心二意。这些神明可能更像是一个超人家族，男女诸神不论是外形还是性格，都和人类十分相像，但他们的超能力和大智慧却远胜人类。同样，神明不老不死，这引得普通人羡慕。

单个或者多个神明的纪念仪式，通常伴有季节性的庆典，并且其他重要的公共事件几乎每次都随

今天，正如数千年前一样，人类一直想要解释宇宙的起源并给自己定位。与现代通常使用科学方法思索生命起源不同，古代社会用神话传说给出了这一问题的答案。在日常对话中，"神话"一词指的是广为流传，但人们将信将疑的故事。然而，在历史上，"神话"作为当时人们反复推测出来的结果，反映了一个社会的共同信仰。创世神话是能够解释未知的事物并将其合理化的故事。通常，这些稀奇古怪的故事以人的感受作为根据，从而让人感到栩栩如生，富有画面感。此外，由于人们通常把信以为真的东西同样看作神圣的，所以这些故事不仅紧扣道德价值这一主题，而且和一个文化中的宗教体系紧密相关。

每一种文化几乎都有创世神话。这些神话可能和季节更替的仪式有关。创世神话在不同文化中却有着惊人的相似处，尤其值得注意的是，这些神话无一例外，都把水看作生命起源的重要媒介。这一观点得到了现代科学的证实。数千年来，流传下

来的神话数不胜数，下面的四则创世神话仅是冰山一角。

首先，我们选取的是一首来自《梨俱吠陀》的赞美诗。《梨俱吠陀》是印度最古老的宗教文学，书中认为世界的开端本是一团漆黑、一片汪洋（详见第三章）。其次，几个世纪以来，有大量的创世故事在非洲部落中口口相传，我们选取其中之一作为第二个例子。该传说主要认为：在潮湿、泥泞的沼泽地里，生命起源于其中的一片纤细草丛。再次，我们选择《波波尔·乌》中的一篇神话作为例子。此书由中美洲玛雅印第安人所著，书中将创世与光、思想和语言本身联系起来。最后，作为美洲易洛魁联盟的一个原住民部族，莫霍克人的传说叙述了善灵如何用自己多样的方法创造人类（详见第十八章）。

阅读材料0.1
创世传说

"创世之歌"，摘自《梨俱吠陀》

那时，既无无，也无有；
既无天空，也无其上的天界。
何物在来回转换？在何处？在谁的庇护下？
何物是深不可测的水？

那时，既无死，也无永生；
无昼与夜的迹象。
风不吹拂，独一之彼自行呼吸。
在它之外，没有任何别的东西。

泰初，黑暗掩于黑暗之中；
全部都是滔滔洪水。
为虚空所包围的有生命力者，
独一之彼由于它那炽热的欲望之力而出生。

泰初，爱欲临于其上，它是识的第一种子。
智者索于内心，经过深思熟虑，使有之连锁在无中被发现。

他们的绳尺横贯其中。
那么，有在上者吗？又有在下者吗？
那里有含种子者，那里有延伸的力量。
下面是欲望，上面是满足。

谁实知之？谁实明之？他们何来？造化何来？
诸神在这个（世界）被创造后才来的。
谁实知之，它自何处发展而来？

此造化何从而来，是他造作的或者不是——
他是此（世界）的在最高天的监视者，
只有他知道，除非他也不知道。

（印度）

一则非洲的创世神话

传说，所有人都是乌库鲁库鲁的后代，他是人类的始祖。

在乌库鲁库鲁出现之前，大地就已存在。他从一片芦苇丛中诞生。

世间万物皆诞生自芦苇丛中，乌库鲁库鲁也不例外。这万物，包括动物和谷物，跟着乌库鲁库鲁一同出现。

当太阳完成凝聚之后（已成形状，犹如黏土成陶），他转目而视，说道："会有一把火炬赐予你光芒，你也许会看到。"

接着，他低头俯瞰牛，说道："这些是牛。你要停下来，且看它们，让这些牛成为你的食物：食其肉、饮其乳。"

他又看向野生的动物，说道："这些动物在那里。那是象。那是水牛。"

他看向了火，说道："把火点上，烹饪，并给自己保暖御寒，然后吃掉那被火烤过的肉。"

他又看了看世间万物，说道："万物之名当为如此这般。"

乌库鲁库鲁还说道："人间要有婚姻，这样人类就能互相通婚，繁衍生息，代代相传。"他说："要有黑人首领，并使人民都知晓。'那就是首领：是他聚集了你们所有人，去找到你们的首领吧。'"

（祖鲁）

摘自《波波尔·乌》

起初，一切处于悬止。一切平静，静默无声；一切静止，悄然无息；苍穹之域，空洞无物。

这是最初的记述，也是第一个故事。

彼时，世界平平静静，既无人、兽、鸟、鱼、蟹，也无洞穴、峡谷、草地和森林，只有茫茫的天空。地表尚未出现，只有宁静的大海和辽阔的苍穹。众生寥落，万籁俱静，天空中无声无响，不见万物踪迹。

泰初，万物尚未生长站立，唯有平静的水面和沉寂的大海。世界空空如也，只有夜晚的沉静和漆黑的寂寥。创世神特珀和古库马茨在水上，四周散发着光芒。他们身披绿色和蓝色的羽毛，因此被称作"羽蛇神"。

他们天生就是伟大的圣人和思想家。之后，便有了天，也有了天堂之心，这也是天神的名字。

特珀和古库马茨在一片漆黑中相聚。他们促膝交谈，共同探讨和商议，最终达成一致，将交谈的内容和思想汇总统一，于是便有了词语。

然后，他们在沉思之时清楚地认识到：当黎明破晓时分，人类必须在世间诞生。于是，他们计划创造万物，让生命诞生，让草木生长，并创造人类。在漆黑的夜晚，这一壮举被安排在天堂之心乌拉坎。

特珀和古库马茨一起讨论了生命和光，以及他们将要做的事情。之后，便有了光和黎明，从而为生命提供了食物和生计。

如此，完成这一切吧！填满这世界的虚无！让水退去，露出空隙，让大地浮现，使其坚固结实。完成这些之后，他们接着说，要有光，天地间便有了黎明！

"我们创造这一切，既不荣耀，也不辉煌，直到人类诞生于世。"他们如是说。

（玛雅）

"如何造人"，
一则美洲原住民的创世传说

善灵创造了兽类、鸟类和其他生物，并让它们在大地上繁衍生息，之后他便安息了。当环视自己创造的万物时，他总觉得好像缺少一些东西。很长时间，这种想法在善灵的脑海中挥之不去。最终，他决定创造一种和自己相似的生物。

他走到河岸边，拾起一把黏土，做了一个小泥人。塑造好之后，他燃起一堆火，把小泥人放在火上，等待烧制成形。这一天风和日丽，空气中回响着如歌一般的鸟鸣，河水流过的声音欢快动听。听罢这些天籁之音，善灵感到困意浓浓。很快，他在火堆旁边睡着了。当最后醒来的时候，他突然记起，冲到火堆旁，迅速从火中取出那个泥人。但是，他睡的时间实在太长了，那个泥人被烧得通体发黑。根据莫霍克人的说法，这个小泥人就是黑人的祖先。其皮肤黝黑，多半是被烤煳了。

善灵很不满意。他又取了一块黏土，造了另一个人放在火中，并等待烧制成形。这一次，善灵决定保持清醒，亲眼看着这个小泥人，避免再次烤煳。但他面前的这条河依旧欢欣律动，流水声让人陶醉。善灵虽然已经竭尽全力，但还是挡不住困意，睡着了。这一次，他只睡了一小会儿。醒来时，他冲向火堆，把泥人取出，定睛一看，才烤到一半。莫霍克人说，这便是白人的祖先——只烤到了一半！

善灵对此依旧不满。他沿着河岸，找了又找，最终发现了一大片极好的红色黏土。这一次他小心翼翼，塑造了一个非常好的泥人，又把它放到火上进行烤制。善灵决定就站在火堆旁边，目不转睛地盯着泥人。不久，善灵把泥人从火中取出——看，这就对啦，一个夕阳红颜色皮肤的人。这便是莫霍克印第安人的祖先。

（莫霍克）

问：这些创世神话有何相同之处，又有何不同之处？

文明的出现并非一蹴而就，而是一个缓慢的城市发展的过程。早期人类能够不断加强自身的抽象智力，并通过创造力、想象力和合作精神，向着延续个体生存、保证群落安全迈出了他们的第一步。一方面，技术为人类驾驭自然提供了工具；另一方面，神话和艺术为自然界中的神秘元素赋予了含义和目的。早期人类凭借这样的文化成就，为人文传统的形成奠定了基础。

术语表

泛灵论：信仰自然力量皆由神灵支配。

文化：人们创造、发展并向外传播的全部事物（包括文化传统、技术、物质商品和符号系统等）。

楔形文字：人类最早的文字系统之一，由楔形符号构成。

门式石阵墓：一种古代石墓形式，在两根石柱之间放上一块顶石构成门形。

原始人类：一种两足灵长类哺乳动物，包括现代人类及其祖先。最早出现的原始人类为南方古猿。

表意文字：一种代表想法或事物的文字符号。

失蜡法：一种金属铸造方法，先用蜡做成铸件模型，然后放入烧制的泥模外范中，待蜡模融化之后，再往内浇灌金属溶液。最后将泥模去除，取出凝固的金属器，并打磨成型。

表音文字：一种代表声音的符号文字。

象形文字：人类最早期书写系统使用的一种图像符号。

梁柱结构：建筑施工中最简单的结构形式，包括纵向柱和支撑横梁。

史前时期：文字记录出现之前的历史研究阶段。

萨满：沟通阴阳两界的祭祀领袖或巫医。

图腾：部落、家庭或氏族的纹章符号。

第一章
美索不达米亚：神祇、统治者和社会秩序

约公元前3500年—公元前330年

亘古以来便无永恒的东西。

酣睡者与死者别无二致，他们看起来都是闭目而眠，有何差异？

——《吉尔伽美什》

图 1.1 有翼人头牛身像 伊拉克豪尔萨巴德，约公元前720年。在今天的伊拉克豪尔萨巴德，有很多亚述国王雕像守卫着宫殿前的通道，而这种混合生物的形态也体现了国王的某些特征

美索不达米亚，在希腊语中意为"两河流域"，很多文明在这一历史舞台上盛衰兴废。本章并未将每个文明的故事分别叙述，而是通过神祇、统治者和社会秩序这三个主题来探索这些古文明留下的遗产。第一个主题揭示了沟通世俗和精神世界的信仰体系；第二个主题着眼于早期城市文明的政权建立；第三个主题通过讨论法律中含有的以及其他形式的文化表达，来探寻构建社会秩序的实质。

直到今天，这三个主题依旧伴随着我们。人们普遍关切这些主题，也正是这些主题主导了人类最早期文明的视觉和文学成就。在宗教信仰、政治与社会实践中，每种文化各不相同。但是，所有这些信仰体系和社会实践不仅反映了人类努力理解未知事物，并与其达成协定的过程，而且反映出人类为掌控恶劣的环境，理解自身的命运和归宿时所做出的努力。

两河流域

在西亚大陆边缘，底格里斯河与幼发拉底河之间的土壤构成了新月沃地。作为两河流域最先出现的文明，苏美尔文明在约公元前3500年兴起，这时，底格里斯河与幼发拉底河从波斯湾汇入大海。由于得到这两条河流的灌溉，新月沃地的东南边缘形成了大片良田，有力促进了农业活动的开展。并且，人类得益于此，首批城市开始出现，比如乌鲁克、乌尔、启什、尼普尔和拉格什。

然而，人类赖以生存的这些大河一旦出现洪涝，通常就会把整个城市和村庄变成一片汪洋。此外，天气经常发生剧烈变化，有时狂风暴雨、满天冰雹，有时久旱无雨、如惔如焚，美索不达米亚人无不饱受其苦。

除了这些不安全因素，这一地区还经常遭受游牧部落的攻击。由于受到河两岸肥沃土地的吸引，一些游牧民族一路下山向北进发，并最终灭亡了一个文明，结束了它的历史。而一个新文明建立，往往会吸收前一个文明的文化。

苏美尔文明由一些自治城邦组成。相比较而言，一些文明建立了伟大的帝国，比如亚述文明；而另外一些文明，比如尚未建国的希伯来人，则在数个世纪间四处迁徙。在美索不达米亚，没有一种语言或一种政权能够把各个城邦的民众长期统一起来，但他们却有着共同的世界观。并且，除了希伯来人，他们的信仰体系都是多神论，也就是崇拜很多神明。

美索不达米亚诸神

美索不达米亚男女诸神往往和自然的力量相互关联。这些神明的性格，就像那里的天气一样，反复无常、暴躁猛烈。关于他们的神话传说，也描述了精神的痛苦与肉体的折磨。同时，两河流域民众的宇宙观也是基于混乱和冲突这两大主题形成。

作为人类最古老的宇宙神话，《古巴比伦创世神话》描述了所有这一切。作为一首苏美尔人的诗歌作品，该作记录了公元前2000年至前1000年间早期发生的事情，人们会在庆祝新年期间将它吟诵，庆祝诸神的降生和万物创造的次序。这首诗记述了宇宙起源依靠自然发生——在那一刻，没有天地，只有淡水和咸水交汇，诞生了诸神的始祖。正如故事中叙述的那样，梯阿马特是远古水域的大母神，在她的统治下，一切都还混乱不堪、纷争不断。直到智慧之子马尔都克神出现，他独掌大局，推翻了大母神，并建立了一个新秩序。马尔都克为了安抚在天界争吵的诸神，建立了圣城巴比伦（意为"众神之家"），并且创造了人类。

阅读材料1.1
摘自《古巴比伦创世神话》

上界，天尚未命名。
下界，地尚无称谓。
此时，只有他们的原初之父阿普苏[1]。
木恩木[2]生养了他们的全体之母梯阿马特[3]。
他们的水（淡水和咸水）合为一体。
草地还没有织成，见不到芦苇的繁茂。
诸神还不曾显形，天命也还未定。
之后，诸神在那混合之水中被创造出来。

（男）神拉赫木与（女）神拉哈姆[4]显出身

1. 远古淡水。
2. 原始人类宇宙之一。
3. 远古咸水。
4. 原始男性和女性。

形，而且有了名称。

　　他们年龄增长，身材增高，
　　并创造了胜似他们的安舍尔和齐舍尔[1]。
　　这时，天地混沌初开，光芒四射，
　　地平线开始延伸，云彩从泥沙中分离。

　　日复一日，年复一年地过去。
　　他们的儿子阿努[2]，不亚于父祖，
　　而且阿努又生了活像他的努丁木德[3]。
　　努丁木德才是他父祖们的主人，
　　他善解事理，膂力过人，远胜他祖父安舍尔。
　　在他兄弟神中，也无较量的对手。

　　诸神不顾手足之情，互相发生冲突，他们在梯阿马特的住处大吵大闹，情况愈演愈烈，震动了天庭。阿普苏没能使他们的吵闹平静下来。梯阿马特为他们的胡作非为感到痛心……

　　（这时，埃阿杀死了阿普苏；马尔都克降生；梯阿马特造出大量蛇兽，向诸神开战。）

　　当怪物们造完之后，梯阿马特准备向她的子孙开战。
　　为报阿普苏的仇，梯阿马特干出了坏事。
　　她手牵怪物们的缰绳，向埃阿告知进攻的噩讯。
　　埃阿闻知此事，默默地，一动不动地坐在那里。
　　伫思来想去，待情绪镇静下来。
　　然后，他想起了先辈诸神，并往他的祖父安舍尔那里去。

---

1. 天界之边（男性）和地平线（女性）。
2. 主管苍穹之神（安舍尔和齐舍尔的后代）。
3. 智慧之神埃阿的另一个名称（阿努的后代）。

　　他到了就站在安舍尔面前，把梯阿马特筹划的重述给他，说：
　　"（祖）父，万物之母梯阿马特对我们怀恨，
　　她在怒气中聚集了军队，
　　所有的神都投入她的阵营，
　　一些你所生的也都站在她那边，
　　他们团结起来投入梯阿马特的阵营；
　　他们愤怒，昼夜不停地图谋造反，
　　他们预备战争；
　　而造就万物的母亲，
　　那个老巫婆又孕育出一窝（怪物）……

　　（诸神选马尔都克为此战统帅，他率众进攻梯阿马特。）

　　马尔都克做了弓，并在武器上做了标识。
　　将箭镞搭在杆上，将弦绷紧。他右手握起狼牙棒，
　　弓和箭袋夹在胁下，将闪电放在自己面前，浑身燃起火焰。
　　他还做了一张网，为将梯阿马特收入其中，
　　为了使她的人无一逃脱，他就将四种风，南风、北风、东风、西风布置好……

　　他返回捆绑梯阿马特的地方，骑在她的腿上，
　　用他那毫不留情的狼牙棒敲碎她的头盖骨。
　　他一割开她的血管，北风就将那血吹到世界未知的尽头。

　　诸神见此情形，欣喜得高声欢呼。
　　他们送他许多庆贺的礼品表示感谢。

　　然后主（马尔都克）休息，盯着她巨大的

尸体，
　　仔细考虑如何使用它创造事物。
　　他把尸体像扇贝一样剖成两半，用一半造成苍穹。
　　他将其他敌人拉下水，在水面上部署看守，又造了一个闩加上，
　　所以他们永远无法逃脱……

　　（马尔都克创造了"伟大的众神之家"，命名为巴比伦，并继续创造人类。）

　　当马尔都克听见众神的话，他满腔热忱，筹划着创造万物，
　　并把藏在心中的话对埃阿说：
　　"我将用我的血和我的骨造人，我造的人要居住在地上，
　　众神将受服侍，众神的殿将得以被建造，
　　但我要改变众神的作为，他们应该团结起来压制邪恶。"

　　为了安抚诸神，埃阿在内心反复推敲言辞，思考如何回应。
　　定下计划之后，他对马尔都克说：
　　"从他们一伙里押来一个，只需将其杀死就可造人。
　　让诸神汇聚一堂，到此开会，
　　杀了那些有罪的，其余不问。"

问：这篇创世神话和阅读材料0.1中的那些有何不同？

从母系氏族到父系氏族的过渡

在古代多神崇拜时期，马尔都克对母神梯阿马特的取代，反映了古巴比伦从母系氏族到父系氏族的转变。虽然很多早期文明崇拜女性神，但这一时期的古文明开始逐渐让男性神占据主导地位。

在苏美尔最古老的一些文学作品中，赞美最多的是美艳多姿的"天后"，人们称她为伊什塔（亦称伊南娜），她是执掌爱与混乱的女神，总是让人联想到丰收的喜悦、月光的柔美和金星的闪耀（图1.2）。

在古城乌鲁克，这位女神似乎执掌了神权。伊什塔神最有名的传说叙述了她下赴黄泉，委托她的伴侣（可能是丈夫或兄弟）杜木兹去往黑暗深渊的故事。此外，这些流传下来的传说可能和季节庆典有关，并涉及植被循环（谷物春"生"冬"眠"）。在古代农业社会，很多地方的文学作品都对此有记载，包括古希腊和古埃及。

图 1.2 古巴比伦女神"天后" 伊拉克南部，公元前1800年—公元前1750年。学者们确信，饰板上有翼的人物就是伊什塔。她戴着有角的头饰，双手拿着权杖和权环，站在群狮之上，象征着权力；身旁有猫头鹰，象征着智慧。如今，该饰板上大部分彩绘已经脱落

第一章　美索不达米亚：神祇、统治者和社会秩序

美索不达米亚主要神灵

名称	职能
阿达德	雷雨之神
阿努	天界诸神之父
阿普苏	原始淡水之神
杜木兹（塔木兹）	冥界之神，掌管草木与丰收
埃阿（努丁木德）	智慧之神，艺术的守护神
恩利尔	大地之神，掌管风和空气
伊什塔（伊南娜）	天后，掌管爱情、丰收和战争
宁胡尔萨格	大神母，恩利尔的妻子，草木的创造者
尼萨巴	谷物女神
沙马什	太阳神、智慧之神，执掌法律与裁决
辛恩（南那）	月之女神

探求永生之道

《吉尔伽美什》作为世界上第一部史诗，主要表达了生命的脆弱和人类对永生的探求。史诗通常是长篇叙事诗，歌颂历史英雄人物在追寻生命意义或身份时的丰功伟绩，体现出一个文明的理想和价值观。

公元前第三个千年的晚期，在苏美尔人用文字把这首史诗记录下来之前，《吉尔伽美什》已经口口相传了几个世纪。这首史诗的吟唱可能有竖琴伴奏，琴的形状就像在乌尔城皇陵中找到的一样（图1.3）。

作为一部文学作品，这部史诗出现在《希伯来圣经》以及其他古代著作之前。史诗中的英雄人物并非完全虚构，其历史原型可能是约公元前2800年的苏美尔乌鲁克古城城主。吉尔伽美什由于受到了众神的祝福，十分俊美，有勇有谋，所以在书中的形象是三分之二为神，三分之一为人。但是，当他得罪了天后伊什塔，他便受到了惩罚，天后杀死了他的挚友恩奇都。吉尔伽美什对好友恩奇都的死感到无比绝望，于是踏上了漫漫征途，意欲探寻永生之道。接着，他遇到了乌特纳皮什提姆（如同《圣经》中的挪亚）。在一场大洪水中，乌特纳皮什

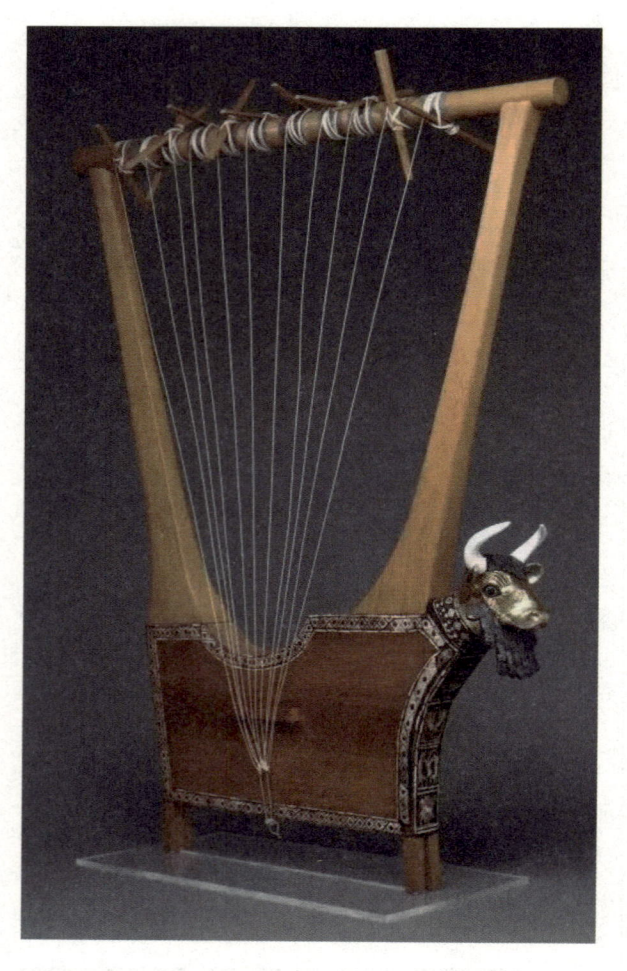

图 1.3 来自乌尔城的竖琴（复原图）约公元前2600年。木制琴身，镶嵌有黄金、天青石和贝壳

姆拯救了人类。作为济世救人的回报,他得到了吉尔伽美什所追寻的东西:永生。乌特纳皮什提姆提醒吉尔伽美什,无论人在社会中是贫是富、是主是奴,在死亡面前一律平等。然而,他还是告诉吉尔伽美什有一种神奇的仙草,可以起死回生,让人恢复逝去的青春。虽然吉尔伽美什找到了那株仙草,但他一时疏忽,没有看管妥当,当他睡下之时,仙草被蛇叼走。那蛇吃了之后,蜕了一层皮,立马精神焕发。于是,这株仙草也成了古代重生的象征。

阅读材料1.2
摘自《吉尔伽美什》

噢,吉尔伽美什,库拉布[1]的王。
人们尊他的名,赞美他的伟大。
他见过万物,足迹遍及天边;
他通晓一切,尝尽苦辣酸甜;
他已然获得藏珍,看穿隐秘,
洪水未至,他先带来了讯息。
他跋涉千里,归来时已力尽精疲,
他把这一切艰辛全都刻上了碑石。

吉尔伽美什被创造出来,
众神塑成了他完美的形态。
太阳神沙马什授予他俊美的面庞,
雷雨神阿达德赐给他堂堂丰采。
伟大的诸神使吉尔伽美什姿容秀逸,
他三分之二是神,三分之一是人。

在乌鲁克,他修建了环城墙,
又筑起了一座神庙,名曰圣埃安娜,

里面供奉着天神阿努和爱之女神伊什塔。

(吉尔伽美什和他的莫逆之交恩奇都,杀死了看守雪松的残暴巨人洪巴巴,又做了一些其他英雄事迹。但此举激怒了女神伊什塔,为了复仇,她取了恩奇都的性命。)

吉尔伽美什为了他的挚友恩奇都而痛哭,
他像猎人一样在荒野游荡:
"我如何继续缄默,如何保持平静?
绝望侵入我的内心,
我将像恩奇都一样死去。
我怀着对死的恐惧,行走在漫漫长路,
竭尽全力去找寻乌特纳皮什提姆,
因为他已经位列众神。"

他跨过荒野草地,踏上漫漫征途,
找寻大洪水中的幸存者:乌特纳皮什提姆。
诸神让乌特纳皮什提姆住在迪尔蒙[2],在花园中享受阳光的沐浴,并赐予其永生。

入夜,吉尔伽美什到达山下的曲径。
他在此祷告:
"我在群山之间穿行许久,看到了狮群,害怕不已。
我抬起双眼朝月亮望去,并向众神祈祷,他们定会听到。
噢,月神西恩,现在请求你保护我。"
祷告完毕,他躺下入睡,直到被一个梦惊醒。
他为自己尚在人间而喜悦。

---

1. 位于苏美尔地区的乌鲁克城内。在洪水过后,吉尔伽美什是乌鲁克王朝第五位统治者。

2. 苏美尔人所称的天堂,与《圣经》中描述的伊甸园一样,是一片神话中的土地。

激动之余，他看到自己已被群狮团团围住。
　　他手持斧头，又从腰带中抽出短剑，
　　如利箭般穿过狮群，将它们驱散或重创，
乃至杀死。

　　最后，吉尔伽美什来到了一座山，名曰马苏山。
　　此山顶天立地，守卫着太阳的东升西落。
　　蝎形人把守山的入口，
　　他们半人半蝎，面部狰狞，如死神一般，
　　还会发出令人毛骨悚然的光，笼罩整座山以守护日出日落。
　　吉尔伽美什看到他们，仅遮住双眼一会儿，
　　他鼓起勇气，慢慢靠近。
　　看见吉尔伽美什如此镇定，一个蝎形人对他的配偶喊道：
　　"那靠近我们的人带着神性。"
　　蝎形人的配偶回应道：
　　"他三分之二为神，三分之一为人。"

　　蝎形人对众神之子吉尔伽美什大喊：
　　"你为何长途跋涉，到达此处？
　　你为何踏上远途，穿过险滩激流？
　　告诉我你的来意。"
　　吉尔伽美什回答道：
　　"为了我的挚友恩奇都，我深深地爱着他。
　　我们曾经并肩作战，经受各种磨难，
　　而世俗的命运已经把他带走了，因此我来到这里。
　　我在葬礼上为他垂泪，不分日夜；
　　我并未将他的尸身埋葬，只愿他能因我的泪水而重生。

　　自从他走了，我的人生再无意义，
　　这就是我跋涉至此的原因。
　　我要找寻我的父神乌特纳皮什提姆，
　　他已位于众神之列，并得了永生，
　　我想询问他关于生死的奥妙。"

　　听罢，蝎形人开口说道：
　　"吉尔伽美什，这件事情没有人做成过，
　　也没有谁曾经从这条山径上跨过。
　　在那十二里格[1]的地方，一片黑暗，
　　那里没有光亮，心也会因此变得沉重。
　　从日出到日落，那里无光无影。"

　　吉尔伽美什说：
　　"纵然要有悲伤和痛苦，
　　纵然要有奇寒和酷暑，
　　纵然要有叹息和眼泪，
　　我也毅然前往。
　　来，给我打开进山的门。"

　　接着，蝎形人说道：
　　"去吧，吉尔伽美什！
　　我允许你翻越马苏山，穿过崎岖高耸的山地。
　　愿你的双脚把你带回这里，一路平安。
　　入山的门也会为你而开。"

　　吉尔伽美什听完蝎形人所说的话，便循着太阳升起的足迹，开始穿过这座山。
　　他走了一里格远，发现身边是无尽的黑暗，没有一丝光亮。
　　他走了二里格远，发现身边是无尽的黑暗，没有一丝光亮。

1. 约36英里。

他走了三里格远，发现身边是无尽的黑暗，没有一丝光亮。

他走了四里格远，发现身边是无尽的黑暗，没有一丝光亮。

他走了五里格远，发现身边是无尽的黑暗，没有一丝光亮。

他走了六里格远，发现身边是无尽的黑暗，没有一丝光亮。

他走了七里格远，发现身边是无尽的黑暗，没有一丝光亮。

他走了八里格远，大喊了一声，但身边仍是无尽的黑暗，没有一丝光亮。

他走了九里格远，发现有北风吹过脸颊，但身边仍是无尽的黑暗，没有一丝光亮。

他走了十里格远，发现终点就在眼前。

他走了十一里格之后，黑暗中出现了曙光。

在走完十二里格的时候，他看到了太阳照耀四周。

那是众神的花园。
在他周围都是挂满宝石的树。
看到此景，他立刻大步上前。
那里有一条藤蔓，上面满挂玛瑙，
像结成的熟果一般，光彩夺目。
另一棵树上长着天青石的叶子，
也结满了果子，看起来绚烂多姿。
再看那荆棘，上面有很多赤铁色的奇珍异石和海里的珍珠。
当吉尔伽美什在花园中漫步时，
沙马什看到了他，
看见他披着动物的皮，吃它们的肉。

沙马什十分困惑，他对吉尔伽美什说：
"没有凡人曾走过这条路，将来也不会再有，只要风还在海上吹动。"

接着他又说：
"你所探求的生命，恐怕你不会获得。"

吉尔伽美什对沙马什说：
"难道我白白地在旷野跋涉？
我必须死去，我的头颅必须被大地永远掩埋？
那就让我的眼睛看到太阳吧，
让我浑身沐浴在光芒之中！
我尽管奄奄一息，
仍要看一眼太阳的光辉。"

（吉尔伽美什遇见了酒馆老板西杜丽，她建议吉尔伽美什放弃这次寻找，多注重世间出现的美好事物。在摆渡人乌尔沙纳比的帮助下，吉尔伽美什渡过了海，并最终找到了乌特纳皮什提姆的家：迪尔蒙。）

"哦，我的父神乌特纳皮什提姆，你已然与众神同堂。
我只想问你关于生死的奥秘，我怎样才能找到我挚友的生命？"

乌特纳皮什提姆答道：
"没有什么是永恒的。
人们建造的房屋，有哪一间屹立不朽？
人们订立的合同，有哪一份盖上了永恒的图章？
难道兄弟之间会永远分离？
难道河流会泛滥不止？
难道蜻蜓会在香蒲上飞翔一世？
亘古以来便无永恒的东西。
酣睡者与死者别无二致，
他们看起来都是闭目而眠，有何差异？

主人和仆人在面对厄运降临时，又有何差异？

　　裁决者阿努纳奇和命运之母曼美坦共同支配着人的命运，
　　他们定下人的生死，
　　却不让人预知死亡的日期。"

　　然后，吉尔伽美什对远处的乌特纳皮什提姆说：
　　"乌特纳皮什提姆啊，我现在把你仔细端详，
　　你的样子简直和我一模一样，你的特征也和我十分相像。
　　我还以为你会像个英雄一样满怀斗志，
　　谁知你竟不知所为，闲散游荡。
　　告诉我，你是如何求得永生，而与诸神同堂的？"

　　乌特纳皮什提姆对吉尔伽美什说：
　　"让我来给你说一段秘事，告诉你众神的天机。"

　　（乌特纳皮什提姆叙述起大洪水的故事。）

　　那时，人口增加让世界变得稠密，
　　到处充斥着如野牛般的嚎叫，声音震天动地。
　　恩利尔听到了，向诸神说道：
　　"人类的喧嚣我们再也无法忍受，
　　巴别塔的修建也让我们睡不安稳。"
　　所以诸神想在人间泛起洪水。
　　但我主埃阿在梦中告诫我，
　　他向我的芦舍低语：
　　"赶快毁掉房屋，把船只建造。

既定的尺寸，不容变通。
它的宽度必须与深度一致。
建造一个船顶，盖过深渊。
然后把一切生灵的种子装载上船……"

　　整整六天六夜，狂风暴雨和大洪水侵吞了世界，
　　声浪滔天，如同战场上的嘶鸣。
　　到了第七天，南边的风暴终于平息，天空出现了曙光，
　　大海归于平静，洪水也渐渐退去。
　　我看着天，已然宁静如故，
　　而所有人却已葬身黏土。
　　海面像屋顶一样平坦，
　　我打开舱门，光芒照射在我的脸上，
　　然后我弯弯腰，坐了下来，泪流满面。
　　四面都是水，一眼望不到边……

　　（乌特纳皮什提姆带着吉尔伽美什去见摆渡人乌尔沙纳比。）

　　吉尔伽美什和乌尔沙纳比乘上船，
　　他们就此扬帆起航，要动身离去。
　　但乌特纳皮什提姆的妻子远远地对他说：
　　"吉尔伽美什为来到这里吃尽了苦头，
　　他要返回家园，给他带些什么礼物？"
　　听到此，乌特纳皮什提姆撑起篙，把船拨到岸边停住：
　　"吉尔伽美什，你辛辛苦苦来到此地，就要回到家园，我该给你些什么礼物？
　　吉尔伽美什，让我给你说点秘事，
　　且听我把诸神的秘密讲给你。
　　有一种草生长在水下，它的刺像蔷薇一样会扎你的手，
　　但如果你能将这种草拿到手，就能将生命

获取。"

吉尔伽美什一听这话，便打开了水闸门，
让清澈的水流送他到最深的通道。
他把沉重的石头绑在脚上，一起沉入河底，
他看到了那株草生长在那里，扎了手也要摘取。
接着他把绑在双脚上的石头解掉，
让海水把他带到岸上。

吉尔伽美什对摆渡人乌尔沙纳比说道：
"过来看看这株非凡的仙草，
人们可以靠它长生不老。
我要把它带回乌鲁克城，
让老者品尝这株'返老还童'的仙草，
我也要亲自享用，青春永葆。"

最后，吉尔伽美什穿过来时的大门，和乌尔沙纳比一起踏上归途。
他们走了二十里格，吃了顿饭；
又走了三十里格，准备过夜歇脚。

这时，吉尔伽美什看到了一处冷水泉，
他便下到水里去净身洗澡。
但在水底，有条蛇感受到了仙草的芬芳，
它从水中浮出，把草叼走了。
然后蛇立马蜕了一层皮，再游回泉水中。
吉尔伽美什发现后，瘫坐下来，伤心欲绝，眼泪簌簌地流过他的脸颊。
他握着乌尔沙纳比的手，说道：
"乌尔沙纳比啊！为了谁，我历尽艰险？
又为了谁，我呕心沥血？
为了我自己吗？不是的，我没落到一丝好处。

现在便宜了地上的野兽，它们在享用。
水流已经把它送到了二十里格外，
回到了最初的地方。
我找到了我想要的东西，但现在又弄丢了。
那么，我们就把小船留在岸边，离开吧。"

问：什么因素让吉尔伽美什成为史诗英雄？在当下的文学作品或生活中，有没有能与之相比的人物？

《吉尔伽美什》如此重要，因为它是世界上第一部史诗，也因为它是已知的最早描写死亡的文学作品。人类对"永生之道"的探求源远流长——这是一种信念，期待自己的某些方面能在未来长存。这部史诗真正想要表达的就是这一价值观。吉尔伽美什作为神话中的典型英雄，驱使自己不断探寻自己的极限，并发挥聪明才智，希望能够带来一些改变。但是，他对于个人永生的探索最终以失败告终，他的目标也未能实现。

美索不达米亚的统治者

在美索不达米亚，苏美尔文明由一些松散的城邦组成，这些城市中心管辖着周边的村落。在这里，劳动人民创造出了青铜时代人类最早期的技术，并创立了人类第一种书面文字：楔形文字。此外，他们开始使用60进制的计数系统，这就是计时单位分、秒的来源，一直沿用至今。

苏美尔各个城邦里，都有一位祭司王代表神实行统治。祭司王可以统领军队，调节食物供应和分配，负责国家的政治宗教事务。在宫殿的神庙中，他设计出各种仪式，希望得到众神的垂青。

但随着时间的推移，各城邦已经变得一盘散沙、纷争不断，苏美尔文明已无力抵挡外族侵略。约公元前2350年，在阿卡德诞生了一代枭雄，名为萨尔贡一世。他征服了苏美尔，并亲自指挥统一了各城邦。此后的时间里，他作为神权君主（既是唯一统治者，又是众神的代表）统御万民。在融合各种民族和语言群体之后，萨尔贡创建了世界上首个多民族帝国，其势力范围从埃兰古城延伸至地中海沿岸。

然而，公元前2000年，萨尔贡王朝在北方游牧民族的进攻下土崩瓦解。入侵者征服各个城邦后，便以这些城邦取得的成就为基础，建立自己的政权。这一模式贯穿了整个美索不达米亚的历史。

所以，神权政体、多神的宗教信仰、以物易物和既有的贸易传统等，都会在各个文明间长盛不衰。另外，那些神话传说，包括《吉尔伽美什》，也会在几个世纪间生生不息、口口相传。同时，人们将用更加完善的楔形文字把它们记录下来，流传后世。

社会秩序

在新建立的古代文明中，人们聚居生活，无论是生产分配、农田灌溉，还是修建庙宇宫殿和防御工事，都需要齐心协力。劳动分工和城市生活的复杂促进了社会阶层的发展，每个阶层的人受到的训练各异，承担着各自的社会责任，并拥有不同的权利。祭司用礼器准备葡萄酒，士兵保卫城市，农民在田间耕作，他们都代表了社会的不同阶级，对整个社会承担着各自独特的义务和责任。

约公元前2700年，社会秩序和劳动分工在美索不达米亚盛行，这一场景在"乌尔军旗"饰板上有所刻画，此物在乌尔城王陵被发掘出土（见调查研究，图1.4）。这块饰板两面装饰有马赛克（由贝壳、红色石灰石和天青石组成），上面描绘的似乎是苏美尔人在庆祝凯旋的场景。英国考古学家伦纳德·伍莱——20世纪早期，就是他发掘了乌尔城——猜测此物应该是套在杆上的战旗。最近，学者们推断这块饰板应该是一种乐器的共鸣箱。

调查研究

乌尔军旗

乌尔军旗为我们翻开了一幅历史画卷，展现了美索不达米亚古代社会中的阶级划分和王权统治。

饰板的一面描绘的是"战争"，上下共划分三层：底下一层记录了在一场战争中，四轮战车向敌阵冲击的场景；中间一层描绘了战俘们被扒下衣服；顶上一层是这些俘虏在统治者和官员的面前游行示众。

饰板的另一面，最上层的主题是"和平"，描绘了庆功宴的场景：统治者和6个官员听着竖琴师弹奏的音乐，举起高脚杯对饮。中间一层展示的是仆人们成群结队，驱赶着牲畜，这些动物可能将作为宴会的食材，或献祭的祭品。而在底下一层，外国人（可能是战俘）背着成捆的东西前进。

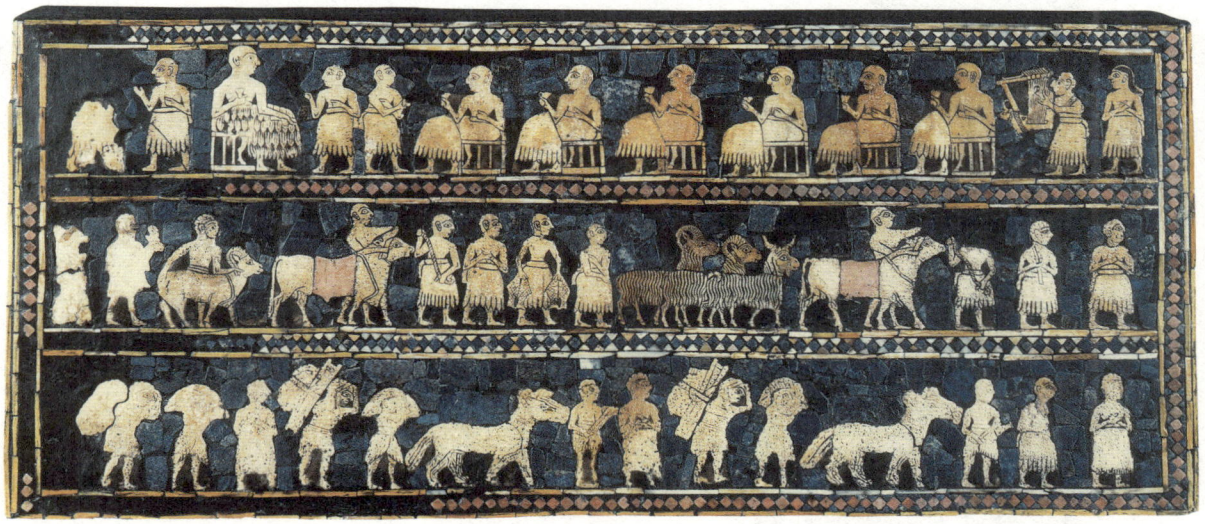

图 1.4 乌尔军旗 约公元前2700年，镶嵌着贝壳、红色石灰石和天青石的双面饰板

古巴比伦的法律和社会秩序

公元前2000年之后不久，古巴比伦城邦的统治者们统一了苏美尔周边的领土，建立了巴比伦第一王朝。为了在政治上联合这些地区，并有效管辖，作为古巴比伦第六代君主，汉穆拉比主张对现有法律进行系统整理。他派出考察团收集各地法令规章，并合并整理成一套完整的法典——《汉穆拉比法典》。这部法典收集了282条法令，刻在了一根7英尺高的石碑上（图1.5），是研究古代美索不达米亚人生活最有价值的参考史料。

太阳神沙马什戴着装饰有公牛角的锥形王冠，火焰在他的两肩熊熊燃烧。他坐在王座之上，脚下有一个三角形标志，象征着一座圣山。

纵观古巴比伦历史，《汉穆拉比法典》并非记录法律的第一个集子。然而，在现存的古代法律中，这是一部最具深度和广度的法律典籍。虽然《汉穆拉比法典》主要着眼于世俗事务，但它却充

第一章 美索不达米亚：神祇、统治者和社会秩序 037

图 1.5 《汉穆拉比法典》石碑 古巴比伦第一王朝，约公元前1750年

故事。

在人类法律权益发展过程中，成文法无疑是一个里程碑式的进步，因为它的出现让普通民众免受君主决策反复无常所带来的危害。一方面，非成文法受到人记忆的制约，并且往往偏向权贵，很难做到公正。另一方面，相较于口头法律，人们运用成文法进行司法判决时，可以不带主观偏见，更加客观公正。法律采用书面文字替代了以往的口述内容，避免了模棱两可，显得更有效力。通常来说，成文法很少有例外，也不容易被很快修改。最终，记录下来的法律减轻了统治者和法律机构判决的负担。成文法虽然限制了个人自由，但维护了社会的基本价值观。

《汉穆拉比法典》涵盖了社会的方方面面，规定了每个人应该承担的道德、社会和商业义务。其中，民法和刑法的法令细化了对谋杀、盗窃、乱伦、通奸、绑架和殴打等犯罪行为的判罚。更重要的是，对于研究古代文明，这部法典是我们了解当时阶级划分、家庭关系、人身权利等方面特征的宝库。例如，该法典向我们揭示了家族继承事务（第162和168条）、各行各业的义务（第218、219、229和232条）以及个人对社会承担的责任（第109和152条）等诸多方面的信息。

该法典还证明了一个事实，即在古巴比伦法律中，并非人人平等，个人的价值取决于其在社会中的财富和地位。一个自由人对另外一个自由人实施暴力，则这两个人都应受到惩罚（第196条），但这个自由人如果对处于社会底层的人犯下同样的罪行，则会被酌情从轻处理（第198条），而如果受害者是一名奴隶，那么判罚会进一步减轻（第199条）。同样，"按照地位处理"这一原则也被运用在判罚盗窃犯罪（第8条）：如果地位高的人有

满宗教的意味。实际上，汉穆拉比在该法典的序言中就声明自己是众神的后裔。此外，在石碑顶部的浅浮雕中，我们还可以看到类似的内容。石碑顶部雕刻着一个场景，描绘汉穆拉比从太阳神沙马什的手中接过这部法典（用一根权杖作为象征）。这一场景让人不禁回想起《圣经》中摩西在西奈山的

科技发展一览表

公元前1800年	在古巴比伦,人们设计出了乘法表。
公元前1750年	在古巴比伦,数学家们研究出了二次方程式、平方根、立方根和π的约数值。
公元前1700年	在古巴比伦,人们将风车用于灌溉农田。

盗窃行为,那么对他的罚金或惩罚要高于地位低的人。若盗窃者支付不起罚金,则会沦为奴隶或直接被处死。奴隶,无论是战俘还是债务受害者,在法律上均无公民权利,只拥有其所属奴隶主对他们的保护。

在古巴比伦社会,人们重男轻女。不管在智力还是体力上,人们都认为女人不如男人,并将女人当作家庭男主人的私有财产,其地位和奴隶无异。一个妇女从娘家离开,到丈夫家生活,就被期待着养育后代(第138条)。然而在法典中,女人却可以享有商业自由(第109条)与相当可观的法律保护(第134、138、209和210条)。并且,法律明确承认她们抚育后代、料理家庭事务的社会价值。令人惊讶的是,法典中已有处理无过错离婚的例子,第142条规定:由于丈夫忽视妻子并不构成犯罪,所以婚姻中的双方倘若离婚,均不会在法律上被"追究责任"。

阅读材料1.3
《汉穆拉比法典》(约公元前1750年)

我,汉穆拉比,恩利尔所任命的牧者,丰收和繁荣的促成者,不朽之王族,强大之君主,巴比伦之太阳,光明照耀苏美尔及阿卡德全境……当马尔都克命我统治万民并使国家获得福祉之时,我使公道与正义流传国境,并为人民造福。

第8条 自由民窃取牛,或羊,或驴,或猪,倘此为神之所有物或宫廷之所有物,则彼应科以三十倍之罚金;倘此为穆什钦努[1]所有,则应科以十倍之罚金。倘窃贼无物以为偿,则应处死。

第14条 自由民盗窃自由民之幼子者,应处死。

第109条 倘犯人在卖酒妇之家聚议,而卖酒妇不报捕此等犯人送至宫廷,则此卖酒妇应处死。

第129条 倘自由民之妻与其他男人同寝而被捕,则应捆绑此二人投之于河,除非丈夫让其妻子活,国王让其仆人活。

第134条 倘自由民被捕为囚犯或俘虏,其家无人供养,则其妻改嫁他人,此妇无罪。

第138条 倘自由民离弃其未生育之原配,则应将全部聘礼给她,并将其从父家带来的嫁妆归还,而后得离弃之。

第141条 倘自由民之妻,居于家而存心他去,处事浪费,使其家破产,其夫蒙羞,则她应受检举。倘其夫决定离弃之,则可离弃之,可不给她资费。倘其夫决定不离弃之,则可另娶他妇,而此妇应该留夫家,作为女奴。

第142条 倘妻憎恶其夫,并告之云"你不要占有我",则应调查其事。倘她贞洁无过,而其夫经常忽视或凌辱她,则此妇无罪。她得取其嫁妆,归其父家。

1. 下层社会民众,如为统治阶级耕作的佃农。

第143条 倘她不贞洁，使其家破产，其夫蒙羞，则此妇应投于水。

第152条 倘妇人嫁入自由民之家后负有债务，则他们要共同承担。

第154条 倘自由民淫其女，则应将其逐出当地。

第157条 倘自由民于其父死后淫其母，则两人均处焚刑。

第162条 倘自由民娶妻，妻为之生有子女，而后此妇死亡，则其父不得提出索还其嫁妆之要求，嫁妆仅应属于子女。

第168条 倘自由民欲逐其子，而告法官云"我将逐吾子"，则法官应调查其事，如子未犯有足以剥夺其继承权之重大罪过，则父不得剥夺其继承权。

第195条 倘子殴其父，则应断其指。

第196条 倘损毁任何自由民之眼，则应毁其眼。

第198条 倘损毁穆什钦努之眼或折断穆什钦努之骨，则应赔银一名那[1]。

第199条 倘损毁奴隶之眼，或折断奴隶之骨，则应赔偿其实价之一半。

第209条 倘自由民打自由民之女，以致此女堕胎，则彼因使人堕胎，应赔银十舍客勒[2]。

第210条 倘此女死亡，则应杀其女。

第213条 倘打奴隶之女使其堕胎，则彼赔银二分之一名那。

第214条 倘此女奴死亡，则彼应赔偿银三分之一名那。

第218条 倘医生以青铜刀为自由民施行严重的手术，而致此自由民死，或以青铜刀割自由民之眼疮，而损毁自由民之眼，则彼应断指。

第219条 倘医生以青铜刀为穆什钦努之奴隶施行严重的手术，而致其死，则彼应以奴还奴。

第229条 倘建筑师为自由民建屋而工程不牢固，其所建房屋倒毁，房主因而致死，则此建筑师应处死。

第232条 倘财物因而遭受毁损，则此建筑师应赔偿所毁损之全部财物。且因所建之屋不坚而致倒毁，彼应出资重建倒毁之屋。

第282条 倘奴隶告其主人云"你非我主人"，则此主人应证实其为己之奴隶，而后得割其耳。

问：《汉穆拉比法典》向我们叙述了哪些关于古巴比伦女性的内容？

美索不达米亚的艺术

无论在乌尔古城，还是在美索不达米亚的其他地方，人们在王陵中都发现了大量绝美的稀世珍宝。珠宝、武器、日用品和乐器的大量出现，证明了美索不达米亚统治者拥有巨额财富。然而，苏美尔人和古巴比伦人没有为死者建造华美的墓穴，而是选择修建高耸的神塔，这样也许就可以更靠近天堂。

金字形神塔体积巨大，结构呈阶梯状，由瓦砾和砖块筑成，是美索不达米亚城邦宗教信仰的中心（图1.6）。神塔不仅是庙宇也是神殿，同时也可能作为墓地使用，象征着连接天界和凡间的圣山。神塔层层叠叠，由陡峭的楼梯相连，顶层矗立着一个圣坛，供奉着当地的神明。圣坛由男女祭司负责看

---

1. 一个货币单位，合一磅银锭。
2. 60舍客勒=1名那。

图 1.6 乌尔城内的金字形神塔（部分重建）伊拉克，乌尔第三王朝，约公元前2150年—公元前2050年

管，里面有一座神殿，那里储存着很多泥版，上面刻有楔形文字，记录了城市的经济活动、宗教习俗和典礼仪式等内容。

在苏美尔的泰尔阿斯玛地区，神殿中存放着很多雕像，上面刻画着大小不一、形态各异的男男女女（图1.7）。人物的眼睛很大，炯炯有神。还可以看到他们紧握双手放在胸前。这些雕像是由软石、汉白玉和大理石雕刻而成。他们中的一些有着庄严宝相，可能代表着神明。但这些虔诚的形象更有可能是生活在泰尔阿斯玛的城镇居民，雕像展现了他们正在祭拜神明的场景。其中较大的雕像可能是祭司，小一点的也许代表世俗之人。他们站在那里，一丝不苟，专心致志，好像一直在祈祷。他们的眼睛镶有贝壳、天青石和黑石灰石，夸张的形态给人留下了威严可畏的印象，又在视觉上传递出了人在面对诸神之力时的恐惧感。这些雕像的神态也表达了人在面对神明时，总能认识到自身的弱小，并对此惴惴不安的复杂心情。

铁器时代

公元前第二个千年期间，在美索不达米亚，所有人都感受到了新技术带来的改变：赫梯人将铁引入了小亚细亚地区（今土耳其）。而赫梯这一游牧部落，曾经建立过一个伟大的帝国，一直延续到约公元前1200年才宣告灭亡。

比起青铜，铁更加坚固耐用，而且造价也更为低廉。这一新兴材料代表了当时最先进的技术。除了铁制武器，赫梯人还积极将马拉战车投入使用，从而使士兵可以凭借战车良好的速度和机动性在战场上纵横驰骋。铁制武器和战车的结合，让赫梯人

图1.7 阿在神庙小雕像 伊拉克泰尔阿斯玛地区，约公元前2900年—公元前2600年

在美索不达米亚很快取得了绝对的军事优势。

随着冶铁技术的慢慢扩散，古代世界的面貌发生了彻底的改变。铁制工具推动了农业生产的发展，也促进了人口的增加。在青铜时代过后，无数小城邦开始繁荣发展，并带来了重要的文化创新。比如，公元前13世纪，腓尼基人在地中海依靠航海兴起，并开发出了一套含有22个符号的字母表。最终，这些字母符号替换了之前使用的文字，并成为西方现代字母表的基础。在小亚细亚地区，吕底亚人继承了赫梯人的文明成就，并开始铸造钱币。地中海东部沿岸有一个游牧民族名为希伯来，他们有一套独有的信仰体系，并以此为基础建立了一个神权国家。而这一信仰将在未来诞生出三大世界性宗教，即犹太教、基督教和伊斯兰教。

希伯来人

考古学家追溯这一生活在苏美尔地区的部族时，发现其邻族称他们为"希伯来人"（或"哈比鲁人"）。希伯来人的历史起源于约公元前2000年，我们重构那段历史所参照的书《圣经》（the Bible，名称来源于希腊语biblia，意为"书籍"）约在此1000年后写成。

希伯来历史的开端和乌尔城的亚伯拉罕是密不可分的。他作为部族长老，相信能带领希伯来人向西穿越新月沃地，到达迦南古城（古代以色列）定居。根据《希伯来圣经》第一卷《创世记》的记载，上帝和亚伯拉罕在迦南达成圣约。在《创世记》中，这一特殊的契约记载如下："我要与你并你世世代代的后裔坚立我的约，作永远的约，是要作你和你后裔的神。"他们对神顺服且忠心，作为回报，上帝将保护亚伯拉罕的后代，赐予他们"迦南全地"并"永远为业"，以便让他们"成为大国"。

公元前1700年后的一段时期，希伯来人迁徙到富饶的古埃及。之后，古埃及烽烟四起、政局动荡，这些希伯来人也被迫成为奴隶。约公元前1250年，摩西作为族长，使希伯来人摆脱了奴役，并率领族人逃离古埃及，跨越红海。这一事件成为《希伯来圣经》第二卷《出埃及记》的基础。

后因当地部族兵强马壮，占据着"应许之地"迦南，希伯来人便在死海附近的西奈沙漠定居。考古学家认为，在公元前1300年到公元前1150年之间的某40年中，希伯来人在这里奠定了信仰基础：一神教，即认为只存在一个全能之神的信仰。并且，新的圣约让他们和上帝紧紧联系在一起，以换取神的庇护。圣约由摩西发表，被称为《十诫》（或称《摩西十诫》），每一条都要求民众顺服，并自愿承担一系列民族和宗教义务。这些律法让信众和神之间的关系走向正轨，同时也为每一个希伯来人定下了应该承担的道德义务。

希伯来的一神教信仰

约公元前1350年，一神教信仰首次在古代世界出现。在埃及，阿蒙霍特普四世（后改名埃赫那顿）法老推行对太阳神阿顿的崇拜活动，并将其立为国家的唯一主神。阿顿比起其他埃及诸神更加刚健有力。

但是希伯来的一神教信仰和埃及不同，因为埃及人仅仅将阿顿的地位提高到众神之上，而希伯来人却将他们的上帝当作唯一的神。其次，像其他的古代神明一样，阿顿本身是太阳神，他的身份与特定的自然现象密不可分，而希伯来人的上帝，据说能超越天地和所有自然现象。此外，希伯来的宗教信仰也和其他美索不达米亚文明的大不相同。作为全知全能的造物者，希伯来人的上帝并非起源于自然或其他诸神，其本身就是超越整个宇宙的存在。不同于古巴比伦人的宇宙观，在希伯来人看来，全知、全能、仁慈的上帝设计并创造了世界，又以神的意志将道德秩序赋予人类（见阅读材料1.4a）。最后，在古巴比伦社会，众神争吵不休，视人类为他们的仆人。相比而言，在希伯来人眼中，宇宙是创始者赐予万物之灵——人类的礼物。

希伯来人的信仰体系和其他古代神权概念也截然不同。单一神明掌管道德，并作为道德楷模得到信众的崇拜，这样的"道德-神论"在古代世界中是独一无二的。希伯来人履行这一观念历经千年，并生生不息。"道德-神论"不仅让每个希伯来人重视道德评判，也成为希伯来人对世界文化做出的最持久的贡献。

《希伯来圣经》

首先，下文摘录的内容均来自《希伯来圣经》（相较于基督教在《圣经》中加入《新约》，《希伯来圣经》通常只包含《旧约》）。就像《吉尔伽美什》史诗一样，《希伯来圣经》中的这些故事构成了希伯来人的早期历史，并通过口述代代相传。同时，从公元前1000年，希伯来人初次建国开始，人们也将这几个世纪的历史记录了下来。《希伯来圣经》的前五卷，人们通常称之为"律法书"（意为"指示"）——约在公元前10世纪到公元前7世纪之间成书，其内容有四大主要来源。比如作为"律法书"第一卷，《创世记》的部分内容与古苏美尔人的世界观和传说相吻合。洪水的故事同时出现在《创世记》和《吉尔伽美什》中，这在其他美索不达米亚的传说中也有所体现。其次，《希伯来圣经》和《吉尔伽美什》一样，都将几个世纪的传奇故事和史诗结合在一起。作为经典，《希伯来圣经》的重要性毋庸置疑，但在史料方面的价值却有待考证。很多人认为《希伯来圣经》是上帝启示人类的圣言。无论是犹太教、基督教，还是伊斯兰教的信徒，都把《希伯来圣经》视为宗教经典。

阅读材料1.4a
摘自《希伯来圣经·创世记》

第一章　神的创造

　　神说："我们要照着我们的形像，按着我们的样式造人，使他们管理海里的鱼、空中的鸟、地上的牲畜和全地，并地上所爬的一切昆虫。"神就照着自己的形像造人，乃是照着他的形像造男造女。神就赐福给他们，又对他们说："要生养众多，遍满地面，治理这地；也要管理海里的鱼、空中的鸟，和地上各样行动的活物。"神说："看哪，我将遍地上一切结种子的菜蔬，和一切树上所结有核的果子，全赐给你们作食物。至于地上的走兽和空中的飞鸟，并各样爬在地上有生命的物，我将青草赐给它们作食物。"事就这样成了。神看着一切所造的都甚好。有晚上，有早晨，是第六日。

　　天地万物都造齐了。到第七日，神造物的工已经完毕，就在第七日歇了他一切的工，安息了。神赐福给第七日，定为圣日，因为在这日神歇了他一切创造的工，就安息了。

　　创造天地的来历，在耶和华神造天地的日子，乃是这样：野地还没有草木，田间的菜蔬还没有长起来，因为耶和华神还没有降雨在地上，也没有人耕地，但有雾气从地上腾，滋润遍地。耶和华神用地上的尘土造人，将生气吹在他鼻孔里，他就成了有灵的活人，名叫亚当。耶和华神在东方的伊甸立了一个园子，把所造的人安置在那里。耶和华神使各样的树从地里长出来，可以悦人的眼目，其上的果子好作食物。园子当中又有生命树和分别善恶的树。

　　有河从伊甸流出来滋润那园子，从那里分为四道：第一道名叫比逊，就是环绕哈腓拉全地的。在那里有金子，并且那地的金子是好的；在那里又有珍珠和红玛瑙。第二道河名叫基训，就是环绕古实全地的。第三道河名叫底格里斯，流在亚述的东边。第四道河就是幼发拉底河。

　　耶和华神将那人安置在伊甸园，使他修理看守。耶和华神吩咐他说："园中各样树上的果子，你可以随意吃，只是分别善恶树上的果子，你不可吃，因为你吃的日子必定死。"

　　耶和华神说："那人独居不好，我要为他造一个配偶帮助他。"耶和神用土所造成的野地各样走兽和空中各样飞鸟都带到那人面前，看他叫什么。那人怎样叫各样的活物，那就是它的名字。那人便给一切牲畜和空中飞鸟、野地走兽都起了名，只是那人没有遇见配偶帮助他。耶和华神使他沉睡，他就睡了；于是取下他的一条肋骨，又把肉合起来。耶和华神就用那人身上所取的肋骨造成一个女人，领她到那人跟前。那人说："这是我骨中的骨，肉中的肉，可以称她为女人，因为她是从男人身上取出来的。"因此，人要离开父母与妻子连合，二人成为一体。当时夫妻二人赤身露体并不羞耻。

问题探讨
《希伯来圣经》的翻译

读者对《希伯来圣经》的理解和阐释很大程度上取决于所读的译本。《希伯来圣经》诞生至今已历千载，其中大部分章节是由古希伯来文写成，还有一些后续章节为阿拉米语。公元前2世纪，《希伯来圣经》的希腊译本才出现。公元4世纪，哲罗姆翻译出了《希伯来圣经》第一部拉丁文译本，他是古罗马时期的教父，精通希腊语、希伯来语和阿拉米语。除此之外，在后续的翻译过程中，《希伯来圣经》逐渐具有了基督教的色彩。

虽然对宗教信仰来说，《圣经》译本的准确与否可能并不十分重要，但对学者来说，译本的准确性对于《圣经》主要内容的理解和阐释却起着举足轻重的作用。

问：这一段创世故事与阅读材料0.1和1.1有何不同？

希伯来的法律

下面我们介绍两种法律。

第一种法律要求人们不可做某事，但并没有明确违法后有什么后果。法律不承诺顺服会有回报，也不承诺存在天堂，更没有地狱的威胁，只有上帝可怕的警示——神将惩罚那些不遵守戒律的人，直到三代。换言之，家长的罪将会降临到他们的子孙后代身上，直至三代（《出埃及记》）。

第二种法律，属于希伯来法律主体中的一部分，与汉穆拉比制定的法律类似（见阅读材料1.3）。这样的法律主要涉及各种社会义务，通常对违法之后的具体惩罚有着清晰的描述。其中一些条款与巴比伦第一王朝制定的法律异曲同工，甚至有一些学者认为，两者具有相同的起源。

然而，希伯来法律和古巴比伦法律之间的主要差异在于：在希伯来人中，量刑标准的确立没有受到社会阶级的影响。这并不是说，希伯来社会中不存在阶级差异，而是除奴隶之外，他们的法律对所有阶级都平等适用。因为上帝经常提醒希伯来人，你们自己也曾经一度是异邦人和奴隶。所以，即使社会秩序中最底层的人，希伯来人也必须把他们视作有价值的人。这也成为希伯来法律中人文精神的独到之处。如果古巴比伦的法律强调经济繁荣和政治稳定，那么希伯来律法的核心就是宗教和道德生活的统一。

阅读材料1.4b
摘自《希伯来圣经·出埃及记》

第二十章　十诫

神吩咐这一切的话，说："我是耶和华你的神，曾将你从埃及地为奴之家领出来。

"除了我以外，你不可有别的神。

"不可为自己雕刻偶像；也不可作什么形像仿佛上天、下地和地底下、水中的百物。不可跪拜那些像；也不可侍奉它，因为我耶和华你的神，是忌邪的神。恨我的，我必追讨他的罪，自父及子，直到三四代；爱我、守我诫命的，我必向他们发慈爱，直到千代。

"不可妄称耶和华你神的名；因为妄称耶和华名的，耶和华必不以他为无罪。

"当记念安息日，守为圣日。六日要劳碌作你一切的工，但第七日是向耶和华你神当守的安息日。这一日你和你的儿女、仆婢、牲畜，并你城里寄居的客旅，无论何工都不可作，因为六日之内，耶和华造天、地、海和其中的万物，第七日便安息，所以耶和华赐福与安息日，定为圣日。

"当孝敬父母，使你的日子在耶和华你神所赐你的地上得以长久。

"不可杀人。

"不可奸淫。

"不可偷盗。

"不可作假见证陷害人。

"不可贪恋人的房屋；也不可贪恋人的妻子、仆婢、牛驴，并他一切所有的。"

众百姓见雷轰、闪电、角声、山上冒烟，就都发颤，远远地站立，对摩西说："求你和我们说话，我们必听，不要神和我们说话，恐怕我们死亡。"摩西对百姓说："不要惧怕，因为神降临是要试验你们，叫你们时常敬畏他，不致犯罪。"于是百姓远远地站立，摩西就挨近神所在的幽暗之中。

第二十一章　对待奴仆的条例

"你在百姓面前所要立的典章是这样：你若买希伯来人作奴仆，他必服侍你六年，第七年他可以自由，白白地出去。"

"人若彼此相争，这个用石头或是拳头打那个，尚且不至于死，不过躺卧在床，若再能起来扶杖而出，那打他的可算无罪；但要将他耽误的工夫用钱赔补，并要将他全然医好。

"人若用棍子打奴仆或婢女，立时死在他的手下，他必要受刑；若过一两天才死，就可以不受刑，因为是用钱买的。

"人若彼此争斗，伤害有孕的妇人，甚至坠胎，随后却无别害，那伤害她的总要按妇人的丈夫所要的，照审判官所断的受罚。若有别害，就要以命偿命，以眼还眼，以牙还牙，以手还手，以脚还脚，以烙还烙，以伤还伤，以打还打。

"人若打坏了他奴仆或是婢女的一只眼，就要因他的眼放他去得以自由。若打掉了他奴仆或是婢女的一个牙，就要因他的牙放他去得以自由。"

第二十二章　赔偿的条例

"人若偷牛或羊，无论是宰了，是卖了，他就要以五牛赔一牛，四羊赔一羊。"

第二十三章　正义和公道

"不可随伙布散谣言，不可与恶人连手妄作见证。不可随众行恶，不可在争讼的事上随众偏行，作见证屈枉正直；也不可在争讼的事上偏护穷人。

"若遇见你仇敌的牛或驴失迷了路，总要牵回来交给他。若看见恨你人的驴压卧在重驮之下，不可走开，务要和驴主一同抬开重驮。

"不可在穷人争讼的事上屈枉正直。当远离虚假的事。不可杀无辜和有义的人，因我必不以恶人为义。不可受贿赂，因为贿赂能叫明眼人变瞎了，又能颠倒义人的话。

"不可欺压寄居的，因为你们在埃及地作过寄居的，知道寄居的心。"

问：为什么《十诫》中的很多律法都要求世人不可做某事？

问：上述律法和《汉穆拉比法典》中的律法有何不同？

希伯来王国及其社会秩序

在长老约书亚的带领下，希伯来人重返迦南，并通过武力逐渐从非利士（"海上民族"）各强族手中夺回了"应许之地"。之后，新希伯来王国建立，由12个部落支派构成。上帝赐名给雅各，称他为"以色列"，他的儿子们就是这些部落的祖先。在扫罗（约前1040—前1000）、大卫（约前1000—前960）和所罗门（约前960—前920）等历代希伯来君主的统治下，迦南国力蒸蒸日上。军队也开始配备铁制战车，保卫国家。

《圣经·列王纪》记载了大卫王之后，希伯来历代君主的历史。正如书中所述，所罗门王通过修建王宫让首都耶路撒冷焕然一新，并建造了一座宏伟的神庙，将约柜妥善珍藏。由于这一工程需要大量的原材料，所罗门王与富饶的邻国腓尼基建立

图 1.8 **约柜和圣器图** 太巴列附近哈末城，公元4世纪，马赛克石碑。传说人们把刻有《十诫》的石碑运回迦南，并放入一个安全保险的容器内，这个容器被称为约柜。在现代犹太教堂里，约柜内储藏着《律法书》

了贸易关系，从而获得了黎巴嫩附近的木料。由于《圣经》中不允许有雕刻神像，神庙内的装饰物显得十分抽象深奥，充满象征的意味。上帝禁止摆放偶像，并不是担心希伯来人会崇拜异教的神像。相反，这一戒律旨在说明：人刻画创造出的像，会诋毁上帝作为造物主的身份。早期的犹太教堂（礼拜场所）中装饰有很多象征信仰的符号，比如围在四周用于遮盖《律法书》的幕墙、犹太教常用的七连烛台和羊角号（用于召集信众祈祷的公羊角）等（图1.8）。

《圣经》中的戒律塑造了希伯来人的社会秩序。上至君主、下至黎庶，希伯来人的心中都存有一个契约：君护国保民，民事君以忠。这与圣约十分类似，体现了希伯来民族与神立约的特点。同样，在犹太家庭中，父亲执掌大权，这一点在社会中普遍存在。人们认为希伯来列王是上帝派往人间的代表。在希伯来的家庭中，男性家长直接管理妻子和孩子，并将其看作自身的财产。总之，正如律法中所言，上帝和希伯来人达成的圣约构建了世俗和家庭权力的模型。

希伯来先知

在所罗门王统治末期，希伯来王国被分为两个行政分区：北部以撒马利亚为首都，保留以色列的国号；南部则仍以耶路撒冷为首都，被称为犹大（"犹太"一词由此而来）。希伯来民族善于经商，这给他们带来了大量财富和物质享受。但也就在此时，希伯来人开始不再遵守他们的道德规范，转而相信迦南地区戒律不严的异教，崇拜主管丰收的男女诸神。

公元前8世纪，宗教改革的呼声高涨。少数被称为先知（意思是"发言人"）的狂热教徒声称，亲耳聆听到了神的不满和愤怒。他们告诫世人，违反圣约将会受到严厉的惩罚。先知阿摩司、何西阿和以赛亚极力劝告希伯来人重新遵守《律法书》中的戒律。

公元前722年，在亚述人攻陷耶路撒冷一个世纪之后，先知耶利米迫切希望希伯来人能重申圣约，并将亚述人突袭犹大视为神在宣泄愤怒，惩罚世人。希伯来人的天命观无疑得到了神的指引，耶利米的预言就是最好的例证：神的赏罚会在现世降临，并非来世。

阅读材料1.4c
摘自《希伯来圣经·耶利米书》

第十一章　耶利米宣告神的约

耶和华的话临到耶利米说："当听这约的话，告诉犹大人和耶路撒冷的居民。对他们说：'耶和华以色列的神如此说：不听从这约之话的人，必受咒诅。这约，是我将你们列祖从埃及地领出来，脱离铁炉的那日所吩咐他们的，说：你们要听从我的话，照我一切所吩咐的去行。这样，你们就作我的子民，我也作你们的神。我好坚定向你们列祖所起的誓，给他们流奶与蜜之地，正如今日一样。'"我就回答说："耶和华啊，阿们！"

耶和华对我说："你要在犹大城邑中，和耶路撒冷街市上，宣告这一切话说：你们当听从遵行这约的话。因为我将你们列祖从埃及地领出来的那日，直到今日，都是从早起来，切切告诫他们，说：'你们当听从我的话！'他们却不听从，不侧耳而听，竟随从自己顽梗的恶心去行。所以我使这约中一切咒诅的话临到他们身上。这约是我吩咐他们行的，他们却不去行。"

耶和华对我说："在犹大人和耶路撒冷居

民中有同谋背叛的事。他们转去效法他们的先祖,不肯听我的话,犯罪作孽,又随从别神,侍奉它。以色列家和犹大家背了我与他们列祖所立的约。"所以耶和华如此说:"我必使灾祸临到他们,是他们不能逃脱的。他们必向我哀求,我却不听。那时犹大城邑的人和耶路撒冷的居民,要去哀求他们烧香所供奉的神,只是遭难的时候,这些神毫不拯救他们。犹大啊,你神的数目与你城的数目相等;你为那可耻的巴力所筑烧香的坛,也与耶路撒冷街道的数目相等。"

问:希伯来人有何过失,要受到耶利米的指责?

古巴比伦的囚虏与《约伯记》

公元前586年,一位来自迦勒底的伟大国王,名为尼布甲尼撒二世(约前634—前562),他亲率大军灭掉了犹大王国。尼布甲尼撒二世将耶路撒冷付之一炬,又把神庙洗劫一空。他俘虏了大批城市里的居民,并囚禁起来。在新修复的巴比伦城中,釉面墙砖的城门和璀璨华丽的"空中花园"让人陶醉(图1.9)。耸立的金字形神塔也成了《创世记》中巴别塔的原型。此后将近50年(前586—前538)的时间里,希伯来人在颠沛流离中度过。《约伯记》可能就是在希伯来人成为巴比伦囚虏之后的这一时期内写成,书中体现了他们的绝望和对上帝至善至美的怀疑。

作为《希伯来圣经》中智慧文学的代表作,《约伯记》引出了一个问题:仁慈的上帝统治世界,但世间为何仍存在冤屈?约伯是一个正直之人,他无可指

图 1.9 **公元前6世纪古巴比伦构想图** 伊什塔大门是古巴比伦八座巍峨高耸的城门之一,横跨在城北的入口处,城墙表面覆盖有靛青色的釉面砖。这座城门是人类最早大规模使用圆形拱券的例证。而尼布甲尼撒二世的宫殿和空中花园就坐落在城门之后,空中花园在宫殿的右侧。顺着地平线的方向,可以看到马尔都克金字形神塔在幼发拉底河东岸若隐若现

第一章 美索不达米亚:神祇、统治者和社会秩序 049

摘，遵守《十诫》，并终此一生侍奉在神的左右。然而，神却冷酷无情，通过夺去他的财产、家庭甚至健康来试探他的忠心。他的妻子于心不忍，恳求他背弃上帝，他的朋友也劝他承认自己的罪过，但约伯公然辩驳——上帝没有理由对他发怒。最后，约伯问了一个普遍性的问题：假如没有天堂（因此人在死后没有审判），一个好人遭受的冤屈如何能够昭雪？或简言之：为何好人总是厄运缠身？

阅读材料1.4d
摘自《希伯来圣经·约伯记》

第一章　撒旦试探约伯

乌斯地有一个人，名叫约伯；那人完全正直，敬畏神，远离恶事。

他生了七个儿子，三个女儿。他的家产有七千羊，三千骆驼，五百对牛，五百母驴，并有许多仆婢。这人在东方人中就为至大。他的儿子按着日子，各在自己家里设摆筵宴，就打发人去请了他们的三个姐妹来，与他们一同吃喝。筵宴的日子过了，约伯打发人去叫他们自洁。他清早起来，按着他们众人的数目献燔祭；因为他说："恐怕我儿子犯了罪，心中弃掉神。"约伯常常这样行。

有一天，神的众子来侍立在耶和华面前，撒旦也来在其中。耶和华问撒旦说："你从哪里来？"撒旦回答说："我从地上走来走去，往返而来。"耶和华问撒旦说："你曾用心察看我的仆人约伯没有？地上再没有人像他完全正直，敬畏神，远离恶事。"撒旦回答耶和华说："约伯敬畏神岂是无故呢？你岂不是四面圈上篱笆围护他和他的家，并他一切所有的吗？他手所作的都蒙你赐福；他的家产也在地上增多。你且伸手毁他一切所有的；他必当面弃掉你。"耶和华对撒旦说："凡他所有的都在你手中，只是不可伸手加害于他。"于是撒旦从耶和华面前退去。

有一天，约伯的儿女正在他们长兄的家里吃饭喝酒，有报信的来见约伯说："牛正耕地，驴在旁边吃草，示巴人忽然闯来，把牲畜掳去，并用刀杀了仆人；惟有我一人逃脱，来报信给你。"他还说话的时候，又有人来说："神从天上降下火来，将群羊和仆人都烧灭了；惟有我一人逃脱，来报信给你。"他还说话的时候，又有人来说："迦勒底人分作三队，忽然闯来，把骆驼掳去，并用刀杀了仆人；惟有我一人逃脱，来报信给你。"他还说话的时候，又有人来说："你的儿女正在他们长兄的家里吃饭喝酒，不料有狂风从旷野刮来，击打房屋的四角，房屋倒塌在少年人身上，他们就都死了；惟有我一人逃脱，来报信给你。"

约伯便起来，撕裂外袍，剃了头，伏在地上下拜，说："我赤身出于母胎，也必赤身归回。赏赐的是耶和华，收取的也是耶和华；耶和华的名是应当称颂的。"

在这一切的事上，约伯并不犯罪，也不以神为愚妄。

第二章　撒旦再试探约伯

又有一天，神的众子来侍立在耶和华面前，撒旦也来在其中。耶和华问撒旦说："你从哪里来？"撒旦回答说："我从地上走来走去，往返而来。"耶和华问撒旦说："你曾用心察看我的仆人约伯没有？地上再没有人像他完全正直，敬畏神，远离恶事。你虽激动我攻击他，无故地毁灭他；他仍然持守他的纯正。"撒旦回答耶和华说："人以皮代皮，情愿舍去一切所有的保全性命。你且伸手伤他的骨头和他的肉，他必当面弃掉你。"耶和华对撒旦说："他在你手中，只要存留他的性命。"

于是撒旦从耶和华面前退去，击打约伯，使他从脚掌到头顶长毒疮。约伯就坐在炉灰中，拿瓦片刮身体。

他的妻子对他说："你仍然持守你的纯正吗？你弃掉神，死了吧！"约伯却对她说："你说话像愚顽的妇人一样。哎！难道我们从神手里得福，不也受祸吗？"在这一切的事上，约伯并不以口犯罪。

约伯的三个朋友，提幔人以利法、书亚人比勒达、拿玛人琐法，听说有这一切的灾祸临到他身上，各人就从本处约会同来，为他悲伤，安慰他。他们远远地举目观看，认不出他来，就放声大哭。各人撕裂外袍，把尘土向天扬起来，落在自己的头上。他们就同他七天七夜坐在地上，一个人也不向他说句话，因为他极其痛苦。

第三章 约伯咒诅自己的生日

此后，约伯开口咒诅自己的生日，说："愿我生的那日和说怀了男胎的那夜都灭没。愿那日变为黑暗；愿神不从上面寻找它，愿亮光不照于其上。愿黑暗和死荫索取那日，愿密云停在其上，愿日蚀恐吓它。"

第七章 在世之劳苦

"人算什么，你竟看他为大，将他放在心上，每早鉴察他，时刻试验他。你到何时才转眼不看我，才任凭我咽下唾沫呢？鉴察人的主啊，我若有罪，于你何妨？为何以我当你的箭靶子，使我厌弃自己的性命？为何不赦免我的过犯，除掉我的罪孽？我现今要躺卧在尘土中，你要殷勤地寻找我，我却不在了。"

第十四章 历言人生逝世甚速

"人为妇人所生，日子短少，多有患难。出来如花，又被割下；飞去如影，不能存留。这样的人你岂睁眼看他吗？又叫我来受审吗？谁能使洁净之物出于污秽之中呢？无论谁也不能。人的日子既然限定，他的月数在你那里，你也派定他的界限，使他不能越过；便求你转眼不看他，使他得歇息，直等他像雇工人完毕他的日子。

"树若被砍下，还可指望发芽，嫩枝生长不息，其根虽然衰老在地里，干也死在土中；及至得了水气，还要发芽，又长枝条，像新栽的树一样。但人死亡而消灭，他气绝，竟在何处呢？海中的水绝尽，江河消散干涸。人也是如此，躺下不再起来，等到天没有了，仍不得复醒，也不得从睡中唤醒。惟愿你把我藏在阴间，存于隐密处，等你的忿怒过去；愿你为我定了日期记念我。人若死了岂能再活呢？我只要在我一切争战的日子，等我被释放的时候来到。你呼叫，我便回答；你手所作的，你必羡慕。但如今你数点我的脚步，岂不窥察我的罪过吗？我的过犯被你封在囊中，也缝严了我的罪孽。

"山崩变为无有，磐石挪开原处。水流消磨石头，所流溢的，洗去地上的尘土；你也照样灭绝人的指望。你攻击人常常得胜，使他去世；你改变他的容貌，叫他往而不回。他儿子得尊荣，他也不知道；降为卑，他也不觉得，但知身上疼痛，心中悲哀。"

第三十八章 耶和华回答约伯

那时，耶和华从旋风中答约伯说："谁用无知的言语使我的旨意暗昧不明？你要如勇士束腰，我问你，你可以指示我。

"我立大地根基的时候，你在哪里呢？你若有聪明，只管说吧！你若晓得就说，是谁定地的尺度？是谁把准绳拉在其上？地的根基安置在何处？地的角石是谁安放的？那时，晨星一同歌唱，神的众子也都欢呼。

"海水冲出，如出胎胞，那时谁将它关闭呢？是我用云彩当海的衣服，用幽暗当包裹它的布，为它定界限，又安门和闩，说：'你只可到这里，不可越过；你狂傲的浪要到此止住。'

"你自生以来，曾命定晨光，使清晨的日光知道本位，叫这光普照地的四极，将恶人从其中驱逐出来吗？因这光地面改变如泥上印印，万物出现如衣服一样。亮光不照恶人，强横的膀臂也必折断。

"你曾进到海源，或在深渊的隐密处行走吗？死亡的门曾向你显露吗？死荫的门你曾见过吗？地的广大你能明透吗？你若全知道，只管说吧！"

第四十二章 约伯顺服耶和华

约伯回答耶和华说："我知道你万事都能作，你的旨意不能拦阻。谁用无知的言语使你的旨意隐藏呢？我所说的是我不明白的；这些事太奇妙是我不知道的。求你听我，我要说话；我问你，求你指示我。我从前风闻有你，现在亲眼看见你。因此我厌恶自己，在尘土和炉灰中懊悔。"

问：《约伯记》为何被称为"智慧之书"？

问：为什么《约伯记》对于理解希伯来圣约如此重要？

毋庸置疑，上帝对约伯的回答是对信仰的有力证明：神的权力是无限的，而人不能对神的意志进行理性解释。《约伯记》宣扬了神的强大和人的弱小，确认了信仰（对上帝的信念和信任）在《希伯来圣经》中的关键作用。《约伯记》充满了人类对于自身弱小的焦虑，这让人想起了《吉尔伽美什》。约伯和吉尔伽美什都受到了神的考验，并最终明白苦难和不幸才是人生的常态。吉尔伽美什一直在寻找，却没能找到永生之道。而约伯向上帝恳求，上帝也答应给予回报，但最终也没能得到起死回生的承诺。

正如乌特纳皮什提姆对吉尔伽美什所说，"没有什么是永恒的"，所以约伯哀叹人一旦出生，就会"出来如花，又被割下；飞去如影，不能存留"。美索不达米亚是《吉尔伽美什》和《希伯来圣经》诞生的摇篮，对生命的悲观在这里并不罕见。如同两河流域的传说一样，希伯来文学对于死后生活的观点让人难以捉摸（埃及宗教思想对此却非常重视）。约伯期望死后能下赴阴间——希伯来人称死后的居所为阴间或阴影之地。然而，回报的承诺迟迟没有兑现，约伯仍执拗地相信圣约。在神统治下的世界，他逐渐明白了自己的处境，并决定坦然接受这一现实，这是导致他悲剧命运的原因。

《希伯来圣经·诗篇》

公元前538年,残余的犹太人返回耶路撒冷,重建所罗门神庙。这时,犹太人刚刚摆脱巴比伦囚虏的身份,就进入了颠沛流离的流亡时代。这一时期有两大特点:一是犹太人在末日之后重拾希望,二是他们重新申明了契约。这一时期也诞生了《希伯来圣经》中最受读者喜爱的一章:《诗篇》(或称《诗篇集》),里面收集了150首关于赞美、感恩、忏悔和祈祷的歌曲。

据传这些歌曲是大卫王所作,由于他在宗教音乐创作上独领风骚,这些赞美诗得以在半个多世纪的时间里口口相传。在希伯来文化中,音乐与祈祷、拜神紧密相关。作为希伯来礼拜仪式(公共崇拜的仪式)的一部分,领唱者会吟诵《圣经》中的片段,并且引导参加团契的成员一起参与唱诗。祈祷和诗篇都可能以应答圣歌风格表现,团契成员回应领唱者的声音,或轮流吟唱。通过在公共崇拜中唱诗,这些诗篇在个人和希伯来群体之间建立了一种密切的联系,就像这一行诗所反映的那样:"你们和我当称耶和华为大,一同高举他的名。"下文列举的是《诗篇》第八篇,这是《圣经》中最为动人的赞美诗之一。

阅读材料1.4e
摘自《希伯来圣经·诗篇》

第八篇　神的荣耀和人的尊贵

耶和华我们的主啊,
你的名在全地何其美!
你将你的荣耀彰显于天。
你因敌人的缘故,

《希伯来圣经》

律法书	《创世记》	《民数记》
	《出埃及记》	《申命记》
	《利未记》	
历史书	《约书亚记》	《历代志》(上、下)
	《士师记》	《以斯拉记》
	《路得记》	《尼希米记》
	《撒母耳记》(上、下)	《以斯帖记》
	《列王纪》(上、下)	
诗歌·智慧书	《约伯记》	《传道书》
	《诗篇》	《雅歌》
	《箴言》	
先知书	《以赛亚书》	《以西结书》
	《耶利米书》	《但以理书》
	《耶利米哀歌》	"十二先知书"

从婴孩和吃奶的口中建立了能力，
使仇敌和报仇的闭口无言。

我观看你指头所造的天，
并你所陈设的月亮星宿，
便说，人算什么，你竟顾念他？
世人算什么，你竟眷顾他？

你叫他比天使微小一点，
并赐他荣耀尊贵为冠冕。
你派他管理你手所造的，
使万物，就是一切的羊牛、
田野的兽、空中的鸟、海里的鱼，
凡经行海道的，都服在他的脚下。

耶和华我们的主啊，
你的名在全地何其美！

问：这首赞美诗和《阿顿颂诗》（阅读材料2.1）相比有何区别？

《圣经》在塑造西方人文传统方面发挥了重要作用。对犹太教来说，这本书是宗教和伦理价值的基础。对基督教和伊斯兰教来说，在亚伯拉罕死后将近两千年，《圣经》中的教诲成了西方思想的基础，包括每个人要对慈爱之神有唯一信仰、神可以代表信众进行干预等等。无论《创世记》，还是《约伯记》，《圣经》里的故事促使人们创造出了伟大的美术、音乐和文学作品。并且，《圣经》中的《诗篇》与其他后续章节共同对西方宗教历史产生了深远影响。

铁器时代的帝国

冶铁技术促使很多强大帝国兴起。更加质优价廉的武器能让军队变得更为庞大且高效，这也就意味着战争不再只存在于贵族之间。随着铁制武器的配备，亚述人、迦勒底人和波斯人先后征服了美索不达米亚的广阔疆域。这些民族建立的帝国，通过施加军事力量来管理被征服的土地，这一举措也被称为帝国主义。

亚述帝国

在两河流域的古代文明中，亚述人以尚武好战著称，并在铁器时代率先建立了自己的帝国。由于系统整合了工程技术与战略战术，亚述人打造了一支强大的军队，并凭借铁制武器征服了美索不达米亚的大部分地区。

公元前721年，亚述人征服以色列，并驱赶了当地的希伯来人。公元前7世纪中叶，亚述人侵吞了波斯湾和尼罗河谷之间的大片土地。自此，亚述国力蒸蒸日上。

在距离首都尼尼微10英里的地方，亚述人建造了一座壮观的豪尔萨巴德城。这座城堡占地25平方英里，城内有一整套建筑设施，包括一座金字形神塔和富丽堂皇的宫殿。这座宫殿内有200多个房间，并配有廊腰缦回的庭院、后宫、府库和议事大厅（图1.10）。宫墙上装饰有浅浮雕，刻画了对外征战和掠夺的场景。另外，墙上还刻有楔形文字，记述了亚述人得胜庆功的盛况。

在这些浮雕画作中，有一幅公元前7世纪的作品展示了亚述巴尼拔王（前668—约前627）率领军队突袭非洲，攻打一座城池的场面（图1.11）。在作品左下方，男性囚房（其首领头戴羽毛，象征权

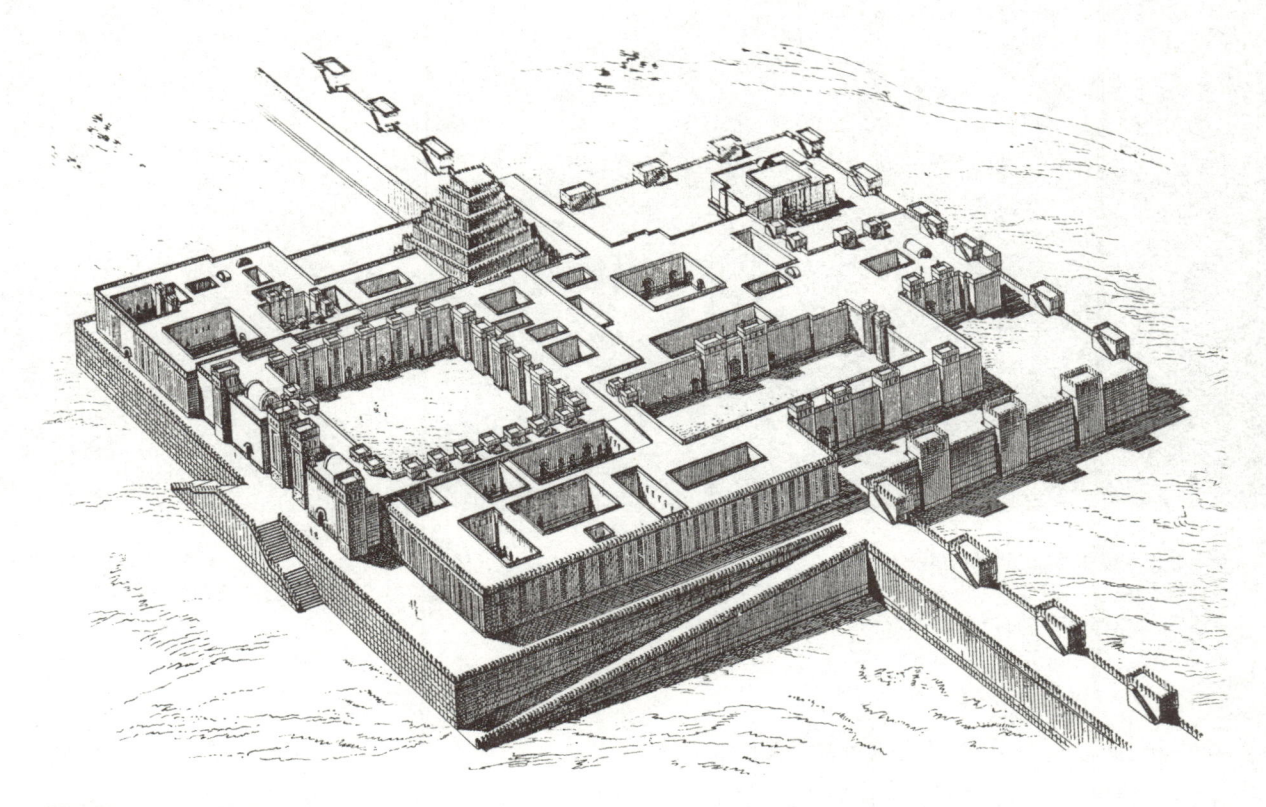

图 1.10 豪尔萨巴德的城堡复原图 亚述帝国，约公元前720年

图 1.11 亚述巴尼拔王率军攻打埃及城市 公元前667年，汉白玉浮雕

图 1.12 亚述纳西帕二世杀死群狮 来自亚述纳西帕二世宫殿，尼姆鲁德，约公元前883年—公元前859年，汉白玉浮雕。在美索不达米亚诸帝国中，亚述人在铁器运用上最为出色，他们用浅浮雕刻画出王室狩猎的场景。国王与狮子竞争搏斗最能体现勇气，同时也是权力的传统象征

力）被成队带走，并跟随在妇孺和战利品的后面。在尼姆鲁德和尼尼微，宫墙上刻画了国王狩猎狮子的场景，而两侧展现的则是军事征服的画面。狩猎和战争，两种元素紧密相连，是彰显统治者英武和权势的不二法门。在这些亚述浮雕作品中，传统上作为古代社会权力象征的狮子，却被描绘成国王的敌手。庆典中，狩猎狮子的场景象征着君主的英明神武。从前，国王可能会效仿史诗人物吉尔伽美什，通过在野外与野生动物搏斗来证明自己的英勇。

在尼姆鲁德，一幅壮观的浮雕描绘了一头受伤的狮子在拼命追逐一辆疾驰而去的战车，而另一头狮子却在国王战车的车轮之下奄奄一息（图1.12）。从表现手法来看，战车车轮与后面狮子的双腿叠加在一起，体现了图片的空间纵深感。而画家又将两匹马的头和脚掌描绘在了同一平面。并且，为了画面布局清晰，作者将伏地受伤的狮子恰好放置在奔腾战马的前后腿之间。人物（正面凸显）和背景（衬托或留白）之间的平衡，让画面的布局与结构变得美妙绝伦。现在，很多亚述帝国的浮雕保存在伦敦的大英博物馆，这些非凡作品展现了艺术家将战争主题元素和宏大叙事完美结合的能力。

如果猎杀狮子的浮雕寓意统治者的英明神武，那么巨大的雕塑则展现出其非凡地位。13英尺高的怪兽守卫着亚述王宫的大门（见图1.1）。它们不仅具有君主的面部表情特征，而且融合了很多动物的特性，包括公牛的雄壮阳刚、狮子的威风凛凛以及鹰的凶残敏锐。这些牛身人面且配有双翼的雕像来自豪尔萨巴德的城堡，象征着至高无上的权力，其作用也在于激起人们的敬畏和恐惧。显然，亚述人的艺术是一种视觉传达，这不仅能彰显统治者的权威，而且能起到震慑敌人的作用。

波斯帝国

在两河流域，波斯帝国最后一个出现在历史舞台，其领土面积也为列国之最。居鲁士二世时期（约前585—前529），波斯通过开疆拓土，国力达到顶峰，帝国领土东起印度，西至地中海。居

科技发展一览表

公元前1800年	赫梯人将铁引入美索不达米亚。
公元前850年	在小亚细亚地区，人们建造了已知的第一座拱桥。
公元前700年	亚述人首先开始挖掘沟渠。
公元前650年	吕底亚人首先开始使用标准货币。

鲁士二世赫赫之功，彪炳青史，故波斯人称其为"大帝"。

在古代文明中，波斯帝国是第一个多民族国家，具有丰富多样的语言和文化。波斯波利斯曾是波斯帝国的首都和庆典中心。在那里，波斯人用石料建造了一座巨大的宫殿，上面装饰有浮雕，描绘着王室禁卫军的模样。

波斯历代君主在庞大官僚体系的帮助下，监督建设了连接帝国主要城市的道路网。每隔14英里，设一驿站。驿卒可乘骏马，不分寒暑、不舍昼夜地飞驰。

基于先知琐罗亚斯德（亦称查拉图斯特拉，约前628—约前551）的教诲，波斯人创立了宗教。琐罗亚斯德拒绝信奉远古时期的自然神明，并认为世间只有一位元始天神，称为阿胡拉·玛兹达（意为"贤明之神"）。他反抗凶神安格拉·曼纽，并劝告世人积善念、行善举、做善事。正如《迦特》赞美诗中所述，琐罗亚斯德教导世人：生活就是一个战场，光明与黑暗在相互斗争。人可以自由选择善恶，并置身于两者的纷争，其结果会最终决定个人的命运。

根据琐罗亚斯德的说法，一场最后的审判会降临人间，恶人会坠入永久的黑暗，善人享有永生，身居光明与荣华之地。琐罗亚斯德教影响了三大世界性宗教（犹太教、基督教和伊斯兰教）的道德教义（见第八章与第十章）。

在波斯波利斯，艺术家们继承了亚述帝国的建筑和雕塑传统。青铜时代以来，波斯人让兴盛于两河流域的金属加工艺术日趋完美。波斯的能工巧匠制作出了精美的餐具、器皿和珠宝，展现了最为复杂精巧的金器加工技术，从而在工艺史上留下了光辉一笔。其中，很多技术流传了几个世纪之久。

年代表

约公元前3200年—公元前2350年	苏美尔城邦
约公元前2360年—公元前2000年	萨尔贡阿卡德王国
约公元前2000年—公元前1600年	古巴比伦帝国（汉穆拉比执政时期：约公元前1792年—公元前1750年）
约公元前1800年—公元前1200年	赫梯帝国
约公元前1300年—公元前700年	小国时代（腓尼基，吕底亚，希伯来）
约公元前750年—公元前600年	亚述帝国
约公元前600年—公元前540年	伽勒底（新巴比伦）帝国
约公元前550年—公元前330年	波斯帝国

回 顾

两河流域

在亚洲大陆西部，底格里斯河和幼发拉底河共同孕育出了新月沃地。这里，农业活动促成了人类最早的文明——苏美尔文明的崛起。

由于地缘的劣势，美索不达米亚经常狼烟四起、动荡不安。这一时期，各个文明此消彼长，为我们带来了丰富多样的语言和政体形式。

美索不达米亚诸神

美索不达米亚诸神往往和自然的力量相互关联。根据《古巴比伦创世神话》，智慧之子马尔都克神推翻了大母神，创建了巴比伦城，并创造了人类。

《吉尔伽美什》作为世界第一部英雄史诗，基于历史原型记述了乌鲁克统治者探求永生之道的故事。这部史诗反映了在美索不达米亚文化中普遍盛行的"人类生命脆弱感"。

美索不达米亚的统治者

作为诸神的代言人，祭司王单独统治苏美尔诸城邦。历代祭司王负责统领军队、调节食物供应和分配，并主持国家的政治宗教事务。在宫殿的神庙中，他们设计出各种仪式，希望得到众神的垂青。

约公元前2350年，在阿卡德诞生了一代枭雄，名为萨尔贡一世，他征服了这些苏美尔城邦，并作为神权君主统御万民。

社会秩序

约公元前2700年，社会秩序和劳动分工在美索不达米亚盛行，这一场景在"乌尔军旗"饰板上有所体现。饰板的最顶层描绘的是统治者及其官员，下面一层是士兵和随从，最底层是战俘或奴隶。

公元前2000年以后，古巴比伦城邦的统治者们建立了巴比伦第一王朝。汉穆拉比作为第六任君主，颁布了一部成文法典。这部法典涵盖了社会的方方面面，规定了每个人应该承担的道德、社会和商业义务。

在当时，美索不达米亚的人们认为：不管在智力还是体力上，女性明显都不如男性，并将女性视为男性的私有财产。然而，在《汉穆拉比法典》中，女性却享有商业自由并受到了相当程度的法律保护。

美索不达米亚的艺术

美索不达米亚盛产艺术品，包括珠宝、武器、日用百货和乐器等。这些都展示了古代文明的富饶。

作为最令人瞩目的建筑象征，金字形神塔是美索不达米亚城邦的精神中心。神塔不仅是庙宇也是神殿，象征着连接天界和凡间的圣山。

铁器时代

公元前2000年，赫梯人将铁引入了小亚细亚地区。而赫梯作为游牧部落，曾经建立过一个伟大的帝国，一直延续到公元前1200年才宣告灭亡。

比起青铜，铁质优价廉，这一新兴材料代表了当时先进的技术。铁制工具促进了农业生产和小城邦的兴起，比如腓尼基和吕底亚。此外，铁制武器和战车也加快了帝国的军事扩张。

希伯来人

约公元前2000年，希伯来人在苏美尔地区定居生活。考古学家认为这一时期是希伯来历史的开端。《希伯来圣经》中曾提到，在乌尔城，有一位长老名为亚伯拉罕,他带领希伯来人向西穿过新月沃地到达迦南。

《希伯来圣经》第一卷(《创世记》)叙述了圣约的故事。上帝看到亚伯拉罕的后代信仰坚定,承诺保护他们。

希伯来一神教认为世间只有一个神,并相信上帝超越自然、通晓天地,这与古代社会其他的宗教信仰大不相同。

《圣经》前五卷在公元前10世纪至公元前7世纪之间写成,人们通常称其为《律法书》。

据说,在希伯来人出埃及之后,上帝直接将《十诫》亲自交给摩西。这部法典中的精神和道德规范是构成道德一神论的基础,该理论认为上帝才是唯一的道德监督者。

在扫罗、大卫和所罗门的历代神权统治下,首个希伯来王国最终建立。但在美索不达米亚,其他帝国却对希伯来王国虎视眈眈,不断率兵攻打。

《先知书》和《约伯记》反映了希伯来人颠沛流离的历史。同时,《希伯来圣经》为犹太教、基督教和伊斯兰教奠定了宗教与道德基础。

铁器时代的帝国

随着各个文明开始配备铁制武器,亚述人、迦勒底人、波斯人先后征服了美索不达米亚的大片疆域,从而缔造了众多幅员辽阔的帝国。

亚述人既骁勇善战,又不乏能工巧匠,最终在公元前721年吞并了波斯湾与尼罗河谷之间的大片土地。

在美索不达米亚诸国中,波斯帝国版图最大,也是最后一个出现的帝国。波斯帝国具有丰富多元的文化,在公元前6世纪达到顶峰。波斯先知琐罗亚斯德设想,有善恶两股力量在世间不断地斗争,并告诫世人,最后的审判会降临在每一个人身上,或升向光明,或遁入黑暗。

术语表

轮流吟唱：一种歌唱形式，两组或多组声乐或器乐交替演唱。

圣约：特指希伯来民众和上帝之间的契约。

帝国：在单一君主统治下，通过军事征服兼并土地建立而成的国家。

史诗：一种长篇叙事诗，歌颂历史英雄人物追寻生命意义或身份的丰功伟绩。

一神论：认为只存在一个神的信仰。

马赛克：一种用小片玻璃或石头进行平面装饰的方法。

先知：被神差遣传讲启示的人。

应答圣歌：一种歌唱形式，独唱者回应跟随者或唱诗班的歌声。

羊角号：用公羊角制成的号角，用于召集犹太人进行祈祷活动。

神权：由上帝统治或代表上帝进行统治。

律法书：《希伯来圣经》前五卷，包括《创世记》《出埃及记》《利未记》《民数记》和《申命记》，即《摩西五经》。

金字形神塔：用瓦砾和砖块砌成的阶梯形高塔，古代美索不达米亚人将其作为神庙使用。

第二章
非洲：诸神、统治者与社会秩序

约公元前3100年—公元前330年

船只在河中南航北驶，
所有的路都因神的出现而开。
——《阿顿颂诗》

图 2.1 狮身人面像 埃及吉萨，约公元前2540年—公元前2514年。面朝东方：古埃及人崇拜大自然的生命力，并认为东方是太阳升起的地方，代表复活和重生

如同美索不达米亚文明一样，非洲文明的兴起也时刻受到大自然的挑战。阳光普照大地，滋养万物，可使五谷丰登；而狂风却能吹走一切，席卷整个村庄；雨水也能让河流泛滥，洪水滔天。所有这些气候因素都对当时人们的日常生活有所影响，即使放在今天也不例外。

虽然，我们的祖先无时无刻不在为生存而斗争，但在当时，这些大自然的力量和代表这些力量的众神至关重要。在古代非洲，文明的诞生不仅取决于强有力的领导和民众的共同协作，而且在本质上取决于该文明的公共价值观，即天神创造了世间秩序。这一思想在当时人们的心中根深蒂固。和美索不达米亚一样，宗教和世俗领域之间的联系也支配着当地的社会和道德生活。因此，诸神、统治者和社会秩序仍是我们关注的三个重点。

非洲：古埃及

古埃及文明诞生于非洲东北部尼罗河沿岸。尼罗河全长约4000英里，发源于非洲的心脏地带。在地图上，这条蓝色的细线最终注入地中海，并在入海口形成了一个扇形三角洲。约公元前3200年，古埃及实现统一，在君主的统治下，有无数村庄沿尼罗河两岸蓬勃发展。古埃及四面都是海洋和沙漠，不容易受到外来的入侵，这样的地理条件为埃及的发展带来了稳定。与美索不达米亚不同，古埃及享有高度统一的宗教、政治和文化生活，并持续了近3000年。古埃及人不仅有共同的语言，而且对现实世界具有共同的认识。

古埃及诸神

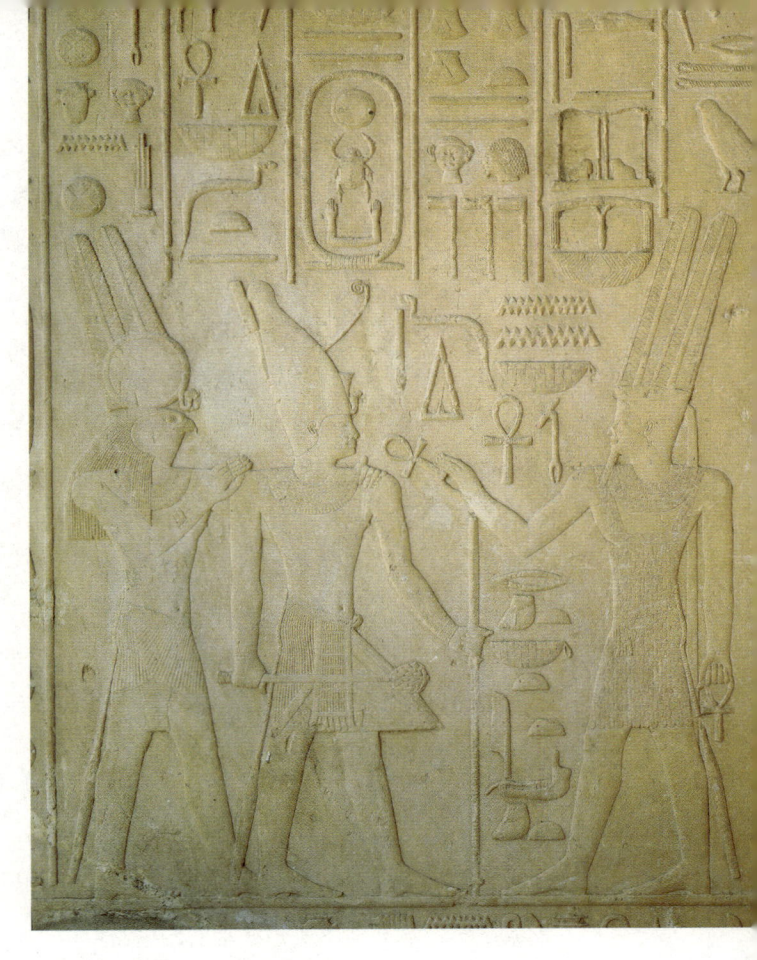

图 2.2 阿蒙神迎接塞索斯特里斯一世 石柱浮雕，卡纳克神庙白教堂，约公元前1925年。右边是太阳神阿蒙，他将永恒的生命（以安可的形式）赐予中王国时期的埃及法老塞索斯特里斯一世。在法老的背后矗立着猎鹰头荷鲁斯守护神

地理和气候等自然环境的典型特征有助于塑造古代人民的世界观和宗教信仰。在非洲东北部，炎热干旱的气候带来了充足的阳光，这不仅让种植庄稼成为可能，也让太阳神的地位举足轻重。在古埃及，人们认为太阳神比其他诸神都要伟大，并给予他很多称谓，包括阿蒙、赖神（拉神）、阿图姆和阿顿等。3000年来，在古埃及多神信仰体系内，人们对太阳神的崇拜居于主导地位。此外，尼罗河作为世界上最长的河流，对古埃及人的生活同样重要。古希腊历史学家希罗多德也称古埃及为"尼罗河的馈赠"。尼罗河河水每年向外溢出，为沿岸留下了大片肥沃的土地，这是古埃及文明发展的根基。河水泛滥周期为365天，这不仅为太阳历奠定了基础，也是古埃及人具有高度秩序感的主要原因。

无论是太阳每天东升西落，还是尼罗河每年河水泛滥，古埃及人都从这些自然规律中找到了安身立命之道。他们通过观察自然元素，包括太阳、尼罗河和北非大面积的平原，构建了自己的宇宙学，即宇宙起源和构造等理论。埃及的创世神话将地球描述为漂浮在冥界水域的圆形大盘。在时间的起点，尼罗河里产生了一堆淤泥，太阳神从中出现，并得神力自生自长，接着又生出了其他埃及众神。

古埃及人认为，太阳每天从东方升起，是诸神"重生"的象征。太阳神的复活意味着白天的光明、纯洁、善良和生命的力量战胜了夜晚的黑暗、无知、邪恶和死亡。太阳东升西落，证明了自然的周期性规律。古埃及人从中既认识到了死亡的必然性，又看到了出生的希望。人们对太阳的崇拜主导了古埃及的宗教历史。在埃及王国时期最古老的赞

美诗中，人们赞美赖神自生自长的生命力量。

如同其他古代神灵一样，太阳神有许多称谓，每个名字都描述了他力量的不同方面，包括阿蒙（意为"给予生命气息"）、阿图姆（意为"夕阳"）和阿顿（意为"日轮"，见阅读材料2.1）。在重生仪式中，人们通过吟诵赞美诗纪念太阳神在人间的神圣代表：法老。内容摘录如下：

哦，赖神，我赞美你，
当你落山，阿顿神……

神性光明，初现光芒。
泰初诸神，起于洪荒。

在埃及的墓葬和寺庙中，经常出现太阳神赐予法老权力的场景。在埃及卡纳克的一所白色神庙中，一幅浮雕作品展现了法老塞索斯特里斯一世头戴象征上、下埃及的王冠，手持权杖，并从太阳神阿蒙手中得到了生命的象征——安可（图2.2）。

尼罗河作为古埃及人生活中的主要自然元素，其地位仅次于太阳。古埃及人将尼罗河视为冥界统治者——死神奥西里斯。根据埃及神话，奥西里斯被他邪恶的兄弟塞特所杀。然后，塞特将他碎尸万段，扔进了尼罗河。但天后伊西丝作为他的忠贞之妻，将这些碎尸收集起来，并成功复活了奥西里斯。奥西里斯复活之后，与伊西丝一起生活，并育有一子，名为荷鲁斯。最终，荷鲁斯为报父仇，手刃塞特，成为埃及的统治者。

关于奥西里斯的神话生动地描述了复活的概念，这是古埃及信仰体系的核心。虽然人们对太阳的崇拜主导了古埃及的官方宗教，但还是有2000多位地方性神明共同构成了埃及的"万神殿"。这些神灵中，大多数具有多种神力，保佑古埃及人的日常生活。然而，人们在一座女神雕塑上发现了关于

古埃及主要神灵

名称	职能	描绘为
阿蒙	太阳神，天地的造物者	猎鹰、日光
阿努比斯	制作木乃伊工匠之神，墓园之神	胡狼
阿顿	日轮之神	日轮
贝斯	女人分娩时的帮手，保佑人免受蛇的伤害	狮面侏儒
哈比	尼罗河神	公牛
哈索尔	赖神的母亲、妻子和女儿，天后	母牛
荷鲁斯	奥西里斯和伊西丝之子，天神	猎鹰
伊西丝	奥西里斯之妻，荷鲁斯之母，丰收女神	女性
玛特	真理和宇宙秩序女神	头部羽毛
奥西里斯	冥界之神	木乃伊化的国王
卜塔	人类的创造者，工匠之神	木乃伊
塞特	奥西里斯的兄弟，雷神，主管暴力	猪、驴、河马
透特	创造文字，书吏之神	朱鹭

伊西丝的祷告文，这表明她在埃及女性神明中具有核心地位。内容摘录如下：

> 伊西丝，伟大的神，我赞美你，
> 你是众神之母、天界的淑贤，
> 亦是掌管诸神的天后！

古埃及的统治者

新石器时代，尼罗河沿岸的村庄由各地的统治者分别治理。直到公元前3200年左右，在第一任法老纳尔迈（也称美尼斯）的统治下古埃及才统一起来。上、下埃及的统一，作为一个重要的政治事件，被铭刻在一块2英尺高的石板上，史称"纳尔迈石板"（见调查研究，图2.4）。随后，埃及的第一个王朝开始出现在历史舞台上。接下来的2500多年间，古埃及历经朝代更替。

公元前3世纪，一位埃及祭司将古埃及历史划分为不同时期。在古王国和中王国时代之间的中间期，古埃及政治动荡，民怨沸腾。而在中王国和新王国时代之间的时期（第二中间期），古埃及人成功抵御了喜克索部落的入侵。该部落十分好战，古埃及人与其交战之后，学会了如何御马驾车。在驱逐喜克索之后，新王国时代的法老创造了埃及的第一个帝国，并将势力范围扩展到叙利亚、巴勒斯坦

图 2.3 法老门卡拉与女王卡蒙罗内比蒂二世双人雕像 埃及吉萨，门卡拉，埃及第四王朝

年代表

埃及王朝早期	约公元前3100年—公元前2700年（埃及第一、第二王朝）
古王国时期	约公元前2700年—公元前2150年（埃及第三至第六王朝）
中王国时期	约公元前2050年—公元前1785年（埃及第十一、第十二王朝）
新王国时期	约公元前1575年—公元前1085年（埃及第十八至第二十王朝）

科技发展一览表

公元前2650年	法老胡夫（或称奇阿普斯）下令修建吉萨大金字塔。
公元前1500年	古埃及人开始使用简易日晷。
公元前1450年	古埃及人发明滴水时钟。
公元前1400年	埃及和美索不达米亚开始出产玻璃。

调查研究

纳尔迈石板

纳尔迈石板浮雕正面（图2.4右）主要描述纳尔迈法老右手挥动权杖，左手击打敌人头部的征服者形象，上方的鹰象征荷鲁斯神，下部是落水的败军。石板反面（图2.4左）上端描绘法老统一埃及后，头戴王冠参加庆典；中段表现庆典中训练长头怪兽的场景；下端描绘法老化作神牛向敌人冲去。

图 2.4 纳尔迈石板（正反面）约公元前3100年

和努比亚。古埃及后期，最后的十一个王朝（古埃及第二十一王朝至第三十一王朝）经历了几个世纪的政治动荡之后风雨飘摇。公元前332年，亚历山大大帝征服埃及。古埃及，这一具有3000年历史的文明，最终在外族入侵下走向灭亡。

在悠久的历史中，古埃及人认为土地是神圣的存在。普天之下，皆为众神之土。法老统治四海，并让佃农和奴隶耕种土地。在农业社区内，每次收获的成果按需分配。这种受到神性约束的生活方式，被称为"神权社会主义"。这为埃及提供了丰富的食物，甚至出现盈余，从而促进了贸易的广泛开展。然而，土地本身并非由父系家庭代代相传，而是由母系家庭决定，即丈夫需要继承妻子家的土地。法老的儿子为了取得王位，将不得不娶自己的妹妹。因此，在埃及王朝历史上有无数的近亲结婚。

在埃及的历史中，这一传统延续的时间比任何古代文明都要长，其原因可能与追溯亲子关系的做法有关。在古王国时期，法老门卡拉的站立雕塑中，女王骄傲地站在他的身边，一只胳膊搂着他的腰，另一只则轻抚着他的手臂。他们的下巴微微抬起，信心十足，风度翩翩，共同表现出一种坚定的意愿（图2.3）。在传统上，埃及的统治者是男性，但女性登上王位也有三次之多。在所有女性法老中，最著名的当数哈特舍普苏（约前1503—前1482）。她统治埃及长达22年，经常穿着男装，头戴王室专用的假发，贴假胡须，手拿象征王权的传统物品：曲柄杖和连枷。

古埃及神权政体

在古埃及历史中，政治权力很早就与神权、宗教密不可分。古埃及人认为，众神将力量赐予法老，让他代替神统治万民。在这样的神权政体中，统治者代表了神在人间的意志。例如，太阳神不老不死、生生不息，于是法老借他的名义进行统治。彼时，古埃及人认为，法老同时也是奥西里斯和伊西丝夫妇之子：鹰头神荷鲁斯（见图2.2）。统治者和众神之间的联系如此密切，这让埃及人赞美法老的诗歌可以与那些祈求众神的诗歌相提并论。

在视觉艺术中，古埃及艺术家们往往用猛兽的特性和体态特征描绘统治者和众神。例如，在埃及吉萨，狮身人面像在宗教建筑群周围伫立，守卫着通往这些建筑的入口（见图2.1）。作为古埃及最为古老的大型雕像，这一形象令人难以忘怀。雕像的头部是古王国时期哈夫拉法老的人面像，而身体则是作为百兽之王的非洲雄狮。因此，这尊雕像不仅彰显了非凡的力量，也象征法老的绝对权威。

古埃及律法

古埃及在编纂修订民法和刑法之前，有很多习俗和不成文的规则长期存在。事实上，法老的很多不成文规定构成了古埃及律法（这些规定口口相传，直到新王国时期才得到记录）。一则刻于埃及古王国时期的墓墙铭文概括了这一现象："法老所言，便是律法。"

公元前4世纪之前，埃及没有任何法律得到记录。但如果考虑到公元前13世纪末，法老拉美西斯二世统治了大约300万人这一现实情况，我们就可以看出：传统口述的规则、惯例和习俗对于国家的长治久安至关重要。

对死者的崇拜

古埃及人崇拜法老，认为其是太阳神在人间的代表，并相信法老死后，将与太阳一起永远统治埃及。在法老下葬之前10个星期，他的尸体要经过一系列防腐程序，其中包括：去除所有内脏（除了心脏）之后，用防腐剂浸泡；摘除大脑，舍弃不用，再将肠、胃、肺和肝等内脏分别进行防腐处理；之后人们把法老尸体包裹在细麻布内，并放入精雕细琢的棺材中（图2.5）。王室成员再将棺材放入驳船，沿尼罗河顺流而下，最终到达尼罗河三角洲南端的吉萨墓地附近。

作为死者最终的归宿，最早的古埃及墓室可能是以家庭住宅为参考。这些墓室被称为马斯塔巴，由泥砖砌成，结构为单层长方形，包括一个装有死者雕像的房间、一个陪葬品室。并且，在距离地面约100英尺的地下，还有一个竖井墓室。公元前2600年之前，左塞成为古埃及第三王朝君主。在他短暂的统治时期，建筑师伊姆霍特普将六座马斯塔巴从大到小层层堆叠，为他建造了令人印象深刻的阶梯式金字塔（图2.6）。金字塔形状可能是受到神话中淤泥丘的启发，据说那里最初是太阳神的诞生之地。随着古埃及进入古王国第四王朝时期，真正的几何形状金字塔开始出现。

埃及金字塔建于公元前2600年至公元前2500年之间，不仅是古埃及建造技术的奇迹，也是古埃及存续至今的象征。修建金字塔工程浩大，一座胡夫金字塔就需要5万多劳力（分为25个组）用30年时间才能完成。最近，人们通过分析埋葬在吉萨的劳工的DNA，发现建造金字塔的是古埃及人，并非以往猜测的外国奴隶。这些古埃及劳工开采、运输并聚集了数千块巨石，这些石块大多数重2至50吨。尽管一些历史学家推测，工人们在当时用砂石搭造斜坡让石料就位，但通常认为，他们是用杠杆将这些石料从一层抬到另一层的。最终，工人们把打磨光滑的石灰石一层一层垒砌，建成了这一巨大陵墓的外表面。在没有滑轮、砂浆的条件下，他们只凭借铜

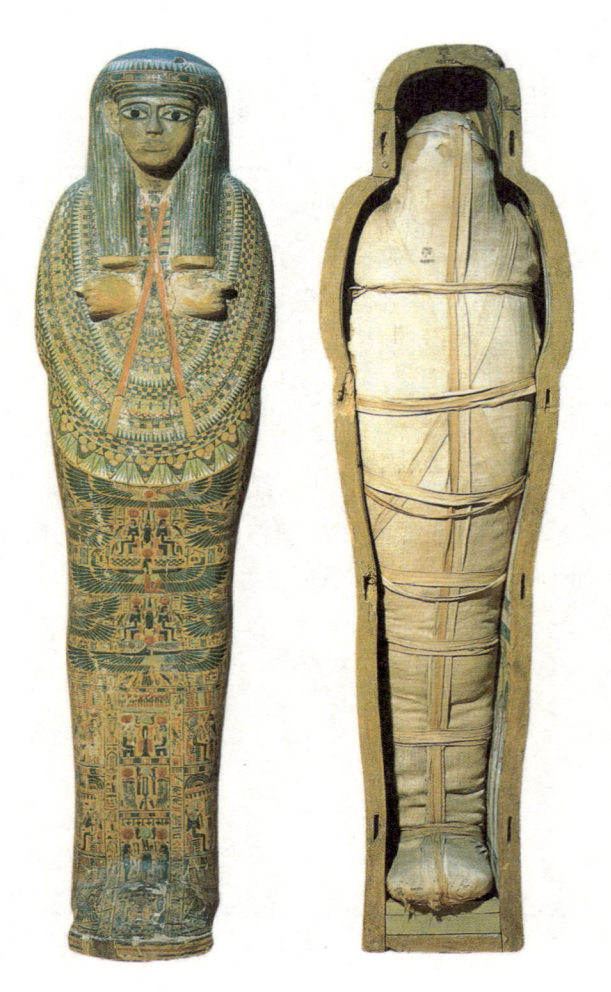

图 2.5 **古埃及木乃伊及其棺椁** 约公元前1000年

图 2.6 **左塞金字塔** 埃及塞加拉，约公元前2630年

图 2.7 埃及吉萨大金字塔群 从左到右分别是：门卡拉金字塔，约公元前2575年；胡夫金字塔，约公元前2650年；哈夫拉金字塔，约公元前2600年

制的锯子和凿子完成了这一壮举。

如今，埃及吉萨存有大量古埃及建筑遗迹，其中最为著名的当数胡夫金字塔（图2.7）。这座金字塔由200多万石块构成，高度约为480英尺，占地面积13英亩[1]。在这座皇陵中，有一系列墓室被隐藏起来，并通过洞穴连接到外部。金字塔不仅是法老死后永远的归宿，也是古埃及人共同的信仰，旨在向永远仁慈的法老致敬。

墓穴内存放有大量陪葬品，每一件都是法老的珍宝，包括价值连城的珠宝、武器和家具。古埃及人认为，所有这些珍宝都可能是法老来世所需之物。在墓穴墙壁上，人们又发现了彩绘壁画，并猜测这些壁画使用了一种称为干壁画的绘制技术。同时，墙壁上刻有浮雕，生动展现了当

1. 英美制面积单位，1英亩约合4046.86平方米。——编者注

时古埃及的宗教仪式和日常活动。象形文字是构成壁画的重要组成部分，不仅叙述了埃及统治者的成就，而且列出了墓室中的陪葬品清单。除此之外，人们还发现这些文字有一些用于为死者祈祷永生。

在这些壁画作品中，有一些人物形象描绘了古埃及的重要官员，比如行政人员和书吏，他们陪同法老去往来世（图2.8）。还有一些人物形象是仆人，他们带着食品和其他生活必需品，包括面包、家禽、啤酒和亚麻布等。浮雕刻画的形象可能是仆人和奴隶的真人代替品，因为在更早之前，这些奴仆是要为他们的主人殉葬的。古埃及人为了给法老的英灵（古埃及人称为"ka"，意为生命力或神圣之源）提供一个安全和熟悉的居住地，可能将他死后佩戴的面具或"不朽"的头部肖像放入坟墓。

建造金字塔不仅是为死者提供葬身之地，也是为了确保其在来世的舒适生活。然而，在金字塔建成之后的几个世纪，盗墓者常常进行疯狂挖掘，很多墓中的陈设都已丢失或被盗。针对这一问题，在古埃及王朝中后期，法老们开始采用其他埋葬方法。比如在尼罗河沿岸的岩石峭壁上放置悬棺，以及在底比斯以西的国王谷中隐蔽墓址。但随着时间的推移，这些陵墓也都被盗掘。其中，有一些皇陵逃过一劫，但数量极少。比如公元前14世纪的一座坟墓得以幸免，里面埋葬着一位年少的法老，名为图坦卡蒙（约前1361—前1352）。

1922年，英国考古学家霍华德·卡特发掘了这座坟墓。

图 2.8 盘腿而坐的书吏 埃及塞加拉，第五王朝时期，约公元前2400年。书吏是古埃及最高官员之一，训练有素，精通读写、法律、宗教以及数学。书吏经常被视作学者与牧师

第二章 非洲：诸神、统治者与社会秩序 069

他在墓中发现了法老的纯金棺材，上面镶有玛瑙、天青石和绿松石（图2.9）。并且，墓中还有一把精美的宝座，上面描绘了图坦卡蒙及其妻子的形象（图2.10）。我们还可以从中看出，埃及女王穿着一件长至脚踝的礼服，站在太阳神的日轮之下，温柔地整理丈夫的衣领。在他们上方，有一轮红日放出光芒，在光的尽头是人的双手，其中一些人拿着安可。

古埃及人相信，人在死后仍有生命。这一观点似乎主导了古埃及文化的各个方面。因此，最精致的墓穴留给了王室和贵族。但最近在埃及吉萨的地下墓地，人们发现了至少700座坟墓，里面埋葬着无数的工匠。人们在这些死者的棺材中发现，纸莎草卷上写有引导灵魂转世的祈祷和咒语。《亡灵书》就是这样的作品。这是一套葬礼祈祷文集，其历史可以追溯到公元前4000年，旨在让每个人对最后的审判做好准备。在奥西里斯和伊西丝神面前，死者的灵魂要能背诵一份冗长的忏悔文，以证明他们内心的纯洁。内容摘录如下：

图 2.9 图坦卡蒙棺盖（局部）

> 我从未作恶多端
> 我从未强取豪夺
> 我从未施加暴力
> 我从未偷窃
> 我从未杀人
> 我从未缺斤少两
> 我从未口蜜腹剑
> 我从未口是心非
> 我从未欺辱人妻
> 我从未引起冲突
> 我从未亵渎神明
> 我从未傲慢无礼
> 我从未有灰色收入

在《亡灵书》中，一幅彩绘纸莎草卷轴（图

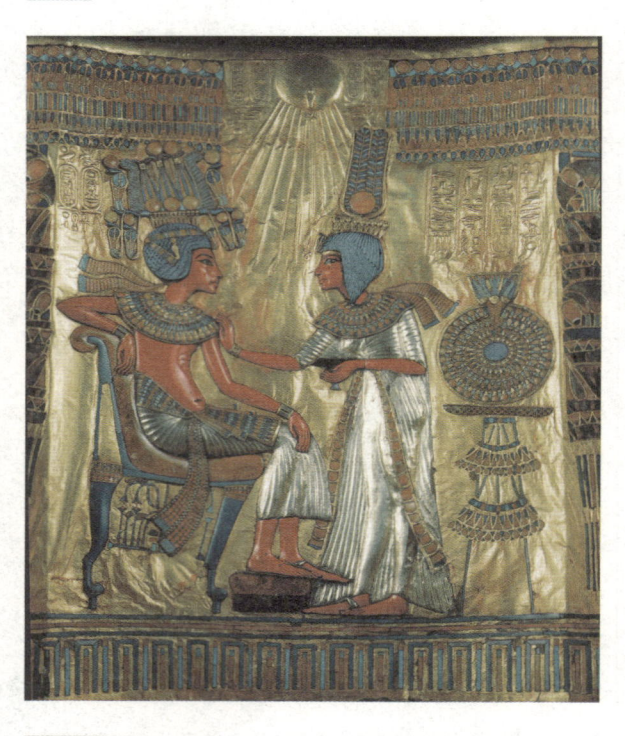

图 2.10 图坦卡蒙和女王的宝座（椅背局部）马拉纳晚期，新王国时期，第十八王朝。太阳神的光芒照耀在图坦卡蒙和他妻子的身上，两人都戴着华丽的王冠，象征对上、下埃及的控制权

2.11）重现了最后的审判：冥界之神奥西里斯（最右边）和他的妻子伊西丝（最左边）监督着审判仪式的进行，死去的公主恩提妮的心脏将被挖出放在天平的左侧，象征真理的塑像被放在右侧，以比较两者之间孰轻孰重。

在审判之后，公主看着狼头死神阿努比斯，为挖心之苦做好了准备。"赐予你，"她向奥西里斯念道，"我可以将自己置于生者，并在河中南航北驶，行在你的追随者之中。"如果心脏"用天平审判之后，发现以假乱真"，它将被怪物阿门特吞噬，从而迎来第二次死亡。

若为赤子之心，它将会沐浴在阳光下，"在河中南航北驶"，或在麦穗长势良好的地方蓬勃兴旺，死者的灵魂也将享受盛宴和歌唱。在埃及闪努地耶姆墓室的墙壁上，描绘了这一天堂之域："被赐福的田地"被仁慈的众神（顶部）和茂盛的果树（底部）所环绕（图2.12）。在这里，死亡是日常生活的延续，永远漂浮在一片原始水域。图中蜿蜒曲折的蓝线勾勒出了这片水域的轮廓。

埃赫那顿法老的改革

在整个古埃及王朝的历史中，法老的中央权威一再受到各地神庙祭司的质疑。由于这些祭司集团在尼罗河沿岸拥有自己的势力范围，所以他们在宗教和政治问题上往往首鼠两端。古埃及新王国时期，为了巩固中央权威、反对祭司集团结党营私，法老阿蒙霍特普四世（约前1379—前1362）废除了古埃及多神教的传统，独尊阿顿神（日轮之神）为正统。这一时期，古埃及人在早期赞美歌的基础上，创作出了《阿顿颂诗》。

阅读材料 2.1
摘自《阿顿颂诗》
（约公元前1352年—公元前1336年）

在天涯出现了您美丽的形象，
阿顿神，生命的开始呀！
当您从东方的天边升起时，
您将您的美丽普施于大地。
您是如此仁慈，如此闪耀。
您高悬在大地之上，
您的光芒环绕大地行走，
走到您所创造的一切的尽头，
您是拉神，您到达一切的尽头，
您使一切为您的爱子服役。
虽然您距离那么远，
但您的光都照在大地上；
虽然您的光照在人们脸上，
但没有人知道您在行走。
当您在西方落下时，
大地像死亡一样陷入黑暗之中。
人们蒙头睡在屋里，
一眼看不见另一眼，
如果他们的财物给偷了，
他们也不知道。
猛狮出洞，毒蛇噬咬，黑夜如漆，大地沉睡，
他们的创造者在地平线下休息。

当天一亮，您就从地平线上升起，
您成为白日的阿顿神，驱走黑暗，放射光辉，
整个世界[1]都欢欣鼓舞。
人们站在地上，

---

1. 指上、下埃及。

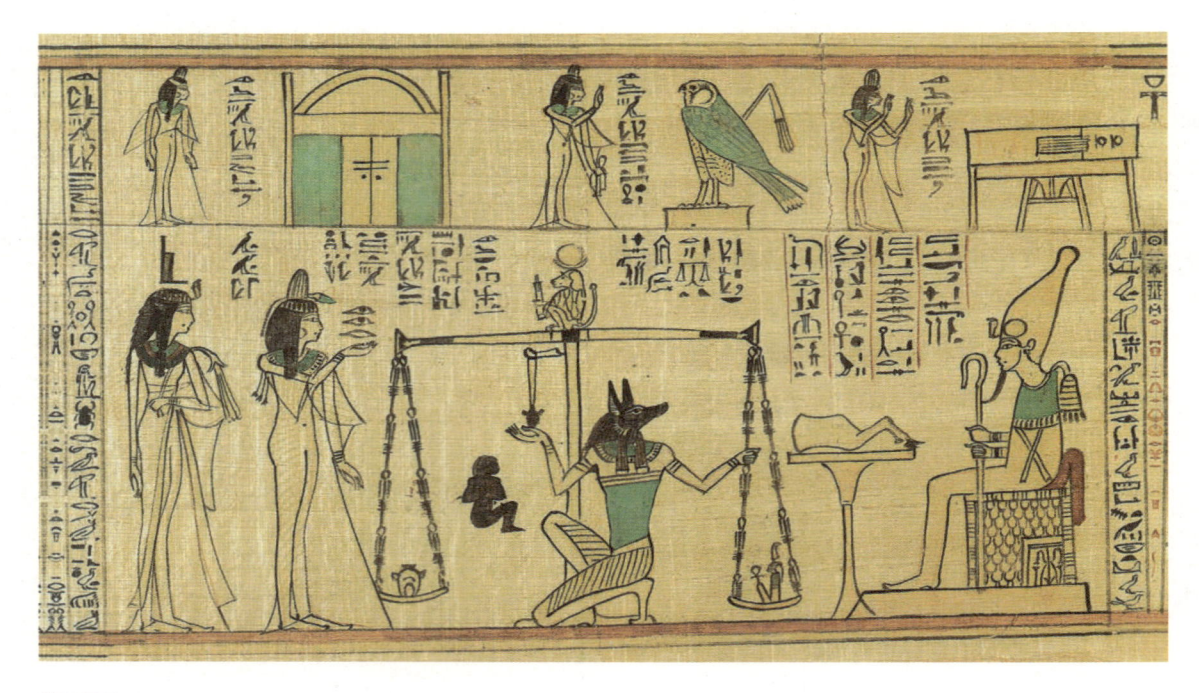

图 2.11 纸莎草卷中记载的葬礼场景。《亡灵书》，约公元前1285年。
公主恩提妮站在一组天平的左边，狼头死神阿努比斯神将心脏挖出，放在天平的左侧，再将象征真理的塑像放在右侧，
比较两者之间孰轻孰重。而冥界之神奥西里斯坐在王位上进行裁决，他的妻子伊西丝站在公主的后面

图 2.12 一幅描绘《亡灵书》中第110条咒语的壁画。闪努地耶姆墓室，约公元前1279年。由于埃及干旱少雨，这一幅
以及其他壁画被保留下来。人们认为这些壁画中出现的蓝色色彩是世界上最早的人工颜料

梳洗穿戴，高举双手，赞美神的出现，
因为神唤醒了他们。
全世界都开始工作，
牲口就食，草木萌生，
飞鸟出巢，展翼以迎神的卡[1]。
所有的奶牛都蹦蹦跳跳，
所有能飞落的生物，都因神的升起而得活。
船只在河中南航北驶，
所有的路都因神的出现而开。
鱼儿在河水中穿梭，
因为您的光辉照到了海洋。

是您让女人养育婴儿，
是您让男人有了生育的精元，
是您给予胎儿以生命，
并用神力安抚，使他不再哭泣。
您眷顾一切，包括新生的婴孩，
赐予万物生命，滋养芸芸众生。

问：在这首赞美诗中，阿顿神有哪些力量得到了人们的颂扬？

法老阿蒙霍特普四世将自己的名字改为埃赫那顿（意为"阿顿神的侍奉者"），放弃了政治首都孟菲斯和宗教中心底比斯，而在两地之间修建了一座新宫殿，名为阿克塔顿（意为"日轮力量之所在"）。

埃赫那顿的正妻涅菲尔娣蒂和她的婆婆共同协助组织国家事务。涅菲尔娣蒂作为六个女儿的母亲，经常被描绘成女神伊西丝。据说，伊西丝降临在了所有埃及王后的身上。涅菲尔娣蒂美丽自信，这让艺术家们雕刻出了很多关于她的塑像。其中，

1. 指神的意旨。

图 2.13 涅菲尔娣蒂王后头像 古埃及新王国时期，第十八王朝，约公元前1355年

一些雕像的设计虚实结合，引人注目（图2.13）。最终，埃赫那顿的一神教改革人亡政息。在他去世之后的几年里，埃及保守派牧师和贵族恢复祖制，重新崇拜多神。

社会秩序

如同所有古代文明一样，古埃及文明的存在离不开人们之间的密切协作。每个人各有专长——管理、贸易、耕作、战斗等，共同为集体做贡献。强大的家庭、部落和氏族，通常由那些在战斗中得胜

之人组成，他们具有长期稳固的势力范围，并声称自己有神的血统，或与诸神有所联系。皇室权威一旦得以巩固，几乎无法取代。王朝的统治者与监督地方宗教活动的祭司阶层一起，组成了精英群体，管理下层阶级（包括商人、农民、牧民、工匠、士兵和仆人）的生活。然而在古埃及，社会阶层具有很大的流动性，任何雄心勃勃的人，无论处于哪一阶层，都有机会通过受教育改变自身的命运。

在2000多年的时间里，埃及内政由一个庞大的官僚机构管理。政府任命官吏收税、监管修建公共设施并动员军队。在这样的社会秩序中，官僚与大地主、牧师一起构成了上层阶级。古埃及与所有的古代社会一样，权力并非平均分配，而是按照社会阶级由高到低依次递减。那些越靠近法老的人越能充分参与国家统治，其他人可以通过为法老服务跃升高位，从而在社会中平步青云、飞黄腾达。

维齐尔（官职名称）为百官之首，负责任命派遣中央与地方官员、监督军队动员、开凿运河、灌溉农田，以及物资调配，并在官方书吏的协助下，负责处理古埃及国内一切大小诉讼，这对治理国家和社稷安危至关重要。此外，在贵族阶层之下，商人、建筑师和书吏组成了一个繁荣的中产阶级。

农民位于社会金字塔塔底，是古埃及农业的支柱。农民在奴隶的帮助下，男女共同劳作耕种土地。即使在来世，丈夫和妻子也一同耕作和收割（见图2.12）。阶级地位的不同似乎也在来世得到体现。最近，人们在埃及吉萨的墓地中，发现工匠比普通的劳动者享有更为精细的葬礼。

在社会阶层中，奴隶没有自由。古代世界的奴隶是军事征服的受害者。相比于将他们处死，奴役战俘不失为一种人道选择。除此之外，有些奴隶原本是获罪的囚犯，还有一些是因为负债累累而沦为

图2.14 吉赛卡拉斯奈布墓 埃及底比斯，约公元前1580年—公元前1314年。女乐师带着乐器列队行进，所带乐器包括竖琴、双管马穆和七弦琴

奴隶。和其他任何财产一样，奴隶也可以出售或交易。但在古埃及以及古代世界的其他地方，有些奴隶能够取得足够财富来为自己或孩子赎身。

古埃及女性

古埃及女性享有很大程度的经济独立、公民权利以及特权，这可能是因为所有财产均通过女性家族得以继承。女性能写会算，很容易从事商业活动。在法老的后宫，嫔妃可以监督纺织品生产，而其他女性也可以从事各行各业，包括做店主、助产士、音乐家和舞女等（图2.14）。尽管如此，男人仍然对有权势的女性保有警惕之心。中王国时期，有一本善行手册，专门向丈夫提出关于妻子的建议，内容摘录如下："在你活着的时候，让她感到快乐，因为对她的领主来说，她可让土地增值。不要评判她，也不要让她执掌大权……当她看到的时候，她的双眼将刮起暴风。"

古埃及的艺术

文学

古埃及没有任何文学作品著称于世。然而，从墓室和寺庙的墙壁以及纸莎草卷中，人们发现了一些祈祷文、歌曲、皇家法令、信件、散文故事，以及说教文本。

古埃及说教文本中有一段文字，反映了口口相传和文字传统之间的微妙关系，上面写道："人一旦去世，他的尸体便化为尘土，他所有的亲人也都会死去，但一本书可以让他被记起，也可通过朗诵者口口相传。"这些建议和箴言构成了埃及智慧文学，它们的出现早于《希伯来圣经》的某些章节。

在中王国时期，随着古埃及政府规模的扩大，人们越来越重视保存书面记录。作为当时书吏学徒练习抄写的经典，《对贸易的讽刺》一书认为，政府职员的生活要比农民、面包师、士兵、冶金工匠或牧师的生活更为可取。"看哪，"它最后写道，"所有职业都有领导，唯独书吏除外，因为他本身就是领导！"

新王国时期出现了一种非常私密的诗歌体裁，被称为抒情诗。下文的三首诗中，两首是男性语气，一首是女性语气（来自一组诗歌，被称为《捕鸟人女儿之歌》）。这些意象源于自然，古埃及人对此得心应手，并将其用于诗歌之中，旨在点燃爱和情欲的火花。在第二首诗中，前三行诗句将明喻运用得恰到好处。而在第三首诗中，隐喻的修辞手法贯穿始终。

阅读材料 2.2
古埃及诗歌

> 我躺在屋里，装作生病，
> 为的是邻居——我的妹妹
> 好来看望我。
> 她见到为我治病的医生，
> 将会嘲笑我，
> 因为她知道我的病根。
>
> 妹妹来了，我的心早已凌乱，
> 双臂张开想拥抱她。
> 我的心狂跳不止，
> 像是池塘里的红鱼一般。
> 既然她已经翩翩而至，
> 我便祈求上天，莫要让我们良宵苦短。

当鹅被捕获时,
它的叫声会哀怨无比。
你的爱捕获了我,
让我不能放手,无法舍弃。
我必须放下我的罗网,
但却不知如何对母亲诉说我的心意。
我每天回去,满载鸟儿,
现在却两手空空,这让我积虑成疾。
"难道你今天没设下陷阱?"
因为我早已是你爱情的俘虏,魂不附体。

问:隐喻、明喻等修辞手法是如何让这些诗歌更加丰富多彩的?

视觉艺术

埃及的艺术几乎完全出自墓葬和神庙。这种艺术并非用于装饰,而是为死者重现现实世界,以表达祝福或纪念之情。也许正因如此,生活在秩序之中的古埃及人找到了一种独特的方式来彰显这种森严之感。

3000多年以来,古埃及人遵循惯例,按照相应的规范描绘不同的主题。在表现日常生活方面,人物的形象大小通常按照严格等级来确定:上层阶级的人物形象要比下层更大,而男性形象也更为突出,通常会超过女性和仆人(图2.15)。然而,在古埃及皇室的伟大雕塑中,法老的正妻形象通常与法老一样大小(见图2.3)。在描绘《亡灵书》的壁画中也是如此,男女形象大小一致,正在共同收割小麦(见图2.12)。

在埃及历史早期,艺术家们制定了一套规则来描绘人类形象。他们用拳头攥紧的宽度作为模件(测量标准),并以此确定人体比例(图2.16)。普遍而言,古埃及艺术家们遵循一套指导原则——

图 2.15 捕鸟图 一幅干壁画的片段,出自内巴蒙墓,埃及底比斯,约公元前1400年。内巴蒙不仅是一位古埃及书吏,还能计算谷粒的数量。他站在纸莎草编成的轻舟上,在沼泽的浅水面上漂流,右手拿着三只鸟(可能是手中有诱饵),左手拿着一把蛇形投枪(其作用类似回旋镖,用于割断猎物的脖子),妻子和女儿陪在他身边,蹲伏在他的两脚之间,轻轻地扶着他

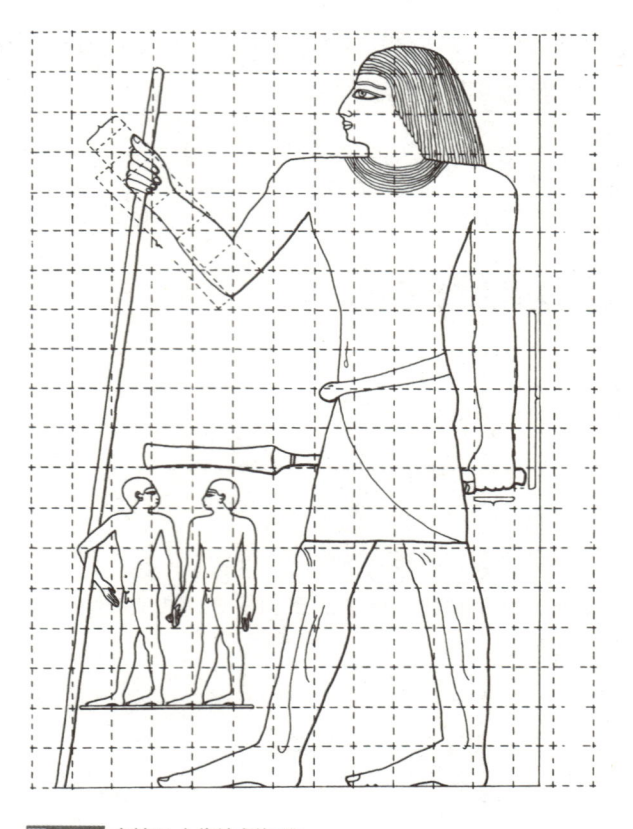

图 2.16 古埃及人像比例标准

在描绘人物形象时，上部躯干正面显示，下部侧面显示；勾勒出头部轮廓之后，将眼睛和眉毛突出——据此他们可以"捕捉"到刻画对象最具特色和最为重要的特征。当然，这种指导原则是概念性的，即根据传统观念，而非基于客观现实或视觉感知。不仅如此，古埃及艺术家们描绘空间的方法也是概念性的。空间深度在水平方向布局，并通过在一个人物形象上方（而不是在后面）放置另一个人物体现。这些古埃及人物像仿佛定格在永恒的空间中，肖像四周还配有象形文字作为标志（见图2.2）。在古代世界的其他任何地方，我们都看不到这种图文并茂的设计。这种有机结合旨在让思想永恒，而非简单模仿现实。

当然，这并不是说埃及艺术家们有意忽视感官世界，他们有能力描绘出人物的自然本色。如图2.8这座石灰石书吏坐像，上面涂有彩绘，呈现出栩栩如生的感觉。书吏身躯匀称，与图2.3中法老门卡拉独具一格的体型形成鲜明对比。同样，写实风格的细节处理使许多埃及壁画也显得活灵活现。例如，在新王国时期的内巴蒙墓室壁画中，人物周围盘旋着很多沼泽鸟（见图2.15）。这些鸟描绘得十分精细，以至于鸟类学家能够通过物种将其识别。正是风格与细节的统一，让埃及艺术的魅力闪耀着不灭的光辉。

古埃及时期的音乐

墓中的壁画揭示了很多古埃及文化。作为例证，这些壁画是我们了解古埃及音乐和舞蹈的主要来源（见图2.14）。此外，歌曲和诗歌明显可以互相转换。比如，人们选择吟唱那些赞美阿顿神的诗，而非朗诵。

古埃及乐器用于为歌曲和舞蹈伴奏，经常作为陪葬品出现，包括竖琴、小型弦乐器、笛子和叉铃（一种拨浪鼓）。从希腊的文献中，我们可以看出古埃及音乐具有理论基础，虽然我们还不清楚具体如何演奏。然而，书画作品告诉我们：在宗教仪式、节日庆典、葬礼游行，以及世俗生活的许多方面，音乐确实在古埃及占有特殊地位。

非洲：苏丹地区

北苏丹：努比亚

努比亚是一个古老的文明发源地，位于尼罗河沿岸，现在被称为苏丹。这一独立王国位于尼罗河的第一和第六瀑布之间，是非洲第一个撒哈拉以南的城市文明。早在公元前3000年，由于撒哈拉沙漠十分干旱，人类无法居住，非洲南部和西南部的民众便因此迁徙，并在此地定居。

努比亚以出产大量黄金而闻名于世。"努比亚"这个名字可能源自埃及词"nub"，意为"黄金"。从地理上说，该地区是尼罗河上下流域之间的贸易走廊。努比亚为其北部邻国提供家畜和各种奢侈品，包括象牙、乌木和香料。古王国时期，埃及官员经常前往努比亚，不仅向法老报告那里的政治状况，也为进口所需的贡品（如象牙、豹皮和黄金首饰）做准备。在中王国时期，虽然努比亚受埃及管辖，但其统治者时刻盯着古埃及与非洲撒哈拉以南地区之间的贸易。

约公元前1550年，努比亚强大的库什王国击败了埃及军队。库什王国作为征服者，吸收了古埃及文明的诸多方面，包括修建金字塔。虽然在新王国时期，埃及东山再起，在该地区重建政权。但到了公元前9世纪，库什王国开始管理南部（上）埃及的所有地区。100多年间，努比亚艺术家匠心独运，做出了很多巧夺天工的作品，在金属加工领域尤其如此。库什国王沙巴卡的青铜雕像就是一个典型的例子（图2.18）。这座小雕像极具说服力，证明努比亚才是非洲肖像画传统的诞生之地。而公元前500年左右，西苏丹才开始继承这种肖像画传统，并继续蓬勃发展了1000多年。

西苏丹：诺克文明

早在18世纪，东非古代文明就已被世界所知，但直到20世纪中叶，考古学家才对非洲大陆的西部地区进行充分研究。1931年，在苏丹西部尼日尔河沿岸，有一个名为诺克的农村，当地的锡矿工在附近偶然发现了大量陶土雕塑（图2.19）。

这些手工雕塑可以追溯到公元前1000年，刻画主题各异，有些是人，有些是动物。它们不仅是非洲撒哈拉以南地区最早的立体艺术品，也首次反映出非洲拥有悠久的自然主义肖像艺术传统。这些诺克人的头部雕像，其中许多极具个性，可能代表部落统治者或受人尊敬的祖先。

图2.18 沙巴卡王雕像 出自古代库什王国，约公元前8世纪。库什国王以跪姿出现，仿佛在献祭。他头戴一顶王冠，上面有双头蛇（象征统一库什和埃及），双臂和腰部缠有饰带。并且，脖子上戴有一条项链，上面挂有三个羊头垂饰（象征阿蒙神），圆环上配有蛇纹和日轮纹路

图2.19 陶土头像 诺克文明，约公元前500年—公元200年

回 顾

非洲：古埃及

尼罗河起源于非洲中心，向北流入地中海，并在入海口形成了一个扇形三角洲，这为古埃及文明的兴起提供了理想环境。古埃及四周都是大海和沙漠，气候稳定，近3000年来一直欣欣向荣。

古埃及诸神

在塑造文明世界观和宗教信仰方面，古埃及的地理和气候发挥了重要作用。古埃及神话认为，在时间的起点，尼罗河里产生了一堆淤泥，太阳神阿蒙从中出现，接着生出了其他埃及众神。埃及法老是太阳神的神圣代表。在埃及墓室和神庙中，很多作品经常描绘法老在与神共享权力的画面。

古埃及的统治者

公元前3150年左右，古埃及第一任法老纳尔迈统一了整个埃及。作为神权的代表，古埃及的皇陵需要精心修建，以确保死者在来世的幸福。皇陵中配有大量壁画、浮雕和珍贵物品，反映了古埃及人对死者的崇拜。古埃及人认为土地归众神所有。这样的信仰塑造了一种独特的生活方式，被人们称为"神权社会主义"。通过这种方式，古埃及人共同从事农业收成的生产和分配。埃及统治者承袭母系家族的血统，土地也通过女性亲属向下传递。为了让法老的儿子继承王位，他必须娶自己的妹妹。为了巩固自己的权力，新王国时期的法老埃赫那顿宣布，除了阿顿神之外，不承认其他诸神的存在，但这项改革以失败告终。

社会秩序

在古埃及，社会阶层具有很大的流动性。任何雄心勃勃的人，无论处于哪一阶层，都有机会通过受教育改变自身的命运。埃及内政由一个庞大的官僚机构管理，政府负责任命官吏、收税、监管修建公共设施，以及动员军队。他们与大地主、祭司一起构成了上层阶级。此外，商人、建筑师和书吏组成了一个繁荣的中层阶级。而农民位于社会金字塔的底层，是古埃及农业的支柱。古埃及妇女似乎享有很大程度的经济独立、公民权利以及特权。

古埃及的艺术

古埃及文学包括箴言和抒情诗，其中大部分出现在说教文本中，用以教育下一代。埃及的艺术几乎完全出自墓葬和神庙。3000年来，古埃及绘画传统一脉相承，确立了不同主题应有的绘画风格。古埃及神庙的规划设计反映出了古埃及人世界观的核心特征，以及太阳每日东升西落的周期性。在古埃及的宗教和世俗事务中，吟唱诗歌不可或缺。古埃及有很多乐器，包括竖琴、笛子和叉铃，共同为歌曲和舞蹈伴奏。

非洲：苏丹地区

努比亚是一个古老的文明发源地，位于尼罗河沿岸，是非洲第一个撒哈拉以南的城市文明。约公元前1550年，努比亚强大的库什王国击败了古埃及军队。库什王国作为征服者，吸收了古埃及文化的诸多方面，包括修建金字塔。公元前9世纪，库什王国统一了整个上埃及。1931年，考古学家在非洲苏丹西部一个名为诺克的农村附近找到了文明存在的证据。那里出土了很多人和动物的陶土雕塑，折射出非洲拥有悠久的自然主义肖像艺术传统。

术语表

宇宙学：研究宇宙的起源、演化和结构的学说。
干壁画：一种绘画方式，多用于表面涂有熟石灰泥的墙壁或穹顶。
里拉琴：一种拨弦乐器，通常由龟甲或动物角制成，因此重量较轻。
抒情诗：一种发声唱出的诗句，通常以抒发个人情感为主要特征。
马斯塔巴：一种早期的古埃及坟墓，墓室为平顶，两侧倾斜，整体为矩形结构。
模件　一种计量工具，用于确定比例。
纸莎草：一种形似芦苇的植物，古埃及人将其用于造纸。

第三章
印度、中国和美洲

约公元前3500年—公元前500年

摆脱一切欲望，有为而无所求，
既无我，也无我慢，方能达到平静。
——《薄伽梵歌》

图 3.1　婴儿塑像 墨西哥，奥尔梅克，公元前11世纪—公元前3世纪。奥尔梅克墓葬群中出土了数以百计的人类婴儿塑像，人物形态栩栩如生、憨态可掬

在美索不达米亚和古埃及的文明之后，印度文明和中国文明开始出现。在世界历史上，只有印度和中国的文明延续至今：两国的语言、信仰体系以及许多文化习俗均承袭了古代的形式，并在今天蓬勃发展。印度和中国虽独立于西方，但两国的文学、哲学、艺术和音乐作品与西方同时代的作品不相上下。

不过亚洲国家的世界观与西方的还是有些不同。例如，印度的宗教基础为泛神论，相信天地万物皆有灵性，无处不在的"神性"与自然界的万物是紧密相关的。将"神性"与自然界的规律相结合，这一点在中国古代文化中也有所体现。对中国人来说，自然规律在人们的世俗和精神生活中均居于主导地位。此外，印度和中国都将宇宙看作一个整体，认为诸神、统治者和社会秩序之间互相存在着一种有机的亲密关系。

比起上述两个亚洲文明的历史，美洲的古代历史并不容易理解。一方面，从公元前3000年到公元前1000年之间，人类文明数不胜数、灿若繁星。另一方面，由于美洲文明缺乏文字记录，我们只能通过文物窥见一斑。而且这些文物，仍然有很多需要做进一步的考古分析。然而，美洲文明与古代其他文明之间的相似性引起了我们的注意。诚然，还有很多废墟有待挖掘，大量信息仍被埋在土中，但我们期待这些未知有一天能够真相大白。

古印度

印度河文明
（约公元前2700年—公元前1500年）

印度已知最早的古文明，发源于印度河下游一个名为信德的地区。该地名也是"印度"和"印地语"名称的来源。

公元前2500年，世界进入青铜时代，一个灿烂的文明在摩亨佐·达罗和哈拉巴（均在今巴基斯坦境内）地区兴旺发展。在印度出现的第一批城市里，城内社区井然有序——在摩亨佐·达罗宽阔的街道两旁，排列着以网格形式布置的砖砌房屋，其灌溉排水、洗浴设施和污水系统无与伦比，远胜世界其他文明。

在青铜时代，印度最古老的文字由400个象形符号构成。虽然这些符号至今尚未破解，但印度人声称这是一种书面语。1921年，人们首次在摩亨佐·达罗挖掘时，只挖掘了该遗址的10%，其中很少发现有寺庙或坟墓的迹象。尽管如此，印度的雕塑艺术传统在青铜器和石器上还是表现得淋漓尽致。如图3.2所示，作为众多工艺品之一，这尊婀娜多姿的舞女像，反映了印度已经熟练运用失蜡法铸造青铜器。在石器方面，一位留有胡须的男子（可能是牧师或统治者）的威严肖像以内省的表情为特征，预示着印度后期宗教艺术的冥想形象（图3.3）。

图 3.3 留有胡须的男子 印度河流域摩亨佐·达罗城，约公元前2000年。这座雕像屏息凝视，缄默不语，表明在古印度，冥想将成为印度教的特征

图 3.2 青铜舞女像 印度河流域摩亨佐·达罗城，约公元前2300年—公元前1750年

吠陀时代

（约公元前1500年—公元前500年）

作为印度最古老的祈祷文，《吠陀经》（意为"神圣的知识"）影响深远。公元前1500年之后，印度有1000年的时间，便以"吠陀时代"命名。《吠陀经》的内容有诸多方面，包括祈祷、祭祀仪式和赞美诗等。经过几个世纪的口口相传，这些圣歌反映出了印度河流域本土的民间传统与雅利安人传统的相互交融。

《吠陀经》中主要的神灵包括：天空之神因陀罗和楼陀罗（后来称为湿婆）、火神阿耆尼和太阳神毗湿奴。此外，《吠陀经》还提供了大量有关天文现象的信息。无论是星象研究，还是对手术和解剖的尝试，都标志着印度科学探究的开端。

同时，吠陀时代也见证了种姓制度的确立。这一制度根据财富、地位、职业和肤色的差异，将人们划分为不同的社会等级。虽然等级秩序是所有古代文明社会制度的特点，但印度发展出了最为严格的阶级划分，其影响力持续至今。公元前1000年，四大种姓基本确立，分别是：婆罗门（僧侣贵族）、刹帝利（武士贵族）、吠舍（社会基本生产者，包括农牧民、手工者和商人）、首陀罗（从事底层工作的人，无任何权利）。之后，人们根据职业，将这些种姓渐渐开始进一步细分。在社会秩序的最底层，或者更确切地说，在社会秩序之外，还存在着一些人，他们做着最低贱的工作，被称为"贱民"。

公元前1500年左右，梵语开始出现在古印度的历史舞台上。这一时期，印度的吟游诗人讲述了很多关于敌对部族之间兵连祸结的故事。而这些故事也为印度两部伟大史诗的诞生奠定了基础，即《摩诃婆罗多》（意为"伟大的婆罗多族"）和《罗摩衍那》（意为"罗摩游记"）。原先，这两部史诗以口述形式世代相传，直到公元前8世纪，印度人用文字将其记录下来。《摩诃婆罗多》记述了约公元前1000年，两部族十年来争夺恒河流域的故事。在印度漫长的历史长河中，这两部史诗是许多诗歌、戏剧等艺术作品的宝贵资源，共同影响了印度的文化历史，可与希腊历史上的《伊利亚特》和《奥德赛》相媲美。

印度的泛神论

印度教作为当今世界上最古老的宗教，诞生于印度河流域。与西方的宗教明显不同，印度教认为："神性"并不是一种超越个人的人格，而是一种客观的、无所不在的宇宙精神，称为"婆罗门"。泛神论是印度教教义的基础，认为神性是万物所固有的，即宇宙本身就是神圣的。从传统意义上来说，印度教既不是多神论也不是一神论——信众敬拜的是无所不在的婆罗门，无论它以何种形式出现于世。因此，直到今日，印度教教徒信奉所有吠陀神，并认为这些神灵身上散发着光明（见第十四章）。用《梨俱吠陀》的话来说："真理只有一个，但智者称呼它的名字却有很多。"

《奥义书》这一宗教经典著称于世，是理解印度教的不二法门。书中大约有250篇关于《吠陀经》的散文评论。就像《吠陀经》本身一样，《奥义书》也曾口口相传。在公元前8世纪到公元前6世纪之间，印度人又用梵语将其记录下来。《吠陀经》教导世人通过祈祷和牺牲来敬拜神明。《奥义书》却与之不同，认为世人可以通过冥想开悟。《奥义书》断言婆罗门是客观的、无所不在的。不同于美索不达米亚和埃及的自然神灵，婆罗门是无限的、无形的，并最终是不可知的。另一方面，婆罗门也与希伯来的上帝有所不同，它与人类并没有契约关系。婆罗门是无因之因，是终极实相。

在每个人身上，都存在着婆罗门的个体表现：

自我（或称阿特曼）。根据《奥义书》的说法，它"无声无形，无影无踪，无色无味，无始无终，不灭不变，超越自然"。虽然被束缚在人体肉身之中，但自我（阿特曼）不断寻求与绝对精神（婆罗门）合而为一。

婆罗门和阿特曼的精神（再）结合，便达到了涅槃的境界，这是每个印度教教徒的目标。自我若想充满欢喜，重新融入绝对精神之中，就必须先逐渐拒绝物质世界（幻想和无知的世界），再掌握一些冥想技巧以及一整套称为瑜伽（意为"束缚"）的修行方法。瑜伽通过控制身心，寻求让阿特曼与婆罗门相互结合。这一方法十分复杂，是身体姿势和呼吸练习的组合，直到公元前2世纪才被编纂成典籍，瑜伽（及其各式各样的流派）已经发展成为印度教一种修行的法门，旨在实现自我解放，达到至高境界。

《奥义书》全书隐微曲折，既没有向信众指导如何崇拜神明，也没有道德准则，更没有宗教教条。书中经文没有夸耀神力，也没有穿凿附会。然而，这些经文确实指导了印度教教徒如何看待死亡和重生这两大主题。印度教认为，生命是延续不断的，即阿特曼会以各种形态周而复始。无论是动物还是人类，无论何种物种或阶级，轮回的形态都取决于其去世时所达到的精神境界。

因果律认为，一个人积累的业力决定了他来世的命运。轮回，或称重生之轮，是印度教教徒的命运。他们达到涅槃才可脱离轮回。在这一最终境界中，觉醒之后的自我（阿特曼）既得到了解脱，又被婆罗门所吸收。这一过程就像一粒盐在广阔的海洋中溶解。

问题探讨

关于"印度起源外部环境说"的争论

关于印度早期历史，主要有两种理论解释：传统的理论认为，在印度之外，有一个半游牧民族，讲印欧语言，十分好战，称自己为雅利安人（"贵族"）。约公元前1500年，该民族入侵印度河流域，赶走了当地的德拉威人，也有一些土著沦为奴隶。随后，雅利安人开始推动文化发展，普及梵语和种姓制度。但最近，有些学者对此做出修正，认为雅利安人实际上在公元前2000年从中亚逐渐迁移到南亚，并与印度河流域的土著人民融为一体，形成了单一民族，发展出了印度的文化传统。

"印度起源外部环境说"是对传统思想的修正，其支持者认为：公元前1700年至公元前1500年之间，一系列自然灾害和环境变化（并非军事征服）是造成印度河流域文明衰落的原因。他们坚持认为，约公元前1500年，印度早已出现了独特的文化以及宗教经典《吠陀经》。此外，当梵语成为主导语言之时，种姓制度就已经从宗族社会和经济组织中诞生。并且，印度史诗名作描述的都是本土部落战争。然而，遵循传统思想的学者却指出，《吠陀经》中经常提到雅利安人与土著人民之间的军事冲突。迄今为止，无论是考古学、语言学还是遗传学，这些学科提供的证据都不足以解决问题，印度的起源至今仍备受争议。

《薄伽梵歌》

《薄伽梵歌》（意为"天神之歌"）是《摩诃婆罗多》史诗中的一个章节。作为印度流传最广的宗教诗歌之一，这部作品以诗意的语言表达了印度教的基本教义。在这首诗歌中，一场对话最为有名，参与的双方分别是英雄阿周那和黑天（又译克利什那）。其中，黑天不仅是毗湿奴神的化身，也是婆罗门的显现。面对即将与自己的同胞流血开战的前景，阿周那不忍心动手。他最终选择追求无私，从而摆脱自己的道德困境。黑天对阿周那的回答，体现了《奥义书》中印度教思想的精华。虽然《薄伽梵歌》可能早已存在，但该作直到公元前5世纪至公元前2世纪之间的某个时间才被文字记录下来。

阅读材料 3.1
摘自《薄伽梵歌》

当他知晓内心的极乐
又别无所求，
当他的内心被欲望折磨
又不为所动，
此人才可称为智慧坚定者。

处忧患不为忧患所惊，
居安乐不为安乐所动，
抛却情欲、畏惧和嗔怒，
此人才可称为智慧坚定者。

摆脱了命运的束缚，
幸运时，不会自喜，
厄运时，不会悲伤，
此人才可称为智慧坚定者。

一个人思虑诸种物境，
对物境的迷恋便会生出，
由迷恋则生欲望，
由欲望又生嗔怒，
由嗔怒再生迷惑，
因迷惑而记忆消散，
记忆散而智慧泯灭，
智慧灭则人亦毁灭。

无欲无恨之人，
免受业力折磨，
安逸平静，脱离一切痛苦，
因为心灵清净，
智慧迅速安定。

不能约束自己的人，
没有定力；
没有定力则没有平静，
没有平静，何来幸福？

感官游荡不定，思想围着它们转，
智慧就会丧失，犹如大风吹走船。
谁能让自己的感官摆脱幻象的束缚，
他的智慧便可坚定不移。
因为诸根如若躁动，
心将随之波动不安，
波动之心会夺走智慧，
犹如风卷水中之船。
诸根超脱其根境者，
其智慧才称得上坚定。

芸芸众生之夜，
正是克己者觉醒之时；
芸芸众生觉醒之时，
则为贤者之夜。

> 犹如百川东入海，
> 盈溢之海无波动；
> 诸欲进入无欲者，
> 所得到的是平静；
> 诸欲进入贪欲者，
> 所得到的是不宁。
> 摆脱一切欲望，
> 有为而无所求，
> 既无我，也无我慢，
> 方能达到平静。
>
> 此之谓梵界，
> 到达此界则无愚闇，
> 若能安住于此，
> 寿终则能达到涅槃。

问：根据黑天神所说，人若想达到开悟之境界，有何障碍？

在人神之间的关系方面，印度教的观点与美索不达米亚人和古埃及人的宗教观点有很大不同。后者认为人与神是相互分离的，但在《奥义书》和《薄伽梵歌》的引导下，印度教教徒主张物质与精神的合一。西方宗教强调个体意识不可摧毁，而印度教却渴望个体升华，或者更确切地说，个体可以重新获得极乐。虽然印度教仍然信奉吠陀诸神（见第十四章），但相对来说，这一宗教没有受西方犹太教和基督教戒律的影响。与后者不同，印度教崇拜神明，既没有制度形式，也没有教义法则。另一方面，印度教以整体视角看待自然，自19世纪以来，这一理念对西方思想和信仰的影响越来越大。20世纪后半叶，印度教深度冥想的方法对宗教、哲学和医学等领域均有显著影响。

古代中国

黄河、长江流域沃野千里，是中国古代文明的摇篮。早在公元前3500年的新石器时代，中国的村庄就开始出产丝绸。这种商品的出现将为中华文明带来财富和名望。在书写文字出现之前，中国古代王朝可能已经蓬勃发展了400余年。根据中国古代历史记载，夏朝（起源于约公元前2070年）是第一个出现的王朝。考古学家挖掘出了相关遗址。在洛阳附近，考古学家发现了一座城市，城内有大型宫殿建筑、陶艺作坊和青铜铸造场。这一发现为大禹治水的古老传说提供了依据。根据传说，大禹带领人民开凿运河，疏通水道，从而消除黄河水患。

商朝
（约公元前1600年—公元前1046年）

中国步入青铜时代之后，商这一骁勇善战的部落脱颖而出，首先发展出完整的城市文明。如同埃及的法老一样，商朝统治者世袭罔替，并声称受命于天。此外，商朝用龙作为君主权力的象征。龙是多种动物的集合，代表着力量、生育力和生命之水（图3.4）。在中国早期王朝，坐在"龙椅"上的君主，为了巩固自己的地位，组建了强大的官僚机构（土地贵族），并从各省招募大批弓箭手组成军队。这些士兵由农民组成。

在商代皇陵中，可以明显看出中国当时的社会秩序。君主棺椁周围发现了很多殉葬者，他们都曾经是服侍君主的仆人。皇陵里还有几百个无头尸体，可能是那些修建坟墓的奴隶。中国古代同美索不达米亚与埃及一样，皇陵里埋藏有大量珍宝，各种各样的墓葬品数不胜数，包括丝绸面料、陶瓷雕塑、玉器、青铜器和个人装饰品等。

关。中国人对玉推崇备至。玉质地细密，发出的声音清亮明翠，色泽晶莹剔透，传说可以驱邪避凶。玉还可以预防疲劳，并延缓尸体腐烂。在坟墓中，玉盘通常放在死者的胸口。在后来的统治者墓葬中，死者经常身穿金缕玉衣——由数千枚刻有纹路

图 3.4 祭祀的玉盘 周朝，公元前5世纪—公元前3世纪。这样的玉盘放在死者身体上，可能作为护身符使用，让恶灵退散，也可保尸体不腐

与古埃及的坟墓不同，中国的坟墓很少被洗劫一空。尽管如此，对我们来说，中国的早期历史在很大程度上仍然是一个谜。一些最重大的发现仅在过去的几十年中发生过。例如，1986年，考古学家在四川省发现了含有金银物品的坟墓，以及200多件青铜器，其中包括中国艺术中最早的真人大小的人俑（图3.5）。

玉器开始出现于新石器时代，并贯穿了整个中国古代历史。大量的玉器被放入皇陵中，尤其是精雕细琢的玉盘（图3.4）。这些玉器的含义和功能有待推测。中国人不仅使用玉石作为工具，也将之用于雕刻徽章和护身符，这些东西可能与祭祀仪式有

图 3.5 青铜立人像 商朝晚期，约公元前1300年—公元前1100年，出土于四川省广汉市三星堆2号坑。在50多个青铜头和20多个青铜面具中，人们发现了这尊赤脚塑像。耳垂上有孔，表明他佩戴有耳环。人物的双手握住一个圆柱形物体，可能是一根象牙

的玉片组成，并用金丝连接缝制。

公元前3000年后半叶，可能是为了识别不同的氏族，中国人开始将象形图案刻在陶器上。公元前1750年，中国人创造出一种象形文字，以代表特定的事物或概念。巫师作为特殊群体，预测未来是他们的职责所在。比如收获是否丰富、能否发动战争等等，对于这些问题，商代的巫师们先用利器将其刻在龟壳兽骨上。然后，他们加热这些龟甲兽骨使其产生裂缝，再对这些裂缝加以解读（图3.6）。这些龟甲兽骨上所刻的文字被称为"甲骨文"，直到20世纪初才被破译。在研究商朝统治者方面，甲骨文为我们提供了非常有价值的记录，揭示了那一时期的仪式、战争和政务等重要信息。同时，这些文本也记录了很多与中国古代生活相关的有趣细节，包括天气、疾病以及其他日常主题。

最终，中国的书写技艺，即书法，演化成为一种艺术形式。中国文字是使用毛笔书写的，数量后来增加到大约4500个字符，其中有许多在今天仍在使用。的确，中国文字是世界上最古老的文字之一，源远流长，绵延至今。音、形两个要素相互结合，构成了中国文字的特点，也成为整个东亚文字书写的基础。

西周王朝
（公元前1046年—公元前771年）

在中国，神圣的统治权被称为"天命"。尽管君权神授的概念在中国早期王朝便已存在，但天命的概念直到周朝初期才确立。当时，周部族称商王暴虐无道，并借此名义起兵反商。此后，商王朝渐失天命。

由于王朝的政权受命于天，所以君主要求民众服从既定的道德法则，从而彰显自然秩序。根据中国人的说法，上天决定了人的智慧、能力和社会地位。在自然等级中，劳心者就应该治理国家，而劳力者则应当从事物质生产。但究竟如何区分劳心者与劳力者，这的确让人很难辨别。

公元前12世纪至公元前8世纪，周王定鼎中原。自然等级法则已经为中国的政治和社会秩序奠定了基础。周朝历代君主将地方权力下放，并委任贵族施行统治。因此在社会各阶层劳动分工完成之后，人与人之间的优越性和自卑感很可能也随之而来。

不过，在公元前2世纪之前，中国人根据个人能力和受教育程度，实施了世界上首个政府人才选拔制度。所有想入朝为官的人，政府可以通过笔试测出其知识和能力。这种制度持续了几个世纪，并成为上层社会的基础。中国文化受益于此，一直延续

图 3.6 甲骨卜辞 中国，约公元前1500年—公元前1000年

年代表

公元前3500年—公元前2500年	新石器时代文明
公元前2070年—公元前1600年	夏朝
公元前1600年—公元前1046年	商朝
公元前1046年—公元前771年	西周王朝

至今。

来自中亚的游牧民族多次南下入侵，这导致周朝走向衰落。公元前770年，周朝迁都洛邑（今河南洛阳）。虽然东周王朝一直持续到公元前256年，但统治者不得不面临政治动荡和数十年的战乱（见第七章）。

神祇、诸神和自然秩序

在中国古代农村，人们崇拜各种当地的神明，这些神明与天气、河流、山脉和庄稼等有关。中国古人提出了一种新的理念，认为主宰宇宙自然秩序的是五方上帝和天（至高神）。中国神话认为地载万物，并将宇宙的统一描述为天（乾）与地（坤）的结合。这些神灵不像美索不达米亚和埃及的众神那样具有人的性格，他们监督着宇宙的运行，公正地支配人类的命运。但在古代中国人心中，有一种神明刻骨铭心，那就是死去的祖先，这在世界上独一无二。

根据中国人的传统观点，祖先在天有灵，可以保佑生活在人间的后代。在古代中国，由于祖先能对人间事务直接产生影响，每一个家庭都十分关注祖先带来的福祉。中国人将死去的祖先埋葬在装饰精美的坟墓中，经常向他们献祭，并带来食物和酒放在坟墓上。作为中国最早的经典诗集，《诗经》有一首诗记载了对祖先的祭拜：

丰年多黍多稌，亦有高廪，万亿及秭。
为酒为醴，烝畀祖妣。
以洽百礼，降福孔皆。

中国经典著作

自然秩序不可侵犯，这一观念主导了中国文化的各个方面。《易经》作为中国已知最古老的著作，也对这一观点有所描述。《易经》不仅是中国古代探索宇宙原理的集大成之作，也是一部解释宇宙运行的指南。它的核心思想是：对立的两方通过达到动态平衡形成秩序。《易经》起源于商代，但直到公元前6世纪才被记载。书中有很多卦象图，占卜者可以通过这种图预测未来，并建议他人做出必要的变化。这种占卜旨在让失衡的东西重归平衡。这一概念不仅是中国思想中的关键，也是指导中医的重要因素。

平衡是自然秩序的基础，不仅存在于一年四季，也存在于五行（金、木、水、火、土）和五种气候（冷、热、干、湿、风）之中。人们用方形和圆形作为符号，抽象表现这一现象。这些符号在商代青铜器上经常出现。很显然，宇宙从整体上看，普遍存在一种能量，称为气。气存于万物之间，包括人体在内。平衡是其中的关键。《易经》用图表示阴阳，它们相互对立，但互为一体。在中国古代，帝王将这一原则称为"整个宇宙的基础"，并将所有自然现象解释为：宇宙中两种力量或两种能从而保留了部分中国古代历史。例如，《书经》记录了夏、商、周时代的演讲，《诗经》中的300多首诗中有许多体现了周朝时期家庭内部的亲密和忠诚。

道家思想

道家思想作为中国古代的信仰体系之一，主张自然秩序与人息息相关。道家对自然秩序的描述最为玄妙。作为一种宗教哲学，道教遵从"道"，接受一种普遍的、自然的原理。诚然，"道"是不可言喻的。道家不主张理性分析，而注重万物的和谐。这一思想认为，万物虽纷繁复杂，但仍趋一体，只有那些安贫乐道的人才能完全理解。道教寻求培养人的安宁、自然、同情心和精神洞察力。如同印度教一样，道教不仅让人练习冥想、控制呼吸，而且提倡节食及其他延年益寿的养生之道。

早在公元前1000年，"道"的思想在中国可能就已经存在。但《道德经》作为必读经典著作，直到公元前6世纪才出现。《道德经》由老子所写，全文短小精悍，只有大约5000字。老子在历史上众说纷纭，但也可能从未存在过。

下面这段韵文选自《道德经》第十一章，传达了道家对天人合一的思考。这篇文章使用一系列简单的意象来说明：普通事物与自然都是阴阳的统一体，相互补充，和谐共处。正如所有的道家智慧一

图 3.7 太极双鱼图 阴阳之道，无始无终

量模式之间相互作用的动态产物，通常将其表示为太极双鱼图（图3.7）。

阳代表男性特点（与光明、坚强、明亮、温暖和太阳相关），阴代表女性特点（与黑暗、柔软、潮湿、凉爽、大地和月亮相关）。阴阳之间相互作用，不仅让宇宙中的能量得到新生，也是自然秩序本身的特点。对中国人来说，这种秩序与生俱来，并体现在冷热、昼夜、天地、男女之间的平衡中，两者相克亦相生。

人们根据自然秩序的基本原则，建立社会道德秩序，要求民众服从君王和地主，遵守社会秩序，并重视家庭的价值和礼仪的重要性。这些思想被记录下来，最终成为中国的经典著作，例如《书经》、《诗经》和《礼记》等（见第七章）。

公元前600年之后，这些文学瑰宝被编纂成书，

科技发展一览表

公元前3500年	制墨技术开始在中国出现。
公元前2700年	中国人首次尝试运用针灸和草药治病。
公元前2296年	彗星观测在中国首次被记录。
公元前1350年	十进制计数引入中国。
公元前1000年	中国人发明算盘。

样，《道德经》妙语连珠，暗藏机锋，耐人寻味。

> **阅读材料 3.2**
> 摘自《道德经》
> （约公元前550年）
>
> 三十辐共一毂，
> 当其无，有车之用。
> 埏埴以为器，
> 当其无，有器之用。
> 凿户牖以为室，
> 当其无，有室之用。
> 故有之以为利，无之以为用。
>
> 问：这段文字中，有哪些意象传达出了道家思想的对立统一？

美洲

距今2万到3万年前，第一批原住民可能经过迁徙到达美洲。在那一时期，有一座大陆桥位于白令海峡，连接起西伯利亚和阿拉斯加，很多亚洲游牧民成群结队，依次经过大陆桥，踏上迁徙之路。最近有证据表明，一些人可能从斯堪的纳维亚的冰面走过完成迁徙，或乘坐小型船只抵达太平洋沿岸的各个地区。一些考古学家认为，在冰河时代，格陵兰岛向西延伸出巨大冰面，当时的欧洲人可能乘船顺着冰面边缘抵达了北美洲东海岸。

虽然人们对很多细节问题仍在讨论，但很明显，在很长一段时间内，迁徙的人群陆陆续续来到美洲定居，包括北美洲、南美洲和美洲中部（今墨西哥和美国中部的部分地区）。到了15世纪，当欧洲人首次接触美洲时，当地已经有1000多个农业社群在蓬勃发展。并且，一些新的美洲文明给世界留下了独特的文化遗产。

古代秘鲁

直到最近，人们才认识到美洲文明最早可以追溯到公元前20世纪中叶。21世纪头十年里，考古学家根据两处古秘鲁遗址（卡拉尔和塞钦巴霍），将美洲文明的起始时间确定在公元前3500年至公元前2600年之间。这些遗址位于利马西北部的沿海地区，其存在的历史也许能与埃及金字塔相提并论，

图 3.8 圆形露天剧场 秘鲁卡拉尔，约公元前2627年

也可能更加久远。

在第一处遗址卡拉尔，人们在城内发现了六座金字塔、众多住宅遗址、宽阔的广场和一个沉没的圆形剧场（图3.8）。这些发现说明，当时在此生活的人口超过了3000人。棉网的遗骸表明了渔业补充了当地的农业生产。人们又发现了一些其他文物，包括用鹿和骆驼骨制成的短号（角）和用鸟骨制成的长笛，这说明也许卡拉尔人喜爱音乐。

第三处遗址是位于利马北部的长基罗。在那里，考古学家已经认定，由13座石塔组成的塔林，是一座拥有2300年历史的太阳天文台。这些建筑群十分坚固，其中的一部分是一座石头寺庙。这些耸立的高塔犬牙交错，其功能像是史前时代的英国巨石阵以及其他新石器时代的欧洲遗址。

触类旁通

卡拉尔城中最大的金字塔占地有四个足球场大小，并配有宽阔、陡峭的阶梯，以通往庆典集会的中庭和火台（图3.9）。这种阶梯式金字塔是举办大型仪式的中心，在奥尔梅克、玛雅、阿兹特克和印加文明中盛行了几个世纪，其中最后出现的印加文明在秘鲁繁荣了3000多年。

美索不达米亚的金字塔（图3.10）和美洲的阶梯金字塔之间有惊人的相似之处。两者是否具有相似的功用，以及是否存在历史联系，仍然有待考证。然而，当人们沿着这些陡峭的阶梯，登上这些圣塔的时候，的确感觉自己好像离天堂更近了一步。

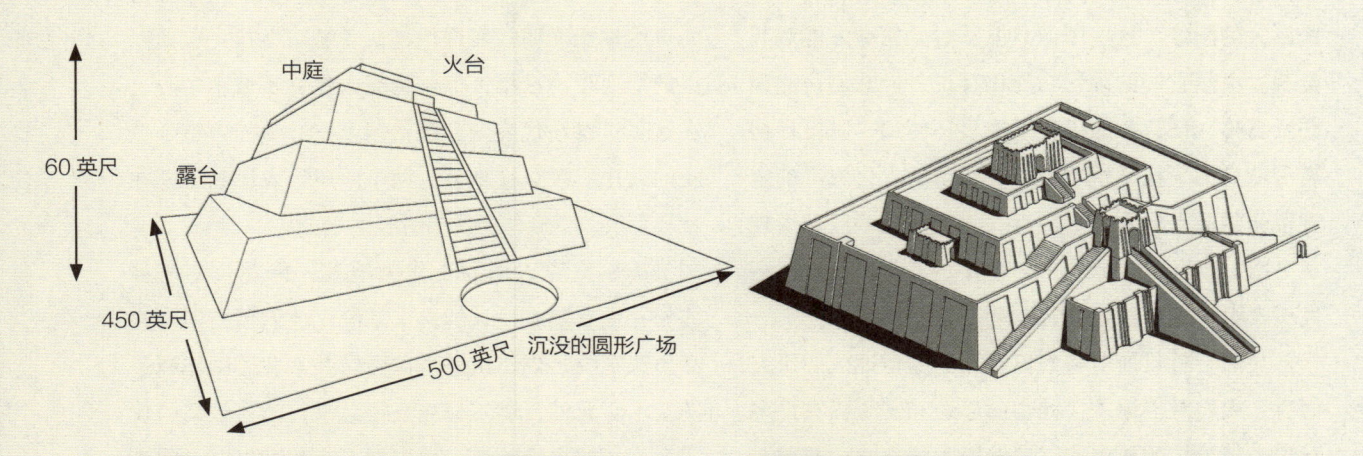

图3.9 卡罗尔城中最大的金字塔（示意图）宗教仪式场所，秘鲁首都利马附近，约公元前2627年

图3.10 乌尔城神塔（示意图）美索不达米亚（今伊拉克境内），约公元前2100年

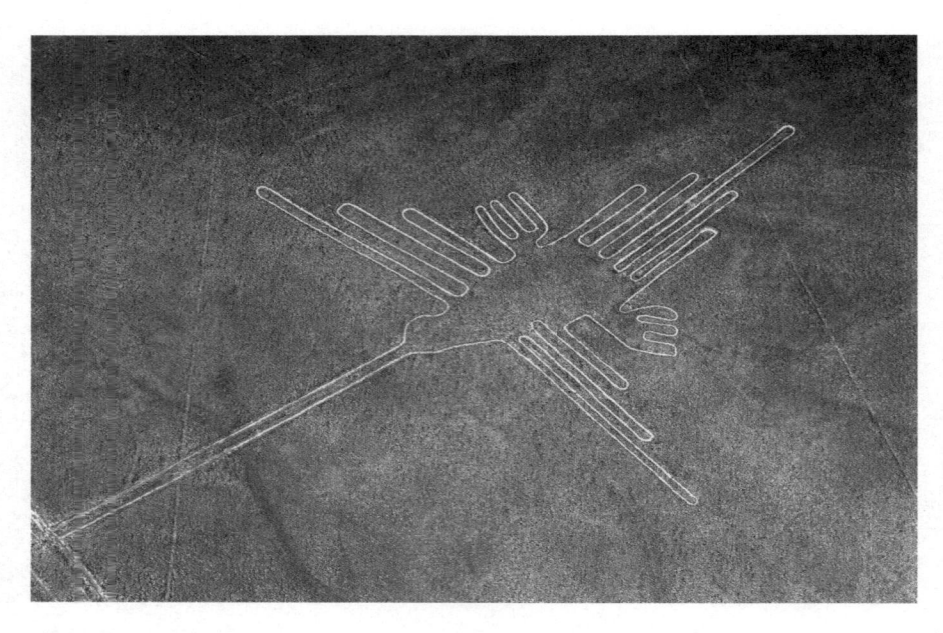

图3.11 蜂鸟巨像 纳斯卡文明，秘鲁西南部，约公元前200年—公元200年。风化的沙石刮除之后，形成了这一地质印痕。蜂鸟巨像是秘鲁平原上的18幅鸟图像之一

在秘鲁西南部的平原上，考古学家仍在研究一些巨大的地质印痕（图3.11）。这些印痕形状各异，状如昆虫、爬行动物或鸟类等。人们通过移除表面石块，让下面的黄色土壤露出，从而创造了这些巨大的图像。这些图像只能从远处俯瞰才能观其全貌。虽然它们的确切功能仍存疑，但它们可能如同巨石阵一样，作为天象图或日历使用。其设计初衷可能是为了标记季节变化，并帮助古代农民确定种植作物的有利农时。最近，人们在这一区域发现了一座2.5英里长的迷宫和一些小的石头平台。这一发现表明这些土方工程在宗教仪式中发挥作用。

显然，就目前对秘鲁以及美洲其他地区的研究而言，人们对当地古代社会的起源和发展仍有许多疑惑。卡拉尔的居民能够建造庞大的寺庙建筑群，这一成就显然达到了一定的政治和社会复杂度，并超越了新石器时代村庄的建设水平。然而，在卡拉尔，人们没有发现牲畜和带有轮子的车辆，也没有发现文字证据，更没有找到金属工具或武器。虽然早在公元前2000年，人们就在秘鲁开采出黄金。但在美洲，直到公元9世纪，铜（包括青铜）才开始投入使用。尽管人们认为秘鲁可能是美洲文明的发源地，但当地文明却与世界上出现的首批古文明（美索不达米亚、非洲、印度和中国地区的古文明）大不相同。人们还在卡拉尔及其附近地区进行挖掘，这一工作定将继续塑造历史。

奥尔梅克人

约公元前1300年，奥尔梅克人（意为"橡胶之乡的人"，阿兹特克人将其用于称呼那些生活在橡胶树林里的民族）在中美洲建立了规模最大、最为先进的本土文明。在现代墨西哥城市韦拉克鲁斯以南的墨西哥湾沿岸，奥尔梅克人建立了城市中心。在这里，祭司代表众神统治国家，并掌控着整个社会的秩序。民众被划分为两个阶层，农民和工匠在社会下层，贵族作为统治阶级居于上层。

奥尔梅克人用黏土作为地基，修建金字塔神庙，并配有精心设计的排水系统。他们创造了一整套历法系统，创作出了肖像画，并掌握了制作镜子的技术。此外，奥尔梅克人还会举行活人献祭的仪式。为了纪念统治者，他们用石头雕刻出巨大的头部塑像，并将头像背朝仪式区域，面朝外放置（图3.12）。无论是制作如此庞大的雕像，还是建造公民纪念活动的区域，都需要数千人的劳动以及高度的组织性。奥尔梅克文化蓬勃发展，直到约公元前

400年灭亡。但是，奥尔梅克人的政治、宗教和艺术传统在玛雅人和阿兹特克人的文明中延续了几个世纪（见第十八章）。

在奥尔梅克文化中，婴儿陶瓷雕像（见图3.1）的存在是一个有趣的谜题。这些婴儿全身赤裸，憨态可掬，没有性别特征，头部硕大，眯着眼睛，经常戴头盔，神态与那些巨大的头部石像十分类似（见图3.12）。人们在坟墓和垃圾堆中发现了这些婴儿雕像，它们可能代表古老的奥尔梅克神灵，也可能是代替婴儿被用于陪葬的人俑。

图 3.12 奥尔梅克人巨型头部雕像 墨西哥韦拉克鲁斯圣洛伦索，约公元前1000年。类似这样的巨型头部雕像，重12—24吨，高5—12英尺

回顾

古印度

印度最早的文明发源于印度河下游地区，经历了一段辉煌的青铜时代。该文明以合理的社区规划、先进的排水系统和创立象形文字著称于世。

在吠陀时代，雅利安人作为入侵者，创立了印度的种姓制度，用种姓将民众分为四大类：婆罗门、刹帝利、吠舍和首陀罗。在社会秩序之外，还存在一种人，他们做着最低贱的工作，被称为"贱民"。

雅利安人引入梵语作为古印度的经典语言，并写成了印度早期史诗《摩诃婆罗多》和《罗摩衍那》，以及最古老的祈祷文学《吠陀经》。作为当今世界上最古老的宗教，印度教也在这一时期诞生。与其他古代宗教明显不同，印度教的泛神论将神灵视为客观的、无所不在的（婆罗门）。在古代印度人心中，终极目标就是涅槃，即婆罗门与自我（阿特曼）合为一体。信众通过冥想开悟，让知觉重归宁静，便可从轮回中得到解脱。《薄伽梵歌》是印度最广为流传的宗教诗歌之一，体现了印度教中泛神论的基本教义。

古代中国

中国古代文明最早出现在黄河、长江流域。早在公元前3500年，中国就开始生产陶器、青铜器和丝绸，而这些物品也为中国文明带来了财富和名望。

商作为一个骁勇善战的部落，首先发展出完

整的城市文明，开创了最早的书写文字。商朝统治者奉行君权神授的思想统御万民。商代皇陵精美绝伦，埋葬有大量青铜器和玉器。但最终，周人灭商，并声称商王荒淫无道，违背天命。

西周王朝在全世界施行了首个政府人才选拔制度，政府根据个人的能力和受教育程度选拔官员。思想方面，中国人非常敬重死去的祖先，认为祖先死后在天有灵，可以保佑活着的后代。万事万物均有阴阳之分，"均衡"思想主导了中国古代人的精神生活。《易经》由卦象图组成，用于预测和解释自然秩序。道家思想对自然秩序最为提倡，教导世人遵从"道"。"道"是一种精神意识，强调简单、冥想和严格控制饮食。

美洲

距今至少2万年前，第一批原住民可能经过迁徙到达美洲。在那一时期，有一座大陆桥位于白令海峡，连接起西伯利亚和阿拉斯加，很多亚洲游牧民成群结队依次经过大陆桥，踏上迁徙之路。还有一些人可能从斯堪的纳维亚的冰面走过完成迁徙。

考古学家根据两处古秘鲁遗址（卡拉尔和塞钦巴霍），将美洲文明的起始时间确定在公元前3500年至公元前2600年之间。当地巨大的寺庙建筑群存在的历史也许能与埃及金字塔相提并论，也可能更加久远。

公元前1300至公元前400年之间，奥尔梅克人在墨西哥湾沿岸修建了金字塔神庙，开创了一整套历法，雕刻了大量塑像，并建立了政治、宗教和艺术传统。而这些传统在之后的美洲文明中得到了延续。

术语表

婆罗门：指一种无处不在的精神灵力，存在于世间万物之中。

阿特曼：指婆罗门对个人的影响。

种姓制度：印度根据人们不同的财富、地位或职业，创立出的一套严格的社会分层制度。

地质印痕：刻画在地面上的大型图案或图形，多出现在荒原田野中。

业力：意为"行为"。在轮回中，个人行为会决定来世的命运。

涅槃：意为"灭绝"或"解脱"。自我（阿特曼）与绝对精神（婆罗门）融为一体之后，可以重获极乐，摆脱无尽的轮回。

瑜伽：本义为"束缚"，引申为"结合""合一"等。一套精神训练法，通过控制意识和身体，达到身心合一。

第四章
希腊：人文主义和思辨哲学的飞跃

约公元前3000年—公元前332年

我可断言，雅典是全希腊的学校。
每一个雅典人都是勇敢、杰出的，特别温文尔雅和多才多艺。
——修昔底德

图 4.1 古希腊黑绘泛雅典娜奖双耳陶瓶 艺术家欧夫罗尼奥斯制作，意大利瓦尔奇，约公元前530年，瓶身绘有竞走的人

19世纪，英国著名诗人珀西·比希·雪莱曾经宣称"我们都是希腊人"，其言下之意是，希腊人对理性、审美和美好生活的向往，不仅对现代社会产生了深远影响，也让每一个现代人都带着古希腊不可磨灭的印记。无论是文学表达的基本形式（包括戏剧、抒情诗和历史叙事等）、对哲学和科学基本原理的探究，还是在艺术中一系列审美价值观的形成，我们都要归功于希腊人。这些成就虽已历千载，却仍存留至今。因此，人们称之为"古典"。

在亚洲大陆的最西侧、古埃及文明以北、美索不达米亚文明的西部，希腊的城市生活从此发源。公元前2000年，第一批希腊城邦分布在爱琴海地区的半岛和岛屿、小亚细亚海岸、意大利南部和西西里岛。这个古老的文明自称"Hellas"，其人民为"Hellenes"（英语中的"Greece"起源于拉丁语"Graecus"，后来开始使用）。

很少有文明像古希腊人那样密切关注人类的生活质量，也很少有文明如此致力于探索人类的智慧与行动。而正是这些，影响了个体与群体的发展。古希腊文明反映了人们对生活的关注。因此，希腊人被认为是古代世界的人文主义先驱。即使在文明成型阶段，古希腊人强烈的乐观思想也十分明显，这一点在爱琴海地区青铜时代的文明中也有所体现。

爱琴海地区青铜时代的文明

（约公元前3000年—公元前1100年）

直到19世纪末，青铜时代的迈锡尼文明才被世界所知。当时，一位德国考古爱好者，名为海因里希·谢里曼，发现了第一件古代特洛伊文物。谢里曼的考古发掘使迈锡尼文明开始受到关注。迈锡尼人富有冒险精神，最初是一个部落。公元前1600年左右，他们在希腊大陆建立了自己的城邦。在20世纪第一个十年，英国考古学家阿瑟·约翰·伊文思在爱琴海克里特岛上，发现了一个更早的前希腊文明，他称之为"米诺斯"。该名称来自古希腊传说中一位传奇国王的名字。这一海洋文明在公元前2000年至公元前1400年之间蓬勃发展。最终，该文明可能也在这一时期被迈锡尼人同化或摧毁。

米诺斯文明

（约公元前2000年—公元前1400年）

米诺斯文明以宫殿为中心，坐落在希腊克里特岛克诺索斯地区。这一文明以航海为业，曾经繁荣一时。宫殿建筑群周围没有防护用的围墙，这表明米诺斯人十分具有安全感。在克诺索斯，米诺斯宫殿（图4.2）为三层，是一个迷宫般的砖石结构，里面有很多房间和走廊。宫殿周围建有一个中央庭院，内部墙壁上装饰有华丽的壁画，主题多为大自然、海洋、游行仪式和克里特岛生活的其他方面。

在这些宫廷壁画中，最有名的当数公牛腾跃图（图4.3）。这幅壁画上绘有两个女人和一个男人，

图 4.2 米诺斯王宫遗址 希腊克里特岛克诺索斯，约公元前1500年

第四章 希腊：人文主义和思辨哲学的飞跃 099

图4.3 米诺斯王宫的公牛腾跃壁画 希腊克里特岛克诺索斯，约公元前1500年

男人在公牛背上翻跟头，极富动感。此举可能与公牛崇拜有关，因为在古代，公牛是男子气概的象征。这种在仪式上举行的娱乐活动预示着现代斗牛的出现。而到了罗马时代，尤利乌斯·恺撒就已经将斗牛活动的规则制定了下来。

1979年，现代考古学家在克里特岛上发现活人献祭的证据。自此之后，历史学家一直在猜测古代斗牛活动的意义（在葡萄牙，这项运动被保留至今），以及这项活动与献祭仪式之间可能存在的联系。然而，首先应该注意到的是这项活动赋予参与者的权力：人类在神圣游戏中并非棋子任人摆布，而是作为挑战者在竞争中斗智斗勇、一展身手。

公元前2000年，米诺斯人开发出象形文字。然而，这种文字和另一种书写方式（伊文思称之为"线性文字A"）都没有被破译。之后人们在希腊大陆又发现一种文字（被称为"线性文字B"），并认为这种文字似乎是希腊文的早期形态。20世纪50年代，人们破译了线性文字B，并发现这种文字被应用于官僚和行政事务——大约4600块石碑上刻有人员、农产品、牲畜和手工制品的清单。关于这种文字在诗歌以及其他文本中的更广泛的应用，人们仍在研究探索。

现代考古学家并不是第一个赞美米诺斯文化的，早在古希腊，人们就让米诺斯人在神话传说中永生。有一则传说最为著名，它描述了一个牛头人身的巨兽，名为弥诺陶洛斯——由米诺斯女王和一头神圣白牛交合所生。在传说中，聪明的雅典英雄忒修斯，在公主阿里阿德涅的帮助下，穿过弥诺陶洛斯的迷宫巢穴，杀死了这只牛头怪，从而使雅典摆脱了米诺斯人的奴役。公元前1700年左右，一场地震给米诺斯文明带来灭顶之灾。300多年之后，克里特岛成为希腊大陆的一部分。

迈锡尼文明
（约公元前1600年—公元前1100年）

公元前1600年，迈锡尼人已经在爱琴海地区站稳脚跟。与米诺斯人相比，迈锡尼人骁勇善战，富

触类旁通

许多米诺斯文物表明，生育崇拜一直未曾断绝。人们祭拜传统上与生殖有关的众多神灵。例如，从图4.4的小雕像来看，一位袒胸露乳的女性挥舞着蛇，她可能就是一位受欢迎的生育女神；或者这个雕像也可能描绘的是一位女祭司在执行特定的崇拜仪式，比如与蛇共舞的古希腊舞蹈。由于雕像头部和左手握持的蛇是由现代人修复制作的，所以最近有学者质疑，这种文物重修是否能真正还原历史，以及这尊蛇女神雕像是否为历史的原貌。然而，公元前2000年，很多小雕像和吊坠都与这一人物形象类似，在东地中海地区的文化圈内非常普遍。这些雕像由象牙、黄金和其他珍贵材料制成，描绘了女神腰间缠蛇，并双手握持的景象，还有一些蛇围绕在她身边（图4.5）。这些人物被视作农神，而蛇的出现与其再生能力有关，是古老的重生象征。

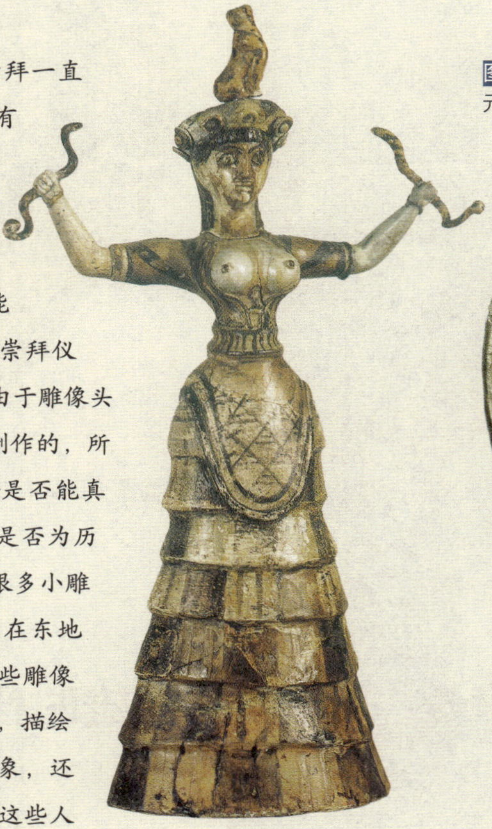

图 4.4 蛇女神雕像 米诺斯，约公元前1600年

图 4.5 生育女神吊坠 腓尼基乌加里特，公元前15世纪

有侵略性：为了控制地中海东部的贸易，他们的军舰敢于挑战任何对手。在希腊大陆的梯林斯和迈锡尼地区，迈锡尼人建造了大量城堡和城墙。这些铜墙铁壁固若金汤，以至于后世有人认为，这些建筑是由神话中的独眼巨人建造的。作为王权的象征，在城堡大门上方的三角形拱门顶部，两尊9英尺高的石狮子被侧身放置在米诺斯风格祭坛上的柱子两侧（图4.6）。

迈锡尼人精于石料加工，他们将自己的统治者埋在蜂巢状的墓穴中。1876年，谢里曼发现了这些皇家陵墓，里面装满了武器和珠宝，足以和埃及法老的墓葬相媲美。这些物品中，有一件特别引人注目，那就是覆盖在死者面部的金色面具（图4.7），谢里曼认定此物属于阿伽门农。在希腊第一部史诗《伊利亚特》中，这位传奇国王曾率领古希腊人攻打特洛伊城，他因此而扬名青史。虽然后来的考古

图 4.6 狮门 迈锡尼城堡，约公元前1500年—公元前1300年。人们先从岩石中开采石料，再将这些巨大的石块逐层放置，让入口通道上方的三角形浮雕固定到位。在浮雕画中，狮子作为力量的象征，被刻在中间石柱的两侧。可以看出，两只狮子是分别雕刻而成的，但其头部均已遗失

图 4.7 金色面具 约公元前1500年

英雄时代

（约公元前1100年—公元前900年）

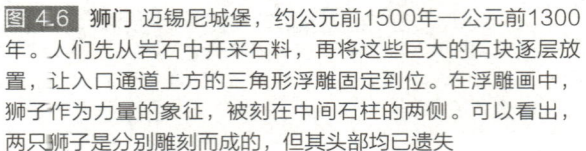

学家证明谢里曼的判断是错误的，这座陵墓的时间比他料想中要更加久远，但古希腊的神话和传说会在迈锡尼的土地上永久流传。

公元前1100年左右，迈锡尼人攻打特洛伊城——此城是小亚细亚西北海岸的一个商业据点。迈锡尼人和特洛伊人之间的战争长达10年，这为《伊利亚特》、《奥德赛》以及古希腊其他伟大史诗提供了一个宏大的历史背景。

在希腊北部，有一个部落名为多利安。他们讲希腊语，掌握冶铁技术，军事实力非常强大。公元前1100年后不久，多利安人摧毁了迈锡尼文明。在随后漫长的黑暗时期，说书人保留了早期古希腊历史、迈锡尼人的历险记以及特洛伊战争的传说，并将这些内容口口相传。直到公元前9世纪，人们将这些故事记录成书，又过了300年，这些故事才最终发展成现在的版本。

《伊利亚特》和《奥德赛》两部经典，将讲希腊语的人联合了起来，唤起了他们共同的文化记忆，进而成为整个古希腊的民族史诗。人们对古希腊早期历史的了解大多来源于此。传统上认为，这

两部史诗是古希腊诗人荷马撰写的，但人们却对这位盲眼诗人知之甚少。学者们不清楚他生在何时，住在何地，甚至不知道他是否真实存在过。虽然传说他能把每首史诗都倒背如流，但事实上这些史诗不太可能是他创作出来的。我们唯一可以确定的是，在古希腊，口头朗诵（可能有乐器伴奏）的传统源远流长且富有活力，在当时是一种流行的娱乐方式，而荷马代表了这一传统的顶峰。

《伊利亚特》叙述的故事发生在特洛伊战争的最后阶段。这是古希腊英雄阿喀琉斯的故事。起初，阿喀琉斯受到了责骂，他感到十分愤怒，拒绝加入希腊联军对抗特洛伊的战斗。他最亲爱的朋友，帕特洛克罗斯穿上阿喀琉斯的盔甲替他前往战场击杀特洛伊人，并杀死了许多同盟军士兵（图4.8）。但好景不长，特洛伊统帅赫克托耳杀死了帕特洛克罗斯。阿喀琉斯为了复仇，最终与特洛伊开战。在一场恢宏的战役中，他亲上前线，杀了赫克托耳，剥去了他的盔甲，并将他的尸体拖到特洛伊城前。在这位特洛伊王子被鞭尸之后，赫克托耳的父亲普里阿摩斯国王找到阿喀琉斯，在他面前摇手乞怜，恳求他归还自己儿子的尸体。最后，整部史诗以赫克托耳的葬礼而告终。

《奥德赛》讲述了特洛伊战争后，足智多谋的英雄奥德修斯为了回到家乡与家人团聚并夺回伊萨基的王位，踏上了漫长的海上冒险旅程。如同《吉尔伽美什》史诗一样，《伊利亚特》和《奥德赛》在英雄时代都属于口述传统的一部分，但《吉尔伽美什》史诗以追求永生之道为主题，而希腊史诗表达的则是对个人荣誉与辉煌的追求。

《伊利亚特》有近16,000行，是一部伟大的战争史诗。其中，真正的主角是阿喀琉斯，他是色萨利国王珀琉斯和海之女神忒提斯的后代。（有传说称，忒提斯将婴儿时的阿喀琉斯浸在冥河中，使他全身刀枪不入，除了他当时暴露在外的脚后跟。）如同吉尔伽美什一样，阿喀琉斯也是半人半神。但比起吉尔伽美什，这位希腊超级英雄在心理上更加复杂，他表现出来的情感，包括愤怒、爱情、哀怨和悲伤，让他的性格更趋近于人类。

《伊利亚特》的情节发展，取决于阿喀琉斯决定为自己和他的士兵带来荣耀，并下决心采取行动。这种英雄行为的重要性在于展现人的美德或卓越，这不仅是《伊利亚特》的核心思想，也是古希腊英雄时代男权文化的代表。对古希腊人来说，道德品质要体现在适当的行动之中，即便最后以死告终，也无怨无悔。事实上，士兵在战争中阵亡，也是一种荣誉的体现。

《伊利亚特》的语言，正如它的主题一样，字里行间充满了英雄的活力。整部作品有诸多生动的明喻（比如形容愤怒"七窍生烟"）、形象的修饰语（"古希腊人的武装如铜浇铁铸一般"）以及详尽的细节。《伊利亚特》诗歌风格大气雄伟，英雄

图 4.8 古希腊红绘陶瓷双耳瓶（萨耳珀冬之死）艺术家欧夫罗尼奥斯和尤西特奥斯制作，约公元前515年。在传说中，战士萨耳珀冬是特洛伊的盟友，战争期间被帕特洛克罗斯所杀。在这个双耳瓶上，描绘着许普诺斯（睡眠之神）和桑纳托斯（死亡之神）带着他从战场上飞走的画面。瓶上的画作构图精巧，比例匀称，中间部分描绘着赫耳墨斯的形象，他作为众神的使者，引导死者去往冥界

第四章　希腊：人文主义和思辨哲学的飞跃　103

人物个性鲜明，启发了数代西方作家，包括维吉尔和弥尔顿（详见后续章节）。下文的阅读材料是这部经典作品的精华部分。

阅读材料 4.1
摘自《伊利亚特》
（约公元前850年）

【下面的诗句选自第18卷】
他们这样厮杀，犹如扑不灭的烈火。
敏捷的安提罗科斯急匆匆前来禀告阿喀琉斯，
见他正在自己翘耸的船前
心中对发生的事情已经有所预感。
他痛苦地思索着：
"怎么回事？我们长发的亚加亚人[1]
为什么再次溃退，被赶出平原，混乱地退回船上？为什么呢？
但愿神明不要让我现在心中预感的、
母亲曾向我预言的那种不幸发生。
她曾说密尔弥冬人[2]中最优秀的，将在我
仍然活着时在特洛伊人手下离开阳世。
显然，墨诺提俄斯的儿子[3]已经被杀死，
他勇敢坚毅，我曾吩咐他扑灭大火后
便返回船只，不要和赫克托耳交战。"

阿喀琉斯心里正在思忖，
显赫的涅斯托尔之子已经来到跟前，
含着热泪向他报告不幸的消息：

1. 迈锡尼人，在希腊色萨利附近建立王国。广义上来说，他们也曾是围攻特洛伊城的希腊军队。
2. 这一名字在荷马史诗中，与珀琉斯和阿喀琉斯等战士一样著名。它来源于希腊语中的蚂蚁，据说宙斯创造了埃癸娜岛居民，并让珀琉斯统治该岛。
3. 即帕特洛克罗斯，阿喀琉斯的莫逆之交。

"勇敢的珀琉斯之子，我将告诉你一个
可怕的消息，一件不该发生的事情。
帕特洛克罗斯倒下了，激战围绕着他。
那裸露的尸体，赫克托耳夺走了他的
铠甲。"

一团悲愤的乌云罩住了阿喀琉斯的心，
他用双手抓起地上发黑的泥土，
涂抹自己的脸面，污浊了俊美的容颜，
香气郁烈的袍褂被黑色的尘埃玷污。
他随即倒在地上，摊开魁梧的躯体，
弄脏了头发，伸出双手把它们扯乱。
被阿喀琉斯和帕特洛克罗斯俘来的女仆们
悲痛得一起失声痛哭，她们急匆匆地
跑出营帐，围在勇敢的阿喀琉斯身旁，
双手捶打胸脯，纷纷扑倒地上。
安提罗科斯也在一旁泣涟涟，
一面伸手抓住哀痛得心潮激荡的阿喀琉斯，
担心他或许会举铁刃自戕。
阿喀琉斯突然大声痛哭，
他高贵的母亲听到了他的声音——
当时她正坐在海的深处，年迈的老父[4]
身边——
不由得也痛哭不止……
母亲来到呻吟着的阿喀琉斯跟前，
抱起儿子的脑袋悲声哭泣，
爱怜地对他说：
"我的孩子啊，为什么哭泣？心头有什么痛苦？
快告诉我吧，不要隐瞒！
你当初高举双手祈求的事情，宙斯已经让它们实现。

4. 即海神，海中的"长者"养育了50到100个女儿，包括阿喀琉斯之母忒提斯。

亚加亚的儿子们已全部被赶回了船尾，

由于没有你参战，他们遭受了巨大的不幸。"

捷足的阿喀琉斯长叹一声，回答说：

"母亲啊，奥林匹亚宙斯神确已实现了我的请求，

但我又怎能满意？我最亲爱的同伴帕特洛克罗斯被杀死了，

我爱他超过所有其他的伙伴，就像爱我自己的生命。

赫克托耳杀死了他，

夺走了那套巨大、惊人而辉煌的铠甲，

就是神明们送你上凡人婚床的那一天

作为辉煌的礼物送给珀琉斯的那一套。

你为何不留在深海和女神们一起生活？

珀琉斯为什么不娶凡女做妻子？

现在你将要为失去儿子悲痛万分，

你将不可能迎接他返回家门，

因为我的心灵不允许我再活在世上，

不允许我再留在人间，

除非赫克托耳倒在我的枪下，

为杀死墨诺提俄斯之子把血债偿还。"

忒提斯流着眼泪回答儿子说：

"孩子啊，如果你这样说，你的死期将至。

待赫克托耳一死，你注定的死期便也会来临。"

捷足的阿喀琉斯气愤地对母亲说：

"那就让我立即死吧，既然我未能挽救朋友免遭不幸。

他远离故土死在异乡，危难时我却没能救助

——他需要我的护卫，我的力量。

现在，我既然已不能返回亲爱的故土，

又没能救助帕特洛克罗斯，没能救助许多被赫克托耳杀死的人，

却徒然坐在船舶前，成为大地的负担。

我，战场上的骄子，没有哪个身披铜甲的亚加亚人作战比我强，

尽管议事会上许多人巧舌如簧强过我。

愿不睦能从神界和人间永远消失。

还有愤怒，它使聪明的人陷入暴戾，

它进入人们的心胸比蜂蜜还甘甜，

然后却像烟雾在胸中迅速鼓起

——民众的首领阿伽门农[1]的作为，就是这样把我激怒的。

够了，过去的事情就让它过去吧，

不管心中如何痛苦，我们必须控制自己。

我现在就去找赫克托耳，

是他夺走了我最珍爱的一条生命。

我愿意随时迎接自己的死亡，

只要宙斯和其他的不死神明决定让它变成现实！

强大的赫拉克勒斯也未能躲过死亡，

尽管他是克洛诺斯之子，王者宙斯对他很怜悯，

但他还是被命运和赫拉的嫉恨所葬送。

如果命运对我也这样安排，

我愿意倒下死去，但现在我要去争取荣誉，

让某个特洛伊妇女或某个腰带低束的达尔达尼亚女子痛苦地伸开双手，

不断地从柔软的两颊往下抹泪水，痛苦地放声大哭……

让她们知道我停止战斗的时日有多长！

---

1. 迈锡尼国王，特洛伊战争中希腊军队的统帅。

母亲啊，我不会被说服，不要阻拦我上战场。"

　　……

　　【赫菲斯托斯，火神和冶金之神，他为阿喀琉斯打造了一套特殊的武器。下面的诗句选自第19卷，阿喀琉斯准备带领古希腊人奔赴战场。】

　　无数的头盔闪烁着耀眼的辉光涌出船舶间，
　　还有那无数的凸肚盾牌、带铜片的胸甲和密密麻麻的投枪。
　　武器的光芒照亮了天空，
　　整个大地在青铜的辉光下欢笑，
　　勇士们的脚步声隆隆巨响……
　　杰出的阿喀琉斯这时也把自己武装，
　　他把牙齿咬得咯咯作响，
　　双眸闪亮犹如火光，
　　心中充满难忍的悲痛，
　　怀着对特洛伊人无比强烈的愤恨，
　　穿起赫菲斯托斯为他锻造的戎装。
　　他首先把那副精美的胫甲套到小腿上，
　　用银质钩环把它们牢牢固定住，
　　再把带铜片的胸甲披到胸前，
　　把剑柄镶银的青铜佩剑挎到肩头，
　　然后拿起那面又大又结实的盾牌，
　　盾面如同月亮闪烁着寒光。
　　犹如水手在海上看见熠熠闪光，
　　那火光来自高山顶上的孤独窝棚，
　　骤起的风暴强行把那些水手
　　刮到游鱼丰富的海上，远离自己的亲朋——
　　阿喀琉斯精致的盾牌的闪光也这样射入太空。
　　他又把那顶带装饰的坚盔戴到头上，
　　鬃毛缨饰如明亮的星星闪烁光芒，周围摇曳着缕缕金丝，
　　赫菲斯托斯把它们密密地镶嵌在盔顶。
　　杰出的阿喀琉斯穿好铠甲一试，
　　看其是否合身，四肢活动是否自如。
　　铠甲非常合适，犹如双翼，让伟大的统帅腾起。
　　最后他从支架上抓起父亲的枪矛，
　　又重又长又结实，任何亚加亚人都拿不动它，
　　只有他能够把它挥动。
　　这杆皮利翁梣木枪矛，
　　由喀戎[1]从皮利翁山巅取来送给他父亲，
　　作为克杀英雄的利器。
　　再看备战的队伍：
　　奥托墨冬和阿尔基摩斯正在备马，
　　为马系上精致的肚带，把嚼铁放进马嘴，
　　再把缰绳向后拉上精美的战车。
　　这时奥托墨冬紧握精心编成的光亮马鞭，
　　迅速跳上双辕战车。
　　全副武装的阿喀琉斯也随即跳上车，
　　身上的铠甲闪亮，犹如丽日光芒。
　　阿喀琉斯对父亲的辕马这样严厉地吩咐：
　　"克珊托斯和巴里奥斯，波达尔革的名驹！
　　等我们打完这场仗，你们可得把御者安全载回达那奥斯人的营帐，
　　切不可像上次把帕特洛克罗斯丢下一样。"

　　……

　　【阿喀琉斯击败赫克托耳之后，赫克托耳的父亲、特洛伊国王普里阿摩斯来到希腊联军

---

1. 半人马兽（半人半马），一种神话中的生物，曾被拉庇泰人赶出皮利翁山。

军营。下面的诗句选自第24卷，普里阿摩斯恳求归还他儿子的遗体。】

　　老国王径直走向大神宙斯所喜爱的
　　阿喀琉斯坐卧的厅堂，在里面见到他。
　　他的许多战友都坐在远处，
　　只有两个人——壮士奥托墨冬和阿瑞斯的后裔阿尔基摩斯
　　当时正在殷勤侍奉他。他刚刚停止进食，
　　吃喝完毕，餐桌还摆在他的身前。
　　王者普里阿摩斯进去时没有被看见，
　　他来到阿喀琉斯面前，抱住他的膝盖，
　　亲吻他的双手——那双使他许多儿子丧命的杀人之手。
　　这一幕令人诧异，
　　普里阿摩斯就像发生了严重的神经错乱，
　　犹如在自己的故土杀了人，逃往异乡避难，
　　求告一个富足的主人。
　　阿喀琉斯看见威严的普里阿摩斯这样，很是惊讶，
　　其他的人也惊叹不已，面面相觑。
　　普里阿摩斯向阿喀琉斯恳求说：
　　"神样的阿喀琉斯，想想你的父亲，
　　他和我一般年纪，已到了垂危的暮日。
　　邻近的人们可能折磨他，
　　没有人挺身而出使他免遭祸害与毁灭。
　　但他听说你还活在世上，心里一定很高兴，
　　一天天盼望能看见儿子从特洛伊回去。
　　我却很不幸，
　　尽管我在辽阔的特洛伊生了很多英勇的儿子，可我告诉你
　　没有一个留下来。
　　在亚加亚人进攻时，
　　我有五十个儿子，十九个是同母所生，剩下的出生自宫娥。
　　这许多儿子的膝盖都已被凶猛的阿瑞斯弄得软弱无力，
　　我仅剩的一个儿子，城堡和人民的守护者，
　　在为保卫自己的故土而战斗时已经被你杀死，
　　他就是赫克托耳。
　　我现在为了他的缘故，
　　带着无数的礼物来到亚加亚人的船边，
　　想从你这里把他的尸首赎买回去。
　　阿喀琉斯，你要敬畏神明，怜悯我！
　　想想你的父亲，我比他更可怜，
　　我忍受了世人没有忍受过的痛苦，
　　把杀死我儿子的仇人的手举向唇边。"

　　老人的一番话，使阿喀琉斯追忆起自己的父亲。
　　他握着老人的手，将其轻轻地推开。
　　如烟的记忆笼罩在两人的心头，他们都怀念起自己的亲人。
　　普里阿摩斯在阿喀琉斯脚前哭悼他的儿子——杀敌的赫克托耳，
　　阿喀琉斯则时而哭悼自己的父亲，时而又悼念帕特洛克罗斯，
　　他们的哭声响彻房屋。
　　当杰出的阿喀琉斯流够了辛酸的眼泪，
　　泣涕的欲望从他的心里和身上完全消退之后，
　　他立刻从椅子上起身，把老人搀扶起来，
　　看着老人灰白的头发和胡须，心中泛起了怜悯之情。
　　他开口向老人说：
　　"不幸的人，你心里忍受了太多苦难！
　　你怎敢独自到亚加亚人的船边来，
　　见一个杀死你许多英勇儿子的仇人？

你一定有铁石一般的心。
请到这边来，坐在椅子上！
尽管悲伤不已，让我们把痛苦藏于心，
因为冰冷的哭泣没有任何意义，
诸神就是这样给可怜人安排命运的，
让他们一生悲伤，神们自己却无忧无虑。
宙斯的地板上放着两个罐子，
罐子里是他赠送的礼物，一个装祸，一个装福。
若是那爱打雷的宙斯混合这两罐礼物，把它交给一个凡人，
那人的运气就有时候好，有时候坏。
如果他送给凡人的东西全部取自装着祸的罐子，
那人便会背井离乡，忍受饥肠辘辘，被迫在神圣的大地上流浪，
既不被天神重视，也不受凡人尊敬。
众神就是如此，
在我父亲珀琉斯出生之时赠送他美好的礼物，
让他在全人类当中无比幸福和富裕，统治着密尔弥冬人。
尽管他身为凡人，众神却把女神嫁给他。
然而，众神又降祸于他，
使他的宫中生不出一个强健的王子，
只有一个注定会盛年夭折的儿子。
在他的暮年，我不能照顾他，
因为我远离故土，在特洛伊城下
使你和你的儿子们心里感到烦恼。
你也一样，老人家。
我们听说你有过兴盛的时候，
你的疆土面向大海，远至莱斯沃斯岛——马卡尔居住的国土，
东临弗里吉亚高地，北抵辽阔的赫勒斯滂。

人们说，在这广袤的地域内，
比财富，论儿子，你是首屈一指的权贵。
但时过境迁，天神给你带来了祸害，
你的城市周围尽是战争和杀戮。
你必须忍受这一切，
哭哭啼啼，长久悲痛，为你儿子伤心
对你没有任何好处——你无法使他起死回生。
用不了多久，你还要遭受更严重的灾难。"

但年老而高贵的普里阿摩斯坚决地回答说：

"阿喀琉斯，宙斯钟爱的王子，在赫克托耳还躺在你的军营里
没有埋葬以前，不要叫我坐下。
现在请你把他还给我吧，不要拖延，
让我亲眼看看自己的儿子。
你且接受我们带来的大批礼物，
你可以享受这些东西，平安地回到故乡。
你已饶我一命，使我活下来，得见太阳。"

捷足的阿喀琉斯恶狠狠地瞥了他一眼，说道：

"老人家，现在不行，不要再这样激怒我了！
我已经有意把你的儿子交还于你。
我的生身母亲，海中老人的女儿，
作为宙斯的信使来过。
至于你，普里阿摩斯，你的事我心里全知道，
不必再隐瞒了，是一位天神把你引到亚加亚的船边。
没有一个凡人敢冒险闯入我们的营地，
连身强力壮的小伙子也不敢。

因为他不可能躲过哨兵的眼睛,
也不可能轻松地打开营地大门。
老人家,你现在不要惹我了,
不要再激起我愤怒的心了,
免得我在这里不饶你,尽管你是个祈求者。
那样一来,我就会违反宙斯的命令。"

老人惊恐,听从他的指令。
珀琉斯的儿子像一头狮子冲出房门,
不只他一人,还跟随着两个侍从——奥托墨冬和阿尔基摩斯,
除了死去的帕特洛克罗斯,
他们是阿喀琉斯最尊重的随伴。
这些人把骡马从轭下解放出来,
将传令官——老人的传话人请进屋内坐下,
再从光滑的车上把赎取赫克托耳尸体的礼物取下。
但他们从中留下了两件披衫和一件织得很精致的衬袍,
以备普里阿摩斯将尸体运回家时作为包裹之物。
然后,阿喀琉斯叫来侍女,
吩咐清洗尸体,涂上油膏,
偷偷地在别处进行,不让普里阿摩斯看见,
免得他见了,心里悲伤,压不住怒气,
激起阿喀琉斯的怨恨把他杀死,
以致违反宙斯的命令。
侍女们把尸体洗净并涂上橄榄油,
用精致的披衫和衬袍将其包裹。
阿喀琉斯亲自把尸体抱起来放进棺材,
然后和他的侍从们一起将棺材抬到光滑的车子上。

接着,他放声大哭,呼唤好友的名字:
"帕特洛克罗斯,要是你在冥间得到音信
说我已经把赫克托耳还给他父亲,
请你不要生我的气!
因为他给我的赎礼并不轻,
你应得的一份,我自会分给你,保证符合你的身份和地位。"

言罢,杰出的阿喀琉斯回到营帐,
坐在他刚才离座起身的那把精致的椅子上,
对普里阿摩斯这样说道:
"老人家,如你所愿,我已归还你的儿子,
他正躺在棺材里。
黎明时,你便能亲眼看见他,把他运回去。
现在让我们想想晚餐的事情吧!"

问:如何描述阿喀琉斯的性格特点?
问:作为史诗英雄,阿喀琉斯和吉尔伽美什之间有何不同?

古希腊诸神

古希腊人设想众神是一个家庭,共同掌管人类生活。从克里特和迈锡尼文明开始,希腊"万神殿"就以天神宙斯及其妻子赫拉为尊,并让他们执掌天界。地位次之的神包括海神波塞冬,太阳、医学和音乐之神阿波罗(图4.9),葡萄酒和植物之神狄俄尼索斯,智慧和战争女神雅典娜,以及爱情、美丽和生育女神阿芙洛狄忒,等等。古希腊人为这些神灵精心创作出一套神话传说,叙述他们的故事。

许多希腊神话与地中海沿岸地区流传的传说和故事有共通之处。《神谱》由与荷马同时代的赫西奥德（约公元前8世纪）所著，以诗歌的形式讲述了众神的历史和谱系。在描述宇宙的起源时，其风格不禁让人联想到《古巴比伦创世神话》：

> 最先产生的是虚空，接着是宽广的大地——万物坚固而永恒的家园，以及爱神厄洛斯。她是不朽的诸神中最美的一个，能使所有神和所有人迷离颠倒，让他们丧失理智，六神无主。从这片虚空中生出黑暗和黑夜，再从黑夜中生出光明和白日。爱神与黑夜之神结合后，又生出了他们的孩子。大地首先生出了与自己大小相等的星空……

从中可以看出，古希腊人也有自己的伊西丝、奥西里斯神话。当冥界之神哈得斯绑架美丽的普西芬尼时，她的母亲得墨忒耳救了她。然而，由于受到哈得斯的蒙骗，这位谷物女神被迫每年返回冥界，大地因此变得寸草不生，十分荒凉。在神话中，有人可以死而复生，宗教团体据此为供养者提供个人复活的希望。

希腊人将其起源追溯到与宙斯之怒有关的事件：宙斯见人类作恶多端，怒不可遏，决定用洪水毁灭人类。丢卡利翁作为古希腊的挪亚，为自己及妻子造了一艘船，并服从神谕，将大地之母的"骨头"（石头）扔到船外。于是，人们从这些石头中长了出来，其中第一个就是海伦，他最终成为希腊人（或称"海伦人"）传说中的始祖。

古希腊众神虽然不老不死，但与人类十分类似：他们多情，风流，反复无常，并且好斗。此外，他们生活的地方，并非在遥远的天堂，而是（足够方便）选在希腊北部的一座山上。这座山名为奥林匹斯山，古希腊人也在此生活。从众神生活的地方可以看出，这些神灵可以随时加入人类的战争（正如他们在《伊利亚特》中常做的那样），勾

图 4.9 帕提侬神庙东侧墙顶饰带局部（波塞冬、阿波罗和阿耳忒弥斯）雅典，约公元前447年—公元前432年。帕提侬神庙中描绘的希腊众神完美无瑕，不老不死，是古希腊人理想的化身

引凡间女子，干涉那些他们认为值得关注的人的生活。

古希腊诸神并不总是公正仁慈的。与希伯来神不同，他们既没有明确的道德行为原则，也没有宗教崇拜的规范。男女祭司负责看管神庙圣地，以及监督祭祀仪式，包括为了赢得神的青睐而进行的动物祭祀和活人献祭。

古希腊流行的宗教中，既没有神圣的经文，也没有任何戒律。这为探究知识营造了一个自由的环境，古希腊也因此著称于世。此外，至少在古代，同样著名的还有特尔斐神谕，出自阿波罗神殿——希腊人认为这里是宇宙的中心和地球的"肚脐"。在阿波罗神殿，一个三脚架插在岩石裂缝中，女祭司端坐在上面，并且处于狂喜之中（最近，考古学家发现，岩石下面有两个地质断层，里面产生出来的麻醉气体构成了致幻烟雾，从而导致狂喜）。供养者从四面八方来到神殿提出问题，女祭司给出让人难以理解的回答。即便如此，特尔斐神谕仍是预言和神秘智慧的至高源头，直到罗马时代后期神殿被彻底摧毁。

古希腊主要神灵

希腊名称	罗马名称	代表
阿芙洛狄忒	维纳斯	爱、美和生育
阿波罗	福玻斯	太阳、医药和音乐
阿瑞斯	马尔斯	战争与冲突
阿耳忒弥斯	狄安娜	狩猎、野生生物和月亮
雅典娜	密涅瓦	战争与智慧
得墨忒耳	色列斯	农业与谷物
狄俄尼索斯	巴克科斯	酒与植物
厄洛斯	阿摩尔/丘比特	情爱和欲望
哈得斯	普路托	冥王
赫里阿斯	福玻斯	太阳
赫菲斯托斯	伏尔甘	火与冶金术
赫拉	朱诺	天后
赫拉克勒斯	赫丘利	力量与勇气
赫耳墨斯	墨丘利	众神的男性信使
赫斯提	维斯塔	灶台、家庭生活
尼刻	维多利亚	胜利
普西芬尼	普罗塞尔平娜	冥后
波塞冬	尼普顿	海洋
塞勒涅	狄安娜	月亮
宙斯	朱庇特	诸神之王，苍穹

希腊城邦和希波战争

（约公元前750年—公元前480年）

在荷马时代（英雄时代）即将结束时，希腊人建立了很多小村庄。随后，他们主要通过海上贸易，让村庄逐渐发展成为城镇。希腊的地理条件十分复杂，包括连绵的山脉、谷地和狭窄的河流。这样的地形让陆上迁徙和贸易变得十分困难。与此同时，希腊的地理环境促进了独立城邦的演化。古希腊由200多个城邦构成，其中面积较大的有400平方英里，较小的则仅有2平方英里。

许多城邦（比如雅典）十分小巧玲珑，一个人沿着城墙，几个小时就能绕行一周。尽管所有希腊城邦说同一种语言，具有相同的传统和宗教信仰，但每个城邦都有独立的自治权，发行自己的货币，并组建自己的军事力量。与古埃及大一统的国家形式不同，希腊城邦的自治促成了彼此激烈的对抗和商业竞争。然而，各城邦就像家人一样，虽然平时争吵不休，但面对邻国波斯虎视眈眈的威胁时，希腊城邦亦可万众一心共御外辱。

公元前6世纪，波斯帝国征服了印度西部和小亚细亚地区之间的大部分领土。之后，波斯向西推进，吞并了小亚细亚海岸的古希腊领土爱奥尼亚，此举已经明显威胁到希腊大陆的安全。因此，公元前499年，爱奥尼亚各城市开始反抗波斯统治，邻近的希腊城邦也来提供援助。波斯人为了报复，派出远征军，准备镇压这些城市的反叛。公元前490年，在距离雅典城25英里的马拉松平原上，一支11 000人的希腊军队遇到了两倍数量的波斯军队，最终仅以牺牲192名士兵为代价取得大胜。此战，波斯伤亡人数超过6000人。一名希腊士兵将这个胜利的消息从马拉松带到雅典，在跑完26英里之后不幸去世（因此，"马拉松"这个词用来指长距离耐力赛跑）。但希腊人很快意识到，如果没有强大的海军，即使所有希腊城邦组成联军，也无法彻底击败波斯人。因此，他们开始建造一支海军舰队。公元前480年，古希腊在萨拉米海战中击败了波斯舰队，此战成为希波战争中的一场决定性战役。

希罗多德

我们对希波战争的了解大部分来自希罗多德（约前484—约前425）。他是世界上第一位历史学家，被称为"历史之父"。希罗多德虽非战争的亲历者，但半个世纪之后，在自己的记述中，他对所有消息来源，包括传闻和记录在内，进行了精准的筛选和敏锐的批判。希罗多德的叙事风格富有张力，充满了迷人的逸事和丰富多彩的题外话，包括他到访埃及和亚洲的"旅行游记"。这些记述留存至今，为我们了解古代非洲和西亚生活，提供了最为详尽的信息来源。

例如，希罗多德最早记载了关于斯基泰皇陵的信息，也最早提及古人使用过大麻作为迷幻剂。在记述非洲的章节中，作者从社会实践和宗教信仰出发，比较了古希腊和古埃及之间存在的大量差异。在今天看来，希罗多德也可称为最早进行"文化比较"研究的学者。

希罗多德通过举出各种证据（通常是相互矛盾的）并加以权衡，最终得出结论。他的这一方法为历史研究奠定了基础。荷马史诗诞生之后的300多年间，九卷本《希腊波斯战争史》不仅是西方第一部史学著作，也是第一部用散文撰写的重要文学作品。如同荷马史诗一样，该著作不仅塑造了希腊民族的身份，也正如他所言，旨在"保存对过去的记忆"。

雅典和希腊黄金时代

（约公元前480年—公元前430年）

虽然希腊所有城邦都为驱逐波斯人做出了贡献，但是雅典却夺取了胜利的冠冕。事实上，随着希波战争的结束，雅典在各城邦中不仅占据了统治地位，也在爱琴海地区确立了商业霸权。希波战争的胜利，不仅激发了古希腊的民族自信，也让人们充满活力，富有沙文主义精神。这些精神让希腊迎来了戏剧、哲学、音乐、艺术和建筑的时代。事实上，人们称公元前480年到公元前430年为希腊黄金时代，这是世界历史上最具创造力的时期之一。在雅典，《伊利亚特》所宣称的英雄主义理想已经蓬勃发展为公民爱国主义。

雅典在古希腊独一无二，是各个城邦中最为开放的。这一时期，民主政府开始上台，这在古希腊以往的政治中绝无仅有。自古以来，雅典与大多数其他希腊城邦一样，都是寡头政治，即由少数精英控制的政府。但是，在公元前600年到公元前500年之间，雅典统治者贤君辈出，开始引进一系列改革政策，让公民掌握更多权力。例如，雅典政治家、诗人和立法委员梭伦（约前638—约前559）废除了债务奴隶这一习俗，并鼓励下层阶级担任公职，从而确立了雅典历史的民主进程。并且，梭伦在政务管理中，通过扩大雅典公民的责任范围，培养社会各界的责任意识。公元前550年，公民大会（由所有公民组成）与五百人委员会（由处理国家日常事务的贵族组成）以及十将军委员会（每年选出的执行机构）共同处理国家政治。公元前508年，公民大会最终获得立法权，雅典从此成为世界历史上第一个直接民主制国家。

"民主"一词源自希腊语，意为人民掌握权力的政府。在古代雅典的民主中，雅典公民可以直接掌握政治权力。而在美国，权力掌握在人民代表手中，这与雅典完全不同。雅典公民自己可以拥有权力，并能自行制定法律，批准国家政策。然而，雅典民主却具有高度的专属性。

公民的范围仅包括18岁以上拥有土地的男性。雅典城邦约有25万人口，而符合上述条件的人可能只有4万多。妇女、儿童、外国居民和奴隶均不具备公民资格。雅典妇女不能继承或拥有财产，更没有法律权利。显然，在雅典人的心目中，希腊人优于非希腊人、雅典人优于非雅典人、雅典男性优于雅典女性，各阶层的自由民都优于奴隶（像在早期文明中一样，多数人沦为奴隶并非因为人种，而是由于战争或债务）。

雅典民主的基石是承诺所有公民在法律面前一律平等：一个公民投票的效力与另一个公民没有任何差别。对雅典民主而言（对其他任何民主也一样），还有一个前提同样重要，即拥有投票权的个人不仅自觉履行民主，而且他们愿意为了共同利益采取负责任的行动。（在现代世界的许多地方，这种理想仍然受到高度重视。）此外，雅典城邦面积十分有限，可能也有助于成功建立这种独特的政府形式。

参加公民大会的雅典人可能最多不超过5000人，他们每月会见4次，在位于雅典卫城脚下的露天市场制定法律。这些人是一项勇敢的新型政治治理模式的支持者。纵观古代文明，统治者大多自称是神灵的化身，并拥有绝对权力，而公民权力微不足道。雅典黄金时代与之形成鲜明对比。在古希腊内部，雅典也与其竞争对手斯巴达大不相同。斯巴达是伯罗奔尼撒半岛上最大的城邦，在这里，人们每年选出5名官员作为寡头集团，对社会进行严密控制，并训练男性公民（7岁以上）成为战士。斯巴达经常在各地挑起战争，一些战俘失去自由，负责从事所有的体力劳动，他们被称为希洛人。斯巴达士兵以骁勇善战而闻名于世。女性在斯巴达也要符合军事文化的要求,并享受一定程度的自由——这一点雅典人在当时并不知晓。在斯巴达历史中,严格的社会秩序并没有为政治或艺术创造留下余地。

伯里克利对雅典的赞美

政治家伯里克利(约前495—前429)是雅典民主的主要支持者,他执掌十将军委员会超过30年,直至去世。伯里克利出生时是一位贵族,并在内心埋下了民主的种子。为了扩大民主制度,他在雅典发起了一次最为彻底的改革。例如,设立公薪制度和公共审计制度,对即将离任的地方法官的财务状况进行严格审查。在伯里克利时代,所有公民都被邀请寻求政府职位,许多公职人员都是通过抽签程序选举产生。这样一个人人平等的政府机构,在今天是不可想象的。

比起他在国内的改革政策,伯里克利在外交领域更加雄心勃勃。希波战争之后,他鼓励希腊各城邦建立联盟,以防备外敌入侵。起初,古希腊人将联盟的集体资金存放在神圣的提洛岛上(因此被称为"提洛同盟")。但是,为了展示雅典城邦的实力,伯里克利将这笔资金擅自迁到了雅典,并大胆征用,重建了被波斯人烧毁的雅典神庙。

像帝国主义统治者一样,伯里克利开始实行高压统治,并致力于主导希腊联盟的商业政策,这导致一些城邦的不满,它们以斯巴达为首,开始与雅典进行对抗和武装冲突。随后发生的伯罗奔尼撒战争(公元前431年—公元前404年)以雅典的失败告终,希腊黄金时代也宣告结束。

我们对伯罗奔尼撒战争的了解,主要来自伟大的历史学家修昔底德(约前460—约前400),他本人也曾在这场战争中亲自指挥军队。修昔底德不仅记录了所有的战争事件,还提供了对战争起因的见解,以及当时对政治和道德后果评估的第一手材料。修昔底德的著作文风简洁、语言生动,分析事件冷静客观,这与希罗多德的风格截然不同。

下文伯里克利的演讲,摘自修昔底德的著作《伯罗奔尼撒战争史》。在雅典城外举行的群众葬礼上,伯里克利发表了这篇演讲,以纪念那些在首战中死去的人。在演讲中,人文主义和个人主义的概念与公民爱国主义相得益彰。伯里克利回顾了雅典在掌权之后奉行的"行动准则"。他将雅典描述为"希腊人的学校"。换言之,雅典是其他希腊城邦的教导者和模范。根据伯里克利的说法,雅典的伟大之处,不仅在于其军事力量和政治制度的优越,还在于公民素质、精神的高尚,以及对美和智慧的热爱。伯里克利的观点赢得了大多数雅典人的认同,不仅成为他们最初的共同信仰,也反映了希腊公民在其巅峰时期的自豪感。

阅读材料 4.2
摘自修昔底德《伯罗奔尼撒战争史》
(约公元前410年)

伯里克利在阵亡将士葬礼上的演说

首先我要说到我们的祖先,因为在这样的典礼上悼念死者时,应该向他们表示敬意,这是理所当然的。我们的祖先生活在这片土地上,他们英勇地保卫它并世世代代相传,从他们那里我们得到一个自由的国家。无疑,他们是值得我们歌颂的。尤其是我们的父辈,更加值得歌颂,因为除了所继承的土地,他们还使其扩张成为现在的帝国。他们把这个帝国传给我们这一代,不是没有经过流血和辛勤劳动的。今天我们在这里集合的人,绝大多数正当盛年,我们已经在各方面扩充了我们帝国的势力,已经管理好了我们的国家,无论在平时或战时,都完全能保卫好它。

我不想做一场冗长的演说来评述一些你们都很熟悉的事情,所以我不说我们用以取得我们的势力的一些军事行动,也不说我们父辈英勇抵抗我们希腊内部和外部敌人的战役。我所要说的,首先是讨论我们曾经受到考验的精神,我们的宪法和使我们伟大的生活方式。说了这些之后,我想歌颂阵亡将士。我认为这种演说,在目前情况下,不会是不适当的。同时,在这里集会的全体人员,包括公民和外国人在内,听了这篇演说,也是有益的。

我要说,我们的政治制度不是从我们邻人的制度中模仿得来的。我们的制度是别人的模范,而不是我们模仿任何其他人的。我们的制度之所以被称为民主政治,是因为政权是在全体公民手中,而不是在少数人手中。解决私人争执的时候,每个人在法律上都是平等的。让一个人担任公职优先于他人的时候,所考虑的不是某一个特殊阶级的成员,而是他有真正的才能。任何人,只要他能够对国家有所贡献,绝对不会因为贫穷而在政治上湮没无闻。我们的政治生活是自由而公开的,我们彼此间的日常交往也不会互相猜疑。当我们的邻人为所欲为的时候,我们不会生他的气,也不至于因此而给他以难看的脸色,尽管这种脸色对他没有实际的损害,但会令人不愉快。在私人生活中,我们是自由的和宽恕的,但是在公共事务中,我们满怀敬畏之心,并遵守法律。对权威和法律的尊重,可以使我们避免做错事。我们服从法律本身,特别是那些保护被压迫者的法律,那些使违法者受到公众谴责的不成文的法律。

在辛勤的劳作之余,我们并没有忘记为我们的精神提供各种娱乐和放松——整个一年之中,我们都有定期的赛会[1]和祭祀;在家庭中,我们过精致的生活,每天怡娱心目,忘记种种忧虑。我们的城邦如此伟大,世界各地一切好的东西都汇聚到这里,使我们享受外国的东西如同享受我们本地的一样。

此外,我们的军事训练在许多方面都优于我们的对手。我们的城市对全世界的人都是开放的,我们从不驱逐外国人,也从不阻止他们窥视或了解我们那些在军事上对敌人有利的秘密。这是因为我们所依靠的不是阴谋诡计,而是自己的勇敢和忠诚。在教育上,也有很大的差别。从孩提时代起,斯巴达人即接受最艰苦的训练,以使他们变得勇敢。我们的生活中没有这些限制,但是我们和他们一样,可以随时勇敢地应对同样的危险。

这一点由下面的事实可以证明:当斯巴达人入侵我们的领土时,他们不是自己单独来的,而是带着他们的整个联盟;但是当我们进攻的时候,我们是独自作战的;虽然我们是在异乡作战,他们是为保护自己的家乡而战,但是我们常常打败他们。事实上,我们的敌人从来没有遇着过我们的全部兵力,因为我们不得不分散部分兵力在我们的海军,我们还要派遣部分兵力驻扎各地。但是如果敌人和我们的一部分军队作战并胜利了的时候,他们就自吹,说打败了我们的全军;如果他们战败了,他们就自称我们是以全军的力量把他们打败的。

我们是自愿以轻松的情绪来应对危险,而不是以艰苦的训练;我们的勇敢是从我们的生活方式中自然产生的,而不是国家法律强迫的。我认为这些是我们的优点。我们不花费时间来训练自己忍受那些尚未到来的痛苦,但是

---

[1] 指体育赛事,希腊众多节日中重要的一部分,其中最为著名的当数泛希腊("全希腊")节庆上的奥林匹克运动会。

当真的遇着痛苦的时候，我们的表现和那些经常受到严格训练的人一样勇敢。因此，无论在和平时期还是战争时期，我们的城市都同样令人钦佩。

我们爱好美丽的东西，但并没有因此而至于奢侈。我们爱好智慧，但并没有因此而至于柔弱。我们把财富当作可以适当利用的东西，而没有把它当作可以夸耀自己的东西。至于贫穷，谁也不必以承认自己的贫穷为耻，真正的耻辱是不择手段以避免贫穷。

在雅典，每一个人不仅关心他自己的事务，而且也关心国家的事务。就是那些从事商业的人，对政治也有很公正的看法。只有我们才把一个不关心公共事务的人看作无用之人，而不是无害之人。

我们自己决定我们的政策，或者进行适当讨论。在我们看来，行动最大的障碍不在于讨论，而在于没有适当地讨论其后果，就贸然开始行动。我们能够冒险，同时又能够事先深思熟虑。这一点又是我们和其他人不同的地方。他们的勇敢是由于无知，当他们停下来思考的时候，他们就开始疑惧了。真正勇敢的人是那些最了解人生的幸福和灾患，然后勇往直前，决不在危险面前退缩的人。

在行善方面，我们又和其他人不同。我们结交朋友的方法是给他人以好处，而不是从他人方面得到好处。我们给予邻人以恩惠，并非计较一己之得失，而是源于内心自由之精神与慷慨无畏之品格。

总而言之，我可断言，雅典是全希腊的学校。每一个雅典人都是勇敢、杰出的，特别温文尔雅和多才多艺。这并不是我的空自吹嘘，而是事实。正因为我在前面所说的雅典人的优良品质，我们的城邦才获得它现有的势力。

我所知道的国家中，只有雅典在遇到考验的时候，被证明比一般人所想象的更伟大。在雅典，也只有在雅典，入侵的敌人不以战败为耻辱，受它统治的臣民不因统治者不够格而抱怨。

我们肯定不会被遗忘，我们用自己的力量留下了许多伟大的"纪念碑"，不但现代，就连后世也会对我们表示赞叹。我们不需要荷马的歌颂，也不需要任何他人的歌颂，因为他们的歌颂只能流传一时，而他们的讲述并不足以代表全部事实。因为我们的冒险精神冲进了每片海洋和每寸土地，我们到处对我们的朋友施以恩德，对我们的敌人给予痛苦，关于这些事情，我们所遗留下来的影响将永及后世。

这就是雅典，这些人为了这座城市而英勇地战斗和牺牲，因为他们只要想到可能会丧失它，就无法忍受。所以我们每一个幸存下来的人，都应该以能服务于这座城市而感到高兴。

我之所以一直强调雅典的伟大，是因为我要向你们表明，我们所争取的目的比其他那些没有我们优点的人所争取的目的要远大得多，我也想用实证来更清楚地表明我所要纪念的这些阵亡将士的伟大功绩。现在，对他们最崇高的赞美，我已经说完了。因为在歌颂我们的城邦时，我也歌颂了他们，我们的城邦之所以光彩夺目，正是因为有像他们这样勇敢、高尚的人。

问：伯里克利认为，雅典在哪些方面是独一无二的？

问：伯里克利所言"雅典是全希腊的学校"是什么意思？

奥林匹克运动会

伯里克利对举办定期的赛会引以为豪，并认为这样的活动能让雅典人在辛勤的劳作之余得到愉悦和放松。事实上，这些赛会中，有一场体育竞赛最为著名，吸引了希腊所有城邦参与其中，那就是奥林匹克运动会。

公元前776年，为了纪念希腊诸神，古希腊人创立泛希腊节庆——举办时间选定在盛夏，每四年举办一次，地点在希腊宗教圣地奥林匹亚。节庆中举办的体育赛事也成了这一活动的主要特色，即使在战争期间，各方也会宣布停战，从而保证所有游客的安全。

这项赛事非常重要，甚至成为古希腊人测算时间的基础。众所周知，无论是美索不达米亚，还是古埃及，时间的计算都依照王朝和国王的统治，而古希腊人却通过"奥林匹克运动会"记录时间，从公元前776年第一场比赛开始，以后每四年时间举行一次比赛。在这些比赛中，最引人瞩目的当数200码冲刺赛，古希腊人称之为stadion，英文单词"stadium"（体育场）便来源于此。除此之外，还有许多别的比赛项目：1.5英里竞走、掷铁饼、跳远、摔跤、拳击和其他带有米诺斯传统特色的比赛。在希腊，运动员一般赤身参加比赛。希腊语称裸体为"gymnos"，是英语单词"gymnasium"（体育馆）的来源。优胜者的奖品是一个装满橄榄油的双耳瓶和一个由野生橄榄枝或月桂叶编制的花环，以及希腊画家和诗人的赞誉，但没有金钱奖励。

虽然奥林匹克运动会不允许女性参加，但她们可以自己举办比赛。在所有比赛中，人们更加欣赏勇敢机智，对用伎俩取胜不屑一顾。在摔跤比赛中，允许拉扯头发和掰手指，但禁止咬人，也不能将手指掰断。当摔跤手放弃比赛、丧失意识或死亡时，比赛立即宣告终止。真正的"运动"能让运动员有机会一展风采，从而能与众神的神性争相媲美。实际上，奥林匹克运动会作为一项全国性赛事，以其独有的魅力，促进了个人对卓越的追求，也促进了集体的荣誉感。

个体和群体

古希腊戏剧

奥林匹克运动会每四年才能举办一次，但在雅典城邦内，戏剧表演每年可以举办两次。如同上文中所提到的赛事一样，古希腊戏剧以其形式特点，解决了个人、群体和神灵之间的关系。戏剧是通过模仿动作来讲述故事的一种文学体裁。古希腊人是最早的戏剧艺术大师，他们崇拜掌管草木枯荣的酒神狄俄尼索斯，并创立了一套复杂的祭祀仪式，戏剧便由此发展而来。

在荷马时代早期，古希腊人纪念狄俄尼索斯的宗教仪式，通常是两个合唱团之间或者领唱者（最初可能是萨满或牧师）和合唱团（礼拜者或仪式参与者）之间的对话。随着诗人泰斯庇斯的出现（约公元前534年），表演者（演员和合唱团）似乎已经与观看表演的人（观众）分离开来。

在某一时期，戏剧表演主要有两种形式：悲剧和喜剧。虽然学者们仍在猜测两者的起源，但悲剧的出现可能演化自生育祭祀仪式中人们对农作物死亡与腐烂的哀伤，而喜剧似乎是从人们庆祝季节更替的狂欢中发展而来。此外，戏剧表演也可能与古希腊人的治愈崇拜有关。例如，位于埃皮达鲁斯的大剧场（图4.10）是为纪念治愈之神（医学之神）阿斯克勒庇俄斯而修建的。为了表达对治愈之神的崇拜，人们将该剧场建造在主神殿的旁边。在雅典，更加古老的狄俄尼索斯剧场也同

图 4.10 埃皮达鲁斯大剧场 希腊，约公元前350年。像这样的希腊剧场通常规模很大，能容纳约13 000人，尽管如此，演员与合唱团的声音也能被全部观众听到

样如此。

每年，希腊人为纪念狄俄尼索斯设置了两个节日，并在此期间表演悲剧和喜剧。在每个节日（持续几天），人们都会评出最佳剧本，创作者也能因此获奖。公元前5世纪，希腊已经成为戏剧的圣地。虽然雅典剧场蓬勃发展，一个世纪间诞生了数百部戏剧，但其中只有44部流传至今。这些戏剧大多出自以下四位剧作家之手：埃斯库罗斯（约前525—前456）、索福克勒斯（约前496—前406）、欧里庇得斯（约前480—约前406）和阿里斯托芬（约前448—前380）。由于圣地的山坡上都建有露天剧场，他们的作品得以在整个古希腊广为流传。这些剧场具有绝佳的视听设计，可以容纳13 000—27 000人，并配有一个乐队演奏的地方（舞台前面的圆形"舞蹈空间"），一个后台区域（充当场景布置或更衣室的区域），以及一个祭祀狄俄尼索斯神的专用祭坛。音乐、舞蹈和歌曲对戏剧表演至关重要，布景和道具还很少。演员（都是男性）不仅穿着华美的戏服，还要佩戴便于扬声的面具。

埃斯库罗斯、索福克勒斯和欧里庇得斯的悲剧，都是来源于希腊历史、神话和传说中人类的冲突。对多数希腊戏剧观众来说，这些故事都耳熟能详，所以剧作家需要用一种诙谐的风格将其展开。个人与社会、命运或众神之间会有诸多的摩擦和碰撞，戏剧人物的行动便由此展开。

在戏剧中，故事的发展不仅要借助每个角色的对话，也要通过合唱的旁白评论达到效果。埃斯库罗斯作为西方最早的悲剧作家，在合唱团中又加入一个演员，并让他在剧中扮演重要角色。此举为他的悲剧作品披上了浓重的宗教色彩。他最著名的作品是三联剧《俄瑞斯忒亚》（包括《阿伽门农》《奠酒人》《复仇女神》）。这三部戏剧关注的是阿伽门农家族的历史，俄瑞斯忒亚是阿伽门农之子，他的父亲曾带领希腊人攻入特洛伊，并在返回途中被他的母亲所杀，俄瑞斯忒亚最终替父报仇。

在自己的戏剧作品中，埃斯库罗斯通过铿锵有力的语言推进故事的发展。而第二位伟大的希腊悲剧作家——索福克勒斯则另辟蹊径，他不依靠台词语言，而是通过人物行动推动情节发展。此外，他塑造的角色个性鲜明，并能在合适的时机让观众产生巨大的心理共鸣，从而改变了早期希腊悲剧的固定手法。

欧里庇得斯是最后一位伟大的悲剧作家，他为角色增添了更多现实色彩。欧里庇得斯的作品包括《美狄亚》和《厄勒克特拉》等，他对角色的心理刻画入木三分、引人入胜，能让观众在悲伤的体验中审视自己的灵魂。

人类最可怕的经历是面对灾难和死亡。悲剧给了观众这样一个机会，使其间接参与其中，并在经历悲喜之后释放情感。而喜剧则是通过一种"不协调"和"意料之外"，达到逗人发笑的效果。古希腊喜剧起源于生育仪式和纪念狄俄尼索斯神的狂欢活动，涉及对性结合或情爱游戏的讽刺和戏仿。这种讽刺和戏仿直到今天仍存在于季节性节日和狂欢节中。在古代喜剧中，淫秽的笑话、怪诞的面具、奇妙的服装，以及挑逗性的舞蹈和歌曲十分常见，就像在现代各种各样的闹剧和滑稽表演中一样。

在古希腊戏剧的历史中，现存的喜剧只有阿里斯托芬的作品，共有11部流传至今。其中，《吕西斯忒拉忒》最为古老。在这部戏剧中，作者的写作风格充满智慧，又不拘一格，并对雅典政治和时事加以犀利评判。在雅典和斯巴达发生激烈军事冲突之后，作者创作了这部戏剧，他将雅典士兵的妻子设为主要人物，她们如同"罢工"一般，不让丈夫同床，直到他们同意停止战争。无论在古代雅典，还是今天，《吕西斯忒拉忒》都是对理想化的武装战斗英雄形象的一种滑稽讽刺。

《安提戈涅》

戏剧《安提戈涅》由索福克勒斯创作，是一组戏剧中的第三部，其中心思想与本章主题最为相关。《安提戈涅》的故事发生于底比斯王国末期。大多数雅典人对这段历史都耳熟能详，因为雅典对底比斯的统治曾显赫一时。在底比斯国王俄狄浦斯逝世之后，他的儿子波吕涅克斯和厄忒俄克勒斯为了争夺王位互相残害致死。最终，王位留给了俄狄浦斯的妻弟克瑞翁——王室成员中唯一幸存的男性。

克瑞翁在成为国王之后，禁止埋葬波吕涅克斯，并声称厄忒俄克勒斯才是底比斯的合法统治者。俄狄浦斯的女儿安提戈涅出于家庭责任，希望履行神的律法，让死者入土为安。于是，她不顾克瑞翁的法令，私自埋葬了她的兄长波吕涅克斯，这一举措激起了克瑞翁的愤怒。最终，安提戈涅悲惨死去。

《安提戈涅》探讨了许多问题：个人权利与国家法律之间的冲突、忠孝之间的两难处境、个人责任和政治义务之间的矛盾、女性意志和男性权威之间的争执，以及世俗和宗教律法之间的摩擦，这些都反映了索福克勒斯在调和人类感情、众神意志和城邦主权方面所做出的努力。

阅读材料 4.3
摘自索福克勒斯《安提戈涅》
（约公元前440年）

人物

安提戈涅——俄狄浦斯和伊俄卡斯达的长女。

伊斯墨涅——俄狄浦斯和伊俄卡斯达的次女。

克瑞翁——底比斯的国王，伊俄卡斯达的兄弟。

海蒙——克瑞翁的儿子，安提戈涅的未婚夫。

守兵

报信人

欧律狄刻——克瑞翁的妻子。

歌队——由底比斯长老十五人组成。

侍卫队、随从等。

开场

【安提戈涅和伊斯墨涅自宫中上】

安提戈涅：伊斯墨涅，我的妹妹，亲爱的伊斯墨涅，你看看我们的父亲造成了多少苦难啊！在我们活着的时候，这些苦难会少落在我们身上一个吗？痛苦、灾祸、羞耻和侮辱，你和我哪一样没有见过？现在又有新的状况：听说勇敢的克瑞翁刚才向全城颁布了一道命令。你能明白吗？或许你还不知道是什么样的愤怒正在威胁着我们所爱的人？

伊斯墨涅：安提戈涅，自从两个哥哥同一天死在彼此手中，我们姐妹俩失去了骨肉以后，我还没有听见什么好消息或坏消息。对了，夜里敌人逃走了——我只知道这么多，无论好的还是坏的。

安提戈涅：我很清楚，因此把你叫到门外，悄悄讲给你一个人听。

伊斯墨涅：发生了什么？看来是有什么坏消息使你感到苦恼。

安提戈涅：克瑞翁不是认为我们的一个哥哥应当享受葬礼，另一个不应当享受吗？据说他已经按照庄严的仪式把厄忒俄克勒斯埋葬了，使其在冥界感受到敬意。但他也向全城下令，不许人埋葬或哀悼波吕涅克斯——使他得不到眼泪，暴尸在外，让饥饿的猛禽来啄食他可怜的尸体。这就是我们高贵的克瑞翁，他已经下令了，对所有的公民，对你，对我！他还会来这里公开这件事，向那些还不知道的人明白宣布：事情非同小可，谁要是违反禁令，谁就会在大街上当众被石头砸死。现在，你知道了这个消息，轮到你来证明你是否配得上自己的出身了。

伊斯墨涅：啊，我不幸的姐姐！如果到了这种地步，我能做些什么呢？是帮忙呢，还是妨碍呢？

安提戈涅：你愿意与我携手，分担我的重担吗？

伊斯墨涅：冒什么危险？你想做什么？

安提戈涅：你愿不愿意同我一起用双手把尸体抬起来？

伊斯墨涅：什么？你要违反法令埋葬他吗？

安提戈涅：我要对哥哥尽我的义务，也是替你尽你的义务，如果你不想尽的话。我不希望人们说我辜负了他。

伊斯墨涅：你太鲁莽了！非要在克瑞翁颁布禁令以后这样吗？

安提戈涅：他无权阻止我同我的亲人接近。

伊斯墨涅：姐姐啊，想想我们的父亲！他发现自己的罪过，亲手刺瞎了双眼，他死得多么耻辱，多么可怕。他的母亲和妻子——两个名称指同一个人——也上吊了。最后我们两个哥哥在同一天自相残杀，血流成河。现在只剩下我们两了！你想想，如果我们藐视国王的权威，触犯禁令，我们会死得更凄惨。别忘了我们生来是女人，斗不过男人的。既然处在强者的控制下，我们就要服从这道命令，甚至更严厉的命令。因此我祈求死者原谅我。既然受压迫，我只好服从当权的人，不量力的干涉是没有意义的。

安提戈涅：我不会再劝你了。即使你愿意帮忙，我也不接受了。你已经做出选择。但我要埋葬哥哥，即使为此而死，我也心满意足，因为我将在他身旁安息，他的爱会回应我的。我取悦死者的时间，将远远超过取悦生者的时间，我将永远和他在一起。至于你，只要你愿意，你就亵渎天神所重视的神圣法则吧。

伊斯墨涅：我并不想亵渎神圣法则，只是没有力量对抗城邦的法令。

安提戈涅：你可以这样推托，我现在要去埋葬我亲爱的哥哥了。

伊斯墨涅：鲁莽的姐姐啊，我真为你担忧！

安提戈涅：不必为我担忧，顾好你自己吧。

伊斯墨涅：无论如何你得保守秘密，别把这件事告诉任何人，我也会保守秘密的。

安提戈涅：呸！尽管告发我吧！你要是保持缄默，不向大众宣布，我会更加恨你。

伊斯墨涅：你是在热心地做一件令人寒心的事。

安提戈涅：可是我知道我取悦了我最应当取悦的人。

伊斯墨涅：只要你办得到，只怕你心有余而力不足。

安提戈涅：我要到力量耗尽时才住手。

伊斯墨涅：不可能的事不应当去尝试。

安提戈涅：啊，快住口吧！不然我就要恨你了，死者也会恨你。让我去吧，让我和我的愚蠢来担当这可怕的风险吧，因为像懦夫一样死去才是最可怕的。

伊斯墨涅：你要去就去吧，如果你一定要做的话。你这一去虽盲目、愚蠢，但爱你的人会认为你是可爱的。

…………

【克瑞翁自宫中上】

克瑞翁：长老们，我们的城邦犹如一只船，经过了多少风浪颠簸，又由众神使它平安地稳定下来。因此我派使者把你们召集，你们是我从市民中选出来的。我知道得很清楚，你们永远尊重拉伊俄斯的王权。此外，在俄狄浦斯执政时期和他死后，你们始终怀着坚贞的心效忠于他的后人。既然两个王子同一天死于相互造成的命运——彼此残杀，沾染着弟兄的血——我现在就接受了这王位，掌握所有的权力，因为我是死者的至亲。一个人若是没有执过政，立过法，没有受过这种考验，我们就无法知道他的品德、魄力和智慧。任何一个掌握城邦大权的人，倘若不坚持最好的政策，由于有所畏惧，把自己的嘴闭起来，我就认为他是最卑鄙的人。如果有人把他的朋友放在祖国之上，这种人我瞧不起。至于我自己，请无所不见的宙斯做证，要是我看见任何祸害——不是安乐——逼近了人民，我一定发出警告；我决不把城邦的敌人当作自己的朋友，我知道唯有城邦才能保证我们的安全，要等我们这只船平稳航行的时候，我们才有可能结交朋友。我要遵守这样的原则，使城邦繁荣幸福。我已经向人民宣布了一道合乎这原则的命令，这命令和俄狄浦斯两个儿子有关系：厄忒俄克勒斯作战十分英勇，为城邦牺牲性命，我们要把他埋进坟墓，在上面供奉每一种随着最英勇的死者到下界的祭品；至于他弟弟，我是说波吕涅克斯，他是个流亡者，回国来，想要放火把他祖先的都城和本族的神殿烧个精光，想要喝他族人的血，使剩下的人成为奴隶……这家伙，我已向全体市民宣布，不许埋葬他，也不许哀悼他，让他的尸体暴露，给鸟和狗吞食，让大家看见他被作践得血肉模糊！这就是我的魄力。在我的政令之下，坏人不会比正直的人更受人尊敬，但是任何一个对城邦怀好意的人，不论生前死后，都同样受到我的尊敬。

歌队长：啊，克瑞翁，我的国王，这样对待城邦的敌人和朋友是很合乎你的意思的。你有权力用任何法令来约束死者和我们这些活着的人。

克瑞翁：那么你们就监督这道命令的执行。

歌队长：请把责任交给比我们年轻的人。

克瑞翁：我已经派守兵看守尸体。

歌队长：您还有什么别的吩咐？

克瑞翁：你们不得袒护抗命的人。

歌队长：谁也没有这么愚蠢，自寻死路。

克瑞翁：违令者会被处死，但是常有人为了贪图利益而去冒险犯戒。

【守兵自观众左方上】

守兵：啊，主上，我不能说我是用轻捷的脚步，跑得连气都喘不过来；因为我的忧虑曾经多少次叫我停下来，转身往回走，我心里发出声音，同我谈了许多话，它说："你真是个可怜的傻瓜，为什么到那里去受罪？你真是胆大，又停下来了吗？倘若克瑞翁从别人那里知道了这件事，你怎能不受惩罚？"我反复思量，这样懒懒地、慢慢地走，一段短路就变长了。最后，我决定到你这里来，尽管我的消息没有什么内容，我还是要讲出来；因为我抱着这样一个希望跑来，那就是除了命中注定的遭遇之外，我不至于受到别的惩罚。

克瑞翁：什么事使你这样丧气？

守兵：首先，我要向你谈谈我自己。事情不是我做的，我也没有看见做这件事的人，这样受到惩罚，未免太冤枉。

克瑞翁：你既瞄得很准，对于攻击又会四面提防。显然，你有奇怪的消息要报告。

守兵：是的，一个人带着可怕的消息，心思就害怕。

克瑞翁：还不快把你的话说出来，然后马上给我滚开！

守兵：那我就告诉你，那尸首刚才有人埋了。他把干沙撒在尸体上，举行了应有的仪式就跑了。

克瑞翁：你说什么？哪一个汉子敢做这件事？

守兵：我不知道，那地点没有被鹤嘴锄挖掘，泥土也没有被双齿铲翻起来，土地又干又硬，没有破绽，没有被车轮滚过，做这件事的人没有留下一点痕迹。当第一个值日班的看守人指给我们看的时候，大家又称奇，又叫苦。尸体已经盖上了，不是埋下了，而是像被一个避污染的人撒上了一层很细的沙子。也没有野兽或狗咬过他，看不出什么痕迹来。我们随即互相埋怨，守兵质问守兵。我们几乎打起来，也没有人来阻拦。每个人都像是罪犯，可是谁也没有被判明有罪。大家都说不知道这件事。我们准备手举红铁，身穿火焰，凭天神起誓，我们没有做过这件事，也没有参与过这计划和行动。这样追问下去也是枉然，最后，有人提出一个建议，大家才战战兢兢地点头同意了；因为我们不知道怎么反驳他，也不知道照他的话去做是否会走运。他说这件事非告诉你不可，隐瞒不得。大家同意之后，命运罚我这不幸的人中了这个好签。所以我来了，既不愿意，也不受欢迎，这个我很明白，因为谁也不喜欢报告坏消息的人。

歌队长：啊，主上，我考虑了很久，这件事莫非是天神做出来的？

克瑞翁：趁你的话还没有叫我十分冒火，赶快住嘴吧，免得我发现你又老又糊涂。你这话叫我难以容忍，说什么天神照应这尸首。是不是天神把他当作恩人，特别看重他，把他掩盖起来？他本是回来烧毁他们那有石柱环绕的神殿、祭器和他们的土地的，他本是回来破坏法律的。你几时看见过天神重视坏人？没有那回事。这城里早就有人对我口出怨言，不能忍受这禁令，偷偷地摇头，不肯老老实实引颈受轭，服从我的权力。

我看得很清楚，这些人是被他们出钱收买来干这勾当的。人间再没有像金钱这样坏的东西到处流通，这东西可以使城邦毁灭，使人被赶出家乡，把善良的人教坏，使他们走上邪路，做些可耻的事，甚至叫人为非作歹，干出种种罪行。

那些被人收买来干这勾当的人迟早要受惩罚。（向守兵）既然我依然崇奉宙斯，你就要好好注意——我凭宙斯发誓告诉你，如果你们找不着那亲手埋葬的人，不把他送到我面前，你们死还不够，我还要先把你们活活吊起来，要你们招供你们的罪行，叫你们知道什么利益是应当行的，日后好去争取；叫你们懂得事事唯利是图是不行的。你会发现不义之财使多数人受害，少数人享福。

守兵：你让我再说两句，还是让我就这样走开？

克瑞翁：难道你还不知道你现在说的话都在刺痛我吗？

守兵：刺痛了你的耳朵，还是你的心？

克瑞翁：为什么要弄清楚我的痛苦在什么地方？

守兵：伤了你心的是罪犯，伤了你耳朵的是我。

克瑞翁：呸！显然，你天生是个多嘴的人。

守兵：也许是，但是我绝对不是做这件事的人。

克瑞翁：你不但是，而且为了金钱出卖自己的灵魂。

守兵：唉！一个人怀疑而又怀疑错了，太可怕了。

克瑞翁：你尽管巧妙地谈论"怀疑"。你若是不把那些罪犯给我找出来，你就得承认肮脏的钱会惹祸。

守兵：最好是找得到啊！不管捉得到捉不到——都要命运来决定，反正你以后不会看见我再到这里来。这次出乎我的希望和意料，居然平安无事，我得深深感谢神明。

【克瑞翁进宫】

歌队：（第一曲首节）奇异的事物虽然多，却没有一件比人更奇异；他要在狂暴的南风下渡过灰色的海，在汹涌的波浪间冒险航行；那不朽不倦的大地，最高的女神，他要去搅扰，用变种的马耕地，犁头年年来回地犁土。

（第一曲次节）他用多网眼的网兜捕那快乐的飞鸟、凶猛的走兽和海里的游鱼——人真是聪明无比，他用技巧制服了居住在旷野的猛兽，驯服了鬃毛蓬松的马，使它们引颈受轭，他还把不知疲倦的山牛也养驯了。

（第二曲首节）他学会了怎样运用语言和像风一般快的思想，怎样养成社会生活的习性，怎样在不利于露宿的时候躲避霜箭和雨箭；什么事他都有办法，对未来的事也样样有办法，甚至难以医治的疾病他都能设法避免，只是无法免于死亡。

（第二曲次节）在技巧方面他有发明才能，想不到那样高明，这才能有时候使他遭厄运，有时候使他遇好运；只要他尊重地方的法令和他凭天神发誓要主持的正义，他的城邦便能耸立起来；如果他胆大妄为，犯了罪行，他就没有城邦了。我不愿这个为非作歹的人在我家做客，不愿我的思想和他的相同。

【安提戈涅由守兵自观众左方押上场】

歌队长：（尾声）这奇异的现象使我吃惊！我认识她——这不是那女孩子安提戈涅吗？啊，不幸的人，不幸的父亲俄狄浦斯的女儿，这是怎么回事？莫不是在你做什么蠢事的时候，他们捉住你，把你这违背国王命令的人押来了？

【第二场】

守兵：（向歌队长）她就是做这件事的人。我们趁她埋葬尸首的时候，把她捉住了。可是克瑞翁在哪里？

歌队长：他又从宫里出来了，来得凑巧。

【克瑞翁自宫中上】

克瑞翁：怎么？出了什么事，说我来得凑巧？

守兵：啊，主上，人们不可发誓不做什么事，因为再想一下，往往会发现原先的想法不对。在你的威胁和恐吓之下，我原想发誓不急于回到这里来。但是出乎意料的快乐比别的快乐大得多，因此我虽然发誓不来，还是带着这女子来了，她是在举行葬礼的时候被我们捉住的。这次没有摇签，这运气就归了我，没有归别人。现在，啊，主上，只要你高兴，就把她接过去审问，给她定罪吧，我自己没事了，有权利摆脱这场祸事。

克瑞翁：你说，你带来的女子——是怎样捉住的，在哪里捉住的？

守兵：她正在埋葬尸首，事情你都知道了。

克瑞翁：你这句话是什么意思？此话当真？

守兵：我亲眼看见她埋葬那不许埋葬的尸首。我说得够清楚了吗？

克瑞翁：是怎样发现的？怎样当场捉住的？

守兵：事情是这样的。我们在你的可怕的恐吓之下回到那里，把盖在尸体上的沙子完全拂去，使那黏糊糊的尸首露了出来。我们随即背风坐在山坡上躲着，免得臭味从尸首那里飘过来。每个人都忙着用一些责备的话督促他的同伴，怕有人疏忽了他的责任。这样过了很久，一直守到太阳的灿烂光轮升到了中天，热得像火一样的时候；突然间一阵旋风从地上卷起了沙子，天空阴暗了，这风沙弥漫原野，吹得平地丛林枝断叶落，空中尽是树叶；我们闭着眼睛忍受着这天灾。这样过了许久，等风暴停止，我们就发现了这女子，她大声哭喊，像鸟看见窝空了，雏儿丢了，在悲痛中发出尖锐的声音。她也是这样：她看见尸体露了出来，就放声大哭，对那些拂去沙子的人发出凶恶的诅咒。她立即捧了些干沙，高高举起一只精制的铜壶，奠了三次酒水敬礼死者。我们一看见就冲下去，立即把她捉住，她一点也不惊惶。我们谴责她先前和当时的行为，她并不否认，使我同时感觉愉快，又感觉痛苦，因为我自己摆脱了灾难是件极大的乐事，可是把朋友领到灾难中却是件十分痛苦的事。好在朋友的一切事都没有我自身的安全重要。

克瑞翁：你低头望着地，承认不承认这件事是你做的？

安提戈涅：我承认是我做的，并不否认。

克瑞翁：（向守兵）你现在免了重罪，你愿意到哪里就到哪里去吧。

【守兵自观众右方下】

克瑞翁：（向安提戈涅）告诉我——话要简单不要长——你知道不知道有禁葬的命令？

安提戈涅：当然知道，怎么会不知道呢？这是公布了的。

克瑞翁：你真敢违背法令吗？

安提戈涅：我敢，因为向我宣布这法令的不是宙斯，那和下界神同住的正义之神也没有为凡人制定这样的法令。我不认为一个凡人下一道命令就能废除天神制定的永恒不变的不成文律条，它的存在不限于今日和昨日，而是永久的，也没有人知道它是什么时候出现的。我不会因为害怕别人皱眉头而违背天条，以致在神面前受到惩罚。我知道我是会死的——怎么会不知道呢？——即使你没有颁布那道命令。如果我在应活的岁月之前死去，我认为是件好事，因为像我这样在无穷尽的灾难中过日子的人死了，岂不是得到好处了吗？所以我遭遇这命运并没有什么痛苦，但是，如果我让哥哥死后不得埋葬，我会痛苦到极点；可是像这样，我倒安心了。如果在你看来我做的是傻事，也许我可以说，那说我傻的人倒是傻子。

歌队长：这个女儿天性倔强，是倔强的父亲所生，她不知道向灾难低头。

克瑞翁：（向安提戈涅）可是你要知道，太顽强的意志最容易受挫折。你可以时常看见最顽固的铁经过淬火炼硬之后，被人击成碎块和破片。并且我知道，只需要一小块嚼铁就可以使烈马驯服。一个人做了别人的奴隶，就不能自高自大了。

（向歌队长）这女孩子刚才违背那制定的法令的时候，已经很高傲；事后还是这样傲慢不逊，为这事情而欢乐，为这行为而喜笑。要是她获得了胜利，不受惩罚，那么我成了女人，她反而是男子汉了。不管她是我姐姐的女儿，或者比任何一个崇拜我的家神宙斯的人和我的血统更亲近，她本人和她妹妹都逃不过最悲惨的命运，因为我指控那女子是埋葬尸体的同谋。把她叫来，我刚才看见她在家；她发了疯，精神失常。那暗中图谋不轨的人的心机往往会预先招供自己有罪。我同时也憎恨那个做了坏事被人捉住反而想夸耀罪行的人。

安提戈涅：除了把我捉住杀掉之外，你还想进一步做什么呢？

克瑞翁：我不想做什么了，杀掉你就够了。

安提戈涅：那么你为什么拖延时间？你的话没有半句使我喜欢——但愿不会使我喜欢啊！我的话你自然也听不进去。我除了因为埋葬自己的哥哥而得到荣誉之外，还能从哪里得到更大的荣誉呢？这些人全都会说他们赞成我的行为，若不是恐惧堵住了他们的嘴。但是不行，因为君王除了享受许多特权之外，还能为所欲为，言所欲言。

克瑞翁：在这些卡德墨亚人[1]当中，只是你才有这种看法。

安提戈涅：他们也有这种看法，只不过因为怕你，他们闭口不说。

克瑞翁：但是，如果你的行动和他们不同，你不觉得可耻吗？

安提戈涅：尊敬一个同母弟兄，并没有什么可耻。

克瑞翁：那对方不也是你的弟兄吗？

安提戈涅：他是我的同母同父弟兄。

克瑞翁：那么你尊敬他的仇人，不就是不尊敬他吗？

安提戈涅：那个死者是不会承认你这句话的。

克瑞翁：他会承认，如果你对他和对那坏人同样尊敬。

安提戈涅：他不会承认；因为死去的不是他的奴隶，而是他的弟兄。

克瑞翁：他弟兄是攻打城邦，而他是保卫城邦。

安提戈涅：可是死神依然要求举行葬礼。

克瑞翁：可是好人不愿意和坏人平等，享受同样的葬礼。

安提戈涅：谁知道下界鬼魂会不会认为这件事是可告无罪的？

克瑞翁：仇人绝对不会成为朋友，甚至死后也不会。

安提戈涅：可是我的天性不喜欢跟着人恨，而喜欢跟着人爱。

克瑞翁：那么你就下地狱去吧，你要爱就去爱他们。只要我还活着，没有一个女人管得了我。

…………

【伊斯墨涅由二仆人自宫中押上场。她试图对安提戈涅的行为负责，但安提戈涅没有答应。歌队长感叹安提戈涅的命运。克瑞翁的儿子海蒙来到他父亲面前。】

克瑞翁：（向歌队长）我们很快就会知道，比先知知道得还清楚。啊，孩儿，莫非你是听见你未婚妻的最后判决，来同父亲赌气的？还是不论我怎么办，你都支持我？

海蒙：啊，父亲，我是你的孩子。你有好见解，凡是你给我定下的规矩，我都遵循。我不会把我的婚姻看得比你的善良教导更重。

克瑞翁：啊，孩儿，你应当记住这句话：凡事听从父亲劝告。做父亲的总希望家里养出孝顺儿子，向父亲的敌人报仇，向父亲的朋友致敬，像父亲那样尊敬他的朋友。那些养育了无用的儿子的人，你会说他们生了什么呢？只不过给自己添了苦恼，给敌人添了笑料罢了。啊，孩儿，不要贪图快乐，为一个女人而抛弃了你的理智，要知道一个和你同居的坏女人会在你怀抱中成为冷冰冰的东西。还有什么烂疮比不忠实的朋友更加有害呢？你应当憎恨这女子，把她当作敌人，让她到冥土去嫁给别人。既然我把她当场捉住——全城只有她一个人公开反抗，我不能欺骗人民，就一定得把她处死。让她向氏族之神宙斯呼吁吧。若是我把生来是我亲戚的人养成叛徒，那么我更会把外族的人也养成叛徒。只有善于治家的人才能成为城邦的正直领袖。若是有人犯罪，违反法令，或者想对当权的人发号施令，他就得不到我的称赞。凡是城邦所任命的人，人们必须对他事事顺从，不管事情大小，公正不公正。我相信

---

[1] 底比斯贵族的祖先。

这种人不仅是好百姓，而且可以成为好领袖，会在战争的风暴中守着自己的岗位，成为一个既忠诚又勇敢的战友。背叛是最大的祸害，它使城邦遭受毁灭，使家庭遭受破坏，使并肩作战的兵士败下阵来。只有服从才能挽救多数正直的人的性命。所以我们必须维持秩序，绝对不可对一个女人让步。如果我们一定会被人赶走，最好是被男人赶走，免得别人说我们连女人都不如。

歌队长：在我们看来，你的话好像说得很对，除非我们老糊涂了。

海蒙：啊，父亲，天神把理智赋予凡人，这是一切财宝中最有价值的财宝。我不能说，也不愿意说，你的话说得不对；但是别人也可能有好的意见。因此我为你观察市民的所作所为，这是我应尽的本分。人们害怕你皱眉头，不敢说你不乐意听的话，我倒能背地里听见那些话，听见市民为这女子而悲叹，他们说："她做了最光荣的事，在所有的女人中，只有她最不应当这样悲惨地死去！当她的哥哥躺在血泊里没有埋葬的时候，她不让他被吃生肉的狗或猛禽吞食；她这人还不该享受黄金似的光荣吗？"这就是那些悄悄传播的秘密话。

啊，父亲，没有一种财宝在我看来比你的幸福更可贵。真的，对于儿女，幸福的父亲的名誉不是最大的光荣吗？对于父亲，儿女的名誉不也是一样吗？你不要老抱着这唯一的想法，认为只有你的话对，别人的话不对。因为尽管有人认为只有自己聪明，只有自己说得对，想得对，别人都不行，可是把他们揭开来一看，里面全是空的。

一个人即使很聪明，再懂得许多别的道理，放弃自己的成见，也不算可耻啊。试看那洪水边的树木怎样低头，保全了枝干；至于那些抗拒的树木却连根带枝都毁了。那把船上的帆脚索拉紧不肯放松的人，也是把船弄翻了，到后来，桨手们的凳子翻过来底朝天，船就那样航行。

请你息怒，放温和一点吧！如果我，一个很年轻的人，也能贡献什么意见的话，我就说一个人最好天然赋有绝顶的聪明；要不然——因为往往不是那么回事——就听聪明的劝告也是好的啊。

歌队长：啊，主上，如果他说得很中肯，你应当听他的话。（向海蒙）你也应当听你父亲的话，因为双方都说得有理。

克瑞翁：我们这么大年纪，还由他这年轻人来教我们变聪明一点吗？

海蒙：不是教你做不正当的事，尽管我年轻，你也应当注意我的行为，不应当只注意我的年龄。

克瑞翁：你尊重犯法的人，那也算好的行为吗？

海蒙：我并不劝人尊重坏人。

克瑞翁：难道这女子不是坏人吗？

海蒙：底比斯全城的人都否认。

克瑞翁：难道市民要干涉我的行政吗？

海蒙：你看你说这话，不就像个很年轻的人吗？

克瑞翁：难道我应当按照别人的意思，而不按照自己的意思治理这国土吗？

海蒙：只属于一个人的城邦不算城邦。

克瑞翁：难道城邦不归统治者所有吗？

海蒙：你可以独自在沙漠中做个好国王。

克瑞翁：这孩子好像成为那女人的盟友了。

海蒙：不，除非你就是那女人，实际上我所关心的是你。

克瑞翁：浑小子！你竟和父亲争吵起来了！

海蒙：只因为我看见你犯了过错，做事不公正。

克瑞翁：我尊重我的王权也算犯了过错吗？

海蒙：你践踏了众神的权利，就算不尊重你的王权。

克瑞翁：啊，下贱东西，你是女人的追随者。

海蒙：可是你绝对不会发现我是可耻的人。

克瑞翁：你这些话都是为了她的利益而说的。

海蒙：是为了你我和下界神祇的利益而说的。

克瑞翁：你绝对不能趁她还活着的时候，同她结婚。

海蒙：那么她是死定了。可是她这一死，会害死另一个人。

克瑞翁：你胆敢恐吓我吗？

海蒙：我反对你这不聪明的决定，算什么恐吓呢？

克瑞翁：你自己不聪明，反来教训我，你要后悔的。

海蒙：你是我父亲，我不能说你不聪明。

克瑞翁：你是伺候女子的人，不必奉承我。

海蒙：你只是想说，不想听啊。

克瑞翁：真的吗？我向诸神起誓，你不能尽骂我而不受惩罚。

（向二仆人）快把那可恨的东西押出来，让她立刻当着她未婚夫的面，死在他的面前，他的身旁。

海蒙：不，别以为她会死在我的身旁，你再也不能亲眼看见我的脸面了，你今后只好向那些愿意忍受的朋友发你的脾气！

【海蒙自观众右方下】

....

【安提戈涅对她的命运长吁短叹。克瑞翁没有怜悯，接着让守卫带领安提戈涅进入坟墓。盲人先知提瑞西亚斯警告克瑞翁，称他的行为给国家带来了"疾病"。克瑞翁对此不屑一顾，并声称"真是顽固的傻瓜"。合唱团为赞美狄俄尼索斯唱了一首赞美诗。然后，一个报信人从平原方向赶来。】

....

报信人：你是底比斯的贵族，运气时常抬举，又时常压制那些幸福的和不幸的人，没有人能向人们预言生活的现状能维持多久。一个小时前，我多么羡慕克瑞翁！他曾经拯救了底比斯，取得了这地方最高的权力，一切归他掌管，并且他有福气生出一些高贵的儿子，但如今全都失去了。一个人若是由于自己的过失而断送了他的快乐，我就认为他不再是个活着的人，而是个还有气息的尸首。只要你高兴，尽管在家里累积财富，摆着帝王的排场生活下去。但是，如果其中没有快乐可以享受，我根本不愿意向你交换那样的富贵生活，那和快乐生活比起来太没有价值了。

歌队长：你来报告什么？我们的王室又有了什么灾难？

报信人：他们都死了！那活着的人对死者应当负责任。

歌队长：谁是凶手？谁被杀害？快说呀！

报信人：海蒙死了，他不是被外人杀死的。

歌队长：到底是他父亲的手，还是他自己的手杀死的？

报信人：他为那杀人的事生他父亲的气，因此自杀了。

歌队长：先知呀，你的话多么灵验啊！

报信人：既然如此，你应当想想其余的事！

歌队长：我看见不幸的欧律狄刻——克瑞

翁的妻子来了。她是偶然从家里出来的；要不然，就是因为她听见了她儿子的消息。

【欧律狄刻由众侍女扶着自宫中上】

欧律狄刻：啊，全体市民，我正要到雅典娜女神庙上去祈祷，刚走到大门口，就听见你们的谈话。在我取下门闩开门的时候，家庭的灾难消息就传到我的耳中，我心里一害怕，就向后跌倒在女仆们怀中，昏过去了。不管是什么消息，请你再说一遍，我并不是个没有经历过苦难的人，我要听听。

报信人：亲爱的主母，我既然到过那里，一定向你报告，不漏掉一句真实的话。我为什么要安慰你，使我后来被发现是说假话呢？真实的话永远是最好的。我给你丈夫指路，跟着他走到平原边上，波吕涅克斯的尸体依然躺在那里，被狗撕破，没有人怜悯。我们祈求道路之神赫卡忒和冥王普路托[1]息怒，大发慈悲；我们随即用清洁的水把他的尸体清洗，用一些新采集的树枝把残尸火化，还用他家乡的泥土起了一个高坟。然后我们走向那嫁给死神的女子的新房，用石头垫底的洞穴。有人远远听见那还没有举行丧礼的洞房里发出很大的哭声，特别跑来告诉我们的主人克瑞翁。

国王走近一点，那听不清楚的凄惨呼声就飘到他的耳边。他叫喊一声，说出这悲惨的话："哎呀，难道我的预料成了真事吗？难道我走上最不幸的道路了吗？是我儿子的声音传到了我的耳中，要我认识！仆人们，赶快上前！你们到了坟前，从坟墓石壁被人弄破的地方钻进去，走到墓室门口，朝里望望，告诉

---

1. 赫卡特女神掌管道路和过渡，比如生死之间的刹那。普路托是希腊冥王哈得斯神的另一个名字，人们认为死者的灵魂可以在冥界得到安息。

我是我认出了海蒙的声音，还是我被众神欺骗了。"

我们奉了这懊丧的主人的命令，前去察看，看见那女子吊在墓室最里边，脖子套在细纱绾成的活套里，那年轻人抱住她的腰，悲叹他未婚妻的死亡、他父亲的罪行和他不幸的婚姻。

他父亲一望见他就发出凄惨的声音，他跟着进去，大声痛哭，呼唤他的儿子："不幸的儿呀，你做的是什么事？你打算怎么样？什么事使你发疯？儿呀，快出来，我求你，我求你！"那孩子却用凶恶的眼睛瞪着他，脸上显出憎恨的神情。他一句话不回答，随手把那把十字柄短剑拔了出来。他父亲回头就跑，没有被他刺中。那不幸的人对自己生起气来，立即向剑上一扑，右手把剑的半截刺在胁里。当他还有知觉的时候，他把那女子抱在他那无力的手臂中。他一喘气，一股急涌的血流到她那惨白的脸上。他躺在那里，尸体抱住尸体。这不幸的人终于在死神屋里完成了他的婚礼。他这样向世人证明，人们最大的灾祸来自愚蠢的行为。

【欧律狄刻进宫，众侍女随入】

歌队长：你猜这是什么意思？我们的主母没有说一句好话，也没有说一句坏话就走了。

报信人：我也大吃一惊，我只希望她认为听见了孩子的灾难，不好在大众面前痛哭悲伤，但是在家里，她可以领着侍女们哀悼家庭的不幸。她为人很谨慎，不会做错什么事。

歌队长：也许是的，可是在我看来，这种勉强的沉默和哭哭啼啼都是不祥之兆。

报信人：我进宫去打听她愤怒的心里是不是隐藏着什么不肯泄露的决心。你说得对：勉

第四章　希腊：人文主义和思辨哲学的飞跃　129

强的沉默是不祥之兆。

【报信人进宫。随后，克瑞翁进入宫中庭院，众仆人抬着装有海蒙尸体的棺材。】

歌队长：看呀，国王回来了，他手边还有一件表示他行为的纪念品——如果我们可以这样说，这件祸事不是别人惹出来的，只怪他自己做错了事。

克瑞翁：（哀歌第一曲首节）哎呀，这邪恶心灵的罪过啊，这顽固性情的罪过啊，害死人呀！唉，你们看见这杀人者和被杀者是一家人！唉，我的决心惹出来的祸事啊！儿啊，你年纪轻轻就夭折了，哎呀呀，你死了，去了，只怪我太不谨慎，怪不着你啊！

歌队长：唉，你好像看清了是非，只可惜太晚了。

克瑞翁：（第二曲首节）唉，我这不幸的人已经懂得了，仿佛有一位神在我头上重重地打了一下，把我赶到残忍行为的道路上，哎呀，推翻了，践踏了我的幸福！唉！唉！人们的命多么苦啊！

【报信人自宫中上】

报信人：啊，主人，你来了，你手里已经有了东西，此外你还有别的呢。这一个你用手抬着，那一个在家里，你立刻就可以看见。

克瑞翁：除了这些之外，还会有什么更大的灾难呢？

报信人：你的妻子，死者的真正母亲，已经死了。哎呀，那致命的创伤还是新的呢！

克瑞翁：（第一曲次节）哎呀，死神的填不满的收容所啊！你为什么，为什么害我？你这个向我报告灾难的坏消息的人啊，你还有什么话要说呢？哎呀，你把我这已死了的人又杀了一次！年轻人，你说什么？你带来的是什么消息？哎呀呀，是不是关于我妻子的死亡，尸首上堆尸首的消息？

【打开宫门，活动台上摆放着欧律狄刻的尸首。】

歌队长：你看见了，那里是她的尸骸。

克瑞翁：（第二曲次节）哎呀，我看见了另一件祸事！还有什么，什么命运在等待我呢？刚才我把儿子抱在怀里，哎呀，现在又看见这眼前的尸首！唉，不幸的母亲呀！唉，我的儿呀！

报信人：她首先哀悼那先前死去的墨伽柔斯的光荣命运，再哀悼这孩子的命运，最后念咒，请厄运落到你这杀子的人头上。她随即站在祭坛前面，用锋利的祭刀自杀，闭上了昏暗的眼睛。

克瑞翁：（第三曲首节）哎呀呀，吓得我发抖啊！怎么没有人用双刃剑当胸刺我一下？唉，唉，我多么不幸，深深陷入了不幸的苦难！

报信人：是呀，你妻子临死前指控你对这个孩子和那个孩子的死亡要负责任。

克瑞翁：她是怎样自杀的?

报信人：她听见我们大声哀悼她儿子的死亡，就亲手刺穿了自己的心。

克瑞翁：（第四曲首节）哎呀呀，这罪过不能从我肩上转嫁给别人！是我，哎呀，是我杀了你，我说的是事实。啊，仆人们，赶快把我这等于死人的人带走吧！带走吧！

歌队长：如果灾难中还有什么好事，你吩咐的倒也是件好事，大难临头，时间越短越好。

克瑞翁：（第三曲次节）快来呀，快来

呀，最美最好的命运，快出现啊，给我把末日带来！来呀！来呀，别让我看见明朝的太阳！

歌队长：那是未来的事，眼前这些事得赶快办，其余的自有那些应当照管的神来照管。

克瑞翁：我所希望的一切都包含在这句话里，我同你一起祈祷。

歌队长：不必祈祷了，是凡人都逃不了注定的灾难。

克瑞翁：（第四曲次节）把我这不谨慎的人带走吧！儿呀，我不知不觉就把你杀死了，（向欧律狄刻的尸首）还把你也杀死了，哎呀呀！我不知看他们哪一个好，不知此后倚靠谁，我手中的一切都弄糟了，还有一种难以忍受的命运落到了我头上。

【歌唱官说着，克瑞翁被领入宫内】

歌队长：谨慎的人最有福，千万不要犯不敬神的罪，傲慢之人的狂言妄语会招惹严重惩罚，这个教训使人老来时小心谨慎。

问：在这部戏剧中，谁才是悲剧人物，安提戈涅还是克瑞翁？

问：这部戏剧如何展现"英雄主义理想"以及个人和群体义务之间的冲突？

安提戈涅怀揣着个人理想主义，而克瑞翁在政治上却顽固现实，两者不可调和，最终导致了安提戈涅的悲惨命运。克瑞翁致力于依法行使正义，这一策略的确有利于国家。作为一个新上任的国王，他往往只从权力出发，审视自己的职责。他曾说："每座城市都要选调官员统治，无论是谁，都必须服从命令，无论小事大事、公正与否。若为贤君，则必先为贤能之人……"但是，克瑞翁忽视了自古以来宗教律法和家庭责任的必要性。他盲目治国，又不愿妥协，一旦做出决定，其后果必然是灾难性的。

在希腊悲剧中，主人公（主角）的弱点或"悲剧性缺陷"，让他与命运或反派（反对主角的人）发生冲突，并最终导致崩溃。克瑞翁刚愎自用，最后众叛亲离。但安提戈涅也有性格缺陷，她自以为是、不懂变通，并反受其害。当时人们认为，女人只能操持家务、夫唱妇随。在这样的时代背景下，《安提戈涅》无疑是独一无二的。

在古希腊，一个十几岁的女孩可能会嫁给一个比她大很多的男人。她和家里的其他女性成员一起，负责操持家务、抚养孩子、准备食物，以及做衣服，包括纺纱、编织和缝纫。她不能继承或拥有财产，也不能选择与丈夫离婚（丈夫却可以休妻）。所以在当时，女性从属于丈夫，就像她之前从属于父亲一样。

虽然这种模式偶有例外（通常存在于交际花和妓女之中），但似乎很明显，安提戈涅通过挑战男性权威，试图改变这一现状。"要是她获得了胜利，不受惩罚，"克瑞翁愤怒地反对，"那么我成了女人，她反而是男子汉了。"安提戈涅的妹妹伊斯墨涅劝她："别忘了我们生来是女人，斗不过男人的。"但安提戈涅坚持认为：她的英勇源于她坚持理想、恪守公道，并承担起荣耀家族的责任，即使挑战国家的法律，也在所不惜。从这一点上看，索福克勒斯认识到了协调公共利益和个人良心所面临的困难。因此，在《安提戈涅》这部剧中，他一直希望人们能够明辨是非，并追求理性以及个人和群体之间的和谐。

亚里士多德论悲剧

套用现代的说法，"悲剧"一词经常用来描

述个人对自身悲惨命运浑然不知的行为。然而，在戏剧中，该词（以及描述的形式）的含义却大不一样。作为一种文学体裁，悲剧并不十分注重灾难事件，而是关注这些事件如何在个人的性格养成和命运决策中产生影响。换言之，主角之所以成为一个悲剧英雄，不是因为他身上发生了什么，而是因为他面对命运的方式。《诗学》是世界上第一部文学批评专著。在书中，希腊哲学家亚里士多德（前384—前322）认为，悲剧是一种对事件的模仿，能够引起人们的怜悯和恐惧。并且，悲剧性的行为还应该包括剧中人物做出错误判断。此时，角色虽然"优于普通人"，但观众仍报以同情。

《诗学》进一步阐明了"正确建构"的重要性：戏剧必须均衡安排各部分叙事。并且，故事中的行为应只限于一天。而情节应该由几个紧密相关的事件（没有无关的多余事件）组成，并突出角色的某个单一行为。根据亚里士多德对悲剧提出的美学原则，我们如果再次审视索福克勒斯的《安提戈涅》，就会发现希腊古典悲剧的时间设计和角色行为是一体的。（17世纪的剧作家又为新古典主义戏剧增添了"地点的统一性"。）

在《安提戈涅》这部戏剧中，角色的行为取决于一个事件，即克瑞翁的轻率决定。戏剧的事件发生在一个单一的地点，并且这些事件的时间跨度十分贴近现实生活。剧中的每一节内容都与角色的内心行为密切相关。亚里士多德认为，比例和秩序既适用于戏剧写作，也必然适用于塑造悲剧英雄的行为和命运。

最后，亚里士多德强调了悲剧这种体裁的功能。悲剧必须让观众产生恐惧和悲悯，这种相互交织的复杂情绪可以调动观众将感情宣泄，即清洁或净化，从而引起观众日常情感的变化。古希腊悲剧从戏剧本身出发，渲染了人的脆弱及其带来的后果。如同今天一样，悲剧不是一种娱乐，而是认识自我的载体。

阅读材料 4.4
摘自亚里士多德《诗学》
（约公元前340年）

现在讨论应如何编组事件的问题，因为在悲剧里，情节是第一，也是最重要的成分。

根据定义，悲剧是对一个完整划一，且具有一定长度的行动的模仿，因为有的事物虽然可能完整，但没有足够的长度，一个完整的事物由起始、中段和结尾组成。起始指不必承继他者，但要接受其他存在或后来者的出于自然之承继的部分，它的承继或是因为出于必须，或是因为符合多数的情况。中段指自然地承上启下的部分。因此，组合精良的情节不应随便地起始和结尾，它的构合应该符合上述要求。

此外，无论是活的动物，还是任何由部分组成的整体，若要显得美，就必须符合以下两个条件，即不仅本体各部分的排列要适当，而且要有一定的、不是得之于偶然的体积，因为美取决于体积和顺序。因此，动物的个体太小了不美（在极短暂的观看瞬间里，该物的形象会变得模糊不清），太大了也不美（观看者不能将它一览而尽），故而看不到它的整体和全貌——假如观看一个长1000英里的动物便会出现这种情况）。所以，就像躯体和动物应有一定的长度一样——以能被不费事地一览全貌为宜，情节也应有适当的长度——以能被不费事地记住为宜。

…………

因此，正如在其他模仿艺术里一部作品只模仿一个事物，在诗里，情节既然是对行动的模仿，就必须模仿一个单一而完整的行动。事件的结合要严密到这样一种程度，以至若是挪动或删减其中任何一部分都会使其整体松裂和脱节。如果一个事物在整体中的出现与否都不会引起显著的差异，那么，它就不是这个整体的一部分。

....

由此看来，一个构思精良的情节必然是单线的，而不是——像某些人所主张的那样——双线的；它应该表现人物从顺达之境转入败逆之境，而不是相反，即从败逆之境转入顺达之境；人物之所以遭受不幸，不是因为本身的邪恶，而是因为犯了某种后果严重的错误。

....

既然悲剧模仿比我们好的人，诗人就应向优秀的肖像画家学习。他们画出了原型特有的形貌，在求得相似的同时，把肖像画得比人更美。

问：为什么亚里士多德要求一部戏剧的长度要符合现实生活的情节发展？
问：在悲剧情节中，如何出现"严重的错误"？

希腊哲学：思辨的飞跃

公元前6世纪，一些希腊思想家通过仔细观察、系统分析并运用纯粹理性，为世界引入了知识探索的方法。我们称这些人为哲学家（意为"爱智慧的人"）。他们为西方科学和哲学奠定了基础。虽然在这一时代，大多数人将地震、风暴和洪水视为神灵发怒的表现，但他们对此质疑，并认为这种灾难可能具有自然原因。这些希腊哲学家敢于质疑神话中的内容，从而在思想上实现了从迷信神灵到解释自然的飞跃。

自然主义哲学：前苏格拉底学派

在苏格拉底之前，最早的希腊哲学家、科学家都居住在小亚细亚地区爱奥尼亚海岸的米利都。他们凭借理性认识到世界是不断变化的，并认为必定有一种物质是构成自然界的基本"事物"。他们问道："一切都是由什么构成的？""事物如何形成？""表象世界背后存在的永恒物质是什么？"

古希腊第一位哲学家泰勒斯（约前624—约前547）认为，水是所有事物持续存在的源头和基本物质。水有变化的潜质（从固体到液体，再到气体），并在地球上普遍存在。这使他确信水才是组成宇宙的关键，但他的追随者质疑这种观点。有人说："如此说来，空气方为万物之源。"另一个人反对，称："不，是火。"在前苏格拉底时期，还有一些学者认为，构成世界的物质不是一种，而是混合了的多种原始元素。

在古希腊以弗所城，赫拉克利特（约前540—约前480）认为，宇宙并非永恒不变，而是处于不断变化的过程中。他坚持认为，变化本身就是世界的基础。"你无法两次踏入同一条河流，"他写道，"因为河水早已从你的身边流过。"然而，赫拉克利特认为，在自然变化之中，潜藏有某种形态的力量（逻各斯），能够引导万物。这一想法类似印度的泛神论，也早于基督教中的相关概念。在《约翰福音》中，也存在一个全知全能之神掌握时间的开端。对赫拉克利特来说，这种力量并非人所独有，而是存于万物之中，永恒不变。

公元前500年左右，在古希腊米利都城，留基伯（约前500—约前440）创立"原子论"学说，并认为现实世界中，物质由虚空中的粒子构成，这些粒子看不见、摸不着，十分微小，并不断移动，他称之为原子——在希腊语中意为"不可分割的"。德谟克里特（约前460—约前370）是最著名的自然主义哲学家。作为留基伯的追随者，他发展了"原子论",并认为意识同样由不可分割的物质实体构成,万事万物皆为如此。根据这种唯物主义的观点,原子可以在无限的时间和空间中不断随机移动。直到罗马时代,这一理论仍然存在,但在此后的2000年间被人们遗忘。20世纪初,物理学家才证实了这一理论。

毕达哥拉斯

在前苏格拉底时期,另一位思想家毕达哥拉斯(约前580—约前500)提出了自己的观点,既非唯物,也非唯心。他从数字中发现,均衡才是现实世界的基础。宇宙中所有的关系都可以通过数字来表达,数字所蕴含的真理是永恒不变的。比如在平面几何中,毕达哥拉斯定理(勾股定理)就是一个例子,内容如下:在直角三角形中,斜边的平方等于其他两边的平方和。就像最简单的数学算式"2+2=4"一样,这样的经典公式是永恒不变的真理。毕达哥拉斯是理论数学的创始人,也是第一个发现和声与数字之间关系的科学家,并且他还认为,数字为宇宙构建了秩序与和谐。均衡原则不仅是宇宙的基础,也是古典艺术和音乐的关键(见第五章)。

在美索不达米亚和古埃及,人们将太阳、河流和其他自然元素神化,而前苏格拉底时期的学者与之截然不同,他们致力于探索世界的本质,并不相信这些超自然的联想。为此,这些学者取得了很多成就,包括准确预测日食和月食、绘制天文图表,并对植物和动物的再生过程提出假设。而且,在几何学、天文学和数学领域,古希腊的这些成就很可能并非偶然。在古巴比伦,天文学家和建造宫殿的工程师已经积累了大量的实践和理论数据,并知道如何计算线性和二次方程,古希腊人也许继承了这些成果,并可能借鉴了古埃及建造金字塔和记录历法所遗留的成果。

同时,源自中国和印度的哲学宗教理论也可能对赫拉克利特、毕达哥拉斯和其他前苏格拉底派学者有所影响。思想连同丝绸、象牙和棉花等商品,沿着连接东亚和地中海的陆上贸易路线飞驰往返。例如,毕达哥拉斯不吃肉和某些植物,这表明希腊人十分熟悉印度教的转世轮回(见第三章)。

希波克拉底

中国古人认为,疾病来源于体内能量的失衡。这一观点似乎影响了远在西方的希波克拉底。希波克拉底(约前460—前377)是古希腊最著名的医

科技发展一览表

公元前600年	泰勒斯对日食理论给出准确表述,并促进了演绎几何学的发展。
公元前540年	阿那克西曼德声称,生命演化起源于海洋,而且人类是从更原始的物种中进化而来。
公元前530年	毕达哥拉斯认为有五个行星围绕着地球旋转,并提出了"毕达哥拉斯定理"。
公元前500年	留基伯认为所有物质均由"原子"构成。
公元前480年	阿那克萨哥拉猜想太阳是一块巨大、发光的岩石,并因此解释了日食现象。

科技发展一览表

公元前470年	古希腊医生在人体解剖学研究中开始实际操作。
公元前430年	德谟克里特认为原子在空间中可以自由移动,并且是永恒不变的。
公元前400年	希波克拉底的医学论文包括流行病研究、恐惧症的描述性研究,以及环境对健康的影响。
公元前330年	雅典禁止女性从事医学,但阿格诺蒂克作为一位女医生,成功挑战了这一陈规旧条。

生,被称为"医学之父"。他首先研究了饮食和环境对身体健康的影响,并提出了一种观点:"体液"(血液、痰、黑胆汁和黄胆汁)的失衡是导致疾病发生的原因。他坚持认为,身体疾病存在必要的因果关系,并开始思考人的心灵是否也对身体产生影响。

同时,人们也将希波克拉底视为"医学伦理学之父"。直到今天,人们依然希望医生能够按照《希波克拉底誓言》(可能并非由希波克拉底本人所写)的要求履行使命。这一举措不仅能树立治病救人的信仰,也能极力避免医疗工作中的失误。

对医学的诞生和思辨哲学而言,能够区分自然与迷信至关重要。虽然在前苏格拉底时期,学者们并没有对世界本质的认识达成一致,但他们为宇宙的理性研究奠定了基础和方法。他们的努力开启了科学和哲学的大门,并使其在西方成为正式学科。

人文主义哲学

诡辩学派

人对世界的观点各有不同。根据这些观点背后的共性,自然主义哲学家致力于描述现实中的物质世界。后续的哲学家们却走上了另一条道路:他们不再关注自然界和物质,也不再收集这些信息,而致力于探索思想、道德和智慧的培养。

值得注意的是,这些后续的思想家创立了一个新的研究领域,它被称为"形而上学"。这一哲学分支注重抽象思想,他们不只探寻"(关于自然)我们知道什么",而更关注"我们如何知道这些知识"。这意味着思想家们开始从物质层面的研究逐渐过渡到对人心灵的探索。此后两个多世纪,古希腊哲学开始向人文方向发展。

最早的人文主义哲学家四处游学、讲经说法,被人们称为诡辩学派。诡辩学派不仅能言善辩,更关注对人类知识边界的界定。在希腊色雷斯地区,普罗塔哥拉(前481—约前411)作为诡辩学派中的一员,认为人的言论即为知识的边界。他的一句格言令人难忘,高度总结了这一观点,即"人是万物的尺度"。

高尔吉亚(约前483—约前375)与普罗塔哥拉同处一个时代。他试图证明现实世界是不可理解的,即使有人能够理解,也无法将其真实面貌向别人描述。在诡辩学派看来,这些怀疑主义者的思想不足为奇,他们认为真理和正义是相对的。就某种情况或某个人而言,有些事物被认为是公正和真实的,但对另一个人来说,情况可能并非如此。

苏格拉底和对美德的追求

作为雅典最重要的哲学家，苏格拉底（前469—前399）强烈反对诡辩主义的观点。他坚持真理和正义的绝对本质，并认为伦理生活超越普遍真理之外，属于一种永恒不变的道德秩序。对苏格拉底来说，美德的发现并非通过巧妙的论证得来。况且，这些论点不仅会误人子弟，也不符合每个人的实际情况。在诡辩学派之后，类似的推理论证还被称为"诡辩术"。相反，美德是心灵的一种状态，是个人道德和智慧的体现。因此，真正理解美德的含义是实现行为规范的前提，即知善才可行善。

正确行为的问题是苏格拉底生活和教义的核心。苏格拉底虽是专业的石匠，但更喜欢在雅典的街道上漫步，并与他的同胞们交谈辩论。他坚持认为，生活若没有反思，则不值一提。在公共和私人的美德问题上，他与同龄人争辩，不断抛出这一核心问题："何为至善？"在这样的追求下，苏格拉底采用了一种缜密的问答方法，被后世称为辩证法。

与诡辩学派不同，他拒绝收取教学费用，他认为财富并不能产生卓越。相反，财富来自卓越。苏格拉底形容自己是一只大个的"马蝇"，绕着雅典这匹动作迟缓的"良马"，嗡嗡作响，纠缠不休。所以，苏格拉底总在雅典公民周围，时而谆谆教导，时而怒目圆瞪。最重要的是他要求这些公民为自己的行为给出合理的解释。

苏格拉底认定哲学是一种生活经验，而不是一套学说。他的第一个探究原则就是"了解你自己"。无论是交叉询问法还是问答法，他的问询风格都来源于这一原则。而他的分析过程则是从具体事例出发，最终得出普遍原则。这种从特殊到一般的推理方式被称为归纳法。归纳法需要一个抽象的

图4.11 古希腊红绘基利克斯陶杯 希腊彩瓷艺术家杜里斯，约公元前480年。这一场景重现了师生之间的谈话

过程。例如将焦点从个体（单个城市）扩展至所有事物（众多城市），从个体行动（无论公正与否）延伸到社会的正义观。

苏格拉底探究的核心是话语（图4.11）。他认为，人互相交谈就是灵性的表现。这种观点不仅为雅典人所独有，更体现了苏格拉底思想的特点。事实上，谈话的艺术即为辩证地交流思想，这能让城邦内的公民团结一心。作为希腊的"牛虻"，苏格拉底有许多敌人，也赢得了很多朋友。他提倡宗教怀疑主义和严于律己，但大部分希腊公民对此却毫无兴趣，他们更希望得到传统诸神的抚慰。

苏格拉底对自由探究直言不讳。伯罗奔尼撒战争之后，敌方政权开始统治战败的雅典。苏格拉底对此心怀不满。虽然他也曾在战争中奋勇杀敌，但他强烈反对新政权，并对战后雅典的道德混乱痛心疾首。公元前399年，当他70岁高龄之时，他因颠倒是非、亵渎神灵和藐视宗教而受到审判。雅典陪审团以微弱的票数差距认为他有罪，并判处死刑。最

终，苏格拉底饮下毒芹汁自尽而亡。

在他的一生中，苏格拉底没有留下任何书籍或信件，我们对他的了解，主要来自他学生所写的著作。一篇名为《克里托篇》的对话录（由柏拉图所写），讲述了苏格拉底生平的最后时刻：克里托是苏格拉底的朋友和学生，他劝说苏格拉底逃出监狱，但这位白发苍苍的哲学家拒绝了。苏格拉底的解释是，逃跑会违反他赖以生存的社会法律，真若如此，则意味着他一生捍卫的民主制度和城邦都将毫无意义。

对苏格拉底来说，公民忠于城邦，就像孩子忠于父母一样，是首要义务。一个公民若违反所在家乡的意愿，将是极为不光彩的事情。正如安提戈涅一样，苏格拉底也认为士可杀，不可辱。在下文《克里托篇》的选段中，苏格拉底将解释为什么正确的行动对个人和城邦的命运都至关重要。书中这些言论再次肯定了希腊人对于永恒的观点，即人的行动可以让人超越生命、流芳百世。

阅读材料 4.5
摘自柏拉图《克里托篇》
（约公元前390年）

克里托：……不过，你瞧，我亲爱的苏格拉底，现在接受我的建议逃跑仍旧不算太迟。你的死对我来说无疑是一场灾难。我不仅因此失去一位无可替代的朋友，而且有许多不认识我们的人肯定认为是我让你去死的，因为如果愿意花钱，我可以救你出狱。重钱财而轻朋友，有什么恶名比这更可耻？大多数人决不会相信，尽管我们尽力劝你离开此地，但你还是拒绝了。

苏格拉底：我亲爱的朋友克里托，我们为什么要顾忌"大多数人"的想法呢？真正具有理性的人的想法更值得考虑，他们相信事实真相。

克里托：你可以这样想，苏格拉底，但是众人的意见也不得不顾。你当前的处境足以表明普通民众也会惹起巨大的麻烦，绝对不能小看他们的能量，一旦把他们给惹火了，麻烦可就大了。

苏格拉底：我只希望普通人有无限的能力为害，这样他们也就有无限的能力行善，如果是这样的话，那就妙极了。实际上他们并不具备这两方面的能力。他们既不能使人聪明，也不能使人愚蠢；他们的行为完全是随意的。

请这样想。假定我们正准备逃离此地，或者无论我们采取了什么行为，那么雅典人的法律和国家会来向我们提出这样一个问题。它们会说："苏格拉底，你想干什么？你想要采取的行动表明你想在你的能力范围内摧毁我们，摧毁法律和整个国家，你能否认这一点吗？如果公开宣布了的法律判决没有效力，可以由私人来加以取消或摧毁，那么你能想象一个城邦会继续存在而不被颠覆吗？"

我们该如何回答这个问题，克里托，或者别的同类问题？对此有许多话可以说，尤其是一名职业的演说家，他会抗议说这个法律无效，而判决一旦宣布就具有约束力，就应当执行。我们能说，对，我打算摧毁法律，因为国家错误地对待我，你们在审判中对我的判决是错误的。这样说对吗？这是我们的回答吗，或者我们的回答是什么？

克里托：我们的回答当然是你已经说过的，苏格拉底。

苏格拉底：那么假定法律说："苏格拉底，这不正是你和我们之间的某种协议的条款吗？无论国家对你做出何种判决，你都会执行或遵守，对吗？"

如果我们对这样的用语表示惊讶，那么它们会说："别在乎我们的用语，苏格拉底，你只需要回答我们的问题，你毕竟已经习惯于使用问答法。来吧，你对我们和国家提出什么样的指控，想以此来摧毁我们吗？难道我们没有首先给了你生命？难道不是通过我们，你的父母才结婚而生下了你？告诉我们，你对我们这些涉及婚姻的法律有什么怨言吗？"

"没有，一点都没有。"我会这样说。

"好吧，你对涉及儿童的抚养和教育的法律有什么反对意见吗，就像对涉及你的法律一样？你对我们中间那些为了这个目的而立下的法律不感恩吗？这些法律要求你的父亲对你进行文化的和身体的教育。"

我只能说："对。"

"很好。由于你已经出生，长大成人，接受了教育，你能否认，首先，你和你的祖先都是我们的孩子和仆人吗？如果承认这一点，你认为我们之间是平等的，无论我们试图对你做什么，你都可以正当地进行报复吗？你并不拥有与你父亲一样的权力，假定你有过一位主人，你也不拥有与你的主人一样的权力，使你能够进行报复。当你受到责备，你不能还嘴，当你受到鞭打，你不能还手，也就是说不能以牙还牙，以眼还眼。如果我们想把你处死，因为我们相信这样做是正确的。那么你能指望得到许可，有权反对你的国家和法律，竭尽全力去摧毁你的国家和我们这些法律，借此进行报复吗？诚心向善的你会宣布这样做是正当的吗？你那么聪明，竟然会忘记你的国家比你的父母和其他祖先更加珍贵，更加可敬，更加神圣，在诸神和全体理性人中间拥有更大的荣耀吗？你难道不明白应当比敬重父亲更加敬重国家，应当比消除对父亲的怨恨更加快捷地消除对国家的怨恨吗？如果你不能说服你的国家，那么你就必须服从它的命令，耐心地接受它加诸你的任何惩罚，无论是鞭挞还是监禁，对吗？如果国家要你去参战，你会负伤或战死，但你也一定要服从命令，这样做才是正确的。你一定不能后退、逃跑或放弃你的职责。无论是在战场上或法庭上，或是在任何地方，你必须做你的国家命令你做的事，否则你就得按普遍的正义去说服它，但是对父母使用暴力是一种罪恶，反对你的国家那就更是一桩大罪了。"

对此我们该怎么说，克里托，法律说的话是对的还是错的？

克里托：我想是对的。

苏格拉底：法律可能会继续说："那么请考虑一下这种说法是否正确，苏格拉底。我们说你现在想对我们做的事情是不对的。尽管我们已经把你带到这个世界上来，抚养你长大成人，教育你，凡由我们支配的好东西，其他同胞公民享有的一份你都享有，但是我们仍然公开宣布这样一个原则——任何雅典人，只要达到成年，自己能够认识国家的政体和我们这些国家的法律，如果他对我们不满，都允许他带着他的财产去他喜欢去的地方。假定你们中有人对我们和国家不满，如果他选择去我们的某个殖民地，或者移民去任何国家，我们这些法律都不会加以阻拦，他也不会丧失他的财产。另一方面，如果你们有人亲眼看到我们的统治是公正的，我们其他国家机构的统治是公正的，那么我们认为他实际上就应当执行我们要他做的任何事情。我们坚持，在这种情况下不服从是一种罪恶，理由有三条：第一，我们是他的父母；第二，我们是他的卫士；第三，在允诺服从时，他既没有服从我们，又没有在假定我们犯了任何形式的错误时说服我们改变决定。尽管我们的指令全都是以建议的形式出现，而不是野蛮的命令，我们给他选择，要么说服我们，要么按我们说的去做，但他实际上两样都没有做。苏格拉底，如果你做了你们正在尝试的事情，那么这就是对你的指控，你将不再是你的同胞中最不应该受惩罚的人，而是罪行最重的人。"

如果我问为什么，那么法律无疑会用完全的正义来打击我，并指出雅典很少有人像我一样与它们有如此具体的协议。它们会说："苏格拉底，我们有重要的证据表明你对我们和这个国家是满意的。如果你不是格外依恋国家，那么你就不会如此不愿离开这个国家，执行军务除外。你从来没有像其他人那样出国旅行，从来没有感到有必要去熟悉其他国家或它们的体制。你对我们和我们的国家是满意的。你确凿无疑地选择了我们，在你的所有活动中都像一个公民一样服从我们，有大量证据表明你对我们的国家是满意的，你在这个国家生儿育女。还有，即使在审判你的时候，你还提出过交付罚金的建议。如果你当时已经做出了现在这种选择，那么你在那个时候就可以在国家批准的情况下做你现在想做的事，而现在国家并没有批准你这样做。你当时表现得视死如归，非常高尚，你说过如果自己必须去死，那么宁可死也不愿被放逐，而你现在好像并不打算遵守先前的诺言，对我们的法律也不尊重，你正在摧毁法律。你的行为就像最下贱的奴才，尽管你有约在先要做国家的成员，但你现在却想逃跑。现在先回答我们的问题。我们说你承诺过要做一个守法公民，如果你口头上没有这样说过，那么在行动中是这样做的，我们这样说对吗？"

对此我们该怎么回答，克里托？我们必须承认这一点吗？

克里托：我们无法否认，苏格拉底。

问：苏格拉底给出了什么原因让他放弃从狱中逃出？
问：这篇阅读如何说明个人与群体之间的关系？

柏拉图和形态论

苏格拉底的教诲鼓舞了他的学生柏拉图（前427—前347）。在伯罗奔尼撒战争期间，柏拉图出生于雅典。战争结束之后，他在颠沛流离中吸收了古希腊黄金时代的文化成果。公元前387年，在他的老师去世10多年后，他创立了世界上第一所哲学院，即阿卡德米学院。柏拉图一生写了二十多篇著作，其中大部分是与苏格拉底的谈话录或讨论的文稿。事实上，在这些谈话录中，有一些对话可能是真实记录，而另外一些则显然是杜撰而成的。然而，在柏拉图几乎所有的著作中，其主要的哲学观点都出自苏格拉底之口。由于苏格拉底述而不作，所以柏拉图和苏格拉底的思想几乎无法区分。

在他最著名的著作《理想国》中，柏拉图提出了两个核心问题："公正的意义是什么"和"公正社会的本质是什么"。为了回答这些问题，柏拉图引入了一种理论，既有远见又有些教条。这种理论断言，现实世界存在两个层面，一个是我们能感觉到的可变客观世界，另一个是需要通过智慧理解的永恒真实世界。

根据柏拉图所言，具有永恒真理的更高层次现实被称为形态（Forms）。相比较而言，我们所能感知的对象仅仅是形态的投射，都是不完美和短暂的。柏拉图的形态论认为，所有的感知对象都是对形态的模仿。而形态本身就像最简单的数学方程一样，永远真实、永垂不朽。例如，圆形及其三维对应物球体，将独立于任何"特定的"圆和球而存在。

这样的形状和三维体会一直存在，并将永远存在下去。但是，如果我将一个沙滩排球抛向空中，那么这个球就是球体的复制品，是不完美的、暂时的。事实上，即使世间所有的沙滩排球都被摧毁，球体这一普遍形态仍会存在下去。同样，柏拉图提出，正义、爱情和美丽（与其他形态一同）也是永恒不变的模型。但在感官世界中，每个人将会收获属于自己的体验。

根据柏拉图的观点，形态源于一种终极形式，即善的形式。除了用太阳作为类比之外，柏拉图从来不会寻找或定义终极的善。如同太阳一样，善的形式能普照四方，从而让一切变得可以理解，并使心灵对形态的感知成为思考的对象。实际上，善的终极是最难达到的，而其中蕴含的知识则是辩证研究的目标。

在其著作《理想国》中，柏拉图使用一种被称为寓言的文学体裁，来说明人的心灵在进一步认识形态上所面临的困境。寓言这种文学体裁，通过文本中的表面含义，将真正的意思"隐藏"起来，从而达到借此喻彼的效果。柏拉图结合寓言这一特点，描述了一群被锁在地下室内的普通人（被囚禁在人体内的心灵）的处境。

在洞穴中，他们的位置很差，只能看到墙壁上的阴影（意在说明：这些形态的投射在感官世界中大量存在，它们都是不完美的、容易改变的）。囚犯们无知地认为这些阴影就是真实的（图4.12）。只有当其中一个囚犯（哲学家一般的英雄）登上光明领域（真正的知识或形态的知识）时，他才清楚地发现，那些住在洞穴中的人所认为的真实，只不过是现实的阴影。这则有趣的寓言出自下文苏格拉底和柏拉图的哥哥格劳孔之间的对话。

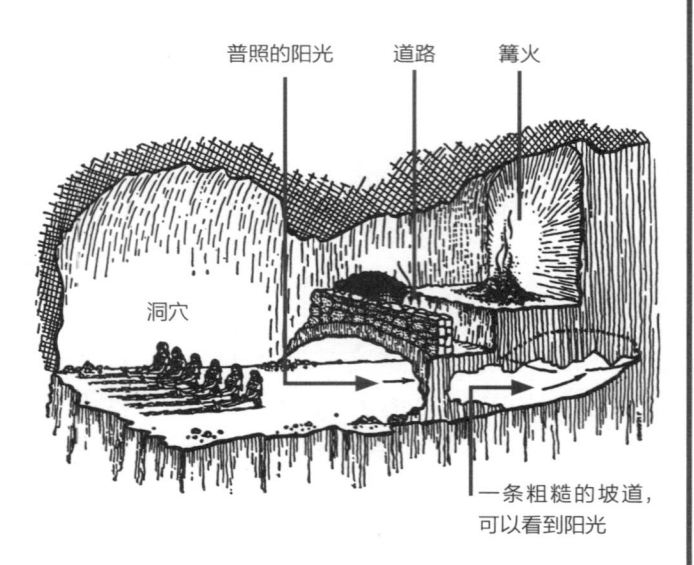

图 4.12 洞穴之喻 选自《柏拉图谈话录》

阅读材料4.6
摘自柏拉图《理想国》
（约公元前375年）

苏格拉底：接下来让我们把受过教育的人与没受过教育的人的本质比作下述情形。让我们想象一个洞穴式的地下室，它有一条长通道通向外面，可让和洞穴一样宽的光线照进来。有一些人从小就住在这洞穴里，头颈和腿脚都绑着，不能走动也不能转头，只能向前看着洞穴后壁。让我们再想象在他们背后远处高些的地方有东西燃烧着发出火光。在火光和这些被囚禁者之间筑有一条路（这条路位于矮墙上方，并呈直角穿过走廊，进入洞穴），沿着路边已筑有一道矮墙。矮墙的作用像木偶戏演员在自己和观众之间设的一道屏障，他们把木偶举到屏障上头去表演。

格劳孔：我看见了。

苏格拉底：接下来让我们想象有一些人拿着各种器物举过墙头，从墙后面走过，有的还举着用木料、石料或其他材料制作的假人和假兽。而这些过路人，你可以假定他们有的在说话，有的不说话[1]。

格劳孔：你说的是一个奇特的比喻和一些奇特的囚徒。

苏格拉底：不，他们是一些和我们一样的人。你且说说看，你认为除了火光投射到他们对面洞壁上的阴影之外，这些囚徒还能看到自己的或同伴们的什么呢？

格劳孔：如果他们一辈子头颈被限制了不能转动，他们又怎样能看到别的什么呢？

苏格拉底：那么，后面路上的人举着过去的东西，除了它们的阴影之外，囚徒们能看到它们别的什么吗？

格劳孔：当然不能。

苏格拉底：那么，如果囚徒们能彼此交谈，你不认为，他们会断定，他们在讲自己所看到的阴影时是在讲真物本身吗？

格劳孔：必定如此。

苏格拉底：如果一个过路人发出声音，引起囚徒对面洞壁的回声，你不认为，囚徒们会断定，这是他们对面洞壁上移动的阴影发出的吗？

格劳孔：他们一定会这样断定的。

苏格拉底：因此无疑，这些人不会想到，上述事物除阴影之外还有什么别的实在。

格劳孔：无疑的。

苏格拉底：那么，请设想一下，如果他们被解除禁锢，矫正迷误，你认为这时他们会怎样呢？如果真的发生如下的事情：其中有一人被解除了桎梏，被迫突然站了起来，转头环视，走动，抬头看到火光，你认为这时他会怎样呢？他在做这些动作时会感觉痛苦的，并且由于眼花缭乱，他无法看清那些他原来只看见其阴影的实物。如果有人告诉他，说他过去惯常看到的全然是虚假，如今他由于被扭向了比较真实的器物，比较接近了实在，所见比较真实了，你认为他听了这话会说些什么呢？如果再有人把墙头上经过的每一器物指给他看，并且逼他说出那是些什么。你不认为，这时他会不知说什么是好，并且认为他过去所看到的阴影比现在所看到的实物更真实吗？

格劳孔：更真实得多呀！

苏格拉底：如果他被迫看火光本身，他的眼睛会感到痛苦，他会转身走开，仍旧逃向那些他能够看清而且确实认为比人家所指示的实物更清楚、更实在的影像的。不是吗？

格劳孔：会这样的。

苏格拉底：再说，如果有人硬拉他走上一条陡峭崎岖的坡道，直到把他拉出洞穴见到了外面的阳光，不让他中途退回去，他会觉得这样被强迫着走很痛苦，并且感到恼火。当他来到阳光下时，他会觉得眼前直冒金星，以致无法看见任何一个现在被称为真实的事物。你不认为会这样吗？

格劳孔：噢，的确不是一下子就能看得见的。

苏格拉底：因此我认为，要他能在洞穴外面的高处看得见东西，大概需要有一个逐渐习惯的过程。首先大概看阴影是最容易，其次要数看人和其他东西在水中的倒影容易，再次是看东西本身。经过这些之后他大概会觉得在夜里观察天象和天空本身，看月光和星光，比白天看太阳和太阳光容易。

格劳孔：当然。

苏格拉底：这样一来，我认为，他大概终

---

1. 柏拉图如果在现代，会把他的洞穴比作一个地下电影院。光线从观众背后经过，这让他们通过荧幕可以看到这些影像戏剧。影像本身只是现实世界中"真实"事物和事件的形象。如果柏拉图有这项电影技术，就没有必要另外找人，让他们头戴一些笨拙的器具，走来走去以制造动态影像和回声，从而使得囚徒听到。矮墙可以防止这些人的阴影投射在洞穴的墙壁上。

于就能直接观看太阳本身，看见它的真相了，就可以不必通过水中的倒影或影像，或任何其他媒介中显示出的影像看它了，就可以在它本来的地方就其本身看见其本相了。

格劳孔：这是一定的。

苏格拉底：接着他大概对此已经可以得出结论了。造成四季交替和年岁周期，主宰可见世界一切事物的正是这个太阳，他们过去看见的所有那些事物都是由太阳造成的。

格劳孔：显然，他大概会接着得出这样的结论。

苏格拉底：如果他回想自己当初的穴居，那个时候的智力水平，以及禁锢中的伙伴们，你不认为，他会庆幸自己的这一变迁，而替伙伴们遗憾吗？

格劳孔：确实会的。

苏格拉底：如果囚徒们之间曾有过某种选举，也有人在其中赢得过尊荣，而那些敏于辨别而且最能记住过往影像的惯常次序，因而最能预言后面还有什么影像会跟上来的人还得到过奖励，你认为这个既已解放了的人会再热衷于这种奖赏吗？对那些受到囚徒们尊重并成了他们领袖的人，他会心怀嫉妒，和他们争夺那里的权力地位吗？或者，还是会像荷马所说的那样，他宁愿活在人世上做一个穷人的奴隶，受苦受难，也不愿和囚徒们有共同意见，再过他们那种生活呢？

格劳孔：我想，他会宁愿忍受任何苦楚也不愿再过囚徒生活的。

苏格拉底：如果他又回到洞穴中坐在他原来的位置上，你认为会怎么样呢？他由于突然离开阳光走进洞穴，他的眼睛不会因黑暗而变得什么也看不见吗？

格劳孔：一定是这样的。

苏格拉底：这时他的视力还很模糊，还没来得及习惯黑暗——再习惯黑暗所需的时间也不会是很短的。如果有人趁这时就要他和那些始终被禁锢在洞穴中的人较量一下对那些阴影的评价，他不会遭到笑话吗？人家不会说他到上面去走了一趟，回来眼睛就坏了，因此连起一个往上去的念头都是不值得的吗？要是把那个打算释放他们并把他们带到上面去的人逮住杀掉是可以的话，他们不会杀掉他（暗指苏格拉底的命运）吗？

格劳孔：他们一定会的。

苏格拉底：亲爱的格劳孔，现在我们必须把这个比喻整个地应用到前面讲过的事情上去，把洞穴囚室比喻成可见世界，把火光比喻成太阳的能力。如果你把从洞穴到上面世界并在上面看见东西的上升过程和灵魂上升到可知世界的上升过程联系起来，你就领会了我的这一解释了，既然你急于要听我的解释。至于这一解释本身是不是对，这是只有神知道的。但是无论如何，我觉得，在可知世界中最后看见的，而且是要花很大的努力才能最后看见的东西乃是善的理念。我们一旦看见了它，就必定能得出下述结论：它的确就是一切事物中一切正确者和美者的原因，就是可见世界中创造光和光源者，在可知世界中它本身就是真理和理性的决定性源泉；任何人凡能在私人生活或公共生活中行事合乎理性，必定是看见了善的理念。

格劳孔：就我所能了解的而言，我都同意。

苏格拉底：那么来吧，你也来同意我下述的看法吧，而且在看到下述情形时别感到奇怪！那些已达到这一高度的人不愿意做那些琐碎俗事，他们的心灵永远渴望逗留在高处的真实之境。如果我们的比喻是合适的话，这种情形应该是不奇怪的。

格劳孔：是不足为怪的。

苏格拉底：再说，如果有人从神圣的观察再回到人事，他在还看不见东西、还没有变得足够习惯黑暗环境时，就被迫在法庭上或其他什么地方同人家争讼关于正义的影子或产生影子的物体，辩论从未见过正义本身的人头脑里关于正义的观念。如果他在这样做时显得样子很难看，举止极可笑，你认为值得奇怪吗？

格劳孔：一点也不值得奇怪。

苏格拉底：但是凡有头脑的人都会记得，眼睛有性质不同的两种迷茫，它们是由两种相反的原因引起的：一种是由亮处到了暗处，另一种是由暗处到了亮处。凡有头脑的人也都会相信，灵魂也能出现同样的情况。他在看到某个灵魂发生迷茫不能看清事物时，不会不假思索就予以嘲笑的。他会考察一下，灵魂的视觉是因为离开了较光明的生活被不习惯的黑暗迷误了，还是由于离开了无知的黑暗进入了比较光明的世界，较大的亮光使它失去了视觉？于是他会认为一种经验与生活道路是幸福的，另一种经验与生活道路是可怜的。如果他想笑一笑的话，那么从下面到上面去的那一种是不及从上面的亮处到下面来的这一种可笑的。

格劳孔：你说得非常有道理。

苏格拉底：如果这是正确的，那么关于这些事，我们就必须有如下的看法：教育实际上并不像某些人在自己的职业中所宣称的那样。他们宣称，他们能把灵魂里原来没有的知识灌输到灵魂里去，好像他们能把视力放进盲人的眼睛里去似的。

格劳孔：他们确曾有过这种说法。

苏格拉底：但是我们现在的论证说明，知识是每个人灵魂里都有的一种能力，而每个人用以学习的器官就像眼睛。整个身体不改变方向，眼睛是无法离开黑暗转向光明的。同样，作为整体的灵魂必须转离变化的世界，直至它的"眼睛"得以正面观看实在，观看所有实在中最明亮者，即我们所说的善者。是这样吧？

格劳孔：是的。

苏格拉底：于是这方面或许有一种灵魂转向的技巧，即一种使灵魂尽可能容易、尽可能有效地转向的技巧。它不是要在灵魂中创造视力，而是肯定灵魂本身有视力，但认为它不能正确地把握方向，或不是在看该看的方向，因而想方设法努力促使它转向。

格劳孔：很可能有这种技巧。

苏格拉底：因此，灵魂的其他所谓美德似乎不同于身体的优点，身体的优点确实不是身体里本来就有的，是后天的教育和实践培养起来的。但是灵魂的优点似乎确实有比较神圣的性质，是一种永远不会丧失能力的东西；因所取的方向不同，它可以变得有用又有益，也可以变得无用又有害。有些人通常被认为是坏人，却又非常精明能干。你有没有注意过，他们的目光是多么敏锐？他们的灵魂是小的，但是在那些受到他们注意的事情上，他们的视力是够尖锐的。他们的"小"不在于视力贫弱，而在于视力被迫服务于恶。结果是，他们的视力愈尖锐，恶事也就做得愈多。

格劳孔：这是真的。

苏格拉底：但是假设这种灵魂的这一部分从小就已得到锤炼，已经因此如同释去了重负——这种重负是这个变化的世界里所本有的，是如贪食之类的感官纵欲紧缠在人们身上的，是拖住人们灵魂的视力使它只能看见下面事物的。假设重负已释，这同一些人的灵魂的同一部分被扭向了真理，它们看真理就会有同样敏锐的视力，像现在看它们面向的事物时那样。

第四章 希腊：人文主义和思辨哲学的飞跃

格劳孔：很可能的。

苏格拉底：那么，没受过教育不知道真理的人和被允许终身完全从事知识研究的人，都不适宜治理国家。因为没受过教育的人不能把自己的全部公私活动都集中于一个生活目标；知识分子又不能自愿地做任何实际的事情，而是在还活着的时候就想象自己已离开这个世界，进入乐园了。

格劳孔：对。

苏格拉底：因此我们作为这个国家的建立者的职责，就是要迫使最好的灵魂达到我们前面所说的最高的知识，看见善，并上升到那个高度。而当他们已到达那个高度并且看够了时，我们不能让他们继续那样。

格劳孔：什么意思？

苏格拉底：继续逗留在上面不愿再下到囚徒中去，和他们同劳苦共荣誉，不论大小。

格劳孔：你这是说我们要委屈他们，让他们过较低级的生活，在他们能过较高级生活的时候？

苏格拉底：朋友，你又忘了，我们的立法不是为城邦任何一个阶级的特殊幸福，而是为了造就全国作为一个整体的幸福。它运用说服或强制，使全体公民彼此协调和谐，使他们把各自能向集体提供的利益同大家分享。而它在城邦里造就这样的人，其目的就在于让他们不致各行其是，把他们团结成一个不可分的城邦公民集体。

格劳孔：我忘了。你的话很对。

苏格拉底：那么，格劳孔，你得看到，我们对我们之中出现的哲学家也不会是不公正的。我们强迫他们关心和护卫其他公民的主张也是公正的。我们将告诉他们："哲学家生在别的国家有理由拒不参加辛苦的政治工作，因为他们完全是自发产生的，不是政府有意识地培养造就的；一切自力更生不是被培养而产生的人才不欠任何人的情，因而没有热切要报答培育之恩的心情，那是正当的。但是我们已经培养了你们——既为你们自己，也为城邦的其他公民——做蜂房中的蜂王和领袖；你们受到了比别人更好更完全的教育，有更大的能力参加两种生活。因此你们每个人在轮值时必须下去和其他人同住，习惯于观看模糊影像。须知，一经习惯，你就会比他们看得清楚不知多少倍，就能辨别各种不同的影子，并且知道影子所反映的东西，因为你已经看见过美者、正义者和善者的真实。因此我们的国家将被我们和你们清醒地管理着，而不是像如今的大多数国家那样被昏昏然地管理着，被那些为影子而互相斗殴，为权力——被当作最大的善——而相互争吵的人统治着。事实上，在凡是统治者不热心于权力的城邦里，必定有最善、最稳定的管理，凡有与此相反的统治者的城邦里，其管理必定是最恶的。"

格劳孔：一定的。

苏格拉底：那么我们的学生听到我们的这番话时，还会不服从，还会在轮到每个人值班时拒绝分担管理国家的辛劳吗？当然了，在大部分时间里，他们还是被允许一起住在上面的。

格劳孔：拒绝是不可能的。因为我们是在向正义的人提出正义的要求。但是和当前每个国家的统治者相反，他们担任公职一定是把它当作一种义不容辞的事情看待的。

苏格拉底：亲爱的朋友，事实上只有当你能为你们未来的统治者找到一种更善的生活方式时，你才可能有一个治理良好的国家。因为只有在这种国家里才能有真正富有的人来统治。当然他们不是富有黄金，而是富有幸福所必需的那种善的和智慧的生活。如果未来的统治者是一些乞丐和饿死鬼，那么当他们投身公务时，他们想到的就是要从中攫取自己的好处，如果国家由这些人统治，就不会有好的管理。因为当统治权成了争夺对象时，这种自相残杀的争夺往往既毁了国家，也毁了统治者自己。

格劳孔：再正确不过。

问：每个寓言形象（洞穴、太阳等）代表了什么？

问：根据苏格拉底所言，这种心智教育怎样对"秩序井然的社会生活"做出贡献？

"洞穴之喻"是柏拉图理论学说的关键。首先，柏拉图主张唯心主义，认为现实并非存在于感知对象中，而是处在不变的形态之中。这一思想意味着宇宙是一个二元（精神、物质，或心灵、身体）模型：心灵（心智）属于永恒形态的世界，而身体（躯体）属于感官或物质世界。心灵由于被囚禁在身体里，所以忘记了从前对完美形态的认识。然而，唤醒这样的智慧并非天方夜谭，哲学的功用就在于对心灵的教育，让人摆脱物质世界的囚笼，从而重新获得开悟。

柏拉图认为，在我们感知的背后，流动着不变的力量。这一概念可以追溯到赫拉克利特的理论。而柏拉图对形态的描述，却与毕达哥拉斯主张的数字永恒不变十分类似。在现代物理学中，柏拉图的形态论也十分重要，赢得了很多科学家的赞同。例如，20世纪著名的德国物理学家海森堡认为，最小的物质单位并非普通意义上的物理对象，而是"形态"或想法。他断言，这些抽象单位只能用数学语言明确表达。

在构建形态论时，柏拉图也可能受到了亚洲宗教思想的影响。根据柏拉图所言，人类精神的"火花"与生俱来，必须被点燃和培养。这一点与印度教的阿特曼（自我）十分类似（见第三章）。而柏拉图将感官世界与终极形态区分开来，也与印度教的信仰密不可分。印度教认为，终极存在（婆罗门）能够超然世外，脱离虚幻的物质世界独立存在。然而，与印度教相比，柏拉图的教义并不提倡将启发、顿悟作为脱离物质世界的方法。相反，柏拉图认为，思想是对知识的提升，是实现个人幸福和美好生活的先决条件。这种启蒙思想对于实现国家公平正义和社会健康发展都至关重要。

柏拉图眼中的理想国：一个完美的国度

柏拉图的《理想国》为日常生活建立了一套社会和道德规范。虽然这个乌托邦社会不允许私有财产的出现，也不提倡家庭生活，但它维护了一个切实可行的教育体系。每个公民都可以接受教育，从而获得善的知识。同样，教育作为良好社会的基础，对所有性别一视同仁。柏拉图认为，如果女性与男性一样要在社会立足，那么她们必须被平等对待，包括在音乐、体操和军事训练中。在《理想国》第五卷中，苏格拉底解释说：

> 没有任何一项管理国家的工作，因为女人在干而专属于女性，或者因为男人在干而专属于男性。各种天赋才能同样分布于男女两性。根据自然，各种职务不论男女都可以参加，只是总的来说，女的比男的弱一些罢了。

虽然所有公民都受到平等的教育，但每个公民的能力决定了此人在社会中的地位。因此，所有公民，无论劳动者、士兵，还是统治者，他们的职责将与能力保持一致。

柏拉图没有采用雅典实行的民主模式。在他看来，国家统治理应由德高望重的贤者居之。换句话说，那些在"蜂巢"中充当"蜂王"的人，最懂得如何让社会恢复元气。（柏拉图可能会惊讶地发现，蜂巢中的蜂王是雌性。）由于"哲学王"的手中掌握着"整个共同体的福利"，每一步都要深思熟虑，责任至重。柏拉图的这些观点与中国古代的思想非常类似，即统治者受命于天（见第三章）。

亚里士多德和理性的生活

亚里士多德是柏拉图的学生，出生于斯塔吉拉，年轻时在阿卡德米求学。他对哲学的贡献可与其师相提并论。随后，亚里士多德开始远走他乡，到访地中海东部。在此期间，他成为马其顿年轻王子（未来的亚历山大大帝）的导师，开启了短暂的职业生涯。在此之后，亚里士多德回到雅典，建立了一所名为吕克昂（意为"会堂"）的学校。在学校的连廊讲课时，亚里士多德喜欢走来走去，这让他赢得了一个绰号"漫游哲学家"。他对学生的教导只以讲义的形式保存了下来。相比于柏拉图，亚里士多德的课程范围要更加广泛、实际。

亚里士多德不接受柏拉图的形态论。对他来说，现实存在于自然万物之中，并不是理想形态的投射。他认为，形态（或要素）就是事物的真实本质，事物完整存在也取决于良好的功能表现。此外，他还质疑柏拉图关于永恒心灵的理论，他认为灵魂中被理性所识别的部分（一种客观力量，他称为"不动的推动者"）才可能是永恒不朽的。

亚里士多德留下了大量的作品，涵盖了400多个学科，包括生物学、物理学、政治学、诗歌、戏剧、逻辑学和伦理学等。对于每一个问题，他都养成了系统分类的习惯，并根据其实质（不变的本质特点）来识别每一件事物。亚里士多德还对研究的这些问题进行了敏锐观察。作为医生的后代，他收集了大量植物和动物的生命标本，并根据物理特性的异同将其分门别类。

最终，亚里士多德写成了一本动物学专著《动物志》。书中，他提到了500多种不同的动物，其中一些是亚里士多德自己解剖的。虽然他在现代科学实验方面建树不多，但他提出了一种探究方法——经验法。顾名思义，经验法通过直接经验和小心细致地观察得出结论。他不仅将这一方法应用到对政治生活、文学和人类行为的分析中，也将之应用到植物和动物的分类中，其原则包括客观性、清晰度和一致性。此外，他研究了150多个希腊城邦的宪法，然后撰写了《政治学》一书。而在《诗学》一书中，他界定了各种各样的文学体裁（见第五章）。

几个世纪以来，亚里士多德的结论（包括许多不正确的结论）在生物学、天文学和物理学等领域，从未有人质疑。例如，亚里士多德认为，在阴阳交合之中，男性是"播种者"，而女性则为"接受者"。在生育中，负责赋予生命的人（男性）要让混沌无序的事物（女性）就范。简而言之，几个世纪以来，亚里士多德关于女性和性行为的观点，让学者始终将女性视为男性的不完整和不完美的版本。

亚里士多德在推理过程中应用科学原理，从而奠定了逻辑学的基础。他的逻辑思想遵循苏格拉底的方式，要求在论证中将术语单独划分，并依次检查这些术语的含义。此外，亚里士多德提出了一种演绎方案，被称为三段论，具体来说：先提出两个前提，最后得出结论。作为一种理性思考程序，三段论不涉及任何具体内容，与数学的符号系统相类似。

三段论

所有人都是必死的

a:b

苏格拉底为人

c:a

所以苏格拉底是必死的

∴ c = b

亚里士多德《尼各马可伦理学》

伦理学是哲学的一个分支，阐述了人类的行为准则。对此，亚里士多德也做出了自己的贡献。他从研究人的价值观出发，提出了一个假设：如果幸福或"美好生活"是人唯一的价值，而不是达到其他目的的手段，那么这种价值可能就是人的最终目标或目的。幸福难道不是全人类渴望的目标吗？如果是这样，那么如何实现呢？亚里士多德认为，答案在于认识一个人的本质，以及表现这一本质的功能。比如眼睛的功能是观看，赛马的功能是竞速，刀的功能是切割，等等。事物表现得好即为卓越或美德：眼睛的卓越之处在于让人看得清晰，赛马的卓越之处在于速度快，刀具的卓越在于切割得好，等等。因此，亚里士多德最终认为，人类的独特功能在于有推理的能力，而人类的卓越在于对理性的运用。

《尼各马可伦理学》是由亚里士多德的儿子尼各马可编纂而成的。在书中，亚里士多德研究了美好生活和幸福的本质。他这样解释，对获得卓越或美德来说，根据理性行动是十分必要的。亚里士多德认为，理想的行为在于遵循适度之道，即两种极端行为之间的中间地带。例如，在怯懦和鲁莽之间，人们应该寻求中间立场，那就是勇气；在吹嘘和胆怯之间，人们应该培养谦虚的品质。因此，古希腊人追求适度，使得他们对节制与平衡的研究趋于理性。但是，在其他古文明中，关于道德的文章皆有宗教神学的色彩。与此相比，亚里士多德的《尼各马可伦理学》希望每个人采用理性规范自己的行为。

阅读材料4.7
摘自亚里士多德《尼各马可伦理学》
（约公元前340年）

最高善

如果在我们活动的目的中，有的是因其自身缘故而被当作目的，我们以别的事物为目的都是为了它，如果我们并非选择所有事物都为着某一个别的事物（这显然将陷入无限，因而对目的，欲求也就成了空洞的），那么显然就存在着善或最高善。那么关于这种善的知识岂不对生活有重大的影响？它岂不是，像射手有一个标记帮助他一样，更能帮助我们命中正确的东西？如若这样，我们至少应该概略地弄清这个最高善是什么，以及哪一种科学或能力是以它为对象的。

…………

如果从人们所过的生活来判断他们对于善或幸福的意见，那么多数人或一般人是把快乐等同于善或幸福的。所以，他们喜欢过享乐的生活。有三种主要的生活：刚刚提到的最为流行的享乐的生活，公民大会的或政治的生活，以及第三种——沉思的生活。一般人显然是奴性的，他们宁愿过动物式的生活。不过他们也不是全无道理，因为许多上流社会的人也有撒旦那帕罗[1]那样的口味。

1. 一位亚述帝国国王，极富传奇色彩，以沉迷酒色著称。

另一方面，那些有品位的人和爱活动的人则把荣誉等同于幸福，因为荣誉可以说就是政治生活的目的。然而对于我们所追求的善来说，荣誉显得太过肤浅。因为荣誉取决于授予者而不是接受者，而我们的直觉是，善是一个只属于自己且不易被拿走的东西。此外，人们追求荣誉似乎是为确证自己的优点，至少是，他们寻求从有智慧的人和认识他们的人那里得到荣誉，并且是因德行而得到荣誉。这就表明，在爱活动的人们看来，德行是比荣誉更大的善。

....

我们说，那些因自身而值得欲求的东西，比那些因它物而值得欲求的东西更完善；那些从不因它物而值得欲求的东西，比那些既因自身又因它物而值得欲求的东西更完善。所以，我们把那些始终因其自身而从不因它物而值得欲求的东西称为最完善的。与其他所有事物相比，幸福似乎最会被视为这样一种事物。因为，我们永远只是因它自身而从不因它物而选择它。而荣誉、快乐、智慧和每种德行，我们固然因它们自身而选择它们（因为即使它们不带有进一步的好处，我们也会选择它们），但是我们也为幸福之故而选择它们。因为我们认为，它们将是达成幸福的手段。另一方面，却没有人是为这些事物或其他别的什么而追求幸福。

....

不过，说最高善就是幸福似乎是老生常谈。我们还需要更清楚地说出它是什么。如果我们先弄清楚人的活动，这一点就会明了。对一个吹笛手、一个木匠或任何一个工匠，总而言之，对任何一个有某种活动或经验的人来说，他们的善或出色来自对这种活动的完善。同样，一个人有某种活动，他的善也就在于这种活动的完善。那么我们是否认为，木匠、鞋匠有某种活动或实践，人却没有，并且生来就没有一种活动？或者，我们是否更应当认为，正如眼、手、足和身体各个部分都有一种活动一样，人也有一种不同于这些特殊活动的活动？那么这种活动究竟是什么？生命活动也为植物所有，而我们探究的是人的特殊活动。

所以我们必须把生命的营养和生长活动放在一边，下一个是生命的感性活动。但这似乎也为马、牛和一般动物所有。剩下的是个人理性部分的实践的生命。实践的生命又有两种意义，但我们把它理解为实现活动意义上的生命，这似乎是这个词较为恰当的意义。人的活动是灵魂遵循着理性，抑或是依附于理性……

适度之道

既然我们现在的研究与其他研究不同，不是思辨的，而有一种实践的目的（因为我们不是为了解德行，而是为使自己有德行，否则这种研究就毫无用处），我们就必须研究实践的性质，研究我们应当怎样实践。因为，如所说过的，我们是怎样的就取决于我们的实现活动的性质。

....

首先，我们来考察这样一点，即不及与过度都同样会毁灭德行。这就像体力与健康的情形一样（因为我们只能用可见的东西来说明不可见的东西）。锻炼得过度或过少都损害体力。同样，饮食过多或过少也会损害健康，适量的饮食才造成、增进和保持健康。节制、勇敢和其他德行也是同样。一切都躲避，都惧怕，对一切都不敢坚持，就会成为一个懦夫；什么都不怕，什么都去硬碰，就会成为一个莽汉。同样，对所有快乐都沉溺，什么都不节制，就会成为一个放纵的人；像乡巴佬那样，对一切快乐都回避，就会成为一个冷漠的人。所以，节制与勇敢都是为过度与不及所破坏，而为适度所保存。

　　……

　　但我们不仅仅要说明德行是品质，而且要说明它是怎样的品质。可以这样说，每种德行都既使得它是其德行的那事物的状态好，又使得它们的活动完成得好。比如，眼睛的德行既能让眼睛状态好，又使得它们的活动完成得好（因为有一双好眼睛的意思就是看东西清楚）。同样，马的德行既使得一匹马状态好，又使得它跑得快，令骑手坐得稳，并迎面冲向敌人。如果所有事物的德行都是这样，那么人的德行就是既使得一个人好，又使得他出色完成他的活动的品质。这后面一点的意思我们已经说明过。但是对德行的本体研究也有助于说明这一点。

　　在每种连续而可分的事物中，都可以有较多、较少和相等。这三者既可以相对于事物本身而言，也可以相对于我们而言，而相等就是较多与较少的中间。就事物自身而言的中间，我指的是距两个端点距离相等的中间。这个中间于所有的人都是同一个。相对于我们的中间，我指的是那个既不太多也不太少的适度，它不是一，也不是对所有的人都相同的。

　　例如，如果10是多，2是少，那么就事物本身而言，6就是中间，因为6-2=10-6，这是一个算术的比例。但是相对于我们的中间不是以这种方式确定的。如果10磅食物太多，2磅食物太少，并不能推定教练将指定6磅食物。因为这对于一个人可能太多或太少——对米洛[1]来说太少，对一个刚开始体育训练的人又太多。赛跑和摔跤也是这样。每一个匠师都是这样，避免过度与不及，而寻求和选择这个适度，并非对事物本身，而是对我们而言的中间。

　　如果每一种科学都要寻求适度，并以这种适度为尺度来衡量其产品才完成得好（所以对一件好作品的一种普遍评论是，增一分则太长，减一分则太短。这意思是，过度与不及都破坏完美，唯有适度才保存完美）；如果每个好的匠人都在其作品中寻求这种适度；如果德行也同自然一样，比任何技艺都更准确，更好，那么德行就必定是以求取适度为目的的。我所说的是道德德行。因为首先，道德德行同感情与实践相关，而感情与实践中存在着过度、不及与适度。例如，我们感受的恐惧、勇敢、欲望、怒气和怜悯，总之快乐与痛苦，都可能太多或太少，这两种情形都不好。而在适当的时间、适当的场合、对适当的人、出于适当的原因、以适当的方式感受这些感情，就既是适度的又是最好的。这也就是德行的品质。在实践中也同样存在过度、不及和适度。德行是同感情与实践相联系的，在感情与实践中过度与不及都是错误，适度则是成功并受人称赞。成功和受人称赞是德行的特征。美德是人的一种遵守道德的品质，它存在于我们的适度之中，这种适度是由理性决定的，或者如同一个明智的人所做的那样……

问：根据亚里士多德所言，什么是"最高善"？
问：个人如何能够做到"适度"？

---

[1] 一位著名运动员，来自意大利南部希腊城市克罗敦。十几岁时，他开始每天举起一头牛犊。随着牛犊长大，他的力量也随之增强。最终，他能举起一头成年公牛。

亚里士多德和城邦

尽管"适度之道"为每个人提供了一套正确行动的规范，但亚里士多德并不确定，公民在自我管理中是否能将其有效利用。和柏拉图一样，他质疑民主国家的可行性。亚里士多德认为，一些人天生优于其他人，而在这一事实下，政治特权就是合乎逻辑的结果：从他们出生的那一刻起，有些人就被打上了服从的印记，而另一些人则受命于天、统治万民。

亚里士多德还坚持认为，政府必须为国家利益服务，而非只为某一个人或某一团体谋利。正因如此，他对民主不以为然。至少在理论上，民主制度将会把权力交到大量穷人的手中，而这些穷人统治国家可能只图一己私利。他还指出，雅典城中的煽动者有能力说服公民大会通过一些无足轻重的法律。

亚里士多德的《政治学》是西方第一部政治理论著作。他在书中得出结论，最好的政府是由中产阶级统治的宪法政府。亚里士多德将人定义为城邦（polis）中的人（英文political，意为政治的，从"polis"发源而来）。换句话说，人类本身就是政治动物，只有在国家政治框架内才能发挥其全部潜力。他指出，只有野兽和神灵不需要国家。并且，他还将女性排除在政治之外。因此，亚里士多德解决了个人与国家之间的关系，内容摘录如下：

> 城邦在本性上先于家庭和个人。因为整体必然优先于部分……其证据就在于，当个人被孤立时他就不再是自足的；就像部分之于整体一样。不能在社会中生存的东西或因为自足而无此需要的东西，就不是城邦的一个部分，它要么是只禽兽，要么是个神。人类天生就注入了社会本能，最先缔造城邦的人乃是给人们最大恩泽的人。
>
> 人一旦趋于完善就是最优良的动物，而一旦脱离了法律和公正就会堕落成最恶劣的动物。不公正被武装起来就会造成更大的危险，人一出生便装备有武器，这就是智能和德行，人们为达到最邪恶的目的有可能使用这些武器。所以，一旦他毫无德行，那么他就会成为最邪恶残暴的动物，就会充满无尽的淫欲和贪婪。公正是为政的准绳，因为实施公正可以确定是非曲直，而这就是一个政治共同体秩序的基础。

科技发展一览表

公元前390年	柏拉图创造出"元素"这个词来描述四种基本物质：火、水、土、气（这一观点早先由恩培多克勒引入）。
公元前350年	亚里士多德根据对月食的观察，认为大地为球形。
公元前340年	欧德莫斯写成《数学史》。
公元前330年	亚里士多德的《动物志》对动物进行分类，并记录它们的细节特征。不仅如此，他的其他著作也推动了医学、生物学和物理学的研究。

回顾

爱琴海地区青铜时代的文明
（约公元前3000年—公元前1200年）

爱琴海地区的克里特和迈锡尼文明，为希腊人的生活和传奇故事的诞生奠定了坚实基础。米诺斯人爱好和平，而迈锡尼人却骁勇善战，富有侵略性。为了控制地中海东部的贸易，迈锡尼人敢于挑战任何对手。

英雄时代
（约公元前1200年—公元前750年）

公元前1200年，迈锡尼人攻打位于小亚细亚的特洛伊城。荷马时代的史诗将这一段传奇故事和英雄事迹记录下来，并流传后世。公元前9世纪，这些史诗经过口口相传、修编成书之后，成为古希腊人的"民族"诗歌。《伊利亚特》关注古希腊英雄阿喀琉斯的事迹，以及他在特洛伊战争中报仇雪恨的经过。在故事中，他在保有个人荣誉感的同时，也致力于对战友履行义务。英雄时代第二部伟大史诗《奥德赛》，回顾了古希腊指挥官奥德修斯乘船返回家乡伊萨基期间，在海上漂泊的冒险经历。此外，希腊众神被视为一个家族，共同掌管人类生活。

希腊城邦和希波战争
（约公元前750年—公元前480年）

希腊的地理环境促进了城邦的演化。200多个独立的城邦，每一个都建立了自己的经济、行政和军事力量。公元前6世纪，波斯帝国发兵攻打希腊。这时，各希腊城邦组成联军，并打造了一支强大的海军力量，最终打败了波斯人。希罗多德被尊为"历史之父"，他用文章记录下希波战争的经过，其著作《希波战争史》是西方世界首部史学经典。

雅典和希腊黄金时代
（约公元前480年—公元前430年）

希波战争之后，随着雅典占据了爱琴海地区政治和商业霸权，古希腊经历了一个文化发展的黄金时代。公元前508年，公民大会获得立法权，雅典从此成为世界历史上第一个直接民主国家。从公元前776年开始，希腊人举办奥林匹克运动会，所有希腊城邦共襄盛举，共同享受运动竞赛带来的快乐。

个体和群体

古希腊人是最早的戏剧艺术大师，雅典城邦内定期举办戏剧表演，并为世界留下了最早的悲、喜剧。在希腊戏剧中，著名三联剧《俄瑞斯忒亚》探究了个人的选择和行动与社会相冲突时所面临的道德困境。在索福克勒斯的悲剧《安提戈涅》中，俄狄浦斯的女儿违反国王的法令，埋葬了她兄长的尸体。作者在作品中检讨了个人责任和政治义务水火不容，以及个人刚愎自用所带来的后果。

希腊哲学：思辨的飞跃

在公元前6世纪，希腊哲学家为西方科学和哲学探究奠定了基础。他们主张万物皆有因，并用观察法和系统分析得出有效结论。一些自然主义哲学家试图确定宇宙的物质基础。比如，德谟克里特提出了物质的原子论；毕达哥拉斯则认为，基于数字的均衡构成了潜在的宇宙秩序；希波克拉底被称为"医学之父"，他通过寻找自然病因，让科学走出迷信。

人文主义哲学

自然主义之后，希腊诞生了诡辩学派和人文主义哲学家，包括苏格拉底、柏拉图和亚里士多德等。他们探讨了人类的知识本质、行为规范以及智慧进步。诡辩学派认为真理和正义是相对的，但苏格拉底不这样认为。他追求道德行为的绝对标准。柏拉图的形态论奠定了哲学唯心主义的基础，并确立了思想脱离物质的基本理念。柏拉图的著作《理想国》，解释了如何培养人的美德，并为集体顾全大局。亚里士多德研究的主题包罗万象，包括逻辑学、动物学、诗歌艺术和舞台艺术思想等。此外，在他的著作《尼各马可伦理学》中，亚里士多德断言，美好生活与理性生活是一致的，都需要遵循"适度之道"。

术语表

寓言：一种文学体裁，通过刻画人、事物或行为，从而达到借此喻彼的效果。
辩证法：一种通过辩论探求真理的方法，苏格拉底将其发扬光大。
经验法：一种依赖于直接经验或观察的研究方法。
伦理学：哲学的一个分支，旨在为人类行为阐明原则。
唯心主义：（柏拉图式）这种理论认为，在物质世界中，有形事物是意识的呈现，而意识的形态不会改变，它既不是物质，又独立于物质。
寡头政治：权力掌握在少数精英手中的政治。
三段论：一种依靠形式论证的演绎推理法，由两个前提组成，可以通过推测得出结论。

第 五 章
古典风格

约公元前700年—公元前30年

人生苦短。究竟何以为人?
他何以鹤立鸡群?
人不过是梦幻泡影,
但当天赋降临,人方可衣丰食足、焕发容光。
——品达

通常而言，"古典"和"经典"不仅是"出类拔萃"和"经久不衰"的代名词，还代表了一种富有创造力的表现风格。古典风格既追求清晰、简洁、均衡，又提倡比例协调。这些特征体现了适度、理性和高贵的艺术特点，从而在古希腊艺术中居于主导。希波战争（约公元前499年—公元前449年）之后，古典风格的发展达到了顶峰。在视觉艺术以及文学、哲学和音乐等方面，古希腊"经典"为人们提供了一种美和卓越的标准，并在随后的几个世纪薪火相传、生生不息。

公元前4世纪，亚历山大大帝将希腊语言和文化带入北非和中亚，从而让文明世界的大片区域"希腊化"。此后，罗马人不仅继承了希腊文化，还为西方世界留下了这笔文化遗产。[1]大多数希腊先哲的自立式雕像只有罗马时期的复制品留存至今，并且这只是古希腊雕像的冰山一角。

经过时间的洗礼和人为的破坏，大量艺术品遭遇了灭顶之灾。很多大理石雕像被打碎，用于制作砂浆；青铜铸造的物品被熔化，用于铸造钱币与大炮。尽管这些损失已经覆水难收，但源自希腊的古典美学观念对西方文化产生了深远影响。其中，众多新古典主义复兴运动的兴起，成为最引人瞩目的标志性事件。这场运动始于意大利文艺复兴，并蓬勃发展了几个世纪之久。

---

1. 古罗马对古典风格的贡献将在第六章中讨论。

古典风格

希腊人对和谐比例的追求，不仅推动了希腊哲学的兴起，也促进了古典风格的演变。在第四章中，我们看到自然主义哲学家们致力于从人的迷惘之中寻找出基本秩序。

例如，毕达哥拉斯试图证明，人们可以通过观察自然界中的比例（数字和几何）理解宇宙秩序。他拿出一根紧绷的细线，当拨弄它时，听起来是一个特定的音高。然后，用手捏住这根弦的中间点，并拨弄这根弦的左右两段，这时产生的声音与前者完全一致（并且高出一个八度音阶）。毕达哥拉斯认为，不同乐音之间的关系遵循自然对称的原则，并可以用数字和几何表达。如果比例在音乐中居于主导，那么整个宇宙不也受到类似法则的约束吗？而且，如果大自然本身遵循和谐与比例的规律，那么艺术家是否应该试着效仿呢？

这些想法在希腊艺术家和建筑师的脑海中逐渐成形。他们开始对规范或规则进行系统研究，以确定物体比例。为了建立自己的规范，艺术家们开始着眼于制定模件或衡量标准，从而可以在艺术作品中主导部分与整体之间的关系。这类模件并不绝对，而是根据主题而变化。例如，在人体中，从下巴到前额顶部的距离（占人体身高的十分之一）就可以成为计算、测量身高的模件。

相较于古埃及，希腊艺术家制定的规范更加灵活多变。它既不采用网格把人体规划成图，也没有将身体各部位的位置固定下来。尽管如此，希腊人的规范仍然积极使用对称的比例原则，即两端在大小、形状或位置上的相互对应，这在人体中十分明显。

在希腊黄金时代，经过三个世纪的尝试，艺术家们将这些规范付诸实践。虽然希腊很少有文字证据流传于世，但罗马人将这些关于规范的信息保存了下来，使得我们对此能够进一步了解。在这些资料来源中，最好的材料当数由罗马建筑师和工程师维特鲁威（约前1世纪）所撰写的《建筑十书》。在书中，维特鲁威不仅记录了许多古希腊人曾经遵循的美学原则，也记录了他们当时使用的建筑技术。

在制定古典建筑规范方面，他认为在建筑工程中，各部分之间的关系必须模仿人体的比例。换言之，在整座建筑中，比例就是各部分之间的对应关系。维特鲁威认为，没有比例，就没有设计；没有设计，艺术就无从谈起。

作为希腊黄金时代著名的雕塑家，波里克利托

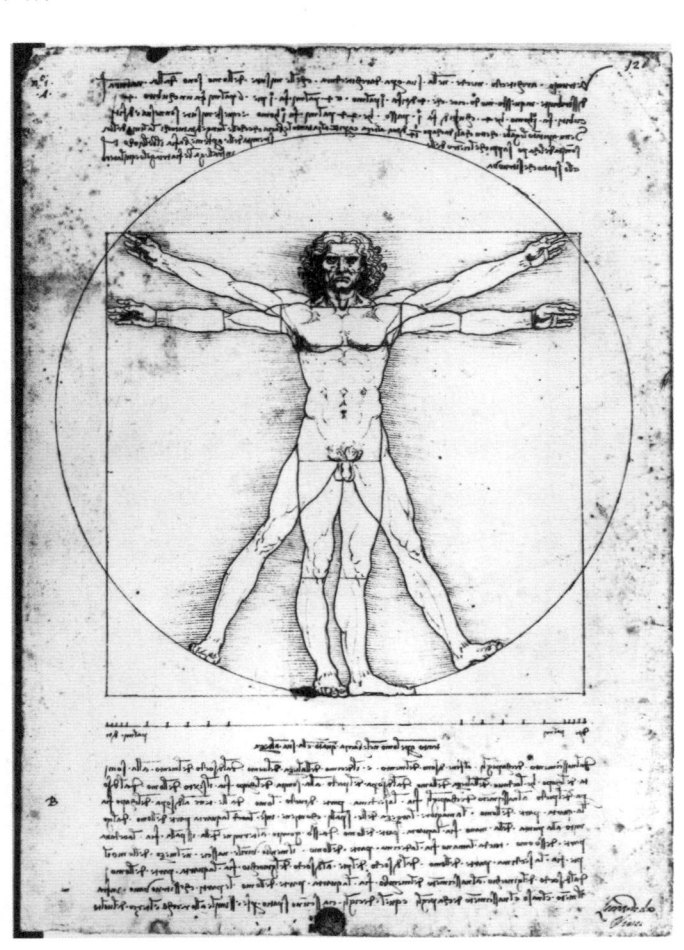

图 5.1 列奥纳多·达·芬奇，以维特鲁威之法研究人体比例，约公元1487年

第五章 古典风格 155

斯也撰写了一本关于比例的手册（现已失传）。虽然这本手册由他本人所写，但人们认为他参考了维特鲁威笔下的建筑规范。文艺复兴时期，艺术家、科学家列奥纳多·达·芬奇通过不懈努力，让维特鲁威的建筑思想成为一个标志，即在井然有序的宇宙中，比例匀称的人类居于中心地位（图5.1）。

> **阅读材料 5.1**
> 摘自维特鲁威《均衡原理》
> （约公元前46年—公元前30年）
>
> **论神庙与人体的均衡**
>
> 1.神庙的布置由均衡来决定。建筑师必须最精心地体会这一方法。它是由比例得来……无论何种建筑，比例是整体中各部分之间的对应关系。实际上，没有均衡或比例，就不可能有任何神庙的布置。即与姿态漂亮的人体相似，要有正确分配的肢体。
>
> 2.实际上，自然按照以下所述创造了人体。即头部颜面由颚到额之上生长头发之处是十分之一；张开的手从手腕到中指端部也是同量；头部由颚到最顶部是八分之一；由包括颈根在内的胸腔最上部到生长头发之处是六分之一；由胸部中央到头顶是四分之一。颜面本身高度的三分之一是由颚的下端到鼻的下端；鼻由鼻孔下端到两眉之间的界线也是同量；颚部由这一界线到生长头发之处同样成为三分之一。脚是身长的六分之一，臂是四分之一，胸部的宽度同样是四分之一。此外，其他肢体也有各自的计量比例，古代的画家和雕塑家都利用了这些而博得伟大的无限的赞赏。
>
> 3.同样，神庙的细部也必须使其各个部分有最适合总体量的计量上的配称。在人体中，自然的中心点是肚脐。因为如果人把手脚张开，呈仰卧姿势，把圆规尖端放在他的肚脐上作圆时，两边的手指、脚趾就会和圆周相接触。不仅可以在人体中这样画出圆形，而且可以在人体中画出方形。即如果由脚底量到头顶，并把这一计量移到张开的两手，那么就会高宽相等，恰似地面依靠直尺确定成方形一样。
>
> 4.因此，既然自然设计了人体，使肢体按照比例与其综合的全部外形相对应，那么古人们似乎就有根据来规定：在完成建筑时各个细部对于全部外貌应当在计量方面保持正确。因此，在一切建筑中都传留下来这种法式，特别在神庙中其褒贬常常要持久存在。

问：根据维特鲁威所言，人体比例应该在建筑设计中居于主导吗？

人文主义、现实主义和理想主义

虽然希腊古典风格的指导原则是比例和秩序，但从最早开始，另外一些特征就已传达出了希腊古典主义的理念。其中，人文主义最为明显。人们之所以认为希腊艺术具有人文主义特征，是因为它既观察人类体质基本规律，又始终着眼于刻画人类行为。根本而言，希腊艺术十分具有现实色彩，并忠于自然。但是希腊艺术同样经历了一个理想化的过程，即从自然中获取灵感，并致力于实现超越自然的完美。所以人文主义、现实主义和理想主义是希腊艺术的标志。

由于所有希腊壁画几乎均已消失，花瓶上的装饰画就成为我们了解希腊绘画的主要来源。人们将希腊艺术史的前500年称为几何陶时代（约公元前1200年—公元前700年）。这一时期，艺术家们在陶瓷器皿上描绘了棱角分明的人物形象和复杂的几何图案，以增强器物形状的立体感。在双耳喷口杯的上层，描绘了埋葬阵亡士兵葬礼的场景，而下面一层主要记录了葬礼队伍次第行进，马车在旁随行的场景（图5.2）。

随后，希腊艺术进入古风时代（约公元前700年—公元前480年）。一些来自神话、文学和日常生活的场景开始在花瓶的中心处出现（图5.3）。水罐、酒壶、水杯和碗等上面的图案记录了希腊人在日常活动中的乐趣，包括劳作、跳舞、宴会、战斗和游戏。在这些艺术作品中，人物动作的背后几乎没有设置任何背景。并且，黑绘风格的人物肖像也十分简洁，与装饰在器皿外沿、把手和底部的抽象

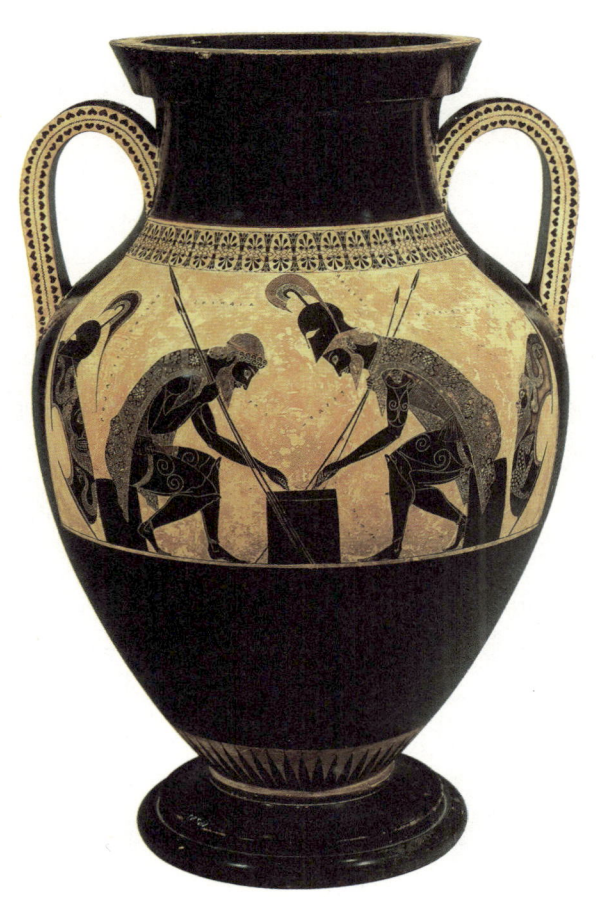

图 5.3 阿喀琉斯与埃阿斯玩骰子，古希腊黑绘双耳瓶，埃克塞基亚斯，约公元前530年

图案十分类似。此外，几何风格非常讲究清晰和秩序。在后来的黑绘花瓶作品中，这些艺术原则仍然主导着装饰效果的呈现。其中，无论是人物肖像还是背景，不同区域之间或明或暗，从而传递出清晰的设计感，让人惊叹不已。

到了古典时代（公元前480年—公元前323年），艺术家们不再使用黑绘风格，而是改用黏土颜色描绘人体部分，背景却漆成黑色。他们不断完善人物在画面中的位置，并增加了一些器皿的形制。然而，随着红绘风格的新兴，艺术家们开始在黄褐色表面描出细节轮廓，从而使人物形态更加逼真。此时，人物虽然仍并排而列，但姿势却十分自然。

图 5.2 带有几何图形装饰的双耳喷口陶杯陪葬品，约公元前750年。希腊人用像这样的大瓶作为墓碑。从上面的瓶画可以看出，死者躺在棺材上，周围是他的家人和一群哀悼者。步兵列队行进，拿着等身高的盾牌和长矛

在装饰方面，现实主义超越了以往的几何风格，并主张忠实于自然。与此同时，在审美方面，古典时代的艺术家开始向理想主义迈进。其中，苏格拉底以描述理想化的过程而闻名于世。例如，他曾向希腊画家巴赫西斯建议，在林林总总的模型中筛选出最美丽的细节，并将其有机结合，从而超越充满缺陷的表象世界。

为了达到理想形态，艺术家必须简化主题，剔除附加细节，并迫使自己接受比例规范。同样，在人的感官体验中，现实事物都是不完美且短暂的，艺术品却可以超越现实。与柏拉图理想中的形态一样，艺术家善于模仿现实事物，并可以做到惟妙惟肖。但这些作品最终旨在提升人的感官品质，或使其趋于完善。希腊人与古埃及人一样，都认为构思在艺术创作过程中发挥了重要作用。然而，希腊人却有一点不同，他们认为，人创造出的物体不再是一个神圣符号，而是物质世界理性的复制品。并且，这些物品并非永恒静止，而是变化万千的。

古典风格的演变

希腊雕塑：古风时代
（约公元前700年—公元前480年）

在希腊化风格的雕塑中，希腊艺术家们对人体自然美的崇尚之情溢于言表。并且，他们认为将男性裸体形象作为创作主题具有重要意义。在美索不达米亚和古埃及，人们为了还愿而制作雕像，希腊站立式雕塑与其具有相同目的：向众神表达永恒的敬意。

艺术家们为了纪念体育比赛的胜利者，创作出了供人崇拜的雕像、墓碑和纪念石碑。而运动员们，无论训练还是比赛，都裸体参加，这样的情景非常适合视觉艺术创作。在希腊艺术中，希腊人将人体视为自然的完美创造，而裸体的主导地位最终也反映了这一点。（在一些希腊雕塑中，覆盖生殖

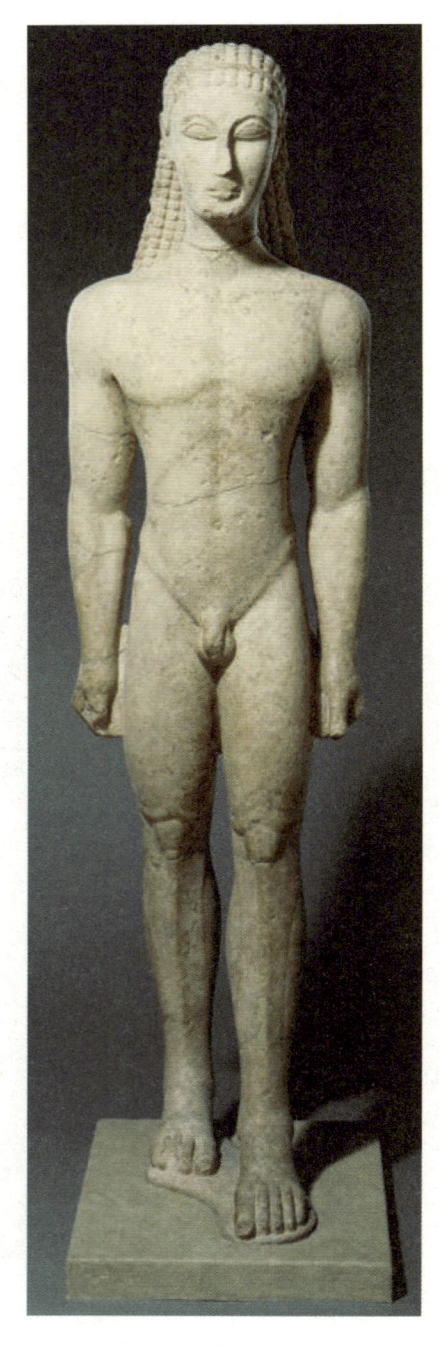

图 5.4 "库罗斯"雕像 纽约大都会博物馆馆藏，古希腊雕刻大师迪普隆，希腊阿提卡，约公元前600年

器的无花果叶是基督教时代的附加物。）

无论雕塑还是绘画，希腊人既追求现实主义，也力求将形态理想化，从而让两者得到平衡。在希腊历史中，对这种平衡的追求早已有之，而实现现实与理想之间的微妙平衡却是一个缓慢的过程。在希腊雕塑的古风时代，由于早期的雕塑作品用树干作为材料，库罗斯（意为"男性青年"）的站立式雕塑继承了这一特点，人物形象如树干一般傲然挺立。

"库罗斯"雕像（图5.4）在希腊阿提卡诞生。50多年后，艺术家创作出了《肩扛牛犊的人》（图5.5）。在这尊雕像中，人物更加逼真，尤其是腹部肌肉。牛犊的线条也自然细腻、栩栩如生。虽然牧羊人的双眼现已空洞无物，但眼眶内曾经镶嵌了一些不太贵重的宝石（珍珠母、灰色玛瑙和青金石），而这些宝石使得人物的笑脸看起来惟妙惟肖、令人惊叹。

此外，明亮的色彩（如今几乎消失）不仅让人物变得更加鲜活，也使得嘴唇、头发和身体其他部分活灵活现。25年之后，一尊健壮的战士雕像，名为《克罗伊斯》（图5.6，此物用于纪念，发现于他的坟墓中）诞生于希腊。这尊雕像表现出了艺术家们对膝盖和小腿肌肉细节的密切关注。如同古风时代的前作一样，这名战士大步向前迈进，但他的前臂向身体内侧微曲。并且他的胸部、手臂和腿部都极富力量感，脸上还挂着"古老的幸福微笑"，这与美索不达米亚让人生畏的还愿雕像截然不同，反映出早期希腊人的乐观精神。

希腊雕塑：古典时代
（公元前480年—公元前323年）

到公元前5世纪初，希腊化艺术发生了重大转变。随着《克里提奥斯的少年》雕像（图5.7）的出现，我们可以看出希腊雕塑家不仅掌握了人体的自然形态，而且将这一技巧发扬光大，从而使其成为古典风格的一大特征。这一时期，雕塑家不再凭借感觉描摹躯干，转而通过脊柱轴线对人物进行定位。此外，雕刻家也不再将力量均匀分配至人的双腿，而是将重心转移到左腿一侧。这样的雕刻手法营造出一种基于平衡的对立感，从而让人物立刻变得自然而优雅。（文艺复兴时期，意大利艺术家们将这种对置布局称为对立式平衡。）

图5.5 肩扛牛犊的人 约公元前575年—公元前550年

第五章 古典风格 159

触类旁通

希腊文化在很大程度上归功于古埃及人，尤其在呈现真人大小的男性裸体方面更为明显。在希腊艺术的古风时代，艺术家们先在正面描绘出"库罗斯"昂首挺胸的形象（图5.6），并依据中心轴线让人物两边左右对称，再以几何精度描绘出躯干的生理细节。正如古埃及人物雕像一样，"库罗斯"的左腿突出于前，而他的手臂则在两侧。这种姿势为人物增添了尊严和权威感，但也反映了材料较低的可塑性。作为古希腊阿提卡最早的雕刻作品之一，这尊真人大小的"库罗斯"雕像表明了墓主是一位年轻的雅典贵族。

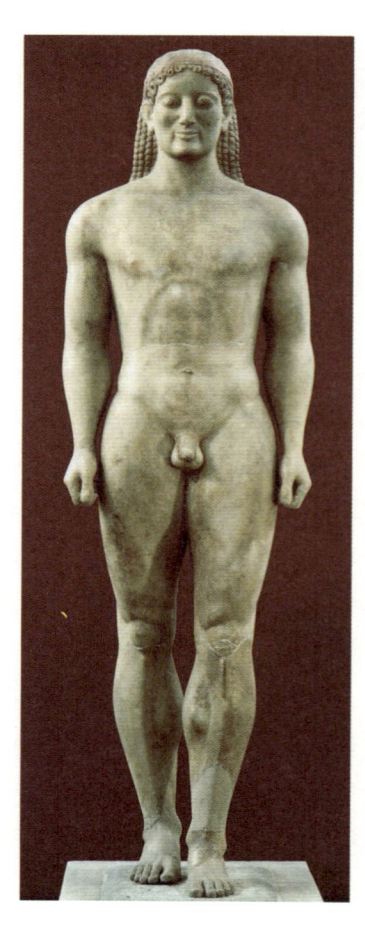

图 5.6 克罗伊斯 约公元前525年。克罗伊斯是一位年轻的战士，公元前530年在战斗中英勇牺牲。在雕像底座，刻着这样一段题词："在克罗伊斯墓前，请驻足停留，哀悼他的离世。他奋勇杀敌，一马当先。一天，战神阿瑞斯在狂怒中取了他性命。"

图 5.7 克里提奥斯的少年 约公元前480年

在《克里提奥斯的少年》这尊雕像中，肌肉不再如几何图形一样死板，而是巧妙突出其纹理。人物表情也不再面带微笑，而是庄严肃穆。约公元前480年至公元前400年，高雅的古典风格得到蓬勃发展。泰然自若的人物姿态、解剖学的使用和对人体比例的自然呈现成为这一风格的特征。在公元前5世纪中叶，波里克利托斯创作出《荷矛者》雕像。自此，古典风格开始逐渐成熟完善。人们广泛认为，这尊雕像如教科书一般，完美展现了理想的人体比例。但如今，我们只能通过罗马复制品目睹原作的风采。

古典时期典范：男女人物雕像

《宙斯（或波塞冬）》是一位佚名雕塑家的作品（图5.8）。在这尊青铜雕像中，我们可以看出神与人的雕像几乎没有区别。这座裸体人像，体格健壮，威严肃穆，展现了希腊神明的飒爽雄姿。同样，这尊雕像也可能代表了奥林匹克运动会上的胜利者。雕塑家故意用夸张的手法突出手臂的长度，让人物姿态富有动感。当人物每一块肌肉开始紧绷之时，雕塑家就要赶在动作达标之前，将这一关键时刻定格在作品中。此举不仅让人物身材趋于理想，也让几何形状的肌肉纹理更加清晰可见。因此，在雕塑中可以看到，人物的腹部肌肉呈梯形对称，全身的须发也呈现出独特的平行波浪线图案。

希腊和罗马的雕塑家经常用大理石复刻出受人欢迎的青铜铸造雕像。《掷铁饼者》就是一个例子。约公元前450年，雕塑家米隆创作出这尊雕像，它最初为青铜铸造，但如今只有各式各样的罗马大理石复制品留存于世。如同图5.8中的雄伟青铜塑像一样，这些复制品能够捕捉到动作发生前的瞬间，这一刹那正是意识引导行为的理想时刻。在古典时

图 5.8 宙斯（或波塞冬） 约公元前460年。在青铜铸造方面，希腊人并没有发明出失蜡法。但是他们却将这一技术首先用于大型艺术品的制造中，这尊雕像就是一个例证。这种工艺虽然复杂，但艺术家可以借此表现出更加栩栩如生的人物动作

代的鼎盛时期，男性裸体印证了亚里士多德卓越的理念，即理性将主宰人类的行为。

相比于男性雕像而言，女性人物形象的演变过程截然不同。早期，女性雕像衣着整齐。直到公元前4世纪，她们才以赤身裸体的形象出现。在古风时代，女性雕像呈圆柱形，多为装饰品。与男性雕像一样，女性人物的脸上也挂着微笑。到了古典时代晚期（公元前400年—公元前323年），希腊雕塑家才开始为这些女性裸体人物增加一些感性的色彩。这些裸体雕塑为希腊、罗马时期以及（几个世纪后）文艺复兴时期的艺术家们提供了不竭的灵感。

其中，希腊雕塑家伯拉克西特列斯的作品《克尼多斯的阿芙洛狄忒》（图5.9）属首例。这尊雕

第五章 古典风格 161

像为理想的女性裸体提供了模板：身材高挑、体型匀称、丰乳肥臀。因此，罗马人视其为世界上最好的雕像。在伯拉克西特列斯的手中，爱情女神的双肩和臀部显得错落有致，身体曲线也如丝绸一样顺滑。姣好的面容下，一对剪水双眸，让人如痴如醉、恍若梦境。伯拉克西特列斯采用精致的白色大理石作为材料，并致力于让人物形象光辉夺目。这样的雕刻技术不仅享誉世界，也让这尊雕像卓尔不群。

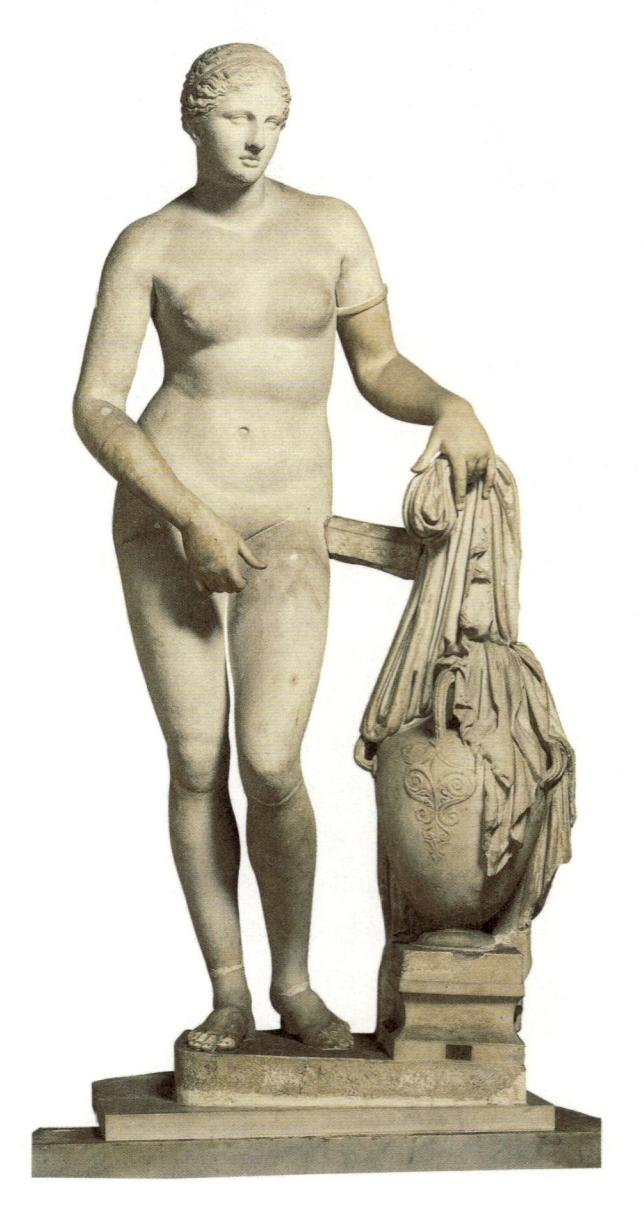

从古风时代起，到古典时代末期，我们浅析了希腊雕像的发展历史。在古典风格的典范方面，我们通过观察也有了一些重要发现：这一时期，现实主义元素不断增加，身材细节的表现不再受到拘束。人体瑕疵（皱纹、疣等）也被清除，从而让人物更加光芒四射、完美无瑕。理想的人物形象既不会太老，也不会太年轻，既不瘦也不胖。无论男女，人物形象永远是年轻、健康、安详、富有尊严，并且返璞归真、无拘无束的。雕刻家们在站立式的人物雕像创作中融入了人文主义、现实主义和理想主义的思想，使其不仅成为希腊艺术的伟大成就之一，也在几个世纪以来定义了西方艺术中美的标准。

希腊建筑：帕提侬神庙

在希腊古典时期，伟大的建筑典范数不胜数，其设计初衷都旨在侍奉生者，这与古埃及大不相同。相比于古埃及金字塔的浩大规模，希腊神庙大多根据人体比例规划建造，这一点印证了维特鲁威的观察。此外，希腊剧院上演的戏剧大多注重现世的生活，而非古埃及关注的来世。在希腊，神庙既是众神的殿堂，又是公共财物和宗教宝藏的储藏室。并且，剧院和寺庙也有聚集民众商议事务的功能。希腊神庙作为公共建筑，象征了人们对众神的崇敬之情，这与美索不达米亚的金字塔的作

图 5.9 克尼多斯的阿芙洛狄忒 原品由古希腊人伯拉克西特列斯创作，时间为约公元前350年，现为罗马复制品。这尊雕像受克尼多斯公民委托建造而成，人物形象为克尼多斯的守护女神，是爱与美的经典标志。在大约60多个临摹作品中，这尊著名的裸体像有很多姿态，有的作品刻画了她手拿长袍的样子，另外一些作品展现了她刚从浴缸或（根据传说）大海的泡沫中出现的样子

调查研究

帕提侬神庙

图5.10 **帕提侬神庙西端** 古希腊建筑师伊克蒂诺斯和卡利克拉提斯，雅典，公元前448年—公元前432年

在古希腊，梁柱式建筑历史悠久，帕提侬神庙是其中的巅峰之作。神庙四面由柱廊走道划分的矩形格局清晰可见，这样的规划反映出典型的古典风格，即崇尚清晰、平衡与和谐的比例（图5.10）。直立式的柱子（每根34英尺高）构成外部柱廊，而在神庙的东西两端，另外两列柱子组成室内门廊。帕提侬神庙的内部空间一分为二：一座大厅（或称内殿）位于中央，里面陈列着一尊40英尺高的雅典娜雕像。另外一个较小的房间用作储藏室。曾经，备受争议的提洛同盟基金正是储存在这里。帕提侬神庙屹立在高台之上，游人到此环绕漫步、四处走动，仿佛置身于不朽的圣地。事实上，学者们认为，帕提侬神庙既是雅典娜神殿，又是纪念胜利的场所。

用如出一辙。然而，有别于金字塔将祭司和民众强制分离，希腊神庙却将宗教和世俗领域结合在一起。

作为雅典黄金时代的杰出建筑成就，帕提侬神庙主要供奉雅典娜女神。她不仅是艺术家和工匠的守护神，也是战争女神，更是智慧的化身。"帕提侬神庙"（Parthenon）这个名字来源于希腊词Parthenos（意为"少女"或"处女"），是民众对雅典娜的爱称。希波战争期间，有一座神庙被付之一炬。在这片残垣断壁中，人们用白色大理石修建了帕提侬神庙，并将巨大的雅典娜雕像放入殿内（现已不存）。这座神庙高耸于雅典之上，可以俯瞰卫城全貌（图5.12）。

这座雅典最著名的神庙由伯里克利负责监督修

第五章 古典风格 163

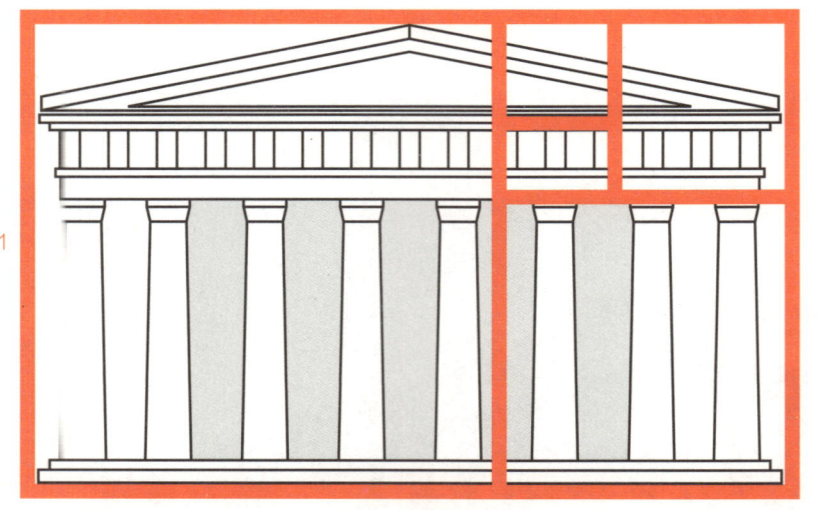

图 5.11 帕提侬神庙正面线条画，附有黄金比例说明。当两个数量之间的比例与它们的和与最大数的比例相同时，两者为黄金比例。公元前4世纪晚期，欧几里得确立了黄金分割的基本原理。之后，这一原理被载入维特鲁威《均衡原理》（见阅读材料5.1）

建，并由建筑师伊克蒂诺斯和卡利克拉提斯亲自设计。雕塑家菲狄亚斯（约前490—约前430）也参与了神庙的装饰工作。从公元前448年到公元前432年，菲狄亚斯十余年如一日，指导并监督了神庙建设。由于秉持古埃及建筑传统，希腊建筑师们并没有使用砂浆。相反，他们使用青铜夹子和销钉来固定这些单独切割的大理石块。

古希腊人创造出了三种建筑设计柱式，分别为：多利克式、爱奥尼克式和科林斯式。其中，帕提侬神庙采用了多利克柱式。每一种柱式不仅规定了建筑结构和装饰的方方面面，也形成了固定的程式。但是，每种柱式的细节特点和各部分的相对比例则各有不同。多利克柱式起源于希腊大陆，其特

图 5.12 古典时期雅典卫城模型

164 人文传承

点是肃穆而简洁。在帕提侬神庙中，艺术家们将这一柱式发扬光大。爱奥尼克柱式起源于小亚细亚和爱琴海群岛，整体风格更加精致且具有观赏性。在细长的立柱上，柱头底部有一对螺旋或窝卷花纹作为装饰。此外，雅典卫城的一些小型神庙也采用了爱奥尼克柱式。

在这些柱式风格中，科林斯式最为华丽，其特点为叶型装饰的柱顶。这一柱式经常出现在胜利纪念碑、圣殿（圆形）、神庙，以及各种希腊化和罗马式建筑中。虽然帕提侬神庙在结构上讲究对称和柱式风格，但这座神庙的比例设计遵循另一套类似的法则。在建造帕提侬神庙之时，菲狄亚斯具体采用了何种比例规范，至今仍然是争论的主题。然而，大多数建筑历史学家认为，整个建筑项目的管理采用了同一种模式。这种模式很可能来自几何和数字，并坚持一个特定比例，即著名的"黄金分割"（见图5.11）。

这套比例系统被称为"黄金分割"或"黄金比例"，用数字表示为1.618∶1或约8∶5，并由希腊字母 φ 表示。该字母来源于帕提侬神庙设计师菲狄亚斯的名字。黄金比例不仅主导了帕提侬神庙的平面布局设计，也将各结构部件之间的关系确定了下来。艺术家们在自然界和解剖学中发现了这一规律，并将之视为他们心中理想的美学规范。

由于整座建筑几乎没有直线，因此对帕提侬神庙这座建筑的分析变得更加复杂。例如，该建筑的多利克式立柱在中心附近隆起。当人们连续观察一组平行线时，光线能让人对线条产生纤细之感，而这种隆起式设计则避免了这种光线效应。此外，所有立柱都向中央略微倾斜。所有角柱的柱身也比其他立柱更加粗壮，这不仅能减轻明亮光线对人眼造成的衰减效应，也能确保这些立柱能够承受顶部结构的重量。

在这些立柱所在的平台上，最高一层的台阶并不完全齐平，而是将中间部分抬高了4.25英寸，从而能使雨水从凸面上顺流而下。通常当人们顺着平台延伸的方向观察时会产生凹陷的视觉印象，而这一设计甚至能够校正这种错觉。所以帕提侬神庙的建筑师们始终严格遵循几何规律，并纠正人们视线的错觉。并且为了避免让这套比例系统趋于固定，他们还会提前考虑这一问题：如何让建筑实现审美和功能之间的协调。由于公元17世纪一次火药的意外爆炸，帕提侬神庙如今只剩下残垣断壁。几个世纪以来，无论是人为破坏、空气污染，还是当地人流不断，这座神庙都依然傲立在雅典的高台之上。

帕提侬神庙中的雕塑

公元前448年至公元前432年间，菲狄亚斯和他的团队成员开始负责帕提侬神庙的雕塑工作，其范围主要包括三个地方：三角形屋顶的山墙、屋顶之下的梁间壁或横梁两端之间的方形墙，以及内殿外壁的四周区域（图5.13）。在帕提侬神庙，雕塑与其他装饰一样，均涂有明亮的彩绘，这让这座梁柱式建筑的棱角显得不再突兀。在主题方面，神庙里的雕塑都是雅典的守护神，表达了希腊人对众神的崇敬之情。东面的山形墙描绘了雅典娜的诞生，以及在场的男女诸神。

西侧的山形墙描绘的是波塞冬和雅典娜在争夺雅典统治权的情景。在横梁饰带上，有92处梁间壁，上面描绘了希腊人（文明的承载者）与巨人、亚马孙人和半人马族（野蛮的力量）之间的传奇战斗。如图5.14中所示，一群醉酒的半人马（一种半人半马的神奇生物）试图绑架拉庇泰部族的女人。之后，一个拉庇泰人（一个古希腊部落）击败了一匹半人马。每一处梁间壁上都刻有高凸浮雕，画面精美绝伦，人物刻画也入木三分，画中有两方势力在互相争斗，一方是人类，另一方则是透斯的女儿献出贞洁的故事。）数百个人物雕刻在饰带上，包括一队骑兵、搬运水的人、音乐家和选民，他们列队行进，秩序井然，十分平静地走向男女众神的方向。

雕像上的人物动作优雅、富有韵律，如音乐一般欢欣律动。曾经，这些雕像配有鲜艳的彩绘与金属细节的装饰。这些优雅的人物因此变得栩栩如生，让人印象深刻。为了增强这种效果，并满足观众从下面观看的需求，菲狄亚斯先对浮雕进行分层，再将顶层大理石深度切割，而底部则稍加处理。如今，这些文物坐落在伦敦的大英博物馆里，大部分悬挂在目力所及之处。因此，帕提侬神庙横梁上的饰带不仅少了一些微妙的变化，也失去了一些遐思。然而，这一希腊黄金时代的杰作体现了人文主义、现实主义和理想主义等思想的和谐，并成为古典风格的标志。

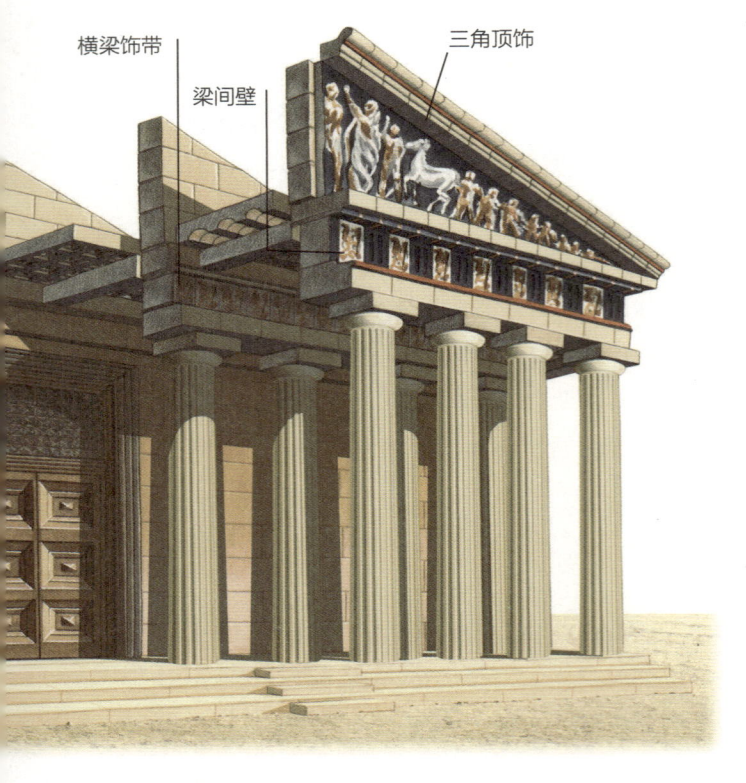

图 5.13 帕提侬神庙雕塑建筑细节。横梁饰带，沿墙顶周围出现的装饰带；梁间壁，横梁饰带上的分割空间；三角顶饰，三角墙上的装饰

野兽。在这座纪念智慧女神的神庙中，这些雕塑不仅十分应景，而且也宣扬了希腊人的思想：智慧胜过野蛮，更胜过不受控制的激情。

菲狄亚斯为了完成帕提侬神庙的建筑装饰项目，在内殿外墙周围修建了这条连续的横梁饰带，并与屋顶线相互交叉。大多数学者认为，这条524英尺长的雕塑饰带描绘的是纪念女神雅典娜的庆祝活动，每四年举行一次。（然而，这一点却诸说纷纭。最近，一种解释认为，这条饰带上描绘的是一则神话，讲述了雅典传奇国王厄瑞克

图 5.14 拉庇泰人战胜半人马，雅典帕提侬神庙南侧柱间壁第27块，公元前447年—公元前438年

166　人文传统

问题探讨

文物之争

在帕提侬神庙的雕塑中，只有半数原品留存至今。这些遗留下来的文物，一半放在伦敦的大英博物馆展览，而其余的雕塑作品多在雅典卫城博物馆展出。公元1687年，当奥斯曼土耳其人统治希腊时，来自敌方的一枚火焰弹引燃了奥斯曼人存放在帕提侬神庙的火药，摧毁了该建筑内的大部分陈列物。19世纪早期，英国驻奥斯曼帝国大使，第七代额尔金伯爵托马斯·布鲁斯将这些雕塑从瓦砾和废墟中救出，并装船运往英国。

几年后，大英博物馆理事会用英国议会的拨款买下了这批大理石雕像。希腊自1832年实现独立并成立希腊王国以来，一直要求英国归还这些雕像。然而，英国却声称对此拥有合法的财产所有权。至今，这一问题仍然存在争议。目前，类似的争论主要聚焦于"文化遗产"问题上。文物（以及其他艺术品）究竟应该属于原产地国家，还是买下它们的私人收藏家或博物馆等公共机构？

事实上，许多古今艺术作品都是通过盗掘古墓，或是战争期间强行掠夺而来的。因此，这个问题变得更加复杂。一些博物馆馆长和艺术品经销商，因为参与买卖非法挖掘或盗窃的古代陪葬品而面临司法的制裁。20世纪70年代初，纽约大都会艺术博物馆买下了一只华美的欧夫罗尼奥斯陶瓶，但到了2008年，博物馆被迫将此物归还原主。

虽然大都会艺术博物馆坚持认为，这件文物的来历十分清白，但事实并非如此。在罗马北部的伊特鲁里亚遗址，意大利警方首先对一座名为切尔韦泰里的墓穴展开调查，再根据收集而来的证据，断定此物原为墓中的陪葬品，现已被盗。所以，如何解决类似的案件不仅将对全球艺术品市场产生重大影响，也将决定这些夺目的瑰宝能否在世界上最大的展览中公开亮相。

古希腊黄金制品

几个世纪前，著名的雅典娜雕像在帕提侬神庙内殿意外被毁。然而，在希腊艺术中，还有很多作品描绘雅典娜女神的形象。其中，一个纯金打造的吊坠圆盘最为精美（图5.15）。盘上描绘着雅典娜女神佩戴头盔的形象，盔饰图案包括狮身人面像、鹿、狮、鹫头，同时配有三种精致的羽饰。群蛇在雅典娜的肩上蜿蜒盘踞，十分突出；一只猫头鹰（智慧的象征）也在她的头上驻足，这不禁让人想起古巴比伦米诺斯女祭司的威严形象。圆盘下面挂有环状链条、金丝玫瑰花结和珐琅花蕾等装饰，让人目不暇接。

希腊人的金器制作技术享誉世界，许多都是从波斯和北亚的游牧民族斯基泰人手中传习而来的。在希腊北部，成片的金矿为工匠提供了制造材料。人们非常喜欢带有微雕的吊坠、耳环和头饰，其中一些（如描绘雅典娜的吊坠）重新刻画了很多广为人知的神灵形象。与今天一样，黄金首饰不仅是财富的象征，也承载了人的情感和宗教价值。在希腊，特别是小亚细亚的城市，男女都用时尚的耳环和手镯装饰自己。

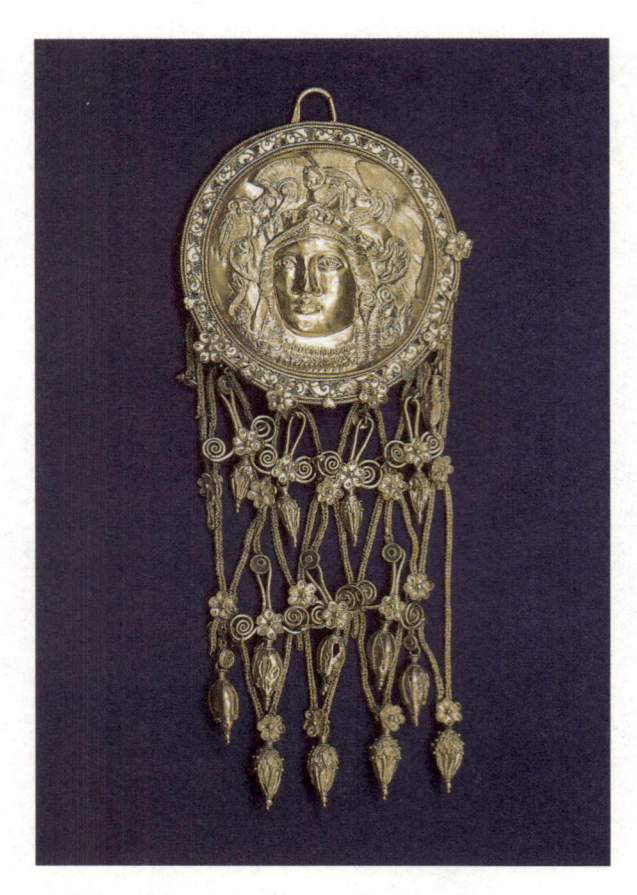

图 5.15 黄金吊坠圆盘 雅典娜头像，库尔奥巴，约公元前400年—公元前350年

诗歌的古典风格

古希腊如同古代世界的其他文明一样，不同艺术表现形式之间的区别既不清晰也不明确。通常而言，无论是宗教仪式，还是公共和私人娱乐，各种艺术形式的结合居于主流。例如，在《安提戈涅》中，合唱哑剧和舞蹈补充了戏剧中的诗歌（见阅读材料4.3）。音乐和诗歌之间的亲密关系揭示了这样一个事实，即我们用来描述抒情形式的许多词语，如"颂歌"和"赞美诗"，同样是音乐术语。"抒情"这个词，可以表示"用七弦竖琴伴奏"，说明诗句本来应该被唱出，而非静静品读。和古埃及一样，这种体裁的诗歌也表达了人们深刻的情感。

希腊文化诞生了一批抒情诗人，令人印象深刻。其中，最伟大的当数萨福（约前610—约前580）。她出生在希腊勒斯波斯岛上的一个贵族家庭。虽然萨福个人的生活细节我们无从知晓，但她似乎结了婚，并育有一女。在勒斯波斯家乡，她教导女孩子们写作抒情诗，并留下了九部诗集。其中，只有一小部分留存至今。她十分崇拜阿芙洛狄忒，这就注定其诗歌风格具有高度的自我意识，并充满了激情和温柔。虽然只有只言片语留存于世，但萨福的作品展示了她不凡的魅力。在古希腊，同时代的人也将她誉为"女荷马"。

古今诗人都对萨福推崇备至。她的诗歌不仅语言简洁凝练，还创造性地将感觉和声音组合在一起。在译本中，这些特点都极难传达，然而从下面这首诗中，可以明显看出她语言特点中的凝练：

> 它们尽管
> 仅存一息，
> 但我之所言
> 永存于世。

此诗仅有四行诗句，萨福却抓住了自信乐观的精神。这彰显了她的诗歌风格以及年龄特征。虽然这些文字"仅存一息"，但诗人仍然宣称，文字是她实现不朽的不二法门。

下面的阅读材料，是萨福的四首诗。萨福在诗中表达了她对一位女性的喜爱。在希腊社会，特定圈子中女性之间的浪漫关系十分常见。而男性之间的禁忌之恋，通常是年长男性和青年之间的不伦关系，也时有发生。在希腊文学和艺术中，虽然有很多作品涉及双性恋和同性恋关系，但萨福诗歌中传递的浓烈激情，令那些情色艺术作品难以相比。在下面的阅读材料中，最后一首诗是萨福对死亡的简短沉思。它既反映了诗人对生活的强烈热爱，又展现了整个希腊世界对死亡抱有的悲观态度。

阅读材料 5.2
摘自萨福诗歌
（约公元前590年）

他不只是个英雄，
还是我眼中的神灵——
你容许那个男人
坐在你身旁——他
亲密地聆听
你甜蜜呢喃的
声音，那诱人的
欢笑让我的心
加速跳动。倘若我
突然遇见你，我无法
言语——舌头已断。
一束纤细火焰奔涌
在我肌肤下；一无所见，
只听到我自己双耳
嗡嗡作响，汗珠滴落，
全身不住地战栗，
脸色竟比枯草
更苍白，那时候
死神离我不远。

——◆——

爱情的毒液
不可抗拒，
苦涩又甜蜜，
让四肢酥软，
好似爬虫
将我击倒。

——◆——

我拿起我的七弦琴，说道：

来吧，这来自天国的
龟甲，变成
一个会说话的乐器吧！

——◆——

我们太明白
死亡是个灾祸，
我们有众神之话
作证；他们也
愿去死，若死亡
是一件好事。

问：这四首诗探讨了什么主题？
问：这些诗歌如何做到"简洁凝练"？

虽然抒情诗传达了深沉的个人情感，但某些类型的叙事诗，即颂歌，却成为公开的颂词或赞美之歌。纪念希腊运动员的颂歌与对众神的赞美之歌十分相似，例如古埃及的《阿顿颂诗》（见第二章）和希伯来诗篇（见第一章）。但是在希腊世俗世界中，著名希腊诗人品达（约前518—前438）的颂歌所传递的情感却能深入人心。

希腊人在奥林匹亚、特尔斐、奈迈阿等地区的圣殿举办体育比赛，这些颂歌称赞参赛运动员所取得的成就。品达颂歌延续了《伊利亚特》的英雄理想主义，并主张个人的胜利绝非偶然，而是凭借能力争取得来的。如此，胜利者方可流芳百世。在他的第六首《奈迈阿颂歌》中，开头的数行诗句旨在纪念希腊埃癸娜岛的阿尔克弥达斯（摔跤比赛少年组的获胜者），并试图说明神与人有着共同的起源。最接近神的人类，就可以实现永生。然而，诗中所提到的"头脑聪慧绝伦"或"体魄不输众神"却很少有人做到。因此，颂歌将体育英雄比作神的化身，弥补了两者之间的差距。

在第八首《皮提亚颂歌》中（描写另一位胜

第五章 古典风格 169

利的摔跤手），品达将对立事物置于更加适度的平衡中。他既歌颂青年的荣耀，又提到他们生老病死的苦楚。众神不老不死，人类的生命却十分短暂。虽然如此，但运动员们的"飒爽英姿"却是希腊人"衣丰食足"的见证。

阅读材料 5.3
摘自品达颂歌
（约公元前465年—公元前445年）

选自《奈迈阿颂歌》第六首

这场比赛始终如一，
人与众神也本为一体。
我们与神亲若兄弟，
但力量却差之千里。
人、神就此割袍断义，
只因一方宛若蝼蚁。
然而，上天虽无耻背弃，
我们仍可永居此地。
我们的头脑聪慧绝伦，
我们的体魄不输众神，
虽然我们不知道去向何方。
无论在白天还是夜里，
命运会书写我们脚下的足迹。

选自《皮提亚颂歌》第八首

在皮提亚竞技会上，
你力压群雄，大杀四方，
四名摔跤手皆大败而归。
他们咽下失败的苦果，
独自承受心中的绝望，
当回到母亲的身旁，
耳边再也无喝彩的欢呼，
只剩下冷嘲热讽的炎凉。
他们走在大街小巷，
心中舔舐着败北的神伤。
年少时，天资非凡、引人注目，
精力充沛、英姿飒爽，
就像在天空中展翅翱翔，
人的幸福就如早熟的果子掉落在地上，
逆境的波折也可让人傲雪凌霜。
人生苦短。究竟何以为人？
他何以鹤立鸡群？
人不过是梦幻泡影，
但当天赋降临，人方可衣丰食足、焕发容光。

问：品达如何回答他自己提出的问题"何以为人"？

问：这一回答与阅读材料1.2、1.4e以及阅读材料4.3的相关内容有何区别？

音乐和舞蹈的古典风格

英文词music（音乐）源于希腊词muse（缪斯）。根据希腊神话所述，缪斯是宙斯的九个女儿的通称，主管艺术和科学。毕达哥拉斯凭借观察认为，音乐受到数学比例的支配，因此音乐既是科学又是艺术。在希腊人的生活中，音乐与其他艺术一样发挥着重要作用。声乐和器乐在当时层见叠出，音乐家之间也经常举行比赛。这些活动都是希腊民众日常生活的一部分。尽管如此，如同谈到苏美尔或古埃及音乐一样，我们对希腊音乐几乎一无所知。

古希腊人并未发明出一套符号系统，将乐器或乐曲的声音记录下来。除了一些音乐表演的书面描述和直观解释之外，公元前4世纪，只有少数研究乐理的论文以及原始的音乐歌谱留存下来。在古希腊音乐作品中，只剩下一首古老的歌曲得到完整保留。其歌词发现于公元前1世纪的一块墓碑，上面写道："只要你活着，就要容光焕发，不要悲伤。人生苦短，时间恰是最后的清算。"

从一些瓶画中可以看出，古希腊的主要乐器是里拉琴、基萨拉琴与阿夫洛斯管。里拉琴和基萨拉琴均属于竖琴，只有形状、大小和琴弦数量的差异。阿夫洛斯管是长笛或簧管的一种。与通常用于舞蹈伴奏的打击乐器一样，这些管弦乐器也很可能都是从埃及继承而来的。

希腊人设计了一套调式系统，或称音阶类型。在八度音阶中，这些音阶类型以固定模式的音调和节奏为特征（古希腊多利亚调式的声音类似于弹奏钢琴的八个白色琴键。其中，起始的白键要比中央C调高两个音符。）虽然这套系统在基督教时代被多次修改，但它仍在格列高利圣咏和拜占庭教堂的赞美诗中得以保存（见第九章）。

尽管这些调式本身可能受到了古印度音乐的启发，但是自然音阶（西方人熟悉的一系列音符，包括C、D、E、F、G、A、B、C）却起源于希腊。众所周知，希腊音乐缺乏和声。因此其音乐只是单音旋律，即只具有单一的旋律而没有伴奏。诗歌与音乐之间密不可分，这表明人声在旋律和节奏方面都有重要影响。

从最早的时候开始，人们就认为音乐具有神奇的力量，并具有极大的精神影响力。根据希腊和罗马神话所述，音乐在众神和英雄手中，不仅具有治愈的力量，也能成为消灭敌人的利器。毕达哥拉斯将音乐中的比例与不变的宇宙秩序视为一体。在此之后，许多人都认为音乐能让人与宇宙达到"和谐"的境界。毕达哥拉斯根据观察，发现有一系列球体以不同的速度沿地球周围的同心轨道运动。因此，他把这些球体称为行星。而这些行星据说能产生一种特殊的和声，即所谓"天体音乐"。

此外，希腊人认为音乐具有道德上的影响力。这一观点通常被称为"气质观"，其主张某些调式能让人的意志更加坚定，而其他调式则有可能让意

图 5.16 迈那得斯依靠着酒神之杖 此物源自希腊，现为罗马复制品，约公元前420年—公元前410年。在神话中，狄俄尼索斯的追随者被称为迈那得斯。据说，她们漫游在森林中，歌唱跳舞、欣喜若狂。这位赤脚的迈那得斯手持酒神之杖——这是一种用浆果和常春藤叶子装饰的茴香茎，象征着植被和丰收。舞蹈动作通过她摆动透明的帷幔展现

第五章 古典风格 171

志动摇,从而破坏道德品质的发展。在《理想国》一书中,柏拉图鼓励多利亚调式的使用,认为这种调式可以舒缓心情、激发勇气。但是他对吕底亚调式嗤之以鼻,因其有伤风化。由于音乐在影响人物和情绪方面的潜能,柏拉图和亚里士多德都建议,法律应当规定用于儿童教育的音乐类型,而且此类音乐还应该反映出均衡、和谐和庄严的古典特征。

舞蹈是希腊艺术的瑰宝,不仅具有道德教化的功能,也能让人获得快乐、强身健体。在柏拉图眼中,一个人如果没有受过教育,就如同"不会跳舞"一样。柏拉图和亚里士多德都认为,音乐和舞蹈应该从娃娃抓起。然而,两人也断定,舞蹈应有雅俗之别。他们认为,酒神舞蹈和滑稽舞难登大雅,既不适合雅典公民,也不适合出现在教育课程中。但是这些舞蹈却最为狂野,经常被描绘在花瓶和浮雕上。如图5.16,植被和美酒之神狄俄尼索斯门下有一些狂热的追随者,被称为迈那得斯(酒神的女信徒)。她们与狄俄尼索斯经常聚会,并一起觥筹交错、陶醉狂欢。在希腊化时代,这一场景成为艺术家们最喜欢的创作主题。

古典风格的传播:希腊化时代

(公元前334年—公元前30年)

公元前4世纪,希腊各城邦纷争四起、动荡不安,互相征伐成为时代标志。然而具有讽刺意味的是,希腊各城邦虽未能迎来和平,希腊文化却因此传遍了整个文明世界。马其顿王国国王腓力二世通过离间希腊各城邦之间的关系,赢得了战争的主动权,并最终在公元前338年击败了希腊人。

两年之后,腓力二世被刺客暗杀。这时,他20岁的儿子亚历山大(前356—前323)继承马其顿王位。作为亚里士多德的学生,亚历山大不仅表现出了统治者的雄心壮志,而且在知识领域,也与老师一样富有想象力。此外,亚历山大在军事上同样天资聪颖。在短短12年内,他缔造出了一个庞大帝国,其版图西起希腊,东至如今的印度边界。

在亚历山大大帝的国境内,许多地方都以他的名字命名,尤其是他亲自建造的城市。亚历山大也为这些城市带来了希腊的语言和文化。于是希腊艺术和文学的影响力开始在各大文明开枝散叶,并一路向东到达了遥远的印度,进而影响了佛教艺术和古印度文学(见第九章和第十四章)。

亚历山大的军队由35 000名希腊人和马其顿人组成,他们跟随亚历山大东征西讨,最终缔造了一个伟大帝国。他们装备的武器十分精良,优于古代世界的任何地方。军队使用投石机和破城锤等攻城机械摧毁了无数铁壁坚城,包括小亚细亚、埃及、叙利亚和波斯等地的城池。最后,在印度西北部,面对强大的恒河王师及其5000头战象,亚历山大的军队决定不再继续前行。

此后不久,这位33岁的国王去世(可能因疟疾而死)。他的帝国分裂为三个部分:托勒密王朝开始统治埃及;塞琉古列王领导波斯;马其顿与希腊由安提柯家族统治。

从公元前334年开始,到公元前30年为止,人们将这一段时期称为希腊化(希腊式的)时代。这一时期,大同思想、城市化生活,以及希腊、非洲和亚洲文化之间的相互融合成为典型特征。此外,贸易路线横跨阿拉伯、东非和中亚等地区。这为亚历山大港、安条克、帕加马和罗得岛等城市带来了巨大财富。自此,亚历山大港开始取代雅典成为一个文化中心。在城内,人口数量突破100万,图书馆内的藏书也达50万册之多(公元前47年,尤利乌斯·恺撒围攻该城,馆内藏书被付之一炬)。

该图书馆所在的整个文化建筑群，以缪斯神庙（或"博物馆"）而著称于世。作为该建筑群的一部分，亚历山大图书馆也是一个古老的"智库"。馆内藏书众多，汗牛充栋，吸引了四方学者云集此地。只有帕加马城的一座图书馆（馆藏约20万册书）可以与之媲美。在这里，书吏们用羊皮来制作"帕加马纸"，即羊皮纸。在纤维纸张传至西方之前，用羊皮纸制作的手抄本图书绵延了几个世纪。经过文本校改和对古典手抄本的编辑之后，《荷马史诗》以及其他经典作品的学术版本由此诞生，并在此后的西方读者手中代代相传。

在希腊化时代，地理、天文学和数学的研究都取得了重大进展。公元前4世纪末，欧几里得在亚历山大港教授数学的时候，曾编写了一本教科书《几何原本》，用于几何学习，并流传至今。在书中，他系统整理了平面几何和立体几何的定理。同一时期，希腊萨摩斯岛的天文学家阿里斯塔克提出地球和所有的行星围绕太阳旋转，但后来的学者对此并不接受。直到17世纪，这一理论才得到证实。

公元前3世纪，阿基米德横空出世。他在锡拉库萨计算出了π值（圆周长与直径的比值）。作为一名工程师和数学家，他发明了滑轮组、用于移动重物的绞盘以及许多其他机械装置。据说，他曾豪言："给我一个支点，我就能撬起地球。"此外，一些传奇故事记述了阿基米德在研究科学时达到了忘我的境界。例如，当他意识到了浴缸中流出的水能够解释比重定律时，他竟然跳出浴缸，赤身裸体地穿过锡拉库萨的街道，大喊："尤里卡！"（"我找到它了！"）

希腊化时代的思想学派

希腊化时代的世界与古希腊城邦大不相同。在古希腊城邦中，公民对他们的社区有认同感，因为对他们而言，社区本身就是国家。但在亚历山大的庞大帝国中，各个社区的忠诚并不稳定，特别是在庞大的城市中心，更是毫无人情可言。在希腊化时代，知识分子并没有像柏拉图和亚里士多德一样形成理性的研究方法。相反，他们信奉能够指导日常生活的哲学思想流派，包括怀疑主义、犬儒主义、伊壁鸠鲁主义和斯多葛主义。

如同苏格拉底时代的诡辩学派一样，怀疑主义者也认为，人无法通晓万物，不要凭借知识妄加判断。犬儒学派认为，只有放弃世俗的价值观、习俗和物质财富，才能实现精神上的满足。作为希腊思想家伊壁鸠鲁（前341—前270）的追随者，伊壁鸠鲁学派认为，幸福取决于避免各种形式的物质奢

科技发展一览表

公元前500年	铁在古印度首次得到使用。古印度几何学的研究汇编成书，名为《准绳经》。
公元前400年	在希腊化时代，希腊人发明投石机，用于打击远程目标。
公元前300年	欧几里得完成数学著作《几何原本》，此书系统总结了当时的数学成果，包括数论和几何学研究。
公元前300年	一所医学院在亚历山大港建立。
公元前290年	狄奥弗拉斯图是亚里士多德的学生，写成了详尽的《植物志》。

第五章 古典风格 173

图 5.17 宙斯祭坛（重建） 帕加马，约公元前175年。这座伟大的祭坛曾经在城市上方依山而建，供奉着宙斯和雅典娜。之后，柏林的帕加马博物馆又将其重建

靡，并重视平凡的生活和人的身心和谐。

伊壁鸠鲁认为，众神对人类生活没有任何影响。人的身体和自然万物皆由原子构成，死亡也只不过是这些原子的重新排列。最后，斯多葛学派提出了超然论。他们认为人们可以放下身心，从容面对生活中最糟糕的情况，从而感悟心灵的宁静。这一观点旨在让个人意志与自然意志达成全面和谐，而这种和谐关系并不由人的智慧来主导。

随着斯多葛学派在罗马知识分子中的影响力与日俱增（见第六章），他们又进一步提出了众生平等的概念。显然，我们可以看出，这四种思想学派都将个人的需求和情感置于整个社会的利益之上。因此，这些思想学派实际上已经彻底背离了古希腊对普遍真理的追求。

希腊化时代的艺术

随着希腊化时代的到来，希腊各城邦也开始走上帝国之路。这一变化不仅反映在更大、更雄伟的建筑形式上，也反映在灯塔、剧院和图书馆等公共设施的建设中。公元前4世纪，环形圣殿、巨大的科林斯式神庙，以及描绘胜利的横梁饰带开始流行，并在此后蔚然成风。在帕加马，那里有古代世界最大的雕塑建筑群——宙斯祭坛（图5.17）。

约公元前180年，帕加马王国成功抵抗高卢部落的入侵，为了庆祝这一胜利，人们开始修建这座祭坛。祭坛矗立在一个20英尺高的平台上，并有一座爱奥尼克式柱廊环绕在祭坛周围，巨大的楼梯向上直达神殿。在平台底座周围，有一条300英尺长的浮雕饰带，描绘了神话中奥林匹克众神与泰坦巨人种族之间的战斗，由此暗指帕加马王国对高卢人的胜利（进而也指文明对野蛮的胜利）。这一场景与帕提侬神庙柱间壁上的画面不谋而合。

然而在风格上，比起古典希腊的任何创作，这座祭坛和横梁上的饰带都更具戏剧的特征。建筑本身更像一个舞台，而不是一座神庙，这一点在横梁饰带中尤为突显。从恢宏的人物高凸浮雕中，我们不仅可以看到生命的律动，也能看到在激烈战斗中他们前赴后继的英姿。此外，在高7英尺的雅典娜女神像中（图5.18），大地之母出现在画面右下方，并在底部做出了上扬的姿态，蛇尾男子是她的儿子，雅典娜一把抓住他的头发。由此可见，艺术家对人物形象的刻画已经入木三分，并有了强烈的明

图 5.18 雅典娜大战阿尔库俄纽斯，宙斯祭坛顶部横梁饰带，帕加马，约公元前180年

暗对比。实际上，有些作品似乎已经摆脱了建筑的框架，古典时期的内敛之风已经让位于艺术家们澎湃的激情。

在希腊化时代，艺术家们也为马赛克赋予了戏剧性元素。马赛克是一种艺术手法，通常用彩色石子、小块玻璃或大理石作为材料。由于马赛克能

科技发展一览表

公元前280年	位于亚历山大港北部法罗斯岛上的灯塔是现存最高的塔楼建筑。
公元前260年	阿基米德提出浮力定律，发明了滑轮组，研究了杠杆的力学性能，并为微积分奠定了基础。
公元前230年	昔勒尼城的埃拉托色尼估算出了地球的周长。
公元前220年	亚历山大的希罗菲卢斯发现了人类的神经系统，并认为心脏动脉输送的是血液（不是以往认为的空气）。
公元前150年	尼西亚的喜帕恰斯创立三角学，并使用原始星盘，将850颗恒星汇编成册。
公元前140年	一种机械设备（安蒂基西拉机器）开始出现，用于预测日食，计算历法，并记录古代奥林匹克运动会的周期。

第五章 古典风格 175

图 5.19 伊苏战役中亚历山大大帝遭遇大流士三世 此画是约公元前310年希腊化时代的作品，现为罗马时代复制品。亚历山大在左边出现，英勇无畏，没戴头盔，裸露着脖子，头发被风吹起

让墙壁和地面永久防水，艺术家们经常使用这种材料制作房屋和宫殿中的古代装饰画。例如，图5.19这幅画作描绘的是亚历山大与波斯国王在伊苏城发生的一场战斗，其叙事风格呈现出了战场的兵戈扰攘，狂暴的人物动作也比比皆是。逼真的细节、激进的透视手法（注意前景的马）和细致的阴影效果让场景变得栩栩如生，从而营造出身临其境之感。

在希腊化时代，站立式雕塑开始注重个人情感。这种新变化虽然让肖像画比希腊时代更加逼真，但也让理想化的元素逐渐褪色。从亚历山大国王的大理石肖像中，我们可以看出艺术家们还做出了一些新的努力，他们试图捕捉人物短暂的情绪波动，并将这一瞬间定格在作品中。此外，希腊化艺术继承了伯拉克西特列斯的传统，并以颂扬女性裸体形象之美著称于世。这一特点也成为色欲之爱标志性的象征（见图5.9）。

然而，希腊化时代的艺术家对待男性裸体同样十分感性。其中，最著名的例子是名为《贝尔维德尔的阿波罗》的雕像（图5.20）。公元1503年，人们在罗马重新发现了该作品，并将其复制。自此，这座雕像对西方艺术开始产生深远影响。古典风格鼎盛时期，人物动作内敛从容，而到了希腊化时代，人物姿态更加生动，表现手法也更加阴柔。相较于其他希腊艺术作品，比如《荷矛者》，这一转变在《贝尔维德尔的阿波罗》中体现得淋漓尽致。

在希腊化时代，雕塑家们进一步发展了自然主义风格，并扩大了创作主题的范围，包括年轻人、老年人，甚至是残疾人。他们从古希腊雕塑的悠久传统中提炼出精华，并引入新的雕刻技术将其发扬光大，不仅让明暗光影更加复杂，也让人物动

图 5.20 贝尔维德尔的阿波罗 此物为罗马大理石复制品，原品来自希腊化时代，公元前4世纪末

图 5.21 胜利女神像 约公元前190年

作充满活力、富有动感，人物细节更加丰富。为了庆祝希腊海军战胜叙利亚，人们在罗得岛上修建了传奇女神尼刻（希腊人的胜利女神）的雕像（图5.21）。雕塑艺术家的创作风格也在这一作品中得到体现。当人物迈步前进，张开翅膀之时，可以看出其衣裙紧贴身体，刻画入微，就像巨大的船头在迎风漂荡一样。

《拉奥孔和儿子们》（图5.22）是希腊化时代艺术作品的美学精华。这座具有纪念意义的雕塑重现了希腊传说中著名的戏剧性时刻。当时，拉奥孔

图 5.22 拉奥孔和儿子们 罗得岛的阿格桑德、波留多罗斯、阿泽诺多罗斯父子三人合作于公元前1世纪。这尊雕塑于1506年出土，并在文艺复兴时期对米开朗琪罗等著名雕塑家产生了巨大的影响

第五章 古典风格　177

（特洛伊城的祭司）告诫特洛伊人不要中了希腊的诡计。海蛇（雅典娜与希腊人友好，此蛇便是她派来的）为了报复，便将拉奥孔和他的两个儿子全部咬死。在希腊人的计策中，木马之中的希腊战士将摧毁特洛伊城，并结束这场战争。

人物扭曲的四肢、紧张的肌肉和一家人的痛苦表情，虽是命中注定，也能让人感到焦虑不安，这种感觉背离了希腊艺术庄严节制的特点。事实上，《拉奥孔和儿子们》开启了一个新的时代。自此，古希腊的理想主义随历史长河逐渐东去。

回顾

古典风格

古典风格反映了希腊人对比例、秩序、清晰和平衡等理性规律的追求。古典风格的特点是人文主义、现实主义和理想主义。人文主义是人类对自身尊严和内在价值的信仰；现实主义强调忠于自然；理想主义力求完美，并致力于确立基本的审美标准。人体之美和人文关怀是古典希腊艺术的核心，并体现在希腊古典瓶画以及裸体雕塑之中。

古典风格的演变

从古风时代起，到古典时代晚期为止，我们从希腊雕像的研究中发现，现实主义和理想主义思想日趋完善：为了展现人物的光芒四射、完美无瑕，所有不完美的地方都被剔除。在古典裸体形象中，希腊雕塑家在现实主义和理想化形态之间取得了平衡。帕提侬神庙是古典风格建筑艺术的里程碑。这座希腊神庙建在雅典卫城的山顶之上，以纪念雅典的智慧和战争女神。帕提侬神庙采用多利克柱式，不仅将几何规律融入技术革新之中，而且合理使用建筑装饰。这座神庙也因此闻名于世。

诗歌的古典风格

萨福和品达的抒情诗，能让人在滚滚红尘中认清自己。萨福的语言简洁凝练，诗风优美雅致，传递出了浓郁的个人感受。在奥林匹亚和其他地方举行的比赛中，品达颂歌不仅对参赛运动员大加赞扬，而且主张个人的胜利是凭借能力争取的，绝非偶然。如此，胜利者方可流芳百世。

音乐和舞蹈的古典风格

在希腊音乐中，流畅清晰的单曲旋律占主导地位。希腊人使用不同的音调和节奏模式，对听众施加道德影响。虽然音乐在希腊生活中发挥了重要作用，但我们对希腊音乐知之甚少，只有一些音乐表演的书面描述、直观解释，以及少数留存下来的乐理论文和原始的音乐歌谱。

古典风格的传播：希腊化时代

公元前4世纪，亚历山大大帝建立了一个庞大帝国，其疆域西起马其顿，东至印度，并将希腊的语言和文化传播到世界各地。思想方面，实践哲学代替形而上学，怀疑主义、犬儒主义、伊壁鸠鲁主义和斯多葛主义等学派开始诞生。科学方面，阿基米德、欧几里得等人在天文学、地理学和数学方面都取得了进步。希腊化时代的特征开始形成，如大同思想、城市化进程，以及希腊、非洲和亚洲文化的融合。各种雄伟建筑和公共设施，例如图书馆和灯塔，成为这个时代的地标。随着古典风格传播到亚洲其他地区，希腊化艺术开始走向细致的现实主义，并注重夸张的表现手法。

术语表

阿夫洛斯管：一种古希腊人使用的吹奏乐器，由芦管制成的单管或双管的竖笛。

对立式平衡：一种雕刻艺术手法。刻画人体姿态时，将身体的某个部位与另一个部位相对而立。

横梁饰带：建筑中充满雕塑或装饰的横条。

三角形屋顶：一面墙的三角部分，位于斜屋顶的末端。

赞歌：一种叙事诗，用于对神的赞美和颂扬。

基萨拉琴：一种大型竖琴（有七到十一弦），是古希腊音乐的主要乐器。

库罗斯：年轻的男性形象，在古希腊雕塑中，通常以裸体形式出现。

梁间壁：屋顶下方，横梁两端之间的方形墙壁。

调式：一种音阶类型。在八度音阶内，调式的音调和节奏呈固定模式。希腊人将每种调式与不同的情绪状态联系在一起。因此，调式可能不仅是一个特定音阶，也可能是一整套节奏和旋律的转换，并与每一种音阶模式有关。

八度音阶：由一组八个音调构成，包括大音阶和小音阶。

颂歌：一种表达崇高情感的抒情诗，旨在纪念某人或某种特殊场合。

柱式：古典建筑中，柱子的各个部分之间固定不变的组合样式。古典柱式分为三种，包括多利克式、爱奥尼克式和科林斯式。

山墙：古典建筑中，斜屋顶与两侧墙形成的三角形空间，也包括门廊、门或窗户上所有类似三角形的空间形式。

音阶：一系列连续的升调或降调。作为西方音乐的特征，全音阶由十二音调中的八个音调组成（可用一系列音符表示：C、D、E、F、G、A、B、C）。半音阶包括八度音阶中全部十二个音调（在钢琴上由七个白色琴键和五个黑色琴键表示），每个音调皆为半音。

第六章
罗马：帝国的崛起

约公元前1000年—公元476年

罗马人，请记住，

你应当用法律统治万民，建立和平的秩序，

对傲慢的人，用战争征服他们，

对臣服的人，要宽宏大量，

如此，我们的优良技艺，便可永世长存。

——维吉尔

图 6.1 图拉真胜利纪念柱细节图 罗马，公元113年。这条横梁饰带，长625英尺，记录了罗马皇帝图拉真发动的两次巴尔干战役，画面连续不断，与战争纪录片十分类似。这幅叙事性图画不仅真实描绘了罗马历次成名之战，而且表现出战友之间的情谊和遭受苦难的场景

公元18世纪，英国历史学家爱德华·吉本在一篇文章中写道："公元2世纪，罗马帝国是人类最文明的国度，其疆域之辽阔举世无双。在帝国境内，君主制得以广泛实行。罗马军队戍守边疆，他们作战勇猛、纪律严明，并因此享誉世界。法律和规章制度刚柔并济，各个行省皆受此影响，逐渐融为一体。"由此可以看出，对于这个西方历史上延续时间最长、情况最为复杂的帝国，爱德华的尊重之辞比比皆是，赞美之情深厚不渝。确实，罗马帝国兴衰起伏的恢宏历史，绝非两三页可以言尽。因此，本章从建筑、视觉艺术、文学和法律等方面出发，探讨了罗马帝国古典时期的辉煌成就和永不磨灭的贡献。罗马不仅为西方留下了古希腊的遗产，也奠定了基督教作为新兴宗教信仰的基础。

罗马帝国的崛起

罗马早期历史

罗马的起源可以追溯到铁器时代。从公元前1000年起,一支由拉丁人组成的部落开始入侵意大利半岛。公元前8世纪中叶,他们在台伯河下游的河谷建立了罗马城。这座城市不仅是控制整个意大利半岛的战略据点,也是方便进出地中海的枢纽。

随着时间的推移,拉丁人逐渐将整个意大利中部地区收入囊中。与此同时,在意大利半岛其他地区,他们也不断吸收来自地中海东部的民众,包括伊特鲁里亚人、希腊人和腓尼基人。这些人带来的文化比拉丁人自己的文化更为丰富多彩、博大精深。

伊特鲁里亚人的起源不明,最初在意大利西北部定居,其文化深受希腊影响,以复杂精致著称,并在整个地中海地区进行商业往来。此外,伊特鲁里亚人也是冶金、城镇建设和城市规划领域的专家。希腊人精于哲学和艺术,并曾经殖民过意大利半岛和西西里岛。腓尼基人起初在非洲北部海岸定居,他们将字母表、商业技巧和航海术带到西方。所有这些外来人都为拉丁文明带来了新鲜血液,特别是伊特鲁里亚人和希腊人,拉丁人积极吸收他们的文化,从而让自己的历史发展更进一步。

从伊特鲁里亚人那里,罗马人学到了城市规划、战车、长袍、青铜和金器制作的技术。不仅如此,他们还掌握了美索不达米亚建筑最为精巧的结构——拱门。罗马数字也起源于伊特鲁里亚人的数字系统,而这套系统原本是由伊特鲁里亚人从希腊人手中学来的。此外,罗马人结合伊特鲁里亚人的传统,创立了自己的创世神话:马尔斯有一对双胞胎儿子,名为罗慕路斯和勒莫斯,他们起初被遗弃在台伯河上,但一只母狼将他们哺育成人。最终在公元前753年,这对兄弟建立了罗马城。

伊特鲁里亚人为死者修建墓穴,墓穴的设计仿造死者生前的住所。在存有死者遗体的石棺盖子上,伊特鲁里亚艺术家们雕刻了死者的肖像(图6.2),表现了一对夫妻在卧榻之上放松聊天,好像在享受家庭宴会一样的画面。

从希腊人那里,罗马人学到了供奉男女诸神的万神殿、语言、文学的基本理念,以及古典风格的美学审美。罗马人对希腊艺术的热情使其成为希腊雕塑的收藏者和模仿者。他们首先将希腊艺术品复制下来,再把它们放入宫殿和公共场所之中。当拉丁人吸收了伊特鲁里亚和希腊文化时,这也就意味着他们已经和这些外来民族融为一体。因此,罗马将在列国中称雄,并成为古代历史上最强大的国家。

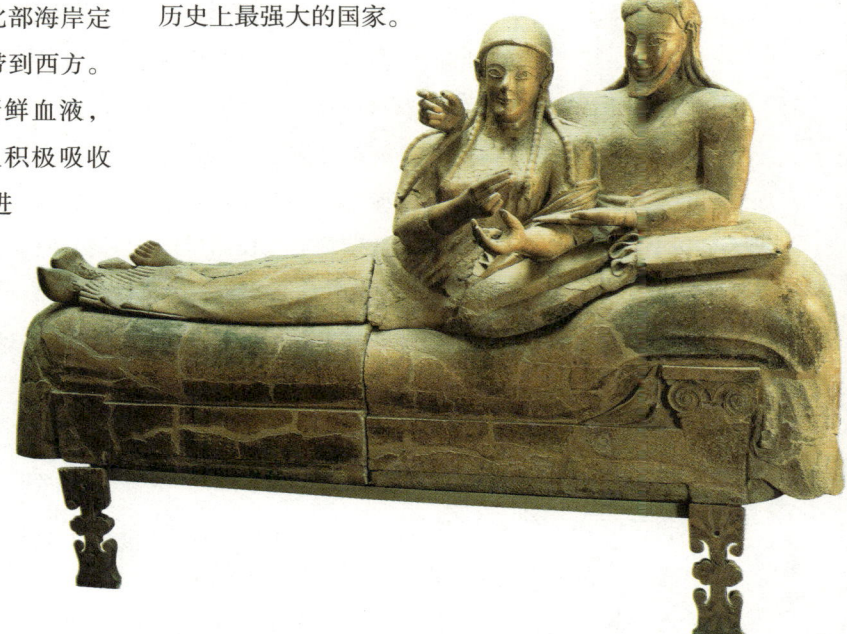

图 6.2 切尔韦泰里石棺 约公元前520年。从这对夫妇双手的位置可以看出,他们神情自然、载笑载言

罗马共和国的兴起
（公元前509年—公元前133年）

伊特鲁里亚国王统治拉丁人整整三个世纪。公元前509年，拉丁人最终推翻了伊特鲁里亚人的统治。在接下来的200年里，"共和"政府兴起，君主制逐渐让位。在古罗马的农业人口中，大地主阶级手握强权，被称为贵族。而农民与富农阶级人口众多，被称为平民。王政覆灭之后，平民组成了公民大会。

虽然公民大会这一机构将军政大权赋予两位当选的执政官，但在政府中，这些出身下层阶级的成员几乎没有发言权。在罗马元老院中，富有的贵族终身在位，他们控制着立法程序。但随着时间的推移，平民获得的政治影响力与日俱增。通过利用在罗马军队服役的便利，以及有权否决元老院提出的法律，平民们凭借他们的领导人——执政官，开始在政治舞台上代表自己发出声音。最终，平民赢得了与贵族通婚的自由，并掌握了行政权。公元前287年，他们获得了制定法律的特权。于是，广大平民群体用自己的独立、执着让罗马和平进入了真正的共和国时期。

然而，罗马成为共和国之后不久，积极采取扩张主义路线，此举让罗马取得的民主成就黯然失色。在罗马共和国早期，民众服从国家意志，并组织起强大的军队。这两点对当时的罗马至关重要，并共同促成了帝国主义的兴起。罗马通过长期对外征战不断扩张，这与很多帝国的早期历史如出一辙。在肃清伊特鲁里亚人的残余势力之后，罗马将其势力范围扩展到整个意大利半岛。到公元前3世纪中叶，罗马通过武力与外交统一了整个意大利，并开始准备征服地中海地区。

长期以来，罗马都对腓尼基人心存疑虑。而且，腓尼基人在非洲东北部建立了一个商业据点，名为迦太基城，这一点让罗马人如鲠在喉。因此，罗马发动了布匿战争[1]。这场战争陆陆续续进行了百余年之久。公元前146年，罗马人最终取得胜利，摧毁了迦太基城。随着这座城市的陷落，罗马在地中海西部确立了军事和商业霸权，并开始称地中海为"我们的海洋"。

但是军队将领并不满足于此，他们继续发动战争，不放过任何拓土开疆的机会。到了公元1世纪末，帝国幅员辽阔，疆域包括北非、伊比利亚半岛、希腊、埃及、西南亚大部，以及构成当今欧洲所有领土的区域，最远到达莱茵河地区。

尽管管理这些偏远地区十分困难，但历史证明罗马人的确治民有方。他们不仅向外省征收赋税、招募士兵，而且要求这些行省交纳贡品和奴隶。在管理方面，罗马元老院首先从军队的高级将领中选拔可用之才，再任命其为执政官，从而代表罗马统治这些被征服的地区。通常，罗马允许当地习俗甚至政府继续存在。罗马人认为，容忍当地习俗在政治上切实可行。在文化方面，罗马人将拉丁语和罗马法引入各行省。此外，他们还架桥修路，建造引水高架渠，并最终将罗马公民身份授予那些被征服地区的人民。

训练有素的军队是罗马帝国的支柱。在罗马共和国时期，军队由公民组成，服役期为2年。但到了公元1世纪，军人已经成为一个职业。在军队中，所有自由民的服役期能长达25年（甚至更长时间）。非罗马人在服役期内也可以为自己及其子女赢得罗马公民身份。因此，服兵役成为罗马同化外来人口的一种手段。

在熟悉罗马崛起的人眼中，罗马军队让他们感到敬畏。历史学家约瑟夫斯（约37—约100）就是一个例子。他出生于一个犹太家庭。公元70年，他曾目睹罗马军队摧毁了耶路撒冷。在书中，他描述了罗马战争机器的优越性，并估计罗马军队中的士

---

1. 布匿在拉丁语中意为"腓尼基人"。

兵超过了30万人。根据约瑟夫斯的说法，罗马士兵的表现十分卓越，好像他们"天生就会使用武器一样"。他在书中写到，军队的效率是高度组织性和纪律性的结果。在下面的材料中，约瑟夫斯不仅描述了当时罗马军营的情况，而且从非罗马人的视角出发，表达了自己对罗马实力的观察，以及对罗马军队的敬畏。不仅如此，这些材料还描述了罗马精神文化的核心："令行禁止"和奉献精神。

阅读材料 6.1
摘自约瑟夫斯《对罗马军团的描述》（约公元70年）

……单就这一问题而言，人们不得不钦佩罗马人所表现出的远见卓识。他们让仆人阶级为自己效劳，不仅是为了让日常生活更加便利，也是为了战争的需要。如果我们从整体出发，继续研究罗马军队的组织体系，那么将不难看出，这个庞大的帝国为罗马人带来的回报绝非财富，而是对勇气的奖赏。

罗马人从来不会等军队训练好了之后才开始打仗。相反，他们就像天生会使用武器一样，在和平时期也操练军队，所以战争从来不会使他们感到震惊。而且，在和平时期，罗马军队的演习可以与真实战争相提并论。每个士兵都把所有的精力投入训练中，好像他们在战场上搏杀一样。士兵们可以从容应对战场的残酷：他们结成的方阵不会因战斗而崩溃，军队不会因恐慌而动摇，士兵也不会因疲惫而累垮，但他们的对手往往并不具备这些品质。所以胜利是必然结果。罗马军队的演习的确称得上是不流血的残酷战斗，这一点实至名归。

罗马人无法容忍在自己毫无防备的情况下遭到敌军偷袭。因为他们无论入侵何处，都会先安营扎寨，然后再投入战斗。营寨的搭建并非毫无章法、七零八落。对此，罗马人既不会贸然行事，也不会毫无组织、混乱无序。如果地面坑洼，则先夯平，再用矩形标定营地位置。为了扎营，罗马军队配备了大量的工匠和器材。

在营地内部，军帐鳞次栉比。外围筑有墙，每隔一段距离配一座塔楼。在塔楼之间，士兵放置快速点火器、弩炮、投石机，以及其他各种各样的牵引装置，并确保所有装备可以随时使用。因此，这种临时修筑的营地如同城市一般，市场、工匠铺、审判庭一应俱全。如果出现任何分歧，军队中的将校均可在此进行裁决……

外墙四周设有四个大门。每一个大门都足够宽敞，运送辎重的牲畜进入营地毫无困难。如遇到紧急情况，这些大门也足够让集结完毕的军队自由出入。营地呈对称格局，街道相互交叉贯穿其中。军官们的帐篷位于营地中部，而中军大营则像一座小型神庙一样，坐落于营地正中。

一旦驻扎完毕，士兵们将各自就位，并以连为单位，安静而有序地进入帐篷。在劳动职责上，罗马军队具有严明的纪律，在安全方面亦是如此。无论是木材采购、食品供应，还是提供水源，所有任务都会根据需要分配给各方……

在战场上，同样要保证行动准确无误：各部队会按照指定方向灵活行动。并且，无论是进攻还是撤退，所有人都会按照命令统一行动。当营地将要被攻破时，号角随即响起。这时，所有人都会保持警惕：听到这个信号，他们会立刻拆卸帐篷，随时准备撤离。如果准备行军，号角也会响起：这时，他们迅速将辎重放在骡子和其他牲畜上，并随时准备出发，就像赛场上的跑步者一样，昂首挺胸、蓄势待发。接着，他们纵火烧毁营地，因为他们可以（在现场）毫不费力地重新扎营，同时也可以防止营地落入敌手……然后，他们列队行进，全员沉默不语、秩序井然，每个人也各就其位，仿佛大敌在前……

通过军事训练，罗马士兵不仅身体强健，也将坚韧的精神内化于心。在他们的训练中，恐惧也发挥了其应有的作用。在罗马人的法律中，只要有人在工作中稍有疏忽，就会被判处死刑。而比起法律，将军们更让他们感到敬畏。军中赏罚分明，勇敢者可以获得至高荣誉，而对犯法者则一视同仁，全部严惩不贷。

严明的军纪不仅在和平时期让罗马军队如虎添翼，也让他们在战争中团结一心，等级分明。在部队左右行进时，每个人都会保持高度警惕，从而做到眼观六路，耳听八方，以确保能够快速收到命令，并随即采取行动。所以他们不会迅速屈服于不利局面。无论敌军在人数、计谋、地形甚至钱财上占有何种优势，都不会让罗马军队屈服。因为比起财富，他们更加渴望胜利。

如此，执政官可以把握先机，积极部署行动。统帅们可以凭借这支高效的军队将作战计划落到实处。所以，罗马帝国东起幼发拉底河，西至大海[1]，南到利比亚的膏腴之地，北到伊斯特[2]和莱茵河，其边境之辽阔也是题中应有之义。可以毫不夸张地说，尽管这些地区被掠走的财产数量十分巨大，但征服他们的人更加伟大……

问：根据约瑟夫斯所言，罗马军队的何种特质令人敬仰？

1. 指大西洋。
2. 罗马人对多瑙河的称谓。

罗马共和国的覆灭
（公元前133年—公元前27年）

伴随快速发展，罗马如日中天，逐渐成为支配古代西方世界的国家。然而，在罗马共和国内部，帝国主义的政治方针开始发生改变。罗马元老院凭借其处理军政事务的权力，开始变得越来越强大。此外，富有的罗马商人形成一个新兴阶级，他们纷纷在行省政府占据职位。由于罗马需要维持对海外行省的统治，军队变得更加举足轻重。大量贵金属、战利品和奴隶从被征服地区不断流入罗马。这不仅为军队将领和有影响力的贵族带来了巨量财富，也为腐败的滋长提供了温床。

战俘被装船运回罗马后，以拍卖的方式售出。出价最高的人通常是贵族地主，他们将这些战俘买下之后充作奴隶，安排在农场工作。因此贵族的农场很快成为大型种植园。随着农业生产力的提高，大型种植园为大地主带来了巨额经济利益，从而让他们很容易低价购买中小地主的土地，并使其迅速破产。公元前1世纪末，越来越多的小农被迫将农场卖给邻近的贵族，以换取留在土地上的权利，或是与越来越多的失业人口一起拥入城市。小农的消失标志着共和国开始走向衰落。

在罗马公民中，富者愈富，穷者愈穷。虽然如此，贵族们仍极力抵制财富的公平分配，改革的失败导致政治对抗愈演愈烈。最终，将领野心膨胀，罗马变成了政治斗争的牺牲品。曾几何时，这些将军以罗马的名义对外征服，现在却掉转矛头向罗马开刀。公元前1世纪，军事独裁者开始登上历史舞台，这些人争权夺利，发起了一连串内战。由于血腥的对抗取代了理性的妥协，罗马共和国陷入分崩离析的境地。

公元前46年，尤利乌斯·恺撒以胜利者的身份进入罗马城，并建立了独裁政权。除了政治英明之外，恺撒在征服高卢（现今的法国和比利时一带）

的9年时间里指挥有方、战功赫赫。这些战役在他的《高卢战记》中得到记录。在叙利亚、小亚细亚，他速战速决、屡战屡胜。在埃及，恺撒又与埃及女王克娄巴特拉七世（前69—前30）成功联姻，两人育有一子。随后，一句豪言让他名垂青史，即"我来，我见，我征服"。

作为一名出色的领袖，恺撒采取了强有力的措施重振罗马。他编修法律，规范税收，降低债务，积极开展公共工程项目，并将大量的无业游民派往海外殖民地。在罗马，他设立了第一个城市中心：罗马广场。这不仅是一个召开公共会议的场所，也将政府、法律、商业和宗教的功能结合在一起。恺撒的追随者不断扩大这座广场，让其景观极尽华美。

恺撒将公民身份授予非意大利人，并改革了西方历法，将一年定为365天和12个月。同时，恺撒开始进行民粹主义改革，并对共和制度不屑一顾，这让罗马元老院感到危机重重。公元前44年，在布鲁图和卡西乌等人的领导下，反对派行刺成功，将恺撒暗杀。尽管恺撒死得极不光彩，但他的名字却成了一种荣誉称号。从公元2世纪起，罗马帝国的继承者开始用"恺撒"作为自己的尊号。直至现代，许多西方独裁者也以自称恺撒为荣。

罗马帝国时期
（公元前27年—公元476年）

在恺撒被暗杀之后，他的爱将安东尼（约前82—前30）与恺撒的养子屋大维（前63—后14）之间开始争夺权力。公元前31年，两人在亚克兴开战，意图一决雌雄。最终，屋大维的海军击溃了安东尼和埃及女王克娄巴特拉七世组成的联军。正如和恺撒的联盟一样，和安东尼之间的联盟让这位埃及艳后的政治野心急剧膨胀，她不仅想统一罗马帝国的东部和西部，而且意欲染指辽阔的罗马领土。然而，最终是屋大维完成了这一壮举。

公元前43年，屋大维篡权夺位，开始担任执政官，并获得了元老院的批准，可以终身统治罗马。屋大维虽称自己为"第一公民"，但他加冕之后，实际上已经不再是罗马军队的元帅，然而罗马元老院还是授予他奥古斯都（意为"尊者"）这一头衔。虽然奥古斯都与元老院共同拥有立法权，但他却有对立法的否决权。自此，共和国名存实亡，罗马的未来再次掌握在军事独裁者的手中。正是以这种名义，奥古斯都频繁在罗马雕塑中出现。

例如，在罗马城郊"展裤之门"，这尊站立式雕像（图6.3）别具一格，极具传奇色彩。雕像人

图 6.3 奥古斯都像 公元1世纪早期，原为青铜像，约公元前20年制成

物是屋大维（奥古斯都），他将右臂举起，不仅展现了一代帝王的雄姿，也彰显出罗马帝国的权威。此外，他身穿铠甲，正庆祝公元前20年对帕提亚人的胜利。在他的脚下，出现了朱庇特和一只海豚，这两个形象提醒着人们：屋大维是维纳斯女神的后代。因为据传说，埃涅阿斯是创造罗马的始祖，他的母亲是维纳斯女神。在人物姿势和身材比例上，罗马艺术家以古希腊雕刻家波里克利托斯的《荷矛者》作为模型。英俊的面容、高大的身材、充满肌肉的体格，为塑造屋大维的英雄形象增光添彩。然而，罗马皇帝屋大维实际上只有5英尺4英寸高，这是当时罗马男性的平均身高。

在奥古斯都的统治下，罗马步入了一个和平与稳定的时代。从公元前30年到公元180年，整个罗马国泰民安，一片祥和。同时，罗马开始与世界各地积极建立商业联系，最远到达印度和中国。另一方面，奥古斯都试图遏制猖獗的腐败狂潮。例如，为了重建罗马的家庭观念，并促进合法生育，他通过一整套法律抑制通奸行为，并防止单身汉继承遗产（最终未能达到目的）。

罗马统治下的和平时期也是艺术和文学蓬勃发展的时代。奥古斯都十分热爱艺术，无论是文学、雕塑，还是建筑，他都会出资支持。他自豪地表示：在我掌权之前，罗马是一座砖砌的城市；在我掌权之后，罗马会变成一座大理石之城！这意味着，在大多数情况下，罗马人需要先将大理石打磨

罗马历代君王一览表

喀劳狄王朝	
公元前27年—公元14年	屋大维（奥古斯都）
公元14年—37年	提比留
公元37年—41年	卡里古拉
公元41年—54年	喀劳狄一世
公元54年—68年	尼禄
弗拉维王朝	
公元69年—79年	韦斯巴芗
公元79年—81年	狄度
公元81年—96年	图密善
安敦尼努王朝	
公元96年—98年	涅尔瓦
公元98年—117年	图拉真
公元117年—138年	哈德良
公元138年—161年	安敦尼努·庇乌
公元161年—180年	马可·奥勒留
衰落的开始	
公元180年—192年	康茂德
塞维鲁王朝	
公元193年—211年	塞普提米·塞维鲁
公元211年—217年	卡拉卡拉
公元222年—235年	塞维鲁·亚历山大
公元235年—284年	无君主
公元284年—305年	戴克里先
公元306年—337年	君士坦丁一世

成形，再通过标准的建筑工艺铺设在墙砖上。在罗马帝国中，有些城市治安和噪声问题严重，卫生条件恶劣，食物和水资源匮乏。对此，奥古斯都兴建了许多新的公共工程（包括3个水渠和大约500个喷泉），并通过组建专门的警局和消防等机构，为城市提供公共服务。

在奥古斯都的统治下，罗马见证了基督教这一新兴宗教的诞生。在后来的几个世纪中，基督教传遍整个帝国（见第八章和第九章）。虽然奥古斯都结束了内战，但他并没有恢复罗马共和国早期的政治和社会平衡。在他去世之后，军队将领继续统治罗马。

由于罗马帝国缺乏王位继承的机制，历代统治者可以终身任职，直到死去或被暗杀。从公元335年至385年，50年间共有26位皇帝统治罗马。其中，只有一位皇帝得以善终。虽然民享、民治的政府一直是罗马早期历史的一大特征，但帝国主义的扩张路线最终取代了这些崇高的共和理想。

罗马法

在征服和统治的时代背景下，罗马对人文传统的贡献无疑更具实际意义。一方面，罗马帝国的庞大规模促进了工程项目的开展，如桥梁和道路建设，这些工程将罗马统治下的所有地区统一起来。

另一方面，法律虽然并非实体，但在国家统一方面同样重要。法律体系的发展是罗马最具原创性和影响力的成就之一。

罗马统治各邦的实际需要促使罗马法逐渐发展成型。这一点与古希腊不同。对罗马而言，法律不再是公民与城邦之间辩证讨论的产物。公元前450年，罗马人受到梭伦法律思想的启发，推出了第一部民法典，即《十二表法》。在罗马广场上，这部法律被公之于众。《十二表法》为罗马千百年来的法律发展奠定了基础。

在这一法律体系中，罗马人新增了公民大会和元老院的法案，以及皇帝的公共法令。在大约500年时间里，历代执政官和法学家都对法律进行了解释，从而为私人纠纷提供了常识性的解决方案。这些人的解释构成了"判例法"的主体。在兼顾个人需求的同时，罗马法官恪守公正、无私的品格，这使得法律的精神远比法律条文重要。历代罗马法官的决定最终作为先例保留下来，并为未来的判决提供了全面的指导。因此，罗马法律并不固定，而是一个变化的体系。人们可以对执法和法律的正义性提出意见，并以此为依据对法律条文不断加以完善。

在早期罗马的历史中，市民法仅适用于罗马公民。但是随着罗马人不断对外征服，他们不仅让各个行省的居民具备公民身份，也将法律带到了全国各地。万民法具有国际化特征，不仅尊重各民族不

科技发展一览表

公元前312年	古罗马执政官克劳狄下令修建亚壁古道，这是古罗马具有战略意义的道路网中的第一条。
公元前101年	罗马人用水作为动力灌溉农田。
公元前46年	罗马统帅儒略·恺撒命人制定儒略历，奠定了现代历法的基础。
公元77年	大普林尼写成一部百科全书《博物志》，共37卷，总结了天文学、地理学与动物学的知识。
公元79年	小普林尼详细叙述了维苏威火山爆发的景象。

同的习俗和传统,而且对这些差异采取求同存异的方式予以保留。实际上,万民法是一部基于普遍原则的法律,即自然法则。

总体而言,罗马法包括法官的判决、立法议会通过的法案以及皇帝的法令。公元4世纪,罗马帝国分裂,东罗马与西罗马帝国相继建立。一百年后,罗马帝国灭亡。公元6世纪,拜占庭(东罗马)皇帝查士丁尼将罗马庞大的法律体系编纂成典。这些法典被后来人称为《国法大全》。除英格兰外,罗马的法律制度对所有欧洲国家成文法的发展都产生了深远影响。

罗马帝国的文学成就

罗马哲学思想

虽然在法律方面,罗马人做出了突出贡献,但在哲学领域,他们却鲜有建树。比起思辨精神,罗马人更注重现实世界。因此罗马人没有像柏拉图和亚里士多德一样,构建起类似的哲学思想体系。不过,他们保留了古希腊和希腊化时代思想家的著作。受过教育的罗马人不仅对亚里士多德钦佩不已,而且吸收了伊壁鸠鲁和斯多葛学派著作中的思想。古罗马诗人卢克莱修(约前99—约前55)大力推广德谟克里特和留基伯的唯物主义理论。一方面,他们的理论否认了众神和其他超自然体的存在;另一方面,他们将世界视为物质层面的产物,并认为无论是人的灵魂还是现实世界,皆由原子构成。《物性论》是卢克莱修唯一的著作。他在书中有言:"死后身灭,何以有感。"因此,他认为人不用惧怕死亡。

在辽阔的罗马帝国,很多罗马人培养出了冷静与理性的意识。这些品质在斯多葛学派中十分受欢迎(见第五章)。公元前3世纪,罗马人的祖先认为,有一种非人的力量(天意或神的理性)统治着这个世界。斯多葛派与其不谋而合,并据此认为,幸福取决于一个人顺从天命的能力。斯多葛派拒绝任何可能奴役他们的情感牵挂。根据他们的观点,最为理想、有益的精神状态就是控制自我,克制情绪,回归理性。

斯多葛派的普遍原则激发出了罗马人的责任感。同时,斯多葛派信仰人人平等,这不仅为罗马法律增添了一丝人性的光辉,而且为早期基督教思想指出了方向(见第八章)。斯多葛派思想受到许多知名人士的欢迎,比如著名剧作家、散文家塞涅卡(约前4—后65)以及罗马皇帝马可·奥勒留(121—180)。在同一主题下,他们各自写下了不朽的文章。下面的材料摘自塞涅卡的《论心灵的宁静》。在文章中,塞涅卡认为,通过避免繁重的责任、阴郁的同伴以及过度的财富,人们可以让心灵重归宁静。斯多葛派提供了一种理性的方法,让人避免陷入痛苦和绝望的境地。同时,这种思想也为解决自我与社会之间的日常冲突提供了一套切实有效的解决方法。

阅读材料 6.2
摘自塞涅卡《论心灵的宁静》
(约公元40年)

因此,我们要寻求的是,心灵如何能够总是沿着一条不变的、平坦的道路前行,如何能够对自己满意,如何能够愉悦地看待它的境况,并让这种愉悦不受到任何干扰;相反,它只会处于一种平和的状态,从不趾高气扬,也不意志消沉。这就是"宁静"。让我们探求一下如何获得宁静……

首先，一个人有自知之明是十分必要的，因为我们认为自己能做的事情通常超出我们的能力。比如，一个人即使有口舌之利也可能铸成大错，另一个人对命运的要求超出了其能承受的范围，或者再有人以羸弱的身躯承担起艰苦的劳役。有些人因他们的谦逊而不适宜于民政事务，因为处理民政事务需要有强硬的手腕；有人因其固执的骄傲而不适宜于诉讼；有人因不能控制自己的怒气，任何触犯都会让他们说出鲁莽的言辞；有人因不知道如何掌握玩笑的分寸，而大言不惭、抖搂聪明，从而总是陷入危机四伏的境地。对所有这些人而言，与事业相比，退隐生活更有益处。如果一个人的本性顽固急躁，那他不仅应该避免信口开河，亦不能大言不惭，以免惹祸上身。

其次，我们不仅需要对正在从事的事务进行评估，也必须将打算尝试的事务与自身的能力进行比较。因为能者总能胜任他的工作；但对负荷者而言，过重的负担必然会把他压垮。而且，有些事务，与其说是伟大，不如说是有创造力，它会衍生出许多新的事物。另一方面，你不仅应当避免层出不穷的烦文琐事，而且尽量做到游刃有余、进退自如。你应该着手处理力所能及的事务，至少你愿意完成这件事；在从事这项事务时，既不要节外生枝，也不要裹足不前。

在选择人方面，我们应该特别小心。我们必须考察，他们是否值得我们密切交往，或者我们花费的时间是否也可让他们受益。因为事实上有些人会恩将仇报。阿森诺德鲁斯说，如果一个人不会因邀请入席而怀有感激之情，他不会与其一起进餐。我想你会理解，为了还朋友人情而宴请的人，他不会与其一起进餐；那些把朋友当作慷慨之人，仿佛自己的胡吃海喝是对朋友的敬意，他更不会与其一起用餐。对上述这些人而言，如果无人作陪，没有观众，独自一人暴饮暴食是不会有任何乐趣的。

……………

但是，最能赋予心灵以巨大愉悦的是深情忠诚的友谊。当你拥有这样的挚友，你可以将所有的秘密可靠地托付给他那随时倾听的心灵，你不会担心他对你的了解多于你对自己的了解，与他的交谈可抚慰你的焦虑，他的看法会坚定你的决心，他的快乐会驱散你的忧愁，只要看到他就会让你欢欣，这是怎样一种幸福啊！我们当然会选择那些自由的、尽可能远离私欲的朋友，因为邪恶会无声无息地拓展开来，它们会迅速蔓延到那些最近的人身上，通过接触对人造成伤害。所以，恰如瘟疫时期，我们必须留心，不要坐在那些身体已受感染、疾病已然发作的人近旁一样，因为那样的话，我们就得担当风险，他们的呼吸也会让我们处于危险之中。所以，在选择朋友时，我们应该考虑到他的品格，为的是我们可以选择带有最少污点的人做朋友——将病者与健康人混在一起，就是在传播疾病。但是，我不会规定"只与贤哲为友"的法则，也不会要求你服从并遵守它。因为你到哪里才能找到他们呢？

我们已经寻找了几个世纪。还是去到那最好的人居留的地方，找那最好的人吧！如果正在柏拉图、色诺芬以及苏格拉底的一大群优秀后裔中寻找善人，或者如果你能自由支配加图的时代（这个时代生出了许多配得上在加图时代出生的人，正如它也生出了许多我们所曾知道的更加邪恶的人，生出了许多荒诞罪行的筹谋者一样；为了理解加图，两类人都是必需的——加图需要善人，因为他能赢得他们的支持；他需要恶人，因为他可由此证明他的力量），那么你就很难再有比这更加幸福的选择机会了。然而，此时此地如此缺乏善人，所以你在选择时，就须少一些苛求。不过，那些为一切事物悲伤哀叹的人，那些以一切抱怨的机会为乐的人，仍然是你特别需要躲避的。那样一个人对你的忠诚和友好虽然可以得到保证，然而一个总是心烦意乱的人，一个为所有事物都悲伤惋惜的人，对于宁静却是有害的。

现在让我们转到钱财之事上来，它是人类不幸的最大源泉。因为如果你把我们所遭受的一切不幸——死亡、疾病、恐惧、痛苦与辛劳的忍受——与我们的钱财带来的不幸加以比较，这一部分将大大超出另一部分。所以我们必须反省到，没有钱财的悲哀较失去钱财的悲痛轻得多；我们将懂得，我们可能丢失的拥有财产的权利越少，财产折磨我们的机会就越少。因为如果你认为富人能欣然承受损失，那你就错了，最庞大的躯体与最微小的躯体，其上的创伤带来的是同样的苦楚。比翁[1]曾简洁地说道，对秃子与有着浓密头发的人而言，拔掉头发所产生的疼痛是一样的。你可以肯定：对富人与穷人而言，情形同样如此，他们的痛苦完全相同。因为不管是富人还是穷人，钱财都会紧紧地系住他们，所以拿取他们的钱财却让他们毫无感觉，这是不可能的事。然而，正如我已经说过的，没有钱财较失去钱财要更易忍受，因此你会看到，那些命运之神从未优待过的人较那些被她抛弃了的人更加快乐……

一切生活都是一种奴役。所以一个人必须顺从他的命运，必须尽量不抱怨他的命运，必须抓住命运可能赋予的一切好处。没有哪种状态是那样难以忍受，以至于一颗平静的心灵在其中找不到一些安慰。即使小小的空间，经由巧妙的规划，也常常会显出许多的用处；曾经十分狭小的处所，经由巧妙的安排也能变得适于居住。将理性运用于困境之上吧！此时缓解那艰难的事物都是可能的，重负不会那样沉重地压在那些能巧妙忍受它们的人身上。

问：根据塞涅卡所言，个人如何实现心灵的宁静？
问：在塞涅卡看来，人类不幸的最大根源是什么？

拉丁诗歌文学

为了达到娱乐、说教和记事的目的，罗马文学大量使用拉丁语进行散文创作。随着罗马人将知识与生活实际紧密结合，他们在这一过程中发现，散文是叙述和传递信息的理想文体。罗马为西方世界创作出了第一批地理学著作和百科全书，以及一些文笔极佳的传记、史学著作和教学手册。特别是在历史写作方面，罗马人展现了其收集和分析事实证据的才能。虽然罗马历史学家倾向于赞美自己的国家与皇帝，但他们对准确细节的关注往往胜于希腊历史学家。

作为罗马最伟大的历史学家之一，蒂图斯·李维（前59—后17）受到罗马皇帝屋大维的委托，开始撰写《罗马史》。在这部恢宏巨作中，李维记述了从公元前8世纪到作者生活的年代间长达数百年的历史。不过，虽然李维留下了142卷史书，但只有一小部分留存至今。对于我们了解罗马共和国时期的政治和社会生活，这些作品是最为可靠的史料来源。

罗马人能言善辩，善于演讲术以及函件（书信）写作。作为一名政治家，无论是口头演讲还是书写信函，西塞罗（前106—前43）都十分擅长。作为与恺撒同一时代的人，西塞罗写了900多封信，以及100多篇演讲稿和散文。有时，他每天甚至要给同

---

1. 一位希腊诗人，生活在约公元前100年。

一个人写三封信。西塞罗的散文文笔清晰，富有说服力。文艺复兴时期，人文主义者称赞他的作品独领风骚，并将其标榜为文学的典范。

对于亚里士多德和斯多葛学派的理论著作，西塞罗十分熟悉，他的信件反映了他对当时现实情况的深切关注。在西塞罗的一生中，他曾担任执政官和演说家。他的演讲极富理性，字字珠玑，非常有助于塑造公众舆论。他曾对恺撒的文学风格大加赞赏，但也公开反对过恺撒的独裁统治。

尽管如此，恺撒仍与西塞罗意气相投，并对他坦言："比起罗马帝国的边界，拓展人类智慧的边界更为高尚。"恺撒被暗杀之后，罗马陷入动荡，西塞罗也不幸被人谋杀。他的头颅和双手被砍下，在罗马广场上公开展示。下面的阅读材料摘自他的作品《论义务》。正如我们所见，西塞罗不仅将公共服务视为最崇高的人类活动，而且认为完成这项工作所需要的个人勇气不亚于战场上的勇猛顽强。

阅读材料 6.3
摘自西塞罗《论义务》
（约公元前44年）

一般说来，在杰出、伟大的心灵中，我们寻求的高尚品格，来自心灵的力量，而并非肉体的力量。不过，即使如此，身体也同样需要锻炼，使它能够听从智慧和理性的要求，完成面临的任务，并承受其中的辛劳。至于我们追求的高尚，则完全取决于心灵的关心和思考。在这方面，那些身着长袍、领导国家的人所提供的贡献，不亚于进行战争的人。根据前者的建议，战争往往烟消云散，不会进行。当然，有时他们也会宣布战争。

例如，马尔库斯·加图[1]宣布的第三次布匿战争，他对那场战争的影响甚至一直延续到死后。因此，解决纷争的智慧无疑比作战的勇气更值得人们追求，但也应该注意，我们这样做的时候，不能为了避免战争而不顾及利益。显然，除和平以外，进行战争不应为了其他任何目的。

但是，一旦陷于险恶处境，心灵也要保持勇敢坚定，不能自乱阵脚。遇到动乱时，能言行一致，不放弃原有的立场，保持镇静、清醒，并时刻坚守理智。这些品格的实现不仅需要个人的勇敢，也需要有非凡的天资，能够通过思考预测未来，预先判断可能发生什么好的和坏的事情，应该采取何种措施，而不是待到事情发生之后，才不能不说一句："我没有想到。"

能够做到这些的，往往是这样一些人：他们伟大而崇高，深信自己的智慧和谋略。然而，如果一个人冒失地投入战斗，并徒手上阵与敌厮杀，则无异于野兽一般有勇无谋；当然，如果情势和事态逼迫我们这样做时，我们也要放手一战，宁死不受奴役和凌辱。

对于摧毁和劫掠城市，我们应该极其认真地考虑，以免落得残暴轻率的骂名。伟大人物的责任在于：发生骚动时，他们能惩处罪人、宽恕群众，在任何情况下，都能保持公正、高尚。正如我前面所言，有这样一些人，他们认为军事比政务更重要，同样你也会发现，有许多人相信，充满危险的、仓促做出的决定要比平静、周密思考的决定显得更加光辉伟大。

一般说来，我们不应该逃避危险，这样会显得我们软弱怯懦。但是，我们也应该避免

---

1. 作为罗马元老会议员，加图反复要求彻底摧毁迦太基。

那些可能使我们无故陷入危险的情境。如若不然，那就是一味蛮干、愚蠢至极。因此，我们遇到危险时应该效仿医生的职业习惯，他们对轻微的病症进行温和的治疗，只有当面对非常严重的疾病时，才会采用十分危险且成败难料的治疗方法。所以，在风平浪静的时候，只有疯子才会希望狂风暴雨来临，而智慧之人的责任在于采用各种办法迎接狂风暴雨，特别是当我们阐明事态便可受益，犹豫不决就会受损的时候。

处理国家大事之时所遇到的危险，有时取决于做出行为的人，而有时则取决于国家。同样，有些人不惜生命而冒险，有些人为了荣誉和名望而冒险。对于危险，我们应该更乐于独自面对，而不是让所有人遭殃；应该为声望和荣誉做出充分准备，而不是为其他的利益而斗争……

问：根据西塞罗所言，战争在何种情况下是正义的？
问：一名政治家的义务主要包括哪些？

正如西塞罗所说，罗马教育强调公民义务，旨在培养年轻人积极参与公民生活的意识。对从事法律和行政事务的人来说，掌握公众演讲的艺术是必不可少的。事实上，在一些罗马行省中，很多种语言混杂在一起。因此，演讲是施加政治影响力的根本。

在罗马人看来，只有受过教育的人才能掌握公众演讲的艺术。因此，在罗马教育中，语法和修辞的实用技巧占有重要地位。塔西佗（约55—约120）是罗马著名的历史学家和政治家，也是最伟大的演说家之一。他认为演讲术在公共事务中十分重要，并在其著作《演说家对话录》中描述了公共演讲在罗马生活中的作用。他在书中有言"口才不仅能带来丰厚的回报，而且是一种纯粹的必需品"，他也对雄辩时代的逝去感到惋惜。

阅读材料 6.4
摘自塔西佗《演说家对话录》
（约公元100年—105年）

……伟大的演说就像一团火焰：它由燃料滋养，需要搅动来激发，并在燃烧中发光。

在罗马，我们祖先的高谈雄辩也以同样的道理发展起来。这个时代的演说家得益于一个稳定、平静、繁荣的政治环境，并因此得到了时代所理应给予的影响力。尽管如此，在动荡和宽松的环境中，他们得到的东西也许更加丰富。当一切都混乱无序，非常缺乏一个领路人时，一个有政治智慧的演说家就会给迷途的民众带来坚定的信仰。从此，民众权利的捍卫者提出了一系列的措施；从此，出现了地方长官的高谈阔论，并在竞选台上几乎夜以继日；从此，出现了对权贵的控告，各个家族之间也弥漫着世袭的纷争；从此，贵族们拉帮结派，元老院与民众的斗争也此起彼伏、永无宁息。虽然所有这些因素都使得共同体分崩离析，但也为当时的演讲术提供了一个良好的环境。并且，人们也注意到了演讲术所带来的巨额奖励。比如，一个人越能言善辩，所能发挥的影响力就越大，越容易获得高官厚禄，并在政治竞争中，就越比同僚优胜，不仅在元首面前越受欢迎，而且在元老面前越有权威，并在民众当中越有声誉和名望。

在高层的庇护下，有时会有一大群外族宾客也加入其中；地方长官去往行省述职的前夜，他们就会主动问候这些长官；长官返回罗马后，这些人亦会向其打勤献趣。而正是这些人，不费吹灰之力，似乎能让执政官和副手任其驱使，就算长官离任，他们也不会没有权力，因为他们能够建言献策，并凭借自己的声望，继续操纵民众与元老院。

与此同时，他们还非常自信。没有口才，任何人都不可能出人头地，也不可能在城邦里赢得显赫的地位，更不可能将其维持下去。这也难怪，因为即便不愿意，他们也得在民众面前展示自己坚定的信仰。在元老院里，做简短的提议是不够的，需要有人凭借才智与雄辩支持自己的意见，否则将毫无意义。如果他们因诽谤或者刑事案件而难以脱身，他们就必须以自己的声音回应。因为在刑事法庭，他们不能出具书面证词，而是需要亲自到场辩护澄清，并必须直接出示证据。

因此，口才不仅能够带来丰厚的回报，也是一种纯粹的必需品。并且，人们认为，能言善辩可以让人收获名誉，是伟大而光荣的，反之，沉默寡言就显得丑陋不堪。

问：根据塔西佗所言，演讲术在罗马人的生活中起到什么作用？在如今的社会中，这种演讲术是否仍然适用？

罗马史诗

罗马人不仅在教化文学方面出类拔萃，在诗歌创作方面也独领风骚。在屋大维的支持下，罗马开启了拉丁文学的黄金时代。其中，最著名的代表人物当数维吉尔（前70—前19）。作为罗马最重要的诗人与公众人物，维吉尔写下了一部流传后世的史诗《埃涅阿斯纪》。他在诗中采用虚实结合的手法，将罗马作为世界统治者的命运神格化。不同于荷马时期的史诗，《埃涅阿斯纪》并非经由口口相传流传下来，这部作品是一部成文史诗，但其价值足以与《荷马史诗》相媲美。

埃涅阿斯，这部史诗的主人公，他不仅是特洛伊人，也是神话中创立罗马的始祖。作为史诗般的英雄，埃涅阿斯勇敢地经历了一段漫长的冒险旅程。《埃涅阿斯纪》的前6卷叙述了埃涅阿斯从特洛伊到意大利的英雄之旅，以及他与美丽的迦太基女王狄多的爱情。后6卷描述了特洛伊人征服拉丁姆之后，建立罗马的故事。《埃涅阿斯纪》不仅为后世留下了巨大影响，而且奠定了拉丁语教学的基础。

下面两个选段反映了维吉尔的远见卓识。在第一个选段中，埃涅阿斯接受命运的安排，准备离开充满激情的狄多女神。此时，责任感超越了他对个人成就的渴望，这就和斯多葛派的主张一样。在第二个选段中，埃涅阿斯的父亲安喀塞斯的亡魂有一大段独白，总结了罗马历史使命的意义和目的。

阅读材料 6.5
摘自维吉尔《埃涅阿斯纪》（第4卷和第6卷）
（约公元前20年）

【第4卷，神使墨丘利劝告埃涅阿斯离开迦太基，并继续前往意大利】

墨丘利立即走去对他说："你到底在做什么？

将你的王国和你的命运忘得一干二净，

却为建设迦太基煞费苦心。

万神之王亲自从光辉的奥林匹斯山派我到你这儿来，

他以他的威灵左右苍天和大地，

是他派我十万火急穿过天穹，带来他的命令。

你打算干什么？你在利比亚的土地上逍遥快活，

究竟意欲何为？

如果未来的如此伟大光荣的事业也无法让你激动，

如果你也不想通过努力获得名誉和财富，

那你至少要想一想阿斯卡尼俄斯[1]，

他已经长大了，未来要成为你的继承人、你的希望，

他是注定要统治意大利和罗马的土地的。"

墨丘利如此责备埃涅阿斯。话音刚落，他就消失在稀薄的大气中。

埃涅阿斯见此景象，惊愕得无法言语，

吓得头发竖起，声音也堵在喉咙里。

他一心想要逃跑，离开这安乐之土，

因为这样严重的告诫和神的命令让他震惊不已。

但能怎么办呢？又如何鼓起勇气向热恋中的女王[2]诉说这番情景？

用什么话来开口呢？他脑海中开始闪过无数念头。

三思之后，他最终认为只有一个办法：

他呼朋唤友，让他们偷偷把船备好，

把水手们召集起来，随时准备起航，

但不要吐露埃涅阿斯改变计划的原因，

因为狄多一无所知，更不会料到炽热的爱情将会破裂。

他尽力寻找合适的时机向她开口。

船长满心欢喜，向下传递着他的命令。

但谁又能欺骗一个处于热恋中的女人呢？

狄多女王已经有所预感，首先察觉到将有事情发生，

她居安思危，预见到这次阴谋。

与此同时，一位女神惹是生非，

告诉她船队已经整装待发，即将扬帆起航。

女王听罢，怒不可遏，激愤之下，满城狂奔，

就像迈那得斯[3]发酒疯一般，拿起酒神的铙钹铿锵作响，

歇斯底里地咆哮，划破了奇泰隆山[4]静谧的黑夜。

她不听埃涅阿斯的解释，首先说道：

"忘恩负义的家伙！你以为你能

隐藏你那邪恶的勾当，瞒天过海，

并毫无声息地逃出我的手掌心吗？

我们的天作之合、海誓山盟，

难道对你来说一文不值吗？

你就一定要在这寒冬准备船只，冒着北风匆忙出航吗？

你真是好狠心啊！难道不是吗？

这究竟是为何？

即使特洛伊古国仍然存在，

即使你所寻找的家园和土地已经尽人皆知，

难道你真准备乘风破浪，如泉赴壑？

还是你想甩掉我？

你告诉我，这是真的吗？

我求你了，看在我已经泪如雨下，

看在你曾经海誓山盟，

看在我们宴尔新婚的分儿上。

如果我还值得你感谢，

如果我还有些什么地方能让你喜悦，

---

1. 埃涅阿斯的儿子。
2. 狄多，迦太基女王。
3. "疯女人"，指酒神狄俄尼索斯的女信徒。
4. 阿提卡和贝奥蒂亚之间的山脉。

那就可怜可怜这个行将毁灭的家吧！
如果你还能听得进我的请求，
放下那个念头吧！
都是因为你，利比亚、努比亚的君主才恨我入骨，
我自己治下的提尔人也和我作对；
还是因为你，我失去了名节和昔日的荣誉，
这些都能让我名垂千古呀！
你要把我交到谁的手里去死啊，我的好客人？
现在我只能用这个词来称呼你了，
不能再叫你丈夫了。
你离开我要去找谁？
我现在感觉行将就木，
我还留在这世界上做什么？
是等我的哥哥皮格马利翁来毁灭我的城市，
还是让雅尔巴斯王子把我掳去呢？
至少，在你离开之前，如果我怀上你的骨肉，
将来这小小的埃涅阿斯能在庭院里和我玩耍，
而我看到他的相貌，就像看到你一样，
那么我也至少不会感到一无所有，完全被抛弃。"

狄多说完。埃涅阿斯由于神的告诫，挣扎着把眷恋之情压在心底，不露出任何迹象。

最后，他简明扼要地说道：
"陛下，我绝不否认你的许多恩典，
你一一列举，每一件都值得我感谢，
而且，只要我还有记忆，
只要生命还主宰着我的躯体，
只要我想起你的时候，
决不会感到后悔的。
…………

如果命运允许我按照自己的意志安排生活，
按我自己的希望处理问题，
我第一件事就是为我幸存的同胞重建特洛伊城邦，
让普里阿摩斯的宫殿重新屹立，
我要亲手复兴被征服的特洛伊人的城堡。
但现在，神谕命令我去占有广袤的意大利，
我必须热爱那里，它现在是我的祖国。
既然迦太基的城堡、利比亚都市的景色
能留住你一个提亚[1]人，为什么你却不肯让特洛伊人
去（意大利）奥索尼亚的土地上定居呢？
我们也有权利到国外建立国家。
每当夜幕降临，暗影笼罩大地，
每当群星升起，光芒点亮苍穹，
我父亲安喀塞斯的魂魄常来入梦，
激动地警告我，让我保持警惕。
我想到我亲爱的儿子，
我若剥夺了他统治西面王国的权利，
剥夺了本属于他的国土，
那就是对他的损害。
而且现在万神之王朱庇特亲自派来的神使
十万火急穿过天空，带来神的指令，
我亲眼在白昼看见他进了城，我亲耳听到他的话。
你不要埋怨下去了，以免你我都不愉快，
虽然这违反我的意愿，但我还是决定去意大利。"

【根据第6卷的描述，埃涅阿斯在冥府遇到了父亲安喀塞斯的亡灵，其父向埃涅阿斯预言了罗马的命运】

1. 古腓尼基的一座海滨城市，由狄多的父亲统治。

"还有其他人，我相信，他们将能铸造出更好的铜像，

    他们在法庭上比我们更加雄辩，
    更加善于用尺子绘出天体的运行图，
    甚至能够预言星宿的起起落落。
    但是，罗马人，请记住，
    你应当用法律统治万民，建立和平的秩序，
    对傲慢的人，用战争征服他们，
    对臣服的人，要宽宏大量，
    如此，我们的优良技艺，便可永世长存。"

问：为什么埃涅阿斯抛弃了狄多女王？
问：埃涅阿斯和阿喀琉斯（阅读材料4.1）同为史诗英雄，有何差异？

罗马叙事诗

虽然维吉尔的《埃涅阿斯纪》世人皆知，但他还创作了一些赞美大自然和乡村人的田园诗和牧歌。公元前3世纪，西西里诗人忒奥克里托斯简要描绘了田园生活。维吉尔从这些随笔中找到了灵感，并创作出了《牧歌集》。除了维吉尔之外，很多古典主义者都将希腊时代的作品作为原型。比如卡图卢斯（约前84—约前54），从他的诗歌中可以看出，他对希腊诗人萨福的作品了如指掌，十分欣赏萨福的诗歌。

卡图卢斯是最伟大的拉丁抒情诗人，年少时只身从维罗纳来到罗马，当时的他不仅富有，而且极具魅力。他一生十分短暂，是个充满激情的人。友谊、爱情和性造就了他的生活，也是他着力描写的主题。在和风流成性的罗马执政官之妻克洛狄亚相恋期间，卡图卢斯创作出了一批优秀的诗歌，下面的阅读材料列举了其中四首。这些诗歌回顾了诗人爱情的始终，表达了他第一次陷入爱情时的炽热情感和分手时的绝望与痛苦。在第四首诗中，卡图卢斯不仅没有像往常一样，在诗句中暗藏机锋、言语刻薄，也没有结合自己与人私通的经历，描写嫉妒和占有欲等相关主题。相反，这些诗歌直言不讳，极富个人色彩。诗中文字风格清新俊逸，贴近世俗，扣人心弦。

阅读材料 6.6
摘自卡图卢斯诗歌
（约公元前60年）

勒斯比娅[1]，让我们尽情生活爱恋，
严厉的老家伙们尽可闲言碎语，
在我们眼里，却一文不值！
太阳落下了，还能再次升起，
可是我们，短暂的光亮一旦逝去，
就只能在暗夜里沉睡，直到永远。
给我一千个吻，然后给一百个，
然后再给一千个，然后再给一百个，
然后吻到下一千个，然后吻一百个。
然后，等我们已吻了许多次，
我们就搅乱数字，不让自己知道，
也不给嫉妒的恶人以可乘之机，
如此，他们就不会知道我们的财富，
也不会风言风语、分外眼红。

———◆———

他在我眼里，仿佛神明一般，
他的光芒甚至神也不能相比，
他坐在你的对面，看着你，听着你，
笑靥如花，十分甜蜜。

---

1. 卡图卢斯为克洛狄亚取的名字，参考了勒斯波斯岛上的女诗人萨福。

我却失去了所有知觉，不知所措。
因为一见到你，勒斯比娅，
我的心就像洪炉点雪，立刻冰消瓦解，
沉重的舌头麻木了，再也说不出话来，
炽热的火焰向四肢深处游去，
耳朵也嗡嗡作响，就像远方的闪电一样，
震动大地，
双眼盯着群星，最终被深夜吞没。
卡图卢斯，安逸是祸殃，会毁了你，
你因为整日的安逸而放纵、沉溺，
在过去，安逸让多少君王国破身死，
又让多少繁华的城市灰飞烟灭。

———◆———

勒斯比娅总是说我的坏话，从来不曾停止，
而现在勒斯比娅绝对爱我，我发毒誓！
她对我感情的炽热，何以见得？
因为我也一样，绞尽脑汁辱骂她，
可我绝对爱她，我发毒誓！

———◆———

奥勒里、弗里，我一定要惩罚你们！
竟然怀疑起我纯洁的人品，
就因为我的诗里满是断袖分桃。
一个天才的诗人本就无邪，
但他的作品却大可不必。
真正有机巧、有风味的诗，
反而就应柔情似水、放浪形骸，
不论读者是血气方刚的年轻人，
还是小腹僵硬、形骸荒疏的垂垂老者。
如此更能催动他们蛰伏的欲火，
你们，就因为读到我数不清的吻，
就以为我扭扭捏捏，不是个男人？
我一定要惩罚你们，让你们欲火焚身。

问：如何比较卡图卢斯与萨福诗歌之间的异同？

在拉丁文学中，个人情感与激情并非典型特征。在一般情况下，卡图卢斯的诗歌也更倾向于说教和讽刺。奥维德（前43—约后17）是罗马的另一位著名诗人，他凭借叙事诗《变形记》享誉几个世纪。在这部作品中，他叙述了大量与希腊、罗马众神有关的故事，从而升华了"变形"这一主题。奥维德不断追求自己的爱情，锲而不舍地进行诗歌创作。由于有过三次婚姻经历，他在风流韵事上堪称行家里手。

关于"爱"这一主题，奥维德有一部名为《爱的艺术》的诙谐手册。罗马皇帝奥古斯都看过这部作品之后极为不满，认为它有伤风化，因此将奥维德流放出境。虽然《爱的艺术》诙谐幽默，生动呈现了罗马的日常生活，但其中也充斥着大量厌恶女性或反女性的内容。奥维德明确认为，女性的欲望是导致人类犯罪的最大原因。根据诗人的说法，女性的欲望比男性的更加"强烈、凶悍与放纵"。

贺拉斯诗歌

罗马诗人在说教文学方面最为擅长。在屋大维时期，有一位桂冠诗人，他对生活持批判态度，人们通常称他为贺拉斯（前65—前8）。虽然贺拉斯既无法像维吉尔一样进行宏大叙事，也不具备奥维德的精湛技艺，但他创作的诗歌却反映出理想与现实之间的矛盾。公元前1世纪，罗马爆发内战，贺拉斯亲历了这场灾难。因此，他对战争主题具有敏锐的洞察力，能够使读者感同身受。关于这一点，我们从下文摘录的第一首诗中便可见一斑。

摘录的第二首诗展现了罗马人在讽刺作品方面的审美。作为一种文学体裁，讽刺作品用幽默抨击人们的愚蠢和堕落。讽刺作品不仅是罗马对世界文学的独特贡献，也是道德教化的一种方式，旨在批评人的缺点，并通过暗藏机锋和夸张渲染等手法针砭时弊。和大多数罗马肖像一样，这样的人物塑造没有过多修饰，十分贴近生活。在摘录的第三首诗中，贺拉斯受斯多葛派影响，透露了他对人类完美无缺的怀疑，并建议我们"把握今天""学会接受当下的一切"。

阅读材料 6.7
贺拉斯诗歌
（约公元前30年—公元前15年）

内战

你们这些恶人，
为何重拾刀剑，奔赴战场？
让鼓角重鸣、狼烟再起，
又所为何故？

难道战场上洒下的英血
还不够多？
难道你们非要看到尸横遍野
血流漂杵？

他们有些人甚至手无寸铁，
你们的仇恨就这样被旁人利用。
想想你们自己吧，
到时候，不过是自寻死路！

即使野兽之间的杀戮，
也会波及无辜。
莫非是疯狂使得你们
依旧如此盲目？

回答我！你们的良心麻木了吗？
你们一个个

灰头土脸，缄口不言，
就是默认自己的耻辱。

手足相残在所有罪行中，
最为卑鄙无耻！
想一想吧，免得被后人唾骂，
臭名昭著。

坦率讲

顽皮的克洛丽丝，
你的一言一行，并不完全符合
我[1]对完美女性的设想。
在人生的阴暗时刻，
你不许将灵魂抛弃，
也不要像福洛厄一样愚蠢，
她的日子尽是荒唐。
她才是个少女，
你已是有夫之妇。

你的女儿，彬彬有礼，
或许能找到意中之人。
女儿所为，无论何事，
作为母亲，
都不应插手。

你是有夫之妇，
本就该避免纵酒狂欢，
更糟的是，你已
四十有六！

是的，克洛丽丝，

---

1. 指诗人贺拉斯。

你的心早已伤痕累累，
所以你喜欢翩翩起舞，恋酒贪杯。
你的岁月很快就会流逝，
重新拾起女工吧，毕竟
回头是岸！

忘记这些偶然的事情吧，
它们会让你推卸做母亲的职责。
无论红尘、肉体、欲念，
坦率讲，早该
一刀两断！

把握今天

不要在禁忌之书中窥探，
也不要再继续询问，留科诺厄！
对你我而言，还有几载光阴？
众神将了断我们，
在此之前，神将把我们送走。
抑或，在巴比伦人的星座上
你方可寻求生机，拾起希望。

学会随遇而安吧，
无论天父是否让冬日降临，
无论最后一块记忆的碎片
现在是否飘落到
托斯卡纳海崖的对面。

让我们多些智慧吧，
幸与君酌，徐徐倒酒、斟满，
人生虽短，吾辈亦可志存高远，
你我谈天说地，觥筹交错，
引得你也惊叹：时光如梭！
晒草快趁今朝，明日不可知晓。

问：在这些诗歌中，哪些内容反映出了贺拉斯的"愤世嫉俗"？

尤维纳利斯的讽刺文学作品

在贺拉斯的叙事诗中，大部分讽刺作品都能点到即止。但是作为罗马最著名的讽刺作家之一，尤维纳利斯（约60—约140）创作出了有史以来最具讽刺意味的作品。起初，尤维纳利斯游历各个行省之后，辗转来到罗马。随后，他出任地方法官，这份工作不仅让他接触世间百态，也让他想起自己身无分文、穷困潦倒的经历。这些让尤维纳利斯对罗马社会失望不已。于是，他创作出了16部讽刺作品，大胆揭露了贪婪和腐败的横行。尤维纳利斯对罗马城的抨击，不仅为我们展现了一幅嘈杂、肮脏、拥挤的城市画面，也揭露了罗马人的自私、暴力和自我放纵。

阅读材料 6.8a
摘自尤维纳利斯《对罗马城的抨击》
（约公元110年—127年）

永别了，罗马！谁愿意留下，悉听尊便。
同行三人，甲、乙和丙，
他们颠倒黑白不亦乐乎，
获得河运和港口的合同易如反掌，
盖起神庙，清理下水道，拖走尸体，
更有甚者，在市场上拍卖奴隶。
他们曾经吹着小号，在街头卖艺，
在街道上，每个宽阔的地方
都能听到他们鼓着腮帮，猖猖狂叫。
现在他们也有自己的表演。
旁人喊道：

第六章 罗马：帝国的崛起 201

"大拇指向下！大拇指向上！[1]"
角斗士们应声彼此厮杀或休战，然后回到私人雇主的租借地。
他们不用负任何责任。为什么？
因为命运[2]的好意
早已让他们得意扬扬，摆脱泥潭。
··········

如果你很穷，那你无时无刻不是别人嘲弄的对象。
如果你的斗篷很脏或被撕裂，
如果你的长袍看起来有几处泥点，
如果你的皮鞋上有条裂缝，
抑或补丁上又有补丁，
那就少不了别人的冷嘲热讽！
··········

贫穷是最大的诅咒，但更糟糕的是
它使人成为笑柄，让人失去自信
受尽冷嘲热讽，不知所措。
在你囊中羞涩之时，他们大喊道："滚出前排的座位！"
再把你的地方让给各色人等，
或是皮条客的儿子，或是妓院的龟公，
或是拍卖商的滑头小子，或是教官生下的蠢人，
抑或角斗士所养的俊逸男童。
··········

在城市中，病人大多死于夜晚的街上。
未消化的食物，不仅让胃部灼烧，也让人无精打采，
但是谁能在陋巷中寻得安眠之处？
除了富人以外，谁能住得上花园公寓？
谁又能享受一夜好眠？

---
1. 大拇指向下代表角斗士受伤被杀，向上则代表他幸免于难。
2. 指那哄笑的人群。

医院的病房坐落在狭窄的街道上，
那里是感染的源头。
轮子吱吱作响，刚一停下
就听见马车夫们大吵大闹，
声音震天动地，连流浪汉都无法忍受。
当某个车夫有了生意，人群立马让开一条路，
他就像富人一样，居高临下，俯视四周。
在车上，他东拉西扯，甚至可能打一个盹。
不过，只要我们着急赶路，不用多想，他总能到想去的地方。
我们的四周，交通堵塞，水泄不通。
有人用手猛推，有人用肘戳我。
一个人用横梁砸我的脑袋，另一个人用啤酒桶砸我的脑袋。
我的小腿上积满了厚厚的泥，又被一个人的大脚踩了一下。
现在如何呢？一名士兵把他的鞋钉扎进了我的脚趾。

问：在这首诗中，尤维纳利斯描述了什么样的城市病？这些城市顽疾是否只在古罗马有？

尤维纳利斯不仅对他周围的人口诛笔伐，对外国人同样充满敌意。纵观整个西方文学史，在斥责女性方面表现最为强烈的作品当数他的第六部讽刺作品《对女性的抨击》。在这部作品中，诗人哀叹洁身自好的拉丁妇女开始不守贞洁，并认为女子的美德早已被奢侈品腐蚀。事实上，罗马上流社会的女性早就因为痴迷诸如精致珠宝、香水和假发（图6.4）之类的奢侈品而声名狼藉。尤维纳利斯对女性的偏见虽是一家之言，但也反映出当时社会对普遍存在的奢靡行为怀有强烈的不满。公元2世纪，罗

公元200年，罗马皇帝塞普提米·塞维鲁禁止女性参加战斗，他认为这是对军事尊严的侮辱。

图 6.4 弗拉维王朝时期的女性 约公元89年。这一时期，女性发型优雅，额头上的刘海卷曲，后部的头发编制成辫，并盘成圆形发髻

马男子公开包养情妇的情况非常普遍，狎妓之风也开始盛行。在已婚妇女中，婚外情逐渐增加。男女离婚的案例比比皆是，第二次和第三次婚姻也司空见惯。

相比于黄金时代的雅典，罗马帝国的妇女没有享有更多的公民权利。她们既不能投票，也不能担任公职。然而，女性没有与男性分开居住，她们可以拥有私人财产，也能自由管理自己的法律事务。在罗马，男女共同接受教育。大多数中产阶级女性可以读写，一些贵族女性也开始积极参与公共生活。并且，纵观历代罗马皇帝，后宫嫔妃经常通过对丈夫和儿子施加影响，从而干涉朝政，并左右皇位继承。罗马人的记录证实，除了从事食品和纺织品生产等工作以及卖淫之外，女性还担任过音乐家、画家、女祭司、助产士和角斗士等角色。但在

阅读材料 6.8b
摘自尤维纳利斯《对女性的抨击》（约公元110年—127年）

你问，这样的母老虎来自何处？
过去，拉丁女性虽不富裕，但恪守妇道。
她们辛苦劳作，目不交睫，
使得村中各户不染疫病，
双手做着木工，一刻不停，
丈夫在旁守望，拿着武器，站在科林门前，
仿佛看到汉尼拔[1]的身影。
现在，我们遭受着长久和平带来的危害，
奢靡之风正在酝酿危机，
其恶果比战争更加恐怖，
带来的报应足以毁灭世界。
当罗马不再像过去一样勤俭，
各种罪行和欲望便会在此滋生蔓延。
从那天起，在我们的七座群山[2]之外。
来自东边的难民和败兵逐渐涌入罗马，
他们戴着花环，酗酒度日，厚颜无耻。
外国的肮脏货币第一次在罗马流通，
外国的恶习和人们的过度放纵
让彼时的罗马土崩瓦解。
富人们也变得软弱无能。
维纳斯喝醉之后，还会在乎什么呢？
她早已语无伦次，难辨是非。
在午夜，她将大牡蛎一口吞下，剩下的做

1. 迦太基统帅汉尼拔是罗马最强大的敌人。公元前213年，他在距离罗马城仅数英里的地方安营扎寨，随时准备攻城。
2. 罗马城四周的群山。

第六章 罗马：帝国的崛起 203

成油膏,
　　纯美的葡萄酒泛起泡沫,她用海螺一饮而尽,
　　这时天旋地转,桌子也开始跳舞,
　　醉眼迷离,灯光加倍模糊。
…………
　　女人将无所畏惧,也不会认为有什么可耻的事情,
　　无论是她脖子上的绿宝石,还是耳垂上硕大的珍珠。
　　相比而言,你那位富家太太让人最难忍受,
　　她用面饼打粉补妆,这样的方法最为滑稽。
　　还有,她的油膏散发着恶臭。所以,上帝让她丈夫
　　那可怜的脸上熏上臭味,并留下她口红的印记。
　　她若与情人幽会,要把皮肤清洗干净,
　　但在家里,为什么还要让她看起来美丽动人?
　　人们都认为甘松油[1]是为情人准备的,
　　于是,为了情人,她买下了所有的阿拉伯香水。
　　她花时间卸下一层层的妆容,让自己素面朝天,
　　一层接一层,直到最后,人们终于认出了她的轮廓。
　　为了在前往极北之地的旅程中,让皮肤不受影响,
　　她涂上了乳液,殊不知这需要大量的驴奶。
　　然而,当她从底妆开始,到合上妆奁,
　　从最初的洗脸到最后的泥敷,
　　这一切之下,究竟是美丽还是疮痍?

问:尤维纳利斯如何讽刺罗马帝国中的女人?
问:文中提到罗马遭受着"长久和平带来的危害"是什么意思?

罗马戏剧

　　罗马的悲剧大致模仿希腊,旨在对民众进行道德教化。戏剧题材主要来自希腊和罗马历史。然而,罗马的戏剧表演没有像希腊戏剧一样表现宗教的严肃性。相反,罗马人认为戏剧只是一种娱乐形式,他们将戏剧与公共赛事一同称为卢迪(Ludi),并将其作为公民节日的主要标志。卢迪既没有繁文缛节,也不同于体育竞赛,而是以械斗等暴力娱乐为主来吸引观众。在罗马,公共庆典的本质莫过于此。所以为了与这些娱乐活动竞争,罗马悲剧中有很多作品都是血腥和残忍的。作为一名斯多葛派作家,塞涅卡的戏剧作品虽然惊悚,但在罗马时代却十分受人欢迎。不仅如此,在1500多年之后,威廉·莎士比亚等著名剧作家也从中受益匪浅。

　　罗马人似乎更喜欢喜剧而非悲剧,因为大部分留存至今的罗马戏剧都属于喜剧。喜剧作家往往通过简单的情节和粗俗的幽默(通常是荤段子)来讲述故事。在普劳图斯(约前254—前184)和泰伦提乌斯(约前195—前159)的戏剧中,有一些角色经常出现,比如善良的妓女、狡猾的妻子和聪明的仆人。这些角色令人捧腹的动作和粗俗的表演风格,与今天的电视情景喜剧如出一辙。由于深受其文化影响,罗马喜剧在舞台上往往展现的是日常生活,而不是幻想故事。毕竟,对人们来说,不完美的现实世界才是生活的常态。

---

1. 一种芳香油膏。

罗马帝国的艺术成就

罗马建筑

罗马建筑反映了这一庞大帝国的实际需求。正如尤维纳利斯所言,罗马帝国的城市中心充满了拥堵、噪声和污秽。罗马行省幅员辽阔,东起幼发拉底河,西至大西洋。为了将这些行省连为一体,罗马征发工匠,修建了5万英里的铺装道路,其中有许多至今仍在使用。罗马公民对居住、管理和娱乐具有庞大需求,这激发了住房、会议厅、浴场和圆形剧场等工程的建设。

八九层高的楼房为千千万万家庭提供了廉价居所(经常有老鼠出没)。罗马的桥梁和隧道让天然屏障变为通途。不仅如此,为了增强水利,罗马人还修建了18座沟渠为大城市带来洁净的淡水。在罗马人看来,这些沟渠是他们最重要的技术成就。

罗马的能工巧匠利用拱门(学自伊特鲁里亚人)的结构优势,将大量连贯的空间封闭起来。相较于希腊人在帕提依神庙等建筑中使用的梁柱结构,拱门结构无疑是技术进步的体现。罗马人创造性地应用了这种结构的原理:他们先将拱门依次连续放置,形成一个桶形拱顶,并使彼此成直角,形成一个交叉或凹陷的拱顶,再围绕一个中心点组成一个穹顶。

罗马的建筑结合了实用性和创新性。罗马人率先使用混凝土作为建筑材料,这使得低成本、大规模地建造建筑成为可能。具体而言,罗马人先用混凝土打好地基,再用砖瓦和石料筑起高楼,最后用大理石、瓷砖、青铜或石膏完成建筑外表面的铺贴工作。

罗马人将建筑学和工程学视为同一个学科。对此,维特鲁威的《建筑十书》(见第五章)是最古老、最具影响力的作品。这部作品介绍了水利系统、城市规划和机械设备等方面的知识。罗马建筑师认为,要依据功能需求来设计建筑。正如约瑟夫斯在书中所言,罗马人十分关注别墅、剧院和神庙的设计,他们对这些建筑的重视甚至不亚于对医院、要塞和军营的重视。

嘉德水道桥(图6.5)长达900英尺,是罗马最壮观的大型工程项目之一。桥下水渠长25英里,旨在为法国南部的尼姆市提供淡水。此桥选用6吨重的石料建造而成,工匠在装配桥石时无须使用砂浆。桥梁结构分为三层,底部一层支撑桥身,第二层支撑顶部通道,水利用重力穿过通道最终流到目的地,体现了拱形结构设计的实用功能。

罗马圆形剧场规模庞大。比如,大竞技场可以

科技发展一览表

公元45年	罗马人发明玻璃吹制技术。
公元90年	高架水渠开始为罗马城供水。
公元122年	在罗马行省不列颠,皇帝哈德良开始筑造城墙,抵御来自北方的入侵。
公元140年	亚历山大时期,天文学家托勒密发表《天文学大成》,猜想宇宙可能是以地球为中心。在后来的几个世纪,这一观点都是西方天文学的基础。
公元160年	克劳迪亚斯·盖伦撰写了超过100篇医学论文(虽然这些论文有很多错误,但在后来的几个世纪,它们奠定了西方医学实践的基础)。

图 6.5 **嘉德水道桥** 法国尼姆附近，约公元前20年—公元前10年

图 6.6 **罗马斗兽场** 公元70年—82年。这座建筑气势恢宏、规模庞大，不仅彰显了罗马的力量和意志，也为其庞大的城市人口提供乐趣

容纳20万名观众。罗马斗兽场占地6英亩，可以容纳5万名观众。这让人不禁想起，公元1世纪，罗马的人口超过了100万。在当时，很多贫困的罗马人都能享有各种面点和免费娱乐，借此消愁忘忧，所以出现了"面包和马戏团"这一短语（"bread and circuses"意为"小恩小惠"）。罗马圆形剧场体现了人们对各项娱乐活动的喜爱，包括战车比赛、模拟海战、角斗表演，以及各种残酷的血腥竞技。

在罗马斗兽场（图6.6）中，观众席分为三层，耸立在竞技场之上。在场馆地下，房间和通道相互交叉、错综复杂，运动员、角斗士和猛兽从这里登场，并为欢呼的人群带来视觉盛宴。为了遮挡阳光，人们在最顶层使用滑轮系统延伸出遮阳篷。在场馆外部，每一层拱门都由一系列装饰柱或嵌入的立柱构成。这些柱子有三种希腊柱式：多利克式、爱奥尼克式和科林斯式。几个世纪以来，拱门结构与梁柱结构的巧妙结合引得人们争相模仿，特别是在意大利文艺复兴时期。从更普遍的意义上说，罗马圆形剧场对现代体育场的设计产生了深远影响。

万神殿（图6.7）是罗马建筑艺术的巅峰之作。这座神庙的宏伟结构得益于罗马人的独创技术和引人注目的空间设计。公元2世纪初，为了对七大行星之神表达虔诚，罗马人建造了万神殿。神殿的外观宏伟壮丽，覆盖着汉白玉和青铜饰面。门廊配有八根科林斯式立柱，是万神殿的一大特色。最初，万神殿下方有一段阶梯，不过现在已经被埋在城市街道下面了。

作为保存完好的古典时代的建筑物之一，万神殿配有一座圆形大厅（图6.8），其底部厚达19英尺，上面的穹顶十分坚固，由5000吨混凝土浇筑而成。穹顶的内部涂有蓝色和金色的彩绘，如同天界的拱顶一般。神殿顶部开有一个直径30英尺的瞳状圆孔（或称"圆形瞳孔"），旨在让光和空气进入室内。根据维特鲁威的原理（见阅读材料5.1），万神殿从地板到穹顶顶点的高度（143英尺）等于这座圆形大厅的直径，遵循了古典的对称与和谐原则。

显然，万神殿彰显了罗马人的独特精神。不过，其他罗马建筑仍在以希腊建筑作为参考模型。例如，在法国尼姆市，有一座神庙被称为尼姆方殿（图6.9）。这座建筑就像一座微型希腊神殿矗立在高台之上。神殿只有一个大门，楼梯和多立柱门廊使得这个大门格外突出，从而赋予了这座建筑一个正面"焦点"，不过希腊神庙往往并不具备这种特征。神殿门廊立柱采用科林斯式风格，外墙以嵌入立柱作为装饰。

作为古典风格的缩影，精致的尼姆方殿成为众多欧美国家争相模仿的对象。在美国，弗吉尼亚州

图6.7 罗马万神殿 约公元118年—公元125年

图 6.8 万神殿内景 著名画家乔瓦尼·保罗·帕尼尼，约1734年—1735年。万神殿规模庞大，内部空间宽敞明亮，超越了任何古代神庙。这幅18世纪的画作捕捉到了建筑内外的巨大差别。在平淡无奇的外观下，建筑内部让人叹为观止。这样的布局也展现了"圆形瞳孔"如同"聚光灯"一般的戏剧效果

议会大厦就是这样一座典型建筑。它由托马斯·杰斐逊亲自设计。作为一名新古典主义者，杰斐逊希望通过模仿古典建筑让大厦表现出尊严、稳定和权威等特征，进而让人感受到希腊、罗马时代的精神。

如果说万神殿和尼姆方殿等神庙满足了罗马人的精神需求，那么很多以罗马皇帝卡拉卡拉的名字命名的浴场则满足了罗马人的世俗需求。得益于天然温泉的供给，这些精致的浴场让罗马人得以远离城市的喧嚣和污垢。于是，这些浴场成了他们最喜爱的"避难所"。

一些大型浴场（图6.10）通常配有蒸汽房、健身房、艺术画廊、商店、咖啡馆、阅览室，人们可以将浴池加热至不同的温度。浴场内还另设有房间，可以让男女行云雨之欢。虽然大多数浴场都配有独立的女性隔间，但男女混浴是比较普遍的。事实上，到了公元3世纪，罗马城中的浴场达900多个，这说明浴场在罗马已经非常流行。

后来，罗马浴场并入了矩形大会堂。矩形大会堂是一种长方形柱廊大厅，通常用于公共集会，也是理想的法院、会议厅和交易场所。例如，马克森提大会堂（图6.11）就是一个巨大的会议厅，内部配有300英尺长的正厅、四条走廊以及一个被称为后殿的半圆凹形建筑。公元4世纪，在君士坦丁大帝的领导下，大会堂得以顺利建成。

罗马大教堂是罗马建筑的又一杰出代表，其屋顶可能由木梁构成，或者可能和马克森提大会堂一样由巨大的石头拱顶构成。大教堂的墙壁约20英尺厚，由砖面混凝土修筑而成，承载着巨大的拱顶。凭借独特的楼层设计风格，罗马大教堂成了早期西方基督教教堂的典范。

罗马雕塑

帝国主义的思想传统在罗马的历代皇帝身上都得到了体现。为了宣扬不朽的军事成就，将伟大统治者的征服事迹流传后世，罗马人建造了许多宏伟的公共艺术工程，包括各式各样的凯旋门和胜利纪念柱。这一点与埃及法老的方尖碑如出一辙。公元113年，为了庆祝对达西亚（今罗马尼亚）的胜利，罗马皇帝图拉真下令修建了一根100英尺高的大理石柱（图6.12）。立柱外壁还刻有精美的浅浮雕，

图 6.9 尼姆方殿 法国尼姆，约公元前16年

触类旁通

纵观希腊、罗马历史，万神殿在众多建筑作品中无与伦比，为后世的建筑设计师提供了灵感源泉。18世纪晚期，托马斯·杰斐逊就对万神殿十分热爱和崇敬。作为杰出的新古典主义者，杰斐逊参照这座神殿设计了诸多建筑，包括位于弗吉尼亚州夏洛茨维尔的蒙蒂塞洛乡村庄园以及弗吉尼亚大学的圆形大厅。杰斐逊对罗马神庙的原始设计信守不渝，包括通往门廊的楼梯也不例外。

图 6.10 **大浴场** 罗马浴池建筑群，英格兰巴斯小城，公元54年。这座豪华的浴场留存至今，是英格兰最好的罗马遗迹之一。浴场内的天然温泉仍然可以供水

图 6.11 **马克森提大会堂** 罗马，始建于公元306年—310年，公元313年之后由君士坦丁大帝建成。这座大会堂不仅在规模上最为壮观，也是罗马皇帝委托修建的最后一座大会堂。中央大厅原本高度达115英尺。承重墙厚达20英尺，为顶部天花板提供支撑。在后殿，君士坦丁的巨大雕像（仅存头部）曾经放置在此

图 6.12 图拉真胜利纪念柱 罗马，公元113年。这根立柱是图拉真广场上唯一幸存的纪念建筑。曾经，这座广场周围有法院、神庙、商店，以及两座图书馆。

2500个人物共同组成一幅巨大的画卷。艺术家通过在立柱上刻画大量人物，营造出如梦似幻的效果，同时采用现实主义的表现手法，还原了罗马的兵器装备和军事部署等大量细节，从而使立柱上的情景栩栩如生（见图6.1）。

凯旋门也是罗马帝国胜利的标志性形象。在一般建筑中，拱门的主要功能是容纳空间，与之相比，凯旋门更像是雕塑。罗马人用混凝土筑成了这种独特的建筑，并在外侧铺贴大理石，旨在加强视觉效果。例如，为了庆祝军事胜利，奥古斯都率先建造了这些巨大的拱门。这些拱门也可以作为巨大的门楼使用。罗马建造了大约34座拱门，每一座都饰有雕塑和赞美铭文，这让很多臣民能够亲自体会罗马帝国强大的实力和辽阔的领土。公元66年至公元70年，罗马皇帝韦斯巴芗和狄度相继发动犹太战争，镇压犹太人。罗马广场附近有一座狄度凯旋门（图6.13），刻画了犹太战争最后阶段的场景。

在两根巨大的立柱之间，罗马人用混凝土建造拱顶，并在外侧铺贴大理石。在立柱上面，罗马人不仅镶嵌了科林斯式的立柱，而且在上部修建阁楼，并放入一块纪念碑。在拱顶内壁，浮雕饰板描绘了罗马士兵凯旋的经典画面（图6.14）。在画面中，罗马士兵为耶路撒冷的陷落感到兴奋不已，也为洗劫所罗门神庙感到欣喜若狂。罗马士兵佩戴胜利的桂冠，缴获了犹太人的烛台和其他战利品，列队穿过城门。罗马艺术家用深浅不一的浮雕营造出场景的立体感。就像我们今天依靠电影和照片一样，罗马人通过浮雕记录关键的历史事件，并使之流传于后世。

一方面，凯旋门成为罗马人宣扬军事胜利的绝佳建筑。另一方面，巨大的雕像在颂扬罗马统治者中也发挥了重要作用。如图6.3所示的奥古斯都像是罗马英雄肖像雕塑的典范之一。在这尊雕像中，古典风格与现实主义手法融为一体。人物的真实细节（在胸甲和长袍的处理中最为明显）和理想形态

第六章 罗马：帝国的崛起 211

（在英俊面孔和人物比例的规范中最为明显）相互交织。这样的创作手法，主导了罗马的官方艺术，在批量生产的硬币中也有所体现。

公元2世纪期间，英雄雕像对人物权威的塑造产生了深刻影响，尤其是统治者在马背上的形象，比如奥勒留骑马像（图6.15）。在罗马皇帝马可·奥勒留的骑马雕像中，我们可以看出，这位统帅检阅士兵时的姿态虽不足为奇，却仍然明显展现了帝国的权威。雕像中的军马皮肤呈古铜色，几道青筋明显凸起，肌肉线条清晰可见，显得神采奕奕。

通常而言，统治者的公开形象都会得到一定程度的美化，而私人定制的画像则更加注重用自然主义的手法呈现真实的细节。在罗马的男女雕像中，追求真实之美体现得非常明显，而且这些雕像描绘的往往是统治阶级和富有阶层。这些肖像反映了罗马人对自然的痴迷，这与希腊黄金时代追求的理想肖像形成了鲜明对比。有一些学者猜测，部分罗马人的头部像之所以如此栩栩如生，可能是因为有人用蜡作为面具拓下了死者的面容。

罗马的人物雕像倾向于反映人物的个性。事实上，这可能与古罗马人的祭祖习俗有关，他们的后人要对过世祖先的"精神"或英灵表达敬意。尤

图 6.13 狄度凯旋门 罗马，约公元82年。上层建筑的拉丁文铭文表明，元老院和罗马人民为纪念韦斯巴芗之子狄度，修建了这座拱门

图 6.14 罗马士兵凯旋

利乌斯·恺撒的半身像由绿色片岩雕刻而成，并镶有用水晶制作的眼睛。这不仅让人物显得活灵活现，也表现出了恺撒坚毅果断的精神。罗马的人物雕像将特定人物的生命定格在某一瞬间。因此，在一定程度上，这些雕像作品能将人物心理和现实主义融为一体，而大多数古希腊肖像画却不具备这一特征。

当时的人物雕像就如同今天的照片，是亲朋好友的纪念之物。因此，对罗马人而言，强调写实合情合理。例如，在图6.16这尊雕像中，一位秃顶贵族的手上拿着两尊家族祖先的半身肖像。这表明罗

图 6.15 奥勒留骑马像 约公元173年

图 6.16 罗马贵族双手拿着其祖先的半身像，公元前1世纪晚期

第六章 罗马：帝国的崛起 213

图 6.17 弹奏基萨拉琴的女人坐像壁画 罗马共和国晚期，约公元前40年—前30年。普布里乌斯·法尤尼斯·希尼斯特别墅，位于博斯科雷尔。这幅壁画作为装饰品出现在接待大厅中。画中可能描绘的是一幅庆祝王朝联姻的场景。两个人物都佩戴着金头饰和耳环。庞贝壁画的红色来源于朱砂，是最为昂贵的颜料之一

图 6.18 鸡蛋和画眉鸟静物写生 朱莉娅·菲利克斯别墅，庞贝古城，公元79年以前。这幅壁画与古埃及人使用的干壁画不同，罗马人将壁画绘于新刷的石膏层之上，颜料需要保持潮湿才能涂于各部分，这种技术被称为"湿壁画"

马家庭非常注重血统，对一家之长十分敬重。这与中国古代的孝悌之道十分相似。为了表示对死者的尊重，罗马家族会将这种私密的遗像陈列在专门的祭坛和神龛之上。

此外，罗马女性同样受到尊敬。例如，我们从这尊雕像（见图6.4）可以看出，这位方下巴的女性贵族一定使用过卷发棒，因此她的发型（或是假发）显得十分讲究，这体现了这位罗马主妇的骄傲与自豪。

一些心理学家经过深入研究发现，无论是用青铜铸造，还是用大理石、板岩或陶土雕刻而成，罗马雕塑作品中的人物形象都显得十分真实坦率。在罗马雕塑中，创作者既没有让人物形态理想化，也没有用任何文字细节表达自己对人物的感情。所以，可以说罗马人只是将雕塑视为记录日常生活的一种手段。

罗马绘画和马赛克艺术

在会议大厅、浴场和乡村别墅的装饰方面，罗马人大量运用了壁画和马赛克艺术。在这些作品中，现实主义作为主要风格屡屡出现。受到希腊壁画的启发，罗马艺术家从文学、神话和日常生活中选取场景进行创作，不过这些作品只有少数留存至今。在罗马壁画艺术中，庞贝古城和赫库兰尼姆及其周边地区保存的壁画作品最为完好。当时，意大利南部的这两座城市吸引了一大批富有的罗马人。

公元79年，意大利维苏威火山爆发，大量的火山灰吞没了庞贝和赫库兰尼姆这两座城市。但在城市之外，许多位于郊区的住宅却幸存了下来。这些围绕中庭（一种带有天井的中央大厅）建造的别墅住宅区是我们了解罗马上流社会生活方式的重要信息来源。

博斯科雷尔别墅位于庞贝古城以北约一英里。在那里，无论是地板还是墙面，绘画的主题和场景均由精美的马赛克装饰而成。作为一种艺术技法，人们将小块石头或玻璃嵌入湿水泥表面或石膏表面，从而构成马赛克。在一些房间的墙壁上，罗马艺术家也绘有壁画，旨在为观画之人留下一种印象，仿佛他们正在俯瞰花园和远处的建筑物。其他画作则展示了一些日常生活的场景。比如，一位美丽的罗马主妇，坐在优雅的木椅上演奏着基萨拉琴，她的女儿站在身后（图6.17）。

画中的两个人物直视着我们，好像我们打扰了她们的这段私人时光。在右侧，光线将人物照亮，而在左侧，艺术家们均匀画上阴影，从而呈现出真实生活的气息。这种幻觉主义手法被称为视幻觉法，旨在让图像在二维表面上呈现出三维空间感。罗马艺术家凭借自己的经验，成功掌握了这种手法。

另一种绘画技巧是对光线和阴影的操纵，意在诱使双眼看到纵深位置的真实物体。例如，在意大利庞贝古城的一座别墅中，罗马名画《鸡蛋和画眉鸟静物写生》（图6.18）便体现了这种技巧。作为一组壁画中的一幅作品，画中表现了人们为食物庆祝的场景。陶瓷盘上放着十个鸡蛋，栩栩如生。画中的两个金属罐闪闪发亮，光线似乎在表面上发生了折射，这一点与质地厚实的毛巾和陶瓷盘形成了鲜明对比。这些物体向右投射出阴影，使人感到光源来自左侧。

在西方艺术中，罗马艺术家采用的幻觉主义手法，一千年间都没有再次出现。作为一种独立的艺术类型，静物素描的诞生反映出罗马人在日常生活中对实体物质的喜爱。

作为另一个艺术主题，自然景观反映出了罗马人对精神世界的眷恋。尽管埃及人和希腊人都将自然环境作为背景用于记录人类活动，但是罗马人开创性地将自然景观作为创作主题。公元前1世纪，一幅壁画（图6.19）描绘了希腊英雄奥德修斯的冒险故事，其特色是辽阔的自然景观，包括崎岖的平

图 6.19 奥德修斯在莱斯特律戈涅斯人的土地上 选自《奥德赛》风景组图，罗马第二风格（或称"建筑风格"）壁画，公元前1世纪晚期。通过鲜活的人物投射出阴影，以及绵羊由于折射而在水池中缩短（左前景）的形象塑造，幻觉主义得到了进一步升华

原、有柔枝嫩条的树木、各式各样的动物和人。这些形象在光影中摇曳，反映了自然主义的典型特征。映照出的阴影也使得人物在环境中更加栩栩如生。

在表现乡村和自然乐趣方面，罗马风景画传递出了艺术家们浓厚的感情。例如，在伯罗奔尼撒半岛中部，有一个地方名为阿卡迪亚山区，那里居住着爱好和平的牧羊人。在古希腊传说中，一些美丽仙女也在此居住。这些元素都为古典风格风景画树立了参考的典范。维吉尔更是将其描述为一个田园诗般的天堂。在罗马的田园诗作品中，无论是拉丁语还是希腊语，诗人们都对纯真和简朴的生活场景大加赞美。例如，《阿卡迪亚神话》不仅歌颂了田园诗般的自由，也反映出罗马人对城市生活的幻灭之情。所以，歌颂田园自由的生活，特别是在城镇化不断发展的时期，成为西方艺术中反复出现的主题。

罗马音乐

罗马文明虽然留下了丰富的视觉艺术和文学遗产，但在音乐上却很少有作品流传后世，这使得人们几乎无法知晓罗马在这一领域的贡献。根据罗马历史学家的著作,罗马音乐理论应该与希腊人的传统理论一样,而大多数罗马乐器也与希腊乐器如出一辙。在戏剧中,罗马人用插曲取代了希腊的合唱颂歌。这样的改变表明,戏剧已经与其古老的仪式功能渐行渐远。然而,罗马音乐不仅是公共娱乐的一种必要形式,在军营生活中也发挥了重要作用。为了鼓舞列队行进,罗马人发明了铜管乐器,如小号、号角以及军鼓。

罗马帝国的衰亡

公元5世纪,强大的罗马帝国土崩瓦解。几个世纪以来,很多学者都对其崩溃的原因和过程抱有浓厚兴趣,并总结了多种因素,从土壤地力衰竭、铅中毒,到公元3世纪的疟疾流行、缺乏合法继承王位的制度,许多观点相继出现。实际上,这些观点很可能都是言过其实的。

罗马的衰落和其内部条件的相互作用不无关系。首先,管理一个如此庞大的帝国本来就不是易事。其次,奴隶贸易衰退、贫富差距扩大都加剧了罗马的衰退。在罗马帝国统治的和平时期,只有不到一半的城市人口享有公共福利。蛮族屡屡入侵罗马边界,这使帝国的内部问题雪上加霜。戴克里先(约245—313)和君士坦丁一世(280—337)试图力挽狂澜,但都未能成功。最终,公元476年,一位将军带领日耳曼人成功攻克罗马城,废黜了当时的罗马皇帝罗慕路斯·奥古斯都鲁。一个伟大的帝国就此灭亡。

回　顾

罗马帝国的崛起

从拉丁时代开始，罗马人展现出了非凡的气度，积极吸收其他文明的精华，其中包括伊特鲁里亚和希腊文明的成就。此外，罗马人继承并传播了古希腊以及希腊化世界的文明。虽然，罗马共和国允许所有公民参政，但权力在很大程度上仍由权贵把持。后来，罗马步入帝国时代，逐渐在文明世界中掌握霸权。与此同时，罗马共和国也落入军事独裁者手中，尤利乌斯·恺撒是其中最伟大的代表人物。恺撒之后，屋大维（奥古斯都）作为继承人，不仅再次让罗马步入和平时期，也让罗马的文化事业兴旺发达。在罗马，纪律严明的军队是帝国的支柱。为了将罗马帝国的庞大版图连为一体，建设桥梁和道路等大规模的工程项目不断发展。出于统治万邦的需要，罗马为世界带来了一套实用的法律体系。

罗马帝国的文学成就

罗马虽然并未诞生原创哲学，但出现了斯多葛派等希腊化思想流派。实际上，罗马文学存在许多失真之处。罗马人为世界留下了第一部百科全书，以及传记、散文、演讲、历史故事和信件，这些成就让人难以忘却。西塞罗和塔西佗的说教散文，风格流畅清晰，内容发人深省，是拉丁文学的巅峰。维吉尔的史诗《埃涅阿斯纪》是罗马诗歌的里程碑。在这部史诗中，维吉尔表达了他对罗马的崇敬之情。卡图卢斯留下的爱情诗也令人难忘，而贺拉斯和尤维纳利斯则创作了大量讽刺诗歌，从批判的视角审视了罗马人的生活。

罗马帝国的艺术成就

罗马的建筑独具特色，不仅灵活运用了拱门结构，也发展出了混凝土技术和砖石建筑。石拱建筑和穹顶建筑可以容纳宽阔的空间。对此，罗马人做出了自己的贡献。罗马的标志性建筑往往都会作为帝国的视觉宣传。罗马人以希腊建筑作为参考，并积极吸收模仿，但在浮雕雕塑、人物半身像和壁画中，现实主义的表现手法以及写实的细节处理大量存在，从而彰显了罗马人对待艺术的独特品位。罗马的音乐理论源自希腊，大多数罗马乐器亦是如此。不过，罗马人发明了铜管乐器，例如小号、号角，并将鼓用于军事用途。

罗马帝国的衰亡

近一千年来，罗马人统治的地区风土各异、民族众多。在语言、法律和建筑等方面，罗马都做出了自己的贡献，并对西方世界产生了不可磨灭的影响。罗马帝国走向覆灭是各种因素相互作用的结果，包括罗马统治者好高骛远、国内政治和经济问题层出不穷，以及日耳曼部落对罗马边界的频繁袭扰等。

术语表

中庭：罗马宫殿内部的庭院，通常配有柱廊和天井。

阁楼：一种上层建筑，位于建筑物正面主立柱之上，楼层紧靠屋顶。

矩形大会堂：一种配有廊柱的大厅，通常用于公共集会、审理案件，也可用作浴场和集市。

牧歌：一种田园诗，通常由牧羊人在乡村田园中吟唱。

讽刺作品：一种文学类别，以嘲笑或嘲弄人们的恶习和愚蠢为主。

视幻觉法：一种幻觉主义的绘画形式，画家试图让观众相信图像是真实的，并不是绘画而成的。

拱顶：根据拱形原理建造的屋顶或天花板。

第七章
中国：帝国的崛起

约公元前770年—公元前220年

学而不思则罔，思而不学则殆。
——孔子

古希腊、古罗马文明在西方兴盛了长达千年之久（约公元前500年——公元500年）。同一时期，中国和印度也产生了各自的文化，并在民众心中扎根，经久不衰。所以，人们将这种文化称为"经典文化"。中国和印度都产生了大量思想，并留下了丰富的艺术遗产。这些思想不仅是两国的文化基石，还是东亚其余各国参照的榜样。如同古希腊和古罗马一样，中国和印度留下的文化遗产不仅是经年累月的沉淀，还突破了各自地域的局限，从而形成了博大精深的人文传统。本章的重点叙述对象是古代中国。中国王朝的荣衰兴败和更迭为研究希腊、罗马历史提供了有趣的参照。

公元前5世纪左右，中国和希腊的伟大思想家缔造了各自民族的哲学传统。中国汉朝与罗马帝国之间的异同让人兴致盎然。比如，这两大帝国虽身处欧亚大陆两端，却都为各自辽阔的领土带来了政治稳定和文化统一。两国对世界和人类行为的看法都十分世俗。在宗教、法律、文学和艺术等领域，两国不仅继承、践行了古代的形式，而且两国的人民自觉将其传给子孙后代。中国和罗马留下的文化遗产对东西方历史产生了深远影响。

孔子及其经典著作

东周王朝
（约公元前770年—公元前256年）

公元前1046年，周王朝建立。公元前771年，周室衰微，实力大减。周朝统治者向东迁都之后，面对着内忧外患的局面。中亚游牧民族虎视眈眈，经常南下骚扰，国内各诸侯之间的纷争也愈演愈烈。然而，城市生活和贸易却并未受到影响，依然欣欣向荣。在当时，中国不仅发明了很多影响深远的重要物品，也在精神上形成了举足轻重、绵延后世的哲学传统。公元前6世纪，筷子、铸铁、方孔钱币和精美的漆器相继出现。与此同时，希腊哲学思想在欧洲兴起，这无疑是一个巧合。在当时的中国，新思想不断迸发，极具创造力，众多经典在那个时代诞生，共同构建了中国早期的道德和精神准则。

正如第三章所言，古代中国人将自然规律当作精神生活、政治稳定（天命所归）和社会秩序的基础。对个人和集体而言，了解自身在等级中的位置并躬行相应的义务是至关重要的。在汉语中，"礼"这个字被用来描述道德约束。"礼"可以代表很多意思，比如"礼节""礼制"和"礼仪"。

"礼"这个字的本义是举办祭祀仪式，换言之，"礼"就是中国传统礼仪中的良好表现。但是，到了周王朝中叶，"礼"的意思开始发生变化，逐渐指代支配端正行为的模式或原则，亦指合乎文明礼貌规则的行为。这一概念源自哲学家孔子（前551—前479）的教导，并在后续的演变中逐渐明确起来。西方人更愿意用拉丁语称孔子为"Confucius"。

孔子是中国最重要的思想家。按照传统的说法，孔子编纂并校订了"五经"（见第三章）。孔子自学成才，做过地方官员，并积极投身于教育和社会改革的事业。和苏格拉底一样，孔子也述而不作。在孔子死后，他的弟子将他的教诲记录下来。于是，孔子凭借其学说的影响力取得了良好的声誉。孔子对弟子的教诲最终被记录、汇编成书，也就是现在中国人家喻户晓的《论语》。

如同《希伯来圣经》兼有起源和纪年一样，《论语》也体现了孔子在音乐、婚姻和死亡等诸多方面的观点。但《论语》更加关注个人行为方面的问题，即个人在整个社会中的行为是否得体。《论语》明确阐释了古代中国人的坚定信仰，即人必须时刻注意道德秩序，这一秩序与生俱来，并不是神赋予人类的。孔子一直坚信，人的性格决定其财富和地位，而不是出身。

"子不语怪、力、乱、神"，孔子从不谈论鬼神。在希腊哲学家眼中，孔子也不对现实世界的本质妄加猜测。他教导人们认识传统的重要性，宣扬

五经

1	《易经》——	一部预测占卜之书；也称《周易》，简称《易》。
2	《书经》——	一部官方档案，记录了古代中国统治者及其臣下所做的演讲、报告和声明，简称《书》。
3	《诗经》——	一部诗歌集，记录了三百多首诗、民歌和祭祀的乐歌，简称《诗》。
4	《礼记》——	一部文集，关注日常生活行为准则，简称《礼》。
5	《春秋》——	一部编年史评注，记述了公元前5世纪之前发生的大事件。

*六经包括五经和《乐经》，但后者如今已经失传

孝悌之道，并践行礼的标准。正因如此，"己所不欲，勿施于人"这一金科玉律是孔子最先明确表达的内容。

孔子的学说继承了自商周两朝以来形成的社会理想和政治理想。在孔子生活的时期，周朝尚未灭亡，战国时代（约公元前475年—公元前221年）还未开始，但这一时期纷纷扰扰。孔子见局势动荡，竭力确保传统价值体系能够存续。基于这样的理想，孔子认为统治者是民众的"父母"。君王若要治国，必先修身、齐家。和柏拉图的"哲学王"的政治理想一样，孔子认为比起通过严刑峻法这样的外力手段来治理国家，统治者本身具有的良好品德和民众影响力更有价值。如果一个统治者品行不端，即使他宣扬美德，他的臣民也不会听从。所以，对孔子和柏拉图来说，个人品德和政治生活是浑然一体的，道德和谐是政治和谐的根本。并且，如果每个民众都品行端正，政府的存在就没有必要。2000多年以来，这样的准则构成了中国人文思想的基础。

阅读材料 7.1
选自《论语》

子曰："为政以德，譬如北辰，居其所，而众星共之。"

子曰："《诗》三百，一言以蔽之，曰'思无邪'。"

子曰："道之以政，齐之以刑，民免而无耻；道之以德，齐之以礼，有耻且格。"

子贡问君子。子曰："先行其言，而后从之。"

子曰："君子周而不比，小人比而不周。"

子曰："学而不思则罔，思而不学则殆。"

子曰："由，诲女知之乎！知之为知之，不知为不知，是知也。"

季康子问："使民敬、忠以劝，如之何？"子曰："临之以庄，则敬；孝慈，则忠；举善而教不能，则劝。"

子曰："非其鬼而祭之，谄也。见义不为，无勇也。"

子曰："人之过也，各于其党。观过，斯知仁矣。"

子曰："君子怀德，小人怀土；君子怀刑，小人怀惠。"

子曰："不患无位，患所以立。不患莫己知，求为可知也。"

子曰："君子喻于义，小人喻于利。"

子曰："见贤思齐焉，见不贤而内自省也。"

子曰："父母在，不远游。游必有方。"

子曰："父母之年，不可不知也。一则以喜，一则以惧。"

子曰："君子欲讷于言而敏于行。"

子曰："君子成人之美，不成人之恶。小人反是。"

樊迟从游于舞雩之下，曰："敢问崇德、修慝、辨惑。"子曰："善哉问！先事后得，非崇德与？攻其恶，无攻人之恶，非修慝与？一朝之忿，忘其身，以及其亲，非惑与？"

子张问行。子曰："言忠信，行笃敬，虽蛮貊之邦，行矣。言不忠信，行不笃敬，虽州里，行乎哉？立则见其参于前也，在舆则见其倚于衡也，夫然后行。"子张书诸绅。

子曰："可与言而不与之言，失人；不可与言而与之言，失言。知者不失人，亦不失言。"

子曰："志士仁人，无求生以害仁，有杀

身以成仁。"

子曰："人无远虑，必有近忧。"

子曰："已矣乎！吾未见好德如好色者也。"

子曰："躬自厚而薄责于人，则远怨矣。"

子曰："君子义以为质，礼以行之，孙以出之，信以成之。君子哉！"

子曰："君子病无能焉，不病人之不己知也。"

子曰："君子疾没世而名不称焉。"

子曰："君子求诸己，小人求诸人。"

子贡问曰："有一言而可以终身行之者乎？"子曰："其恕乎！己所不欲，勿施于人。"

问：在《论语》中，孔子着重强调了哪些方面的道德品行？

问：《论语》揭示了古代中国的哪些价值观？

儒家思想和法家思想

在孔子去世后的两个世纪里，华夏大地正逢乱世，大小诸侯征伐不断，整个社会动荡不安。世界上最古老的军事战略专著——《孙子兵法》的诞生正是那个时代的精神体现。这部作品成书于公元前500年到公元前400年之间。作为华夏经典，这部兵书详细论述了如何运用战术和心理进行作战，包括使用间谍达成目的。除了很多后世的中国统治者对此书评价甚高之外，西方的拿破仑和丘吉尔也对此书赞不绝口。战国时代的动荡局势为百家争鸣创造了条件，各思想学派对人性善恶争论不休，对理想政府也展开了争论。在当时中国的知识阶层中，这样的争论普遍存在。这些学者就像亚里士多德一样，用切实可行的方法探究人的道德。

孟子（约前372—前289）是孔子之后中国最重要的思想家。孟子将孔子学说发扬光大，认为统治者应当做贤明的君主，成为民众的道德楷模，应施仁政于民。此外，孟子相信人性本善，只不过人在遭遇忽视或虐待后，会变得十分邪恶。在人性的判断上，孟子坚持认为："人性之善也，犹水之就下也。人无有不善，水无有不下。今夫水，搏而跃之，可使过颡；激而行之，可使在山。是岂水之性哉？其势则然也。人之可使为不善，其性亦犹是也。"孟子以此观点为基础，设想国家若代民施政，则有责任培养个人美德。

然而，有一个思想流派对孟子的这一观点提出了质疑，那就是法家。法家认为人性本恶，这与孟子宣扬的人性本善完全不同。从人性本恶这一前提出发，法家认为：最好的国家应该是统治者拥有绝对的权力，对违法者应采用严厉的刑罚加以惩治。韩非（约前280—前233）是法家学派的代表人物，他认为人的理性如婴儿一般，并不可靠。人先天就有自私的基因，统治者必须树立强大的权威，并通过严刑峻法统御万民。他写道："今有不才之子，父母怒之弗为改，乡人谯之弗为动，师长教之弗为变。夫以父母之爱、乡人之行、师长之智，三美加焉，而终不动，其胫毛不改。州部之吏，操官兵，推公法，而求索奸人，然后恐惧，变其节，易其行矣。故父母之爱不足以教子，必待州部之严刑者，民固骄于爱、听于威矣。"于是，韩非的法家思想便成了秦汉时期的思想基础。

中国崛起之路

秦朝
（公元前221年—公元前206年）

正当伟大的罗马帝国开始统治西方世界之时，一个可以与之匹敌的帝国出现在亚洲大陆的东部。中国第一个大一统王朝在秦的统治下诞生。"秦"这个国号是英文单词"China"（指代中国）的来源。公元前5世纪，周朝治下各诸侯分崩离析，互相攻伐，争夺霸权。公元前221年，秦王嬴政（前259—前210）最终吞并列国，一统天下。嬴政称自己为"始皇帝"，并像罗马首位皇帝奥古斯都一样，一统天下之后就立刻着手消除臣民反叛的可能。

秦朝皇帝效法商、周天子，全权负责维持和谐的天下秩序。然而，秦始皇对此做了一些改进，他把咸阳（今西安附近）立为国都，并以此为中心组建新的中央政府，废除原先施行的分封制，以郡县制取而代之。皇帝委派官员管理地方，但官职不可世袭。通过这些官僚，秦朝可以对原诸侯国管辖的地区强化法制，征收赋税，并招募百姓从军，戍守这些新占领的地区。

庞大的行政体系由国家拨付经费，而官员再通过各种行政手段将权力收归中央。在中国，这些措施包括人口普查（世界历史上首例）、汉字标准化改革、统一货币、统一度量衡、创立郡县制度等。这些政策或多或少影响至今。其中，有一条政策十分有效，值得罗马人学习。秦始皇设立标准，统一了所有战车的车轮间距。如此，全国车辙宽狭相同，战车就能在车道上畅行无阻，也可以提高交通和商贸的效率。此外，中央政府大力支持丝绸行业的发展，吸引了很多做远距离贸易的商人，他们为中国带来了可观的财富，以至于罗马人将中国人称为"丝绸民族"。

虽然秦帝国的政策承认土地私有，但新的行政体制也允许官员向农民征税，甚至横征暴敛。农民起义对帝国始终是威胁。但是秦王朝面临的最严峻的挑战并不是来自这些农民，而是来自中亚的游牧民族。这些游牧民族多次南下犯边，引得秦帝国四方不宁。

为了阻止北方游牧民族南侵，秦始皇决定在中国北方自东向西修建一条万里长城。与这一宏伟的建筑工程相比，罗马皇帝哈德良修建的"哈德良长城"只有约120千米，显得相形见绌。公元2世纪早期，为了抵御蛮族入侵，罗马皇帝哈德良在不列颠行省北部边界建成此墙。如同哈德良长城一样，中国的万里长城挡得住骑兵、战车，以及其他边境袭击，但挡不住大军徒步进攻。修建长城征召了70余万劳工。据说，秦始皇陵的修建需要同等数量的劳工连续工作11年才完成。皇陵靠近秦朝的国都，面积达21平方英里。墓穴入口的陈设为我们保留了秦国的全貌。

这里摆放了近8000座栩栩如生的士兵陶俑，其中大多数手持利剑、矛和弓弩。这些士兵眼神肃

年代表

公元前770年—公元前256年	东周
公元前475年—公元前221年	战国
公元前221年—公元前206年	秦朝
公元前206年—公元220年	汉朝

杀，巍然屹立。在庞大的军阵中，步兵和骑兵保卫陵墓。这些陶俑可能是用来代替商王陵中出现的活体殉葬（见第三章）。士兵陶俑的身体是通过泥模大批量生产出来的，但这些士兵陶俑的脸部表情却都不一样，每一个都被涂上了不同颜色的釉彩，并经过了精雕细琢。这些陶俑栩栩如生，其形象与罗马的半身像十分类似。但后者用于纪念死者，前者用于殉葬。秦始皇的地下军队神采奕奕，值得夸赞，罗马人也可能会对此羡慕不已。

法家思想不仅为严苛的秦法提供了依据，也让帝国权力的政治高压变得理所当然。秦始皇独尊法家，十分担心民众起义，因此竭力限制言论自由。他下令对所有私藏的儒家典籍一律焚毁，并对所有反对秦朝统治的人斩首、诛灭其九族。这些政策再加上浩大的国家工程、繁重的赋税，共同导致秦帝国走向灭亡。

汉朝
（公元前206年—公元220年）

秦朝的统治只维持了15年，但汉朝继承了秦朝的制度，国祚绵长，统治了中国400余年。就像罗马帝国是西方古典文明的顶峰一样，汉朝代表了中华文明古典时期的顶点。汉朝思想文化的影响范围非常广泛，在朝鲜、越南和日本等国的历史上都留下了浓墨重彩的一笔。彼时，这些国家普遍采用中国的书写方法，并学习儒家礼法和孝悌之道。长久以来，中国人一直将汉朝视为古典时期，至今仍称自己为"汉族后裔"。汉朝的文化成就包罗万象，在文学、艺术、天文、数学、医药等诸多领域都取得了非凡的成就。汉朝末期，纸、刻板印刷、地震仪、弓弩、马颈圈和独轮推车等发明的出现代表了这一时期的先进技术。汉朝统治者在继承秦朝疆域的基础上，又将国土面积扩大了3倍。在极盛时期，汉帝国在势力和威望上与罗马帝国不相上下。

农业和技术进步保证了经济的繁荣，并刺激了远距离贸易的兴起。中国人出口丝绸、象牙、宝石和香料，换取来自西方的亚麻、羊毛、玻璃和金属器皿。香料在古代世界至关重要，不仅能让食物提色增香，还可以入药，并用于制作香水、防腐剂和麻醉药等。开展贸易的主要群体是亚洲的中间商，他们结成驼队，沿着漫长的"丝绸之路"，足迹遍布欧亚大陆，从小亚细亚半岛延伸至东太平洋。

汉武帝时期（公元前141年—公元前87年），丝绸之路上的贸易往来到达顶峰。西亚民族卓越的马匹给汉武帝留下了深刻印象。于是，为了捕获高头大马，他发动了数次军事行动。中国人称这些马为"天马"（图7.1）。自此之后，汉朝人优选良种进行繁殖，这些马也成了富商和官员的身份象征。

根据孔子的思想，中国应秉持重农抑商（因为商人被认为从他人劳动中获益）的政策。在汉朝商业繁荣发展的时候，中国农民没能从中获益。汉朝连年对外用兵，征伐不断。百姓从军之后，北战戎狄，西征高丽，南讨百越。政府对农民征收沉重

科技发展一览表

公元前350年	魏国人石申记录了800多个恒星的名字。
公元前300年	中国人生产出了铸铁。
公元前250年	中国人发明了弓弩。
公元前214年	秦始皇命令开始修筑长城（直到17世纪，长城仍在重建和修缮）。

中华帝国的文学成就

和罗马人会吸收前人的文化精华一样，汉朝统治者承袭了秦朝统治者留下来的基业，并将大量古典时代的思想和学问传给了子孙后代。不同于秦朝统治者独尊法家思想的做法，汉朝统治者将儒家思想置于中国思想的正统地位，并开始启用儒家学者担任政府官员。

中国诗歌文学

中国人非常重视记录历史，成文历史的诞生是中国伟大的成就之一。按照传统，中国史官会按照年代，记录汉代之前1000年发生的所有大事。不幸的是，这些编年体史书历经多次战乱，再加上秦朝"焚书"之祸，很多都已经遗失。从公元前2世纪开始，内廷史官重整旗鼓，开始笔耕不辍地记录王朝的统治。在这些史官中，司马迁（约前145或前135—？）无疑是古代中国最伟大的历史学家，可以与古希腊史学家修昔底德、古罗马史学家李维相媲美。他写下了不朽的纪传体通史《史记》，叙述了从远古时期到作者生活年代之间的中国历史。

司马迁出生于史学世家，他的父亲在宫中曾任太史令，负责编写历史、观测天象。汉武帝时期，司马迁因父授遗命入朝做官。司马迁去世之后，中国首位女性历史学家班昭（约49—约120）继承他的

图 7.1 青铜奔马，东汉，公元2世纪。中国人相信中亚的高头大马是天马神的后代。传说此马会流出血一样的汗液，这一现象可能是由于寄生虫感染，引起肿块爆裂流血

的赋税，以此支撑国家机器的运转。有些农民不堪其苦，不得已出售自己的土地。有钱的地主将这些土地买下，而破产农民则被迫成为佃农或农奴（这一景象使人想起罗马共和国末期）。到了公元3世纪初，汉朝内有农民起义，外有戎狄入侵，最终灭亡。和罗马帝国一样，伟大的汉帝国在内忧外患之下也难逃覆灭的命运。

科技发展一览表

公元前150年	中国人发明出铁轮（用于塑造玉器和缫丝）。
公元前110年	中国人发明出颈圈马具。
公元前100年	中国人发明出曲轴（用于转动轮子）。
公元前1年	中国人在建造吊桥时使用铸铁。

事业，在宫廷修撰汉史。此外，班昭也因《女诫》而闻名于世，这部作品强调妻子要对丈夫履行自己的义务和责任。

下面的阅读材料摘自司马迁《史记》中的《货殖列传》篇，这篇文章详细描述了汉朝的经济、社会和道德生活。司马迁认为，经济活动遵循自然法则，但个人品德也是"影响财富的因素"。在司马迁眼中，财富和美德相互依存。换言之，经济繁荣才能让民众"知礼节"，而贫穷则会直接导致道德沦丧。司马迁的《史记》言简意赅，文字生动形象，是汉朝杰出的历史作品。

阅读材料 7.2
摘自司马迁《史记·货殖列传》
（约公元前100年）

太史公曰：夫神农[1]以前，吾不知已。至若《诗》《书》所述虞夏以来，耳目欲极声色之好，口欲穷刍豢之味，身安逸乐，而心夸矜执能之荣。使俗之渐民久矣，虽户说以眇论，终不能化。故善者因之，其次利道之，其次教诲之，其次整齐之，最下者与之争。

夫山西饶材、竹、谷、纑、旄、玉、石；山东多鱼、盐、漆、丝、声色；江南出枏、梓、姜、桂、金、锡、连、丹沙、犀、玳瑁、珠玑、齿革；龙门、碣石北多马、牛、羊、旃裘、筋角；铜、铁则千里往往山出棋置：此其大较也。皆中国人民所喜好，谣俗被服饮食奉生送死之具也。故待农而食之，虞而出之，工而成之，商而通之。此宁有政教发征期会哉？人各任其能，竭其力，以得所欲。故物贱之征贵，贵之征贱，各劝其业，乐其事，若水之趋下，日夜无休时，不召而自来，不求而民出之。岂非道之所符，而自然之验邪？

《周书》[2]曰："农不出则乏其食，工不出则乏其事，商不出则三宝绝，虞不出则财匮少。"财匮少而山泽不辟矣。此四者，民所衣食之原也。原大则饶，原小则鲜。上则富国，下则富家。贫富之道，莫之夺予，而巧者有余，拙者不足。故太公望封于营丘，地潟卤，人民寡，于是太公劝其女功，极技巧，通鱼盐，则人物归之，繦至而辐凑。故齐冠带衣履天下，海岱之间敛袂而往朝焉。其后齐中衰，管子修之，设轻重九府，则桓公以霸，九合诸侯，一匡天下；而管氏亦有三归，位在陪臣，富于列国之君。是以齐富强至于威、宣也。

故曰："仓廪实而知礼节，衣食足而知荣辱。"礼生于有而废于无。故君子富，好行其德；小人富，以适其力。渊深而鱼生之，山深而兽往之，人富而仁义附焉。富者得势益彰，失势则客无所之，以而不乐。夷狄益甚。谚曰："千金之子，不死于市。"此非空言也。故曰："天下熙熙，皆为利来；天下壤壤，皆为利往。"夫千乘之王，万家之侯，百室之君，尚犹患贫，而况匹夫编户之民乎！

【中间有大段文字描述了经济产品和环境、人民的性格、不同区域的生活方式等方面的内容。】

由此观之，贤人深谋于廊庙，论议朝廷，守信死节隐居岩穴之士设为名高者安归乎？归于富厚也。是以廉吏久，久更富，廉贾归富。富者，人之情性，所不学而俱欲者也。故壮士在军，攻城先登，陷阵却敌，斩将搴旗，前

---

1. 一位传说中的英雄。他开辟集市，发展农业，出现在约公元前2737年。

2. 指《尚书·周书篇》，此书记录了周朝历史（公元前1046年—公元前256年）。

蒙矢石，不避汤火之难者，为重赏使也。其在闾巷少年，攻剽椎埋，劫人作奸，掘冢铸币，任侠并兼，借交报仇，篡逐幽隐，不避法禁，走死地如骛者，其实皆为财用耳。今夫赵女郑姬，设形容，揳鸣琴，揄长袂，蹑利屣，目挑心招，出不远千里，不择老少者，奔富厚也。游闲公子，饰冠剑，连车骑，亦为富贵容也。弋射渔猎，犯晨夜，冒霜雪，驰坑谷，不避猛兽之害，为得味也。博戏驰逐，斗鸡走狗，作色相矜，必争胜者，重失负也。医方诸食技术之人，焦神极能，为重糈也。吏士舞文弄法，刻章伪书，不避刀锯之诛者，没于赂遗也。农工商贾畜长，固求富益货也。此有知尽能索耳，终不余力而让财矣。

问：司马迁对待财富的态度是什么？
问：基于此段阅读材料，如何描述公元前2世纪的中国社会？

在司马迁的笔下，汉代的男女被描述为世俗功利之人。事实上，这与罗马人极为相似。在汉朝儒家知识分子所著的大量文章中，我们也可以看到类似的对上述人性的刻画。中国人的集体主义思想非常典型，而且他们对现实有清醒的认识。我们用上面的摘录作为例子，因为这篇文章蕴含的思想与塞涅卡、卢克莱修等罗马思想者所秉持的理性主义有异曲同工之妙。在当时，很多中国人迷信鬼神，而王充（27—约97）却对此表示怀疑，他在《论死》中写道："人未生，无所知，其死，归无知之本，何能有知乎？人之所以聪明智惠者，以含五常之气也；五常之气所以在人者，以五藏在形中也。五藏不伤，则人智惠；五藏有病，则人荒忽。荒忽，则愚痴矣。人死，五藏腐朽；腐朽，则五常无所托矣，所用藏智者已败矣，所用为智者已去矣。形须气而成，气须形而知。天下无独燃之火，世间安得有无体独知之精？"

中国诗歌

在中国，诗歌创作的历史源远流长。相比于《诗经》遵循古代口述的传统（见第三章），汉代诗歌的创作均为书面撰写，纸的发明促成了这一现象的发生。中国诗歌自古以来就以文字的简洁、文雅著称。人文精神和抒发情感成为汉朝诗歌的基本表现元素。汉朝诗歌在日常生活中也是非常重要的。

与希腊、罗马的叙事诗一样，中国诗歌多以诗歌吟唱和祭祀音乐的形式呈现，并有琵琶或其他弦乐器伴奏。在不同的场合，诗人常常会用到诗歌，比如觥筹交错之时以诗为乐，与友人离别之时以诗互赠。然而，相比于希腊和罗马文明，中国诗人并未创作出史诗或其他英雄传记诗歌，因为中国诗歌

科技发展一览表

公元70年	中国开始兴建大运河。
公元90年	中国人发明筛谷装置。
公元100年	中国人首先从干燥的菊花中提取杀虫剂。
公元105年	中国首先将植物纤维素用于造纸。
公元132年	张衡发明候风地动仪，探测地震发生的方位。

注重对个人情感的表达，并未过多歌颂个人的精神或勇敢行为。

汉朝诗歌很大一部分以"赋"的形式呈现，风格贴近生活，富有亲和力，而非一味说教或为统治者歌功颂德。即使会表达一些社会或政治上的怨言，这些诗歌也绝非道德说教的工具，而是像一面镜子一样，映照出诗人的内心世界。另一件引人注目的事是，中国有很多女性诗人。汉朝诗歌浩如烟海，下面我们摘录其中四首。这四首诗歌不仅文采斐然，而且表达了汉朝诗人对社会最深层的关切，主题包括将女性嫁到邻近部落以和亲、征发劳工、大兴土木等。希腊和罗马诗人辈出，有萨福、品达、维吉尔、贺拉斯、尤维纳利斯等。和中国诗人一样，这些诗人也有很多作品流传后世。敏锐的读者通过比较这两类诗，应该能够发现一些有趣的共同点和差异。

阅读材料 7.3
汉代诗歌节选

悲愁歌
（刘细君 约公元前107年）

吾家嫁我兮天一方，
远托异国兮乌孙王。
穹庐为室兮毡为墙，
以肉为食兮酪为浆。
居常土思兮心内伤。
愿为黄鹄兮归故乡。

饮马长城窟行
（陈琳 公元217年）

饮马长城窟，水寒伤马骨。
往谓长城吏："慎莫稽留太原卒。"
"官作自有程，举筑谐汝声。"
"男儿宁当格斗死，何能怫郁筑长城！"
长城何连连，连连三千里。
边城多健少，内舍多寡妇。
作书与内舍："便嫁莫留住。
善侍新姑嫜，时时念我故夫子。"
报书往边地："君今出语一何鄙！"
"身在祸难中，何为稽留他家子？
生男慎莫举，生女哺用脯。
君独不见长城下，死人骸骨相撑拄？"
"结发行事君，慊慊心意关。
明知边地苦，贱妾何能久自全？"

回车驾言迈
（佚名 公元2世纪末）

回车驾言迈，悠悠涉长道。
四顾何茫茫，东风摇百草。
所遇无故物，焉得不速老？
盛衰各有时，立身苦不早。
人生非金石，岂能长寿考？
奄忽随物化，荣名以为宝。

生年不满百
（佚名 公元2世纪末）

生年不满百，常怀千岁忧。
昼短苦夜长，何不秉烛游！
为乐当及时，何能待来兹？
愚者爱惜费，但为后世嗤。

仙人王子乔[1]，难可与等期。

问：这些诗歌抒发了什么样的个人情感？

问：这些诗歌与萨福、卡图卢斯和贺拉斯所作的诗歌（见阅读材料5.2、6.6和6.7）相比如何？

视觉艺术与音乐

由于中国古代建筑主要用木材建成，随着时间的推移，汉代的宫殿庙堂变得风化老旧，早已荡然无存。因此，相较于罗马，中国秦汉王朝没有里程碑式的木建筑留存至今。然而有些工程项目，例如长城，体现了那一时期中国建筑的高超技艺。

在汉朝陵墓中，人们发现了多彩釉面陶器模型，其中大多数刻画的是汉朝传统的多层建筑（图7.2）。这些模型为我们展示了一些中国古代建筑的理念特征。这些房屋一般正对庭院，顶部有很多瞭望塔，中间两层则可能是家庭生活区。在建筑的顶端，人们沿四周建了一圈屋檐，并使其突出向外，这是东亚建筑的一个典型特点。

中国墓葬讲究事死如事生。因此，皇家陵寝都会仿照死者生前所住的宫殿建造。中国的皇家陵墓根据天象进行布局，中心建筑力求对称，四周沿南北轴线依次分布。结构讲究天圆地方：基层为方形，象征地（坤）；顶层为圆形，象征天（乾）。墓葬、宫殿和陵寝的布局规划都要遵循中国古代的风水理论，风水追求用阴阳五行和"气"适应客观环境。指南针的发明能让"上天的法则"和人的需

1. 根据中国传说，王子乔死后羽化登仙。

图 7.2 墓中出土的房屋模型，东汉王朝，公元1世纪，釉上彩。在外表面涂上釉彩，并配以几何设计；在院落部分的外表面，工匠画了一些树和绕树飞行的群鸟

求相互协调。与希腊人追求比例协调相似，指南针的发明在天文中的应用让人们减少了对自然的迷信，更加愿意接受自然法则。汉朝皇陵（有些仍然未被发现）埋葬着皇帝及其家属。皇陵设计者通常用金缕玉衣包裹皇帝的尸身，并在周围配备奴仆人俑。陵墓入口处的墓道刻有浮雕（图7.3），描绘了日常生活场景和典礼仪式，并与一系列符咒相结合，共同反映了长生不老这一主题。

汉朝时，中国在青铜铸造工艺上仍领先世界，

图 7.3 墓穴入口的石浮雕，东汉王朝，公元25年—220年。石雕梁顶层描绘的是战车和战马，下面一层是狩猎场景，柱子两侧刻画的是手持武器的兵士和飘荡的祖先之魂在保卫陵墓。两扇门上出现了凤凰（复活的象征）、野兽面具和发怒的独角兽

图 7.4 曾侯乙编钟 湖北省，公元前5世纪，青铜，最大编钟的高度接近5英尺

皇陵中出土了很多青铜战车、战马、武器、铜镜和铜灯等。此外，汉朝工匠用金、玉、漆木和丝绸等材料制作出了很多工艺精湛的艺术品。也正是因为彩陶能够经久不衰，汉朝人的日常生活才因此记录了下来。汉朝皇陵内部的详细程度并不亚于古埃及墓穴。人们在汉墓中发现了大量彩陶模型，这些模型生动展示了汉朝人脱粒、烘烤、杂耍、奏乐、游戏，以及其他日常活动的场景。对于墓穴规格，皇帝曾颁布法令抑制奢靡的墓室陈设，但汉朝贵族仍对此一掷千金。

在视觉艺术方面，汉朝人的技术和美学成就与在音乐上的成就不相上下。汉朝皇帝曾设立乐府，收集并管理民间音乐。直到1914年，乐府这一机构才宣告废除。汉朝人遵循过去几个世纪以来的传统，将青铜编钟埋入皇陵。周朝晚期，埋钟入陵现象达到顶峰。曾侯乙墓为公元前5世纪所建，这里出土的乐器数不胜数（图7.4），包括一套编钟

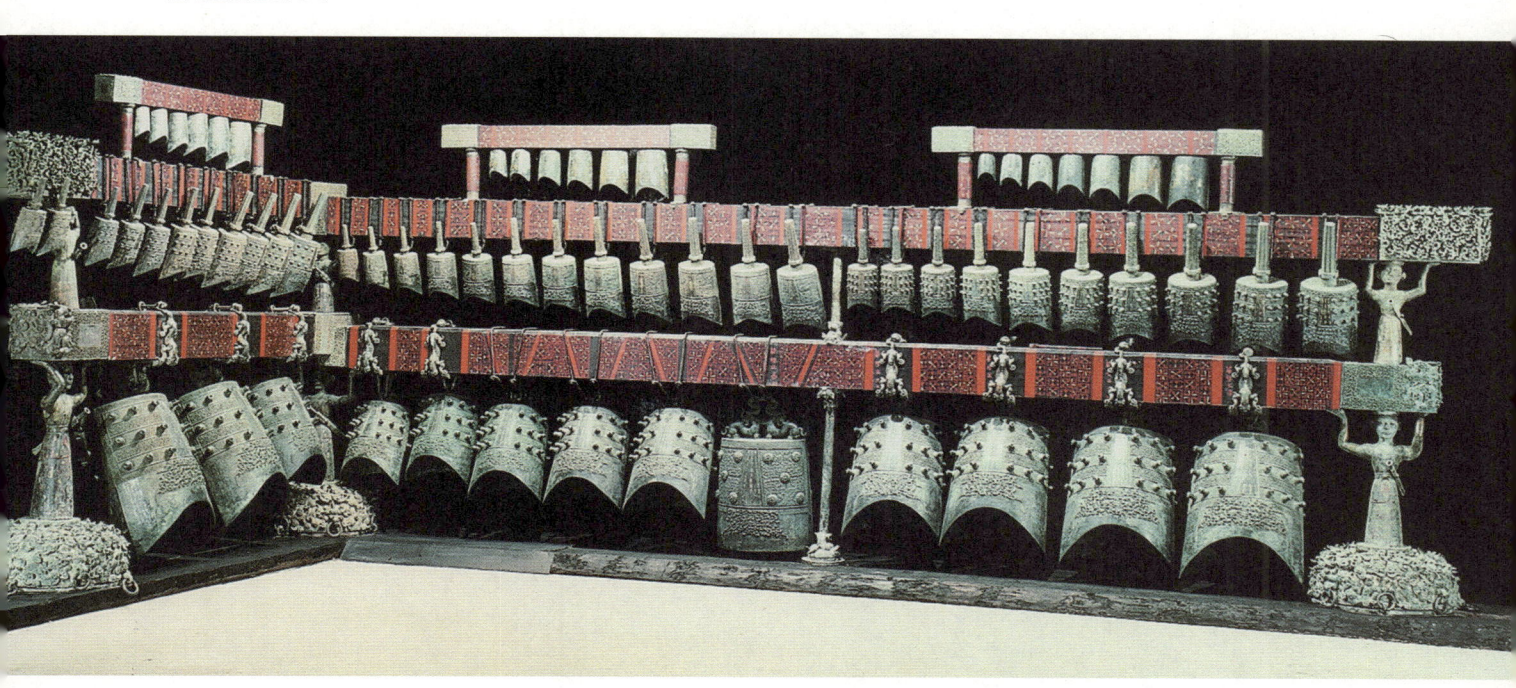

第七章 中国：帝国的崛起 233

科技发展一览表

公元140年	中国人设计出早期的指南针，内部配有磁性银针，指向南北方向。
公元190年	中国数学家用十的乘方表示大数。
公元200年	中国人发明出双轭马具。
公元220年	中国人用灯黑制墨，并最早用于木板印刷。
公元270年	中国炼金术士研制出了火药。
公元302年	中国艺术中第一次出现关于马镫的描绘。

（由64件钟和1件镈组成）、7把大型古筝、2个排箫、3支横笛、3个鼓和其他乐器。这些乐器占据了整个墓室的大殿。每件钟可以发出两个音节的声音（具体取决于该钟奏鸣的位置），并且每个音节的名字都用黄金刻在了钟上。因此，一整套编钟发出的声音能够涵盖数个八度音阶，而每一个音阶都有十个音节。这些编钟究竟是用于节日庆典还是世俗事务尚不明确，但其他证据的出现，比如青铜扣饰上手持铜钹的舞者，就表明了汉朝人有很多音乐。

回 顾

孔子及其经典著作

公元前5世纪，为了端正人的行为，孔子作为中国著名的思想家提出了一些基本道德规范。这些思想和儒家的"五经"共同为中国文化教育奠定了思想基础。在孔子去世后的两个世纪，中国诞生了一个与儒家学说截然相反的思想体系，即法家思想。这一思想流派提出人性本恶的观点，质疑孟子的性善论。

中国崛起之路

短命、好战的秦王朝为中国创造了第一个大一统帝国。在思想方面，秦朝统治者未采用儒家学说以仁治天下，而是积极采用法家学说主张的严刑峻法来统治国家。之后，汉承秦制，成功将帝国的版图扩大了三倍，无论是领土规模还是国力，都可以与同时期的罗马帝国相匹敌。汉朝统治者在构建中国传统文化方面起到了至关重要的作用。在两汉时期，统治阶层采用罢黜百家、独尊儒术的方针，将孔子的思想奉为国家的正统思想。同时，汉朝良好的经济状况也促进了东西方之间的贸易往来。弓弩、指南针、火药和造纸术等发明的出现，证明了中国在技术领域已取得高水平成就。

中华帝国的文学成就

中国汉代诞生了一种文学体裁，展示了当时人们对自然的现实情感和对美好生活的积极态度。司马迁作为古代中国最伟大的历史学家，写下了不朽的纪传体通史《史记》，叙述了从远古时期到作者生活年代之间的中国历史。中国诗歌以文字的简洁、文雅著称。人文精神和情感抒发是汉朝诗歌的基本元素。

视觉艺术与音乐

由于中国古代建筑多为木质结构，汉代的宫殿庙堂早已荡然无存。但是长城和传统建筑中的陶土模型为我们展示了一些中国古代建筑的思想理念。中国的皇家陵墓根据天象设计布局，中心建筑力求对称，四周沿南北轴线依次分布。结构讲究天圆地方：基层为方形，象征地；顶层为圆形，象征天。汉朝皇陵出土的陪葬品反映了中国在青铜铸造、丝绸纺织、玉器雕刻、陶瓷艺术和漆木等领域的卓越成就。丝绸之路连接了东亚和地中海地区，在这条商路上，货物源源不断地流通。从皇陵中发现的乐器的数量和种类来看，中国古代在视觉艺术上获得的成就可能与在音乐上获得的成就不分伯仲。

术语表

风水：指人们依照阴阳五行、天人合一和气（自然中普遍存在的能量）等理论，对物质世界布局的实践。

礼：意为"礼节""礼制"或"礼仪"。起初，礼指的是人在仪式中得体的表现，后来也可指代自然和道德秩序。因此，人们将礼推而广之，指导生活的方方面面。

古筝：一种横放的五弦或七弦乐器，通常用琴拨和指尖演奏，是中国古代乐器之一。

第八章
信仰的盛行：基督教与佛教

约公元前400年—公元300年

莫想我来要废掉律法和先知；我来不是要废掉，乃是要成全。
——《马太福音》

图 8.1 耶稣受难记，圣萨比纳教堂西门，罗马，约公元430年，木制。公元5世纪，这座浅浮雕雕塑是为圣萨比纳教堂的柏树门准备的，在众多描绘《旧约》和《新约》场景的木板中，它是其中之一。人们通常认为这幅画最早描绘了耶稣受难一事，实际上它描绘的是耶稣（和两个盗贼）举起手臂，摆出祈祷的姿势。这幅早期基督教的画作在墓穴和礼仪手稿中十分常见

罗马皇帝屋大维统治之后不久，朱迪亚省（罗马对巴勒斯坦地区的称谓）一位不知名的犹太传教士约书亚（希腊语中称为"耶稣"）带来了一条消息，奠定了基督教作为一种世界新宗教的基础。就世俗关注的古典文化而言，这种新生的信仰不仅为人们提供了另一种选择，也给予人们一种希望：跟从救世主得到启示并获得永生。

随着基督教开始在罗马帝国站稳脚跟，一套较为古老的宗教教义在东方传播开来。公元前5世纪，悉达多·乔答摩（即释迦牟尼）创立了佛教，他的教诲源于古印度的印度教。佛教传入中国和日本之后，不仅吸收了东亚的古老传统，也传达了极具个性化的精神信息。公元前3世纪，佛教成为印度的国教。到了公元5世纪，佛教成为中国的主要宗教信仰之一。佛教与基督教之间的异同，为东西方的精神共同体提供了一个有价值的洞见视角。虽然我们无法在此对这两种宗教进行深入分析，但通过简要了解这两种宗教信仰的形成过程，我们可以对这两种信仰在人文主义传统中的意义有所了解。

基督教产生的背景

作为一种宗教信仰和历史现象,基督教从三种截然不同的文化传统中脱颖而出:希腊罗马文化、近东(西亚)文化和希伯来文化。在本书的前七章,我们对这三种文化都进行了研究。然而,在跨入第一个新千年(耶稣诞生)之际,我们通过关注这三种不同文化传统中的宗教生活,能够更好地理解何种因素促成了基督教兴起,并使其成为世界上的主要信仰之一。

希腊罗马背景

与罗马文化本身一样,罗马宗教融合了本土和外来的传统。古老的异教徒宗教仪式不仅记录了季节变化,也庆祝播种和收获的时期。作为预测未来事件的手段,解释预言(从伊特鲁里亚人那里学来的一种做法)在罗马宗教生活中至关重要。罗马人与希腊人一样,将最受欢迎的神灵视为家庭、商业和国家的保护者,例如维斯塔守护着炉火,战争之神马尔斯保佑士兵。罗马人并不排斥外来的神灵,并将其与罗马诸神一同祭拜。此外,他们还接受了希腊神灵,并采用拉丁文命名(参见第四章"古希腊主要神灵"表格)。罗马对非罗马宗教和信仰的宽容,导致国家缺乏宗教一致性,也引起了人们对死后生命具有的可能性的广泛猜测。罗马诗人描绘了一个幽暗的阴间(类似于希腊语中的"冥府"和希伯来语中的"地狱"),其中死者的灵魂幸存下来。但是,罗马宗教认为,人既不会在来世得到报应,也不会得到永生的回报。

罗马存在着各种各样的宗教信仰和习俗,以及一些类似宗教的希腊哲学派别(见第六章)。其中,最有影响力的当数斯多葛派和新柏拉图主义。

斯多葛派的生活伦理观宣扬人人平等,为现存的社会秩序提供了理想化的替代方案。而在当时,社会秩序的显著特征是巨大的贫富差距,公民与奴隶之间也存在巨大鸿沟。在亚历山大城,新柏拉图主义逐渐发展起来,成为一个哲学学派,其主要观点也出现在柏拉图及其追随者的著作中。该学派认为,个体的灵魂与"唯一"或终极存在之间具有一种神秘的联合关系,这与柏拉图的形态论十分类似。公元3世纪,一位新柏拉图主义者普罗提诺出生于埃及。根据他的说法,只有通过一系列精神净化,灵魂才能上升,实现与"唯一"的联合。新柏拉图主义者认为灵魂是永恒且神圣的;在感知宇宙方面,灵魂上升的完美程度则各有不同。这一理念影响了早期基督教的思想。

罗马共和国衰落之后,罗马与波斯王室、埃及王室展开了频繁的外交接触。在此期间,罗马吸收了许多独特的东方传统。人们开始将罗马皇帝视为神权君主,并将诸如"主"和"上帝"之类的头衔赋予君王。公元2世纪,罗马帝国内个人崇拜情绪高涨,人们将活着的皇帝尊为半神,并在他去世后将其神化。与此同时,罗马国内出现了广泛的经济萧条,社会、政治形势动荡不安。人们开始对理性精神产生怀疑,这让神秘主义的思想浪潮日益勃发。

近东地区背景

长期以来,在希腊、埃及,以及整个西南亚地区,宗教信仰种类众多,十分繁荣。然而,新柏拉图主义不仅比这些宗教更具吸引力,也比现行的希腊罗马宗教哲学更具特色。承诺个人不朽是这些"神秘宗教"的核心特征。之所以如此,是因为这些宗教的入会仪式往往十分神秘。本书仅举四例,即埃及的伊西丝、弗里吉亚的西布莉、希腊的狄俄尼索斯、波斯的密特拉,其历史均可以追溯到新石器时代。

正如前面的章节所说，古代农业社会庆祝季节变化时，经常将男女诸神的诞生、死亡和重生与农业作物的再生联系在一起，并通过象征手段表现出来。神秘的宗教崇拜使这些做法长期存在。新加入者会通过象征性的行为，经历精神上的死亡和重生，这包括洗礼仪式和公共膳食。在饮食中，这些信众可能会接触到神灵的"血肉"。

伊西丝的信仰源于埃及神话。女神伊西丝进入冥界，旨在寻找并帮助她的伴侣奥西里斯复活（见第二章）。追随者认定伊西丝是大地之母和天后，向她祈祷，从而得到属于自己的救赎。入教仪式包括正式游行、吃仪式餐、净化身体，以及经历为期十天的禁食期，这样就可以得到女神的青睐。

公元2世纪，在一部拉丁语小说《金驴记》（或称《变形记》）中，罗马作家阿普列尤斯描述了伊西丝崇拜的入教仪式。根据阿普列尤斯的说法，在庄严的仪式即将结束时，新入教者将面对天后的形象匍匐前进，并背诵祷告文。阅读材料8.1这段祷告文语气强烈，令人狂喜不已，虽与大多数希腊罗马文学慎重克制的风格背道而驰，但反映了古典时代晚期人们对宗教的渴望。

阅读材料 8.1
摘自阿普列尤斯《金驴记》（约公元155年）

"哦，人类圣洁和永恒的救世主，你永远慷慨地滋养凡人，就像一位母亲对遭遇不幸的可怜人倾注所有的感情。无论白昼，还是夜晚，不管什么时候，哪怕一个瞬间，都有你的祝福：你在海上和陆地上守护着人们，你赶走狂风暴雨并施以援手，你甚至可以解开命运的绳索，平息命运掀起的狂澜，你克制着众星危险的轨迹。

"天国的神灵敬仰你，冥界的鬼魂膜拜你。你让地球旋转，你点亮太阳，你统治宇宙，你脚踏地狱。众星听你的号令，季节也按照你的意愿回归，神灵为你欢喜，万物皆是你的奴隶。在你的授意下，微风有了呼吸，云滋养大地，种子发芽，幼苗长大。你让鸟儿在天空中翱翔，野兽在群山中穿梭，蛇在地上蜿蜒蠕动，怪物在深水处蛰伏。

"我的天赋太过微弱，无法表达我对你的赞美。我的遗产也太过微薄，无法带给你丰盛的贡品。我的声音不足以表达我对你的感情，成千上万的口舌之语也表达不尽这种感情，再多的演讲也微不足道。因此，作为一个虔诚但贫穷的信徒，我会小心翼翼地践行力所能及之事：我会在内心深处留下你神圣的面容和身躯，永远铭记，并时刻提醒自己。"

问：在这篇阅读材料中，人们称赞的伊西丝的力量是什么？

问：这段文字与《阿顿颂诗》（阅读材料2.1）相比如何？

虽然对伊西丝、西布莉和狄俄尼索斯的崇拜是地中海所特有的，但起源于波斯的密特拉教是最受欢迎的神秘宗教。几个世纪以来，古代英雄密特拉神作为法官，不仅经常出现在琐罗亚斯德的审判仪式中，也在整个波斯的信仰体系中发挥了重要作用。并且该教信众认为，公牛具有神性，是英勇的劳力（图8.2）。密特拉神将公牛献祭之后，不仅可以使土地肥沃，也可以彰显光与善的力量。信徒们通过对密特拉的个人依恋，期待着精神上的幸福和永生。密特拉教以严格的入会仪式、禁食期、仪式洗礼，以及包含面包和酒的圣餐为特色。密特拉的追随者于12月25日庆祝他的出生，这一日期也是太阳在冬至之后的"重生"。密特拉教很快受到罗马士兵的广泛欢迎，而且士兵们对密特拉的身体素质和自律精神十分欣赏，但该教不允许女性入教。

密特拉教从波斯传到欧洲和北非，考古学家在这些地方发现了许多密特拉教教堂的遗迹。事实上，在公元前两个世纪，密特拉教是基督教的主要竞争对手。密特拉教和基督教十分相似，比如人神英雄、洗礼仪式、圣餐和拯救邪恶的承诺。这表明，在耶稣时代之前，基督教的一些基本特征就已经存在于古代世界的宗教历史中。许多受过教育的罗马人甚至认为，基督教毫无疑问是对密特拉教的模仿。

神秘的宗教虽然往往有很多奢华而烦琐的仪式，但成功地吸引了很多信徒。只要这些宗教崇拜不对罗马帝国的宗教权威构成挑战，或威胁到罗马的国家安全，罗马人十分乐意接纳这些来自不同国度的男女诸神。

犹太背景

如今，犹太教是西方现存最为古老的宗教。不同于同时期的其他宗教，犹太教信奉一神论，并具有强烈的道德偏见与排他性。换言之，犹太教强调犹太人既是上帝的选民，又与上帝之间具有特殊关系（或契约）。正如第一章所说，希伯来人的早期历史如同一部跌宕起伏的戏剧。他们备受外国强权的摆布，数次颠沛流离后才艰难定居下来，最终成功征服了他国。大致在公元前586年至公元前539年，犹太人经历了近50年的流亡，后世将这段历史称为"巴比伦之囚"。之后，希伯来人终于回到耶路撒冷，重建了所罗门神殿，并重申了对《律法书》（即《摩西五经》）的信仰。然而，还有许多犹太人仍分散在各处定居。人们将这一现象称为大流散。在学者和导师以斯拉（公元前428年在世）的影响下，《圣经》变得越来越重要，并最终塑造了希伯来人的身份认同。随着亚历山大大帝向东扩张，犹太人逐渐被"希腊化"。到了公元前2世纪，《圣经》的希腊译本开始出现。这一版本被称为"七十士译本"，人们认为该版本是由70或72位学者在72天的时间内翻译出来的。该版本的《圣经》是最早被翻译成另一种语言的宗教书籍。在与希腊和波斯人的反复接触中，希伯来人的思想也受到了影响。比如，约公元前165年，《圣经》中的《但以理书》首次明确提到复活和来世："睡在尘埃中的，必有多人复醒，其中有得永生的，有受羞辱、永远被憎恶的。"

公元前63年，罗马在犹太人的家园设立行省，并将其命名为朱迪亚。当时，罗马将军庞培（前

图 8.2 **密特拉浮雕** 公元3世纪早期。古老的斗牛崇拜和屠宰仪式在地中海文化中很常见，今天以斗牛的形式保存下来

图 8.3 **好牧人** 约公元425年—450年。耶稣被描绘成一个照看羊群的牧羊人,他穿着罗马皇帝的紫色和金色长袍——隐喻将谦逊和皇室身份合一。牧羊人的十字架被一根十字形的杖代替,这是指耶稣被钉死在十字架上

106—前48)占领了耶路撒冷及其附近的领土。依据传统,罗马作为征服者,必会要求当地人纳税,并对罗马效忠。但因为一神教信仰,犹太教禁止教徒崇拜罗马的统治者及其神灵。因此,罗马人在耶路撒冷的存在,只会引起双方的敌意和无尽的纷争。随着这些矛盾不断积累,罗马人最终于公元70年袭击了这座城市,并破坏了第二圣殿。公元135年,罗马人又将朱迪亚地区改名为"叙利亚-巴勒斯坦省"。直到1948年以色列成功建国之后,犹太教才在世界上占据了一席之地,并最终发展为主要宗教之一。

然而,公元1世纪,信徒对《圣经》的解释产生了分歧。再加上犹太人之间偶有骚乱,情况也变得愈加复杂。公元90年,拉比们(犹太宗教导师)汇聚一堂,专门确立了《圣经》的权威内容。他们列出了三十六书,并以此作为《希伯来圣经》典籍[1]的正统。即使如此,犹太人仍对《圣经》中许多格言的含义莫衷一是。例如,犹太人未来的命运是什么?希伯来先知弥赛亚的本质和使命是什么?

对此,一些受过教育的犹太贵族组成了撒都该教派。他们宣扬犹太人要在文化和宗教方面团结一致,并期待弥赛亚作为现世领袖让犹太人坚定理想信念,引导他们走向政治自由。并且,撒都该教派只承认《摩西五经》的字面内容,不相信人在死后会灵魂不灭。而一些犹太教师组成了法利赛教派,他们精通希伯来律法,在犹太人中更具影响力。该教派相信将有一位弥赛亚救世主降临人间,带领

1. 根据古希伯来传统,这些典籍分为三类:《律法书》《先知书》和《智慧书》(见第一章)。

义人得救，就如同牧羊人照顾他的羊群一样（图8.3）。这一教派不仅承认口口相传的《圣经》，而且认为人的灵魂是不朽的，恶人会遭受永恒的惩罚。

除了撒都该教派和法利赛教派之外，朱迪亚地区还存在一个名为艾赛尼的小教派，其信徒居住在死海附近的修道院内。他们放弃世俗的财产，实行禁欲主义，即严格的克己和自律。艾赛尼教派不仅相信灵魂不朽，还坚信灵魂终会从身体中解脱出来。他们身负使命，抄写并保存了942份书稿。1947年，人们在死海西北岸库姆兰地区的洞穴中发现了这些书稿，并将其称为《死海古卷》。其中一些文稿是现存最古老的《希伯来圣经》残页。这些卷宗都预测世界末日将会来临，届时有一位代表正义的导师将降临人间。在朱迪亚地区，除了这些宗教团体之外，还有数十位自称能创造奇迹的传教士在努力争取信众。总之，浓厚的宗教气氛让人们十分期待一位富有魅力的领导者出现。

基督教的兴起

耶稣的一生

耶稣的故乡位于拿撒勒城。他不仅是一位年轻的犹太拉比，也是一位富有魅力的宗教领袖。在历史上，耶稣是一个难以捉摸的人物。直到公元1世纪末，他的名字才在非基督教类文献中被提及。在他去世后至少40年，一部被称为《福音书》的基督教著作才宣告诞生。《福音书》记述了耶稣的生活和教义，由福音的传道者撰写而成，他们的名字分别为：马太、马可、路加和约翰。而且由于他们着重描述耶稣生命的最后几个月，所以这些书并非真正意义上的传记作品。不过，《福音书》记载了大量的启示，并在开篇描述了耶稣奇迹般的诞生，以及牧师约翰在约旦河为他洗礼。马太写道："耶稣受了洗，随即从水里上来。天忽然为他开了，他就看见神的灵仿佛鸽子降下，落在他身上。从天上有声音说：'这是我的爱子，我所喜悦的。'"

《福音书》由希腊语和阿拉米语写成，描述了耶稣作为宗教改革者的一生。他宣称自己的使命在于完善希伯来律法，并履行先知的道义。作为来自拿撒勒的传道人，无论是他向世人传播的福音，还是他用神力治病救人的事迹，都在整个朱迪亚地

新约

福音书	
《马太福音》	《马可福音》
《路加福音》	《约翰福音》

教会历史
《使徒行传》

书信	
《罗马书》	《哥林多前书》
《哥林多后书》	《加拉太书》
《以弗所书》	《腓立比书》
《歌罗西书》	《帖撒罗尼迦前书》
《帖撒罗尼迦后书》	《提摩太前书》
《提摩太后书》	《提多书》
《腓利门书》	《希伯来书》
《雅各书》	《彼得前书》
《彼得后书》	《约翰一书》
《约翰二书》	《约翰三书》
《犹大书》	

约翰的启示
《启示录》

区如野火一般传播开来。罗马统治者认为，他在耶路撒冷是一个危险分子。同时，法利赛和撒都该教派也指责耶稣违反犹太律法并曲解了《圣经》的原意。许多人质疑他作为《圣经》中弥赛亚（救世主）的合法性。最终，罗马人认定他对帝国的稳定产生了威胁。

在罗马总督本丢·彼拉多统治时期（公元26年—36年），耶稣被钉上十字架处死，这是罗马人公开羞辱盗贼和叛徒的刑罚（见图8.1）。根据《福音书》的记载，耶稣在他去世后的第三天奇迹般地复活，并在升天之前向他的门徒显圣。耶稣重生这一事件奠定了基督教的宗教基础。在希腊语中，"基督"一词即弥赛亚。然而，在最早描写耶稣的文章中，他既没有死在十字架上，也没有死而复生，而是扮演了救赎者和保护者的角色。作为一名好牧人，耶稣最终得到永生（见图8.3）。

耶稣的思想

就传统而言，犹太教信奉一神论。耶稣继承了这一特点，但是他的思想更注重和平主义、同情心等美德。此外，耶稣提醒世人，要注意财富的危险和世俗世界的诱惑。耶稣用简洁明了的语言，配以通俗的寓言故事，劝说世人放弃物质财产。此举不仅能让信徒摆脱现世奴役，重获自由，也让他们做好准备，从而在"天国"中得到永生和最终回报。在古典文化时期，除了极少数之外，大部分思想流派均属于唯物主义思想，如斯多葛学派、新柏拉图主义者和艾赛尼派。但耶稣的教义代表着古代思想迈向了一个新方向。

当时，犹太教对严格遵守仪式这一点十分重视。耶稣却对此大加批判，并认为《希伯来圣经》中提倡的信仰和怜悯更为重要，即对上帝和邻人的爱。他信奉的是精神，而非希伯来律法中的文字。在耶稣的描述下，全能的上帝成了一个严厉却充满爱心、仁慈和宽恕的形象。在门徒马太所记载的《山上宝训》中，耶稣劝告世人要严格遵守道德，爱邻人如同爱自己、以谦卑的品格承受迫害、不要论断他人、待人如己……这种理想的、无条件的崇高博爱，在他对世人的指示中也有所体现："所以你们要完全，像你们的天父完全一样。"

阅读材料 8.2
《圣经·马太福音》

山上宝训

耶稣看见这许多的人，就上了山，既已坐下，门徒到他跟前来。他就开口教训他们，说：

论福

"虚心的人有福了，因为天国是他们的。哀恸的人有福了，因为他们必得安慰。温柔的人有福了，因为他们必承受地土。饥渴慕义的人有福了，因为他们必得饱足。怜恤人的人有福了，因为他们必蒙怜恤。清心的人有福了，因为他们必得见神。使人和睦的人有福了，因为他们必称为神的儿子。为义受逼迫的人有福了，因为天国是他们的。人若因我辱骂你们，逼迫你们，捏造各样坏话毁谤你们，你们就有福了。应当欢喜快乐，因为你们在天上的赏赐是大的。在你们以前的先知，人也是这样逼迫他们的。"

盐和光

"你们是世上的盐。盐若失了味,怎能叫它再咸呢?以后无用,不过丢在外面,被人践踏了。你们是世上的光。城造在山上,是不能隐藏的。人点灯,不放在斗底下,是放在灯台上,就照亮一家的人。你们的光也当这样照在人前,叫他们看见你们的好行为,便将荣耀归给你们在天上的父。"

论律法

"莫想我来要废掉律法和先知;我来不是要废掉,乃是要成全。我实在告诉你们,就是到天地都废去了,律法的一点一画也不能废去,都要成全。所以,无论何人废掉这诫命中最小的一条,又教训人这样作,他在天国要称为最小的;但无论何人遵行这诫命,又教训人遵行,他在天国要称为大的。我告诉你们:你们的义若不胜于文士和法利赛人的义,断不能进天国。"

论发怒

"你们听见有吩咐古人的话,说:'不可杀人。'又说:'凡杀人的,难免受审判。'只是我告诉你们:凡向弟兄动怒的,难免受审判。凡骂弟兄是拉加的,难免公会的审断;凡骂弟兄是魔利的,难免地狱的火。所以,你在祭坛上献礼物的时候,若想起弟兄向你怀怨,就把礼物留在坛前,先去同弟兄和好,然后来献礼物。你同告你的对头还在路上,就赶紧与他和息,恐怕他把你送给审判官,审判交付衙役,你就下在监里了。我实在告诉你,若有一文钱没有还清,你断不能从那里出来。"

论奸淫

"你们听见有话说:'不可奸淫。'只是我告诉你们:凡看见妇女就动淫念的,这人心里已经与她犯奸淫了。若是你的右眼叫你跌倒,就剜出来丢掉,宁可失去百体中的一体,不叫全身丢在地狱里;若是右手叫你跌倒,就砍下来丢掉,宁可失去百体中的一体,不叫全身下入地狱。"

论离婚

"又有话说:'人若休妻,就当给她休书。'只是我告诉你们:凡休妻的,若不是为淫乱的缘故,就是叫她作淫妇了。人若娶这被休的妇人,也是犯奸淫了。"

论起誓

"你们又听见有吩咐古人的话,说:'不可背誓,所起的誓,总要向主谨守。'只是我告诉你们,什么誓都不可起。不可指着天起誓,因为天是神的座位;不可指着地起誓,因为地是他的脚凳;也不可指着耶路撒冷起誓,因为耶路撒冷是大君的京城;又不可指着你的头起誓,因为你不能使一根头发变黑变白了。你们的话,是,就说是;不是,就说不是;若再多说,就是出于那恶者。"

论报复

"你们听见有话说：'以眼还眼，以牙还牙。'只是我告诉你们：不要与恶人作对。有人打你的右脸，连左脸也转过来由他打；有人想要告你，要拿你的里衣，连外衣也由他拿去；有人强逼你走一里路，你就同他走二里；有求你的，就给他；有向你借贷的，不可推辞。"

论爱仇敌

"你们听见有话说：'当爱你的邻舍，恨你的仇敌。'只是我告诉你们：要爱你们的仇敌，为那逼迫你们的祷告。这样，就可以作你们天父的儿子。因为他叫日头照好人，也照歹人；降雨给义人，也给不义的人。你们若单爱那爱你们的人，有什么赏赐呢？就是税吏不也是这样行吗？你们若单请你弟兄的安，比人有什么长处呢？就是外邦人不也是这样行吗？所以你们要完全，像你们的天父完全一样。"

论施舍

"你们要小心，不可将善事行在人的面前，故意叫他们看见；若是这样，就不能得你们天父的赏赐了。所以，你施舍的时候，不可在你前面吹号，像那假冒为善的人在会堂里和街道上所行的，故意要得人的荣耀。我实在告诉你们，他们已经得了他们的赏赐。你施舍的时候，不要叫左手知道右手所作的；要叫你施舍的事行在暗中，你父在暗中察看，必然报答你。"

论祷告

"你们祷告的时候，不可像那假冒为善的人，爱站在会堂里和十字路口上祷告，故意叫人看见。我实在告诉你们，他们已经得了他们的赏赐。你祷告的时候，要进你的内屋，关上门，祷告你在暗中的父。你父在暗中察看，必然报答你。你们祷告，不可像外邦人，用许多重复话，他们以为话多了必蒙垂听。你们不可效法他们，因为你们没有祈求以先，你们所需用的，你们的父早已知道了。"

主祷文

"所以，你们祷告要这样说：'我们在天上的父，愿人都尊你的名为圣。愿你的国降临。愿你的旨意行在地上，如同行在天上。我们日用的饮食，今日赐给我们。免我们的债，如同我们免了人的债。不叫我们遇见试探，救我们脱离凶恶。因为国度、权柄、荣耀，全是你的，直到永远。阿们。'"

论饶恕

"你们饶恕人的过犯，你们的天父也必饶恕你们的过犯；你们不饶恕人的过犯，你们的天父也必不饶恕你们的过犯。"

论禁食

"你们禁食的时候，不可像那假冒为善的人，脸上带着愁容，因为他们把脸弄得难看，故意叫人看出他们是禁食。我实在告诉你们：他们已经得了他们的赏赐。你禁食的时候，要梳头洗脸，不叫人看出你禁食来，只叫你暗中的父看见。你父在暗中察看，必然报答你。"

论天上的财宝

"不要为自己积攒财宝在地上，地上有虫子咬，能锈坏，也有贼挖窟窿来偷；只要积攒财宝在天上，天上没有虫子咬，不能锈坏，也没有贼挖窟窿来偷。因为你的财宝在哪里，你的心也在那里。"

不要论断人

"你们不要论断人，免得你们被论断。因为你们怎样论断人，也必怎样被论断；你们用什么量器量给人，也必用什么量器量给你们。为什么看见你弟兄眼中有刺，却不想自己眼中有梁木呢？你自己眼中有梁木，怎能对你弟兄说'容我去掉你眼中的刺'呢？你这假冒为善的人！先去掉自己眼中的梁木，然后才能看得清楚，去掉你弟兄眼中的刺。不要把圣物给狗，也不要把你们的珍珠丢在猪前，恐怕它践踏了珍珠，转过来咬你们。"

祈求就得到

"你们祈求，就给你们；寻找，就寻见；叩门，就给你们开门。因为凡祈求的，就得着；寻找的，就寻见；叩门的，就给他开门。你们中间谁有儿子求饼，反给他石头呢？求鱼，反给他蛇呢？你们虽然不好，尚且知道拿好东西给儿女，何况你们在天上的父，岂不更把好东西给求他的人吗？所以，无论何事，你们愿意人怎样待你们，你们也要怎样待人，因为这就是律法和先知的道理。"

要进窄门

"你们要进窄门。因为引到灭亡，那门是宽的，路是大的，进去的人也多；引到永生，那门是窄的，路是小的，找着的人也少。"

问：正如马太所描述的，什么样的道德禁令构成了这篇布道文的中心思想？
问：以上哪一条可能最难实现？

保罗的教义

作为耶稣最亲近的追随者，使徒们期待着主的"再次降临"。如此，所有追随耶稣的人都会升入天国。尽管使徒开展了许多传教活动，但据学者估计，在耶稣去世后的头100年里，只有一小部分罗马人成为基督徒——仅占罗马帝国人口的10%至15%。犹太教传统在这些信教者居住的地方影响并不深。然而，作为最著名的使徒，保罗以其不懈努力让人们逐渐重视耶稣的启示。保罗的家乡是小亚细亚地区的塔尔苏斯。作为一位希腊化的犹太人，他曾受过希腊语和希伯来语的教育。之后，保罗有一段神奇的经历。据说，耶稣曾在保罗面前现身。自此，保罗改变了宗教信仰，并在拿撒勒成了一

第八章 信仰的盛行：基督教与佛教 247

名积极的传教士。人们普遍认为，在《圣经》的二十七书中，保罗写下了十到十四书。基督徒将这些书称为《新约圣经》，以区别于《希伯来圣经》，也就是《旧约圣经》。保罗最重要的贡献在于，他系统地解释了耶稣的思想，并将其传播至各个地方。当耶稣只向犹太人传道时，保罗将他的教义传播至希腊、小亚细亚和罗马的异教徒（非犹太教）社区。这使他获得了"外邦人的使徒"称号。他强调耶稣的话语不仅说给犹太人，也说给非犹太人。保罗解释了耶稣作为弥赛亚的使命及其死因。在保罗的描述中，耶稣为赎人类的原罪牺牲了自己的生命。具体而言，原罪之所以流入人间，是因为亚当在伊甸园中无视上帝的警告。对保罗而言，耶稣的死是一种赎罪的表现，将人类从原罪中释放出来。亚当犯下的罪孽让人类背负了原罪，而耶稣作为新的亚当，将拯救人类。耶稣的复活证实了其对永恒救赎的承诺。保罗向信徒允诺，若怀有对耶稣的信仰，将得到永生的回报。

这些使基督教与其母教犹太教有了鲜明的区别。此外，基督教的理念与古代人信仰的天性善良和人性自由也有不同。在写给罗马教会的书信中，保罗阐述了这些理念（参考下文的阅读材料）。这些书信写于保罗去世前十年，他在信中提到"那些洗归于基督"的人将"过上新生活"。

保罗认为耶稣是因人类原罪而献出生命的，这与古代的宗教实践十分贴切。因为在当时，人们将献祭视为一种仪式，用于惩治公共（或个人）犯罪的罪恶。此外，保罗还在信中预想到了一个宗教的基本属性，即上帝对永生的承诺能够作为信众信奉神的回报。保罗更加注重恢复人的道德，并引人走向救赎。这一特点让基督教从其他神秘宗教中脱颖而出。由于保罗对建立新信仰做出了重要贡献，人们称他为"基督教创始人"。

阅读材料 8.3
《圣经·保罗书》

保罗有意访问罗马

第一，我靠着耶稣基督，为你们众人感谢我的神，因你们的信德传遍了天下。我在他儿子福音上，用心灵所侍奉的神，可以见证我怎样不住地提到你们；在祷告之间常常恳求，或者照神的旨意，终能得平坦的道路往你们那里去。因为我切切地想见你们，要把些属灵的恩赐分给你们，使你们可以坚固。这样，我在你们中间，因你与我彼此的信心，就可以同得安慰。弟兄们，我不愿意你们不知道，我屡次定意往你们那里去，要在你们中间得些果子，如同在其余的外邦人中一样，只是到如今仍有阻隔。无论是希腊人、化外人、聪明人、愚拙人，我都欠他们的债，所以情愿尽我的力量，将福音也传给你们在罗马的人。

神的公义审判

你这论断人的，无论你是谁，也无可推诿。你在什么事上论断人，就在什么事上定自己的罪。因为你这论断人的，自己所行却和别人一样。我们知道这样行的人，神必照真理审判他。你这人哪，你论断行这样事的人，自己所行的却和别人一样，你以为能逃脱神的审判吗？还是你藐视他丰富的恩慈、宽容、忍耐，不晓得他的恩慈是领你悔改呢？你竟任着你刚硬不悔改的心，为自己积蓄忿怒，以致神震怒，显他公义审判的日子来到。他必照各人的行为报应各人。凡恒心行善,寻求荣耀、尊贵和不能朽坏之福的,就以永生报应他们;惟有结党不顺从真理,反顺从不义的,就以忿怒、恼恨报应他们。将患难、困苦加给一切作恶的人,先是犹太人,后是希腊人;却将荣耀、尊贵、平安加给一切行善的人,先是犹太人,后是希腊人。因为神不偏待人。

因信称义的福

我们既因信称义,就藉着我们的主耶稣基督得与神相和。我们又藉着他,因信得进入现在所站的这恩典中,并且欢欢喜喜盼望神的荣耀。不但如此,就是在患难中也是欢欢喜喜的。因为知道患难生忍耐,忍耐生老练,老练生盼望,盼望不至于羞耻;因为所赐给我们的圣灵将神的爱浇灌在我们心里。因我们还软弱的时候,基督就按所定的日期为罪人死。为义人死,是少有的;为仁人死,或者有敢作的。惟有基督在我们还作罪人的时候为我们死,神的爱就在此向我们显明了。现在我们既靠着他的血称义,就更要藉着他免去神的忿怒。因为我们作仇敌的时候,且藉着神儿子的死,得与神和好;既已和好,就更要因他的生得救了。不但如此,我们既藉着我主耶稣基督得与神和好,也就藉着他以神为乐。

亚当和基督

这就如罪是从一人入了世界,死又是从罪来的;于是死就临到众人,因为众人都犯了罪。没有律法之先,罪已经在世上;但没有律法,罪也不算罪。然而从亚当到摩西,死就作了王,连那些不与亚当犯一样罪过的,也在他的权下。亚当乃是那以后要来之人的预像。只是过犯不如恩赐。若因一人的过犯,众人都死了,何况神的恩典,与那因耶稣基督一人在恩典中的赏赐,岂不更加倍地临到众人吗?因一人犯罪就定罪,也不如恩赐;原来审判是由一人而定罪,恩赐乃是由许多过犯而称义。若因一人的过犯,死就因这一人作了王;何况那些受洪恩又蒙所赐之义的,岂不更要因耶稣基督一人在生命中作王吗?如此说来,因一次的过犯,众人都被定罪;照样,因一次的义行,众人也就被称义得生命了。因一人的悖逆,众人成为罪人;照样,因一人的顺从,众人也成为义了。律法本是外添的,叫过犯显多;只是罪在哪里显多,恩典就更显多了。就如罪作王叫人死;照样,恩典也藉着义作王,叫人因我们的主耶稣基督得永生。

在罪上死,在基督里活

这样,怎么说呢?我们可以仍在罪中,叫恩典显多吗?断乎不可!我们在罪上死了的人岂可仍在罪中活着呢?岂不知我们这受洗归入基督耶稣的人,是受洗归入他的死吗?所以我们藉着洗礼归入死,和他一同埋葬,原是叫我们一举一动有新生的样式,像基督藉着父的荣耀从死里复活一样。我们若在他死的形状上与他联合,也要在他复活的形状上与他联合。因为知道我们的旧人和他同钉十字架,使罪身灭绝,叫我们不再作罪的奴仆。因为已死的人是脱离了罪,我们若是与基督同死,就信必与他同活。因为知道基督既从死里复活,就不再死,死也不再作他的主了。他死是向罪死了,只有一次;他活是向神活着。这样,你们向罪也当看自己是死的；向神在基督耶稣里，却当看自己是活的。

在圣灵里的生活

如今那些在基督耶稣里的，就不定罪了。因为赐生命圣灵的律在基督耶稣里释放了我，使我脱离罪和死的律了。律法既因肉体软弱，有所不能行的，神就差遣自己的儿子成为罪身的形状，作了赎罪祭，在肉体中定了罪案，使律法的义成就在我们这不随从肉体，只随从圣灵的人身上。因为随从肉体的人体贴肉体的事；随从圣灵的人体贴圣灵的事。体贴肉体的就是死，体贴圣灵的乃是生命平安。原来体贴肉体的，就是与神为仇，因为不服神的律法，也是不能服。而且属肉体的人不能得神的喜欢。

问：保罗如何解释耶稣的死？
问：保罗对原罪和拯救的立场是什么？

基督教的传播

各种历史因素促使罗马帝国接受了基督教。这一过程虽然十分缓慢，但最终水到渠成。巨大的贫富差距让罗马共和国最终衰落。屋大维虽然努力恢复罗马公民的责任感和自豪感，但未能解决日益增长的官僚腐败和目无法纪等现象。此外，早在公元2世纪，日耳曼部落就不断向西迁移，并袭扰罗马的边界（见第十一章）。多次被袭扰之后，罗马逐渐处于守势，这些游牧民族让普遍存在于罗马人身上的不安全感越来越强烈。人们受尽压迫，处于极度贫困的状态之中。这时，基督教承诺，只要信奉基督，每个人都能得到救赎与永生，并过上无忧无虑的生活。耶稣的启示对人来说很容易理解，也没有烦琐的规则（犹太教的特征）和奢华的仪式（神秘宗教的特征）。而且，不同于密特拉教，基督教认为人人都可以获得耶稣的启示，包括男人与女人、穷人与富人、自由民与奴隶。并且，这一新生信仰的独特之处还在于其历史可信度。基督教并不像神秘宗教一样，将耶稣塑造成难以捉摸的神或遥远的耶和华。实际上，他就生活在犹太人中间，并实践了他所讲的义。此外，基督教之所以能成功传播，还得益于使徒在这一时期的积极传道。当时，希腊语也成了罗马帝国东部的共同语言。罗马统治下的和平时期还为人们带来了便利、安全的陆路和海路交通。因此，基督教得以在罗马广泛传播。

尽管如此，新宗教一开始并未获得官方批准。罗马的很多宗教以及秘教接纳了许多神明，但基督教与犹太教一样仍然秉持一神论。基督徒不仅拒绝崇拜皇帝，还否认罗马众神的存在。此外，基督徒拒绝在罗马军队服役，这一点对国家而言更具威胁。虽然罗马人为了对付犹太人摧毁了耶路撒冷，但他们如何消灭信奉天国的众多臣民呢？公元1世纪，转信基督教的人被驱逐出罗马城。到了公元3世纪后期，饥荒、瘟疫和战争频发，基督教徒也拒绝向罗马诸神献祭。于是，他们遭受了可怕的迫害。罗马人对他们严刑拷打，并用火刑、斩首对付他们，或把他们扔进斗兽场中投喂野兽。面对这些，基督教殉道者并不害怕，他们兴奋地宣布自己将在此后过上更好的生活，这让在场的罗马人惊叹不已。

直到公元313年，君士坦丁大帝发布了《米兰敕令》，罗马人对基督徒的迫害才宣告结束。在西方，这些宣称宗教宽容的法令，一方面能让基督徒免于肉体折磨和政治压迫，另一方面也促成了基督教成为合法信仰。基督徒领袖可以自由建立统一的

调查研究

诺斯替福音书

公元325年，尼西亚会议确立了二十七书作为正典，即我们熟知的《新约圣经》。一些现代学者认为，《马太福音》《马可福音》《路加福音》和《约翰福音》这四部经典福音书可能撰于公元1世纪，作者也可能并不是见证耶稣生平的人。然而，公元1世纪末到2世纪出现了许多描述耶稣生平和教义的次经。最初，这些次经是用希腊语写成的，在后来的几个世纪里，人们又将其译成埃及科普特语，称为《诺斯替福音书》。一些非正统著作，如《多马福音》《抹大拉玛利亚福音》和《犹大福音》，详细记录了耶稣和门徒之间的对话。20世纪70年代，在埃及的一个洞穴中，人们发现了一部26页的《犹大福音》。此书是用科普特语写成的，并将门徒塑造成服侍耶稣的人。并且，门徒还打算让灵魂在死后获得自由。据说，约公元140年，在以希腊语写成的《多马福音》中，耶稣曾这样忠告他的门徒：

"天国在你里面，也在你外面。你们认识自己，就必被认识，也必知道你们是永生父的子。你们若不认识自己，便是活在贫穷中了。"

诺斯替教派的思想特点在于将人对自我的认识等同于对神的认识。这样的观点不仅在耶稣时代的犹太地区非常盛行，也间接说明了早期基督教可能与传入西方的佛教思想之间存在联系。

无论这些非正典福音书在历史上是否可靠，对与耶稣同时代的人而言，这些作品都为他们的信仰和担忧提供了有价值的见解。然而，为了统一并巩固年轻的基督教信仰，早期教会对这些著作不予采纳，甚至禁止出版。其中一些福音书（如《犹大福音》）直到2006年才被译成英语。

信仰教义、层级体制、崇拜准则，以及宗教表达的话语体系（见第九章）。到了公元4世纪末，基督教已经从一个小教派变成了罗马帝国的官方宗教。

佛教的兴起

佛陀的生活

在世界历史中，两个相距遥远的文化体系能够同时出现相似的发展轨迹，其原因仍是历史学家未能破解的谜题。佛教与基督教同时出现在公元1世纪。悉达多·乔答摩（即释迦牟尼），生活在约公元前3至公元前5世纪的印度。对于悉达多的生卒年份，学者们至今依然争论不休，但普遍认为他应该是生活在公元前560年至前480年，或公元前440年至前360年。悉达多生于印度王室，从小接受良好的教育，并未经历痛苦和磨难。他在19岁时与表妹结婚，并育有一子。传说有一天，悉达多在离开宫殿时遇到了一个患病的男人、一位有皱纹的老人和一具腐烂的尸体。这三个人分别代表了三个"事实"，即疾病、衰老和死亡。于是，29岁的悉达多放弃了他的财富、妻子和孩子，开始寻求内心的光明。他剃了发，身穿黄色的袈裟，手握化缘用的钵，开始按照印度苦行者的方式行事。然而，6年之后，他最终明白，克己的生活是徒劳的。为了观想内心，悉达多坐在一棵树（无花果树）下面思考，并最终开悟，建立了对现实世界全知全能的意识。悉达多通过冥想，充分认识到人类的痛苦是因为人的欲望和对物质事物的迷恋。又过了45年，他以80岁高龄去世。佛陀作为觉悟者向人们传递出了谦逊和怜悯的教诲，而对这一教诲的追求也让追随者通向涅槃，并最终从虚幻和轮回中解脱。

佛陀的思想

在最早的布道中，佛陀开始提出因果轮回的思想。他的思想十分简单。若想开悟，先从四谛（苦、集、灭、道）开始：

1. 痛苦是普遍的；
2. 欲望引起痛苦；
3. 不要欲望可减轻痛苦；
4. 正确的行为能让人从痛苦中解脱。

正确的行为要走中道或八正道，即正见、正思惟、正语、正业、正命、正精进、正念和正定。八正道带来洞察力和知识，并最终通向涅槃。不同于基督教，佛教徒的目标不是承诺个人不朽，而是让人从出生、死亡和重生的无尽循环中解脱出来。对佛教徒来说，"救赎"取决于自我的寂灭。

作为一位雄辩的老师，佛陀与耶稣一样，也关注道德和平等。正如耶稣批评犹太教强调仪式一样，悉达多也抨击印度教现有的崇拜仪式，包括动物祭祀和吠陀的权威。他主张放下物质财富和世俗欲望，这一点与印度教一致。但是，与同时代强调种姓的印度教相比，佛陀却认为无论种姓如何，所有人都可以实现觉悟。佛陀宣称不必信奉《吠陀经》中为人熟知的神灵（见第三章），并力主让追随他的人实现自我救赎。

最终，耶稣和悉达多改变了犹太教和印度教，都成了旧世界信仰的改革者。在悉达多觉悟之后不久，很多信众聚集在他周围，其中有五人是第一批遵从佛家戒律的弟子。悉达多的一生充满了传奇色彩，在他去世后的几年里，他的追随者将他的故事与他的布道保存并记录下来。例如，在传说中，悉达多出生在他的母亲玛雅女王的右侧。在悉达多出生时，玛雅女王在花园中碰到的一棵树奇迹般地开花了。

佛陀自己述而不作，但是他的门徒记下了他的教诲。公元前1世纪，门徒将这些教诲整理成三本著作。这些作品用巴利文和梵文写成，书中有不同的教学章节，被称为佛经。在佛教经典中，最著名的段落是佛陀在贝拿勒斯鹿野苑（今印度东北部的瓦拉纳西）对他的门徒讲道（参考下文的阅读材料）。该作敦促人们摒弃极端行为，鼓励他们追求代表正确行为的八正道。这篇文章宣扬谦虚、温和与怜悯，劝导世人不贪图世俗之乐，这与耶稣在山上的布道有很多共同之处。佛陀与耶稣的教导十分相似，均将慈爱视为布道的核心理念。

阅读材料8.4a
佛陀在贝拿勒斯的布道
（约公元前100年记载）

"比丘[1]们！世间有两个极端，放弃世俗之辈不该追随。一是习惯于自我放纵，这种做法非常卑鄙、愚蠢，只适合那些具有世俗头脑之人；另一个是习惯于苦行，这种做法很痛苦，毫无用处，也不会得到什么益处。

1. 弟子。

"不吃鱼肉，赤身裸体，剃光头发，不留须发，身着粗衣，满身是泥，向阿耆尼[1]祭祀，这些都净化不了那些没有摆脱谬见之人。

"诵读《吠陀经》，向祭司捐献，祭祀神灵，寒暑苦行，进行许多此类苦修，以期达到永生，这些都净化不了那些没有摆脱谬见之人。

"嗔怒、醉酒、固执、盲从、欺骗、嫉妒、自吹自擂、诋毁他人、傲慢和恶意构成不洁；而非食肉。

"比丘们！老师[2]已经发现了中庸之道，避免两极。这道可以洞开人的双目，赋予人理解的力量，从而使心态平和，获取更高智慧，达到完全觉悟，最终达到涅槃！

"那么比丘们！老师发现的中庸之道，避免两极，这是什么样的呢？它可以洞开人的双目，赋予理解力，从而使心态平和，获取更高智慧，达到完全觉悟，最终达到涅槃！

"我来教导你们，比丘们！中庸之道远离两极。苦难使憔悴的虔诚信徒心中产生迷惑和不洁之念。苦行对世俗知识都不太有益，战胜诸般根欲更无从谈起！

"用水注满油灯不会驱逐黑暗，用腐烂的木材点火也注定不燃。一个人若不把欲望之火熄灭，还在追求世俗享乐或天国享乐，过着可鄙的生活，他又怎能摆脱自我？但是，自我灭绝者没有欲望，他不会渴求世俗或天国的享乐，只会满足自然的需求，这一点不会使他亵渎。然而，他要保持适度，饮食与身体需要相吻合。

"感官享受使人萎靡不振，自我放纵之人是情欲的奴隶，寻欢作乐令人堕落、粗俗不堪。

"然而，满足日常生活需要并非邪恶。保持身体健康亦是职责，否则，我们即将不能装饰智慧之灯，也不能使心灵强健安详。大水围住莲花，却并没有打湿它的花瓣。

"比丘们！这就是中庸之道，使人远离两极。"

佛慈善地给他的信徒宣讲，怜悯他们的过失，指出他们努力的徒劳。在大师循循劝说的温暖之中，冷却他们心灵的恶意之冰渐渐消融。接着，佛转动最非凡的大法轮，向五位信徒宣道，向他们打开永生之门，展示涅槃的极乐世界。

佛曰：

"轮辐是纯洁行为的法规：正义是其长度的统一；智慧是轮胎；诚实和体贴是固定的轮毂与不可转动的真理之轴[3]。

"识别出苦难的存在、原因、疗救及休止之人已经透彻知晓四层尊贵的真理。此人将会步入正道。

"正确的眼界是他指路的火把，正确的呼吸是他的向导，正确的语言是他途中的寓所。他的步态笔直，因为这是正确的行为。他的点心是维持生计的正确方法，正确的努力是他的步伐；正确的思想是他的呼吸；正确的默祷给他紧随脚印的平和。

"比丘们！下面是关于苦的圣谛：

"出生伴随着痛苦，衰弱令人痛苦，疾病令人痛苦，死亡令人痛苦，与讨厌之人一起令人痛苦，与喜悦之人分离令人痛苦，渴望没有满足也令人痛苦。简而言之，人的身体因种种欲念而痛苦。

"比丘们！这就是关于苦的圣谛。

"比丘们！下面是关于苦的起源的圣谛：

---

1. 吠陀文学中的火神，他是天上的太阳、空中的闪电。
2. 原文为多陀阿伽陀，意为如来，佛陀的另一名称。

3. 这里指法界之轮。

"正是欲念导致了苦。它的确推动着生命的更新，伴随着感官的愉悦，到处寻觅满足感。它是满足情欲的渴望，是对来生的渴望，是对此生幸福的渴望。

"比丘们！这就是关于苦的起源的圣谛。

"比丘们！下面是关于灭苦的圣谛：

"彻底摒除这种渴望，不再有任何欲念残留，就是放下这种渴望，不再受其束缚，不再沉浸在这种渴望之中。

"比丘们！这就是关于灭苦的圣谛。

"比丘们！关于灭苦的圣谛就是这些，就是尊贵的八正道：

"正见、正思惟、正语、正业、正命、正精进、正念和正定。

"通过修习慈爱，我已经获得心灵的解放，因此我肯定我永远不会陷入生死轮回。我已经进入涅槃。"

佛就这样让真理的车轮滚滚向前，狂喜震颤着诸界……

问：佛教的中道与亚里士多德的适度之道（阅读材料4.7）相比如何？

问：斯多葛派（阅读材料6.2）如何回应佛陀的讲道？

阅读材料8.4b
佛陀关于毁谤的布道（约公元前100年记载）

佛看到了世人在社会中行事的方式，看到了世人为了满足虚荣和追逐私利的傲慢之性，以及人的恶毒天性和愚蠢的冒犯所带来的痛苦。

佛说："如果有人愚蠢地中伤我，我会用爱的保佑慷慨回报他；他身上的恶越多，我赐予他的善就越多；善的香气总是来到我身上，而恶的有害之气则去到他那里。"

有个蠢人听说佛奉行大爱原则，以善报恶，于是他来毁谤佛。佛一言不发，怜悯着他的愚蠢。这人把话说完，佛问他："孩子，要是一个人谢绝送给他的礼物，这礼物该属于谁？"他回答道："那样的话，应该属于送礼之人。"

"孩子，"佛接着说，"你刚才毁谤我，但我不接受你的毁谤，你便自己留着。这难道不是你的痛苦吗？正如回响属于声音，影子属于物质，痛苦必定会把作恶之人压垮。"

那毁谤之人没有答话，佛又接着说：

"邪恶之人责备美德之人，就像仰头啐天；唾沫不会弄脏上天，而是落下来把自己弄脏。

"诋毁就像在逆风中向别人投掷尘土，那土只会落到抛土的人身上。美德之人不可能受伤害，伤害只会回到施加者自己身上。"

毁谤者羞愧地走了。但他又回来了，在佛、法和僧之中寻求庇护。

问：根据这些布道，比较耶稣和佛陀的教义有何异同？

佛教的传播

公元前3世纪，阿育王（？—前232）将佛教确立为印度国教。阿育王在佛教传播中的作用，与之后君士坦丁大帝为基督教做出的努力如出一辙。但两者相比，阿育王还是更胜一筹。他奉行非暴力的官方政策，提倡素食主义，捍卫众生平等的原则。为了纪念佛陀，他在整个印度修建了很多纪念碑和佛寺，并派出大量僧人传教。这些传教僧侣有些向西出发，最远到了希腊；还有一些前往东南方向，最终到了锡兰（今斯里兰卡）。

这位非凡的统治者对印度的影响十分深远，以至于许多故事记载了他谦恭的美德。后来，人们将这些故事汇编成书，命名为《阿育王传》。尽管阿育王努力促进信仰统一，但人们还是对佛陀的教诲持有不同的理解，并由此产生了众多派别。到了公元1世纪，佛教仅在印度就有多达500个大大小小的宗教派别。

但总体而言，佛教分为两大流派：小乘佛教和大乘佛教。小乘佛教（又称"上座部佛教"）主张个人对涅槃境界的追求。该教派的信众认为，追求涅槃不仅能让他们不断领悟佛陀的教诲，也更能理解佛陀所强调的个人命运。大乘佛教将佛陀提升到大千世界的高度。该教派主张崇敬佛陀，并教导世人，佛陀将以人的形态来到世间引导人类。

大乘佛教徒认为，悉达多·乔答摩只是佛陀在凡间的一个化身。无论是过去还是将来，佛陀都有许多个化身。其他宗教的神灵（包括印度教的神灵）都只是佛陀不同形式的化身。在悉达多的前世，佛陀也曾以各种形态的肉身在人间出现。

大乘佛教为了帮助信徒明心见性，会让居住在西天的诸佛以人间的形态出现。这些"待成佛"（或称"菩萨"，图8.4）已经达到了觉悟的境界。但是出于怜悯之心，他们并没有进入涅槃之境往生西天，而是选择普度众生，让所有的人都获得觉悟。因此，菩萨是佛教中的英雄人物。正如基督教的圣徒一样，他们也是众多佛教徒崇拜的对象。

其中，最著名的是观世音菩萨。观世音菩萨与佛陀一样，超越了男女性别。佛陀的形象通常为男性，但在东亚，人们将观世音菩萨视为仁慈的女神。因此，观世音菩萨的形象更加女性化（见图

14.1）。这一点与罗马天主教徒和东正教基督徒崇拜圣母玛利亚如出一辙。

尽管阿育王努力推行佛教，但佛教在印度却从未广泛流行。在当地，印度人建立的传统（犹如朱迪亚地区的犹太教传统一样）根深蒂固。婆罗门种姓也对佛教主张的众生平等表示不满。最终，这些因素让新信仰的传播逐渐成为泡影。在公元后第一

图 8.4 菩萨站立像 来自古印度犍陀罗，公元2世纪晚期。不同于佛陀身穿素衣袈裟，这尊菩萨身上穿着华丽的僧袍，上面装饰着精致的珠宝。这些装饰象征着他们终将舍弃的世俗

个新千年中叶，佛教在印度至少已与印度教一样普遍；但到了公元1000年，佛教成了少数人的宗教。不过，佛教并未断绝，仍在印度社会中不断发展。直到公元12世纪和13世纪，伊斯兰入侵印度北部（见第十四章），在此期间，佛教几乎彻底灭绝。然而，在远离其诞生地的国度，佛教继续茁壮成长。在中国，大乘佛教广受欢迎，影响深远。

来自中国的新兴宗教也传播到了韩国、日本和越南，其影响力同样巨大。佛教并不排斥其他宗教，这一点不仅促进了佛教的普及，也得到了世界各地民众的认同。大乘佛教为东亚地区北部的数百万人带来了希望和拯救的启示。小乘佛教在锡兰占据主导地位，并从那里传播到了缅甸、泰国和柬埔寨。

中国和日本的佛教

公元1世纪，佛教传入中国。在动荡的汉朝末期，佛教逐渐生根发芽（见第七章）。那时有许多佛经被翻译成中文。在接下来的几个世纪，印度诗人马鸣（约80—150）的著作让佛教在中国盛行。马鸣用梵文叙述了佛陀的生活。公元420年，他的著作被译介到中国并开始流传，之后成为大乘佛教传播的经典。在中国和在亚洲许多其他地方一样，人们不仅将佛陀视为导师或改革者，还将其视为神圣的存在。在中国，道教与佛教早已出现融合的迹象，彼此之间并无隔阂。这两种宗教传统的融合将有助于形成统一的大众信仰。佛教中有一个教派是"极乐宗"，该教派向信徒承诺，佛陀在西天执掌了一个田园诗般的天国，信徒将在那里得到重生。这一点与亚洲西南部的神秘宗教十分相似。在这片天国中，最有名的当数阿弥陀佛口中的"西方极乐净土"。

另一个佛教派别在中国被称为禅宗（意为"冥想"），而在日本该教派则被称为ぜん（汉字亦为"禅"），并在公元1000年后的几百年间兴起。禅宗强调冥想与洞察力在达成涅槃中的作用。由于受到道教思想的影响，该教派认为理性的方法不能让人觉悟，而要通过高度集中精神让人的心灵自发地觉醒。益智的谜语也是禅宗大师惯用的手法之一，比如："你既然明白双手击掌的声音。那么，单手击掌的声音是怎样的呢？"

通过思考这些疑问，禅宗可以使僧侣摆脱理性的桎梏。相传，中国和日本都从印度引入了含有大量咖啡因的茶，并将其作为延长冥想时间的辅助手段。据说，饮茶可以让人达到更高的意识境界。

回　顾

基督教产生的背景

基督教出现在三种截然不同的文化传统中：希腊罗马文化、近东（西亚）文化和希伯来文化。

近东地区受欢迎的神秘宗教向信奉生育神的人承诺重生和复活。

在犹太人中，撒都该派、法利赛派和艾赛尼派对《圣经》中的弥赛亚有不同的解释。

在罗马占领的朱迪亚行省，罗马人和犹太人相互敌视，无法保持长久和平，许多自诩为奇迹创造者的人都在和传教士争夺信众。

基督教的兴起

作为记录耶稣生平和教义的古老经典，基督教《福音书》的历史可追溯到耶稣去世后至少40年。

耶稣的思想宣扬了对上帝的持久信仰、对邻人的同情，以及对物质财富的摒弃。

耶稣用简单直接的语言表达他的信息，并通过寓言故事传达道德教诲。

保罗的教义

使徒保罗向犹太人之外的族群布道，以此普及耶稣的启示，并获得了"非犹太人的使徒"这一称号。根据他的解释，耶稣的死不仅是对原罪的救赎，而且能让其追随者通向永生。

人们普遍认为，在基督教经文或《新约圣经》的二十七书中，保罗著有十到十四书。

基督教的传播

在贫穷和压迫困扰越来越多人的情况下，基督教逐渐赢得更多人的信仰。基督教承诺，世人可以得到救赎、永生，过上不受物质条件限制的生活。

相比于神秘宗教中难以捉摸的神，耶稣生活在民众之中，将他所传讲的道德付诸实践。

君士坦丁大帝上台之后，颁布了《米兰敕令》（313年）。从此，罗马人对基督徒的迫害才宣告结束，基督教成为一种合法的信仰。

佛教的兴起

悉达多·乔答摩是一位印度王子，他的教义确立了他作为佛陀（"开悟者"）的角色。根据他的教导，觉悟之路始于四谛（苦、集、灭、道），即痛苦是普遍的，欲望引起痛苦，不要欲望可减轻痛苦，以及正确的行为能让人从痛苦中解脱。

佛教徒的目标并非追求个人不朽，而是摆脱生、死和重生的无尽循环。对佛教徒来说，"救赎"在于自我的寂灭。

正如耶稣一样，佛陀也关注人的道德。通过宣讲慈悲和谦卑的法则，佛陀告诉世人，无论人处于何种阶级，都能够觉悟。

佛陀述而不作，他的弟子们将他的教诲记录下来，并在公元1世纪著成了三部佛教经典。

佛教的传播

公元前3世纪，阿育王将佛教尊为印度的国教，并派出大量僧人传教。这些传教僧侣有些向西出发，最远到了希腊；有些前往东南方向，最终到了锡兰（今斯里兰卡）。

尽管阿育王努力建立统一信仰，但众多派别对佛陀的教诲产生了不同的理解。到了公元1世纪，仅印度就有500个佛教教派盛行。大乘佛教徒声称，佛陀能够带领他的追随者走向个人救赎。

公元1世纪，佛教进入中国，并在汉朝末期影响渐深。在中国，印度诗人马鸣的著作促进了佛教传播。由于印度教的力量根深蒂固，佛教从未在印度得到广泛普及；但在中国和东南亚其他地方，佛教成为数百万人的信仰。

术语表

禁欲主义：严格的克己和自律。

菩萨：不让自己过早进入涅槃之境，并优先帮助众生实现这一目标的人；在大乘佛教中，人们将其崇拜为神。

大流散：在巴比伦被掳之后，犹太人流散到各地。

真知：对精神真理的洞察或隐秘的知识。

弥赛亚：受膏者或救世主；希腊语称为基督。

拉比：精通律法并受过犹太法律训练的老师或长老。

佛经：佛教著作中承载佛教教义的章节或布道文。

第九章
信仰的语言：象征主义与艺术

约公元300年—公元600年

在地上之城，人们爱强人的力量，因为它彰显了人的勇力；
而在天上之城，人们会对上帝说："耶和华啊，你是我的力量，我会爱你的。"
——奥古斯丁

图 9.1 **基督教导使徒** 约公元401年—417年。圣普正珍大殿的半圆形室，罗马。在基督教早期，马赛克艺术大师借助罗马和基督教象征主义的表现手法，将耶稣描绘为宇宙之主。在圣城耶路撒冷的大厅里，耶稣头戴王冠，穿着一件威严的金色长袍。圣徒、使徒环绕在耶稣的周围，并配有《启示录》中表示大灾难的符号

随着时间的推移，罗马内部的问题逐渐显现，外部野蛮的游牧民族也开始不断袭扰（见第十一章）。内忧外患之下，基督教开始在罗马乘势崛起，并最终成为世界性宗教。为了复兴罗马帝国，扭转军事和经济上的双重颓势，罗马最后的贤君——戴克里先（约245—313）和君士坦丁大帝（280—337）做出了很多大胆的尝试。为了更加有效地管理罗马广大的疆域，戴克里先决定将整个帝国分为东、西两个部分，并任命一位新皇帝分担国家的行政和国防管理。戴克里先退位之后，君士坦丁大帝试图通过征收新税恢复经济，但最终未能成功。

公元313年，君士坦丁大帝颁布了《米兰敕令》，并宣布所有宗教（包括刚刚起步的基督教）全部允许传播。他希望通过这一法令，终止罗马内部的分裂。然而，此举并没有为衰弱的罗马注入新的活力。公元330年，他离开了处于重围的罗马城，将罗马帝国的东都拜占庭定为新的首都，并将其改名为君士坦丁堡。

虽然西罗马帝国早已萎靡不振、失去活力，但东罗马帝国（或称"拜占庭帝国"）却欣欣向荣、富有生机，逐渐成为罗马世界的经济中心。作为希腊、罗马和亚洲文化传统的继承者，君士坦丁堡不仅是欧亚大陆的十字路口，也是贸易网络主干线的中心。在与教会领袖结成牢固联盟之后，拜占庭历代皇帝都致力于打造一个蓬勃发展的帝国。直到公元15世纪中叶，东罗马帝国才走向灭亡。公元9世纪至10世纪期间，东欧（包括俄罗斯）的斯拉夫人改变了信仰，并皈依东正教。在君士坦丁大帝认定"新罗马"诞生之际，君士坦丁堡也因此在宗教领域扩大了影响。

无论是在罗马城，还是在拜占庭，基督徒们致力于形成一套行之有效的信仰话语体系。与此同时，印度、中国和东南亚国家的佛教徒们也在探索自己的宗教话语体系。佛教的影响不仅让东方在艺术、建筑和音乐等方面都取得了辉煌成就，而且滋养了数百万人的精神世界。在西方，这一点在早期基督教艺术中也有所体现。

基督徒身份

公元4世纪至6世纪，基督教从一个弱小而有活力的教派，逐渐发展为成熟的宗教。作为基督教的代理机构，罗马天主教会开始取代罗马帝国成为西方世界的主要权威。基督教发展的历史揭示了基督徒身份的形成过程。

耶稣去世后的前几个世纪，那些自称为基督徒的人并未将信仰和实践相统一。然而，公元313年，基督教在罗马开始成为合法信仰。随后，耶稣的追随者开始着手解决各种问题，包括制定教会的等级制度、教理和礼拜仪式。

自罗马时代开始，西方的教会领袖不仅将拉丁语作为正式语言，而且采用罗马法律体系（后来成为教堂或教会法规的基础）与罗马建筑方法。教会保留了罗马帝国的行政区划，任命大主教管理各个行省，并向各教区派遣主教和牧师。

罗马城一直是西罗马帝国的中心，因此，它也成为基督教这一新信仰的首要城市。在君士坦丁堡和安条克，两地的教会领袖对罗马是否具有首要地位争论不休。此时，罗马主教利奥一世（约公元400年—461年在位）提出"圣彼得说"，声称历代罗马教皇的继承，都要以彼得的继承人、最初的使徒和罗马首席传道者等身份自居。罗马帝国皇帝统御四海，拥有最高权力。所以，作为基督在人间的代表，罗马天主教皇也将有权力掌管整个西方基督教世界。因此，在罗马帝国之后，西方形成了一套新的宗教规则。

对成功的新信仰而言，有效的行政等级制度至关重要，制定统一的信仰学说也是如此。随着基督教的传播，人们对耶稣的故事及其启示的意义产生了各种各样的疑问。耶稣究竟是人还是神？对上帝而言，耶稣居于何种地位？针对这些基本问题，人们给出的答案却似是而非、相互矛盾。为了解决这些问题，教会官员决定召集信众，对耶稣的生平、死亡和复活做出系统解释。君士坦丁大帝成立了首个世界范围的教徒理事会。

公元325年，理事会会议在土耳其的尼西亚（今伊兹尼克）举行。在尼西亚会议上，教会代表达成共识，从而为基督教教条奠定了基础。会议一致认为，耶稣与圣父上帝本为一体（"同体同质"），这引起了一些东罗马教会成员的反对。最终，会议发表了一份基督教信仰声明，名为《尼西亚信经》。

公元381年，《尼西亚信经》经修订后获一致通过。东正教基督徒至今仍在使用这一版本。《尼西亚信经》保留了各种各样的奇迹，包括童贞女之子、死者的复活，以及神秘的三位一体——耶稣、圣父和圣灵的结合。作为基督教信仰的首要准则，《尼西亚信经》标志着基督教逐渐从古典理性主义走向神秘主义思想。一方面，《尼西亚信经》列举出各种感官证据，质疑人的理性。另一方面，《尼西亚信经》宣扬人的信仰，并强调人只有凭借直觉，才能感知到普通人不能理解的真理。就其本身而言，它让西方世界的思想发生了转变，从"具有同一中心"的古典世界观转向"以神为中心"的中世纪世界观。

阅读材料 9.1
摘自《尼西亚信经》

我等信独一之神，即全能之圣父，创造天地，及一切有形无形之万物之主。

我等信独一之主耶稣基督，上帝独生之圣子，是圣父在万世之先所生，是从神所出之神，从光所出之光，从真神所出之真神，是生非造，是与圣父同体，万物皆藉圣子而造；圣子为要拯救我等世人，从天降临，为圣灵感动之童贞女玛利亚所生，成为人身，在本丢彼拉多手下，为我等钉十字架，被害而葬，照圣经之言，第三日复活，升天，坐在圣父之右；将来复必有荣耀而降临，审判生人死人，其国无穷无尽。

我等信圣灵即是主，是赐生命者，是从圣父、圣子所出，与圣父、圣子，同是当拜，当称颂者，众先知说预言，皆是被圣灵感动；我等信使徒所立独一圣而公之教会；我等信因为赦罪设立之独一洗礼；我等望死后复活，又望来世之永生。阿们。

问：什么是"信经"？
问：《尼西亚信经》如何说明了"信仰的飞跃"是所有宗教信仰的基础？

基督教修道主义

在基督降临之前，城镇中就已经形成禁欲主义（克己）的生活方式，无论是寻求学习和祷告的环境，还是选择颓废地在城市中生活下去。比如，西方的艾赛尼教派和亚洲的佛教僧侣。最早的基督教教徒在埃及的沙漠里追求神圣的道路。希腊主教圣巴西勒（约329—379）将禁食、贫穷和独身定为苦修生活的基本途径，同时东正教的修道院对此也推崇备至。

随着西方古典文明逐渐消失，人们越来越想摆脱混乱的世俗生活。公元529年，即柏拉图的学园在雅典关闭的同一年，首个西方修道院修会在意大利中西部的卡西诺山建立，并以其创始人本笃（约480—约550）的名字命名。根据本笃会的规则，其成员发誓恪守贫穷（放弃所有物质财产）、贞洁（戒除女色），并服从男修道院院长或大修道院（修道院社区）教父的管理。

本笃会修道士的日常工作十分规律，这使他们摆脱了对世俗世界的依赖。他们通过宗教研究和祈祷让自己获得安定：背诵日课经文，在24小时内分8个时间段完成一轮祷告。这样的模式（"祈祷与工作"）不仅为日常生活赋予了方向和意义，也为本笃会确立了实现内心安定的标准。在本笃会的一条箴言中，这一点得到了最好的表达——箴言的原文为"mens sana in corpore sano"，意为"健康的精神寓于健康的身体"。

通常而言，修道士和教父将女性视为夏娃的女儿，并认为女性受到了性爱的诱惑，是带着原罪和危险来到人间的。教会不仅禁止女性掌权，也不允许女性以在俗教士（牧师）的身份授认神职。然而，妇女在宗教界并没有被排除在外。在埃及的修道院中，大约有2万名妇女担任修女，这一数字是男性修道士数量的两倍。

在西方，贵族妇女经常将自己的家变成本笃会的女修道院。她们在那里为社会各个阶层的妇女提供宗教教育。圣本笃的妹妹斯科拉丝蒂卡成为卡西诺山附近一所修道院的院长。修道院不仅是女性知识分子的避难所，也为女性提供了替代婚姻的一种选择。

从公元5世纪开始，戒律教士（遵循修道院规则的人）在西方思想史上的作用与日俱增。这是因为希腊和罗马的教育资源早已枯竭，并且能够读写的人越来越少。因此，修道院就成了最后一座文化堡垒，承担起了保护古代历史和文学的责任。

对于基督教和古典时代的手稿，本笃会的修道士先将其抄写下来，再配以插图，最后将这些文稿存储在图书馆中。几个世纪以来，本笃会修道院不仅为当地发展教育，并负责管理济贫院，也为宗教艺术提供资助。此外，修道院还培养了一大批传教士、学者、神秘主义者和教会改革者。

公元6世纪，一位鲜为人知的修道院院长，狄奥尼修斯（？—约540）负责修订历法。这部历法在世界上得到了广泛应用，并一直持续至今。此外，为了让教会确定每年庆祝复活节的时间，狄奥尼修斯将耶稣的诞生时间推定为罗马纪元753年12月25日。虽然他的历法中至少有三年是不准确的，但他在年表中将耶稣降生之年定为元年。后来，作为一名英国修道院院长和学者，尊者比德（约673—735）在撰写英国历史时也使用了这套基督历法。自此，这套计算日期的方法成为西方的标准历法。

拉丁教会的教父

在制定基督教教条和礼拜仪式方面，西方重要的人物莫过于四位拉丁语学者，分别为哲罗姆、安布罗斯、格列高利一世和奥古斯丁。他们都生活在公元4世纪至6世纪之间。

首先，作为一名基督徒，圣哲罗姆（约342—420）在罗马受过教育。当时，他欲将希伯来文《旧约》和希腊文《新约》翻译成拉丁文版。这项任务极为艰巨，但圣哲罗姆不负众望，推出了《圣经》的拉丁文通行本，此版本也成为罗马天主教会认定的权威版本。虽然圣哲罗姆认为异教文化会将精神生活引入歧途，但他却对古典时期的作家推崇备至。为了建立一座新信仰的思想大厦，他毫不犹豫地吸收了古典主义和希伯来文化的精华。

其次，在制定基督教教条和礼拜仪式时，圣安布罗斯（约339—397）与圣哲罗姆一样，借鉴了希伯来、希腊和亚洲西南部的文化传统。作为一位罗马贵族，圣安布罗斯不仅曾担任米兰主教一职，而且最先为基督教撰写了赞美诗，供教会和信众使用。由于受到东地中海地区的圣歌和希伯来诗篇的影响，圣安布罗斯的赞美诗以文字简约为特征。这样的特点是宗教语言的典范。下文的赞美诗均以神圣之光为主题，并将上帝称为"光之光"。这让人想起信众对密特拉神的崇拜，以及柏拉图将善行类比成太阳的思想。这首赞美诗以赞美三位一体的神结尾，传达出一种昂扬向上的乐观情绪。

阅读材料9.2
摘自圣安布罗斯《古代晨祷》
（约公元380年）

啊，上帝荣耀的光辉，
啊，您从光中带来光芒，
啊，光之光，光之泉，
啊，照亮日日夜夜！

啊，您是真正的太阳，
朝我们瞥了一眼，
就降下了四射的光芒。
圣灵之光在凡间照耀，
流淌在我们的心房。

圣父，我们用祈祷恳求，
永远的荣耀之父，
带给我们恩典和力量，
驱逐我们的罪恶，
让我们收获喜乐，
让我们走向高尚。

用爱消除一切嫉妒，
让我们走出不幸，
赐予我们公平，
并将错误背负在肩上。

欢乐的时光就此别过，
如同纯洁的黎明；
我们的天真显现，
如同炽热的正午；

我们的信仰闪耀，
不识黄昏的阴郁忧愁。

破晓，她架着玫红色的车降临人间：
出来吧，圣父，
赐予我们完美的清晨。
圣言道，您是唯一的圣父，
也让圣子完美无缺。

所有的称赞，都归于圣父；
所有的赞美，也属于永恒的圣子；
所有的荣耀，一如既往
都献给上帝和圣灵。

问：这首赞美诗与《阿顿颂诗》（阅读材料2.1）和《希伯来圣经·诗篇》（阅读材料1.4e）相比如何？

对早期教会政权的发展而言，罗马教皇格列高利一世（约540—604）的贡献是至关重要的。公元590年，格列高利一世当选为罗马教皇，并建立了一套行政机构，这为继任教皇统治罗马教会铺平了道路。格列高利一世天生具有组织才能，他向英格兰派遣传教士，不仅成功使英格兰人皈依基督教，也将罗马教会的世俗权威扩展到整个西欧。虽然在历史上缺乏证据，但他的名字一直与很多圣歌的编纂有关。这些圣歌也成为早期耶稣教会的礼拜音乐。

在这些拉丁教会的教父中，思想最为深刻且最有影响力的是希波的奥古斯丁（354—430）。他写过很多关于灵魂本性、自由意志和邪恶意义的论著，这使他成为早期基督教发展过程中最伟大的哲学家。奥古斯丁在罗马的非洲行省长大。作为一名知识分子，他曾受到保罗与新柏拉图主义的影响，

并在33岁皈依了基督教。

在此之前，奥古斯丁在青年时代过得声色犬马、放荡不羁，他沉溺女色、嗜赌如命，并育有一个私生子。他的一生充满矛盾。一方面，他认识到自己对世俗快乐的喜爱，并称其为"堕落的自我"；另一方面，他热爱上帝，践行着"天性的更高层次"。这些矛盾与自省成为他撰写自传时关注的焦点，并最终诞生了《忏悔录》这部著作。

这部作品让人着迷。在书中，奥古斯丁将肉体满足和精神满足区分开来，并认为："与圣徒生活的幸福相比，没有一种身体上的快乐能与之相提并论，无论身体上的快乐有多么强烈……" 他认为人类具有二重性，即"不洁的身体"和"净化的灵魂"，这两大要素相互对立。无论是新柏拉图主义提出的物质和精神二元理论，还是保罗承诺耶稣的受难会洗脱亚当的原罪，这两者都与奥古斯丁的观点毫无二致。

下文选取了《忏悔录》中的一段。在选段中，奥古斯丁认为有三种诱惑危害了他的灵魂，包括肉体的欲望、眼睛的欲望，以及对世俗世界的野心。《忏悔录》这部自省作品极深入地反映了"信仰寻求理解"的思想。这句话最终也成为奥古斯丁的箴言。

阅读材料9.3
摘自圣奥古斯丁《忏悔录》（约公元400年）

主，你命令我谨戒淫欲、声色、荣华富贵。由于你的赐予，我在成为你的"圣事"的施行者之前，已经选择了这一种生活方式。但上面所述的种种前尘影事仍未免出没隐见于我记忆中，这是我的根深蒂固的恶习。

当我清醒的时候，这些影像隐隐约约地现

于心目，但我一入梦境，它们不仅赢得我的欢悦，甚至博得我的同意，仿佛使我躬行实践。幻象对我的灵魂和肉体还起着如此作用：我醒时所不为的事情，在梦中却被幻象所颠倒。主、我的天主，是否这时的我是另一个我？为何在入梦到醒觉的须臾之间，我判若两人？我醒时抵拒这一类的想象，甚至在真实诱惑进攻前所持坚定的理智，梦时到哪里去了？是否和双目一起紧闭了？是否和肉体的感觉一起沉睡了？又为何往往在梦中也会抵抗，也能记起我们的决心而坚持不释，对这一类的诱惑绝不顺从呢？但这二者有很大的差别：譬如梦中意志动摇，醒时仍觉问心无愧，则由于二者的界限分明，我们感觉到刚才在我们身上无端出现的、我们所痛恨的事情并非我们自身的行为。

全能的天主，是否你的能力不足以治愈我所有的痼疾，还需要你赋畀更充裕的恩宠才能消灭我梦中的绮障？主啊，请你不断增加你的恩赐，使我的灵魂摆脱情欲的沾染，随我到你身边，不再自相矛盾，即使在梦寐之中，非但不感溺于秽影的沾惹，造成肉体的冲动，而且能拒而远之……

除了上述之外，另有一种诱惑具有更复杂危险的形式。肉体之欲在于一切感官的享受，谁服从肉欲，便远离你而自趋灭亡，但我们的心灵中尚有另一种挂着知识学问的美名而实为玄虚的好奇欲，这种欲望虽则通过肉体的感觉，但以肉体为工具，目的不在肉体的快感。这种欲望本质上是追求知识，而求知的工具在器官中主要是眼睛，因此《圣经》上称之为"目欲"。"看"，本是眼睛的专职，但对于其他器官，如我们要认识什么，也同样用"看"字。我们不说："听听这东西怎样发光""嗅嗅这东西多么光亮""尝尝这东西多么漂亮""摸摸这东西多么耀眼"。但对这一切都能通用"看"字。我们不仅能说"看看什么在发光"，这仅有眼睛能看到；但也能说"去看看什么在响""看看什么在发出香味""看看这有什么异味""看看这东西硬不硬"。因此，从器官得来的一般感觉都名为"目欲"，看的职务主要属于眼睛，其他器官要探索或需认识一样东西时，因性质类似，所以也袭用"看"字。我们于此能更明显地确定快感与好奇通过感觉有些什么作用：快感追求美丽、和谐、芬芳、可口、柔和，而好奇则在追求相反的感觉作为尝试，不是为了自寻烦恼，而是为了试验，为了认识。

观看血淋淋的死尸有什么快感呢？可是那里躺着一具尸体，人们便趋之若鹜，看得不寒而栗，觉得凄惨。人们害怕梦见死尸，一似醒时有人强迫他们去看，或听到似有什么好看的情状才被吸引着去看。对于其他感觉也是如此，不能一一论列。由于好奇的毛病，舞台上便演出种种离奇怪诞的戏剧。好奇心驱使我们追究外界的秘密，这些秘密知道了一无用处，而人们不过为好奇而想知道，别无其他目的。好奇使人们为了同样的虚妄知识，从事巫术。好奇甚至使人们在宗教中试探神明，不为人的幸福，仅仅为了长见识而要求灵迹。

我们天天受这些诱惑的试探，我们在连续不断地受试探。人们的舌头是每天锻炼我们的洪炉。在这一方面你也命令我们节制自己。你知道对这方面我的心如何向你哀号，我的眼睛如何涕零如雨。因为我很难确定我是否已完全免于这一种疫疠。我非常害怕我的隐慝，这些隐慝，你虽明鉴，我却无从看出。

对于其他诱惑我已有了一些辨识的能力，对于这种诱惑，我还是一无所知。对于肉体的情欲和空虚的好奇心，只消我的意志不受影响，或它们不出现，我就能看出我有多少力量

第九章　信仰的语言：象征主义与艺术　265

控制我的心灵，因为我能盘问我自己，不受这种诱惑时是否或多或少感到不痛快。

对于财帛，人们追求钱财是为了满足上述三种私欲之一二，或同时为三者；如果一人自疑虽已拥有、能否轻视，则可以弃置，作为考验。

我们怎么才能在生活中对赞美不动于心？为了避免获赞，为了考验我们的能耐，是否必须趋向败坏、堕落、放肆的生活，使认识我们的人都唾弃我们？还有什么比这种论调、这种见解更荒谬呢？别人的赞美往往跟随着，而且应该跟随着良好的生活和良好的行动，二者都不能弃置。唯有事物不在眼前，才能看出对这事物能否放下或有所系恋。

问：奥古斯丁觉得哪种诱惑最难抵抗？
问：他会如何回应佛教的"四谛"呢？

奥古斯丁的《论上帝之城》

异教徒经常宣称，基督教要为罗马的灭亡负责。而奥古斯丁作为亲历者，亲眼见证了罗马帝国的衰落。因此，他坚决反对异教徒的观点，并选择捍卫信仰。在他的多卷本著作《论上帝之城：驳异教徒》（下文简称《论上帝之城》）中，他将城市一分为二，一半在地上，另一半在天国。其中，天国之城才是基督徒的灵魂永恒的居所。奥古斯丁在世俗的住所是一处"智者按人的意愿开展生活的居所"，这里代表了耶稣降临前的古典世界。相比之下，对那些接受基督"新启示"的人而言，天国之城既是最终的命运，也是人类按照圣规生活的精神家园。

在制定基督教教条方面，奥古斯丁的影响力同样不容小觑。他认为，如果有人颠倒黑白，就是让上帝创造的好人走向堕落。并且，他支持发动"正义战争"。换言之，战争也是惩治道德堕落的有力手段。这一点反映了他善于分析、独具慧眼的性格特征。在描述历史方面，他认为一切皆为上帝的安排，一切都指向一个注定的结果。这样的历史观奠定了基督教史学的基础。最后，他提出现实世界具有二元性，包括物质和精神、身体和灵魂、地狱和天堂、撒旦和上帝、国家和教会，这在之后的几个世纪成为西方的主流思想。

可见世界（物质）能够部分映射出神圣秩序（精神），这让基督教文化具有了寓言的特征。根据这一思想，物质不仅是万物的基础，而且隐藏着上帝的信息。无论是《圣经》的记载，还是世间万物，人们都可以从中发现上帝隐匿的秩序。对奥古斯丁而言，《希伯来圣经》是一部寓言，它用象征的手法揭示了基督教真理，而历史本身也暗藏着上帝的启示。

下文选自《论上帝之城》。该作不仅阐明了奥古斯丁的观点（现实世界具有二元性），还揭示了这一观点在基督教寓言传统中的重要性。书中的挪亚方舟象征着上帝之城、教会和基督的身体，而奥古斯丁通过对方舟的描述，举例说明了单一形象在基督教信仰话语体系中可能具有多种含义。

阅读材料9.4
摘自奥古斯丁《论上帝之城》
（公元413年—426年）

论天上和地上两座城的特点

两种爱创造了这两座城市：爱自己、轻视上帝造就了一座地上之城，爱上帝、轻视自己造就了一座天上之城。因为前者荣耀自己，后者荣耀上主。在地上之城，人们在众人中寻求荣耀；而在天上之城中，最大的光荣就是上帝，是我们良知的见证。在地上之城，人们在自己的光荣中昂首；而在天上之城，人们则对上帝说："主啊，你是我的荣耀，也让我抬起了头。"在地上之城，君王追求统治万国，就像自己被权欲统治一样。在天上之城，人们彼此相爱，管理者靠政令爱人，被管理者用顺服表达爱。在地上之城，人们爱强人的力量，因为它彰显了人的勇力；而在天上之城，人们会对上帝说："耶和华啊，你是我的力量，我会爱你的。"

在地上之城，智者按着人的方式生活，追求身体、心灵的益处，或两者兼而有之。哪怕他们能认识神，也不以他为神，也不感谢他。他们的思念变为虚妄，无知的心就昏暗了。自以为聪明（骄傲统治了自己，用自己的智慧抬高自己），反成为愚拙。将不朽之神的荣耀变为偶像，那就认定上帝与人、飞禽、走兽或昆虫一样必将朽坏。他们通过偶像崇拜，或成为民众的领袖，或成为民众的追随者。他们将神的真实变为谎言，去敬拜所造之物，而不去敬拜那造物之主。在天上之城中，没有虔诚就没有人的智慧。人依靠虔诚服侍上帝，希望与圣徒（甚至是天使）的交往中，得到奖赏。神在万物之上，必为万物之主。

挪亚所造的方舟，在各方面都象征了基督和教会

挪亚确实是个义人，经文上的确这样说："在当时的世代，是一个完全人。"但这并不意味着，他像上帝之城的公民那样，是不朽的完全人，亦如天使一般。而是说，他在凡间的羁旅中，是尽可能完全的。上帝命他制作方舟，他和他的家人，包括妻子、儿女，以及动物，都要到船上去。他们按照上帝的指示，走进了方舟，于是躲过了洪水的劫难。毫无疑问，方舟象征了在尘世羁旅中的上帝之城，这座城就是那借着一棵树得救的教会。树上挂着神和人中间的中保，乃是"降世为人的耶稣基督"。长宽高的尺寸本身就象征着人的身体，预言了基督将以人的肉身来到人间，事实上，他真的来了。因为人的身体，从头到脚的长度，是从一边到另一边的宽度的六倍，也是从后背到腹的十倍。换言之，你若让一个人平躺或趴下，然后测量，他从头到脚的长度，是从右到左或从左到右宽度的六倍，也是他在地上高度的十倍。而方舟在建造时，长三百肘、宽五十肘、高三十肘。边上有门，正是耶稣被钉在十字架时，枪刺透肋下所受的伤。凡到那里的人，都要必经此门。因为从那伤口流出的，正是信徒所领受的圣礼。上帝命令使用方木作梁，暗示了圣徒生活的坚强。因为无论你把方木转向何方，它都是稳固的。同样，在方舟建造过程中所涉及的其他细节，也都象征着教会之事。

问：在阅读材料中，作者是如何使用寓言的？
问：为什么寓言是用来塑造"新天命"的重要手段？

象征主义与早期基督教艺术

基督教的标志和符号将现世与阴间联系起来。这些标志和符号通过类比起到象征的作用，就像奥古斯丁的《论上帝之城》一书中的寓言一样。因为在基督教艺术中，标志和符号的象征意义通常比其字面意义更重要，所以对主题的识别和解释就显得尤为重要，甚至衍生出一种被称为图示法的准则。公元313年，在基督教合法化之前，视觉符号起到了识别信徒间是否具有同一信仰的实际作用。

耶稣的追随者以"鱼"作为标志。因为，在希腊语中，"鱼"（ΙΧΘΥΣ）是"耶稣基督（ΙΗΣΟΥΣ ΧΡΙΣΤΟΣ）、圣子（ΘΕΟΥ ΥΙΟΣ）、救世主（ΣΩΤΗΡ）"的首字母组合。此外，他们还使用希腊语的首字母A和最后一个字母Ω，向信众指明基督的存在将贯穿始终。在拉丁语中，"PAX"本义为"和平"，皈依基督教的罗马信徒用该词象征基督，因为第一个字母P和最后一个拉丁字母X，也可以视为希腊语中的字母（同样写作P和X）。甚至，罗马人还将"PAX"装饰在旗帜上。据说，君士坦丁的大军就是聚集在这样的旗帜下，取得了攻无不克、战无不胜的战果。这些符号很快融入了早期基督教的艺术当中。

在拉韦纳，人们发现了公元6世纪狄奥多罗斯大主教的石棺（图9.2）。在石棺内，希腊字母X、P、A和Ω被制成了徽章，其形状与十字架（象征基督为救世主）和牧师十字徽章（象征基督为牧羊人）十分相似（图9.3）。作为罗马帝国胜利的传统象征，三顶桂冠环绕在棺盖上徽章的周围，暗指基督战胜了死亡。棺身正面徽章的两边是葡萄藤，代指象征着基督之血的葡萄酒。站在葡萄藤下面的小鸟（源于希腊殡葬艺术）代指人类的灵魂。此外，还有两个不朽的象征，分别是孔雀与凤凰。这些符号在亚洲西南部十分流行。那里的人们认为，凤凰是一种能从灰烬中重生的传奇鸟类。作为伊西丝重生的象征，玫瑰形饰物在图像中也有所体现。整体而言，作为神圣语言的载体，大主教的棺材既体现了基督战胜了死亡，又彰显了对基督徒复活和救赎的承诺。

在早期的基督教艺术中，几乎每一个数字和数字的组合都被认为具有寓意。例如数字"3"表示三位一体，"4"表示福音传道者，"5"象征着耶稣的创伤，"12"代表使徒，等等。通常，福音传道者由四个有翅膀的生物表示，人代表马太、狮子代表马可、牛代表路加、鹰代表约翰（见图9.3及图9.1上半部分）。

在《圣经·启示录》中，这四种生物都与特定的福音相关。例如狮子与马可十分匹配，因为《马可福音》强调基督的王权尊严；翱翔天国的鹰则适合约翰，因为《约翰福音》最为崇高且神秘。在罗马艺术中，光环用于表示神性或圣洁。在展现耶稣与福音传道者的视觉形象方面，光环成为最受欢迎的象征手段。而对于能为罪人开脱的其他圣人，教会也将其列入圣徒之列。

罗马城外的墓穴和地下墓室为基督教艺术的存在提供了最古老的证据。地下的走廊不计其数，形成了一个庞大的道路网。无论是在众多墓室里，还是在坟墓所在地，墙壁上随处可见壁画，这些壁画描绘了《旧约》和《新约》的各种场景。壁画《妇女祈祷像》中有一个人物，她以一种祈祷的姿态举起双臂。这种古老的姿态

图9.2 狄奥多罗斯大主教的石棺 公元6世纪

268 人文传统

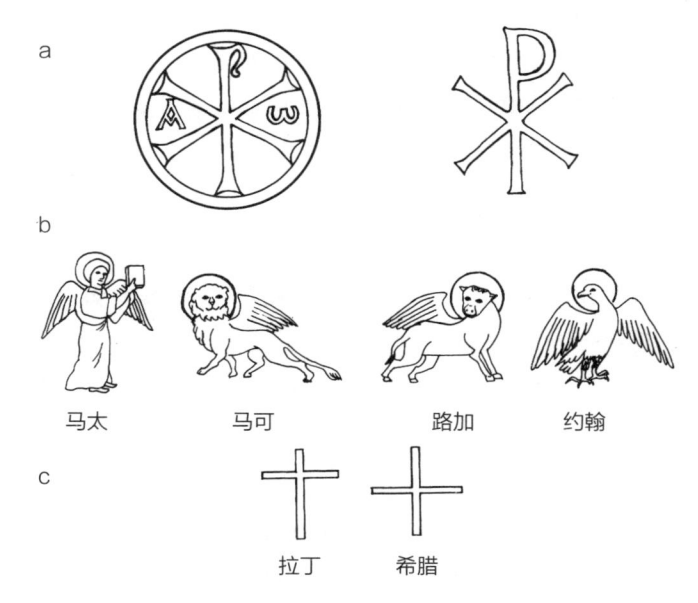

图 9.3 a.基督教的组合图；b.四大福音的标志；c.拉丁和希腊的十字架

通常出现在礼拜仪式中。正如挪亚方舟的故事一样，奥古斯丁通过"解读"揭示了其隐藏的意义。早期基督教的意象不仅具有多种层次，也有一定的象征意义。

例如，耶稣的经典形象是好牧人，象征了他作为救世主和保护者（牧羊人）的角色，而羔羊则象征了牺牲的受害者。但在希腊罗马艺术中，牧人形象却是怀抱牛犊或羊羔的青年。好牧人以牧羊人壁画和站立式雕塑为主要特色，彰显了早期基督教的拯救主题。一方面，地下墓穴的壁画传播了救赎和拯救等基督教主题。另一方面，这些绘画的风格与罗马世俗艺术的风格（见第六章）十分相似：人物虽小，但数量极为可观，并且微妙的阴影让人物有了立体感。然而，这些绘画的创作不仅忽略了空间纵深的设置，还缺乏具体迹象的设计，让人物形体显得不够饱满，如同飘浮在空中一样。

在基督教取得合法性之后的几个世纪，出现了很多讲述耶稣生平的故事，并逐渐形成了两大叙事时期：基督少年时期和基督受难时期。然而，直到公元5世纪，耶稣的死亡方式才让人产生良好的情感关联。此时，人们才将耶稣描绘在十字架上。在罗马城中，有一座圣萨比纳教堂。该建筑西侧的木门上刻着一些浅浮雕，上面的图像是展现该场景的早期证据之一（见图8.1）。

此外，浮雕的组成有三个方面，包括那些较小的雕像。这些小雕像刻画了一些宵小之辈，他们出现在十字架的两侧。尽管浮雕上有叙事内容，但这幅图像并不旨在表现耶稣在十字架上受难的情景。相反，这是一种象征性的手法，表达了基督教宣扬的救赎思想。

早期的基督徒认为，罗马的艺术风格不适合作为世界的窗口。随着对时间、地点和人性的细致观察，他们发现罗马现实主义既不能传达出代表普遍信仰的永恒信息，也不适合表现与救世主生命有关的神奇事件。此外，基督教艺术家也遵循犹太人对"雕刻图像"的戒律。因此，在公元2世纪和公元11世纪之间，只有很少的站立式雕塑问世。而创作出来的雕刻作品，如公元4世纪的《好牧人》（图9.4），只保留了古典雕像艺术极盛时期的基本特征，例如对立式平衡布局。

此外，人们设计并制作了大量泥金装饰手稿和双折画（双叶铰接片或嵌板），以供个人在祷告中使用。如公元6世纪，在意大利穆拉诺，人们用象牙制成了一本书的封面（见"调查研究"，图9.5）。这一典型事例代表了基督教早期对说教文学和书籍装帧的重视。这些作品尽管吸收了古典时代的思想，但也放弃了希腊罗马的现实主义，转而采用抽象的语言（象征），来表达基督徒战胜死亡的喜悦。

早期基督教建筑

在基督教合法化之后，人们出于宗教崇拜的需要，开始建造宏伟的建筑。在西方基督教早期，教堂建设以罗马大教堂为蓝本。正如古代神庙一样，

第九章　信仰的语言：象征主义与艺术　269

基督教教堂内部廊腰缦回，这样的布局能让信徒从日常世界的混乱中抽离出来，沉浸在神圣之地的宁静中，并最终引导他们进行拯救的仪式。穿过最早的罗马基督教大教堂——圣彼得大教堂和圣保罗大教堂，一个露天的中庭映入眼帘，其周围不仅环绕着配有屋顶的走道或回廊，而且在入口的前面，教堂的前厅或前廊围绕在中庭四周。

教堂的外部区域为人们提供了现世和宗教领域的中间地带。穿过门廊，进入西门之后，沿着长长的柱廊中央大厅（或称"中殿"）走下去，两侧会出现两个过道。画廊和天窗组成了教堂中殿的顶壁。画廊装饰经常由马赛克或壁画构成，而外面的光会先照在这些装饰物上，再通过天窗进入大教堂（图9.6）。

在教堂的东侧，一条轴线横跨教堂中殿，形成了一个长方形的区域，即教堂的耳堂。在这一区域，南北两翼的延伸为教堂的西侧提供了主要入口，并形成了拉丁十字。穿过耳堂之后，就可以看到一扇凯旋门。开门之后，就来到了教堂的半圆形室，即耳堂之外的半圆形空间。

在半圆形室，一座祭坛坐落在凸起的平台上。在那里，信徒将接受圣餐仪式的圣礼。正如古埃及一样，基督教徒也将东方地平线视为太阳每日"重生"的地点。所以在基督教仪式中，最重要的圣礼在东方举行。基督徒在朝圣时，从世俗世界步入神圣之地，象征着灵魂从罪恶之路逐渐走向救赎。

早期基督教教堂不仅是礼拜场所，也是基督教殉道者的安息之地，他们的骸骨通常埋葬在祭坛之下。因此，教堂建筑既是巨大的圣殿，也是举行礼拜仪式的地方。教堂内部十分宽敞，比如圣彼得大教堂能容纳成千上万的基督教朝圣者。然而，这些教堂的屋顶均为木制桁架，容易着火。因此，早期基督教的大型建筑没有一座能够留存至今。但重建后的圣保罗大教堂，让我们能够了解教堂内部的辉煌景象。

图 9.4 **好牧人** 在早期基督教艺术中，常见的耶稣形象之一是一个年轻人肩上扛着一只羔羊。这说明了好牧人的寓言

调查研究

穆拉诺书封

这本书的封面为象牙材质，刻有浅浮雕，描绘了众多与耶稣相关的奇迹场景。这些场景紧密嵌套，突出了耶稣的中心形象。比起希腊时代的青年雕像，这些浮雕画面的尺寸更小，而耶稣的形象却被人为拉长。作为耶稣的圣徒，彼得和保罗手拿福音书，分别站在耶稣的两侧。上面是一个华盖，两侧排列着拉丁样式的十字架，从而为诸神提供了一个神圣的空间。

书封顶部的带有翅膀的天使形象，以古典时代的丘比特裸体像为蓝本。两位天使手扶一束象征凯旋的花环，花环中间是一个希腊样式的十字架。而在书封底部，《圣经》中的治愈奇迹和约拿生平的场景（从鲸鱼腹部"重生"）分别叙述了基督的救赎和复活。这件非凡的工艺品融希腊罗马艺术、希伯来和基督教早期的肖像画于一体，将《旧约》中的叙事方式应用于《新约》的教义之中。

图 9.5 象牙制书封，公元6世纪，意大利穆拉诺

拉丁十字设计成为西方中世纪教会的典范。教堂外观通常简单朴素，能够清晰显示出内部鳞次栉比的景象。教堂内部则装饰有华丽的马赛克。这些装饰由镶嵌在湿水泥中的彩色玻璃碎片或大理石拼接而成。罗马人曾经在公共建筑和私人建筑中使用过这项装饰技术。

然而，在早期基督教艺术中，为了能够更好地把握基督教启示的特征，人们将马赛克压平、简化，使其成为最好的艺术表现形式。由于教堂玻璃上嵌有金箔，鲜艳的彩色人物画像似乎在空中飘荡，让人们产生一种超脱世俗的感受。当日光或烛光在饰有马赛克的教堂墙壁上摇曳时（见图9.12），这些人物图像也会闪闪发光，营造出空灵、神秘的气氛。

在罗马圣普正珍大殿的半圆形室中，装饰有公元5世纪的马赛克图像《基督教导使徒》（见图9.1）。图像中有一座宏伟的十字架，上面镶有宝石，两侧是带有翅膀的动物，象征了四位福音传教士。在图像下方，一座天上之城徐徐展开。人们设想蓄有胡须的耶稣是罗马皇帝，端坐在"天堂宝座"之上统治世界，这反映了《启示录》第四章中所描述的场景。图中的两位女性人物，分别是《旧约》和《新约》的化身。她们将胜利的花环赐给圣徒彼得和保罗。这些使徒看起来像罗马参

第九章 信仰的语言：象征主义与艺术 271

图 9.6 圣保罗大教堂中殿内部（重建后），始于公元386年。圣坛拱门由爱奥尼克式立柱支撑，类似于罗马的凯旋门（见图6.13），象征着基督的胜利

议员召开会议一样。在图中，《摩西五经》清晰可见，使徒们接受了律法的内容，并祈求耶稣赐福。

拜占庭艺术与建筑

在拜占庭的众多教堂中，马赛克技术的使用让建筑艺术走向巅峰。拜占庭教堂建筑师十分青睐希腊十字设计，因为十字四条臂的长度可以保持一致（见图9.3）。此外，一个巨大而壮观的圆顶坐落在十字交叉点的上方。除了希腊十字设计之外，建筑师们偶尔也会采用拉丁十字设计中的纵轴与之相配。在拜占庭建筑中，圣索非亚（意为"神圣的智慧"）大教堂是最著名的例子。

公元532年，东罗马皇帝查士丁尼（483—565）下令，在君士坦丁堡修建圣索非亚大教堂（图9.7和图9.8）。作为一座标志性建筑，教堂的圆顶宏伟壮丽，直径达110英尺，高184英尺（比万神殿还要高40英尺，见第六章）。在方形地基和上层建筑之间，三角形穹隅的出现起到了过渡效果。圆顶底部有40扇紧密排列的窗户，因此光可以更好地进入教堂内部。这样的设计为人们带来了一种神奇的印象：圆顶竟能奇迹般地悬浮在建筑物之上。

正如圣安布罗斯在《古代晨祷》中所言，光的象征价值与拜占庭内的礼拜仪式同样重要。在教堂内部，华丽的马赛克和彩色大理石比比皆是，而光让这些装饰艺术更加熠熠生辉。公元1453年，土耳其人攻克君士坦丁堡。之后，穆斯林将圣索非亚大教堂改造成了一座清真寺，并将所有的马赛克刷成白色（根据伊斯兰教禁止偶像崇拜之规定）。现如

耶稣生平

基督的青年时代（主要事件）	基督受难（主要事件）
1. 圣母领报 大天使加百列告诉圣母玛利亚，上帝选择你将圣子耶稣生下。	1. 进入耶路撒冷 耶稣骑着一头驴，随着门徒和信众，进入耶路撒冷。
2. 探视 作为玛利亚的表妹，伊利莎白怀上了未来的圣婴施洗约翰，怀孕的玛利亚去看望她。	2. 最后的晚餐 在逾越节的筵席上，耶稣告诉门徒们自己将要死去，并让他们吃饼（他的身体），饮葡萄酒（他的血）。
3. 耶稣诞生 玛利亚在伯利恒生下圣婴耶稣。	3. 园中祈祷 在客西马尼的花园里，当门徒彼得、雅各和约翰睡下之时，耶稣让灵魂安息，从容接受死亡。
4. 天使报喜给牧羊人 一位天使向谦和的牧民们宣布耶稣诞生，他们加快步伐到达伯利恒。	4. 背叛 叛徒犹大接受贿赂，为仇敌指认耶稣。在耶稣离开客西马尼花园之时，犹大亲吻了他，使仇敌认出了耶稣。
5. 三贤士的崇拜 三位来自东方的智者根据星辰的指示来到伯利恒，并为圣婴带来宝贵的礼物（黄金、乳香和没药）。	5. 彼拉多面前的耶稣 耶稣来到罗马朱迪亚省总督面前，被指控犯有叛国罪。当众人要求处死耶稣的时候，总督彼拉多在人前洗手，表明自己没有责任。
6. 圣殿献祭 玛利亚和约瑟将耶稣献给耶路撒冷圣殿的大祭司。	6. 遭受鞭打 罗马士兵逮捕耶稣之后对他施以鞭刑。
7. 屠杀无辜者和逃亡埃及 希律王将伯利恒的新生儿全部杀害；圣婴所在家庭（玛利亚、约瑟和耶稣）逃至埃及。	7. 对耶稣的戏弄 彼拉多的兵丁给耶稣穿上华美的衣服，并把荆棘之冠戴在他头上。
8. 耶稣受洗 一位传道者施洗约翰在约旦河为耶稣施洗。	8. 苦难历程 耶稣带着十字架到各各他（骷髅地）。在那里，耶稣被绑在十字架上，士兵将其立起并准备施以死刑。
9. 经受诱惑 耶稣在旷野禁食四十昼夜。他拒绝接受魔鬼给他的世俗财富。	9. 耶稣受难 在各各他，耶稣与两个强盗一同被钉死在十字架上。

10. 在加利利海边呼召使徒 耶稣让西门（彼得）和安得烈兄弟俩跟随着他。	10. 从十字架卸下耶稣与亲友的悲痛 悲恸欲绝的信徒们从十字架上取下耶稣的尸体。圣母玛利亚、抹大拉的玛利亚和其他人都为他的死而悲痛。
11. 拉撒路的复活 耶稣帮助拉撒路复活，拉撒路是玛利亚和马大的兄弟。	11. 埋葬 耶稣的信徒和玛利亚将他的尸体在附近安葬。
12. 高山显圣 在加利利的他泊山，耶稣变了形象，突然容光焕发，这时上帝显灵，并向门徒彼得、雅各和福音传道者约翰宣称，耶稣是我所喜悦的，是我的爱子。	12. 复活 耶稣在死后第三天复活。

今，土耳其政府已将其改建成一座博物馆，并修复了一些马赛克装饰。

圣索非亚大教堂的建造，标志着拜占庭在查士丁尼大帝的领导下迎来了艺术和建筑的黄金时代。公元527年，查士丁尼登上王位，并将君士坦丁堡视为"新罗马"。作为查士丁尼的妻子，狄奥多拉对政治十分敏锐。在妻子的支持下，查士丁尼试图将罗马帝国的东西两部分统一起来，但这一目标没有实现。在当时，他又办了一件大事，即罗马法律的修订和编纂，这一举动恢复了古罗马的声望。不朽的《查士丁尼国法大全》包括四个部分：《查士丁尼法典》《查士丁尼学说汇纂》《查士丁尼法学阶梯》《查士丁尼新敕》。其中，《查士丁尼法典》是罗马法律的汇编，《查士丁尼学说汇纂》是法学家各种观点的合集，《查士丁尼法学阶梯》是法律的典范，《查士丁尼新敕》记述了公元533年后颁布的一系列法律。

在《查士丁尼国法大全》出现之后，法律开始成为罗马帝国权威的首要标志。这一思想对西方的法律和政治发展产生了巨大影响，特别是公元11世纪之后，罗马法成为大多数欧洲国家制定法律制度的基础。对拜占庭的经济发展而言，查士丁尼的影响同样重要。根据传说，查士丁尼派出了两位希腊正教教徒作为外交大使。他们将蚕卵偷偷带出中国，并将其藏匿在一根空心棒内。从此，拜占庭的丝绸产业开始蓬勃发展，并积极参与市场竞争。

拉韦纳位于意大利东北部，在查士丁尼统治时期也曾是罗马帝国的一座重要城市。在这里，查士丁尼建造了圣维塔莱教堂——堪称拜占庭式建筑的一颗明珠。这座建筑呈八角形，上部为圆顶，建筑外部为土褐色，而内部却富丽堂皇——墙壁上饰有彩色大理石，并配有洁白如雪的雕刻石柱和在世界艺术史上最为华丽的马赛克图样（图9.9）。

教堂祭坛两侧的马赛克上描绘了查士丁尼和狄奥多拉为基督献上祭品的形象（图9.10和图9.11）。查士丁尼的两侧有十二个同伴，象征基督和十二使徒。他的右边站着卫士，象征基督的捍卫者（注意盾牌上饰有希腊字母X和P）；他的左边是牧师代表，他们手里拿着礼拜仪式所需的用具：十字架、《圣经》和香盏。查士丁尼自己则拿着一个盛放圣餐面包的碗。皇帝身穿紫色长袍，冠以太阳圆盘或光环。无论是在波斯艺术，还是罗马晚期艺术中，

图 9.7 **圣索非亚大教堂** 君士坦丁堡，公元532年—537年。现如今，在原有教堂的主体四周，重新修建了很多建筑，包括公元1453年后在奥斯曼土耳其人统治下建造的宣礼塔。据说当查士丁尼看到这座完整的教堂时，他曾豪言："所罗门，我已超越了你。"查士丁尼在这里对比的是希伯来国王所罗门下令修建的耶路撒冷圣殿

图 9.8 **圣索非亚大教堂** 君士坦丁堡。建筑内部的中央穹顶、坠饰和画廊

第九章　信仰的语言：象征主义与艺术　275

艺术家都经常使用光环表示神圣地位。而对查士丁尼而言，自己的神圣权威由耶稣授予。因此，皇帝既掌握世俗权力，又是宗教领袖。

查士丁尼的肖像既体现了教会与国家之间的联系，也反映了拜占庭的历史特点。但是有人对此持不同看法。他们认为，这幅肖像画也反映了弥撒开始在拜占庭礼拜仪式中"崭露头角"。查士丁尼和他的皇后开始为皇室重新制订捐赠仪式。狄奥多拉的长袍下摆出现了东方三博士的形象（见图9.11），突出显示了这一主题。

马赛克的艺术风格有助于表现庄严的仪式：查士丁尼和他的朝臣们庄严肃立，一动不动，仿佛冻僵一样。这些人物又细又长，像乐谱的音符一样牢牢定格在画面之中。金色的背景让空间的深度缩小。这些人物画像几乎没有阴影，如同剪纸一般。人物的蹼状小脚看上去像是在投影面上飘浮一样，并没有站稳脚跟。

相比于罗马绘画或浮雕（见第六章），基督教艺术与古典时代的艺术差异巨大。无论是在美学目的上，还是在实际用途上，这种差异在这些马赛克作品中都体现得淋漓尽致。在古典时代，罗马人通过现实主义风格对掌权者表达尊敬之情。但基督徒为了赞美超脱尘俗的荣耀，用线条和颜色勾勒出了另外一种抽象的语言。

人们在拉韦纳的圣阿波里奈尔教堂中发现了这幅公元6世纪的马赛克作品：耶稣召集首批使徒——彼得和安得烈（图9.12）。罗马和拜占庭的工匠共同参与了这座基督大教堂的装饰工作。相对于抽象

图 9.9 **圣维塔莱** 拉韦纳。在半圆形后殿内，天使环绕在基督的两侧。上帝坐在球体上，象征他在宇宙中的统治。他把殉难的王冠献给了最右边的圣维塔莱

年代表

公元313年	《米兰敕令》颁布
公元325年	尼西亚会议召开
公元476年	西罗马帝国沦陷
公元533年	查士丁尼对罗马法律进行修订和汇编

图 9.10 查士丁尼皇帝和朝臣们，约公元547年，圣维塔莱，拉韦纳

图 9.11 狄奥多拉皇后和随从们，约公元547年，圣维塔莱，拉韦纳

图 9.12 耶稣召集首批使徒——彼得和安得烈，公元6世纪初。在这座早期基督教教堂的墙上，这套现存的古老马赛克展示了耶稣的生平，每一个细节的艺术风格都非常强烈

化的象征符号，这幅马赛克作品更加注重叙事细节。比如作品中的构图和布局十分小巧：金色填满了整个背景，形成一个如天堂般的围屏，让具有仪式感的举动在此发生。人物的表情固定不变，显得十分僵硬，缺少灵气。在宽大的外袍之下，基督和使徒们几乎没有任何肌肉和骨骼的表现。人物双眼硕大，体态庄严，赋予了作品极强的脱俗之感。

拜占庭圣像

基督教的影响力与日俱增。其中，宗教形象起到了至关重要的作用。尽管如此，关于圣像在礼拜中的地位，罗马天主教和东正教教会之间产生了根本性分歧。大多数基督徒认为，圣父、耶稣、圣母和圣徒的形象能够激发信徒对宗教的崇敬之情。然而，另外一些信徒根据《希伯来圣经》的记载，坚决抵制"圣像雕刻"，并认为圣像的出现与异教徒的偶像崇拜别无二致。

公元8世纪，这一问题到了紧要关头。拜占庭皇帝利奥三世（公元717年—741年在位）下令实施"圣像破坏"政策。根据该政策要求，国家不仅要大规模破坏宗教塑像，还要将马赛克和壁画涂成白色的。直到公元9世纪中叶，信徒针对圣像破坏问题仍然争论不休，东西方教会也因此产生分歧。公元1054年，由于礼拜仪式和宗教思想的差异，东西方教会最终分道扬镳（见第十二章）。

尽管如此，无论是在针对破坏圣像争论之前，还是在争端解决之后的几个世纪，希腊正教信仰激励人们创作出耶稣、玛利亚和圣徒等无数象征性的宗教形象。信徒不仅将之视为神圣的宗教形象，而且认为有些圣像能提供神的治愈或庇护。他们十分确信，这些圣像是有形的"坚信礼"，能让圣灵显现神迹。于是圣像开始与神明的显灵（或"显现"）产生联系。圣像画家的身份不会公开，却代代相传。这不仅让这些画像的品质恒久不变，也反映出圣像作为原型偶像的特质。这种特质使人们无法通过肆意的想象改变圣像的本来面貌。

为了装饰这些小巧的嵌板，画家们使用了绚丽的色彩和金色涂料。拜占庭圣像通常以圣母、圣子（单独站立或有圣徒随侍两侧）的形象为特色。人物风格十分固定，大多端坐在正面。这些圣像最早可以追溯至地中海的母神崇拜。同时，它们也预示了圣母玛利亚塑像将登上中世纪的历史舞台。

公元10世纪，俄罗斯改变信仰，皈依东正教。此后，艺术家们将塑像艺术再次推向新的高峰。他们经常将金箔和不太贵重的宝石装饰在彩绘面板上，或把金银锤打成箔，为圣徒的衣着增光添彩。直到今天，圣像在东正教教会和信徒家中仍具有特殊的重要性，信众会向这些圣像亲吻、鞠躬，并在胸前画十字祈祷。

早期基督教音乐

早期的基督徒并不相信音乐（特别是器乐）具有感染力与情感力量。圣奥古斯丁不仅提出音乐是"危险乐趣"，而且承认"他因唱歌而动容，而非歌词"，这样的想法让他感到自己"有罪"。因此，在礼拜仪式的音乐中，早期基督教会十分谨慎，将所有类型的个人表达都排除在外。古希伯来宗教仪式，特别是日常诵经祈祷和吟唱诗歌（见第一章），对教堂音乐产生了直接影响。比如，圣安布罗斯创作的赞美诗。这些作品在领唱者的指挥下，由基督徒演唱。但是在古代基督教中，弥撒音乐更为重要，并成为教会仪式的核心。

作为基督教仪式中最神圣的典礼，弥撒如《最后的晚餐》一样，讴歌了基督以血与肉献祭之举。这一典礼在圣餐（仪式）中达到高潮。通过这种典礼，基督徒分享了主的身体（面包）和血液（葡萄酒）。在西方的大弥撒（完整仪式）中，一系列拉丁语颂歌起到了重要作用，这些颂歌也称单旋律圣歌、单声圣歌或格列高利圣咏。据说，其中最后一个名称的出现是因为在基督教早期，格列高利大帝曾编纂并制作了很多宗教颂歌。

在弥撒音乐中，有一些部分是不变的或常规的，一年四季都会使用，包括《慈悲经》（"主有仁慈之心"）、《荣耀经》（"荣耀归于上帝"）、《信经》（尼西亚信条的主张）、《降福经》（"以主之名，来到的人有福了"）和《羔羊经》（"上帝的羔羊"）。以上5段是弥撒中的常规乐曲。

作为日常使用的曲目，格列高利圣咏不仅是古老的礼拜歌曲之一，也是西方音乐的重要宝藏。正如希伯来和基督教早期的赞美诗一样，这种圣歌也是单音曲调。换言之，无论演唱组内有多少种声音，旋律都只有一种。在基督教早期，单旋律圣歌的演唱既没有乐器伴奏，也不是由基督教会的成员演唱，而是由神职人员和教徒合唱团负责演唱。无论是优美的赞美诗，还是单旋律圣歌，歌唱者的演唱方式都以应答唱和为主。其中，合唱团会与独唱者的声音交相呼应，而部分合唱者也会交替演唱某些诗句。

一般而言，歌词的韵律取决于音乐的节奏。单旋律圣歌可以由音节构成（一个音符对应一个音节），也可以配有花腔装饰音（许多音符对应一个音节）。公元9世纪前，记录音乐的方法尚未出现。因此，唱诗班歌手需要依靠记忆和纽姆谱（一种在歌词上方出现的标记，用以表示声调升降的乐谱）完成演唱。然而，无论是判断每个音符的持续时间，还是精确把握该音符的音高，歌唱者除了记忆之外别无他法。

格列高利圣咏没有固定的音步或高潮，其自由节奏在早期的基督教堂内回响。这些教堂宏伟、深邃，声音在建筑内部震荡，容易产生超凡脱俗、令人陶醉的效果。比如，如果在大教堂的廊柱大厅内演唱圣咏，歌声的共鸣能让上述效果得到最佳体现。相对而言，现代的录音技术却让合唱原本的声音效果大打折扣。

佛教徒身份

相较于基督教，佛教不仅在印度和中国方兴未艾，而且走上了一条截然不同的道路。在阿育王统治时期（见第八章），印度僧侣开始聚集起来，商讨如何将佛陀的教诲统一，并编成一部权威的经典著作。但是这些僧侣对佛陀教义的解释并未达成一致。相比于罗马基督教和东正教，佛教既没有建立各级教会和统一的礼拜仪式，也没有形成一套举止规范用于信众崇拜。然而，大量的民间风俗和传说，以及先师前世的故事（比如《本生经》）却为佛教徒这一身份起到了增光添彩的作用。

佛经的核心在于先师布道辞中的言语。这些教义致力于揭示"生命的真谛"，并论述诸多主题，包括自我本质、无限意识的培养，以及吐纳的功法等。这些都是佛教"信条"的基本要素，并要求信众遵守"正义法则"和"八正道"。

佛教起初遵循纯粹主义（小乘佛教），并力劝佛教徒实现自己的救赎。在后来的发展（大乘佛教）中，佛教开始让佛教徒寻求佛陀的帮助，以得到觉悟。隐修院用于宗教休养和精神实践，这与早期的本笃会社区十分类似。然而，无论何种佛教派别，人们都能在佛门之地找到这样的地方：在古老的佛教寺院建筑群中，一座大殿位于中心，用于讲经和冥想。周围的神殿或佛塔中可能藏有佛陀的遗物或骨灰。

大多数佛教徒都是在俗世修行的居士，所以坠入空门的僧侣自然成为佛教生活的典范。直到今天，宗教"服务"也仅包括念经、吟诵赞美诗和祷文、冥想和忏悔。大乘佛教的信徒将佛陀奉若神明，而菩萨也在民众当中十分受欢迎。信众希望菩萨能保佑自己。尽管如此，佛教从未失去其安静、沉思的特性。

印度的佛教艺术与建筑

根据佛教文献记载，佛陀去世之后，尸体被火化，信徒将他的骨灰分别供奉在8个墓冢或佛塔中。公元前3世纪，阿育王将佛教作为印度的国教，并将佛陀的骨灰重新划分后安放在约6万座神殿中。这些神殿坐落在佛陀曾经讲经说法的地方，并供奉着佛陀及其弟子的遗物。

作为典型的佛教建筑，窣堵波呈土堆状，由砖石砌成，形似蜂巢。窣堵波源自史前时代的坟冢，象征着世界之巅、天穹，以及宇宙诞生的圣地。佛塔的地基为方形，上面的建筑呈半球形。这样的结构不仅是曼荼罗（坛场）宇宙观的立体表现，也是佛教阐释宇宙、辅助冥想的直观教具。

石栏杆将佛门净地与世俗世界分开。四座大门分别朝向东、南、西、北。墙壁和大门上刻有象征佛陀的符号以及佛陀的教诲。佛教朝圣者穿过东门，沿太阳的轨迹，顺时针方向环行，便可开启神圣的旅程。在这一过程中，思想得到唤醒，感悟到宇宙的律动。在基督教早期，朝圣者的精神之旅为一条直线（从教堂前厅到半圆形室），标志着信徒洗去罪恶，得到救赎。而佛教精神之旅的轨迹为圆形，象征轮回不止、涅槃重生。

公元前3世纪，印度中部的桑奇大窣堵波（图9.13）开始兴建，并成为阿育王的重要成就之一。在佛塔之上的穹顶处，鼓形座的高度为20英尺。圆形石栏杆和四座石门（陀兰那，砂石塔门牌坊）环绕在窣堵波周围。神殿直径为105英尺，高度为50英尺。穹顶上有很多查特拉形（chatra在梵语中意为"蘑菇"）或伞形装饰，表示佛陀在菩提树下往生。同时，查特拉形符号象征了人在追求觉悟的过程中灵魂提升的不同阶段。

佛塔则封闭在巨大的石窟内（图9.14），或位于僧舍旁边拱廊大厅的尽头。人们将这些神圣空间称为寺庙大殿。早期基督教将大厅用于举办弥撒仪式，或信徒集会礼拜的场所。与之相反，寺庙中的大殿则是个人冥想和祷告的绝佳场所。尽管如此，寺庙大殿与早期基督教的矩形会堂也有着惊人的相似之处。在基督教的矩形会堂里，柱廊大厅深不可测，引导着信众从入口处的走廊走进半圆形室。早期基督教堂和寺庙大殿的天花板均为木制，但后者通常为桶形的拱顶，弯曲的房椽让人将目光移向下方华丽的饰带或一排排的大象图案。大象图案不仅是古代的皇权符号，也象征了佛教的精神力量。

在释迦牟尼去世后的几个世纪里，佛教禁止偶像崇拜，这影响了佛教艺术的发展。在此期间，艺术家禁止将佛陀塑造成人的样子。在基督教早期，信徒设计了一个神圣的符号代表基督（见图9.3）。同样，佛教徒也采用各种符号代表佛陀，例如无花果树（佛陀曾在此树下冥想）、佛陀的脚印、大象，以及最重要的符号——轮子（表示太阳和法轮）。在桑奇大窣堵波的入口，有一座34英尺

图9.13 桑奇大窣堵波的西大门，顺加和安得拉王朝早期，公元前3世纪到公元1世纪初

图 9.14 带有雕刻的寺庙大殿洞穴内部，印度卡尔利石窟，约公元50年

高的陀兰那，上面的装饰十分丰富，包括上述这些符号、佛陀以前的生活场景，以及佛陀自然神灵的图像。

佛教认为，宇宙的根本力量是唯一的，而性欲和灵性只是这种单一力量的不同形式。这一点与奥古斯丁和基督教截然不同，前者认为灵与肉相互对立，后者则憎恶肉体的欢愉。因此，佛教艺术并不排斥表现人物的裸体，这与基督教艺术形成鲜明对比。桑奇的生育女神十分性感，胸部饱满挺拔，肢体富有活力。正如经典雕刻作品维纳斯一样，佛教艺术对女性特征的赞扬毫不遮掩。

大乘佛教将佛陀尊为救世主。因此，公元2世纪，佛陀形象开始得到拜佛人的重视。随着与西方的接触，古印度西北部的犍陀罗国开始出现人形佛像，其灵感来自希腊罗马雕像的代表作——阿波罗神像。犍陀罗的艺术家们创作出了佛陀与菩萨的立像，其特点为经典的衣服垂褶和理想化的艺术风格（见图8.4）。此外，他们还雕刻出精美的石浮雕，描绘了佛陀的生活场景。

一幅保存完好的楣饰图（图9.15）展示了与佛陀相关的场景，包括佛陀的诞生、佛陀在贝拿勒斯的传道和佛陀的死亡等。由于将现实主义叙事和抽象符号相结合，这幅楣饰图与早期基督教图像（见图9.5）有很多共同之处。

公元4至6世纪之间，印度进入笈多王朝时期，并迎来了艺术和科学的黄金时代。笈多王朝统治者允许人们使用梵语创作散文和诗歌。文学题材包罗万象，雅俗兼顾，不仅包括民间的冒险故事和戏剧，也有高雅的宗教和哲学作品。笈多王朝的数学家首次使用特殊符号表示数字"零"。在医学上，古印度医生也取得了巨大成就。（正如第十章所述，阿拉伯人将这些成就传播到了西方。）

在笈多王朝的雕塑家手中，佛陀的经典形象诞生了：以禅修的姿势盘腿而坐（图9.16）。佛陀的头部呈椭圆形，背后是装饰精美的光环。佛像的主要特征包括：丘型突起（象征着灵性智慧）、细长耳垂（与悉达多高贵的出身有关），以及眉毛之间的第三只"眼睛"（法眼的标志）。佛陀表情平静如水，双目低垂，挂着慈悲的微笑，显示其内心平和。双手所结的印记不仅是法轮的象征，也是佛陀

282　人文传统

初次布道的话题。

他的手掌和脚底上刻着法轮。莲花作为一种装饰图案，是佛教中最受欢迎的符号，通常出现在佛陀座台和光环上。莲花图案不仅象征着佛陀觉悟，也是一种古老的生育象征。最后，刻在座台上的浮雕描述了佛陀讲道的场景：六位弟子站在法轮两侧，而两只扬起头的鹿代表布道之处——贝拿勒斯的鹿野苑（见阅读材料8.4a）。相比于犍陀罗王朝时期的雕塑，笈多王朝时期的雕塑人物形象更具风格，形态饱满充实，线条平滑流畅，但人物细节略显不足，只用线性图案作为装饰。

印度笈多王朝时期诞生了一批现存最为古老的绘画作品。在印度中部阿旃陀，人们在29座石窟的墙壁上发现了数百幅壁画，这些壁画不仅描绘了佛陀的生平以及佛陀的众多化身形象，也展示了印度历史和传说中的故事。在阿旃陀石窟壁画中（图9.17），乐师、舞者和身着轻衣的菩萨等人物形象都能与桑奇女神雕像的感性、优雅相媲美。

阿旃陀石窟壁画是保存得非常完整、华丽的印度绘画之一。这些作品可以与罗马地下墓穴的壁画和早期基督教与拜占庭教堂的马赛克艺术相提并论。这些壁画不仅将神话作为主题（包括肉欲、情爱的描绘），还采用自然主义手法表现人物形态。中世纪的西方并不具备这些特征。佛教思想认为，无论是神与人，还是灵与肉，都可以互为补充、相得益彰。

中国佛教艺术与建筑

公元1世纪至公元3世纪之间，印度的佛教僧侣向中国输入了很多印度艺术和建筑的传统。中国人不仅将窣堵波视为寺庙中的圣地，也将其视作信众礼佛的场所。因此，中国建筑师不再采用土堆地基和伞形结构，转而将窣堵波修建为宝塔样式，或带有许多屋顶的多层塔楼。这些寺庙宝塔的特点在于其蜿蜒的曲线设计和上翘的屋檐，这一点在古代瞭望塔和多层房屋中也有所体现（见第七章）。

同时，苍翠的松树在中国也有了新的含义，并成为中国文化中的一大亮点。中国建筑师偏爱木材，并将其作为主要的建筑材料。为了修建宝塔，他们还设计出了复杂的拱顶。但是这些古塔建筑却没能留存至今。

中国最古老的佛教建筑是位于河南嵩山的十二面砖塔，它被附近的佛教寺院视为圣地（图9.18）。这座宝塔建于公元6世纪初，内部中空，可能曾放有一尊大佛

图 9.15 觉悟图 楣饰的细节展示了佛陀生活中的四个场景：出生、觉悟、第一次布道和涅槃。古印度西北部的犍陀罗地区，贵霜王朝，公元2世纪末至3世纪初

像。无论是砖塔,还是配有彩绘的木塔,窣堵波不仅风靡了整个东南亚,也是所有宗教圣地的楷模,包括道观、孔庙,以及中世纪的印度教寺庙(见第十四章)。

公元4世纪至6世纪之间,流浪的佛教僧侣以印度佛教圣地为蓝本,在丝绸之路南部要道上开凿了数百个岩洞神龛。这些洞里收藏了许多经卷,包括传说中的《金刚经》。公元7世纪,人们将佛陀雕像放入许多洞穴之中,作为装饰使用。佛像体态优雅,极具观赏性,是中国浮雕艺术的典范,可与中国书法和绘画艺术相提并论(见第十四章)。

几个世纪前,砂岩洞穴发生倒塌,石窟一度被埋藏在落石之下。在云冈石窟第20窟,屹立着一尊巨大的佛像以及菩萨立像,彰显了精湛的雕刻工艺。佛像的脸部轮廓分明,如同面具一般,垂下的衣褶层层排列,线条极具书法般的美感。中国人对抽象图案和流动线条偏爱有加。这也体现在公元5世纪晚期至6世纪的龙门石窟岩壁上的浮雕也以流动且规律的线条为主要特征。

图9.16 **佛陀讲经说法图** 印度鹿野苑,公元5世纪,笈多王朝时期

图9.17 **宫殿场景** 印度阿旃陀石窟第17窟壁画,公元5世纪,笈多王朝时期。各个民族和种姓在阿旃陀石窟壁画中都有所体现

图 9.18 嵩岳寺塔 河南嵩山，公元523年

我们从浮雕上可以看出，北魏孝文帝（467—499）和他的皇后带着佛礼向佛陀圣地走去。这样的场景一旦配上彩绘，就可以与同时期圣维塔莱教堂中，查士丁尼和狄奥多拉的马赛克画像（见图9.10和图9.11）相媲美。无论是意大利拉韦纳的马赛克艺术，还是中国的龙门浮雕，二者都是统治者用来表达对宗教的虔诚的纪念品。不同于中国的浮雕艺术，拜占庭的浮雕缺乏与其相对应的礼仪。《帝后礼佛图》的人物形象不仅体现了中国浮雕的典型特征，也与中国书法和绘画一同成为中国装饰艺术的典范（见第十四章）。

公元6世纪，弥勒佛作为未来佛，成为最受大乘佛教教徒欢迎的佛像。弥勒佛救苦救难，是释迦牟尼的继承人。据说，他将以菩萨之身下凡，送信众至西方净土。我们从青铜祭坛上的装饰品（图9.19）可以看出，弥勒佛以抚慰世人的姿态举起右手。他站在众菩萨和僧人的上方，身后是镂空的火焰状光环。两侧涌现出的人物弹奏着乐器，与双翼天使十分相似。

图 9.19 弥勒佛大祭坛 北魏，公元524年。两尊菩萨分站在中心佛像的两侧。在下方，还有两尊菩萨像以及两位供养人像排列在香炉周围。一位父亲为纪念亡子，建造了这座神龛。此神龛装饰精美，铭文俊秀，人物惟妙惟肖

西方基督教也有类似的艺术作品，如穆拉诺象牙制书封（见图9.5）。相比而言，这尊佛像在形式上与西方艺术具有某些共通之处。比如，艺术家们不仅都将神圣的人物（耶稣和佛陀）描绘于图像中心，而且将他们刻意描绘得很大，远远超过随行的人物，从而彰显出他们的地位以及重要性。为了进一步突出神圣人物的地位，艺术家不仅使用特殊符号（如光环和宝座），而且偏爱将肖像抽象化、风格化。东西方艺术家所使用的这些手法，共同为构建佛

第九章 信仰的语言：象征主义与艺术 285

教和基督教的信仰语言做出了贡献。

佛教音乐

直到20世纪初，学者们才开始研究佛教音乐。显然，佛教音乐以古印度的音乐传统为基础，特别是印度教经文的吟唱。纵观整个亚洲，僧人用梵语念咒、诵经都是达成冥想的核心行为。吟诵这些经文能让僧侣达到出神的状态，这一特点与西方单旋律颂歌十分相似。

佛教吟唱为单声道，没有固定节拍。但是佛教吟唱通常以打击乐器（如鼓、铃铛、钹和锣）作为伴奏，从而赋予了吟唱丰富的节奏感，这一点与西方教堂音乐大不相同。复杂多变的击鼓技术为印度音乐的发展做出了突出贡献。

中国和日本、印度一样，吟诵佛经都是在寺院中进行，其特点在于经文语句那婉转的语调。并且，铃或鼓等打击乐器的声音也会在一旁响应。随着吟唱的进行，诵经的速度越来越快，人声和乐器之间开始逐渐重叠，产生了催眠的声音效果。

中国音乐的特征在于滑音和鼻音。这种声调的实现不仅需要依靠人的声音，也需要借助中国文化特有的乐器。古筝是中国古老的、受欢迎的乐器之一，通常为五弦或七弦，乐师用琴拨和指尖拨动琴弦弹奏（见第七章）。由于古筝与古老的宗教和仪式音乐相关，因此佛教僧侣很快接受了古筝。拨动古筝的琴弦所产生的颤音或嗡嗡声，能够达到余音不绝的效果。佛教徒发现，这一现象与吟诵中的共鸣（天人合一）别无二致。

回 顾

基督徒身份

基督教作为新生信仰统一西方之后，罗马逐渐成为行政中心。罗马皇帝对国家握有至高无上的权力。因此历代罗马天主教皇作为耶稣在人间的代表，也将掌管西方基督教世界。

尼西亚教会代表彼此达成共识，基督教教条的基础由此奠定，认定耶稣与圣父有实质的关联。

作为西方第一个修道院社区，本笃会在意大利南部成立。根据本笃会的规则，成员发誓恪守贫穷、贞洁的品质，并服从男修道院院长或大修道院（修道院社区）教父的管理。本笃会僧侣的日常工作十分规律，这使他们摆脱了对世俗世界的依赖。

哲罗姆、安布罗斯、格列高利和奥古斯丁这四位拉丁教会的教父，负责制定基督教教条和礼拜仪式。奥古斯丁的著作对于基督教寓言传统的发展至关重要。

象征主义与早期基督教艺术

基督教的标志和符号将现世与阴间联系起来。基督教开始通过象征主义的语言宣扬救赎的信息。于是一种更加抽象、空灵的风格取代了古希腊罗马艺术的世俗现实主义。

在罗马城外的地下墓穴中，地下走廊不计其数，形成了一个庞大的道路网。在墓室墙壁上，壁画随处可见，描绘了《旧约》和《新约》的各种场景。

在基督教合法化之后,人们可以建造不朽的建筑,用于公众宗教崇拜。在西方,早期的基督教教堂以罗马大教堂为蓝本,但随后也采用了拉丁十字设计。

拜占庭教堂建筑师十分青睐希腊十字设计。如此,十字形中四条臂的长度可以保持一致。此外,一个巨大而壮观的圆顶坐落在十字交叉点的上方。在拜占庭建筑中,圣索非亚大教堂上的穹顶就是最著名的例子。

在东罗马帝国皇帝查士丁尼统治时期,无论是在君士坦丁堡,还是在意大利的小城拉韦纳,教堂内都装饰了基督教早期极为精美的马赛克艺术。在拜占庭,彩绘圣像受到了人们的欢迎。为了与之相呼应,这些马赛克并不是简单地描摹圣像,而是采用象征主义手法,突出庄重、抽象等人物特点。

早期基督教音乐

古希伯来宗教仪式直接影响了教堂音乐,特别是日常诵经祈祷以及吟唱诗篇。

作为基督教仪式中最神圣的典礼,弥撒讴歌了基督以血与肉献祭之举。在弥撒中,一系列拉丁语颂歌起到了重要作用,被称为单旋律圣歌或格列高利圣咏。

早期基督教音乐以无固定节拍的单旋律为特点。因为公元9世纪前,记录音乐的方法尚未出现。唱诗班歌手需要依靠记忆和纽姆谱完成演唱。

佛教徒身份

对于佛陀的教诲,佛教中并没有唯一的解释。因此相较于罗马基督教和东正教,佛教既没有设立教会等级制度,也没有统一的礼拜仪式。大量的民间传说故事美化了佛教徒的身份。

对俗世而言,佛教僧人开始成为宗教生活的典范。寺庙建筑的中心是一座大殿,以供僧人讲经、冥想。

窣堵波在印度早期佛教建筑中最为典型,结构形似土堆,神龛内供奉有佛像。曼荼罗不仅是佛教宇宙观的立体表现,也用作冥想的视觉辅助——它被佛教朝圣者环绕。有时,岩洞和厅堂会将窣堵波与外部隔绝,并为僧人沉思提供绝佳场所。

佛陀去世之后,佛教起初禁止偶像崇拜,从而影响了艺术的发展。艺术家们被禁止将佛像塑造成人的样子,转而采用一系列符号作为象征描绘佛陀。其中,最重要的莫过于轮子(法轮)。

佛教僧侣向中国输入了很多印度的艺术和建筑传统。中国人不仅将窣堵波视为寺庙中的圣地,也将其视作信众礼佛的场所。因此中国建筑师没有采用印度本土的土堆地基和伞形结构,而是将窣堵波修建为宝塔样式。

印度古老的音乐传统为僧人的宗教活动奠定了基础,特别是印度教经文的吟唱。纵观整个亚洲,僧侣冥想的核心行为都是念咒和诵经祷告。

术语表

查特拉：一种伞状物，代表佛陀往生前所栖息的圣树。

信条：一套关于信仰或道德的学说，其制定和宣布由教会负责。

图示法：指艺术中对于一个主题或视觉图像的研究、认识与诠释——研究对象能够传达出特定的概念与观点。

曼荼罗：意为宇宙示意图，不仅是引导信众冥想的直观教具，也是印度教和佛教寺庙建筑的纲要。

纽姆：一种表示声调的标记或符号，出现在早期的格列高利圣咏中。

在俗教士：一些为基督教会服务的世俗弟子。

戒律教士：不同于世俗神职人员（在俗教士），指那些发誓遵守修道院秩序与规则的人。

窣堵波：佛教圣地，形状为半球形的土堆。

陀兰那：一种用于标记方位的门廊，位于佛塔周围的石围墙前。

第十章
伊斯兰世界：宗教与文化

约公元570年—公元1300年

谁遵循正道，谁自受其益；
谁误入迷途，谁自受其害。
——《古兰经》

公元7世纪，作为世界上非常"年轻"的三大宗教之一，伊斯兰教诞生于阿拉伯半岛。罗马帝国灭亡之后，伊斯兰国家开始兴起，并成为第一个世界性文明。在这一过程中，信众对穆罕默德的信仰是最大的凝聚力。伊斯兰教不仅是连接欧洲和东亚的桥梁，也是连接古典文明和早期现代文明的一条历史纽带。早在公元8世纪中叶，伊斯兰世界就已十分辽阔，其疆域西起西班牙、北非地区，东至印度，横跨欧洲、亚洲与非洲多个国家。

基督教的兴起得益于吸收了地中海和罗马世界的文化遗产。同样，伊斯兰教在其扩张过程中也接纳了来自阿拉伯、近东国家和波斯的不同文化。公元8世纪到14世纪之间，这一新兴的信仰为语言、习俗不同的人们带来了宗教团结和文化凝聚力。在艺术、科技等方面，西班牙、北非和近东的穆斯林形成了丰富的传统。

在巴格达（今伊拉克境内）和科尔多瓦（西班牙南部），穆斯林学者们将古希腊手稿复制下来，为世界留下了宝贵的古典文学宝库。伊斯兰商人将许多来自亚洲文明的伟大创新传入西方。这些成就不仅对世界文明以及随后西欧的崛起产生了深远影响，更广泛地说，也对世界人文传统做出了不可磨灭的贡献。

今天，大约有10亿人信奉伊斯兰教，其中三分之二以上居住在亚洲西南部之外的其他地区。在美国，伊斯兰教不仅拥有600多万穆斯林，也是当地发展最快的宗教。尽管公元1350年之后，伊斯兰文明开始走向衰落，但就上述事实而言，伊斯兰教仍是推动世界历史发展的强大力量之一。

伊斯兰教的宗教信仰

穆罕默德和伊斯兰教

公元前几个世纪，有一个被称为贝都因人的阿拉伯游牧部落生活在埃及以东阿拉伯半岛的沙漠地区，受制于这片干旱的土地，他们不得不组成商队，在亚洲西南部开展贸易。贝都因人主张万物有灵，他们崇拜大约300个不同的自然神灵，并将这些神的雕像以及神圣的黑石（可能是古老的陨石）安置在麦加（今沙特阿拉伯境内）的克尔白（意为"方形的神龛"）内。公元6世纪之前，阿拉伯人四分五裂，教派林立。但公元570年，先知穆罕默德在麦加诞生，极大地改变了这一局面。

穆罕默德6岁成为孤儿，少年时期几乎没有受过正规教育。他和叔叔一起加入商队，周游列国，这让他有机会接触犹太教徒、基督教徒和其他宗教教徒。25岁时，他娶了一位大他15岁的贵族富孀——名为赫蒂彻，并协助她经营商队红火的生意。然而，由于在沙漠中长期孤独地冥想静思，穆罕默德的生活发生了改变。根据穆斯林的教义，一天，大天使加百列出现在穆罕默德面前，要求他接受唯一真主安拉（阿拉伯语中意为"上帝"）的启示。历史上，亚伯拉罕是最先接受启示的人，随后是摩西和耶稣。41岁时，穆罕默德宣称自己是最后一位得到启示的使者。

虽然穆罕默德没有宣扬任何新的教义，但他十分重视真主安拉和信众之间的纽带，并看到了乌玛（伊斯兰信徒组成的公社）的重要性。信众对上帝坚定不移的爱，贯穿了他们的生活和行为的方方面面。通过了解他带来的思想，人们加强了对基督教和犹太教许多基本原则的认识。安拉对穆罕默德的启示均为基督教早期的主要内容，包括灵魂不朽、最终审判的预测，以及天堂和地狱的必然存在。同样，其他一些启示则来自基本的希伯来教义，如坚定的一神论、严格的道德和社会禁令，以及特殊的饮食戒律。

起初，穆罕默德带来的思想只吸引了很少的追随者。在繁荣的朝圣地——麦加，他抵制偶像崇拜，这让该城在宗教方面的重要性受到了威胁。因此，在麦加城中，多神论者的精英们极力杜绝这一新生信仰的传播。麦加人对部族的忠诚根深蒂固，这导致各部族之间武装冲突频发。穆罕默德与麦加城中的反对势力进行了长达12年的斗争。之后，公元622年，先知放弃了他的故乡，并与70个穆斯林家庭一起，迁徙到麦地那。人们将这段旅程称为希吉拉（意为"迁徙"）。在麦地那人改变信仰之前，大小冲突持续发生了8年之久。

穆罕默德回到麦加时，身边有10 000名男子追随，这座城市也向他敞开了大门。穆罕默德征服麦加之后，在克尔白摧毁了众多神像，但作为圣殿推崇的古老基石——黑石则被他保留了下来。此后，穆罕默德成为当地的宗教和政治权威，并建立神权统治，力图将宗教和世俗领域统一起来。这样的政治体制与早期希伯来国王的统治大不相同。公元632年，穆罕默德去世，整个阿拉伯半岛团结一致，坚持信仰伊斯兰教。而公元622年，穆罕默德完成迁徙，并成功在麦地那传教，开启了伊斯兰教的历史。因此，穆斯林将这一年定为历法元年。

服从真主

追随穆罕默德的人被称为穆斯林（意为"顺从者"，指顺从安拉的人），他们将穆罕默德视为最后的先知。本质上而言，穆罕默德是人，不是神。穆斯林承认安拉是唯一的真神，这与犹太人和基督徒的上帝如出一辙。通过履行犹太人和基督徒所树立的救赎传统，伊斯兰教声称要完成上帝对人类的启示。穆斯林对安拉及其使者的信仰宣言被称为沙哈达（意为"见证"），这也是穆斯林"五大支柱"教义之首。

古兰经

穆罕默德本人述而不作，但他的门徒将他的教诲铭记于心。在穆罕默德去世约10年后，门徒将其教义记录下来，这就是《古兰经》（阿拉伯语中意为"诵读"或"读物"）。《古兰经》以阿拉伯语写成，是伊斯兰教的圣书。作为穆斯林精神和世俗生活的指南，《古兰经》由114章组成，每章都以"真主啊""奉真主致仁致慈之名"作为开头。《古兰经》在穆斯林中享有最高权威，是穆斯林的仪式、伦理和法律的源头。它不仅为宗教礼拜提供了指导，也对人在道德和社会方面的日常行为提出了具体要求。

《古兰经》不仅揭示了真主的本质，也探讨了审判和复活的必然性。根据经文的教导，人类生来就是真主的造物，并没有原罪。对于那些顺服、谦卑和敬畏真主的义人，真主向他们承诺，他们会有一个天堂般的花园，里面有凉爽的河流和甘美的果树。而对于邪恶的人和异教徒，他们将会得到来自地狱的严酷惩罚，那里会像沙漠一样，烈日炎炎、尘土飞扬。

穆斯林认为《古兰经》是真主永恒、绝对的话语，需要唱诵或吟诵，而不是默默地阅读。虔诚的人通常能记下经书中的内容。《古兰经》是研究阿拉伯语的主要文本。很多人认为《古兰经》是不可翻译的，不仅因为书中的内容庄严神圣，也因为即使用其他语言翻译《古兰经》，也感受不到阿拉伯语中音韵的细微差别。

穆斯林身份

伊斯兰教成为世界性宗教的部分原因在于，宗教、政治和军事目标从一开始便密不可分。然而，其他因素对于吸引信众同样至关重要。这一新生信仰提供的行为准则，易于人们理解和遵循，因而能够替代复杂的犹太教仪式和基督教神学。

相较于犹太教和基督教，伊斯兰教既不保留教条和礼拜仪式，也没有受到祭司等级制度的影响。正统的穆斯林认为，三位一体的思想和基督徒的崇拜同属于多神论。此外，他们否认耶稣的神性，并

五大支柱

1 信仰宣言
"安拉是唯一的神明。穆罕默德是他的使者。"
2 祈祷者
穆斯林每天需面向麦加祈祷五次。
3 救济
穆斯林需向伊斯兰社区慈善捐款。
4 斋戒
在每年的斋月（穆罕默德在此时接受了召唤），穆斯林需从黎明到日落斋戒，不得饮食。
5 朝圣
前往圣城麦加是穆斯林一生必尽一次的义务。

将他作为先知崇拜，就像摩西或穆罕默德本人一样。正如犹太人和基督徒，穆斯林实现群体的统一得益于对先知的虔诚和信仰。

作为伊斯兰教的主要著作，《古兰经》和《圣训》（穆罕默德去世一个世纪后，门徒将他的言行汇编成书）提供了一套包罗万象的道德行为准则，即伊斯兰教教法。穆斯林将其视为"一条决定追随的道路"。这套法律为婚姻、着装、继承关系和商业实践等事务提供了详尽指导。该法律的解释由伊斯兰教法官（卡迪）、宗教领袖（伊玛目）和接受过穆斯林法律训练的学者（毛拉）三方负责。此外，毛拉还担任马德拉沙（意为"宗教学校"）的教师。这些学校隶属于清真寺——穆斯林朝拜的场所。

伊斯兰教的扩张

通过形成共同的宗教和种族关系，伊斯兰教不仅统一了阿拉伯各部落，也促使穆斯林穿越沙漠前往东亚、非洲和西欧等地区。这一新兴宗教让信众有历史的使命感，这一点与古罗马十分类似。事实上，伊斯兰教的激进扩张与狂热的吉哈德（即激烈的宗教斗争）如出一辙。而吉哈德通常也被翻译为"圣战"。这一词语的出现意味着，无论是道德还是宗教，穆斯林要在各方面走向完美，以捍卫和传播伊斯兰教。在穆斯林的思想和实践中，吉哈德狭义上表示战斗，广义上表示自我控制——遏制欲望、愤怒，以及与各类放纵行为的斗争。激进的穆斯林可能同意奥古斯丁的观点，并认为上帝能够接受"正义事业"所引发的战争。诚然，信仰基督教的士兵如果为了基督战死沙场，他们就会得到天国的奖赏；如果穆斯林为了服侍真主而死去，他们也将升入天堂。

通常而言，早期穆斯林的扩张之所以获得巨大成功，并非因为穆斯林的军事压迫，而是他们为被征服的人民提供了大量经济机会。不同于基督教和佛教，伊斯兰教对待物质财富既不放弃，也不谴责。生活在穆斯林土地上的犹太人和基督徒，虽然不能免于征税，但也没有受到迫害。皈依伊斯兰教的人可以不用支付人头税，而受支配的非穆斯林的民族则要缴纳这笔税金。

很快，这些城镇成为传播伊斯兰文化的绿洲。穆斯林带来了航海、贸易和商业汇兑等方面的专业知识，并促进了阿拉伯商人与统治精英（例如在非洲）之间的友好关系。获得权力和职位的皈依者也能得到奖励。许多受支配的民族接受了伊斯兰教，但没有坚定的精神信仰。其他民族在转信穆罕默德之后，获得了商业和社会方面的大量优势。

穆罕默德从未指定继任者。因此，在他去世后，穆斯林对谁继承领导权争论不休。就信仰权威而言，伊斯兰教徒各执一词，产生了重大分歧。直到今天，武装冲突仍然存在。在伊斯兰世界中，逊尼派（逊尼源于逊奈，意为"先知留下的传统"）占大约90%，他们认为自己是伊斯兰教的正统。他们提出，宗教统治者应该由信徒选择产生。相比而言，什叶派或称"阿里的代言人"（今伊朗和伊拉克的大多数人），他们声称，穆罕默德的堂弟和女婿阿里才具备先知的血统，只有阿里的直系后裔才能统治伊斯兰世界。

穆罕默德去世后，追随者们将哈里发确立为穆罕默德的神权继承人。初代四任哈里发统治至公元661年，树立了政治和宗教权威，并在阿拉伯以外的地区宣扬了伊斯兰教的成功。最终，穆斯林帝国建立起来。公元634年，伊斯兰信众攻占大马士革；公元636年，占领波斯；公元638年，攻占耶路撒冷；公元640年，占领埃及。在之后的70年里，经过倭马亚王朝（661—750）历代哈里发的励精图治，穆斯林最终统治了北非和西班牙的所有地区。

在确定西欧的地理边界方面，穆斯林的扩张发挥了关键作用。穆斯林军队对地中海的控制，阻断了处于衰退的西方海上贸易，从而让西方基督教世界处于孤立境地（见第十一章）。穆斯林在西方攻城略地的过程中只遇到了两个重大障碍。第一个是在君士坦丁堡，在那里拜占庭部队配备了"希腊火"（一种从船上弹射击发的燃烧弹），导致阿拉伯人久攻不克。第二个是在法国西南部靠近图尔的地方。公元732年，查理·马特（查理曼大帝的祖父）领导法兰克士兵挡住了穆斯林的进攻。因此，伊斯兰教进入欧洲受到了阻碍。尽管如此，在不到一个世纪的时间里，还是有很多人皈依了伊斯兰教，这一人数超过了最初300年里皈依基督教人数的总和。

伊斯兰教在非洲

在非洲，伊斯兰教取得了巨大成功。早在公元7世纪，穆斯林商人就开始在撒哈拉沙漠边缘和北非地区主导盐、黄金和奴隶的贸易。尼罗河以西的地区居住着柏柏尔人。在那里，奴隶的暴乱此起彼伏，最终发展成大规模叛乱。然而，穆斯林商人很快构建了跨越撒哈拉地区的商业网络，从而将西非与开罗联系起来，接着通过丝绸之路穿过亚洲来到中国（见第七章和第十四章）。

在非洲，伊斯兰教首先吸引了新兴王国的统治精英，包括西非、加纳、马里和桑海的国王（见第十八章）。因此，伊斯兰教不仅成为当地发展最快的宗教，而且融合了当地信仰体系的各个方面。马里国王将伊斯兰仪式融入了非洲本土的仪式之中。为了达到行政目的，马里将阿拉伯语定为官方语言，聘请穆斯林文士和法官为他工作。此外，马里还允许建设清真寺和大学。其中，规模最大的建筑群位于廷巴克图。无论是在东非还是在其他地方，斯瓦希里统治者皈依伊斯兰教之后，都没有积极地将宗教强加于他们的臣民。因此，只有规模较大的非洲城镇和贸易中心成为伊斯兰文化传播的绿洲。

伊斯兰教在中东

公元661年至750年间，大马士革（今叙利亚境内）是穆斯林世界的政治中心。然而，随着伊斯兰教向东扩散，一个新的穆斯林王朝（阿拔斯王朝）开始出现，并将首都迁至巴格达。在该王朝统治期间，巴格达是一个拥有超过30万人口的多民族城市。伊斯兰的黄金时代即将来临——公元8世纪至10世纪之间，这座城市成为国际贸易中心，广泛的商业活动让城市人口不断增长。阿拉伯商人从印度进口豹子和红宝石，再从中国进口丝绸、纸张和瓷器。商人的货物中既有阿拉伯的马和骆驼，又有埃及的黄玉和棉布。

作为该王朝最著名的哈里发，哈伦·赖世德

年代表

公元570年	穆罕默德出生
公元661年—750年	倭马亚王朝
公元750年—1258年	阿拔斯王朝
公元1258年	蒙古人征服巴格达

（公元786年—809年在位）吸引了很多音乐家、舞蹈家、作家和诗人到来。哈伦的儿子们建立了智慧宫。在那里，学者们试图将各个语种的手稿，包括希腊语、波斯语、叙利亚语和梵语等，翻译成阿拉伯语。公元9世纪，无论是教学的范围，还是图书馆的规模，世界上没有哪座城市能与巴格达相提并论。公元9世纪晚期，旅行者叶耳孤比称巴格达是"地球的中心"和"最伟大的城市"。他说道："不仅在发展规模、城市面积、繁荣程度，而且在水资源丰富度、气候舒适度等方面，世界上的任何国家，无论是东方的还是西方的，都不能与之相媲美……"

他还说："对巴格达而言，居民来自各个国家。各方人士都愿将巴格达作为自己的家乡。没有哪个国家同这个国家一样各民族的居民可以不分季度，安排自己的贸易和财务。放眼世界，这座城市聚集的东西超过了其他任何一座城市。有两条大河（底格里斯河和幼发拉底河）流经城市的两侧，货物和粮食通过陆路和水路进入这座城市十分容易。因此，人们都可以买到各种各样的商品，无论来自东方、西方，还是来自本土、外国。在巴格达，商品十分丰富，其数量甚至超过了货物的原产国。

"这些商品的获得的确十分容易，好像人们愿意将世界上所有美好的东西都送到那里一样。世界上所有的财宝都聚集在那里，造物主的所有祝福也在那里趋近完美……

"那里的人们不仅知识渊博、理解力强，而且举止得体、富有涵养。人们的见解和洞察力十分独到，具备商业和工艺所需要的所有技巧。在辩论时，人们也十分聪明。各行各业体系成熟，整个城市兴旺发达。每一项工艺都不缺能工巧匠。

"没有谁能比那里的学者更有学问，能比那里的传统主义者更见多识广。

"没有谁能说出比那里的神学家更有说服力的理论，没有谁能比那里的语法学家表达得更加清晰明了。

"没有谁能比那里的书法家的作品更加工整，没有谁的技术能比那里的医生更加熟练。

"没有谁能比那里的歌手的歌声更加悠扬，没有谁能比那里的工匠更加技艺精湛，没有谁能比那里的文士更有文化。

"没有谁能比那里的逻辑学家更加清醒，没有谁能比那里的崇拜者更加虔诚，没有谁能比那里的修道士更加敬畏神明。

"没有谁能比那里的法官更加公正，没有谁能比那里的传教士更会讲道理。

"没有谁能比那里的诗人更富有诗意，没有谁能比那里的勇士更加英勇。"

大约100年后，即公元10世纪晚期，耶路撒冷地理学家穆卡达西将巴格达描述为"伊斯兰教的国际大都市"。准确地说，在公元8世纪至10世纪之间，穆斯林世界的众多国际化大都市所拥有的财富和文化水平都远远超过西方基督教世界。

即使在公元11世纪土耳其游牧民族入侵并控制了巴格达之后，这座城市在文明世界中仍然首屈一指。尽管科尔多瓦拥有一座约40万册藏书的图书馆，并逐渐与巴格达竞争成为文化和教育中心。

公元1258年，蒙古人对巴格达大肆破坏，最终导致这座城市的文化在之后的几个世纪中慢慢衰落。

不过，很多蒙古人和土耳其人皈依伊斯兰教，并将伊斯兰文化传入了印度和中国。在埃及，伊斯兰王朝的统治直到公元16世纪才宣告结束。阿拉伯历史学家伊本·赫勒敦在公元14世纪访问埃及之后，称开罗是"世界之母、伊斯兰教的伟大中心、科学与工艺的主要聚集地"。

直到公元14世纪中叶，穆斯林仍然主导着从西欧到中国的世界贸易体系。此后，中世纪穆斯林文明开始逐渐衰退。公元16世纪，这样的辉煌在奥斯曼土耳其人的奢华宫廷内昙花一现。到了公元17世纪，印度的显要人物也让伊斯兰文明得到过短暂复兴（见第二十一章）。

然而，伊斯兰教没有渐渐消亡。几个世纪以来，随着伊斯兰教的扩张，数百万人意识到伊斯兰教能够满足他们的精神需求。并且在公元7世纪后期，穆斯林征服了亚洲和非洲的大片区域。在这些区域的绝大多数地方，伊斯兰教仍是当地的主要信仰。到目前为止，与其他世界性宗教相比，伊斯兰教的变化更小，更接近原本的宗教面貌。

伊斯兰文化

伊斯兰教从建立之初就赢得了国家的支持。虽然在拜占庭和西方基督教世界，教会和国家相互依存，但在伊斯兰国家，二者不可分割。神权统治为伊斯兰文化的统一奠定了坚实基础。另外，伊斯兰文化不仅以民族多样性而著称于世，也是不同民族融合之后的产物。

例如，伊斯兰世界的主要语言为阿拉伯语、波斯语和土耳其语。但是，许多穆斯林也使用其他语言，包括柏柏尔语、斯瓦希里语、库尔德语、泰米尔语、马来语和爪哇语。随着伊斯兰世界的扩张，伊斯兰教吸收了许多非阿拉伯国家的艺术风格。因此，"伊斯兰"一词开始用于表示不同地区的文化，既包括阿拉伯地区，也包括伊斯兰教占主导的非阿拉伯地区。

伊斯兰世界的学问

在穆罕默德提出"寻求知识"的格言之后，伊斯兰教不仅热心接受来自其他文明的智慧成就，而且积极了解自然界的运作方式。当时很少有西方人能读或写拉丁语，只有极少数人可以看懂希腊语。然而，阿拉伯学者却保留了数百部古希腊手稿，并在抄录之后，全部翻译成阿拉伯语。这些手稿包括柏拉图、亚里士多德、阿基米德、希波克拉底、盖伦、托勒密等人的作品。

纸张的出现是文学创作爆发的一个重要因素。早在公元2世纪，纸张首先在中国出现。公元9世纪之后，纸张在巴格达开始得到使用。无论是羊皮纸，还是莎草纸，油墨在这些昂贵材料的表面都很容易被擦掉。相较于此，纸张不仅在抄录古典文学

科技发展一览表

公元765年	巴格达建造的医院成为其他地区建造医院的标准。
公元820年	《代数学》出版，该书为阿拉伯语的改编本，使用印度数字求解方程（在欧洲称为"代数"）。
约公元830年	在巴格达智慧宫，地理学家通过直接测量地球表面1度的纬度，估算地球的周长。
公元850年	阿拉伯人改良星盘（技术原型来自希腊）。
公元910年	阿拉伯医生拉芝斯第一次在病例中记载天花。
公元950年	法拉比出版了一本关于应用数学的专著《科学的分类》。

与编纂宗教教义方面具有明显优势（在此之前主要通过口头传授），也为撰写新类型的著作，如科学论文、食谱、诗歌集和故事书，提供了巨大便利。

公元9世纪和12世纪之间，在地中海地区希腊化之后，穆斯林保留并吸收了当地的医学、植物学和占星术等多方面的知识。此外，对于亚里士多德在逻辑和自然哲学方面的作品，穆斯林也出版了很多阿拉伯语译本。这些科学知识与亚里士多德作品的译著，以及穆斯林对这些作品的注释一同流入了欧洲各大城市的中心。

公元12世纪，欧洲人重新唤起了学习的渴望，这促进了西方大学的崛起（见第十二章）。通过将亚里士多德、新柏拉图主义者的理论与伊斯兰教的戒律进行比较，穆斯林哲学家开始寻求真理的统一。这种追求将成为文艺复兴时期意大利人文主义者所向往的精神。

穆斯林对印度数字的传播也是欧洲人的学习取得进步的关键因素。之后，阿拉伯数字开始取代复杂的罗马数字，并用于标记书籍页码。穆斯林还向西方提供了诸如雕版印刷（公元8世纪之后）和火药（公元13世纪之后）等源于中国的技术成就。穆斯林在贸易中积极采用来自希腊、中国和印度等国家的知识，并将其传播至世界各地。

此外，伊斯兰世界的学者不仅能书会写，还在

图 10.1 蜂蜜制药，摘自希腊医生迪奥斯科里季斯《药物论》的阿拉伯语手稿，公元13世纪

数学、医学、光学、化学、地理、哲学和天文学等方面做出了独特贡献。在医学领域，伊斯兰世界的医生不仅对天花、麻疹等疾病有所论述，还在动物传播类疾病（如狂犬病）、伤口烧灼以及药物制备等方面著书立说（图10.1）。

中世纪最重要的一本健康手册，《健康全书》也是源于阿拉伯医生的研究成果。当时，这些医生研究了各种食物、饮品和衣物对人类健康的影响。

科技发展一览表

公元1005年	一所综合性科学图书馆在开罗建立。
公元1030年	伊本·海赛姆（又名海桑）出版了自希腊时代以来第一部光学著作。
公元1035年	伊本·西拿的《医典》出版，这本书用阿拉伯语总结了希腊和阿拉伯地区的医学成就。
公元1075年	阿拉伯天文学家设想行星的运动轨道为椭圆形。
约公元1150年	伊德列西绘制了不同地区的气候图，并撰写了一份关于世界地理的调查报告。

公元11世纪，这部手册被翻译成拉丁语，并传入整个西方，受到了欧洲人的广泛欢迎。波斯医生和哲学家伊本·西拿（980—1037）编写了一部《医典》。这部恢宏巨著条理清晰，堪称医学知识的宝库。直到公元16世纪，欧洲人仍在使用此书。此外，穆斯林化学家还掌握了蒸馏技术，并制备出一种挥发性液体——酒精（在当时是一种禁用的麻醉剂）。

当时，大多数欧洲人对地球的大小和形状知之甚少。但是，巴格达的地理学家却能准确估计地球的周长、形状和曲率。在球形几何学和三角学方面，穆斯林天文学家取得了很多进步。由于宗教仪式的存在，人们不仅需要知道准确的太阴历法，还需要掌握从任何地方都可以确定麦加所在方向的手段。通过改进星盘，穆斯林能够确定一天中时间并推算出正确的礼拜时间。

伊斯兰诗歌

阿拉伯语与波斯语以韵律丰富为特征，共同构成了伊斯兰文学的传统。在这一传统中，诗歌比起散文更重要。正如在古希腊、非洲和中国的文化中一样，诗歌和音乐密切相关。在伊斯兰，吟游诗人、流浪艺人继承了流行诗歌的口述传统。在前伊斯兰文化时期，贝都因族的吟游诗人在浪漫爱情、部落战争和游牧生活等赞歌主题方面创作了很多作品。

与阿拉伯语一样，贝都因人的歌曲也具有丰富的韵律。并且，在一首诗中，一个韵脚通常占主导地位。阿拉伯语诗歌富有韵律，但其他译本通常无法还原出这一特征。其中只有一些译作成功保留了诗歌中丰富多彩的艺术形象。比如，在阅读材料10.1中，公元6世纪塔拉法创作的颂歌就是一个典型例子。诗歌运用生动的比喻勾勒出一头骆驼的形象，让人印象深刻、难以忘怀。

随着伊斯兰教的兴起，人们对《古兰经》中阿拉伯语叙事诗的推崇超越了对其他文学作品的推崇。然而，在伊斯兰教兴起之前，民众是十分喜爱世俗诗歌的。伊斯兰诗歌的常见主题包括对不公正的哀叹、给逝者的挽歌，以及对自然物质之趣的颂扬。浪漫的爱情往往也是最受欢迎的主题，尤其是那些受到波斯文学影响的作品。公元8世纪，阿尔·阿斯迈创作出《安塔尔之恋》。作为一首悼词，这首经典之作赞美了一个美丽迷人的女性，表现出了伊斯兰叙事诗强烈的感情张力。

诗人对单相思的爱情中"不安的心情"的描绘，以及对"相思病"的刻画不仅在阿拉伯诗歌中十分受欢迎，也是中世纪西方宫廷爱情故事的核心主题。在这些诗人中，最具代表性的人物包括阿尔·阿斯迈、伊本·宰敦和伊本·阿布拉。在伊斯兰世界中，后两位诗人是摩尔人[1]的杰出代表。他们在诗中不仅大谈鱼水之欢，也透露出对女性之美的崇敬。这一点影响了西欧文学体裁的各个领域，包括行吟诗人的诗歌、中世纪的浪漫故事（见第十一章），以及文艺复兴时期诗人彼特拉克的十四行诗与歌曲（见第十六章）。

> **阅读材料 10.1**
> **世俗的伊斯兰诗歌**
>
> **摘自塔拉法《赞美他的骆驼》**
>
> 然而，当悲伤追赶我的时候，
> 我有办法逃离它，
> 骑上一头瘦高的骆驼，日夜疾驰。
>
> 1. 近代欧洲人对非洲西北地中海沿岸城市中的伊斯兰教徒的泛称。

这是一头稳健的骆驼，
身躯结实又精瘦，如棺材板一样。
我引着骆驼坚定地踏上走过的路，
这些路在大地上刻下了如同布料纹理般的痕迹。

它是只母骆驼，
速度无可匹敌，像鸵鸟一样迅速。
疾驰之时，它的后脚掌紧踏着前脚掌的痕迹。
它柔软的白尾巴向前后鞭打，
有时也打在骑手身上，
有时也打在它自己干瘪的乳房上，
这乳房已不再产奶，松弛如破旧的皮囊。
它的臀部紧实而光滑，
像是城堡大门上两个破旧的门柱。
它的脊椎骨柔韧灵活，
它的脖子稳稳地向上抬起。

它抬起那修长的脖子时，
就像航行在底格里斯河上的一艘船的舵。
它分开粗壮的大腿，
就像一个提水的人分开他的水桶。
它下巴的毛发呈红色，
后背结实，能迈很长的步子。
它的前肢也十分灵活。

它身上的鞍带痕迹，
就像水流过光滑岩石留下的印迹。
这些痕迹有的重叠在一起，有的相互交错，
如同细麻布上裁制精良的拼接。
它长长的颅骨坚硬如铁，
而骨头相接的地方，其边缘锋利得如同锉刀的齿。
它的脸颊光滑细腻，如叙利亚的纸；

它的上唇匀称得体，如也门的皮革。
它的双眼像两面抛光的镜子，在眼窝里闪闪发光，
如同水波在岩石池中潋潋的样子。

它的耳朵很敏锐，
既能听到夜晚的低语，
也不会对大声的呼唤无动于衷。
竖起的双耳显示出它的教养，
就像郝摩尔森林中孤独的野牛的耳朵一样。
它的上唇分裂，鼻子被穿了孔。
它伸展五官之后，便沿着道路，迈开步伐。

我用鞭子轻触它，它就会加快步伐，
即使炎热的沙丘上出现海市蜃楼的时刻。
它步履优雅，就像舞女一样，
边走边向主人展示那飘逸长袍的裙摆。

摘自阿尔·阿斯迈《安塔尔之恋》

可爱的少女那惊鸿一瞥，
像用箭射中了我的心，让我辗转反侧。
有时，她希望在沙丘上享受一场盛宴，
那神色就像一只小鹿，眼睛里充满了魔力。
我的疾病折磨着我，潜藏在我的五脏六腑里：
我试图掩藏它，但正是这掩藏暴露了它。

她动了一下——
我应该说那是红柳的一枝，
迎着南风摇曳着枝叶。
她走近了——
我应该说那是受惊的小鹿，

当灾难在荒野中惊动它的时候。
她走开了——
我应该说她的脸如同太阳，
耀眼的光泽让旁观者目眩。
她凝视着——
我应该说那是夜晚的满月，
猎户座的群星在周围环绕。
她微笑着——
她牙齿像珍珠一样闪闪发光，
这是治愈爱人疾病的良药。

她让自己屈服在真主面前，无比崇敬；
最伟大的英雄，也屈服于她的美貌！
啊！当我最绝望的时候，
对你的爱和受到的痛楚，
竟成为我唯一的希望！

伊本·宰敦《两个片段》

一
少了你，
世界变得如此陌生，
时间也变得黑白颠倒，
晨日竟变成了黑夜。
可是，你的到来
却让那个黑夜，
亮如白昼。

二
夜半三更迟，
幽兰绕青枝，
暮尽白昼起，
相看两相知。

伊本·阿布拉《美人痣》

艾哈迈德的脸颊上，
有一颗痣，
引得男人注目，
寻求它的位置。
为了让爱驻足在花园，
他们山盟海誓。
此刻，努比亚人照料下的玫瑰花床，
仿佛有了呼吸，
花香也因此悄然而至。

问：这些诗歌的主题是什么？
问：什么样的明喻和隐喻使得这些诗歌与众不同？

苏非派诗歌

纵观伊斯兰历史，苏非派掀起的这场运动是伊斯兰文学中重要的灵感来源之一。早在公元8世纪，穆罕默德的一些追随者就开始追求一种冥想、厌世的宗教生活。这一点与基督徒、佛教修行者以及新柏拉图神秘主义者的精神理想十分相似。苏非派穿着粗制的毛织衣服，致力于通过冥想、禁食和祈祷完成灵魂的净化以及与神的结合。

随着这场运动愈演愈烈，苏非派不仅强调宗教体验，而且通过音乐、诗歌和舞蹈，切实增强人们身体上对宗教体验的感受。并且，通过旋转舞蹈（这种舞蹈与波斯苏非派有关，并以"苦行"著称）等宗教仪式（图10.2），他们能让虔诚的信徒达到狂喜的状态。禁欲者寻求感官和精神的结合，这一点在苏非派的诗歌中屡见不鲜。

鲁米（约1207—1273）是苏非派的代表诗人，还是波斯著名的神秘主义者。他的诗作代表了苏非派的特点，强调直觉与非理性的宗教体验。我们在下文选取了他的三首诗作。

第一首诗描绘了一位先知的故事，他的身上有很多看似矛盾之处，但这些矛盾体现了这位先知的独特。在第二首诗中，苏非派诗人宣扬的思想可能也适用于佛教徒或基督神秘主义者。第三首诗《唯一真实的光明》选自《爱情是陌生人》。在诗中，鲁米预想出一个古老的寓言，并解释了上帝的唯一性。通过观察普通人在昏暗中的摸索，神秘主义者意识到，虽然世界上有很多宗教，但上帝是唯一的存在。

图 10.2 舞蹈中的苦行僧，源自波斯赫拉特学校，哈菲兹《诗歌集》手稿，约公元1490年

阅读材料10.2
鲁米的诗（约公元1250年）

先知

先知在清醒时却有醉意。
先知食无肉也能饱腹。
先知感到困惑，不知所措。
先知既无倦意，也无食欲。
先知是一个国王，衣衫褴褛。
先知是藏在人境的宝藏。
先知既非天，也非地。
先知既不是地球，也不是大海。
先知是一个没有尽头的海洋。
先知将珍珠洒在你的脚下。
先知在晚上有群星围绕。
先知的光芒万丈，好似有一百个太阳。
先知的知识包罗万象。
先知阅读时从不用他的眼睛。
先知无影无形，让人信服。
先知对待好坏一视同仁。

先知已看破了空门。
先知总是看起来得意扬扬。
先知隐藏在深处。沙姆斯丁
你必须寻找他的踪迹。

把你酒杯中的欲望倒掉

融入朋友中去吧，
知晓灵魂的快乐。

第十章 伊斯兰世界：宗教与文化

进入残破的街巷，
和他们一醉方休。

把你酒杯中的欲望倒掉，
如此，便不会丢脸。

别在那里寻寻觅觅，
而忘了要观想内心。
想要拥抱，请张开双臂。
打碎那些陶土的偶像，
释放出久违的光芒。

为何今生今世，
要通过女巫知晓命运？
你当知道这样做的代价。
武力虽能得到一切，
一日却不过三餐。

入夜，当爱人如期而至，
你是否像被鸦片麻醉一样？

如果你在嘴中细嚼食物，
便可尝到更甜的味道。

在聚会上，主人并不暴躁。
我们围坐成一圈，谈天说地。
却不知时光之轮已匆匆飞逝。

天道有常：
救人一命，
便可积百倍福德。
别像狗一样咆哮，
要知晓牧者的照料。

你一直抱怨他人，

难道是他们亏欠你？
那么，忘了他们吧，
让自己回到真主的面前。
世界如此广阔，
为何你身陷囹圄，长眠不醒？

因为你的脑海中空空如也。
然而思想的源泉最能滋养灵魂，
身体的禁食亦可抛却烦恼，
让自己解脱，
进入更高的境界。

为了能让交谈不受时间影响，
还请你少说为妙，
远离红尘的纷扰，
去寻找真正的生活。

唯一真实的光明

灯有明暗之分，
光却始终如一，
从远方来到人间。

你若一直看灯，
便会迷失：
从那里看去，
光明不可胜数。

要凝视光芒，
人生短暂，
你将从那里，
看到唯一的神。

哦，在你眼中，

谁才是万物的核心？
对此，穆斯林、拜火教徒和犹太人，
他们各执一词、争论不休。

就好比，
印度教教徒们带来了一头大象，
他们把它放在一个黑暗的小屋里。
用眼睛去看，显然不可能，
每个人要用手掌触摸它。
一只手放在它的象鼻上，
他说："这种动物像一根水管。"
另一个人摸了摸它的耳朵，
对他来说，这个生物像一把扇子。
另一个人触到了它的腿，
并认为大象的形状像柱子一样。
另一个人抚摸着它的背。
"的确，"他说，"这头大象就像一个王座。"
假如他们每个人的手中，
都拿着一支点燃的蜡烛，
那么他们的言论便不再有分歧。

问：这些诗的哪些方面反映了宗教神秘主义？
问：这些作品是否提出了实用的见解或建议？

伊斯兰散文文学

虽然比起散文，伊斯兰文明更加推崇诗歌，但这两种文学形式不仅继承了悠久的口述传统，也吸收了许多地区语言的精华。押韵的散文为日常语言带来了韵律，成为阿拉伯文学中一道独特的风景。公元8世纪，一本动物寓言故事集问世，成为阿拉伯文学中流行的散文文学之一。这些寓言故事寓教于乐，引人深思。另一部作品讲述了流浪者或游民的冒险经历，并在之后的五个世纪开启了西方流浪小说的先河（见第十九章）。

《一千零一夜》作为阿拉伯文学的经典之作，不仅体现了伊斯兰文化的丰富内涵，在所有同类作品中也是出类拔萃的。在公元8世纪到10世纪之间，通过吸收来自波斯、阿拉伯和印度的各种故事，这些阿拉伯文学经典逐渐汇编成书。《一千零一夜》采用了框架故事的叙事技巧。作者在编排好故事主线之后，借此引出一段较短的故事。《一千零一夜》的框架源自一个印度童话故事：有一位国王非常担心自己的妻子对自己不忠，所以在每个新婚之夜，他都会在天亮时杀死自己的新任妻子。山鲁佐德不幸嫁给了这位国王。为了保全自己的性命，山鲁佐德决定通过讲故事来取悦国王。她在黎明之前，正好讲到故事的高潮部分。如此，国王为了听到故事的结局，就必须让她活下去。

山鲁佐德，更确切地说是她所讲的故事赋予了国王人性的光辉。在一千个夜晚之后，国王对他聪明的妻子赞不绝口。《一千零一夜》存在许多版本，但实际上这部作品只有200多个故事。其中有许多冒险故事已成为全世界读者的最爱，包括阿里巴巴、阿拉丁、辛巴达的故事，以及中世纪之后的其他故事。这些冒险故事富有想象力，故事中的人物多情浪漫，带有浓郁的异国风情。在这部作品中，故事与故事之间不仅环环相扣，故事内部的不同桥段也紧密相连。这样的故事布局与伊斯兰艺术中的设计规范原则十分类似。这种设计原则善于使用重复、无限延伸的技巧，让不同的纹路、造型环绕在一起，从而形成蜿蜒曲折而又归于一体的图案风格。

下文选自《一千零一夜》中贝赫拉姆王子和黛图玛羽公主的故事。这个故事表现了伊斯兰文学的一些常见主题，包括女性美的力量、生存的智慧，以及两性间的"战斗"。同时，故事虽然揭示了伊斯兰礼仪的深刻内涵，但也体现了女性的从属地位，这与西方社会如出一辙（见阅读材料11.3）。在故事中，山鲁佐德依靠自己的聪明才智改变了自己的命运（故事中的主要人物也是依靠自己的智慧达成了自己的心愿）。事实证明，她的美丽、智慧和出色的语言能力最终成为感化国王的力量源泉。

阅读材料 10.3
摘自《一千零一夜》
（约公元850年）

贝赫拉姆王子和黛图玛羽公主

从前有一位国王的女儿，名为黛图玛羽，她身材窈窕、美若天仙，在当时无与伦比。除此之外，她才华横溢，精力充沛，喜欢用智慧征服男人。其实，她也常常自夸："没有人能与我相比。"她最擅长骑马，精于武道，骑士们人人皆知。有许多王子为之倾倒，向她求婚。她一口回绝，并宣布："没有人能娶我，除非他在比武中，用长枪和剑击败我。谁能获胜，我就嫁给谁，心甘情愿。但如果我战胜了他，我就收缴他的战马、衣服和武器，并在他的头上烙下记号'黛图玛羽的俘虏'。"

消息传出之后，各个国王的儿子都从四面八方蜂拥而至，但她连战连胜，让他们羞愧不已。黛图玛羽不讲情面，夺去了他们的武器，并用火在他们的头上留下烙印。

不久，波斯国的王子贝赫拉姆·伊本·塔吉听闻此事，决定前往招亲现场，向黛图玛羽的王宫进发。他远道而来，带了仆从、马匹，准备了大量钱财以及宫中的秘宝。到了城下，他就送给她的父亲一件贵重的礼物。作为国王，黛图玛羽的父亲亲自出城迎接，对贝赫拉姆极其尊重。接着，黛图玛羽的兄弟让宰相给他传话，并请求黛图玛羽与他成亲。然而，国王却回答说："至于我的女儿黛图玛羽，我管不了她，她曾以自己的灵魂发誓不会嫁人，除非有人在擂台上击败她。"

"我从皇宫来到这里，就是为了追求她，和你结成联盟。"王子说道，"除此之外，别无他求。"

国王答道："那你明天可以去见她。"于是，国王第二天派人去叫他的女儿来。

公主穿上盔甲，整装待发。民众听闻又有人打擂，就从四面八方蜂拥而至，只为亲眼见证。

很快，公主全副武装，骑马入场。她将面甲放下，做好准备。波斯王子气宇轩昂，穿戴着最华丽的战甲，与她相向而对。然后，他们开始向对方发起冲锋，比武正式开始。

双方刀剑齐鸣，你来我往，交战了数百回合。此时，公主发现，他智勇双全，胜过以往遇到的所有人。她开始担心，自己会败下阵来，从而在民众面前丢了面子。于是，她决定要个花招，将自己的面甲打开，露出她那胜似明月的面庞。波斯王子看到她的脸时，不禁被她的美貌迷住。他的力量开始减弱，精神也开始动摇。她觉察到他的这一弱点，便动手将他从马鞍上击落。结果，他就像被老鹰抓住的麻雀一样，失魂落魄。

当她牵走他的战马，拿走他的衣服和盔甲时，他既惊讶又困惑，不知道发生了什么。接着，她用火在他头上留下了烙印，便让他走了。

当从昏迷中恢复过来时，他一连几天茶饭不思，夜不能寐。的确，爱情已经牢牢抓住了他的心。最后，他决定派人给他的父亲寄信，告诉父亲自己不能回家，要么迎娶公主，要么战死。

国王收到这封信后，非常担心儿子的安危，想要派军队救自己的儿子。然而，大臣们将他劝阻下来，并建议他要有耐心。于是，国王向全能的真主安拉祈祷。

与此同时，王子为达到目的想出了各种方法。很快，他决定伪装成一个体弱的老人。

于是他在自己的黑胡子上加了一撮白胡子，然后前往公主经常去散步的那个花园。他找到园丁，对他说："我从一个遥远的国家来，从年轻的时候起我就是一个园丁，在嫁接树木，种植水果、鲜花等方面，没有人比我更加在行。"园丁听了非常高兴，把他领到花园里，让他干活。于是，王子开始打理花园，改良水车和水渠。

一天，正忙于手头的工作时，他看见一些奴隶牵着骡子，将地毯和器皿搬进花园。王子问他们要在那里做什么。

"公主想在这里度过一个愉快的下午。"他们回答说。

他听见这话，就急忙往自己的住处跑去，再从家里带了些珠宝首饰来。回到花园后，他坐下来，把一些值钱的东西摊在面前，做出颤巍巍的动作，假装自己十分苍老。

山鲁佐德注意到黎明即将来临，于是她停止讲述这个故事。然而，第二天晚上，她得到了国王的允许，可以继续讲述，便接着说：

事实上，王子成功地让人认为他已经年老体衰。过了一个小时左右，一群少女和太监陪着公主一起进了花园。公主看起来就像繁星中一轮耀眼的明月。他们在花园里跑来跑去，一边摘果子，一边自娱自乐，直到在一棵树下他们看到王子乔装的老人坐在那里。王子看起来年纪老迈，手脚颤抖着，他面前摆着许多贵重的宝石和精美的首饰。当然，他们对此十分惊讶，问他摆这些珠宝干什么。

"我想用这些东西，"他说，"从你们当中给我自己买一个妻子。"

众人都笑他说："我们中间若有一个嫁给你，你要怎么办呢？"

"我要吻她一下，"他回答，"然后和她离婚。"

"如果是这样的话，"公主说，"我就把这个姑娘送给你，做你的妻子。"

于是他站起来，拄着拐杖，跟跟跄跄地走向那姑娘，吻了她一下。又将珍珠和首饰，都送给了她。姑娘十分欢喜。

众人见此，都笑话他，接着慢慢散去。

第二天，他们来到花园，又看见他坐在那里，摆上了比之前更多的珠宝首饰。

"老人家，"他们问他，"你这回打算怎么处理这些珠宝？"

"我想再和你们中的一个结婚，"他回答说，"就像我昨天做的那样。"

于是，公主说："我将让这个姑娘嫁给你。"

于是王子上前吻了一个姑娘，把珠宝送给她。众人又各自散去。

公主看到老人家对她的侍女们如此慷慨，暗暗自语："我比我的侍女们更有资格得到这些好东西，而且这个游戏也不会有什么危

第十章 伊斯兰世界：宗教与文化 305

险。"于是，到了早晨，她打扮成一个侍女，独自来到花园，出现在王子面前，对他说："老人家，是公主派我来见你的，如此，你就可以娶我了。"

王子看着她，心里明白她是谁。所以，他回答说："我爱你，全心全意。"

接着，他把最珍贵的珠宝首饰都送给了她。然后，他站起来吻她，这时公主没有防备，并认为没有什么可害怕的。王子就用他有力的手抓住她，把她按倒在地，并在那里夺了她的处女之身。然后，他把胡子从脸上拔了下来，说："认得我吗？"

"你是谁？"

"我是波斯王子贝赫拉姆，"他答道，"为了你，我改变了自己，对我的人民来说，我已形同陌路。为了爱你，我把自己所有的财宝都挥霍一空。"

她默默地离开了他，一言不发。的确，她被所发生的事情弄得晕头转向，并认为最好保持沉默，尤其是因为她不想得到羞辱。她一直在想："如果我自杀，那将是毫无意义的。如果我把他处死，我将一无所获。如此说来，对我而言，最好的办法就是和他私奔，前往他的国家。"

于是，她把他留在花园里。之后，她把自己的钱和财宝都收集起来。接着，公主给他留下信息，说明自己打算做的事情，并告诉他，要随身带着他的财产和其他所需之物准备离开。

然后，他们约定了一个地点碰面。

到了约定的时间，他们就骑上快马，趁着夜色出发了。第二天早晨，他们已经走了很远。

他们纵马疾驰，最终来到了波斯国的首都。波斯国王听闻儿子回来了，就欢欢喜喜地骑马，迎接他。

过了几天，波斯国王送给公主的父亲一份精美的礼物和一封信，信的大意是：你的女儿已和波斯王子在一起，请送来她的结婚礼服。黛图玛羽的父亲十分高兴，迎接了波斯信使（因为他以为自己失去了女儿，一直在为她悲伤）。

作为回应，黛图玛羽的父亲召见了卡齐[1]和见证人为他的女儿和波斯王子订立婚约。他赐予波斯使者华美的衣服，让他将嫁妆送给公主。在正式结婚之后，贝赫拉姆王子和她生活在一起，一直到老。

山鲁佐德刚讲完这个故事，就说："可是，国王，这个故事并不比《三个苹果》的故事更加精彩。"

问：这个故事有"道德说教"吗？如果有，那么它想传达出什么样的思想？

伊斯兰艺术与建筑

宣礼员（传唤者）每天需要在清真寺的尖塔上呼唤信众5次之多。在他的呼唤下，穆斯林放下手中的工作，接着面向麦加跪拜祈祷。无论是在沙漠的中心，还是在家中，信徒都需要这样祷告。但正式的话，穆斯林往往会去清真寺做礼拜。清真寺内配

---

1. 首席法官。

有矩形或三角形廊柱大厅，这样的布局源自城市中由晒干的砖建造而成的民宅。

与早期的基督教堂不同，清真寺的设计并不取决于宗教仪式的需要。相反，清真寺首先是祈祷的地方。每个清真寺都朝向麦加的方向（此朝向被称为基卜拉），位于墙上的壁龛（米哈拉布）也朝向那里（图10.3）。壁龛上偶尔会放有一盏灯，象征安拉代表天地之光。右侧是一个架高的小平台（敏拜尔），信众可以在那里阅读《古兰经》。

公元784年，西班牙科尔多瓦的大清真寺开始建造。经过300多年的时间，该寺规模日渐扩大，从而成为伊斯兰早期的代表性建筑。起初，建筑内有500多根双层立柱支撑着木质屋顶。从大清真寺（现为天主教大教堂）的平面图（图10.4）可以看出，这些看似一望无际的连排立柱与早期基督教教堂的设计形成了鲜明的对比。早期基督教的教堂呈线性排布，礼拜者可以直接从大门走到祭坛。

在科尔多瓦大清真寺，马蹄形拱门由楔形白色大理石和红色砂岩构成，红白两色形成了鲜明对比，并像皇冠一样，为整个装饰立柱林画龙点睛（图10.5）。这样的拱门像棕榈叶一样，从"枝干"一样的柱子中"长出"。在这座建筑的某些地方，多层拱门以"搭载"的方式放置，从而开创了新的装饰手法。壁龛的圆顶由八座拱门交叉构成，并饰有华丽的马赛克。这表明穆斯林已经熟练掌握了数学、工程和艺术的精湛技艺。

伊斯兰教自觉抵制塑造神像。穆斯林与犹太人一样，都强烈谴责异教徒的偶像崇拜，并认为塑造神像是一种不敬的自负行为，因为塑造的神像会与造物主构成"竞争"关系。因此，除了在描绘穆斯林天堂时偶尔会出现，伊斯兰宗教艺术中几乎没有神像雕塑。同样，基督教艺术中也没有类似的神像作品。此外，伊斯兰艺术与基督教艺术一样，都自觉抵制使用符号。

但是，两者最后的结果却截然不同。这种自我

图 10.3 科尔多瓦大清真寺的壁龛，公元11世纪，西班牙。大理石上镶有黄金和玻璃马赛克。壁龛处有一扇马蹄形拱门敞开，装饰着华丽的黄金和马赛克玻璃，指向穆斯林祈祷的方向（麦加）

施加的限制并没有成为伊斯兰艺术的阻碍。穆斯林创造出了世界艺术史上最为丰富的视觉装饰物。在伊斯兰教的装饰中，三种主题成为主流，包括几何图形、花卉图案和书法设计。首先，几何图形主要继承自古典时代的传统，这样的设计让图形更加复杂并富有变化。其次，相互交织、抽象难懂的图形构成了花卉图案，其主要特征为蔓藤花纹。作为一种基于植物和花卉形态的装饰，蔓藤花纹的灵感源

柱廊　壁龛　朝拜墙

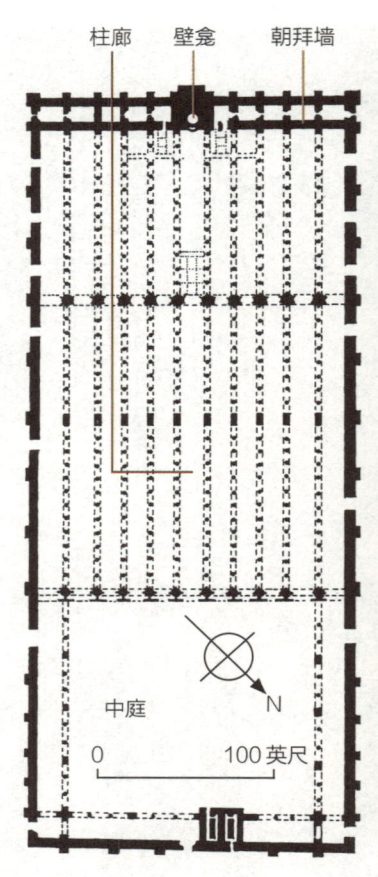

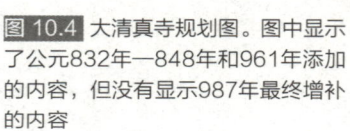

中庭
0　　100英尺

图 10.4 大清真寺规划图。图中显示了公元832年—848年和961年添加的内容，但没有显示987年最终增补的内容

图 10.5 大清真寺摩尔式圆柱，公元784年—987年

自拜占庭和波斯艺术。最后，书法在作为装饰的同时，为文字赋予美感。

在伊斯兰艺术中，穆斯林十分重视书写文字，并认为书法艺术具有圣礼的特征。穆斯林书写的大多数文字内容都来自《古兰经》。作为一种古阿拉伯字母，库菲克是最早的阿拉伯文字形式（起源于伊拉克城镇库法）。器物表面上无论是雕刻、彩绘，还是珐琅，人们都要用优雅的库菲克字母在器物表面上书写真主的文字。库菲克文字不仅在装饰器物方面，也在宗教启示中起着至关重要的作用。无论是书法艺术、花卉图形，还是几何设计，伊斯兰图案的延伸看似随处可见、无穷无尽，但都是有规律的，并未超出框架的边界。

在框架故事中，许多单独的故事被整合到一起。伊斯兰装饰传统的视觉布局与框架故事如出一辙。"既有蜿蜒曲折，又有框架约束"，不仅表现了自然界多样性和统一性的普遍主题，也是伊斯兰装饰传统和伊斯兰美学的基本原则。这种无限延伸的美学思想认为，真理源于直觉，无所不在，而并不源自西方基督教思想中的末日审判和自我实现。

此外，对颜色的大胆使用也是伊斯兰艺术和建筑的关键特征之一。在清真寺和宫殿建筑中，人们通过使用马赛克和多彩的釉面瓷砖，不仅让建筑表面变得多姿多彩、熠熠生辉，也体现了复杂多变的设计风格。如今，圆顶清真寺（图10.6）是世界上最古老的伊斯兰圣殿。在那里，雕刻家曾用黄金将《古兰经》中的文字刻在蓝底的马赛克方块上。在

308　人文传统

图 10.6 岩石圆顶，耶路撒冷，以色列，约公元687年—691年。穹顶之下放着一块神圣的岩石，有人认为这是所罗门神庙的基石。伊斯兰地图将耶路撒冷城确定为"世界中心"

这座壮观的八角形建筑四周，这样的马赛克随处可见。这座圣殿（也被称为"奥马尔清真寺"）位于耶路撒冷东部的高原上，占地35英亩，顶部建有镀金穹顶。

虽然建筑表面的很多地方重新贴上了陶釉瓷砖，但内部仍然如故，保留了闪闪发光的马赛克。因其和谐的比例以及表面华丽的装饰，这座建筑成了穆斯林信仰的里程碑。人们相信，这里不仅是完成《创世记》的圣地，也是穆罕默德升天的地方。此外，人们还认为，此处就是《圣经》中所罗门神殿的所在地。因此，作为圣地，犹太人、穆斯林和基督徒都认为，这座圆顶清真寺与圣城耶路撒冷一样，具有重要的历史意义。但是，各方对这一圣地始终争论不休，未能达成共识。

奢华的风格融合了几何图形、花卉艺术和书法

图 10.7 刻有铭文的伊斯兰陶碗

第十章 伊斯兰世界：宗教与文化 309

设计，使伊斯兰的壁画、地毯、象牙、手稿、纺织品和陶瓷领先世界。但是，单纯使用书法偶尔也能起到装饰作用。例如，这只公元10世纪的陶碗（图10.7）。我们可以在碗沿看到优雅的古阿拉伯字母，上面书写着穆罕默德的劝告："工作之前，做好计划，以免遗憾；愿繁荣与和平降临。"在早期《古兰经》的烫金抄本中，这段文字的书法笔画流畅（用红色和黄色圆点表示元音），本身就能形成装饰的效果。

虽然宗教艺术回避出现人的形象，但这个主题却在世俗手稿中比比皆是，特别是公元1200年之后写成的手稿中。旅行故事、寓言、浪漫故事、编年史和医学论文中都配有很多关于人与动物活动的插画。在苏非派诗歌的插图手稿中，一幅微型画上描绘着苦行僧（其中一些已经头晕目眩）、音乐家和目击者聚在一起的形象，而他们周围的景观就像挂毯一般，到处都是盛开的鲜花和发芽的树木（见图10.2）。

通常而言，花园和花园主题不仅是伊斯兰的建筑和艺术特色，也象征着穆斯林心中的天堂场景（在《古兰经》中，这一概念出现了至少130次）。正如《圣经》中的伊甸园和巴比伦的迪尔蒙（见阅读材料1.2）一样，天堂般的花园能让人的身心焕然一新。花园中流淌着凉爽的清水，果树上也挂满了果子。因此，在伊斯兰建筑中，死后世界花园的原型立足于现实环境。而且，纵观整个伊斯兰世界，无论是华丽的宫殿建筑，还是泰姬陵（见第二十一章）等皇家陵墓，通常都以配有喷泉与水池的花园和公园凉亭作为主要特征。这些建筑特征在文学作品中也有所体现，从而成为山鲁佐德所在环境的现实原型。

阿尔汗布拉宫（图10.8）位于西班牙格拉纳达，是世界上保存最完好的伊斯兰宫殿。清澈照人的水池和冒泡的中央喷泉让整个方形庭院收获清

图 10.8 **阿尔汗布拉宫** 西班牙格拉纳达，公元14世纪。在这里，庭院的中心与伊斯兰清真寺一样建有一个喷泉，里面流动着清凉的水。这不仅是天堂花园的象征，也是摆脱炎热、干燥气候的必要设施

凉。四条"天堂般的河流"主要流向中央喷泉。公元1492年之前，这座宫殿一直是西方穆斯林文化的大本营。多彩浮雕和琉璃瓦的使用、蔓藤花纹的花边设计，以及郁郁葱葱的花园，都让这座宫殿宛若人间天堂。

伊斯兰世界的音乐

对虔诚的穆斯林来说，除了《古兰经》的吟唱和宣礼员的传唤声之外，不存在任何宗教音乐。穆斯林将音乐视为一种要被禁止的乐趣，并谴责其具有"让人致死的魔力"（如《一千零一夜》中所描述的）。然而，阿拉伯医生认识到，音乐可以用于治病。苏非派的神秘主义者也对音乐赞不绝口，称音乐具有愉悦心灵的力量。在伊斯兰教的黄金时代，世俗音乐在科尔多瓦和巴格达的宫廷中蓬勃发展。阿拉伯歌曲甚至在很早的时候，就已经融合了波斯、叙利亚、埃及和拜占庭的音乐。

伊斯兰世界的音乐起源于沙漠游牧民族的歌曲，以独奏和明快的节奏为特色。（据说，这种音乐与商队歌曲的韵律和骆驼蹒跚行走的节奏十分类似。）阿拉伯的音乐与古希腊、古印度和古中国一样，以单一曲调为主，乐器伴奏时有时无。阿拉伯音乐同样注重形式，而且每种形式都与特定的情感相关。阿拉伯音乐的另外两个（延续至今的）特征是微分音的使用（指西方十二音系统中两个半音之间的音程），以及对即兴发挥的偏好（表演者对给定乐曲的旋律或节奏进行创作的即兴变奏）。

这两个特征不仅让阿拉伯音乐独一无二，也在现代爵士乐中有所体现。阿拉伯音乐的旋律婉转悠长，主题反复循环，仿佛让听者置身于阿拉伯式的花纹之中。缓缓下滑的音调和延绵不绝的吟诵，让人感觉十分微妙，从而陶醉其中。在阿拉伯音乐中，线性的装饰音、反复的乐句节奏都与伊斯兰的文字和视觉表达形式有很多共同点。这样的声音模式不仅与犹太教、基督教或佛教颂歌如出一辙，也与宣礼员传唤穆斯林祈祷的声音十分相似。

比起声乐，器乐在伊斯兰世界只能屈居次席。然而，波斯却是一个例外。在波斯，人们继承了前伊斯兰教时期留下的乐器传统，并使其得到了蓬勃发展。里拉琴、长笛和鼓等轻巧便携的乐器让贝都因人能骑在骆驼背上创作歌曲，而铃铛和铃鼓则为舞蹈打拍伴奏。公元6世纪末，阿拉伯人发明了琉特琴，这是一种半梨形木制弦乐器，在声乐表演中用于伴奏。作为吉他的先驱，琉特琴的琴颈呈直角，并使用小巧的翎毛作为弹奏用的拨子。

公元8世纪后的一段时间，西班牙的穆斯林音乐家开始创作更大规模的管弦乐作品。他们将乐曲分为五个或更多不同的乐章，再用管弦乐器、打击乐器和人声演奏。在穆斯林统治西班牙的几个世纪里，双簧管、小号、维奥尔琴和半球形铜鼓等乐器持续发展，西方的管弦乐传统就有可能源自阿拉伯音乐。

公元9世纪，著名音乐家齐亚卜从巴格达出发，穿过北非，来到科尔多瓦。在那里，他不仅成立了第一所音乐学院，也成为阿拉伯与安达卢西亚音乐艺术交流的元老。公元9世纪到公元11世纪，伊斯兰的音乐创作和理论水平达到顶峰。当时，那些出色的伊斯兰学者撰写了近200篇关于音乐表演和理论的论文。

他们不仅按照音乐的美学、伦理和治疗等功能，对所有音乐形式进行了分类，而且针对缓解具体的疾病会选取特定类型的音乐。阿拉伯作家伊斯法哈尼（897—967）编写了《诗歌集成》。这部百科全书共20卷（后人又作补遗1卷，索引1卷），广泛收集10世纪以前的阿拉伯诗歌以及诗人生平逸事等。该作是我们了解阿拉伯音乐和诗歌的重要信息来源。其中情歌题材广泛，以刻画人物对爱情的抱怨和向往为主题。在西方中世纪与文艺复兴时期，这些情歌对宗教和世俗的音乐都产生了巨大的影响。

回 顾

伊斯兰教的宗教信仰

公元7世纪,伊斯兰教在阿拉伯半岛成为第三个主张一神论的世界性宗教。大天使加百列带来了神的启示,并告诉穆罕默德他是真主安拉的先知。从《圣经》中的亚伯拉罕开始,穆罕默德成为最后一位先知。

公元622年,穆罕默德从麦加迁徙至麦地那。穆斯林将这一年定为历法元年。在他回到麦加之后,穆罕默德不仅树立了宗教和政治权威,而且建立了一个涵盖宗教和世俗领域的神权政治体系。公元632年,穆罕默德去世。整个阿拉伯半岛团结一致,共同致力于伊斯兰教的发展。

在伊斯兰教中,"五大支柱"管理着穆斯林的日常生活。信徒可以期待死后获得永生,而那些不相信或偏离安拉律法的人,则注定要受到地狱的惩罚。

先知去世约十年后,他的门徒将穆罕默德的言行记录下来,并写成《古兰经》。作为伊斯兰教的圣书,《古兰经》是穆斯林在精神和世俗生活层面的指南。《古兰经》共由114章组成,为穆斯林的仪式、伦理和法律提供指导。

伊斯兰教之所以成为世界性宗教,很大程度上是因为穆斯林从一开始就紧密结合了宗教、政治和军事目标。伊斯兰教还确立了信徒的行为准则和相关仪式,这与基督教和犹太教十分相似。

伊斯兰教的扩张

早期穆斯林的成功扩张,并非因为他们的军事压迫,而是因为穆斯林向被征服地区的人民提供经济机会。

由于穆罕默德没有指定继任者,所以在其死后,穆斯林对伊斯兰教的领导权问题争论不休。从此,伊斯兰教开始分裂为什叶派和逊尼派。

前四任宗教代表(哈里发)向阿拉伯之外的地区传播伊斯兰教,开启了穆斯林帝国的崛起之路。倭马亚王朝哈里发向西传播该教,并横跨北非进入西班牙。公元750年之后,阿拔斯王朝哈里发在整个中东树立了霸主地位。

公元8世纪和公元13世纪之间,作为穆斯林城市生活的伟大中心,伊拉克的巴格达、西班牙的科尔多瓦和埃及的开罗在学识和艺术方面超越了西欧的城市。之后,蒙古人于公元1258年摧毁了巴格达,撼动了该城的文化中心地位。

公元14世纪中叶之前,穆斯林控制了从西欧到中国的世界贸易体系。

伊斯兰文化

穆斯林创造了第一个世界性文化体系。这种文化虽然团结在单一的信仰体系之下,但也能接受来自不同地区的文化、语言和风俗。

穆斯林学者在数学、光学、哲学、地理和医学领域都取得了诸多原创成就。他们不仅将珍贵的古希腊文学手稿翻译成阿拉伯语,而且积极吸收亚洲文明的科技发明成就,并将之传入西方。

在阿拉伯的抒情诗中,单相思的主题十分受欢迎。作为伊斯兰神秘主义者的代表,苏非派诗歌强调直觉和神秘的宗教体验。在散文、故事集方面,经典作品的显著特征在于有规律的重复和无限延伸。

科尔多瓦的大清真寺和耶路撒冷的圆顶清真寺体现了伊斯兰建筑的独创性:前者以马蹄形拱门的巧妙布局著称于世,后者的显著特征在于圆顶、八角形布局和耀眼的马赛克。

伊斯兰教禁止塑造神像。宗教艺术以几何图

形、花卉图案和书法艺术为主。图案交织的方式通常表现为无限延伸。世俗手稿描绘了生动的日常活动场景，比如植物标本集和编年史。

伊斯兰音乐内容丰富，但仅限于世俗生活，并不具有宗教目的。穆斯林在早期创造出了乐器合奏，独具特色。公元9世纪到11世纪，伊斯兰世界诞生了关于编曲和乐理的论文，以及关于阿拉伯音乐和诗歌的百科全书。

术语表

蔓藤花纹：一种以交织的叶子和花朵为特色的装饰品。

哈里发：穆罕默德的官方继承者和伊斯兰国家的神权统治者。

框架故事：一种叙事技巧，故事主体由一组较短的故事构成。

哈吉：意为前往麦加朝圣，是伊斯兰教信仰的第五支柱。

希吉拉：（阿拉伯语中意为"迁徙"或"迁移"）指公元622年，穆罕默德从麦加迁徙到麦地那的旅程。

伊玛目：穆斯林的领拜人。

吉哈德：（阿拉伯语中意为"奋斗"，即遵循真主的旨意）既指为过着有道德的生活而奋斗，又指为实现伊斯兰教的普遍使命而奋斗，并通过教学、布道，或在必要时通过战争达成这一目标。

克尔白：（阿拉伯语中意为"立方体"）位于麦加的宗教圣龛，呈方形，里面放有神圣的黑石。据说，大天使加百列将此物送给亚伯拉罕。

马德拉沙：清真寺附属的伊斯兰学校。

米哈拉布：在清真寺墙上悬挂的壁龛，朝向麦加的方向。

尖塔：清真寺中高耸的细长塔楼，塔楼的四周配有阳台，宣礼员在此可以传唤穆斯林进行祈祷。

敏拜尔：清真寺中带有台阶的讲经坛。

清真寺：穆斯林礼拜堂。

宣礼员："传唤者"，一天五次报时，传唤穆斯林进行祈祷。

毛拉：伊斯兰教神学家，受过伊斯兰教法和教义训练的穆斯林。

卡迪：穆斯林法官。

基卜拉：穆斯林祈祷时应该面对的方向，即朝向麦加的方向。

沙哈达：穆斯林的信仰宣言，称安拉及其使者穆罕默德才是唯一的真神。

伊斯兰教教法：基于《古兰经》与《圣训》的穆斯林法律体系。

第十一章
中世纪的生活方式

约公元500年—公元1300年

他们拿起剑盾，骑在马上，奔赴战场，宁死不降。

他们是豪杰良将，言辞激烈，气宇轩昂。

——《罗兰之歌》

随着罗马帝国的覆灭，很多学者曾将此后的五个世纪称为"黑暗时代"，并认为这段时间的文化成就远不及古希腊和古罗马。但如今，我们对那个时代的理解却恰恰相反：中世纪早期（约公元500年—1000年）是西方历史极具创造力的时代之一。当时，古典传统、日耳曼传统以及基督教传统相互融合，创造了生机勃勃的新兴文化。日耳曼人的入侵加速了罗马帝国的衰落，并瓦解了其霸权。他们逐渐将古罗马习俗与新兴的基督教生活融为一体。在这片将被称为"欧洲"的土地上，封建制度作为一种新的军政体系诞生于世，从而塑造了中世纪早期的社会生活和文化形态。

中世纪鼎盛时期（约公元1000年—1300年），欧洲迎来了新的社会流动。基督教国家发动十字军东征，将上述社会形态彻底改变。十字军数次东征不仅带动了城镇的发展，而且促进了由新兴中产阶级主导的贸易活动。这些新兴中产阶级的价值观念与封建贵族截然不同。中世纪世俗的生活方式反映了封建社会向中心化、城市化社会的过渡。这一时期的显著特征在于，包括领主和封臣、农民和商人、男性和女性在内的社会成员间的互动变得更为复杂。

日耳曼部落

日耳曼民族崇尚游牧生活。他们依靠羊群和牛群，旅居在亚洲各地的原始村庄里，并经常袭击附近的国家，掠夺物资。早在公元1世纪，松散的日耳曼部落就已结成联盟，开始对罗马帝国造成威胁。到了公元4世纪，由于受到中亚游牧民族匈奴人向西扩张的影响，日耳曼部族被迫融入罗马帝国。由于缺少构成文明社会所需要的城市定居点、纪念性建筑和文字艺术等，罗马人将日耳曼人视为下层人、外来者与野蛮人。

在人种上，日耳曼人与著名的匈人（Huns）截然不同。日耳曼民族包括东哥特人、西哥特人、法兰克人、汪达尔人、勃艮第人、盎格鲁人和撒克逊人等，这些民族的语言属于同一语系，但每个部落的方言大不相同。东哥特人占领了黑海和波罗的海之间的草原地区，而西哥特人则在靠近多瑙河的地区定居。随着这些部落向西扩张，一个松散的联盟形成。罗马人允许日耳曼人在帝国的边境定居，但是作为交换，日耳曼士兵必须帮助罗马帝国抗击其他入侵者。最终，罗马人与西哥特人的对峙发展成军事冲突。

公元378年，亚得里亚堡战役爆发（亚得里亚堡位于君士坦丁堡西北130英里，在今土耳其的埃迪尔内附近）。在此战中，西哥特人打败了"无敌"的罗马军团，杀死了东罗马皇帝瓦林斯，并消灭了他的军队。此后不久，公元410年，西哥特人横扫罗马边境，对逐渐衰落的西部各城进行劫掠，罗马城也难逃一劫。

亚得里亚堡战役揭开了蛮族一系列入侵的序幕。公元5世纪，罗马帝国饱受日耳曼民族各部落的攻击。汪达尔人（Vandals）就是参与战争的一个部落。公元455年，汪达尔人在罗马城内肆意妄为，摧毁了罗马城，这一事件也是英文"vandalize"（破坏）一词的来源。公元476年，日耳曼族军官奥多亚塞废黜了西罗马帝国皇帝。传统而言，这一事件标志着罗马帝国的灭亡。最终，日耳曼人将这个日薄西山的帝国一举荡平。但是，他们既没有彻底破坏其丰厚的资源，也没有抛弃罗马帝国后期的文化。东哥特人依然信奉基督教，并效仿罗马和拜占庭，资助文学和建筑事业的发展。法兰克人和勃艮第人则用文字记录下罗马的法制传统，并以罗马法律为原型，形成了自己的法治体系。

日耳曼文化与罗马文化大相径庭。本质上而言，这些游牧民族尚处于农业社会阶段，基本能够自给自足。但是，战斗对他们来说不仅是生存之道，也是极受尊重的技能。日耳曼战士手持长矛和盾牌，徒步或骑马作战，十分凶狠勇猛。为了提高骑兵作战的能力，日耳曼人从蒙古引进了马刺和马镫（产自中国）。这些装备可以将骑兵牢牢地固定在马鞍上，提高骑手策马奔腾的能力。

除了将骑兵作战的先进战术引入西方，日耳曼民族还将自己的优良传统强加给了中世纪的欧洲。每位日耳曼首领进入战场时，都要有一队人马作为亲兵跟随。与此同时，每一位战士都期待与自己的首领分享战利品。公元1世纪末，罗马历史学家塔西佗（见第六章）记录下了日耳曼人的生活习惯与

科技发展一览表

公元568年	日耳曼民族将马镫（产自中国）引入欧洲。
公元600年	欧洲北部开始使用重型铁犁。
公元770年	西欧开始广泛使用马蹄铁。

风俗：

"所有人都必须保卫他们的首领……甚至为了首领的名望而卑躬屈膝。如果首领在外面牺牲了，幸存下来的人会一辈子生活在耻辱中……这就是联盟的纽带，是最神圣的义务。首领为了胜利而战，而追随者为了首领而战……首领必须表现自己的慷慨和魄力，这也是追随者所期待的。他一手紧勒战马，另一只手紧握长矛。获胜之后，上面早已浸满了敌人的鲜血。"

在日耳曼部族中，战士对首领效忠以及首领奖励战士的做法，奠定了中世纪封建主义的基础。

日耳曼法律

不同于罗马在法律上的传统做法，日耳曼民族的法律不由国家制定，而是由一套风俗习惯构成，并通过口述代代相传。日耳曼人对习俗的依赖对西方社会法律的发展，尤其是习惯法的形成产生了深远影响。在日耳曼各部落中，部落首领负责日常执政。但是，如果需要做出重大决策，就要召开公民集体大会。用塔西佗的话讲，就是部落里的战士全副武装，用军队里的方式——挥舞他们的长矛，表达对提案的赞同与否。

由于好战的行为在部族中司空见惯，日耳曼部族的法律十分严酷。他们会公开羞辱罪犯。塔西佗记录下了部族对通奸妇女的惩罚："丈夫对她立刻拳脚相加，并剪掉她的头发。收集了这个妇女的罪状后，丈夫会将赤身裸体的妻子赶出去，用鞭子追着她满村庄抽打。她在公众面前失去了尊严，不会再有人向她示好。这个女人可能年轻漂亮，十分富裕，但永远不会再有男人娶她。"

在古代社会，比如汉穆拉比时期的巴比伦，对罪犯的量刑会根据社会地位的差异而有所不同。而在日耳曼部落，一个人有罪与否，可能由经历一次惨绝人寰的火刑或水刑来决定，这反映出日耳曼人对自然神灵的信奉。后来，人们用神灵的名字命名星期里的某一天，比如，英语中的"Wednesday（星期三）"起源于"Woden's day（沃登主神之日）"，"Thursday（星期四）"起源于"Thor's day（托尔雷神之日）"。

日耳曼文学

中世纪早期的史诗反映了日耳曼民族的传统，包括其战争文化中的英雄主义和战士事迹。其中极负盛名的三部史诗为《贝奥武甫》《尼伯龙根之歌》《罗兰之歌》。几百年间，这三部史诗口口相传。到了公元10世纪到13世纪，人们才终于用文字将其记录下来。《贝奥武甫》由盎格鲁–撒克逊人所作，成于约公元700年。这部史诗是用古英语，也就是公元5世纪到11世纪间不列颠群岛使用的日耳曼语记录的。《尼伯龙根之歌》由勃艮第部落所作，并用古日耳曼语记录成书，而《罗兰之歌》用的则是古法语。这三部史诗均歌颂了英雄战士的辉煌事迹，并与其他口口相传的史诗，比如《伊利亚特》《摩诃婆罗多》等有很多共同点。

《贝奥武甫》不仅是一部3000余行的长诗，而且在欧洲本土语言中，也是首部具有里程碑意义的文学作品。这部历史长诗以斯堪的纳维亚王子的英雄神话为蓝本，反映了日耳曼人最初的英雄世界观。这部古英语史诗并不押韵，诗中使用了大量的双词隐喻，也就是比喻复合词（比如"鲸鱼游动的路线"代表"海"，"给予戒指的人"代表"国王"）。全诗主要记叙了三段传奇故事：贝奥武甫初遇妖怪格伦德尔，贝奥武甫杀死格伦德尔以及为其复仇的母亲，在大约50年后贝奥武甫为了保护自己的国民杀死了一头喷火巨龙。该部长诗将英雄传奇、民间故事和奇幻想象结合起来，使得盎格鲁–撒克逊人的神话起源流传千古。

只有阅读整部《贝奥武甫》，我们才能体会到它的重要文学价值。下文摘录部分叙述了贝奥武甫对喷火巨龙发起的猛烈攻击，并以"战争誓言"作为开头。作为史诗中的英雄，贝奥武甫在"战争誓言"中对自己赞不绝口。读者必须通览全诗，才能知道这场残酷战斗的最终结果。

阅读材料 11.1
摘自《贝奥武甫》

贝奥武甫最后自夸道：
"我从不知道恐惧，
年轻时，我参加过无数的战斗。
现在，我虽两鬓如霜，
但我将再次奔赴战场，
不夺回荣誉，誓不罢休，
只要恶龙现身，敢找我当面较量。"

然后，他向追随者们道别，
也许是最后一回，他依次向每个人说道：
"如果我知道如何徒手搏杀这只野兽，
那么我愿放下剑与盾，不再披坚执锐，
正如当年击杀格伦德尔那样，
用手剥皮抽筋，亦可扬我声威。
可是今天，炽热的毒火和毒气，
让我不得不面对，
万不得已，我只能拿起剑与盾，重披战甲，
对抗这头猛兽；当他冲向我的时候，
我绝不后退，直面喷火的攻击，
让命运决定我们谁胜谁负，
我的心坚定不移，双手从容冷静，又何须豪言。

朋友们，在我身边等我。
我们很快就会看到，
在这场血战中，谁将幸存，
在战斗结束后，谁将胜出。
这场战斗不属于你们，也不属于别人，
除了我没人能打败这个怪物。
也没有人可以尝试。而这条龙的宝藏，
它的金子和藏在塔里的一切，都将是我的，
否则战争将把我带向痛苦的死亡！"

说罢，贝奥武甫站了起来，
仍然强壮、勇敢，
身边是他的盾牌，胸前套着一件锁子甲，
他沉着、自信，大步走向石崖下的高塔：
深入龙潭者，乃真豪杰也！
接着，他身经数十次让人绝望的战斗，
在刀剑争锋之时，也曾万夫莫当。
他看到一座巨大的石头拱门，并察觉到龙的气息，
溪水穿过隐藏的入口，奔腾而出，
湍急的水流夹杂着滚滚毒焰，
火和烟让他无法涉水。
只要接近宝库，一息之间，那火龙就能将他烧毁。
耶阿特人[1]的首领怒不可遏，放下剑来，
迸发出一声嘶吼，格外响亮而清晰，
响彻山间，震撼了挂在龙耳中的玄岩。
野兽生气地站了起来，
知道有人来了——除了誓死一战别无选择。
龙的吐息先到，随后一团热气从石头上冒出，

---

1. 贝奥武甫掌管的斯堪的纳维亚部落。

接着大地震动。
贝奥武甫紧握盾牌，面对入口。
火龙盘绕了一圈又一圈，
它的心早已渴望着战斗。
贝奥武甫从鞘中拔出宝剑，
古老的兵器锋利无比，剑刃闪闪发光。
野兽向他走近，怒目而视，
二者都已做好准备，随时展开厮杀。
耶阿特的首领竖起高大的盾牌，
穿着闪亮的盔甲，纹丝不动，沉着应战，
只见怪物一扑而上，迅速冲向他的位置，
喷出火焰和烟雾，追近它自己的命运。
火焰冲击着铁盾，很不幸，一段时间之后，
盾牌没有如贝奥武甫心中所想，保护着他的身躯；
它开始融化，在他的生命中，这是第一次，
也是最后一次，他必须以死相拼，
命运没有赐予这位首领胜利归来的机会。
他知道这一点，但仍举起剑，刺向龙的鳞甲。
不料，那把古老的剑断了，没有刺进怪物的皮肤，
泛着寒光的剑只刺破一个小口，就已经断裂，
危急关头，宝剑没有给他足够的帮助。
恶龙痛得跳了起来，向他猛扑过去，
喷出凶残的火焰，让四周燃烧起来。

耶阿特的国王再不能为胜利自豪：
宝剑居然在战斗中让他颜面扫地，
在他最需要的时候弃他而去。

艾克塞奥[1]有名的儿子凝视着死神，
他不愿意离开这个世界，
想换到一个遥远的地方去居住，
死亡让人不再弥留人世，
——这是所有人都必须经历的一段黑暗之旅。

说时迟，那时快，恶龙向他扑来，
贝奥武甫急忙后退，恶龙得寸进尺，
将全部怒火自胸中一喷而出。
他痛苦万分，被包围在烈焰之中，
——以前是国王，但现在是个战败的战士。
没有一个亲信帮助他，
也没有一个勇敢高尚的追随者来帮助他；
他们只顾逃命，逃进树林深处。
当中只有一个人还站在那里，
痛苦地回忆着，作为一个正直的人，
说什么也不能忘却亲情……

问：诗人如何为贝奥武甫对火龙的攻击添加上色彩和兴奋之情的？

日耳曼艺术

游牧民族的艺术品大多易于运输，比如地毯、珠宝和武器。通常，日耳曼人会将最奢华的工艺品用作陪葬品，并与首领的遗体一起埋在用于航海的船上（正如《贝奥武甫》中所描述的那样）。1939年，考古学家在英格兰东部萨顿胡发掘了一处盎格鲁-撒克逊人的墓葬。该墓穴建于公元7世纪，里面出土了各种武器、硬币、器皿、珠宝和一把小型七

---

1. 贝奥武甫的父亲。

弦竖琴。这些宝物与首领的遗体一起被装进一艘89英尺长的船中，而这艘船就是首领的棺椁。

在萨顿胡，人们发现的贵金属制品还包括黄金扣、肩扣以及首领腰带上挂着的钱包封皮（图11.1），而这些物品上都饰有不是特别贵重的宝石和珐琅。工匠在黄金薄板之间浇注熔化后的彩色玻璃，所产生的搪瓷制品便是珐琅。钱包盖子上装饰了一系列图案，包括：缠斗中的动物，成对野兽中间站立的男性人物，以及两只正在攻击野禽的弯喙掠食动物。在当时的狩猎社会中，这些装饰图案揭示了人与野兽的交锋。皮带扣由黄金制成，重达5磅，上面布满交错纠缠的蛇形图案，并嵌有一种黑色含硫物质——乌银（图11.2）。

无论在萨顿胡，还是在其他地方，这些蛮族艺术都具有较高的品质，这表明复杂技术和原创艺术并不为"文明"社会所独有。这些艺术品也证明，亚洲、欧洲的艺术交流和传播连绵不断。在萨顿胡发现的兽形图案，以及金属制品制作过程中使用的生产技术，都是日耳曼人与中亚地区游牧民族交往的佐证。中亚地区的游牧民族传承并延续了古波斯、斯基泰和中国工匠的装饰技艺。

随着日耳曼部落涌入欧洲，日耳曼艺术和文化也开始与欧洲各民族相互融合。一个典型的例子是凯尔特和盎格鲁-撒克逊艺术风格的融合。凯尔特人起源于铁器时代，并非日耳曼人。公元前5世纪到公元3世纪，他们在欧洲各地迁徙，并在耶稣诞生之前，定居于不列颠群岛。

公元5世纪，凯尔特人皈依基督教。此后，凯尔特艺术在爱尔兰与英格兰出现，并得到蓬勃发展。传说中，圣帕特里克（约385—461）是一位不列颠修道士。他不仅促成凯尔特人转信基督教，也为超过12万爱尔兰人洗礼，还修建了300座教堂。在之后的几个世纪，盎格鲁-爱尔兰修道院出产了大量优质的烫金彩绘手稿，其装饰风格与在萨顿胡发现的手工艺品一脉相承。

日耳曼融合了亚洲、地中海地区的图案风格和

图 11.1 萨顿胡钱包封皮 东盎格里亚，英格兰。约公元630年。由黄金、石榴石和珐琅制成。日耳曼民族带来了西方技艺与装饰图案，并在美索不达米亚平原和俄罗斯大草原的游牧民族中十分流行。在钱包封皮上，动物站在两名男性两侧，这与吉尔伽美什站在两只人头牛身野兽之间的形象形成对比

触类旁通

中世纪早期的烫金彩绘手稿，受到盎格鲁-撒克逊艺术的影响，不仅在萨顿胡发现的金属扣（图11.2）中有所体现，而且在公元8世纪的拉丁福音书《凯尔经》中也有所体现。《凯尔经》由不列颠或爱尔兰的僧人编写而成。数百年以来，这部作品一直保存在都柏林以北40英里处的爱尔兰凯尔经修道院。在所有的凯尔特祈祷书中，这部作品是装订最为华丽的。

在这部作品中，每一章节开头部分的页面上都饰有华美的大写字母。《马太福音》一章的首页便由希腊单词克里斯托（Χριστός）中的字母（X、P、I）构成，从而开启了这一福音的篇章（图11.3）。盎格鲁-撒克逊的羊皮卷上充满了螺旋、结扣和卷轴花纹、交错的蛇形图案，以及人或动物形状的图案，这与武器和珠宝上镶嵌的各种金属箔片装饰如出一辙。早在公元11世纪，这部手稿便被誉为"西方世界的重要遗产"。

图11.2 扣饰，萨顿胡，公元7世纪上半叶。由黄金和乌银制成。日耳曼史诗《贝奥武甫》中的怪物和蛇与大自然的黑暗力量有关，凯尔特结和穗带通常是这些黑暗力量的载体

图11.3 《凯尔经》中《马太福音》一章的首页，由X、P、I组成的交织字母，约公元800年。烫金彩绘手稿

技艺，这对制作基督教手稿以及像祭碟（圣餐盘）和圣餐杯（圣杯）一类的礼拜用品产生了很大的影响。由于这些物品用于庆祝弥撒，工匠会选用最精致昂贵的原料来制作。正如圣礼中用到的手稿一样，工匠也会将这些物品保护得尽善尽美。

比如，阿达圣餐杯（图11.4）由银、镀金青铜、金线、玻璃和珐琅制成，体现了公元8世纪爱尔兰工匠的精湛技艺。容器表面覆盖有交错复杂的线条，衬托出圆形的浮雕装饰，上面还镀有珐琅和金线。显然，在中世纪早期的祭祀用品和烫金彩绘手稿中，日耳曼的这种抽象繁复的装饰风格逐渐取代古典风格成为主流。

322 人文传统

图 11.4 阿达圣餐杯 爱尔兰，公元8世纪早期。由银、镀金青铜、金线、玻璃、珐琅制成

查理曼和加洛林文艺复兴

从公元768年登基到814年去世，法兰克国王查理大帝（即查理曼）一直致力于在基督教领导下复兴罗马帝国。这位金发继承人不仅是一名杰出的战士，也是一位有能力的统治者，并为法兰克王国征服了大片土地。他数次发动圣战，不仅强制莱茵河以东的撒克逊人、意大利北部的伦巴第人以及多瑙河沿岸的斯拉夫人改信基督教，也将穆斯林驱赶到了比利牛斯山脉以外的西班牙。

公元800年，教皇利奥三世为查理曼加冕，称其为"罗马人的皇帝"。自此，教会与国家形成紧密同盟。查理曼的罗马基督徒身份和他建立的"神圣"罗马帝国，使得他的基督教王权初具雏形。30多年来，查理曼屡次以基督的名义发动战争。为了控制征服的土地，他放手让当地的统治者管理，并赋予这些人"伯爵"或"公爵"的称号。为了传达政令，查理曼还会定期向海外的行省派遣使节。

此外，查理曼恢复了帝国与东方各国的贸易往

图 11.5 巴拉丁礼拜堂 德国亚琛，公元792年—805年

来，稳定了国家货币，甚至与巴格达建立了外交关系。巴格达哈里发哈伦·赖世德赠给查理曼一头大象作为礼物，这为查理曼的王宫增色不少。

查理曼对发展教育和艺术有着十分浓厚的兴趣，并以此为己任。在出访拉韦纳的圣维塔勒教堂之后，他决定效仿该教堂的建筑风格和内部装饰，在亚琛建造巴拉丁礼拜堂（图11.5）。作为牧师和信徒的祭拜场所，该教堂的最顶部为马赛克装饰的圆顶，象征天堂，而最底部一层则代表人间。一条

第十一章 中世纪的生活方式 323

也在帝国境内的所有城市中心，以及本笃会的修道院（比如位于瑞士的圣加尔修道院）办学。在加洛林的缮写室中，修道士和修女抄写了大量的宗教手稿，以及医学、戏剧和其他常见主题的书籍。加洛林文艺复兴的规模十分可观，现存最古老的古典拉丁文手稿中，80%是加洛林王朝的副本。

由于罗马体文字没有标点符号，单词之间也没有空格，加洛林抄写员并没有使用这种字体，而是采用了一种更为整洁和正式的书写字体，后人称之为小写字体（图11.7）。这种字体是现代印刷字体的原型。很多加洛林手稿的装饰风格都体现了罗马现实主义与日耳曼风格的结合（图11.8）。

然而，加洛林文艺复兴并不局限于大量的手抄本。在这一时期，最华丽的工艺品是宗教礼拜用品，通常由象牙或贵金属制成。在查理曼去世之后的几十年，《林道福音书》诞生于世，其封面体现了加洛林时期高超的金工技艺（图11.9）。这部作品表面为镀金白银，并镶嵌有珐琅釉和珍贵宝石，中间为华丽的希腊式十字架。其中，盘绕交错的动物形象与盎格鲁-撒克逊人的金属制品（见图11.2）和盎格鲁-爱尔兰人的手抄本上的图案十分

图 11.6 **查理曼骑马小雕像** 公元9世纪，法国梅斯

走廊将教堂与王宫连接起来。查理曼在登基时从这里走过，彰显自己作为上帝与尘世的中间人。查理曼高度重视祖先留下的遗产，并在一定程度上复兴了罗马的青铜铸造技术（图11.6）。

根据查理曼的史官记载，查理曼握剑的那只手上生了厚厚的茧，写字十分困难。尽管查理曼本人很少读书写字，但他大力支持文教事业。为了文学艺术的复兴，查理曼将整个欧洲的传教士和学者都邀请到宫廷之内。

查理曼不仅在亚琛建立学校，

图 11.7 墨洛温王朝（前加洛林王朝）的手稿与加洛林王朝小写字体手稿对比图

324　人文传统

图 11.8 耶稣升天 约公元842年，出自梅斯大主教德罗戈的主礼圣事书

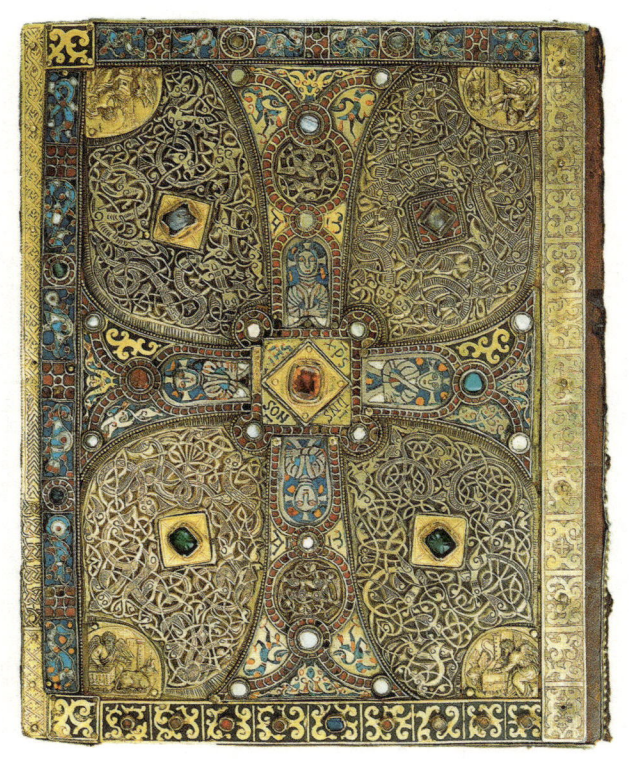

图 11.9 《林道福音书》的封底 约公元870年。镀金白银，表面镶有珐琅和宝石

相似。

该书封面的角落有四个小场景，描绘了福音传道士们在书桌前传道。这些画面的现实主义风格十分明显，与十字架上出现的非写实人物形象形成了鲜明对比，将日耳曼、罗马与拜占庭三种风格的相互交融在《林道福音书》的封面上体现得淋漓尽致。这个封面作品是加洛林文艺复兴时期的典型代表。此后，在至少三个世纪的时间里，都没有作品能够与之匹敌。

修道院教堂

加洛林文艺复兴时期，查理曼下令建造了多处本笃会修道院。每个修道院的中央都有一座教堂，用于礼拜以及供奉圣物。虽然与早期基督教堂相比，这些修道院规模较小。但是，修道院内大多数教堂皆为罗马矩形样式，并在西门入口处以及中殿与耳堂的交叉部分配有方形塔楼。

在建造修道院的过程中，加洛林建筑师遵循古典主义的对称原则和次序，追求严谨的几何图案。在圣加尔修道院的图书馆内，人们在一篇手稿中发现了修道院的理想规划图（图11.10），它体现了建筑师们关注的要点。在这幅网格状的规划图中，无论是餐厅还是墓地，建筑群各部分的功能都一览无余。比如，修道士可以通过相邻的宿舍和回廊，十分方便地进入教堂。在圣加尔修道院的教堂大厅中，第二座耳堂呈纵向对称。沿着走廊和耳堂，修道士又设立了小礼拜堂。圣徒和殉道者的遗骨原本埋藏在罗马地下墓穴中，修道士们将其挖出，并放置在小礼拜堂内。

图 11.10 本笃会修道院规划图 公元9世纪

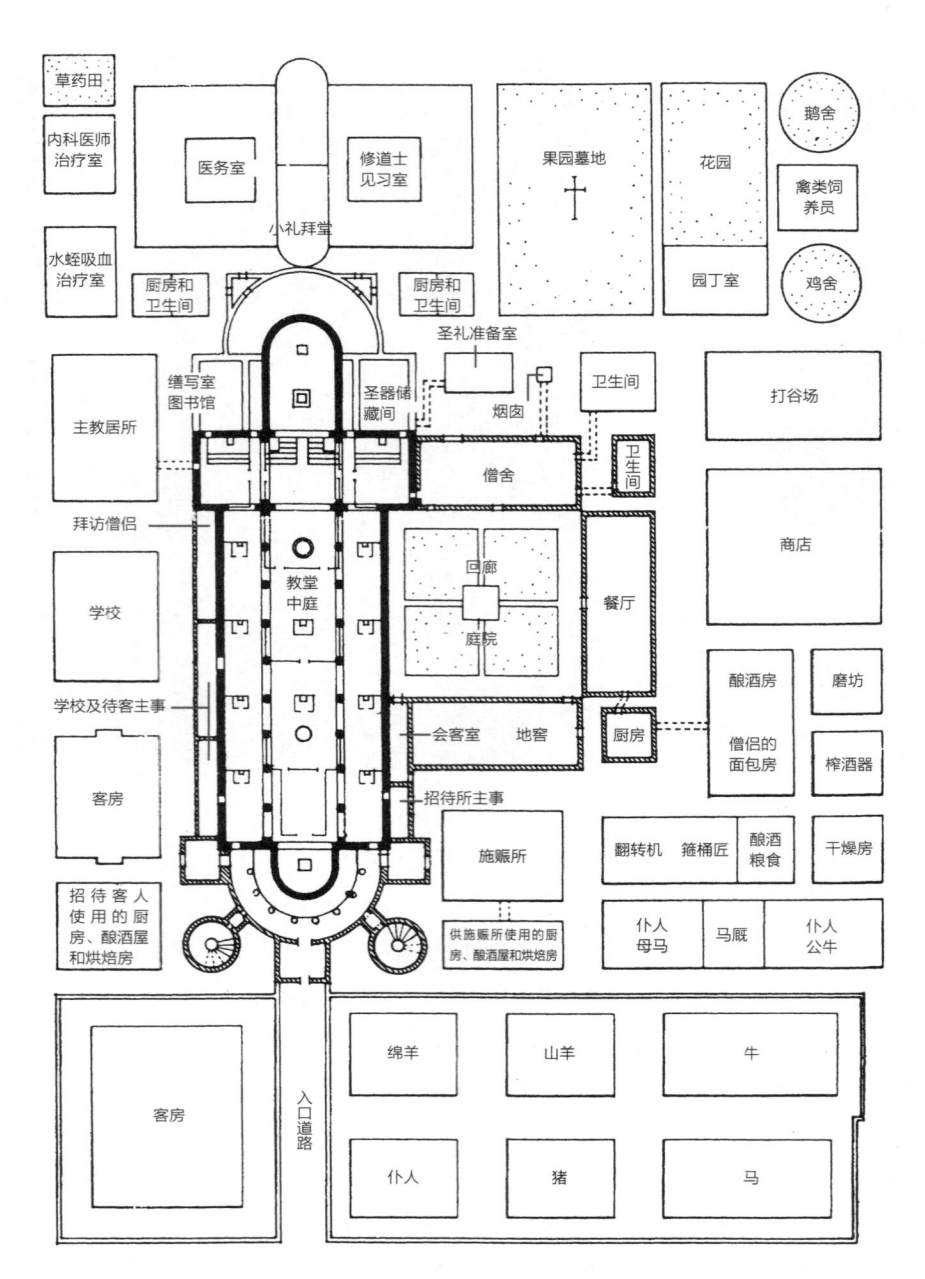

中世纪早期文化

封建社会

公元814年，查理曼去世，西欧短暂的统一也随之破裂。虽然查理曼将法兰克王国发展成为帝国，但相比罗马帝国，法兰克帝国并没有建立独特的法律和行政制度。法兰克帝国既没有常备军，也没有税收制度，更没有建立一套适用于多民族的法律法规。查理曼去世之后，来自斯堪的纳维亚的维京人很快打破了加洛林帝国的安宁。查理曼的子孙不仅对入侵者的猛烈进攻束手无策，也无力阻止地中海沿岸穆斯林的反攻。由于缺乏强有力的领导，加洛林帝国最终分崩离析。

公元9世纪中期，查理曼的三个孙子将帝国分成法语区与德语区各自管理。然而，行政权和防卫权逐渐落到了地方当权的贵族手里。曾经，查理曼任命伯爵、公爵等贵族管理土地。现在，在这些地方实力派当中，一部分是这些贵族的继承人，另一部分则是直接通过武力获得土地。随着帝国的解体和维京人的入侵，社会各界都感到十分不安，只能向拥有兵权的贵族寻求军事保护。因此，作为一种独特的军政体系，封建制度随之发展壮大。

由于继承了罗马人和日耳曼人用战利品奖励士兵的传统，封建制度利用土地让士兵服役。这样的土地被称为"封地"或"采邑"（日耳曼语中，该词义为"财产"）。作为回报，封臣每年要向领主提供一定时间的军事保护（通常是40天）。领主与封臣之间的协议还包括领主拥有领地的司法权，领主被围困时封臣要提供一定数量的赎金，以及封臣要服从和尊奉领主。在动乱的年代，封建制度不仅稳固了地方政权，也满足了领主抵御军事袭击的需求。

在欧洲社会中，大约有10%以上的贵族接受了封建制度。封建贵族需要承担双重责任，既要负责军事防御，也要负责领导地方政权。他们是一个封闭的阶层，一出生就能获得优越的身份地位。男性贵族首先是一名骑士或爵士。中世纪的骑士装备有马镫，身穿锁子甲，并配有大刀和盾牌等武器。

骑士不仅要在生活的各个方面注意自己的行为举止，而且要遵循严格的封建生活行为准则，也就是所谓的"骑士精神"，它要求骑士英勇战斗、忠于领主、忠于战友、尊敬女性。封建生活中的礼仪，与基督教会中的礼仪一样烦琐。

比如，封臣在正式获得土地时，要经过一套繁复的授衔仪式。在仪式中，领主与封臣庄重地交换誓言（图11.11）。在争斗中，宣战方通常会提前确定好战争时间和地点。在中世纪，参加争斗既是骑士的职业，也是他们的消遣，他们在比武（个人马上战斗）或格斗比赛（类似实战竞技）中自娱自乐。

在中世纪的骑士文化社会中，女性起到了十分积极的作用。在欧洲许多地区，女性不仅可以继承土地，还通常会雇佣士兵保卫自己的土地。结婚之前，女人的封地掌握在自己手里，而到丈夫去世之后，又可以重新获得自己的封地。这些贵族男女以自己的血统为傲，并将自己的家族姓氏文在束腰外衣、三角旗和盾牌之上（见图11.11）。

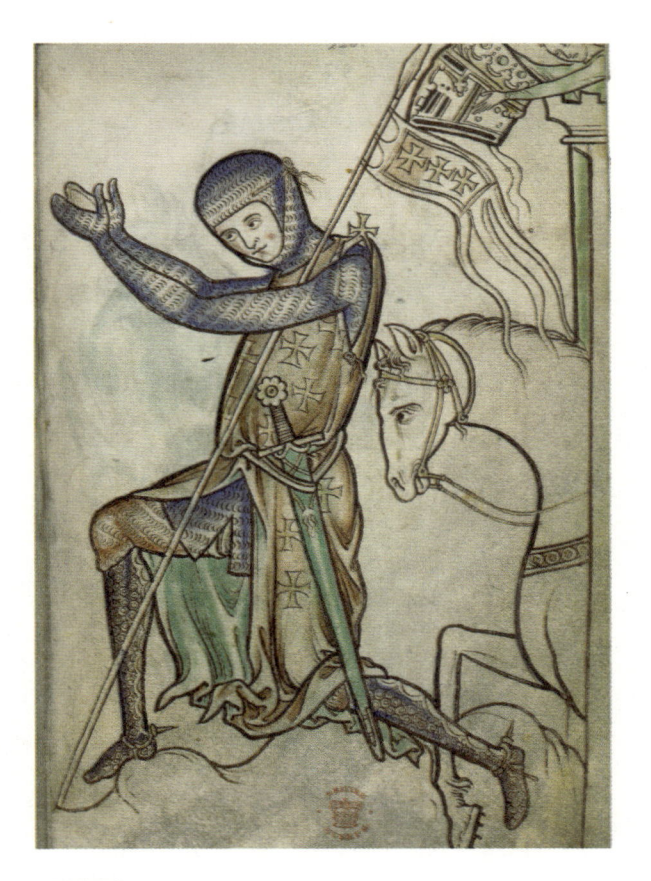

图 11.11 封臣朝拜自己的领主，马修·帕里斯，来自《威斯敏斯特诗篇》。约公元1250年。通常而言，在欧洲中世纪，徽章体现了士兵在封建社会中的地位（或贵族血统），经常在骑士的盾牌、头盔、战袍和旗帜上出现

封建贵族文学

作为最为古老和伟大的法语史诗，《罗兰之歌》最能反映封建贵族的思想理念。这部作品记载了发生在公元778年的一个历史事件：查理曼的后卫军被伏击。此次战役由查理曼的侄子罗兰指挥，发生在远征西班牙穆斯林的回军路上。这首长达4000余行的英雄浪漫史诗被人们口口相传了300多年。直到11世纪末，人们才用文字将其记录下来。

历代吟游诗人为了传颂这部史诗周游列国。虽然诗歌的伴奏早已失传，但它很可能是一段简单且随性的旋律，曲调依音节而定（让每个词的音节对应一个音符）。这部诗歌与民歌类似，以简单重复为主要特征。

如同其他遵循口述传统的作品（例如《吉尔伽美什》和《伊利亚特》）一样，《罗兰之歌》场景宏大，文字优美动人。质朴的古法语诗篇呈现了当时的文化：赞颂英雄事迹，歌颂他们为自己、领主以及民族带来的荣耀。强调封臣与领主之间的忠诚纽带关系，是日耳曼人所特有的，这在罗兰宣布绝对效忠领主——查理曼中得到体现。

《罗兰之歌》再现了中世纪早期文化的某些方面，比如战士的武器装备名称，人们对骑士的依赖，可歌可泣的英雄主义，以及骑士之间深厚的战友情谊。这部史诗中几乎没有提及女人。封建契约关系并不排斥牧师，尽管教会法禁止神职人员杀生，但大主教图尔平仍拿起长矛参加战斗。（为了钻法律漏洞，有些神职人员将权杖——上面带有尖头，可以将敌人击下马背，并在失血情况下给予敌人致命一击——用作武器。）

罗兰之所以愿意为宗教信仰献出生命，是因为主教承诺与异教徒（穆斯林）战斗的战士死后可以进入天堂。这表明中世纪早期基督徒对宗教的狂热与穆斯林不相上下。《罗兰之歌》的确提到了基督徒与穆斯林之间的尖锐对抗。这场对抗几乎贯穿了整个中世纪，并在十字军东征中达到高潮。

《罗兰之歌》的语言质朴生动，比如第168节中如是描述："他感觉大脑涌出来了。"平铺直叙的风格，让人感到一切就在眼前发生。作者通过调整细节内容，一遍遍重复可怕的情节（见第168节和第174节）。此外，人物特点十分固定（"罗兰英勇，奥利弗明智"，第87节）。在这部史诗中，夸张地表现人群特点的语句也很常见：所有的基督徒都是好人，所有的穆斯林都是坏人。

在罗兰这一人物形象身上，勇气、宗教奉献以及个人忠诚等体现得非常明显。然而，由于得知军队已经跨过比利牛斯山完成撤退，罗兰拒绝了查理曼及其军队的支援。这种愚蠢的逞强行为，或许也是主人公的"悲剧性缺陷"，从而让罗兰和麾下战士最终战死沙场。

阅读材料11.2
摘自《罗兰之歌》

81

奥利弗伯爵爬上山顶眺望；
从那里，他看到西班牙王国的全貌，
他看见撒拉逊人[1]聚集在一起。
他们的头盔镶着宝石，闪闪发亮，
他们的盾牌和锁子甲，熠熠生辉，
他们的长矛锋利，战旗飘扬。
他试着看看有多少人马：
他们的队伍连绵不绝，数不胜数。
奥利弗看罢，不禁心头一凉，
他飞奔下山，回到法兰克人那里，
向他们讲述自己的所见所想。

1. 穆斯林的另一种称谓。

82

奥利弗说："撒拉逊人来了,

世上没人见过如此多数量的士兵!

十万人拿着盾牌面对我们,

他们都带着盔,锁子甲泛起白光,

他们手持长矛,刀剑如霜,

看来我们要打场硬仗!

法兰克人,现在让上帝给你力量

切莫败北,坚守战场。"

法兰克人说:"逃跑的人会遭殃!

我们宁死不屈,决不投降!"

83

奥利弗说:"这些异教徒人数众多。

但在我看来,法兰克人也是好儿郎!

罗兰,我的朋友,是时候将你的号角吹响;

查理国王[1]听到之后,会调回他的军队。"

罗兰回答说:"你一定觉得我疯了!

在甜蜜的法兰克,我将身败名裂!

不!我宁愿手持杜兰德尔[2]驰骋疆场,

让剑刃染满鲜红,直流到金色的剑柄。

那些邪恶的异教徒,我保证他们有来无回,

他们都注定要死在隆塞沃[3]!"

84

"我的朋友,罗兰,将象牙号角吹响!

查理国王一听到它,就会派回军队,

他的部将出身高贵,将在这场战斗中帮助我们。"

---

1. 即查理曼。
2. 罗兰的宝剑。
3. 意为西班牙之门,比利牛斯山间的一条小路,也是战斗打响的地方。

罗兰回答说:"我的上帝,那可不行,

我不能让我的家人蒙羞,

使甜蜜的法兰克承受耻辱!

我会拿着杜兰德尔奋战;

我这把带在身边的宝剑,

很快你会看见,剑刃被鲜血染遍。

撒拉逊人在此将会遭殃,

胆敢挑战我们,就让他们付出代价。"

85

"罗兰,我的朋友,请让你的号角发响!

查理国王穿过山口,就能听到,

我发誓,只要他的法兰克大军一到,就不会失败。"

"愿上帝保佑!"罗兰伯爵回答,

"世上没有人有权利说

我为异教徒吹响了象牙号角!

我不会让我的家人感到羞耻。

我会参加这场战斗,奋战一千七百多次也在所不惜;

你会看到,我的杜兰德尔将被鲜血染红。

法兰克士兵威武雄壮,他们的实力将占上风,

而西班牙人却难逃一死。"

86

奥利弗说:"不要指责我,

我见过那些盘踞在西班牙的撒拉逊人。

他们填满了山谷,覆盖了山峰;

在那一片片的山丘和广阔的平原上,

异教徒的大军还在聚集;

我们这里的同盟军却太少太少。"

罗兰回答道:"那样最好,我们将干一场硬仗!

愿上帝和天使保佑,

我不会让法兰克丧失荣耀！
我宁可死得壮烈，也绝不苟活。
当我们用锋利的剑赢得名声时，查理国王会爱我们的。"

87
罗兰英勇，奥利弗明智；
两人都是出色的贤臣。
他们拿起剑盾，骑在马上，
奔赴战场，宁死不降。
他们是豪杰良将，
言辞激烈，气宇轩昂。
异教徒以愤怒的速度冲向战场。
奥利弗说："罗兰，你现在看到了。
他们离我们很近，国王却离我们很远。
你目空一切，不愿吹响号角，
如果查理国王和我们在一起，就不会冒此风险。
如果你眺望西班牙之门，
就可以看到守关的异教徒军队，
他们不会同情我们！
若参与这场战斗，意味着无人生还。"
罗兰回答道："休要妄言！
谁的内心恐惧，谁就会在战场上遭殃！
我们要坚守这个地方；
如果敌人在这里见到我们，
我们将挥矛迎战，剑指上苍。"

88
当罗兰看到战斗即将开场，
他凶猛得如狮子、豹子一样。
他对奥利弗说罢，又朝法兰克人高喊：
"同胞们，朋友们，休要再讲！
查理国王给我们留下兵将，
他知道队伍中没有人会贪生乞降。

男子若服侍领主，必能将痛苦隐藏，
极寒和酷暑也能全力抵挡；
即便是失了血肉之躯，也称得上慷慨激昂。
我将挥舞杜兰德尔，你们用长矛对抗，
国王亲自把它送给了我，
如果我战死沙场，也会得到赞扬，
无论谁拿走我的剑，都能说
忠诚的精神在剑刃上流淌。"

89
主教图尔平出现在战场。
他踢着马，疾驰上山，
召唤法兰克人，为他们诵经：
"领主们，查理国王将我们留在这里，
也许我们别无选择，只有一死以谢君王！
现在你们要协助我们，捍卫神圣信仰！
你们会看到撒拉逊人。
你们要承认罪过，请求上帝赦免；
我将拯救你们的灵魂，为你们洗礼。
你们死后将成为圣洁的殉道者，
并在天堂拥有一席之地。"
法兰克人下马，他们跪在地上。
主教以上帝的名义祝福他们，
告诉他们，奋勇杀敌，方能洗净罪恶。
……

91
罗兰伯爵到了隆塞沃，
骑着他的坐骑韦兰迪夫，
拿着趁手的兵器，十分勇壮。
他来回走动，挥舞着长矛。
并将矛锋举起，指向上苍，
长矛上，纯白色的横幅飘扬，
金色的流苏也垂在他手上。

看呀，他笑着，快乐而又开朗。
他的朋友奥利弗紧随其后，
所有的法兰克人都为他们强大的领主欢呼。
他对着撒拉逊人怒目圆瞪；
看向法兰克人，眉宇间却尽是温良，
并客气地对他们讲：
"诸位领主，现在保持步伐，不要发出声响！
这些异教徒是自取灭亡。
在白日出来之前，我们将斩敌锋芒，
还没有法兰克国王有此荣光！"
此时，军队开始投入战场。
…………

161

异教徒开始逃跑，夹杂着愤怒和慌张，
尽力逃往西班牙的方向。
罗兰伯爵鞭长莫及，追赶不上，
因为他失去了坐骑韦兰迪夫；
无论怎样，他必须留在原地。
他去给主教图尔平帮忙，
解开他的头盔，并取下，
然后脱掉他的锁子轻甲；
把他穿着的长袍全部撕掉，
并用此压住了他最大的伤口。
然后托起图尔平，把他抱在怀里，
靠着柔软的绿草，轻轻地放下他。
罗兰向他低声说出了这个请求：
"我的好人，我为你祈祷，让我离开，
我们亲爱的同伴在那里，
我们不能丢下他们不管。
我想去寻找他们，并把每一个人带到这里，
在你面前列队整齐。"
主教说："你快去快回。

感谢上帝，这战场只属于你我二人。"

162

独自一人，罗兰伯爵穿过战场，
搜索山谷，巡视山峰高地。
他找到了伊冯和伊弗尔的尸体，
然后他找到了加斯孔·恩格里尔，
他发现了热兰，他的朋友热里耶，
他找到了阿东，然后是贝朗吉耶伯爵，
骄傲的安歇依他找到了，然后是萨姆森，
又找到了热拉尔，那鲁西永的老人。
他带走了这些贵族，带着每一个人，
回到大主教所在的地方，
然后把他们放在图尔平的面前。
看到他们，图尔平无法抑制自己的眼泪；
他举起手，祝福所有死者。
然后他说："你们的命真苦，领主们！
现在愿上帝赐予荣耀，接受你们的灵魂，
带到乐园里，与鲜艳的花朵放在一处！
现在轮到我了；死亡使我陷入如此的痛苦，
我将再也不会看到查理这一伟大的君王。"

163

罗兰再次回到战场搜寻，
在那里找到了他的同伴，奥利弗。
把他抱在怀里，让他靠着胸膛，
尽可能快地将他带到主教图尔平身旁。
罗兰把他放倒在盾牌上；
图尔平为他赎了罪，画上十字标志，
这时，他们满是怜悯和悲伤。
罗兰伯爵说："兄弟，我的好朋友，
你是雷尼尔公爵的后裔，
他拥有雷尼尔山谷的封地。

为你曾把长矛打破，盾牌打碎，
使骄傲的敌人尝到恐怖和失败的滋味，
你支持正义，给他们出谋划策，
在全世界都没有比你更好的骑士。"

164
当罗兰看到他的所有同伴都死了，
连他如此深爱的奥利弗也牺牲在战场，
他感到非常悲伤，开始哭泣，
面容枯槁，脸色苍白，
他是那么悲伤，任何人都难以接受，
他不由得晕倒。
大主教说："将军，你真是不幸。"
………

168
现在罗兰知道死亡非常接近。
他感觉大脑涌出来了，双耳蜂鸣。
他为所有的同伴向上帝祈祷；
然后，他为自己向天使加百列祈祷。
为了免受责备，他一手拿起号角，
另一只手紧握杜兰德尔，
他继续前进，远远超过弓弩的射程，
朝向西班牙方向，到了一块休耕地。
在山顶上，在两棵高大的树下，
草地上有四块大理石。
到此之后，罗兰伯爵仰身躺下，
现在，他昏倒了，死亡也快要来临。
………

174
罗兰伯爵感受到死亡将近，
从头上渐渐降到胸前。
然后他赶紧跑到松树下面，
俯身倒向绿草中，

剑和象牙号角在他身下；
他转过头看向西班牙，看向异教徒的大军。
他做这些事情是为了确定
查理国王会和所有法兰克人一同言道，
高贵的伯爵会为了胜利战斗到死。
他感叹着，为自己所有的罪恶做了祈祷。
在忏悔中，他向上帝举起了手套。

问：《罗兰之歌》展现了欧洲封建主义的哪些方面？

诺曼征服与艺术

早在公元8世纪，维京人（也称作"北欧人""北方人""后来的诺曼人"）就已航船探索斯堪的纳维亚以外的领土。他们建造了巨大的木船，并配有优良的航海装备，从而能够抵御狂风来袭。得益于专业的造船商、水手和导航员，他们很快便控制了北大西洋。西部的维京人一开始殖民冰岛，到了公元1000年，他们又在格陵兰岛建立殖民地。东部的维京人横渡北海，在基辅和诺夫哥罗德建立贸易中心。当地的阿拉伯商人称他们为"鲁斯（Rus）"。因此，这些东部的维京人便自称"俄罗斯（Russia）"。他们贩卖动物皮毛、琥珀以及其他有价值的货物，包括来自东欧的俘虏，也就是斯拉夫人（Slavs）。英文中"奴隶"（slave）一词便由此而来。

公元793年，维京人开始入侵英格兰，并向林迪斯法恩修道院发动进攻。公元9世纪末，他们的定居点已经遍布整个北欧。100年间，维京人将诺曼底地区建设成为法国强大的封地之一。公元1066年，诺曼底公爵威廉带领一支约5000人的军队越过英吉利海峡。在黑斯廷斯战役中，威廉公爵击败盎格鲁-撒

图 11.12 多佛尔城堡 肯特郡，英格兰，公元12世纪。威廉公爵修建的第一个石制堡垒是伦敦塔。他在多佛尔建造了一座城堡作为防御工事。起初，这里有一座罗马灯塔和盎格鲁-撒克逊人的堡垒。公元12世纪，亨利二世重建了这座城堡

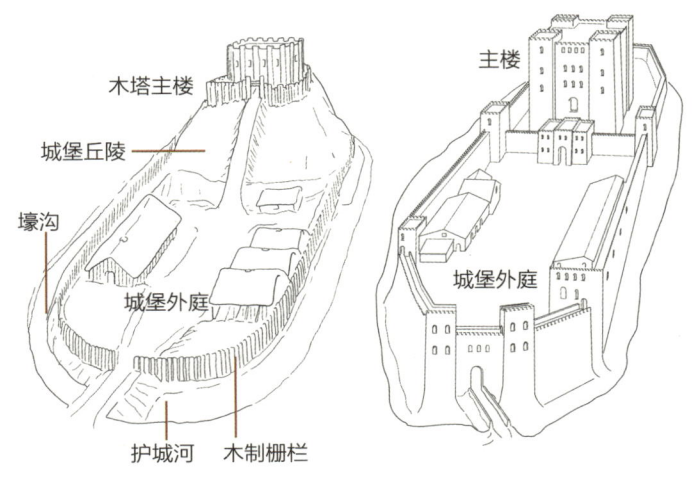

图 11.13 诺曼城堡的演变，从公元11世纪的木制建筑，到公元12世纪的石制建筑

克逊公爵哈罗德，夺得英格兰王位。对英、法两国历史而言，诺曼征服影响深远，它标志着诺曼人开始取代盎格鲁-撒克逊人统治英格兰地区。自此，诺曼人不仅在法兰克王国有封地，而且获得了英格兰的统治权。

诺曼人向英格兰输入了封建制度和修建石料防御工事的技术（图11.12和图11.13）。为了筹集资金，威廉下令对封地内所有财产进行盘点清查。后来，一份名为《末日审判书》的报告问世，为征税奠定了基础。威廉一世借助君主法庭的力量，也就是由封建贵族组成的皇家法庭和议会，成功独揽大权。诺曼王朝时期，英格兰成为欧洲中世纪首屈一指的国家。

诺曼人率先使用石料建造城堡和教堂。在伦敦方圆20英里内，威廉一世至少建造了9座城堡。在英格兰东南沿海易受攻击的地方（比如多佛尔），威廉建起了英格兰最大的城堡式壁垒（图11.12）。多佛尔城堡的独特之处在于其城堡主楼（方形塔楼），里面有一个地下城、一个主厅和一个小教堂，主楼中间设有工作室和仓库（图11.13）。

通常，塔楼外围配有石墙，上端的垛口在防御作战中为弓箭手提供掩护。护城河环绕在城堡四周，以阻止敌人入侵。诺曼人不仅用石料取代了以前的木料建造防御工事，而且紧密结合建筑结构与相应的功能。各式各样的城堡与教堂体现出他们在建筑上取得的辉煌成就（见第十三章）。

巴约挂毯

在诺曼人的历史文物中，巴约挂毯最负盛名。它并非真正的挂毯，而是一种刺绣品，也是对诺曼征服这段传奇故事的直观记录。巴约挂毯产自法国西部的一座小城，并以这座城市的名称命名。如今，挂毯仍在巴约城展出，记载着诺曼人的历史和

图 11.14 **战争肆虐** 巴约挂毯细节图，公元11世纪晚期。亚麻底布上的羊毛刺绣。上面绣有拉丁文："英军和法军在此并肩作战。"最右边，主教奥多（骑着黑色战马）挥舞着权杖与诺曼骑兵会合。底下一层为倒下的士兵、盾牌、长矛和一个被砍掉的头颅

传说。这些挂毯体现出的激昂精神与《罗兰之歌》如出一辙。挂毯以亚麻布为底料，宽约20英寸，全长231英尺，生动再现了黑斯廷斯战役中以及前夕发生的一系列事件（图11.14）。

画像的旁边以及上方都绣有拉丁文，用于识别事件中的主要人物、地点和事件。挂在墙上的羊皮纸卷轴，以连环画（类似古代亚述叙事浮雕的风格，见第一章图片）的形式记载了79个场景。整个挂毯只用了8种颜色的羊毛线，但叙事场景却十分宏大，包括626个人物、190匹马和500多种动物。在古代，通常只有女性才懂得刺绣。因此，巴约挂毯很有可能出自女性之手。但是，挂毯中鲜有女性出现，整个作品中女性只出现了四次。

《罗兰之歌》与巴约挂毯有许多相似之处：都以历史为主题，富有激情和活力。两者都有宏大的叙事，但情节无序，内容长短也不相同。与《罗兰之歌》中固定风格的人物（几乎都是男性）一样，挂毯中的人物也是通过突出其有表现力的姿势和身材特征来勾勒的。比如，诺曼人的后脑勺均被剃光。在武器和盔甲方面，《罗兰之歌》与挂毯都有细致的描述。巴约挂毯的战争画面几乎可以作为中世纪武器的百科全书：风筝形盾牌、圆锥形头盔、

科技发展一览表

公元800年	维京人发明了索具（控制船帆以利用风力航行的装置）。
公元900年	马项圈在欧洲开始使用。
公元1050年	弩在法国首次使用。
约公元1150年	欧洲第一次出现风车。

锁子甲、短弓、双刃剑、战斧和长矛。无论是《罗兰之歌》，还是巴约挂毯，它们都生动记录下了当时的封建生活，彰显了闪耀在那一时代的英雄主义精神。

中世纪农奴的生活

虽然中世纪社会的封建阶级垄断了土地和权力，但这部分群体只占总人口的很小一部分。还有九成以上的人，也就是大多数人，都是农民或农奴，他们没有什么自由可言，与其他自由民众一样耕种土地。在中世纪，农奴与地主的生活相差甚远。正如古罗马时代大庄园的农民（见第六章）一样，他们被束缚在大农场或庄园中，要用粮食换取封建贵族的军事保护。他们既没有财产，也不允许离开土地。不过，从好的一面来看，他们也不会被驱逐出境。由于农民与土地息息相关，这使得他们能够得到封建地主的保护。在那个封建割据的年代，地主阶级才是掌控政治权力的核心力量。

中世纪时，社会十分稳定。农奴与地主各自履行自己的义务，农奴可以持续使用土地。总体而言，至少在公元11世纪前，地主与农民阶级是可以相互依存、互利互惠的。地主们虽然富有教养，能征善战，但不想付出辛劳，从事粮食生产。农奴虽然能生产粮食，但也需要保护。在中世纪社会，无论是上层阶级，还是下层阶级，他们的社会地位都是代代相传的。

通常而言，中世纪的封地包括一个或者多个庄园。一个庄园平均有15到20户家庭，有些5000英亩以上的大庄园可能会达到50户。地主通常会任命当地牧师，设立地方法院，修建据点或城堡控制整个庄园。公元8世纪到10世纪，地主的住所一般采用的是简单的木质结构。公元12世纪之后，精心修筑的带有锯齿形墙壁的石头房屋开始出现，塔楼也开始普及。在漫长的冬夜，人们会在地主的城堡中狂欢，也会请戏子来表演历史传说，比如《罗兰之歌》。

典型的中世纪庄园不仅有农田、林地和牧场，

图 11.15 男女正在收割庄稼，选自《鲁特瑞尔诗篇》，约1340年

还配备了公用的磨坊、酒窖和炉子。农奴耕种的主要作物是燕麦和黑麦。除了满足地主的口粮，农奴还要向地主缴纳一定比例的粮食，通常是收成的三分之一。此外，他们还要服劳役。在中世纪的世界里，每个庄园彼此独立，自给自足，这与新石器时代十分类似。农民年复一年地劳作，不仅经常遭遇天灾的打击，还要承受严苛的剥削。

在中世纪早期，农奴在耕种技术和农业实践方面取得了很大进步。他们不仅发明了配有轮子的重型犁和双排挽具，而且开始使用风车和水磨。他们清理沼泽的淤泥，将森林开发成耕地，再通过作物轮耕减轻土壤消耗。比如，农奴们发明了"三田制"：每年空出三分之一的土地，让其恢复肥沃的状态。最终，这些创新不仅提高了粮食产量，而且让粮食开始产生富余，转而刺激了贸易的复苏。

中世纪农奴常年辛劳，却依然十分贫困，经常遭受饥荒和疾病。大多数人目不识丁。而且不幸的是，中世纪流传下来的艺术和文学作品很少描述下层阶级的生活与价值观。不过，在中世纪的大教堂中，偶尔可以找到展现农民劳作场景的雕塑。在玻璃彩窗和中世纪手稿中，我们也可以发现一些刻画下层阶级生活的场景。

比如，在《鲁特瑞尔诗篇》的插画中，就有男女农奴一起并肩耕作的场景（图11.15）。他们播种、收割、采集、脱粒，参与最艰苦的农活。中世纪的女性通常从事食物生产（挤奶、种植蔬菜、酿酒、烘焙），或者制作布料（剪羊毛、运输、纺纱、编织）的工作。纺织中常用的绕线木杆——纺锤成了女工和妇女的象征。此外，下层阶级的女性还会与丈夫分担家务事和日常工作。相对而言，上层社会的贵族女性很少会这样做。

中世纪盛期文化

基督教十字军东征

公元11世纪，风云变幻的欧洲局势改变了中世纪的社会生活。首先，诺曼人成功将穆斯林逐出地中海地区。其次，随着诺曼人和其他掠夺民族逐渐定居，欧洲人开始享受和平与安定。同时，粮食产量逐渐提高，余粮的出现促进了贸易和交往。公元11世纪到13世纪，欧洲人发动数次十字军东征。这是中世纪盛期西欧人自由和新流动性增加的征兆。理想主义和宗教狂热是欧洲人发动十字军东征的两大原因。拜占庭国王向天主教会施压，迫使其提供援助。因此，拜占庭才从土耳其穆斯林手中重新夺回东部地区。土耳其穆斯林一直对拜占庭帝国虎视眈眈，并拒绝让基督教朝圣者进入圣地。

公元1095年，教皇乌尔班二世在布道中言辞激烈，不仅呼吁基督徒将耶路撒冷从"可憎的种族"手中解救出来，而且声称这些人入侵了基督教的领土。成千上万的在俗教徒和神职人员开始组织"十字军"，并从欧洲进发前往拜占庭东部。此时，信徒贪婪的欲望和狂热的宗教情绪交织在一起。一些十字军在到达目的地之前，就已开始在莱茵河沿岸的城市进行掠夺。他们在城内烧杀抢掠，并宣称自己消灭了反对基督教的"敌人"，包括生活在科隆和美因茨的所有犹太人。事实上，十字军只有第一次东征成功占领了耶路撒冷以及其他一些重要城市，之后的数次东征皆以失败告终。

很快，十字军意识到，东征带来的物质收获远大于达成宗教目的。战争为他们建立了经济和军事上的优势，特别是对贵族的后代来说。一般而言，上层社会奉行长子继承制，即家族长子继承父亲的封地，其他兄弟没有继承权，必须靠自己获得财富。这些年轻人自幼习武，十字军东征激发了他们的雄心壮志。此外，意大利的热那亚、比萨和威尼斯这几个城市里的人们同样野心勃勃，急切盼望着能开拓自己的生意，因此他们鼓励十字军成为意大利和东方之间的贸易中间人。

在第四次十字军东征期间，十字军没能向威尼斯人支付驶向东方的船运费用。因此，利益至上的威尼斯商人劝说他们（以威尼斯的名义）发兵占领爱琴海的贸易港口。自此，十字军开始不断在君士坦丁堡进行掠夺。道德约束没能战胜贪婪的欲望。公元1204年，第四次十字军东征开始变质，人们争先恐后，各逐其利，造成了灾难性的后果。公元1212年，教会甚至让孩童参与十字军东征，并派出数千名10到14岁的儿童去夺回耶路撒冷。在前往圣城的路上，这些孩子几乎全部死亡或沦为奴隶。

在八次东征中，只有少数十字军和意大利城邦获得了财富。公元1291年，穆斯林夺回了十字军占领的所有领土，包括耶路撒冷。事实上，在近200年（1096—1291）的腥风血雨中，基督教发动的八次

年代表

公元378年	亚得里亚堡之战
公元410年	西哥特人攻陷罗马
公元455年	汪达尔人洗劫罗马
公元476年	奥多亚塞废黜罗马皇帝
公元768年—814年	加洛林帝国鼎盛期
公元1066年	诺曼征服英格兰
公元1096年—1291年	基督教十字军东征
公元1215年	《大宪章》问世

东征不仅没能守住这些领土，也没能阻止土耳其人西进的脚步。公元1453年，土耳其穆斯林最终攻陷了君士坦丁堡。

尽管十字军东征是失败的宗教运动，但它对西方的影响十分深远。东西方贸易的复兴让欧洲商业发展重获新生，城镇也逐渐崛起。威尼斯、热那亚和比萨等意大利城市也借此机会积累了大量财富。并且，由于很多参加东征的贵族战死或失踪，封建地主（包括皇帝和领主）抓住这一时机，不遗余力地加强对各自领地的统治。所以，在政治权力得到巩固与集中之后，英国和法国等国家开始登上历史舞台。

最后，教会与拜占庭重新建立联系，促进了彼此的商业和文化交流，这在罗马时代是前所未有的。商人们不仅将藏红花、柑橘、丝绸和锦缎等奢侈品引入西欧，而且带来了与耶稣、圣母和圣徒有关的各种圣物。此外，大量古希腊手稿的阿拉伯语译本，以及各种各样的伊斯兰文学作品涌入法国，这让学者们欣喜若狂（见第十章）。

中世纪浪漫文学与宫廷爱情信条

十字军东征激发了纪事文学的创作。纪事文学将历史事实、基督教传说与轻快的小说作品相结合。随着越来越多上层人士具备读写能力，历史故事的吸引力也与日俱增。这些作品并不是用拉丁文写成，而是用普通人日常交流的白话写成。同时，十字军东征也推动了中世纪浪漫文学的诞生。公元1200年到1500年，这种虚幻的爱情冒险故事成为西方最受欢迎的文化娱乐作品。

公元12世纪，中世纪浪漫文学首次在法国出现，并从押韵诗逐渐发展成散文。起初，浪漫文学可能只在少数有修养的人之间传阅。但随着欧洲"书写文化"的兴起，人们不再沿袭口述传统，而是将这些作品用文字书写下来。在这样的书写文化中，虽然教堂和国家仍将拉丁语作为官方语言，但各国的本土语言对通俗文学更加重要。

典型的中世纪浪漫文学总会涉及上流社会中男女之间的不正当关系或禁忌之恋。为了巩固领地安全，中世纪贵族之间的联姻通常是一种利益联盟。事实上，贵族家庭可能会为仍在襁褓中的继承人订"娃娃亲"。在这种背景下，浪漫爱情更可能在婚外出现。公元12世纪，最受欢迎的浪漫故事当数《朗斯洛》，主要讲述了亚瑟王麾下的骑士朗斯洛与王后桂纳维尔之间的禁忌之恋。

克雷蒂安·德·特鲁瓦（约公元1183年）用法国方言写成《朗斯洛》。公元6世纪，亚瑟王作为威尔士领主，留下了一系列传奇故事，《朗斯洛》属于其中的一部分。克雷蒂安的作品开启了亚瑟王传奇文学的悠久传统。在传奇故事中，血腥斗争、灵异事件和浪漫爱情比比皆是。中世界浪漫文学不仅展现了新颖多样的生活景象，也描写了与宫廷爱情相关的风流韵事。

宫廷爱情，顾名思义，主要描写的是在中世纪的宫廷生活中，男性贵族追求女性（通常高不可

科技发展一览表

约公元1150年	磁性罗盘在欧洲出现。
公元1233年	英国纽卡斯尔城开设了第一个煤矿。
公元1240年	欧洲造船商从阿拉伯引入船舵。
公元1249年	穆斯林开始使用火药抗击基督教十字军。

攀）并以得到女性青睐为"信条"的故事。宫廷爱情的传统为西方文化和生活中的浪漫主义爱情奠定了基础。公元12世纪，这一概念在欧洲贵族中颇受欢迎。这一信条认为，爱情（无论是否为单相思）能使恋人变得纯洁而高贵。

另一方面，爱情意味着受苦。在下文的选段中，王后桂纳维尔听到朗斯洛死亡之后，悲痛欲绝。虽然消息不实，但也表现了人物内心的苦楚。宫廷爱情总是伴随着各种各样的相思之苦，比如寝食难安。宫廷爱情的信条要求骑士无所畏惧，为自己心爱的女人赴汤蹈火，有时甚至愿意为之而死。这些中世纪浪漫文学的特点与早期文学作品（如《罗兰之歌》）中狂放好战的精神相去甚远。事实上，《朗斯洛》通过戏剧的方式，表现了骑士精神中的女性元素。

《罗兰之歌》从英雄主义和个人忠诚两个角度出发，描绘了早期中世纪的文化。然而，亚瑟王传奇故事则从情绪和感性的角度为这些品质赋予新的含义。比如，朗斯洛并不是为国而战，也不是为了君主而战，而是为了赢得心爱女人的芳心而战。朗斯洛并没有像罗兰一样，将英勇气概体现在战场上，而是体现在领地内的个人战斗中。罗兰战斗的动机在胜利后的荣耀，而朗斯洛的动机则源于对桂纳维尔的爱。

宫廷爱情的传统塑造了西方的性别观和爱情观，同时物化了女性的浪漫，将之作为对男性英勇表现的嘉奖。虽然宫廷爱情宣扬女人（女性原型是圣母玛利亚）更加值得呵护，但仍将其视为男性的附庸。尽管如此，由于夸赞并颂扬了处于情欲之中的贵族女士，中世纪浪漫文学俘获了大批女性读者的芳心。

中世纪浪漫文学是贵族想象的产物。这些作品中出现的女性原型不是来自下层社会。因为下层女性与男性一样，都需要在田间劳作或从事商业活动。尽管作者刻意为之，但以宫廷爱情为主题的传奇故事，仍对西方文学传统产生了重要影响。即使在现代社会，作家也更愿意将爱情视作纯洁的精神之旅或情感上的折磨，而不是两性之间达成真爱的一种条件。

阅读材料11.3
摘自克雷蒂安·德·特鲁瓦《朗斯洛》

（亚瑟王宫的骑士高文和朗斯洛出发去寻找桂纳维尔王后。在森林里，他们遇到了一位少女，得知了王后的行踪。）

接着，那位姑娘向他们讲述了这样一个故事："说实话，老爷们，米莱阿甘骑士高大强壮，是戈尔国王的儿子。他把王后带到了自己的国家。去那里的外国人没有一个回来，他们要么在那里遭受奴役，要么就被流放。"然后两人问她："姑娘，这个国家在哪里？我们在哪里能找到通往那里的路？"她回答说："你很快就会知道。但可以肯定，去那里并不容易，你们会遇到许多艰难险阻。除非你们能得到国王的许可，他的名字叫巴底马古；然而，你们可能要走上两条危险之路，并通过两条艰难的通道。一条路叫作'水底桥'，因为桥在水下，桥上桥下的水一样多，所以桥正好在中间，其宽度和厚度只有一尺半。的确，不能走这条路，但在这两条路中，它的危险比较小……另一座桥更不现实，也更危险，因为从来没有人走过。它就像一把锋利的剑，所以人们都叫它'剑锋桥'。现在我将一切都告诉了你们……"

（他们到达剑锋桥。）

到了这座桥后，他们从马上下来，注视着

桥下那条溪流，黑色的水流湍急而狂暴，时而上涨，显得凶猛而可怕，仿佛那是一条魔鬼的溪流。水流深不可测，十分危险，任何掉进去的东西都石沉水底，完全消失。溪流上的那座桥绝无仅有，和其他任何一座桥都不一样。如果有人向我问询真相，我只能说这座桥鬼魅异常，桥面上也尽是魑魅魍魉。

这座横跨寒流的桥像是一把闪闪发光的剑。但这把剑既锋利又有韧性，有两支长矛那么长。剑的两端各有一棵树，从而将这把剑牢牢拴住。没有人担心它会断裂或弯曲，也不害怕掉下去，因为它能承受很大的重量……朗斯洛尽他最大的努力准备过河。并且，他将全身的盔甲卸下，此举的确令人惊异。当走到桥边时，他面露愁容。无论穿鞋还是穿长袜，都不能让他保持平衡。因此，他只能赤着双手双脚，走在那比镰刀还锋利的剑锋桥上。

但他并不害怕手脚上的伤口。他宁愿自己受伤，也不愿从桥上跌落，掉进深渊。所以，即便有极大的痛苦，他也咬紧牙关，痛苦地走了过去，哪怕是双手、膝盖和双脚受伤也在所不惜。但对他来说，即使有这样的痛苦，心里也是甜蜜的。因为爱情是他前进的动力，也让他的痛苦减轻。他凭借双手、双脚，爬着向前，直到抵达对岸……

（朗斯洛遇到了绑架王后的人：国王巴底马古的儿子，米莱阿甘。他拒绝与朗斯洛讲和，并立即发起决斗。）

说时迟，那时快。没到教堂祷告的第二时[1]，两名骑士全副武装，骑上了两匹披甲的战马，到了决斗的地方。米莱阿甘体态匀称，优雅机敏。无论是做工精良的锁子甲，还是头盔，以及挂在他脖子上的盾牌，这一切都让他光鲜亮丽……参战者急忙让民众躲开。然后，他们用肘部撞击盾牌，并迅速打马上前，用长矛刺向对方。这时，两人伸出双臂将长矛刺出，穿透了彼此的盾牌。然后，长矛断裂，火星飞溅。

双方战马也迎面相撞。盾牌和头盔之间的撞击声震天动地，就像霹雳一般。胸带、肚带、缰绳，还有系在马上的肚带，都无一完好，就连坚固的鞍头也折断成了碎片。两人坠马而下，也不感到羞愧，对他们而言，这无足轻重。他们很快起身站立，并冲向对方，没有丝毫犹豫，比两只野猪更加猛烈。钢铁的利刃发出猛烈的声响，就像仇人见面，分外眼红。

他们不断调整盔甲，再拔出刀剑战斗。两人攻势不减，常有鲜血迸出。的确，他们之间的战斗格外精彩。两人动作势大力沉，十分凶猛，彼此伤痕累累，也都曾打晕过对方。这场战斗激烈、艰苦又漫长，不知过了几个回合。旁观者都看出双方不相上下。然而，那位过桥的人会因受伤的双手变得虚弱，这一点在所难免。那些站在他这一边的人开始变得沮丧，因为他们注意到他的攻击越来越弱，并担心他会受到致命一击。在他们看来，他似乎开始招架不住，而米莱阿甘正在占据上风。围观人群开始窃窃私语。

但在塔顶的窗口，有一位明智的少女。她认为骑士之所以决斗，既不是因为她自己，也不是因为场下的民众，而一定只是为了王后。她想，如果朗斯洛知道王后在窗口看着他，他的力量和勇气就会增加……

然后，她走到王后面前，对她说："夫人，看在上帝的分上，也看在你我的分上，我

---

1. 教堂祷告的第二时，约早晨六点。在祷告时间，信徒会吟诵专有的祈祷文，包括：第一时晨祷，第二时早祷，第三时午前祈祷，第四时午时经，第五时申初经，第六时晚祷，以及第七时夜祷。

请你告诉我,如果你知道那位骑士的名字,那就告诉我,好让我对他有所帮助。""姑娘,"王后回答说,"你问了我一个问题,我看不出你有什么恶意,只觉得你是出于好心。我知道骑士的名字。他就是朗斯洛。""上帝啊,我内心是多么快乐!"然后她向前倾着身子,大声叫着他的名字,所有的人都听见了。"朗斯洛,转过身来,看看是谁在这里牵挂着你!"当朗斯洛听到了他的名字时,他没有犹豫,立马转过身来。他看见坐在塔楼窗户旁的桂纳维尔,欣喜若狂。从那一刻起,朗斯洛目不转睛,看着桂纳维尔的脸庞。接着,他甩了甩手,开始反击……

朗斯洛的力量和勇气不断增强。一方面,他得到了爱情的帮助;另一方面,他从未像此时一样有着冲天的恨意。爱与恨交织在一起,使他爆发出前所未有的勇猛,也让他暴躁刚烈,毫无惧色。见此,米莱阿甘认为不可等闲视之,并开始对他充满敬畏。对米莱阿甘而言,从来没有人能伤他半分,但像朗斯洛一样勇敢强悍的骑士,他也是第一次见……

(朗斯洛放过了米莱阿甘,但他随后被投入了大牢。王后听到谣言,称朗斯洛已经死了。)

消息传到王后耳中时,她正在参加宴会。她听到朗斯洛死讯的谣言之后,几乎悲痛欲绝,并认为这是真的。因此,她非常沮丧,几乎哑口无言。但是,考虑到众人在场,她强迫自己说:"事实上,我为他的死感到难过,感到悲伤已经不足为奇。他是为我来到这个国家的,因此我应该为他感到悲伤。"接着,为了不让别人听见,她向自己说道:朗斯洛若真的死了,我的生命也失去了意义,那么也就没有必要参加宴席。然后,她从酒桌处离开。她十分悲伤,找到一个无人注意的地方,放声痛哭。

她气得发狂,掐住自己的喉咙,想自我了断。但首先,她向自己坦白,后悔自己做的错事,并将一切的错误都归咎于自己。她知道,朗斯洛一直是自己的,如果他还活着,他还会是自己的……

"唉,要是在他死之前,我能把他抱在怀里,那该多好啊!什么?是的,就是这样,毫无疑问,就是为了能更好地享受他的温存。如果他死了,我还有何颜面苟活于世。为什么?因为他的离去,一切都失去了乐趣,我也会痛苦一生。如果这样,在他死后,我独活于世,岂不是负了我的情郎?在他死后,我要让自己沉浸在悲痛之中。如果他还活着,这些痛苦对我来说将是甜蜜的。岂有女人宁死也不愿为情人受苦的道理?我为他哀悼许久,不失为一种甜蜜。我宁愿被活活打死,也不愿就此安息。"

(朗斯洛被释放后,前往城堡。桂纳维尔答应当晚与他秘密会面。这时,城堡窗户上的铁栅栏将两人隔开。)

接着,在女王的同意下,朗斯洛决定进去陪她。对他而言,这些铁栅栏可挡不住他的心。王后答道:"难道你没有看到,这些铁栅栏是如此坚硬,无论是折断,还是掰弯,都十分困难?你扭不下来这些铁栅栏,更不可能把它们拖拽下来,哪怕是一个都很难实现。""夫人,"他说,"不用担心。就靠这些铁栅栏就想把我拒之门外?"然后,王后向后退了一步,他准备将窗户松动。他握住窗上的铁条,又拉又扭,最终将窗户弯曲,并拖了下来。可是上面的铁刺太锋利了,扎进了他的小指尖,也划破了另一根手指。但是,他只想救出王后,没有留意自己的伤口,也没注意流下来的血。虽然窗户不低,朗斯洛却能一跃而上,轻松翻过。

第十一章 中世纪的生活方式 341

之后，朗斯洛来到王后的床前。他喜欢王后，也经常跪下身，将她抱在怀中。对他而言，这怀中的美人比任何圣物都更加珍贵。王后也伸出双臂拥抱他，把他紧紧搂在胸前，拉着他到旁边的床上歇息。她奉献出自己的每一丝欢愉，她的爱、她的心，再也离不开朗斯洛。这就是爱情，能让她如此对待。所以，王后对他爱意绵绵，他也会对王后付出千百倍的爱。因为，比起他心中的爱，别人的爱情又何足道哉。在他心里，爱是如此纯粹、具体。在他眼里，他人心中的爱不值一提。

现在，无论是王后主动寻求他的爱和陪伴，还是朗斯洛与她相拥，朗斯洛拥有了他想要的一切。两人你侬我侬，是如此惬意和甜蜜。当他们亲吻和爱抚对方的时候，一种奇妙的快乐感就会降临到他们身上。这种感觉无人得知，也无法形容。由于篇幅所限，我不会讲述他们的欢愉。而且，这绝佳的、最令人愉快的满足感，恰是我们的故事所不能讲述的。那一晚，朗斯洛非常高兴。但是令他悲伤的是，他必须从情人身边离开，这一天终于到来了。离别使他痛苦万分，他体验到了殉道者的痛苦。现在，他的心仍在王后待过的地方驻足。他无法忘却，只因在王后身上找到了快乐，从此对她有了不舍。虽然，他只能选择离开，但心却一直萦绕在王后身边……

问：罗兰作为中世纪英雄和朗斯洛相比如何？

问：每个人都采取何种"勇敢的行为"来实现自己的目标？

无论是朗斯洛对桂纳维尔的爱慕，还是朗斯洛屡次对桂纳维尔"圣洁"的夸赞，都体现了情感与激情的碰撞。中世纪鼎盛时期文化的特点就在于此。朗斯洛用宗教中的特有词汇挑逗不忠贞的国王妻子，反映出宫廷爱情故事与爱情信仰之间的矛盾本质。然而，也有人将这一现象解释为，朗斯洛不仅代表了社会价值观的转变，也印证了封建思想的衰落，尤其是贵族士兵中荣耀和忠诚等品质的消退。

行吟诗人的诗歌

中世纪早期，很少有人能够读写。然而，到了公元11世纪，教会学校和修道院开始教化民众。白话文学受到欢迎，抒情诗、纪事文学和传奇故事等文学形式开始出现。这表明在上层社会中，越来越多的人具备了读写能力。为了取悦法国贵族，行吟诗人吟唱自己的原创诗歌，主题包括宫廷爱情、骑士精神、宗教信仰和时事政治。其中，《布兰诗歌》最为有名。公元13世纪，这部抒情诗集在法国出现。而在日耳曼人的宫廷里，德意志抒情诗人也创作了类似的作品。此后，在日耳曼城镇中，抒情诗人随之涌现，他们都是当地诗歌和音乐行会的翘楚。

不同于旧时的游方艺人，这一时期的行吟诗人大多出身高贵。他们创作的诗歌与中世纪早期的香颂相似，大多按照歌词音节使用单声部吟唱。但是，这些作品摒弃了阿拉伯文学的诗歌形式，不仅在内容上更具表现力，风格也更加细腻。通常而言，行吟诗人（或吟诵诗歌的职业音乐家）都会使用七弦琴或琉特琴伴奏。行吟诗人吟唱的诗歌，现存的共有2600余首。其中，很多都是歌颂男子对女性的诚挚爱情。还有一些诗歌出自20位女性行吟诗人之手。这些作品表达了女子对心爱之人的爱慕之情。

由于受到伊斯兰诗歌的影响（见第十章），行吟诗人吟唱的诗歌，通常对自然和感官世界有极大兴趣，甚至有强烈回应。公元11世纪，威廉九世（阿基坦公爵、早期的行吟诗人）创作了一首诗歌。诗中将人们对性爱愉悦的期许比作"春天的到来"。该诗开头的文字生机勃勃：

> 在新季节的甜蜜中，
> 当树木迸发枝丫，鸟在欢唱。
> 每只鸟都用自己独特的嗓音，
> 共同谱写了一首新词。
> 那么，人应该抓住，
> 这最令人渴望的欢愉。

公元12世纪中叶，诗人贝尔纳特·德·旺塔杜尔以一种更为忧伤的形式，写出了《当我看到云雀高飞》一诗，并在诗中谈论当时最为流行的主题——单相思。有时，行吟诗人的诗句也会表现上层阶级与下层阶级之间的冲突。这一特点可见于下文摘录的《富人永远不会孤独》中，作者为行吟诗人佩尔·卡德纳尔。他猛烈抨击了社会中的不平等现象和上层阶级的贪婪。《我一直很痛苦》出自一位女性——迪亚伯爵夫人（常被称为"比阿特丽斯"）之手。这位公元12世纪的女性行吟诗人，有四首诗歌流传至今。这些作品体现了作者失恋后的悲伤（"我一直很痛苦"），表达了作者对肉体欢愉的热切渴望。

阅读材料11.4
行吟诗人的诗歌

《当我看到云雀高飞》
贝尔纳特·德·旺塔杜尔

当我看到云雀高飞，展翅翱翔于天际，
闪烁着金色的阳光，
但当洪水滔天，它最终停止飞翔、跌落，

心里却满是欢喜，
我是如此羡慕它，能将快乐向他人分享。
我的心却满是对爱的沮丧，
只能等待着那个突然心碎的时光。

我自以为，能在爱情面前保持清醒，
但后来才明白，自己所知甚少。
我称赞一个女人，将其当作爱情的奖赏，
她却不给我任何回报。
我的心、我的生命都被她偷走，
她夺走了我的世界，
徒留下欲望和痛苦。

我不得不思考，她这样做的道理，
因为我所有的欢乐破碎，烟消云散。
我望着她抬起的眼睛，
像镜子一样，甜蜜而诡谲；
啊，镜子，我在你面前哭泣，
梦见我曾经看到惊鸿一瞥，
现在却转眼消失。
我在你心中迷失了方向，
就像美丽的那喀索斯在小溪中死去一样。

现在，我不再相信愤怒，
也不再相信女性。
我发现她所说皆为谎言。
我以为她身上散发着光芒。
没有人为我向她求情，
她让我的一生陷于黑暗。
我对女人充满怀疑，
现在我明白，她与那些女人都是一丘之貉。

唉，她像其他可悲的女人一样，让我瞧不起。
还是面对现实吧，不要无谓地生气。
对我的哪怕一丝好意，她都爱搭不理，

但除了她，还有谁能懂我的心意？
她之前是那么温柔，又那么美丽。
让人难以相信，她是那样无与伦比，
她本可以拯救我，但现在却
残酷地看着她的情人，潦倒失意。

对我而言，爱情已经失败。
她满是谎言，对她忠诚毫无意义。
我长叹不已，她却嬉笑着毫不在意，
我会默默地从她身边离开。
我决定将她的爱彻底抛弃。
她欲置我于感情的死地，我只得奋起反击。
她不肯说话，我只好流落他乡。
我无望地流亡，不知道去向哪里。

特里斯坦，我说我已经结束了。
我要离去，却不知去向何方。
我的心已死，再也不想歌唱，
我抛弃了所有的爱和喜悦，
将自己隐藏。

《富人永远不会孤独》
佩尔·卡德纳尔

富人永远不会孤独，
他们总会有陪伴。
我们看，邪恶在他们的前后左右，
也在他们的四面八方。
那个叫贪欲的巨人，
总是站在他们这一边。
骄傲总伴随着他们，
不公平也跟着摇旗呐喊……

如果穷人偷了一块破布，
他就低着头，满是惊恐地走路。
但当小偷将赃物装满袋子，变得有钱之后，
他就能精神焕发，昂首阔步。
那个可怜的穷人被绞死了，
就因为他偷了一根烂缰绳。
而绞死他的人却偷了一匹骏马，没有任何惩处。
贫穷的小偷被绞死，富裕的小偷却闲不下来。
正义之箭，不知早已飞向何处……

富人还能行善积德、慈眉善目？
是的，就像该隐杀了他的兄弟亚伯。
他们是小偷，狼都不如他们无情。
他们是骗子，就像巴别塔里的荡妇。
啊，戳他们的肋骨，触及他们的灵魂！
真相不会自己大白于天下，
但谎言却能传至千里。
他们贪婪的心，令人憎恶
如山洪一般疯狂……

他们出于慈爱之心，
知道如何囤积救济品，
并更快地散播给他人。
如果所有的石头都是面包，
如果所有的溪流都因酒而变得浑浊，
如果山丘变成了熏肉或煮好的鸡肉，
他们连一粒面包屑都不会施舍。
的确，有些人就是如此。

《我一直很痛苦》
迪亚伯爵夫人

我一直很痛苦，

我曾经爱上一位贵族骑士，
我希望每个人都知道，
无论何时，我都非常爱他！
现在我明白，我被他甩了，
因为我不再对他爱意绵绵。

为此，我遭受了很大的痛苦，
夜不能寐、辗转反侧。

我多么渴望得到我的骑士，
与他相拥，共度良宵！
他会感到快活，
并睡在我的身上。
比起布兰切弗洛尔和弗洛里斯[1]的爱情，
我对他的爱有增无减。
我会向他掏出我的心，我的爱，
我的灵魂，我的眼睛，我的生命。

亲爱的情郎，你是那么美丽、甜蜜，
我何时才能将你揽入怀中？
如果我在晚上与你同寝，
并给你一个爱的吻，
你可以肯定，我会非常渴望
让你做我的丈夫，
只要你答应
做我希望你做的一切！

问：这些诗歌集中体现了哪些具体情节和主题？

问：对产生行吟诗人的文化而言，这些主题揭示了什么？

---

1. 中世纪浪漫故事中经常出现的人物。

君主立宪制的起源

在佩尔·卡德纳尔的诗歌中，社会意识呈现出新的面貌，反映出欧洲政治和经济的变化。其中，英国表现得最为明显。公元1215年，英国贵族迫使国王约翰（1167—1216）签署了《大宪章》。这一里程碑式的文件规定，国王未经贵族委员会同意，不可额外征税。

此外，宪章还确保了贵族的其他特权，比如陪审裁判权。虽然该宪章只是英国贵族和君主之间签订的封建协议，但它仍是政治史上重要的文件之一。这意味着，法律开始高于统治者的意志。《大宪章》中确定的原则为君主立宪制的发展铺平了道路。

签署《大宪章》后的50多年间，英国贵族不断要求与国王共同统治国家。为此，他们囚禁了亨利三世（1207—1272），并邀请新兴阶级的代表，也就是介于农奴和地主之间的中产阶级，参与大议事会（议会）。随着西方民族国家的兴起，议会开始代表政府执政。

中世纪城镇的崛起

中世纪封建君主不仅向中产阶级寻求财政支持，而且尤为重视从商业活动中获得税收。随着农业生产的不断提高以及贸易的开放，城市发展日新月异。通常，这一过程始于当地市场的建立。到了公元11世纪末，很多没有继承权的贵族子孙成了商人。他们纷纷投身开设贸易公司，积极开拓当地市场。

市集位于城堡之外，通常坐落在马路或河流附近。同时，市集成了庄园生活的一部分。这些常设的市集逐渐成为城市中心，吸引了众多农民或工匠定居于此，最终发展成为中世纪城镇。这些城镇定居者或是从地主那里赎回了人身自由，或是从庄园逃亡而来。相较于乡村的庄园生活，这些进城的人不禁发出感慨："城市里充满了自由的气息。"

在这些新兴城镇中，中产阶级依靠从事商业活动赚取财富。商人和工匠等将组成行会，为买卖双方保驾护航。行会会统一价格，确定薪酬，制定货物生产过程中的质量标准，并为新入行的人提供培训。公元11世纪—12世纪，城市居民要从市镇所在封地的地主那里购买特许状，才会被允许建立自治组织，调控经济活动。随后，米兰、佛罗伦萨和威尼斯等商业中心开始出现，并成为完全自治的城邦，这与古希腊和古罗马时代十分类似。

同时，布鲁日和安特卫普这两座佛兰芒城市也走向自治之路，并向英格兰和波罗的海沿岸城镇出口亚麻细布和羊毛。为了保护居民，有些城镇建造了石头城墙，如法国西南部的卡尔卡松（图11.16），露天市集两侧建造了大教堂和市政厅。

这些都是城市发展的具体表现。虽然直至公元12世纪，城镇居民占欧洲总人口的比例仍不到15%，但持续扩张的中产阶级，最终成为主导西方社会的核心力量。

中产阶级的价值观与封建贵族大不相同。封建贵族认为，战斗和骑士精神最能作为高贵的象征，而中产阶级则更看重财富和利益。在欧洲城市中，描写中产阶级诉求的白话文学越来越多。这些作品包括寓言和诗歌，描写了城镇职业、家庭冲突以及街头小店的生活。这些流行作品的人物特点十分固定，比如吝啬的丈夫和淫乱的僧侣，间接反映了当时的社会矛盾和性别偏见。

在中世纪寓言和诗歌中，最受欢迎的主题是对女性的敌视和抨击。这些作品公开指责女性，并与尤维纳利斯的文字一样尖酸刻薄（见第六章）。这一思想根深蒂固，延续了厌恶女人（仇视女性）的悠久传统。在中世纪浪漫文学中，女性通常为正

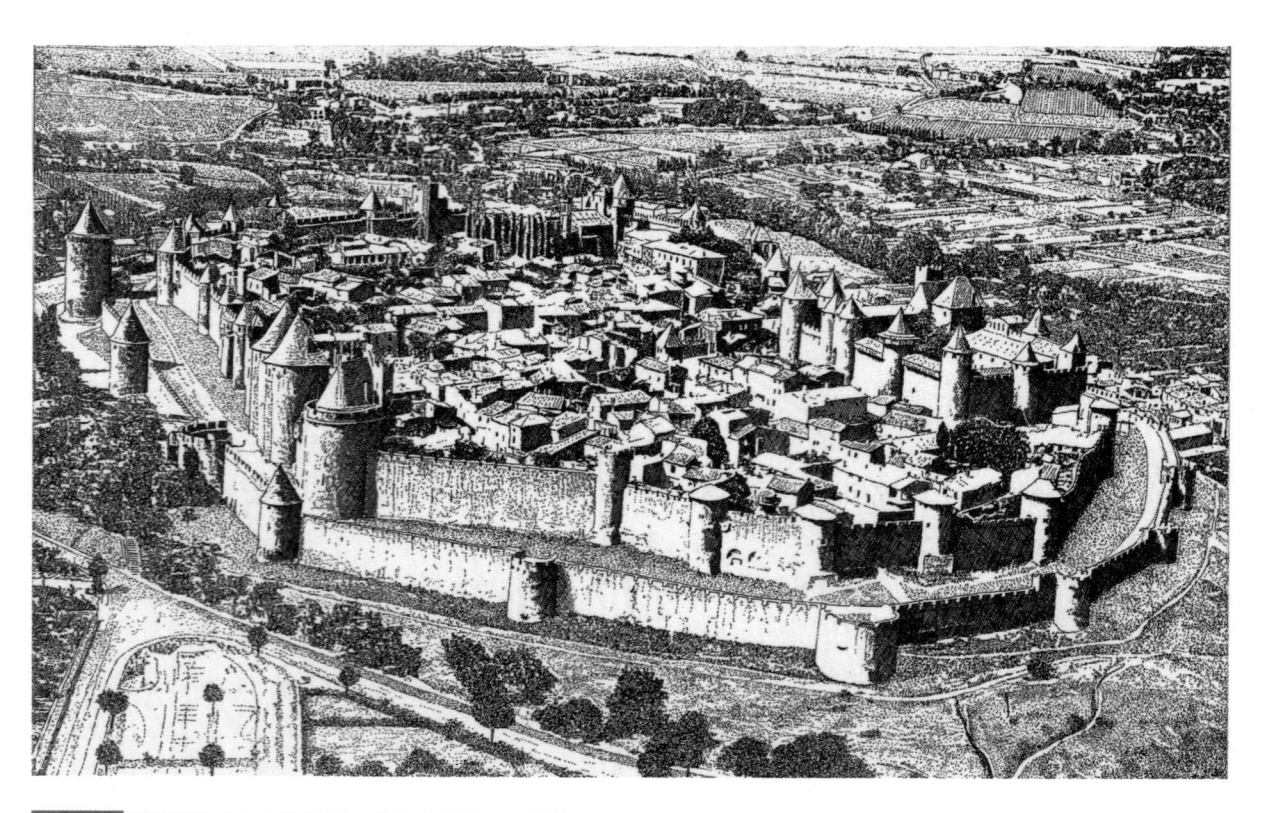

图11.16 城墙里的卡尔卡松 法国，公元12世纪—13世纪

面形象，而在寓言和诗歌中，女性常常是罪恶淫荡的。传统而言，男性主导商业活动，但随着越来越多的女性也参与商业活动，男性对女性的敌视情绪也愈演愈烈。公元13世纪晚期，这种情绪在当时的城市法律和流行文学中体现得淋漓尽致。下文的诗句来自一部广为流传的诗篇，表达了当时男性常见的抱怨情绪：

> 娶妻之人自此永无宁日，
> 长期的疲惫、绝望，使他烦躁，
> 生活压迫着他，早已不堪重负，
> 她喋喋不休地念叨，
> 闲言碎语也是没完没了，
> 现在，自从娶妻的那一刻起，
> 我的生活就变成一团糟。

回　顾

日耳曼部落

日耳曼部落向西迁移，加速了罗马帝国的衰落。这些民族的风俗习惯和价值观逐渐塑造了中世纪的欧洲。

在语言、法律和艺术表现形式方面，日耳曼部落融合了罗马晚期和新兴基督教世界的成就，并奠定了中世纪早期生活模式的基础。日耳曼人对首领的效忠之情，以及骑士之间的战斗，促使中世纪封建制度诞生于世。另一方面，日耳曼人的习俗也对西方法律发展产生了深远影响。

在文化成就方面，盎格鲁-撒克逊史诗《贝奥武甫》和萨顿胡艺术品是日耳曼文化的重要标志。金属工艺技术和用于装饰的动物造型风格，影响了中世纪早期宗教艺术和工艺品的发展。

查理曼和加洛林文艺复兴

为了重建罗马帝国，查理曼不仅征服了大片土地，而且以基督教的名义数次发动圣战，强行让莱茵河以东的撒克逊人、意大利北部的伦巴第人以及多瑙河沿岸的斯拉夫人改变信仰。

公元9世纪，神圣罗马帝国成为西方世界的文化绿洲。在查理曼的影响下，欧洲大部分地区都皈依了基督教。另一方面，查理曼王室致力于推动教育和艺术事业的发展。

查理曼将自己塑造成基督教王权的代表。为了控制占领后的土地，他将这些土地交由当地行政官实施管理。此外，他恢复了帝国与东方的贸易，稳定了货币，并与巴格达建立了外交关系。

在加洛林文艺复兴时期，标志性建筑、青铜铸造和烫金彩绘手稿得以重生。加洛林修道院教堂不仅成为修道院生活的核心，也是储藏圣物的宝库。为此，邻近地区的朝圣者接踵而至。无论是修道院建筑群的整体布局，还是修道院教堂的建设，均遵循古典文化中的对称和秩序等原则。

中世纪早期文化

加洛林帝国分裂之后，欧洲陷入动荡局面。封建主义（以土地换得战士服兵役）让贵族掌握所在领地的统治权。同时，士兵为贵族提供保护，从而让领地免受外部攻击。

作为中世纪早期艺术的标志，《罗兰之歌》、诺曼城堡和巴约挂毯描述了一个英雄时代，颂扬了封建时代的战斗、男性的英勇以及对他国的征服。

庄园是中世纪社会的经济基础。贵族为下层阶级提供保护，而农民则需要向贵族交粮。

中世纪盛期文化

基督教十字军东征改变了中世纪经济和文化生活的模式，标志着欧洲重新具有流动性。十字军与穆斯林交战之后，并没有获得任何领土收益。但是，十字军促进了欧洲城镇和贸易的兴起，追求物质和利润的新兴中产阶级开始占据主导。

公元700年—1300年，世俗社会的生活模式不断变化。这反映出欧洲开始从封建社会向城市社会转变。一方面，封建贵族以土地作为财富基础，其价值观与商人和手工艺者大不相同。另一方面，骑士精神在当时是人们行为举止与道德品质的规范。

中世纪早期，歌颂英雄理想主义以及骑士对领主的忠诚曾盛行一时。但在中世纪鼎盛时期的宫廷文学中，情感和感性取代了这些特质。无论是用方言写成的浪漫故事，还是中世纪行吟诗人吟诵的诗歌，浪漫的爱情故事都是最受欢迎的题材。这些用方言写成的故事和诗歌讽刺了不同阶级之间的不平等和两性的对立。

术语表

锁子甲：中世纪灵活的盔甲，由相互连接的金属环制成。

圣餐杯：在基督教仪式中使用的一种高脚杯。

骑士精神：中世纪社会中，上流人士所奉行的一套行为准则。

珐琅：一种搪瓷技术。先将有色玻璃熔融，再将其填充入镶嵌好的金属箔片的空隙中。也指任何使用这种方式装饰的物品。

习惯法：一种不成文的法律体系，司法判决以习俗和先例为基础。习惯法也是英美法律体系的基础。

垛口：墙外围的齿形城垛，在防御战中保护士兵。

行会：商人或手工艺者为各行各业创办的协会。

行吟诗人：中世纪时期，在欧洲宫廷之间流浪的职业艺人。

比喻复合词：古英语诗歌中使用两个词作为隐喻。

中世纪浪漫文学：一种冒险故事，讲述了在爱情、宗教信仰或冒险欲望的驱使下，骑士、国王和女士们之间发生的故事。

第十二章
基督教和中世纪思潮

约公元1000年—公元1300年

世间万物皆是虚幻，
美丽、力量、谨慎等都会背叛，
愚蠢、耍嘴的亲朋全都逃掉，
唯我善行和你一道。
——《世人》

中世纪世界丰富多彩，充满传奇。彼时，骑士身穿铠甲，熠熠生辉；城堡固若金汤，坚不可摧；还有十字军东征的刀光剑影。所有这些都为现代奇幻作品的创作提供了良好素材。然而，中世纪的确也对西方基本价值观、信仰、行为的演变产生了巨大影响。现代欧洲国家的地理轮廓、政治和语言传统也纷纷出现。公元700年到1300年，欧洲人口从2700万增加至7300万，大学等新城市机构也随之兴起，中世纪进入鼎盛时期。

同时，罗马天主教会权势滔天，掌控了政治、宗教和文化等领域。其教义和礼拜仪式不仅让人们的日常生活具有连贯性，也让人们知晓了生活的意义。无论是教会的在俗修士，还是神职人员，这些受洗的基督徒通过举办朝圣仪式，引导世人寻求灵魂救赎。此外，他们认为，上帝能够凭借神力为凡间带来秩序。这一观点成为中世纪的主流思想，并体现在社会的方方面面。

中世纪教会

中世纪鼎盛时期，天主教会大权在握。此时，教会不仅是一股宗教力量，也成为一个政治实体。教皇声称，罗马教廷是基督教世界的唯一权威，而在君士坦丁堡，这一声明激起了希腊正教主教们的强烈反对。由于两种宗教长期在教义和礼拜仪式上存在差异，两者之间的分歧也愈演愈烈。最终于公元1054年，东西方教会永久分裂。在西方，教皇采取强有力的措施，确保教会不受世俗干涉，尤其是欧洲新兴国家的介入。

公元1022年，教会成立了唯一机构——红衣主教团，负责教皇选举。中世纪教皇与世俗君主类似，也需要管理庞大而复杂的官僚机构，包括金融、司法和监察部门。罗马教廷、教皇议会和最高教会法院领导着一个庞杂的教会法庭网络，而卡梅拉（教皇国库的代称）负责掌管财务。中世纪教会富可敌国，几个世纪以来，基督教徒通过捐赠和遗赠等方式为基督教世界提供了数千英亩土地。因此，公元12世纪末，天主教会成为西欧地区最大的"地主"。

另外，教会要求各级别基督徒必须服从宗教管理，并通过宗教惩罚避免世俗统治者反对教皇政策，比如：开除教籍（禁止参加圣礼）和禁行圣事令。尽管如此，公元12世纪，异端邪说（否认基督教信仰宣扬的真理）仍逐渐在欧洲各大城市间快速传播。

比如，公元13世纪，法国改革家彼得·瓦尔多的一群追随者成立了瓦尔多教派，并谴责教会不守清规，日趋世俗。瓦尔多曾建议让基督徒管理圣事，并且认为《圣经》作为宗教权威的唯一来源，应该被翻译成当地语言。无疑，这些观点对社会和宗教秩序构成了威胁。教会不仅对此表示谴责，并发动十字军东征以清除宗教异端，其猛烈程度不亚于驱逐穆斯林的战争。

此外，公元1233年，教皇专门设立宗教裁判所，旨在消灭异端邪说。异教徒先由当地市民指控，再由宗教裁判所负责审判。这些被告不能找律师辩护，他们通常会被秘密审判。有时，宗教裁判

问题探讨

教会与国家之间的冲突

欧洲中世纪，随着各个民族国家蓬勃发展，一些世俗统治者逐渐掌权。此时，教会与国家在中世纪早期建立的联盟开始出现裂痕。大小君主各出奇招，不仅旨在赢得民众的效忠，也欲扩大其财政资源，尤其是那些新成立的城邦。这往往会与教皇的雄心和教会法令背道而驰。

例如，法国国王腓力四世（绰号"美男子"，1268—1314）试图按照法国公民标准，向神职人员征税。教皇卜尼法八世（1234—1303）对此表示抗议，扬言要驱逐并废除国王。之后，教皇卜尼法发布了《独一至圣法案》，引起轩然大波。对教会而言，这一法案的颁布可谓前无古人，后无来者，充分彰显了宗教权威。

几个世纪以来，教皇均声称教会要在国家中

占首要地位，因为教会要管理所有基督徒的精神，而国家只负责支配他们的身体。该法案的权威性便来源于此。之后，在教皇和国王的斗争中，国王最终取得了胜利。公元14世纪末，随着欧洲统治者摆脱了教皇对世俗事务的干涉，政教分离在西方成为惯例。这让每一位君主都能在自己的领地树立唯一的权威。然而，无论是在世俗社会，还是在宗教领域，《独一至圣法案》这一经典之作仍然能够证明教会具有至高无上的地位。

所的审问者会迫使被告屈打成招，以获取供词。教会认为，比起诅咒灵魂堕入地狱，肉体惩罚更加有效。

如果被指控的异教徒无法重拾信仰，宗教裁判所就将被告流放或驱逐出境，或是将他们移交当地，并处以绞刑或火刑。对女性异教徒而言，绑在火刑柱上是教会的首选。一方面，教会大力迫害异教徒。另一方面，教会也发挥了文明教化的作用。比如，它通过强制执行休战期，从而维持社会秩序，并积极承担责任，履行道德义务。教会不仅向穷人、病人和无家可归者提供经济援助，而且为医院、收容所、孤儿院和其他慈善组织提供经费。

得益于历代教皇在外交、行政、宗教法规等方面的卓越才干，教会的权力和威望不断得到加强。例如，英诺森三世（公元1198年—1216年在位）自幼研习法律，是基督教极具影响力的教皇之一。在他的领导下，天主教会开始成为西欧最强大的政治实体。英诺森教皇不仅扩大了教会法规范围，而且完善了教会的官僚组织结构。他利用自己的权力向世俗统治者施加影响，并经常干预国君的政治、财政和个人事务。

基督教的生死观

基督教将承诺个人救赎塑造成中世纪世界观的核心思想，并为此开创了一套独特的仪式体系。中世纪的基督徒通过这些仪式，能在临终前克服死亡的恐惧。通过各式各样的圣礼以及一系列神圣仪式，中世纪的基督徒不仅被赋予了恩典（信徒可自然而然得到上帝赐予的恩惠），而且坚信自己可以通过洗涤罪恶的灵魂得到救赎，并最终在来世获得永生。

公元1215年，第四次拉特兰会议召开。这次会议将圣礼的数目确定为7项，涵盖了个人人生的各个重要阶段：圣洗（出生洗礼，洗涤受洗者的原罪）、坚振（使教徒接受圣神及其恩赐，以坚定信仰）、告解（忏悔礼，承认信徒悔罪，并赐予赦免）、圣体（圣餐礼，最重要、最核心的圣礼，借助耶稣的身体和血液，将人类与上帝联系在一起）、神品（圣职叙任礼，授予神职人员以牧师的权威）、婚配（祝福教徒的婚姻）、终傅（临终涂油礼，让人们从罪恶中解脱）。

事实上，教会通过圣礼仪式，几乎参与了个人生活的各个主要方面。所以，教会推行的价值观决定了基督教世界的集体精神。由于只有教会官员才能管理圣礼，神职人员因此对个人救赎具有"垄断权"。

并且，中世纪的基督徒也将母教会的代表视为牧羊人。无论是出生，还是死亡，他们都将指导羊群踏上漫长而危险的人生之路。基督徒生前的行为决定了他们的灵魂归宿：天堂、地狱抑或炼狱（洗涤罪恶的地方）。但是，只有通过神职人员，他们才能得到恩典，获得救赎。

在公元12世纪，关于罪恶和救赎等概念，基督徒有更加复杂的理解。教会认为，人在死后，灵魂需要通过炼狱，才能得到最终审判。在炼狱中，人若在凡间犯下罪过，赎罪则得豁免，反之将受到惩罚。

虽然普通基督徒可能会在炼狱中受到惩罚，但他们也可能因为曾经的祈祷或者善举获益。神职人员能以各种方式赦免其罪过，这让中世纪教会具有不可侵犯的权力和权威。

方济各会

在第四次拉特兰会议上，教皇英诺森三世同意建立一套新的教规戒律，旨在让教徒重新形成《山上宝训》（见阅读材料8.2）中所记载的光明磊落、质朴虔诚等特质。方济各会的名字源于其创始人乔瓦尼·贝尔纳多内（1181—1226），他的父亲给他起了个绰号——方济各。

虽然父亲是一个富有的意大利布商。但方济各却放弃了奢华的生活，致力于布道与接济穷人。当穿梭在各个城镇时，他仿效上帝的使徒，过着贫穷的生活，并依靠乞讨为生，风餐露宿。

不同于本笃会（见第九章）和其他隐居的基督信徒，方济各选择在迅速崛起的意大利城邦市民中传道。托钵行乞的生活方式使他成为谦卑的象征。他对穷人和病人的关注，不仅恢复了早期基督教倡导的怜悯精神，而且让人联想到耶稣自身的恻隐之心。

在方济各死后，一些传说故事写到这位圣徒的尸体上带有圣痕，即被钉在十字架上的标记。另一些人则将方济各描述为上帝派往凡间的传道者。因此，那些描述圣徒向飞禽走兽布道的场景广受欢迎。

在方济各去世前两年，他在赞美诗中表达了对自然的崇敬。这份情感真挚直率，既像安布罗斯的赞美诗（见阅读材料9.2），又像美洲原住民赞美自然时经常吟诵的祷告词（见第二册阅读材料18.5）。

阅读材料 12.1
摘自《圣方济各》

至高、全能、仁善的上主，
　赞颂、光荣、尊敬和一切称扬，都属于你！
至高的主，唯有你堪当这一切，
谁也不配呼号你的圣名。
我主，愿你因一切受造物，
尤其因太阳兄弟而受赞颂：
因为你使他给我们带来白昼和光明，
他是美丽和光辉灿烂的；
至高的主，他正象征着你！
我主，愿你因月亮姊妹和众星辰受赞颂：
因为你将她们散布在天空，
她们光明、珍贵又美丽。
我主，愿你因风兄弟，
因空气、云雾、晴朗和气候的变换而受赞颂：
因为你借着他们维护并滋养一切生物。
我主，愿你因水姊妹而受赞颂：
因为她受用无穷，
却是谦下、珍贵而纯洁的。
我主，愿你因火兄弟而受赞颂：
因为你借着他照耀黑夜，
他是美丽的、愉快的、刚强和猛烈的。
我主，愿你因似慈母的大地姊妹而受赞颂：

因为她养活并照管我们,
为我们生产五谷和色彩艳丽的花卉。
我主,愿你因那些为你而宽恕他人,
且忍受不公及忧苦的人而受赞颂:
为维护和平而安心吃苦的人是有福的,
他必由你——至高的主——获得冠冕。
我主,愿你因肉体死亡姊妹而受赞颂:
她是任何人也逃不过的,
身负大罪而逝世的人是有祸的,
承行你圣意而逝世的人是有福的,
因为第二次的死亡绝不能伤害他。
你们赞颂、称扬我主吧!
以极大的虔诚感谢,并侍奉他吧!

问:在这首赞美之歌中,上帝与自然的关系是什么?

公元13世纪,基督教人道主义浪潮席卷西方世界。其中,方济各会并非唯一典范。公元1215年,一批信徒跟随受过良好教育的西班牙牧师——多明我(1170—1221)组成了另一个托钵修会——多明我会,并开始专心从事讲经、布道。

多明我会致力于神学研究,培养出了许多著名学者,包括托马斯·阿奎那。本章稍后将详细讨论。方济各会和多明我会不仅为年轻人提供教育,而且打击异端邪说,照顾病人和穷人,因此赢得了人们长久的尊重和赞誉。

圣方济各和圣多明我吸引了许多人入会。但在当时,女性信众很难以自己的名义组成修道团体。第四次拉特兰会议批准了教会提出的各种限制条例,比如禁止修女聆听忏悔、布道,也不允许其唱赞美诗。这些措施限制了本笃会修女及其他圣女参与宗教活动的自由和权限。无论是方济各,还是多明我,都认为使徒的生活方式不适合女性。因此,新的宗教团体也拒绝女性参与其中。

虽然如此,克莱尔·阿弗莱特列西奥(1193—1253)却是一个特例。她不仅是圣方济各的追随者之一,也是一位来自阿西西的年轻女贵族。然而,她却放弃了贵族特权的生活,建立了一个妇女团体,并以贫穷和谦卑为典范。最初,教皇拒绝承认克莱尔教会。之后,她制定的规则直到她临终前数日才得到认可。她是第一位为宗教团体制定规则的女性。后来,人们将这个贫穷女性的教团称为圣克莱尔会或"穷克莱尔会"。

中世纪文学

神秘主义文学

中世纪的大多数宗教文学都带有说教色彩。毕竟,这样的作品有助于教导世人。然而为了达到这一目的,宗教异象文学却采用了另外两种方式。其一,这些作品反映了个人对上帝简明、直观的认识(因此形成了自传体)。其二,作者在这些作品中将超自然形象刻画得栩栩如生(因此,读者可以通过文字真切感受到某些不可知的力量)。

公元12世纪,作为基督教主要的神秘主义者之一,宾根的希尔德加德(1098—1179)有着非凡的经历。她8岁时进入本笃会的一家女修道院,并在之后成为院长。作为一名学者,除了母语德语之外,她还精通拉丁语,并撰写了3篇异象文学短文,以及数篇关于自然科学、医学的论文。此外,她还写过一篇善恶之间的寓言对话,并为祷告活动写下了77首歌曲(见第十三章)。

有些人认为希尔德加德是第一位具有宗教异象的女性。但实际上,她与很多古代神秘主义者和预言家（其中最著名的是特尔斐的女祭司和罗马的女先知）别无二致。然而，作为最早的基督教神秘主义者，希尔德加德有许多原创作品，主题包括宇宙的本质、《圣经》的意义和基督徒死后的命运。

教会确信她的异象带有神的旨意，并且大多数与她同时代的人也十分认可她的预言能力。下文的选段摘自她的著作《认识主道》（意为认识上帝的方式）。她的身上出现了两个最引人注目的异象，之后便与"来自天堂的声音"不期而遇。正如那些描绘她形象的手稿一样，希尔德加德亲自为这幅微型画加上了一个异象（图12.1）。

图 12.1 **认识主道** 希尔德加德，约公元1146年。插图将神的启示描绘成一束炽热的光。这束光从顶部耶稣天使般的形象，流向希尔德加德（右下角）的微小图像。那个来自天堂的声音命令希尔德加德"说话"。这一方式与大天使加百列命令穆罕默德"背诵"如出一辙（见第十章）

阅读材料12.2
摘自希尔德加德《认识主道》
（约公元1146年）

1.《认识主道》声明：关于神赐我真灵视的郑重宣告

看呀！在我43岁时，我怀着深深的恐惧和战栗，依靠天赐的灵视，看到了一片灿烂的景象。那是一个来自天堂的声音，说道："哦，虚弱的凡人，总归是尘归尘、土归土，将你的所见所闻记述下来吧。对你而言，虽然你害怕张口，写作也胸无点墨，但详细说明却并不困难。无论是人的言语、才智，还是人写作的目标，你都不必遵循，而是要将你在上帝创造的奇观——天堂中的所见所闻记述下来！你要为他们解释这一切。就像那些听懂指导者话语的人一样，愿意根据指导者话语的意义，将其公之于众，并为他们带来启示与教导。因此，你作为凡人，也要说出自己的所见所闻。此外，智者、先知和圣职者通晓一切隐秘，你要根据他们的意愿，而非自己或他人的意愿，写下你的见闻。"接着，我又听到了来自天堂的声音："说出这些奇观，并按照我教你的方式记述下这一切吧！"

公元1141年，在我42岁零7个月时，上帝之子的化身——耶稣基督显圣。他将天幕拉开后，光芒四射，如潮水般淹没了我的脑海。他像一束明亮的光芒降临人间。这束光芒如同火焰一般，点亮了我的胸膛，这种感觉就像太阳普照大地一样，温暖却并不灼热。

突然间，我懂得了各书（比如《诗篇》和《福音书》）中的意义。无论是天主教奉行的《旧约》各书，还是《新约》，我之所以能知晓其中的含义，并非由于字里行间的意思或音

第十二章　基督教和中世纪思潮　355

节划分的蛛丝马迹，也不是因为检查了文字中的格（语法）和时态。

事实上，从15岁的花季少女一直到现在，我总能感受到内心深处有一种神秘、奇迹般的力量，以及非同寻常、奇迹般的灵视。然而，我并未将这些向世人诉说，除了一些和我一样，具有共同信仰的兄弟姐妹。与此同时，在上帝降下恩典，欲让这些事物显露之前，我早已将它们默默隐藏起来。

当我在熟睡、做梦，精神错乱或者待在封闭的地方时，我并不能通过肉眼或双耳，感知到这些灵视。但是根据上帝的旨意，来到开阔的地方，我就能清醒地感知到灵视。我就能感到主在聚精会神地看着我。无论如何，世俗之人很难彻底理解这些……

2.《认识主道》第一卷，第一幅景象：铁色山和光芒四射的主

我似乎看到了一座巨大的山峰，山体泛着钢铁的光泽。主在山顶上坐着，散发出如此耀眼的光芒，让我目瞪口呆。一个柔和的影子从他的两侧向外延展，就像张开了一对极大的翅膀。并且在主面前，也在这座山的脚下，站着一个人。此人身上长满眼睛，到处放光。因为那些眼睛，我无法分辨他的模样。

此人前面还有另一个人，从年龄上看像是一个男孩。他穿着一件暗色的上衣，脚下穿着一双白色的鞋子。在男孩头上，主散发出的光芒是如此耀眼，以至于我无法看清男孩的脸庞。大量充满生机的火花从主那里飞流直下，环绕在两人周围。他们也对此欢欣雀跃。此外，在这座山上，我似乎还看到了许多小窗户。在窗户里面，我看到了很多男人的头颅，

有的黯淡无光，有的洁白无瑕。

看！主坐在山上，用极其浑厚响亮的嗓音喊道："哦，脆弱的凡人，你们总归是尘归尘、土归土。大声呼喊并说出，你们如何坚定地走向救赎！"主这样做，是为了教导那些人。他们只看到了《圣经》最深处的含义，但并不想向世人讲述。他们维护上帝的公义，却不够热心、得过且过。要为他们破除这种障碍。因为他们胆小怕事，只愿意躲在偏远荒芜的地方。

因此，你要让自己的内心充实丰富，要沉浸在潜修的学习中。如此，那些带有原罪、想嘲笑你的人，才会在你充沛的精神面前不值一提！

"你没有从人那里得到敏锐的洞察力，而是天神用神力赐予了你。因此，灵视中才会有灿烂的光芒，这样的光也才会显得耀眼夺目。那么，站起身来，大声说出来吧！主已经用最强的神力将这些事物展现在你的面前。因为主是有力量的。他充满善意，管理着他的造物。无论是那些害怕他的人，还是那些满心欢喜、虚怀若谷服从他的人，主都会散发光芒，向他们传递神圣的启示。并且，对于那些坚持正义的人，主还会赐予他们永久的灵视，并让他们得到喜乐！"

3.《认识主道》第一卷，第二幅景象：路西法的堕落、地狱的形成，以及亚当和夏娃的堕落

然后，我似乎看到了大量火炬正在燃烧，熠熠生辉。炽热的火焰光芒四射，极为耀眼。看！这里出现了一个一望无际、深不见底的湖，湖口像一口井，呼出一股恶臭的炽烈烟

雾。湖口处飘出的雾持续上升，令人作呕。最后，升腾的雾碰上了像血管一样的东西，其外观感人眼球。

接着，在一处明亮区域，雾气从血管中吹过，化为一朵纯白色的云彩。云彩呈现出一个俊秀男人的模样。并且这朵云彩本身容纳了很多很多颗行星。之后，令人厌恶的雾气吹过，那朵云和男人的模样也从那片明亮区域中消散。

一旦发生这种情况，最为璀璨的光辉就会瞬间环绕在那片区域周围。世界上曾经彼此相安、牢固结合的各种元素，现在也开始混乱不堪、分崩离析，呈现出惊人的恐怖……

现在，你面前那片"一望无际、深不见底的湖"正是地狱之所在。如你所见，邪恶弥漫在无际的湖上，湖底深渊也暗藏诅咒。同样，"湖口像一口井，呼出一股恶臭的炽烈烟雾"就意味着湖水将贪婪地吞噬溺水的灵魂。虽然湖的景色看起来美妙融洽，让人愉悦，但这片湖却借助有悖常理的假象，诱导这些灵魂走向无尽的折磨与毁灭。

灼热的火焰呼出了最令人厌恶的烟雾，并激起了致命的恶臭。而这些令人憎恶的折磨都是为魔鬼及其追随者所准备的。对于最高的善，他们十分厌烦，既不想知道，也不想了解。因此，他们决定推翻一切善事。而他们这样做不是因为他们不知道何为善事，而是因为他们对此不屑一顾，嗤之以鼻……

问：这篇启示表达了希尔德加德怎样的真知灼见？
问：你认为她描绘的哪幅景象最为生动？

图 12.2 死者肖像 弗朗索瓦·德拉萨拉，约公元1390年，瑞士拉萨拉兹。蛆虫在他腐烂的尸体上蠕动，而蟾蜍啃噬着他的眼睛和嘴巴

布道文学

希尔德加德著述颇丰，涉及个人、基督教学者与中世纪布道等多个主题。她不仅在教会的布道坛上讲述著作中的内容，而且直接走入教区，向目不识丁的信众传道。无论是宗教异象小册子，还是布道文学著作，这些作品都以生动的方式描述了上帝的恩典和罪人的救赎。然而，中世纪布道文学经典之作——《论人的贫苦条件》（约公元1200年）却由教皇英诺森三世所著。

这篇布道文的笔法铿锵有力，不仅论述了人与生俱来的原罪，而且强烈批判了"人体邪恶和肮脏的状况"。如同希尔德加德的宗教异象一样，这样的文学手法从人体状况的普遍观点出发，即肉体的负担让人感到沉重，摆脱不了腐烂、生病和肉欲的束缚。作为灵魂的居所，身体将在审判日复活，但在此之前，仍要遭受死亡的审判。

英诺森的布道用死亡铭记的方式告诫人们"死

亡临近"。这种手法让习惯听故事的人们能够"铭记死亡",并为此做好准备,以迎接它的必然降临。人体衰变是大多数中世纪说教文学中的一个主题,英诺森对其的刻画反映了中世纪对物质世界的鄙弃。

到了中世纪晚期,特别是在鼠疫肆虐之后(见第十五章),作家们就将身体刻画成"蠕虫的食物"。这一画面让人不寒而栗,不仅成为英诺森口中极为生动的图像之一,也在主张简洁风格的墓雕艺术中广受欢迎(图12.2)。

英诺森生动描述了基督教宣扬的地狱场景,并将堕落从人们的概念转变为对十恶不赦罪人的永恒惩罚。同时,这也是中世纪艺术家喜欢的主题之一。英诺森让肉体死亡和精神生活形成鲜明对比。中世纪手稿在描述最终审判时,经常加入描绘这种对比的插图。此外,我们也能从罗马式与哥特式教堂的大门上看到类似的景象(见图13.7)。

阅读材料12.3
摘自教皇英诺森三世《论人的贫苦条件》
(约公元1200年)

人类贫苦条件的开端

……人是由尘土和黏液组成的。更可鄙的是,孕育人的精子最为肮脏。人是从肉体的瘙痒、激情的狂热和欲望的恶臭中孕育出来的。更糟糕的是,人生来就带有原罪的污点。人伴着辛劳、恐惧和烦恼而生。更可怜的是,人注定会死亡。人自甘堕落,冒犯了上帝、邻人以及自我。人做出可耻的事,玷污名誉、良心以及自我。人无视一切重要、有用和必要的行为,人不仅将永远成为炽热火焰的燃料,也会成为蠕虫蚕食和消化的食物;众多腐烂的骸骨也将永远散发出恶臭……

论死亡的临近

人生命中的最后一天,总是最重要的,但人从不认为自己生命中的第一天也是重要的。可是我们要生活,总还要依照这条原则才最为妥当,即人应该将每天当成生命中的最后一天。因为,正如经上所载,"请记住,死亡并不缓慢"[1]。时间逝去,死亡也将临近。在垂死之人的眼里,即便是千年的时光,也如昨天一样,早已是过眼云烟。未来永远即将出现,现在总在逐渐消亡,而过去的事情早已不复存在。活着的时候,我们走向死亡;当我们不再活着的时候,死亡便如期而至。因此,向死而生总比等待死亡好上许多,因为凡人的生命,也只不过是生不如死……

论尸体的腐烂

……人的热血被欲望腐蚀;最后,蠕虫就像哀悼者一样,站在他的尸体上。活着时,人身上有虱子和绦虫;死去时,人身上遍是蠕虫和苍蝇。活着时,人会产生粪便和呕吐物;死去时,也会产生腐烂和恶臭。活着时,人养活自己;死去时,人养活蠕虫。那么,什么能比尸体更为恶臭?什么能比尸体更加恐怖?活着时,人相互拥抱,欢欣快乐;死去时,却满是恐怖的景象。那么,有什么益处呢?难道是财富、食物和荣誉吗?财富不会使我们免于死亡,食物也不能让我们免受蠕虫侵害,更不会

1.《传道书》14:12。

使我们免于恶臭。那个曾坐在荣耀宝座上的人，现在也只是躺在坟墓里，被人俯视；那个曾经在奢华宫殿里衣冠楚楚的人，现在也只是躺在坟墓里，赤身裸体、散发臭气；那个曾经在大厅里享受佳肴的人，现在却成了坟墓里蠕虫的食物。

没有什么可以帮助受诅咒的人

……哦，严格审判！不仅是行动，而且是"凡人所说的闲话，当审判的日子，必要句句供出来"[1]。支付给高利贷者的利息也要分文不少。"谁指示你们逃避将来的愤怒呢？"[2]

"人子要差遣使者，把一切叫人跌倒的和作恶的，从他国里挑出来，丢在火炉里，在那里必要哀哭切齿了。"[3]所以，人将会呻吟、哭号、尖叫，会挥舞着手臂大叫、呼喊，并咆哮；人将会有恐惧、颤抖、辛劳和麻烦，还有大屠杀和可怕的恶臭。并且，黑暗和痛苦将无处不在；人将会有粗暴、残忍、灾难、贫穷、痛苦和绝对的悲惨；因为孤独和默默无闻，他们会感到被人遗忘；人将会有扭曲、刺痛、苦涩、恐怖、饥渴、冷暖，烈火与硫黄将在人世永远燃烧，没有尽头……

问：英诺森如何描述人类的本性和命运？

问：这篇布道与《山上宝训》（阅读材料8.2）相比如何？

---

1. 《马太福音》12：36。
2. 《路加福音》3：7。
3. 《马太福音》13：41-42。

中世纪道德剧

当中世纪教堂回荡着布道的声音时，城镇广场（通常紧邻大教堂）就成为露天剧院。那里上演着基督教历史剧和传奇故事。市民们闻讯而至，聚集起来观看这些戏剧表演。演出从日出一直演到日落。其中，神秘剧将《圣经》中的历史故事改编成剧本，内容从路西法的堕落开始，到最终审判为止。而奇迹剧的表演内容则选自基督、圣母与圣徒的生活故事。此外，第三种中世纪戏剧名为道德剧，演绎了善恶之间的斗争，以及死后灵魂的命运。公元12世纪，希尔德加德撰写的《德行之律》成为第一部中世纪道德剧。该剧作用寓言的形式，描述了美德和恶习之间的一场对话。

所有这些戏剧都是由当地演艺行会成员出演。而神秘剧通常采用露天表演（在带篷马车搭成的舞台上演）的形式，并在各个城镇广场中流动演出。中世纪戏剧不仅是一种受人欢迎的娱乐形式，也是进行宗教和道德教育的不二法门。

正如希腊戏剧一样，中世纪戏剧从根本上旨在宣扬宗教。作为基督徒礼拜的主要仪式，天主教弥撒接纳了剧院的所有装饰物：五彩缤纷的服饰、象征性的小道具、迎神的庄严游行、戏剧性的手势和仪式音乐。逐渐戏剧化的教堂礼拜仪式，很有可能影响了神秘剧和奇迹剧的诞生。然而，我们在寓言诗歌和布道文学中，都能见到道德剧的影子，这一点不乏先例。

我们在柏拉图的《理想国》（见阅读材料4.6）和奥古斯丁的《论上帝之城》（见阅读材料9.4）中遇到过这样的文学手法。寓言运用具有象征意义的角色，彰显人、事物或思想的本质。道德剧中的人物是抽象人格与普遍情况的化身。例如，在《世人》剧中，主角代表所有基督徒的灵魂，朋友代表友谊，财富代表世俗的财产，等等。

尽管《世人》只有公元15世纪的荷兰语和英语

版本幸存至今，但类似戏剧的出现则要早得多。作为中世纪时最受欢迎的道德剧，《世人》用象征手法重现了基督徒灵魂通向最终命运的朝圣历程。在该剧开场中，"信使"出现并阐述人生的短暂。随后，剧中出现死亡与上帝之间的谈话。在对话里，上帝是一个易怒、狂躁的角色，并发现人类"罪孽深重"，这与《约伯记》中撒旦与上帝的对话如出一辙（见第一章）。

如果人类各行其是，上帝认为"他们就会禽兽不如"。随着剧情的展开，《世人》揭示了死亡已向人类临近。人们却对此毫无准备，惊慌失措，并很快意识到自己的亲朋好友、世俗财产，以及人生其他宝贵的事物，都将不会为自己殉葬。知识、智慧、美丽和谨慎可能指向救赎，但这些东西也无法拯救人类。

只有善行作为人类唯一的朋友，能在天主教牧师的帮助下让人获得救赎。《世人》这部剧本质上是道德寓言。它以戏剧化的方式，描述了基督徒灵魂从尘世生活到最后审判的朝圣之旅。正如教皇英诺森的布道文一样，它教导世人，生命是短暂的，世俗的快乐终将毫无价值，只有得到教会赐予的恩典，人们才能获得救赎，减轻罪恶。

阅读材料 12.4
摘自《世人》
（约公元1500年）

人物：

信使	表亲	力量
神（我主）	财富	方向
死亡	善行	五智慧
人	知识	天使
朋友	坦白	医生
亲属	美人	

这里以道德剧的形式演绎了一段天堂的圣主在世上如何派遣死亡，召唤生命，并且描述每个生灵的生活。

信使：诸位看官细听端详，
　　　我把此事向您宣讲，
　　　这是一出道德剧——
　　　名字就叫《世人》。
　　　我们人类有生有死，
　　　人的一生转瞬即逝。
　　　这件事情极为重要，
　　　而其意义更加美好。
　　　现在开始言归正传——
　　　人生起步谨慎为先，
　　　还要注意善始善终，
　　　千万不要过于放纵！
　　　犯罪之初沾沾自喜，
　　　最终导致灵魂哭泣，
　　　躯体入土一了百了。
　　　这里你会看到欢闹、
　　　友谊、力量、享乐和美，
　　　像花一样逐渐枯萎。
　　　因为你将听到天王
　　　要给人类结算总账，
　　　注意听他说了什么。

神：我在这里安坐天国，
　　看到人类满不在乎，
　　对我不惧享受宏福，
　　罪孽深重不把我拜，
　　一心只想致富发财。
　　圣明、权杖皆不惧怕，
　　临死之前我曾立法。
　　我曾流血已被忘记，
　　二人陪我毋庸置疑。
　　为救他们我把命丧，

头戴荆冠为其治伤，
我已真正竭尽全力。
现在人们将我遗弃，
他们犯有七项死罪，
骄傲贪婪愤怒淫秽。
既然造出美好世间，
谁与天使天堂相伴？
人人都在寻欢作乐，
根本不知何为生活。
我对他们愈是忍让，
他们愈是让我失望。
一切生命均受伤害，
所以我才匆匆赶来，
和人一起算这笔账。
若把他们抛在一旁，
灾难之中含辛茹苦，
他们就会禽兽不如。
出于妒忌你夺我争，
早把仁慈忘得干净。
以前我曾衷心希望，
人人都会建造住房，
成为选民住在那里。
现在他们垂头丧气，
一不感谢我的好心，
二不感谢造人之恩。
我给人类慈悲无限，
慈悲之人难得一见。
他们追求物质财富，
需要之人我定照顾，
安心度日不必害怕，
死亡，你这信使在哪里？

死亡：全能之神有何吩咐？
　　　我在这里听您调度。

神：奉我之命快去找人，
　　以我名义向他说清：
　　要他务必出去朝圣，
　　想要躲过绝不可能；
　　让他带来一份账单，
　　即刻动身不要拖延。

死亡：我在世间主宰生灵，
　　　仔细盘查毫不留情。
　　　野蛮愚蠢不法之徒，
　　　定会遭到我的惩处。
　　　爱财之人会挨刀枪，
　　　打瞎眼睛逐出天堂，
　　　投入地狱直到永远，
　　　除非他爱施舍行善。
　　　我见人从那边走来，
　　　浑然不觉我的存在。
　　　一心想着发财寻欢，
　　　如果来到天王面前，
　　　定会遭受巨大痛苦。
　　　站住！你要到哪里去？
　　　为何如此兴高采烈？
　　　难道已经忘记我主？

人：为何问我这一问题？
　　你真的想知道？

死亡：对，先生，我会告诉你，
　　　我受天神陛下委派，
　　　为了找你匆匆赶来。

人：什么，找我？

死亡：当然。
　　　虽然你已将他忘记，

他在天国仍然想你，
分手之前你就知道。

人：神要我做什么？

死亡：我会告诉你，
他要和你算账。
一刻也不容缓。

人：我想再等一等，
这事令我头痛。

死亡：你要长途旅行，
带着你的账簿，
千万不要回头，
肯定能够算清；
你将来到神的面前，
招出你的劣迹斑斑；
面对天堂主神，
描述你的生平。
走在路上会有麻烦，
没有人会为你斡旋。

人：这样算账我无准备，
你是为谁传递消息？

死亡：我是死亡谁也不畏，
让人长眠无论是谁，
那是神的命令，
人人都得服从。

人：死亡啊，
你的到来我没想过，
你有权力可以救我。
我在这里向你致意，

一千英镑随你拿去，
如果你能慈悲为怀，
把这件事推到将来。

死亡：人啊，
这个主意根本不行，
金银财富我不看重；
教皇皇帝王公贵族，
我对他们不屑一顾。
如果我想得到重礼，
世界就在我的手里。
但这不合我的习惯，
赶快动身不要拖延。

人：哎呀！
难道我再不能歇停？
死亡不会把人提醒。
想起死亡令我烦恼，
我的账簿尚未写好。
我若停留一十二年，
可使账簿一目了然。
再也不必担心算账，
求你看在神的分儿上，
发发善心放我一马，
等我找到补救办法。

死亡：哭泣请求都没有用，
还是赶快踏上征程。
你可考验一下朋友，
你要知道岁月如流，
由于亚当犯有罪过，
世人必死无法逃脱。

人：我若依你出去朝圣，
同时也将账目算清，

请你务必说个明白，
　　短期之内我不必来？

死亡：一旦你到那里，
　　　再也不会来此，
　　　相信我。

人：天堂之上仁慈的神，
　　我在难中求你怜悯。
　　难道世间没有朋故，
　　甘愿领我一同上路？

死亡：如果有人如此勇敢，
　　　可以同去与你相伴。
　　　赶快上路去找天神，
　　　在他面前交出账本。
　　　你的生命你的财富，
　　　你还以为都给了你？

人：我当然这样认为。

死亡：不对，那是借给你的。
　　　但是只要你一出发，
　　　稍后你就可得到它，
　　　即便以前犯有过错。
　　　人啊，你疯了，
　　　你有五项智能，
　　　你无法重新做人，
　　　因为我突然来到。

人：可怜的人啊，
　　我要逃到哪里
　　才能摆脱无限痛苦！
　　仁慈的死亡，
　　宽限我到明天，
　　让我好好考虑，
　　如何重新做人。

死亡：不，我不会同意，
　　　我谁也不宽限，
　　　我什么也不想，
　　　而是直捣心脏。
　　　现在我要离开你，
　　　看你马上准备就绪，
　　　你可以这么说：
　　　今天谁也逃不脱。

人：唉！我只好哭泣，
　　没有伙伴把我照料，
　　我的账本也没写好。
　　我将如何自我开脱，
　　但愿天神没有造我！
　　对我灵魂大有好处，
　　因我现在万般痛苦。
　　愿主帮助所有生灵，
　　我虽悲伤毫无作用。
　　光阴荏苒今日将完，
　　我仍不知要怎么办。
　　满腹话语向谁倾诉，
　　找到朋友和盘托出。
　　把这遭遇向他陈述，
　　我对于他完全信任。
　　我们交往已有多年，
　　一起运动一起游玩。
　　我看见他就在那里，
　　他会愿意做我伴侣。
　　向他诉说解我烦恼。
　　碰巧见面朋友你好！

朋友：人啊，你好！

第十二章　基督教和中世纪思潮　363

为何面露愁容？
　　　　　如有难事请告诉我，
　　　　　也许我能帮你解决。

人：是的，好心的朋友。
　　我在危险之中。

朋友：好朋友，
　　　告诉我你的心事，
　　　我至死不会抛弃你，
　　　一直都做你的伴侣。

人：说得好。

朋友：我要知道你的不幸，
　　　见你悲伤我很同情。
　　　如果有人将你伤害，
　　　我会向他复仇雪恨，
　　　即便我会为你而死。

人：朋友，真谢谢你。

朋友：呸！
　　　你的感谢一文不值，
　　　赶快说出你的悲伤，
　　　别的一切都不要讲。

人：我若向你敞开心扉，
　　你就对我不再理会，
　　不再对我加以安慰，
　　那样我就痛苦十倍。

朋友：先生，我会说到做到。

人：那你就是患难之交，
　　以前我没把你看错。

朋友：你的看法永远正确。
　　　即便你要走入地狱，
　　　我也不会把你抛弃！

人：你够朋友我很相信，
　　我也值得你来信任。

朋友：今天不说是否值得。
　　　如果有人只说不干，
　　　就不配做一个伙伴。
　　　你把悲伤向我吐露，
　　　把我当成知心朋友。

人：我把原委向你倾诉，
　　有人命我踏上征途，
　　道路艰险而又漫长，
　　来到法官神的身旁，
　　算清账目不许拖延，
　　所以求你与我相伴，
　　这件事情你已答应。

朋友：确实是件重大事情，
　　　既然答应就要践行。
　　　我应踏上这一征途，
　　　但我知道我会吃苦，
　　　也会让我感到害怕。
　　　咱们两个商量一下，
　　　因为你的一番话语，
　　　强人听了也会畏惧。

人：为什么？你曾说过我若有难，
　　你绝不会弃我不管，
　　哪怕陪我走入地狱。

朋友：我确实这样说过。
　　　先把这些放在一边，
　　　请你老实告诉我：
　　　如果我们踏上征程，
　　　何时才有可能回来？

人：我们永远也回不来。

朋友：那我真的不愿意去。
　　　谁告诉你这一消息？

人：刚才死亡和我一起。

朋友：若是死亡传递消息，
　　　无论如何我也不去，
　　　即便是我亲生父亲，
　　　我也不愿陪他登程。

人：这本不是你的许诺。

朋友：我知道我说了什么。
　　　你若是要吃喝玩乐，
　　　或是要去寻找美女，
　　　我就不会把你抛弃，
　　　相信我吧！

人：你会随时出去玩乐，
　　不愿出去上路陪我。

朋友：说句实话我不会去，
　　　但是你要出去杀人，
　　　要我帮你我也甘心！

人：那也的确是个主意！

好朋友请帮我解困，
你我二人长期友好，
现在不要把我忘掉。

朋友：不论我们是否友好，
　　　圣约翰做证，我不会走。

（人接下来求助亲属，但远亲和近亲都拒绝陪他去。然后他寻到"财富"——他的世俗财产。财富解释说，金钱和财宝只是借给人的，应该与穷人分享。接下来，"知识"引导人走向忏悔、谨慎、力量、美丽和五智慧——这些能指引他接受神圣的涂油礼。）

知识：人啊，请听我说！
　　　我建议你去找神父，
　　　无论如何领取圣餐，
　　　还有油膏一应俱全。
　　　然后很快回到这里，
　　　我们大家在此等你。

智慧：人啊，你要赶快准备，
　　　世间一个小小神父，
　　　也有上帝委托任务，
　　　无论任何王公贵族，
　　　也比不上一个神父。
　　　只有神父能做圣事，
　　　也能拯救人的圣魂。
　　　上帝忍受巨大痛苦，
　　　给了我们救命药物。
　　　你我一生转瞬即逝，
　　　其间要领七大圣事：
　　　洗礼、坚振礼和神品，

圣体即是上帝血肉，
　　婚配、告解，还有终傅，
　　行这七事大有好处。

（几乎都是好的做派，之后抛弃人。）

人：呜呼，
　　我认为我一定要走，
　　算清账目还完债务，
　　我知道我已尽气数。
　　这些你已看到听到，
　　我的好友弃我而去，
　　除了善行和我一起。

善行：世间万物皆是虚幻，
　　　美丽、力量、谨慎等都会背叛，
　　　愚蠢、耍嘴的亲朋全都逃掉，
　　　唯我善行和你一道。

人：全能的神可怜我吧，
　　圣母和我站在一起。

善行：不要害怕，
　　　我会为你说话。

人：我求上帝发发慈悲。

善行：请减轻我们的痛苦，
　　　我们走吧，再也不回。

人：我把灵魂交给我主，
　　请你收下免得丢失。
　　接受了我就要保护，
　　免得落入魔鬼之手，
　　等到世界末日那天，
　　我就和主一起出现。
　　我把灵魂交给你，
　　——永远全能的主。

问：这部戏剧反映了中世纪哪些核心思想？

但丁《神曲》

中世纪的人们将尘世生活视为"眼泪的溪谷"（意为苦难无边）。这一悲观论调却在宗教中得到了弥补。人们满心欢喜，坚信上帝能够帮助他们解脱并获得永恒的幸福。至今，有一部作品对这些思想做了最为深刻的阐述，即佛罗伦萨诗人但丁（1265—1321）的史诗级作品——《神曲》。《神曲》始作于公元1307年，记述了主人公在穿越死亡之域时，经历的一场冒险之旅（图12.3）。

这部作品采用象征手法，描述了基督教信徒灵魂从罪恶（地狱）出发，经过净化（炼狱），并最终得到救赎（天堂）的朝圣之旅（图12.4和图12.5）。作为中世纪思想的代表作，《神曲》戏剧性地描述了基督教生死观的基本原则。该作的结构反映了中世纪时人们的观点，即上帝规划了宇宙。更难能可贵的是，书中还对但丁所处时代的背景有所描写，揭示了那一时代道德、政治与神学等各个方面的情况。

《神曲》的方方面面都具有象征意义。例如，罗马诗人维吉尔代表了人类的理性，在书中陪伴但丁走出地狱。但丁十分欣赏维吉尔的伟大史诗《埃涅阿斯纪》。并且，他十分熟悉这部作品的第六篇，即主人公的地狱之旅。作为但丁的向导，维吉尔最远只能陪他到达炼狱山的顶端，因为人类的理性只能在开端指引朝圣者得到救赎，但无法深入领

图 12.3 **但丁和他的诗** 多梅尼科·米切利诺，公元1465年，壁画。佛罗伦萨大教堂，意大利。但丁带着一本《神曲》，用右手指向地狱。在他身后坐落着炼狱山及其七级阶梯。在但丁的左侧，画着带有城墙的佛罗伦萨城及大教堂。在作品上方，画家将天堂描绘成一系列彩色穹顶，上面遍布繁星，并在其后依次命名天堂的每一环（见图12.5）

会基督教信仰的神圣奥秘。

到了天堂，但丁的护送者变成了比阿特丽斯。作为书中神圣智慧的象征，其人物原型是一位佛罗伦萨女性。她不仅是但丁热恋的对象，也是作者一生的精神寄托。但丁参照严格的道德层级，构建了《神曲》的结构。这首诗的三个部分与亚里士多德学派对人类心智的分类十分相似：理性、意志和爱情。这三者也代表了基督徒心灵中潜在的道德条件：堕落、忏悔和恩典。

神圣的数字命理学在《神曲》的行文中也随处可见，尤其是数字3。它是三位一体的象征。该作分为3部，每个部分都有33首圣歌，但丁在其中又增

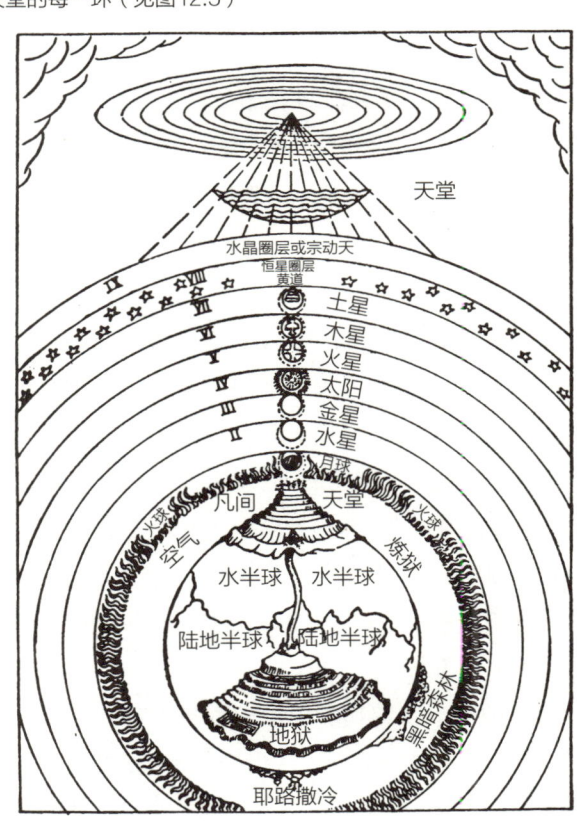

图 12.4 但丁的宇宙设计图

第十二章 基督教和中世纪思潮 367

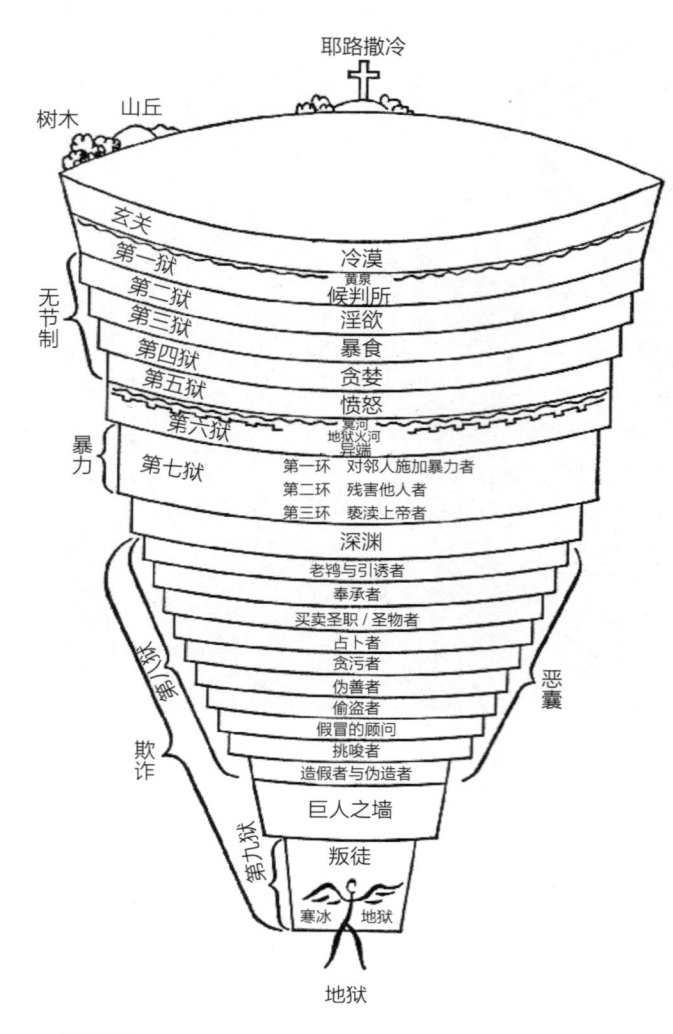

图 12.5 但丁的地狱设计图

《神曲》相得益彰。虽然该作具有丰富的象征意义，但诗中的语言却非常贴近现实，这一点难能可贵。正如《世人》一样，《神曲》中的人物不仅承载寓意，同时也让读者相信这些人物颇有真实之感。

但丁笔下的居民是真实的人。有些人物来自历史和传说故事，另一些人物来自他所处的时代。但丁因政治罪名遭到了家乡佛罗伦萨的驱逐。在之后的19年里，他游荡在意大利各个繁华的都市中心。在此期间，他见过的这些市民成为其作品人物的来源。

通过字面和象征层面上对该诗的诠释，但丁加强了地上之城和上帝之城在中世纪（本质上是奥古斯丁主义）的联系。与此同时，他也让中世纪布道文学最喜欢的主题焕发活力，即告诫人们：此生的行为必然决定来世的后果。

得益于对古典文学和基督教文学的精通，但丁曾用拉丁语写过关于政治理论、语言起源及其发展的论文。但是，他却并未采用教士和学者常用的拉丁语，而是使用自己的母语——意大利语撰写了这部史诗杰作。由于该作始于痛苦（地狱）终于欢乐（天堂），但丁因此称他的诗歌为"喜剧"。后来，喜欢这部作品的人在标题中添加了"神圣的"这一形容词，不仅突出了该作的宗教特征，也是为了赞扬作品中绝妙的歌词以及艺术性的构思。

作为《神曲》的第一部，《地狱篇》中的颂歌不仅最为生动，而且最能体现出但丁运用文字构造现实场景的才能。该作凭借冷酷的道德逻辑，先将罪人打入九层地狱之中，再根据其所犯罪恶的本质，给予不同的惩罚。例如，残暴者被永远浸泡在沸腾的血液中，贪食者同猪一样在自己的粪便中打滚。

依照惩罚的象征性原则，罪人是由其罪孽所象征的意义而受惩罚，并非因其罪孽本身而受惩。作为最轻的罪行，因色欲获罪的人位于地狱的顶

加了一首介绍性的序曲，使得总数达到了100首（这一数字象征丰富和完美）。每一首圣歌由小节组成，里面的诗行都环环相扣。圣歌采用三行诗节押韵法，并将韵脚安排为a/b/a、b/c/b、c/d/c。除此之外，在本作中，但丁有3个向导，地狱和炼狱有3个分区，地狱有3条主要河流。3的平方（9）不仅是罪人所在地狱的层数，也是悔罪者所在炼狱的圈数，还代表天堂的九重。

《神曲》以古代和中世纪资料为基础，精心设计了一系列数字命理。这些数字融合了神学、科学和历史信息，具有多个层次的象征意义，从而与

图 12.6 **最后的审判**（局部）公元13世纪，科波·迪·马尔科瓦尔多学派，佛罗伦萨浸信会

层，而有意犯罪的人会处于底层。那些有知识的罪人被囚禁在更深层的地狱中，那里由撒旦统治（图12.6）。但丁笔下的《地狱》描绘了不同的道德层次，每个该下地狱的人都要接受相应的下场。

在《地狱篇》的最后一首圣歌中，但丁游历了地狱的第九层，即地狱洞穴的最底层。那里有一位魔王，半胸以上都露在冰的外面，它的头有三个面孔，它的翅膀如蝙蝠一样。魔王拍打着自己的六双翅膀，就能卷起一阵寒风。这一设定与地狱的烈火燎原形成了鲜明对比。但丁把魔王称为"痛苦世界的君主"。作为所有罪恶中最严重的罪行，背叛他人的罪人都被囚禁于冰中。按照但丁书中所言，这些罪人在魔王身旁，"如同玻璃中的麦秆一般"。

魔王含着泪水，混着"带血的唾液"，用"钉耙一样的牙齿"咀嚼着三个叛徒的尸体：犹大、布鲁图和卡西乌。无一例外，他们在基督教和古典历史上都臭名昭著。地狱中到处可见黑暗与愤恨的绝望，反映了中世纪人们对地狱的普遍看法，即上帝之光无法照耀地狱中的灵魂。然而，在《地狱篇》最后一首歌的结尾，但丁和维吉尔最终从冰窟爬出，进入了"闪烁光明的世界"。《神曲》的第二篇和第三篇进一步升华了这一主题。

魔王之域冷酷无情，这与上帝在天堂尽享幸福形成了鲜明对比。光明不仅是自然元素中最为稀有之物，也是但丁描绘天堂的主要景象。作为一种意象，光既是《神曲》的核心要素，也是圣安布罗斯赞美诗的关键所在（见阅读材料9.2）。光在但丁的诗歌中比比皆是，尤其是塑造上帝的神秘与威严时。《天堂篇》第33歌中的最后一节最能体现这一特点。

正如大教堂的圆花窗一样，在圈环的完美形状中，但丁看到了人类形象融入了上帝的本质。随着爱情之轮的转动，诗人也发现了上帝的救赎光辉。由于译本无法体现原文托斯卡纳方言的丰富多彩，下面的两首圣歌因此不能再现《神曲》恢宏的气势。尽管如此，我们还是希望这些摘录片段能够传递出但丁诗歌的雄伟壮丽。

第十二章　基督教和中世纪思潮　369

阅读材料12.5
但丁《神曲》
（约公元1307年—1321年）

黑暗森林（地狱篇第1歌）

在人生的中途，我发现我已经迷失了正路，走进了一片幽暗的森林。啊！要说明这片森林如何原始、荒凉、崎岖，是一件多么困难的事啊！只要一想起它，我就又觉得害怕。

就算死也不会比那地方更痛苦！但是为了述说我在那里遇到的善，我要讲一下我在那里看见的其他事物。我说不清我是怎样走进了这片森林的，因为我在离弃真理之路的时刻，充满了强烈的睡意。

但是走到使我胆战心惊的山谷的尽头，一座小山脚下之后，我向上一望，瞥见山肩已经披上了指导世人走各条正路的行星的光辉。

这时，在那样悲惨可怜地度过的夜里，我的心湖中一直存在的恐怖情绪，才稍微平静下来。犹如从海里逃到岸上的人，喘息未定，回过头来凝望惊涛骇浪一样，我仍然在奔逃的心灵，回过头来重新注视那道从来不让人生还的关口。

我使疲惫的身体稍微休息了一下，然后又顺着荒凉的山坡向上走，所以脚底下最稳的，总是后面那只较低的脚。瞧！刚走到山势陡峭的地方，只见一只身子轻巧而且非常灵便的豹子在那里，它身上的毛皮布满五色斑斓的花纹。它不从我面前走开，而是极力挡住我的去路，迫使我一再转身想退回来。

这时天刚破晓，太阳正同那群星一起升起，这群星在神爱最初推动那些美丽的事物运行时，就曾同它在一起；所以这个一天开始的时辰和这个温和的季节，使我觉得很有希望战胜这只毛皮斑斓悦目的野兽；但这并不足以使我面对一只凶猛的狮子而心里不觉得害怕。只见狮子高昂着头，饿得发疯的样子，似乎要向我扑来，好像空气都为之颤抖。还有一只母狼，瘦得仿佛满载着一切贪欲，它已经迫使很多的人过着悲惨的生活，它的凶相引起的恐怖使得我心情异常沉重，以致丧失了登上山顶的希望。

正如专想赢钱的人，一遇到输钱的时刻到来，他一切心思就都沉浸在悲哀沮丧的情绪中，这只永不安静的野兽也使我这样，它冲着我走来，一步步紧逼着我退向太阳沉寂的地方。

我正往低处退下去时，一个人影出现在眼前，他似乎由于长久沉默而声音沙哑。一见他在这荒野里，我就向他喊道："可怜我吧，不论你是什么，是鬼魂还是活人！"他回答我说："我不是人，从前是人，我的父母是伦巴德人，论籍贯，他们俩都是曼图亚人。我出生于朱里亚治下，虽然迟了些，在圣明的奥古斯都统治下，住在罗马，那是信奉虚妄假冒的神祗的时代。我是诗人，歌唱安喀塞斯的正直的儿子在特洛伊城被焚毁后，迁往罗马的事迹。可是你为什么回到这样的痛苦境地？为什么不攀登这座令人喜悦的山？它是一切欢乐的基础和阶梯。""那么，你就是那位维吉尔，就是那涌出滔滔不绝的语言洪流的源泉吗？"我面带羞涩的神情说，"啊，你是诗人的光荣和明灯啊！但愿我长久学习和怀着深爱研寻你的诗卷能使我博得你的同情和援助。你是我的老师，我的权威作家，只有从你那里我才学来了使我成名的优美风格。你看那只逼得我转身后退的野兽，帮助我逃脱它吧，著名的圣哲，因为它吓得我胆战心惊。"

他见我流下泪来，回答说："你要逃离这个荒凉的地方，就必须走另一条路，因为这只迫使你大声呼救的野兽不让人从它这条路通过，它会极力挡住他，把他弄死；它本性穷凶极恶，永远不能满足自己的贪欲，得食后，比以前更饿。

"同它结合的野兽很多，而且以后会更多，直到灵犬来到，使它痛苦地死掉为止。这灵犬既不以土地也不以金钱，而是以智慧、爱和美德为食，将降生在费尔特雷和蒙特费尔特罗之间。他是衰微的意大利的救星，贞女卡米拉、欧吕阿鲁斯、图尔努斯和尼苏斯都是为这个国土负伤而死的。他将把这只母狼赶出各个城市，最后把它重新放进地狱，当初是忌妒从那里把它放出来的。所以为你着想，我认为你最好跟着我，由我做你的向导，带你游历一处永劫的地方，你在那里将听到绝望的呼号，看到自古以来的受苦的灵魂每个都乞求第二次死；你还将看到那些安于火中的灵魂，因为他们希望有一天会来到有福的人中间。如果你想随后就上升到这些人中间，一位比我更配去那里的灵魂会来接引你，我离开时，就把你交给她；因为那主宰天国的上帝由于我未奉行他的法度，不让我进他的都城。他的威权遍及宇宙，直接主宰天上，那是他的都城和崇高的宝座所在。啊！被他挑选到那里的人有福啊！"于是，我对他说："诗人，我以你所不知的上帝的名义恳求你，为使我逃脱这场灾难和更大的灾难，请你把我领到你所说的地方去，让我看到圣彼得之门和你说得那样悲惨的鬼魂。"

于是，他动身前行，我在后面跟随。

《地狱篇》第1歌注释：

人生的中途：在《圣经》中，一个人的寿命为70岁。因此，中途可能指但丁35岁的时候，即公元1300年。

行星：太阳。支持托勒密学说的天文学家们认为太阳是一颗行星。太阳象征着上帝，照亮了人的道路。

后面那只较低的脚：从字面来看，这句话意为"固定在原地的脚总是较低的"。而所谓"固定在原地的脚"通常指"右脚"。虽然巧妙的论证可以有助于阅读，但简洁明了的解释本身更显风格。比如，但丁说：他匆匆攀爬，满怀热情，尽管山峰陡峭，但他还是迈步向前；尽管步伐缓慢，但他还是让后一步紧接着前一步。作为但丁风格的核心特征之一，他通过精准细微的细节，传递出人物动作的整体性。

豹子、狮子、母狼：这三只野兽无疑来源于《耶利米书》。对此，人们早已提供了许多解释。但广为认同的解释如下：这些野兽代表了地狱的三个特性（淫欲、暴力和欺诈），而维吉尔对此也做出了详细解释。本人虽仍不能确定，但人们更加认同母狼代表欺诈，而豹子代表淫欲。无论如何，上述观点仅供参考，欢迎指正。

太阳与群星一起升起：中世纪传统认为，太阳在《创世记》的记载中位于白羊座。在但丁笔下，天文学和宗教的结合十分关键，也是寓言的重要组成部分。公元1300年，当他在黑暗森林中醒来之时，已是耶稣受难日前的黎明。因此，无论在黎明（象征重生），还是复活节（象征复活），白羊座作为《创世记》的标志，开启了他的新生活。不仅如此，当时还正值满月之际，太阳也处于昼夜平分点。但是，这些现象在公元1300年的任何一个星期五中都没有出现。显然，但丁以艺术手法表现了复活节的完美景象，并将其作为他新觉醒的象征。

朱里亚的治下：即在尤利乌斯·恺撒统治时期。

灵犬……费尔特雷和蒙特费尔特罗：可以肯定，此处是指一位伟大的意大利领袖，斯卡拉大公（1290—1329）。他的家乡维罗纳位于费尔特雷和蒙特费尔特罗之间。

卡米拉、欧吕阿鲁斯、图尔努斯和尼苏斯：他们均在特洛伊人和拉丁人之间的战争中丧生。据传说，埃涅阿斯率领特洛伊幸存者进入意大利。尼苏斯和欧吕阿鲁斯均在特洛伊战争中阵亡。卡米拉是拉丁国王的女儿，也是一位女勇士。在与特洛伊人的战争中，她骑马冲锋，并最终战死沙场。而图尔努斯在决斗中被埃涅阿斯所杀。（《埃涅阿斯纪》）

第二次死：诅咒。源自"这火湖就是第二次的死"。（《启示录》）

不让我进他的都城：在但丁的神学理论中，只有基督才能拯救世人。在维吉尔生活的时代，基督尚未在罗马建立教义，因此维吉尔无法升入天堂。

圣彼得之门：炼狱之门。一位天使守卫着大门，手中拿着一把闪闪发光的剑。这名天使是圣彼得的牧师（作为第一任教皇，圣彼得代表所有教皇，即基督在世间的牧师），并负责掌管两把巨大的钥匙。一些评论家认为这是天堂的大门。然而，但丁从该门升天后提到，天堂中并没有门。因此，不要忘记，人只要通过炼狱之门，就已经进入了天堂。在整个旅程中，但丁提到了三扇大门，分别是地狱之门、冥间之门、炼狱之门。

第9层地狱（地狱篇第34歌）

"地狱之王的旗帜正在前进，向着我们而来。"我的老师说，"所以你就向前面望吧，看你是否能看得出他来。"犹如浓雾升起时或者夜色降临我们这半球时，一个正转动着风磨的风车从远处出现，那时我好像看到了这样的一个庞然大物；接着，我就由于有风而退到我的向导背后，因为那里别无避风之处。

我已经来到那个地方，现在我写诗描绘这个地方时，犹有余悸，那里的鬼魂全身都被冰层所覆盖，透过冰层看起来如同玻璃中的麦秆一般。有的躺着；有的头朝上；有的脚朝上直立着；有的身子弯曲得脸都够着了脚，像一张弓似的。

当我们已经向前走了一段路，我的老师认为便于指给我看那个原先容貌那样美的造物时，他就从我面前闪过，让我站住，说："你看这就是狄斯，你看这就是你必须用大无畏精神武装自己的地方。"读者呀，不要问我那时变得多么冰冷和暗哑，这我都不描写，因为一切词语都会显得不足。我既没有死，也没有活着；如果你有点才智，那你现在就自己想一想，我被剥夺了死与生，那时变成了什么状态。

痛苦世界的君主半胸以上露在冰层外面；巨人的身材和我的身材相比，就如和他们自己的手臂相比：现在你可以想见，全身要和这样一部分相称，应该有多么高大。如果他原先那样美如同现在这样丑一样，还扬起眉毛反抗他的创造者，那他成为一切苦难的来源，是理所当然的。啊，当我看到他头上有三个面孔时，对我来说，这是多么令人惊奇的事啊！一个面孔在前面，是红色的；另外两个和这个相联结，位于肩膀正中的上方，它们在生长冠毛的地方联结起来。右边那个的颜色似乎在白与黄之间；左边那个看起来就像来自尼罗河上游地方的人们的面孔。每个面孔下面都伸出两只巨大的翅膀，它们的尺寸与这只大鸟相称：我从来没有见过海船的帆有这样大。翅膀上没有羽毛，样式和蝙蝠的翅膀一样；他扇动翅膀，就有三股风从他那里吹来，使科赛特斯河全结了冰。他用六只眼睛哭，每张嘴里都用钉耙一样的牙齿咀嚼着一个罪人，带血的唾液顺着三个下巴滴下来，就这样使三个罪人受苦刑。对前面那个来说，被牙齿咬比起被爪子抓是微不足道的，因为他背上有时被抓得完全没了皮。

我的老师说："上面那个头在嘴里、腿在外面乱动的，受最大刑罚的是加略人犹大。头朝下的另外那两个当中，那个从黑面孔的嘴里垂着的是布鲁图：你看，他怎样在那里扭动着身子，一言不发！那一个是卡西乌，他看起来肢体那样健壮。但是夜晚又回来了，现在我们该离开了，因为我们全看完了。"

我按照他的意思抱住他的脖子，他看准时间和部位，在各只翅膀张得够大的时刻，爬上毛烘烘的胁部，然后抓住一簇又一簇的毛，从浓密的毛和凝冻的冰层之间下去。当我们到达大腿向外弯曲，恰恰形成臀部的隆起处时，我的向导就吃力地、气喘吁吁地把头和腿掉转过来，如同向上爬的人似的抓住了他的毛，我以为我们又要回到地狱里去。

我的老师像疲惫不堪的人似的气喘吁吁地说："你可要抱紧，因为我们必须顺着这样的阶梯离开这万恶的渊薮。"后来，他通过一条岩石的缝隙走出，把我放在岩石边沿上坐下；随后，他就用谨慎的脚步向我走来。

我抬起眼睛，以为会看到路西法像我离开他时那样，却看到他两腿在上伸着；那时我是否苦于百思莫解，就让不明白我经过的是什么样的地方的那些愚昧无知的人去推想吧。

我的老师说："站起来吧。因为路途遥远，道路难行，太阳已经回到第三时的一半了。"

我们所在的地方不是什么宫廷的大厅，而是一个天然的地窖，地面高低不平，光线缺乏。我站起来后，说："我的老师啊，在我离开这个深渊以前，你稍微给我解说一下，使我摆脱心里的疑团吧。冰在哪里呀？路西法的身子怎么这样倒插着啊？太阳怎么在这么短的时间就已经从黄昏运转到早晨啦？"他对我说："我在地心那一边抓着那洞穿世界的恶虫的毛爬到他身上去，你以为你现在还在那一边呢。在我顺着他的身子而下的时候，你一直是在那一边来着；当我掉转身子时，你就越过了吸引一切重力的那个中心点。现在你已经来到这个半球的下面，这半球正对着笼盖大片陆地的半球。在那半球的天顶下，那个生下来无罪，生平也无罪的人被杀死。你的脚踏在一个小小的圆形地面上，这个圆形地面形成犹大狱的另一面。那里是黄昏，这里就是早晨；这个以他的毛给我们做梯子的，还和原先一样固定在那里。他从天上掉下来，落到这边，原先在这里露出来的陆地由于怕他而用海水来掩盖自己，来到我们的半球。或许是为了躲避他，出现在这边的那块陆地在这里留下了这个空处，向上涌起。"

下面那里有一个地方，这个地方从魔王那里伸展开来，就像他的坟墓一样广远；我们发现了这个地方，不是由于看到了它，而是由于听到了一条小河的水声，这条小河河道迂回曲折，坡度不大，从它侵蚀成的一个石穴中流到那里。我的向导和我开始顺着那条隐秘的道路返回光明的世界去；我们一会儿都不想休息，马上就向上攀登，他在前面我在后面，一直上到我从一个圆形的洞口见到了天上罗列着的一些美丽的东西。我们从那里走出去，重新见到了群星。

《地狱篇》第34歌注释

地狱之王的旗帜正在前进：公元6世纪，《王的旗帜正在前进》这首圣歌为普瓦捷的主教贝南蒂乌斯·福图纳图斯所作。为了庆祝圣十字架的诞生，原曲在揭开十字架时唱出，并成为耶稣受难日礼拜仪式的一部分。

原先容貌那样美的造物：指撒旦。

三个面孔：关于这三个面孔，存在着无数解释。而这些解释的关键在于，人们将这些面孔视为对三位一体特质的歪曲。

带血的唾液：他在淌着口水咀嚼罪人时，嘴中流出的鲜血。

犹大：对他的惩罚与买卖僧职者十分相似。

肢体那样健壮：在莎士比亚笔下，背叛恺撒的卡西乌形象通常是"面黄肌瘦"。而另一个卡西乌被西塞罗描述为一个强壮有力的形象。但丁可能将这两者混为一谈。

夜晚又回来了：意指现在是星期六晚上。

气喘吁吁：但丁用呼吸向伪君子表明他还活着。而维吉尔有呼吸，却显得自相矛盾（因为维吉尔是灵魂）。

第三时的一半：按照宗教法规，第三时大约是早上6点到9点。因此，第三时的一半是早上7点半。在经过中心点时，他们已经从黑夜走到白天。换言之，他们已经前进了12个小时。

那块陆地：指炼狱山。

小河：此处指忘川。在希腊古典神话中，灵魂在重生前需饮忘川水。在但丁的象征意义中，这条河自上而下流入炼狱。在那里，净化的灵魂被河水洗去了原罪的记忆。而河水裹挟着这些记忆，让所有的罪恶流入地狱。

石穴：意指天然动物坑。那里也是"撒旦昏暗的坟墓"。

群星：作为象征主义风格的一部分，但丁将这个词用于《神曲》每一卷的结尾。每个灵魂的飞升最终都会朝着群星的方向。群星闪耀着上帝的光芒，象征着希望和美德。而正是复活节的黎明前夜，诗人们在书中出现，更加体现了但丁笔下的象征主义风格。

问：为什么但丁的《神曲》被当作中世纪史诗？
问：但丁在第9层地狱找到了谁？他们为什么在那里？

中世纪大学

中世纪对现代西方社会有着诸多贡献，其中最重要的是建立大学。在欧洲中世纪，教育事业几乎只由宗教机构掌管。几个世纪以来，修道院学校已经对知识形成垄断。

然而到了公元12世纪，随着经济复苏，大量城镇崛起，以往"一页难求"的经典著作大量涌入欧洲。因此，教育从修道院和教区设立的机构，转移到位于西欧新城市中心的教堂学校里。随着这些学校发展出高等教育，师生为此共同组成了各种各样的行会。比如，拉丁文词"universitas"意指学习者和教师协会。

在欧洲，无论在中世纪，还是当今时代，大学都是探究学习和知识辩论的舞台。欧洲中世纪时期建立了80多所大学。其中，在博洛尼亚、巴黎、牛津和剑桥等地，欧洲最优秀的人才经常致力于探讨他们那个时代的引人入胜的思想，并将这些思想与教会的教义相对照。

大学提供基础通识课程，教学大纲分为两部分：前三艺，包括语法、逻辑和修辞；后四艺，包

图12.7 **德国人亨利的大学课堂** 摘自中世纪德文版亚里士多德《伦理学》，公元14世纪下半叶。这间教室里全是男生，多数学生都在专心听讲

括算术、几何、天文和音乐。不仅如此，大学还提供专业学科课程，如医学、神学和法律。由于教科书均为撰写手稿，教材费用昂贵且难以获得。因此，学校采用口述方式教学，学生也要根据课堂内容做大量笔记。（图12.7）

通常，学生在完成3到5年的课程后，需要参加各项口试，才能获得文学学士学位。在此之上，人们为了掌握一个特定领域的知识，可能将继续踏上学习之旅。文学硕士学位让学生不仅有资格教授神学，还能从事法律或医学行业。

博士生的学业通常仍需要4年。在毕业前，有学问的老师们将组成一个委员会。在他们面前，博士生要进行论文答辩，展示自己在学术上的不懈努力。（传统而言，博士生通过答辩后，需要设宴款待在场答辩官，以示敬意。）

公元1159年，最早的一批大学成立于意大利北部的博洛尼亚。作为法律研究的中心，博洛尼亚的大学课程由学生自行安排。他们聘请法律及其他领域的教授完成教学工作。

大学生给城镇居民施压，要求维持合理的食宿价格。他们还控制着教授的工资和教学时间表，而且要求教师即便缺席一天，也要先获得学生们的许可；如果迟到，则需要扣除工资。

相较于博洛尼亚学生自治的办学模式，巴黎大学主要由教授神学的教师协会组成。该大学最早源自圣母大教堂创办的学校。公元1200年，王室为这所大学颁发特许宪章，使其脱离教会控制。在神学领域，巴黎大学的学位备受瞩目，吸引了大批国际学生前来求学。因此，巴黎成为中世纪西方知识思想的大熔炉。

公元13世纪，上层阶级的男性和女性接受的正规教育基本相同。但随着大学的兴起，女性不再被允许接受高等教育，这与她们被禁止担任神职人员如出一辙。学生们的年龄在17至40岁之间，通常在教堂内担任次要职务。

一批最著名的经院学者接受神学训练之后组成团体，在中世纪知识界引发了一场重要的思想运动，后世称之为"经院哲学"。

中世纪的经院哲学

公元12世纪之前，知识分子（以及普通人）主要将《圣经》和教父撰写的著作视为知识的宝库。人们对这些既定知识来源的信仰不仅替代了理性探

年代表

1054年	罗马天主教和希腊正教教会分裂
1088年	博洛尼亚大学成立
1209年	方济各会成立
1215年	第四届拉特兰会议召开
1302年	《独一至圣法案》问世

究,而且取代了对物质世界的实证检验。

事实上,大多数知识分子支持奥古斯丁教会的信条,即信仰先于理性。他们坚持认为,既然信仰和理性都来自上帝,那么这两者永远不会陷入矛盾之中。然而到了公元12世纪后期,亚里士多德著作的阿拉伯语译本,以及阿拉伯人对某些著作的评论,逐渐从穆斯林占据的西班牙和亚洲西南部传播到了西方。公元1200年,学者间流传着亚里士多德的著作《物理学》与其他一些自然科学论文。并且,在几十年内,随着君士坦丁堡为西方不断带来希腊手稿,许多拉丁语译本纷纷出现。这些作品更有新意,更加精良,甚至超过了先前的阿拉伯语译本。

在思想和宗教方面,亚里士多德思想的影响为教会和学者带来了新的挑战。亚里士多德对待自然现象更加理性、冷静,如何将其与超越自然的基督教信仰协调一致?

对此,教会最初的反应是禁止亚里士多德的作品(除了长期流行于西方的《逻辑学》),但这样的做法徒劳无功,收效甚微。事实上,公元1255年,对于这位受人尊敬的希腊哲学家,巴黎大学允许学生根据需要阅读他的全集。在接下来的一百年里,学者们致力于调和两大思维方式:信仰和理性。毕竟,神学捍卫前者,而希腊哲学崇尚后者。

甚至在亚里士多德全集问世之前,巴黎大学一位杰出的逻辑学家和受欢迎的老师——阿伯拉尔(1079—1142)已经开创了用理性主义的方法看待教会教条,并主张人人有怀疑和质疑权威的自由。

在亚里士多德声名鹊起的几年前,阿伯拉尔在其专著《是与否》中就已将经院哲学方法精髓之一(即辩证法)付诸实践。针对重要的宗教事务问题,《是与否》从《旧约》、希腊哲学家的观点、拉丁教会神父的观点和教会法令等材料出发,整理出150个相互矛盾的观点。阿伯拉尔有条不紊地汇集了来自希伯来、古典时代和基督教的思想,体现了经院哲学家善于收集、汇编大量信息的特点。

不仅如此,这股汇总文献的潮流也促成了"纲要"(合集)、"通览"(展现知识)和"总论"(综合论述)等文体的诞生。相关作品在公元12世纪和13世纪陆续撰写而成。

此外,其他地方的学者同样受到了这股潮流的影响。比如,在聚集了大量犹太人的西班牙,杰出的犹太教拉比兼内科医师迈蒙尼德(1135—1204)整理了希伯来律法中的犹太教历史。随后,他撰写了一部十四卷本的综述著作,称为《密西纳托拉》。迈蒙尼德用希伯来语写成了这部作品,他使用阿拉伯语写成了更著名的作品《迷途指津》,该作旨在将信仰与理性和谐统一。这一点不仅借鉴了亚里士多德的作品(正如该作的阿拉伯语译本中所述),而且参考了希伯来犹太教的教义。《迷途指津》重新检视了诸如自由意志和邪恶是否存在等传统问题。但该作依然认为,启示中的真理超越了理性论证的范畴。

科技发展一览表

1120年	英国人开始使用经纬度，并以度和分作为测量单位。
12世纪20年代	阿拉伯著作引入欧洲，涵盖了数学、光学和天文学等领域。
1249年	罗吉尔·培根（英国人）使用玻璃镜片矫正视力。
13世纪50年代	大阿尔伯特（德国人）根据亚里士多德的著作，对植物进行生物学分类。
13世纪50年代	归来的十字军将阿拉伯数字和十进制引入欧洲。

托马斯·阿奎那

作为最伟大的经院哲学家，迈蒙尼德的作品《迷途指津》影响了托马斯·阿奎那（约1225—1274）之后的写作生涯。阿奎那还是一名多明我会神学家与教师。他不仅讲授神学和《圣经》主题，而且撰写了各种各样的相关作品。虽然如此，他的主要贡献仍是著作《神学大全》。这部作品提纲挈领，涵盖了中世纪鼎盛时期几乎所有主要的神学问题。

无论是篇幅，还是理念，这本未完成的著作都超越了阿伯拉尔的著作《是与否》。在书中，阿奎那共提出631个问题，主题涉及广泛，从讨论上帝的本质到放贷的道德标准。下面，我们从《神学大全》中随意挑选问题列出，就可以看出阿奎那所写的纲领具有全面翔实、包罗万象的特点。

上帝是否存在？
上帝是否是最高的善？
上帝是否是无限的？
上帝的意志是否是邪恶的？
在神里面是否有三位一体？
它是否属于上帝独自创造？
善是否可以成为恶的因？
天使是否具有实体？
在最初创造万物时是否该造女人？
女人是否本应该脱胎自男人？
灵魂是否由物质和形式组成？
人是否有自由选择？
天堂是否是一个有形的地方？
是否有永恒的法律？
人是否可以没有恩典就能享有永生？
加价出售物品是否合法？

在处理每个问题时，阿奎那都遵循阿伯拉尔的方法，归纳总结了那些相互矛盾的意见。但是阿伯拉尔只调解不同意见，而阿奎那却对此提供了详尽合理的答案。他拿出当时所有的思想武器，试图证明理性的真理（先从运用感官和逻辑开始）与《启示录》中的真理（已得到神启）并不对立。

阿奎那提出了一个问题，例如"在最初创造万物时是否该造女人？"。然后，他提出异议或否定，再从各种权威来源（主要是《圣经》和早期教父的作品）中查找有利的证据。阿奎那用自己的观点阐释了这些"似是而非"的观点。这种归纳综合的方法在解决这些矛盾中屡试不爽。

最后，阿奎那开始"回复异议"，并逐一回答那些最初的反对意见。例如，有人认为，女性本不应该被创造，因为她们让罪恶有"可乘之机"。阿奎那则对此辩驳，并主张上帝能"将任何恶（包括女性的邪恶）引向善"。

经院哲学家旨在将基督教和古典时代的知识

融为一体，但本质上，宗教仍是这种努力的最大动因。尽管他们对亚里士多德的著作青睐有加，并尊重他的探究方法，但中世纪的学者并未创造出一套知识体系，从而可以完全脱离超自然的设想。

然而，经院哲学家却是中世纪世界的人文学者。他们认为，在上帝的造物中，人类不仅是最崇高、最理性的存在，更是所创宇宙和神圣智慧之间的纽带。他们相信人类的理性要为信仰而服务。虽然启示仍凌驾于理性之上，但理性的精神对理解上帝的神圣计划至关重要。

回顾

中世纪教会

中世纪时，罗马天主教会权势滔天，掌控了政治、宗教和文化等领域的权力。教会势力强大、富可敌国，不仅拥有广阔的土地，而且管理着复杂的官僚组织，以及大批在俗修士和牧师团体。

教会通过开除教籍、禁行圣事令与宗教裁判所，打击日渐增长的异端邪说。尽管欧洲各国的世俗君主逐渐掌控权力，但教会在西方一直占据着政治的主导地位。

公元1215年，教皇英诺森三世批准成立方济各会。作为第一个托钵修会，方济各会致力于恢复基督徒早期推崇的贫穷、怜悯与谦逊等理想特质。

基督徒的生死观教导世人：尘世的生命短暂，人在此世的行为决定了灵魂在来世受到永恒的嘉奖还是惩罚。这些概念丰富了中世纪各个方面的宗教表达。

事实上，教会通过圣礼仪式，几乎参与了个人人生的各个主要方面。所以教会推行的价值观决定了基督教世界的集体精神。在中世纪，只有牧师才能为基督徒执行个人救赎的圣礼。

中世纪文学

宾根的希尔德加德写下了许多宗教异象小册子。这些作品用精彩的寓言文章，让《圣经》中的故事形象生动。中世纪的布道文学和道德剧，不仅告诫基督徒善恶之间的斗争永无止境，而且提醒他们要为死亡做好准备。

作为中世纪寓言，道德剧《世人》教导人们：财富最终都会变得毫无价值，只有人的善举才能跟随一生。并且，一个人的灵魂若想踏上救赎之路，教会是唯一的向导。

中世纪时，人们认为有形世界反映了无形的真理。而真理根据上帝的意愿，遵循永恒不变的秩序。中世纪晚期，但丁的作品《神曲》最能反映这些思想。这部史诗三部曲用意大利方言写成，描述了基督徒在地狱、炼狱和天堂的历程。

中世纪大学

公元12世纪，随着大学纷纷建立和发展，博洛尼亚、巴黎及其他城市开始涌现出知识分子阶层。作为巴黎大学最优秀的老师，阿伯拉尔和阿奎那开展了经院哲学的思想运动，并在信仰和理性间寻求平衡。

他们努力收集、整理大量信息，在一定程度上是对亚里士多德作品的阿拉伯语译本涌入欧洲的回应。他们通过知识归纳，进一步推动了思想的融合与发展。在经院哲学家眼中，命运是否永恒、是否践行上帝的旨意等问题，成为人文学者探寻的焦点。

术语表

禁行圣事令：逐出所在城市、地区或州的教会。

死亡铭记：警告世人死亡的接近，并告诫他们要为死亡做必要的准备。

奇迹剧：一种中世纪戏剧，将基督、圣母玛利亚或圣徒的生活编成剧本，并凸显他们的神迹。

道德剧：一种中世纪戏剧，内容选自道德主题，例如善恶之间的冲突。

神秘剧：一种源于教堂礼拜仪式的中世纪戏剧，演绎《圣经》中的历史故事，从撒旦的堕落开始，到最后的审判为止。

露天表演：中世纪时，在带顶马车舞台上表演的戏剧和华丽演出。

圣礼：一种神圣仪式或誓言；在中世纪的基督教中，这是上帝恩典的一个明显迹象（由耶稣基督创立）。

第十三章
中世纪的艺术

公元1000年—公元1300年

珠联璧合，散发奇光异彩。
杰作之上，闪耀万丈曙光。

——叙热

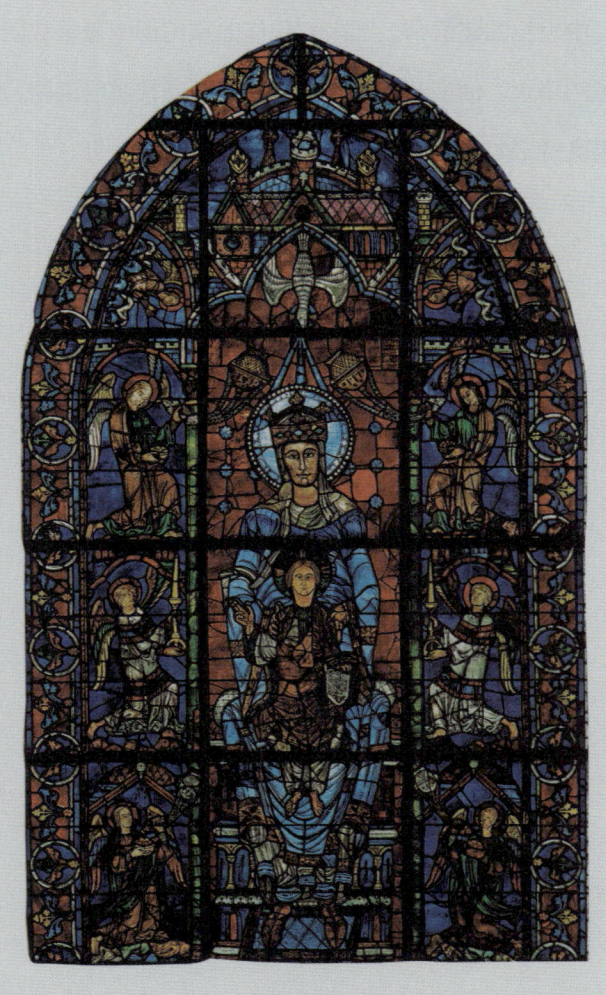

图 13.1 美丽大玻璃窗圣母 公元12世纪，彩窗玻璃，现存于沙特尔教堂。公元1194年，教堂发生了一场大火，许多瑰宝不幸焚毁。得益于近几个世纪的妥善修复，这件宏伟的彩窗玻璃作品得以重现人间，中心区域的彩窗画也是为数不多的幸存品之一。画中笔直伫立的圣母形象体现出罗马式雕塑的风格特点，而到了公元13世纪，艺术家们又在她周围新添了许多天使，生动体现了哥特式风格中的现实主义特点

古往今来，天主教会不仅是道德教化与宗教指导的中坚力量，也是艺术创造的资助者和源泉。无论是宏大的修道院建筑群、宏伟的大教堂，还是配有彩绘的祭坛装饰品、彩饰手稿以及礼拜仪式的音乐，都反映出宗教信仰在中世纪时期欣欣向荣的局面。这些元素尽管都各有特色，但彼此之间也相互融合，从而融会成宏伟的艺术风格。同时，各元素汇聚一堂，也反映出基督教信仰和崇拜的"整体"思想。

正如但丁的《神曲》和阿奎那的《神学大全》一样，融合一体的布局规划使得许多不同的要素变得和谐统一。该思想也受到"宇宙由上帝所创"这一观点的启发。具体而言，如果说上帝设计了宏观世界（小宇宙），那么也就意味着没有任何事物能让部分独立于整体。于是，微观世界（世间基督徒的小宇宙）也必定反映这种设计特点。

中世纪的建筑师、艺术家和作曲家们都向基督教团体献出一己之力，重现了神意的伟大。他们的作品不仅指明了通向救赎的道路，也致力于将世俗世界与神的国度合二为一。

罗马式教堂

公元1000年，在新千年来临之际，虔诚的基督徒期待耶稣重返人间。这些信徒期盼新时代的到来。在法国东南部，克吕尼本笃会发起了一场修道院复兴运动。自此，西欧各地在150年间修建了1000多座修道院和教堂。这些新修建筑大部分效仿克吕尼本笃会，将十字军从圣地或在当地收集的圣物置于神龛内。

这些圣物，如圣徒和殉道者的遗骸、十字架上耶稣的一块残骸等，成为被敬奉的对象。信众将它们放在配有装饰的容器或圣骨匣中。如图13.2所示，这尊圣骨匣塑像内盛放着少年殉道者以及孔克镇当地最受拥戴的圣徒的颅骨。

从图中可以看出，人物塑像表面覆盖了一层金箔，上面还镶有宝石。每逢宗教节日，宗教信徒将结成游行队伍，抬着它穿过大街小巷。修道院教堂收藏着圣徒和殉道者的圣物，吸引了成千上万的基督教徒前来朝圣。有些人前往圣地为自己的罪行寻求宽恕或向某位圣徒表示自己的敬意。另一些患有失明、麻风病和其他疾病的朝圣者，经常睡在圣徒坟墓附近，渴望求得恢复视力的疗法或其他灵丹妙药。

信徒主要的朝圣路线共有四条，它们能将法国各城市与基督教朝圣者最崇敬的圣地（西班牙西北部的圣地亚哥–德孔波斯特拉大教堂）连接起来。据说，圣地亚哥，亦称圣雅各（福音传道者圣约翰的哥哥）将基督教带到了西班牙，他在返回犹太王国时，遭遇不测，舍身殉难。但在公元9世纪初，人们奇迹般地发现了他的遗体，并将其安葬在孔波斯特拉。这处圣地多次显现神迹，因此成为一个重要的朝圣中心。

从北边的巴黎到南边的比利牛斯山脉，各条道路上都承载着朝圣者的足印。沿途，古老的教堂得以重建，新修的教堂拔地而起。公元11世纪，这一景象激起了一位编年史作家的兴趣，他写道："这世界似乎已经摆脱困顿，摆脱了本有的破衣烂衫，披上了新教堂的白色斗篷。"

众所周知，罗马人首次使用了桶形拱顶和交叉拱顶（见第六章）。中世纪的建筑师重新启用了这种设计，进而开创了罗马式风格。在教堂中殿和两侧过道的上层区域，罗马式建筑师采用穹顶与统一形式的石拱顶。在典型的罗马式教堂中，平面布局仍保留着拉丁十字设计，体现了早期基督教与加洛林式矩形会堂的特征。而各类新型石拱顶却能让中

图 13.2 **圣福瓦修道院的圣骨匣塑像** 法国孔克镇，公元10世纪—11世纪后期。内芯为木质，外层镀金并镶嵌宝石

世纪建筑师建造出更加雄伟的建筑。

诺曼人最善于建造全新的整体石材建筑。诺曼石匠的技术优势不仅在城堡中（见图11.12）得以彰显，也在法国西北部的卡昂和瑞米耶日的修道院教堂中有所体现。公元1067年，征服者威廉执政时期，瑞米耶日修道院成为神址。除了西边结构（西立面）及其141英尺高的双子塔（图13.3）以外，该修道院几乎没有遗迹留存。教堂大门入口简单朴素，由三联（三部分）分隔和三个圆拱组成，充分体现了英格兰与法国流行的罗马式风格：线条简洁、朴实坚固。

此外，该教堂还开创了中世纪教堂建筑的一些主要风格。首先，巨大的教堂塔楼高耸，在很远的地方也清晰可见。其次，由石料砌成的入口将世俗与圣域一分为二，夸张的正门成为通向救赎之路的必经通道。

正如中世纪的十字军东征一样，朝圣活动既能增加人口流动，又让经济得到恢复。古代的朝圣者与现代游客一样，成为欧洲城镇和教堂的主要收入来源。因此，各教区纷纷腾出教堂内部空间，增加盛放圣骨匣的小教堂数量，以此竞相吸引游客的目光。这些额外空间不仅可以安放这些遗骨，也能让更多的基督教朝圣者前来拜访。朝圣者对空间的现实需求决定了朝圣教堂的规划设计。为了给圣地提供这些额外空间，建筑师逐步扩建了教堂的东侧部分，并建造一些放射式小教堂供人礼拜。

此外，他们还拓宽了耳堂两侧的走廊，并在半圆形室后面修建了一条回廊（图13.4）。回廊能让游客自由进入教堂，从而避免打扰主圣坛上的教士。早期基督教教堂，如加洛林修道院，屋顶木材的尺寸和质量限制了教堂中殿的宽度，而且木制上层建筑本身也极易受到火灾的影响。为

图 13.3 瑞米耶日修道院的西立面，法国鲁昂附近的塞纳河下游地区，公元1037年—1067年

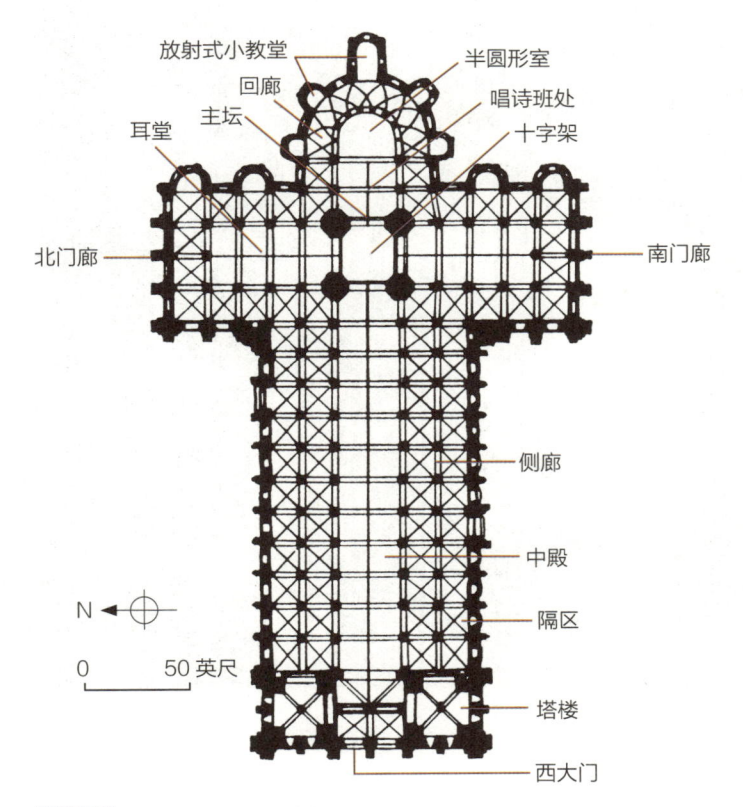

图 13.4 圣塞尔南大教堂规划图

下方又设计了一条走廊，这里可供疲惫的朝圣者过夜。

得益于遵循理性与和谐的原则，圣塞尔南大教堂的设计井然有序。比如，教堂中殿和耳堂交叉处的广场面积是该建筑及其部件的模数（图13.4）。每座中殿的隔区（带拱的隔间）等于该模数的一半，而每条侧廊等于该模数的四分之一。

另外，建筑外部清晰的设计与内部的几何布局相得益彰。例如，在教堂的东端，五座圣骨匣小教堂一律从回廊处向外突出。而在教堂中殿和耳堂的交叉处，矗立着一座塔楼（图13.5）。这座塔既是钟楼，又是吸引游人朝圣的灯塔。作为一座精神圣殿，圣塞尔南大教堂外观宏大质朴，内部庄严肃穆，向人们呈现出宏伟壮观的整体效果。

在石拱技术方面，每个地区都有所不同。于是，建造罗马式建筑的工匠开始尝试使用各式各样的石拱。例如，法国韦兹莱的圣玛德莱娜教

了解决上述问题，人们开始使用切割石条作为主要的拱顶建材。

法国图卢兹的圣塞尔南大教堂，位于通往孔波斯特拉的最南端的朝圣路线上，是法国最大的朝圣教堂之一。在圣塞尔南大教堂中，宽敞的中殿由宏伟的粉红色花岗岩建造而成，上方修筑了桶形拱顶，并配有一些装饰性的横向拱梁。厚实的石墙和石柱不仅承受了拱顶的重量，也为侧面提供支撑。由于留窗口可能对支撑桶形拱顶的墙壁强度有所影响，圣塞尔南大教堂的建筑师们因此移除了天窗。为了提供额外的横向支撑，他们在两侧过道的拱顶

图 13.5 **圣塞尔南大教堂** 法国图卢兹，约公元1080年—1120年。公元13世纪，人们扩建了塔楼

第十三章 中世纪的艺术 385

图 13.6 **圣玛德莱娜教堂中殿** 法国韦兹莱，约公元1104年—1132年

堂——第二次十字军东征开始之地。这座教堂中殿（图13.6）的上方为交叉拱顶，并配有显著的横向拱梁。建筑师使用轻质砖石，并将重量集中在拱梁周围。此举不仅让教堂中殿的宽度扩大到90英尺，而且还能容纳一扇透光天窗，从而让光照入黑暗的内部。在宏伟的内部空间中，拱梁上的拱石（楔子）忽明忽暗，反映了穆斯林建筑（见图10.5）对罗马式教堂发展的影响。

罗马式雕塑

虽然古罗马遗留下许多雕塑作品，但这门技艺早已荒废。直到公元11世纪和12世纪，随着众多朝圣教堂兴起，伟大的石雕艺术才得以复兴。通常而言，许多高凸浮雕作品都配有彩绘。它们不仅出现在教堂的入口大门，也遍及整个廊柱大厅及其回廊的立柱柱顶。浮雕刻画的内容来自《旧约》和《新约》中的场景。入口正门通常位于教堂西侧，象征着地上之城与上帝之城的分界点。穿过大门有一条道路，象征着信众从罪恶（黑暗/西方）开始走向救赎（光明/东方）。

法国欧坦有一座圣拉撒路大教堂。在精雕细琢的教堂西门，中世纪的基督徒从檐壁内拱形面（门廊拱门内的半圆形空间）中可以看到，基督作为万物的主宰，形象令人生畏（见"调查研究"，图13.7）。这一场景与中世纪的道德剧十分类似。每当基督徒从下面走过，这些雕塑可以起到"死亡铭记"的作用，提醒他们：死亡和审判必会降临（图13.8）。事实上，在雕塑的下方，艺术家吉斯勒贝尔还写了一句话作为警告：需让这样的恐怖震慑那些尘世的罪人。

在罗马式雕塑中，最有趣的例子莫过于教堂和回廊中柱头上的装饰，即柱顶图饰，这些雕塑以描述基督生平为特色。圣拉撒路大教堂拥有现存最大规模的柱顶图饰。在《逃往埃及》中（图13.9），

调查研究

罗马风格的最后审判图

耶稣身后环绕着曼多拉（光环）。他袒露着自己的伤口，双手指向死后的国度：天堂（他的右侧）和地狱（他的左侧）。基督肖像威严庄重，似火的圣徒和天使围绕在旁，等待着灵魂复生。圣米迦勒权衡着灵魂的重量，旨在确定其永恒的命运。该主题让人想起古埃及艺术（见图2.11），图中也有一个幽灵般的恶魔试图让天平倒向于己有利的一侧。

楣梁（檐壁内拱形面下方的水平横条）上描绘着复活者从坟墓中升起的画面。就在地狱之口的下方，一对无形的爪子企图抓住这些堕入地狱的人。他们畏缩不前，预感要受到永恒的惩罚。檐壁内拱形面周围的拱门缘饰配有圆形饰物，上面不仅刻画了十二星座、月令劳作与日历年的象征标志，而且记录了基督第一次和第二次降临之间的岁月。

图13.7 最后的审判 吉斯勒贝尔，约公元1130年—1135年。圣拉撒路大教堂西侧檐壁内拱形面

图 13.8 最后的审判（局部）

留着胡子的约瑟牵着一头玩具般的驴子，圆脸的玛利亚笨拙地骑在它身上。

为了符合柱头的形状，艺术家单纯将其他人物缩短，并在玛利亚右肩上方加上了一颗六芒星，让场景更加奇幻多彩。罗马式建筑的工匠们发挥奇思妙想，创作出大量的奇幻怪兽和混血恶魔等形象，并将其用于装饰教堂大门和柱头。

由于这些雕像在中世纪风靡一时，一些教徒开始争论视觉艺术是否会影响信徒的沉思和祈祷。尽管如此，教义和幻想的融合塑造了罗马式雕塑的风格，也必将对大多数不会读写的教徒产生巨大影响。

图 13.9 逃往埃及 公元11世纪末。卡皮塔尔，欧坦大教堂

388 人文传统

触类旁通

无论是罗马式雕塑，还是罗马式绘画，两者都具有独特的风格，不仅在样式上抽象，而且在线条上富有变化。正如各式宗教和世俗手稿中的彩绘插图一样，罗马式建筑大门上的许多雕刻作品，人物身材瘦长，生机勃勃，动作弯曲扭转，仿佛感受到了时代跳动的脉搏，即朝圣活动或十字军东征。

在法国穆瓦萨克，圣皮埃尔修道院教堂内的雕塑（图13.10）与圣斯威辛的诗篇中的彩绘插图（图13.11）十分相似。人物都以纤瘦、舞蹈般的造型为特点，身体由有节奏的、同心褶皱的绸缎构成，极富动感。

在穆瓦萨克，为了符合间柱（支撑上层建筑的中心立柱）的形状，希伯来先知耶利米的形象如同太妃糖一样延展。教堂内的雕塑和绘画不仅继承了早期中世纪金工技术的平面特性（见第十一章），而且保留了拜占庭和伊斯兰的装饰性插图艺术。

图 13.10 **先知耶利米** 公元12世纪初，圣皮埃尔修道院教堂南门间柱。这一人物的选定具有象征意义，表达了基督教的观点，即《旧约》中的先知"支持"《新约》中的启示

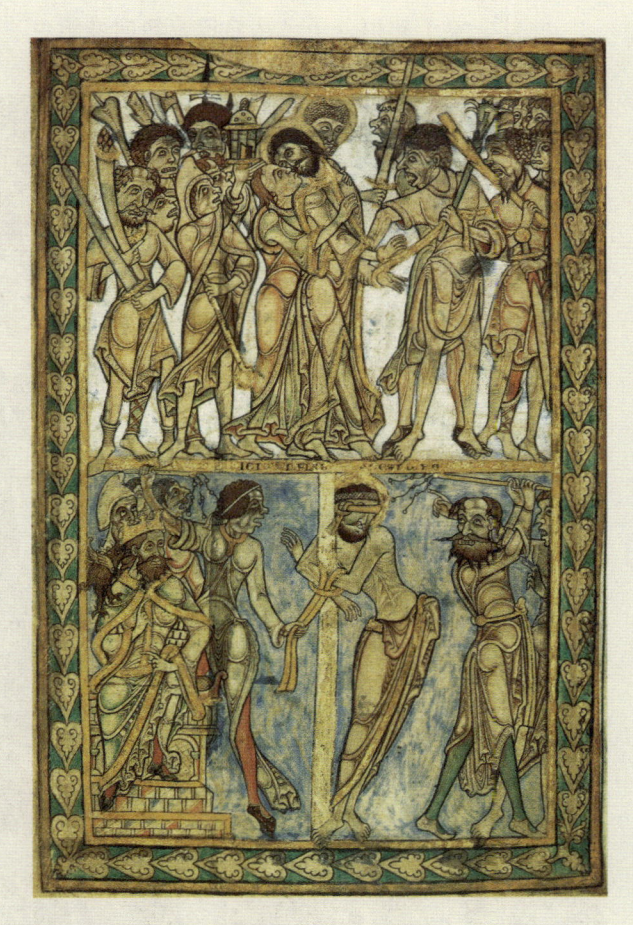

图 13.11 **对基督的抓捕与鞭答** 来自圣斯威辛的诗篇，约公元1250年。这些人物形象的手势和面部表情都十分夸张，彰显了傲慢和谦逊之间的差别

第十三章　中世纪的艺术　389

哥特式教堂

公元17世纪，新古典主义者创造了一个新词"哥特式"，以此表示自己对这一风格的谴责。他们认为，这种样式是古典风格"粗鲁而野蛮"的替代品。但现代评论家认识到，哥特式风格能够表达出信仰时代的精巧与庄严。

哥特式风格诞生于法国北部，并在中世纪迅速传遍欧洲。公元1170年至1270年间，法国建造了80座哥特式大教堂，以及近500座大教堂样式的其他教堂。正如所有基督教堂一样，哥特式教堂也是举行弥撒仪式的圣所。

此外，鉴于知识分子已从修道院转向城镇生活，哥特式大教堂不仅成为主教的行政机构，也成为教会权威的所在地。作为宣传神学教义和宗教戒律的教育中心，哥特式大教堂供奉一名或多名圣徒遗骸，其中，圣母玛利亚尤为重要。她是上帝和基督教信众之间的主要代祷者。

事实上，在中世纪的著名教堂中，大多数都供奉着圣母。教会不仅象征着天上的耶路撒冷（上帝之城），而且由于圣母让基督诞生于世，教会因此以她为榜样，尊她为天界的王后。在大教堂中，中世纪艺术的各要素融为一体。比如，雕塑作品出现在大门、柱头和唱诗班席隔屏之上，窗户上的彩绘玻璃散发着圣光，彩绘的祭坛装饰品为小礼拜堂增光添彩，宗教戏剧在室内外轮番上演，唱诗班也洋溢着礼拜仪式音乐的歌声。

图 13.12 沙特尔教堂 法国，始建于公元1194年。我们从这张鸟瞰图不仅可以看到公元13世纪时教堂南侧新增的门廊，还可见到该建筑物西侧的两组飞拱

作为城市的重心，哥特式大教堂通常足够容纳整个城镇的人口。如果说罗马式教堂是修道士和朝圣者在乡村的避世之所，那么哥特式教堂则为城市社区的焦点。作为城镇的地标性建筑，大教堂上的尖顶高高耸立，俯视着下面的房屋和商店（图13.12）。大教堂引人入胜，不仅吸引了许多公共活动与节日在此举办，本地商业也对大教堂青睐有加。通常而言，建造大教堂需要整个城镇通力协作：行会成员提供资金，当地居民也会充当各种各样的劳动力，包括石匠、木匠、金工和玻璃安装工。

哥特式建筑与以往的古典主义截然不同，并未采用古希腊与古罗马建筑的原则和技术，这与罗马式教堂形成了鲜明对比。古典时代的神庙似乎更加紧贴大地，而哥特式教堂则直指天际。对于古典时代教义宣扬的静态和纯粹理性，哥特式风格的建筑师则不以为然。他们主张万物必在动态系统中相互对立。此外，这种风格还让建筑形式具有了象征意义。

一座名为圣德尼的修道院教堂坐落于巴黎城门之外，首次集中体现了哥特式风格的典型特征。教堂内部不仅放有法国主保圣人的遗物，而且在几个世纪内一直是中世纪法国皇室的墓地。公元1122年至1144年间，作为法国国王路易六世和七世的朋友兼顾问，修道院长叙热重修并扩建了以往的加洛林式建筑。

在教堂东侧设计方面，叙热将三处建筑创新结合在一起，分别是：尖拱、扇形肋拱顶和彩绘玻璃窗。这些创新元素以往很少被使用，即便使用也只是浅尝辄止。教堂经过改建之后，舍弃了起支撑作用的重型石料。走廊与唱诗班所在地空间宽敞，内部光照充足明亮（图13.13）。

为了呈现一个崭新的面貌，哥特式大教堂开始效仿圣德尼。虽然如此，拉丁十字的平面设计却仍与罗马式教堂基本相同，其差别只是将教堂的耳堂

图 13.13 圣德尼大修道院教堂的唱诗班所在地和走廊，法国，公元1140年—1144年。照片中显示的木制教堂长椅是后加入的现代品。在中世纪鼎盛时期，随着礼拜仪式越发冗长繁复，唱诗班成员开始使用祭坛后面的长椅和前排座位。但在举行弥撒仪式期间，教区居民通常需要站在祭坛前的中殿位置

向西延伸（图13.14）。这样不仅能为合唱区创造出更大空间，而且能够满足宗教和礼拜仪式日益增加的需求。然而，扇形肋拱顶和尖拱的巧妙组合却对哥特式建筑的大小和高度产生了重大影响。

一方面，石砌肋拱取代了厚重的罗马式石拱。另一方面，数量众多的尖拱将拱顶提升到了一个新高度。罗马式教堂的圆拱需要使用大量侧扶壁，而哥特时期陡峭的尖拱，只需要将细长的间壁和纤细的侧扶壁（"飞拱"）配合使用（图13.15和图13.16），就可让建筑重心下移。

作为砖石的替代品，宽阔的玻璃区域填满了石砌"框架"间隙。中殿墙壁上挂着一条从上到下满是间壁的拱廊、一条配有装饰的三拱式过廊（中殿

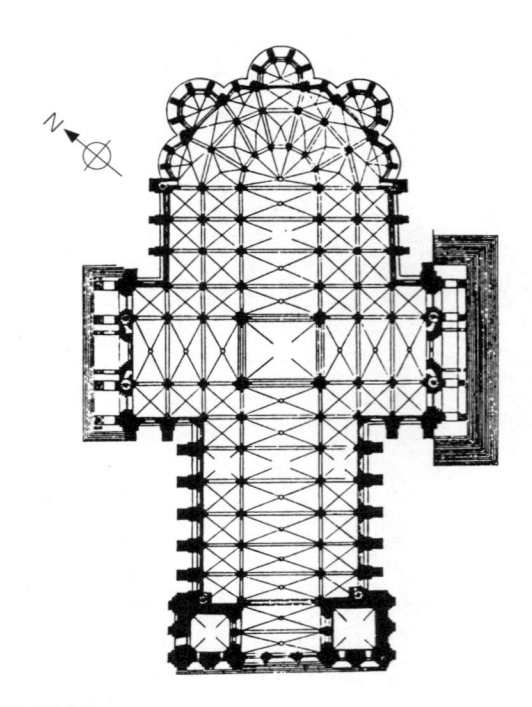

图 13.14 沙特尔教堂的平面图 相较于图13.4描绘的场景，我们可以看到耳堂已向西伸出，旨在为表演教堂仪式的唱诗班提供更大空间

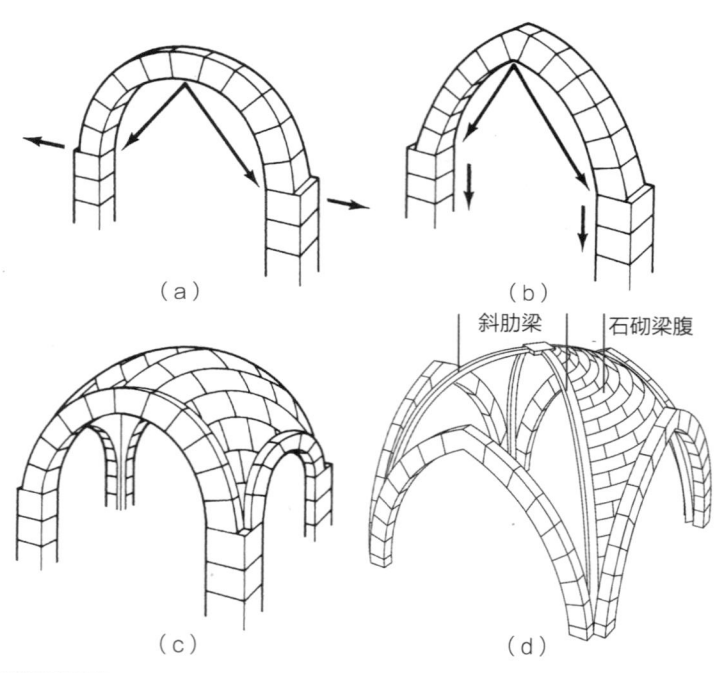

图 13.15 圆拱与尖拱及其拱顶 圆拱（a）可以让两侧分担负荷，而尖拱（b）可以直接将负荷传递至地面。尖拱可以修建至任意高度，而半圆形拱顶的高度则要取决于其拱梁的跨度。圆拱上形成了一个穹顶（c）。哥特式扇形肋拱顶（d）不仅能让建筑更加明亮、坚固，也能保留较大的墙壁开口，为安装窗户提供空间

拱廊和长廊之间的拱形通道）、圆花窗以及多扇尖顶窗（图13.16）。长廊上方不仅建有精美的华盖，而且配有四联或六联扇形肋拱顶（图13.17）。

比起罗马式教堂，哥特式教堂更加轻盈，通风效果更好，内部的纵向空间也能得到显现。尖拱、扇形肋拱顶、彩绘玻璃窗和飞扶壁共同成为哥特式风格的基本要素。

随后，中世纪城镇竞相建起宏伟壮观的大教堂。在巴黎西南50英里的沙特尔城，教堂中殿高度达122英尺；亚眠的建筑师们更是将高度提升至144英尺。博韦唱经楼的拱顶竟高达157英尺，但在建成12年后倒塌，又过了40多年，后人才将其重建。

通常而言，这些建筑的工程设计和建造要花费数十年时间，而且很多都半途而废，有始无终。罗马式教堂追求空间明确合理、线条清晰和谐。相较于此，石砌的哥特式教堂则显得错综复杂，各空间位置星罗棋布、时开时闭，给人以无限延伸的感觉。

尽管哥特式建筑外观看起来错综复杂，但其内部仍遵循了一套比例原则，旨在让建筑实现和谐的设计。例如，沙特尔教堂天窗高度和中殿拱廊的高度正好都是三拱式拱廊高度的3倍。

巴黎圣母院的内部设计同样反映在三层外立面的正面图上。比如，中殿拱廊的高度与西大门的高度相互对应；成排的圣人雕像矗立在大门上方，与三拱式拱廊交相呼应；庄严华丽的圆花窗也让整条长廊焕发荣光（图13.18）。

哥特式建筑师用叶卷形花饰（艺术化的叶子形状）和尖顶饰（顶部细节装饰）点缀在大教堂的尖部。在建筑物顶端，排水嘴上雕刻着形状怪异的石像鬼（图13.19）。据说，这种混血兽可以让邪灵退散。公元13世纪及以后，大教堂的结构和装饰将变得更加复杂。飞檐变

392 人文传统

图 13.16 沙特尔教堂中殿的立面图和截面图

图 13.17 沙特尔教堂中殿东侧，中殿建成于公元1220年

成了装饰华丽的飞翼石，其末端是小礼拜堂，上面放置着圣人和殉道者的个人雕像。尖顶和山墙上出现了许多叶卷形花饰和尖顶饰，雕塑细节也变得更加丰富。但是正如阿奎那所言，这些设计使得各部分协调一致，共同组成一座雄伟、和谐的建筑体。

哥特式雕塑

在哥特式大教堂中，雕塑作品不仅包罗万象，而且简要介绍了《旧约》和《新约》历史故事、古典箴言、基督教戒律，以及民间传奇故事与传说等。大教堂的雕塑工程具有统一的表现形式，能够向人们传递基督教义和礼拜仪式的内容。所以，无论是学者，还是世俗人士，都能从中获益。

学识渊博的教士们从这些雕塑中，可以感受到深刻的符号信息，而那些受教育程度较低的基督徒也能深入其中，既能看到信仰形成的来龙去脉，又能对日常生活有所反思。由于世俗人士能够"读得懂"，哥特式立面不仅成为"刻在石头上的《圣经》"，也是信仰时代宗教和世俗生活的百科全书。

无论是大教堂的雕塑，还是彩绘玻璃窗，圣母玛利亚都占据着突出位置，在沙特尔教堂尤其如此。据说很早以前，这里就陈列着圣母玛利亚生育耶稣时穿过的长袍。公元1194年，一场大火摧毁了沙特尔教堂的大部分建筑，但这件长袍却幸免于难。从此，人们认为这是圣母玛利亚在人间显灵，她渴望看到自己的神殿能够涅槃重生。

于是为了重建这座教堂，所有基督教徒纷纷慷慨解囊，出资捐款。此外，沙特尔教堂的西大门也在火灾中幸存。由于西大门侧壁上刻有《旧

科技发展一览表

公元1122年	修道院长叙热将尖拱和肋状拱顶融为一体，重修了圣德尼大教堂。
约公元1175年	飞扶壁首次在巴黎圣母院使用。
约公元1225年	维拉尔·奥内库尔（法）开始在图册中绘出建筑平面图、立面图和工程设备草图。
公元1291年	威尼斯玻璃制造商首次生产出透明玻璃（并非彩绘玻璃）。

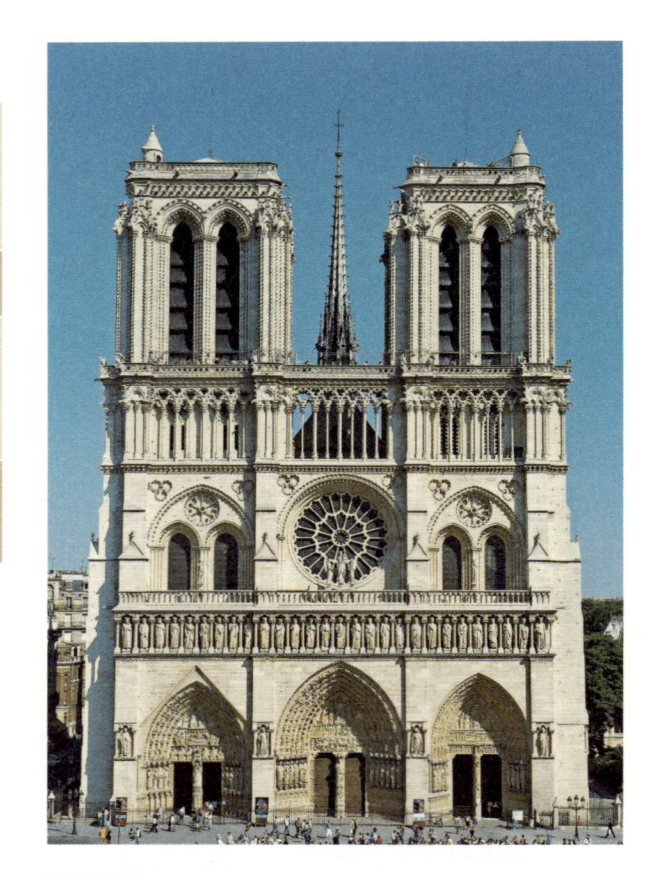

图 13.18 巴黎圣母院的西立面

图 13.19 巴黎圣母院塔楼露台上的怪物和怪兽状排水嘴，公元19世纪修复

图 13.20 王者之门

约》中的列王及其王后雕像，所以人们也称之为王者之门（图13.20）。其中，檐壁内弧形面的中心是一尊庄严的基督雕像。他姿势挺拔，四周是四福音书的符号，雕像周围的拱门缘饰刻画着启示录长老的形象。在下部的楣梁上，使徒三人成组，秩序井然。

在右侧的檐壁内弧形面上，圣母在画中端坐在智慧宝座上，并被人们尊为掌管人文艺术的天后（图13.21）。弧形面的底层展现了多个场景，包括圣母领报、圣母访亲、耶稣诞生和牧羊人的报喜（从左到右）。上层则描绘了耶稣在圣殿降临的场景。在圣母坐像的正下方，我们可以看到耶稣站立在祭坛上。在弧形面的外围框架内，拱门缘饰用寓言的手法表现了前三艺和后四艺（见第十二章）。

在图中，每门技艺都能找到历史上的权威形象。例如，右下方的人物象征音乐。人物的腿上放着一把索尔特里琴（一种弦乐器），手敲击着一组铃铛。在她的下方，毕达哥拉斯（以发现弦长和音调之间的数学关系而闻名）在膝上置案，弯腰伏地而坐。

在大教堂外立面上，圣母玛利亚经常以圣母和天后的身份出现。在巴黎圣母院西大门，间壁中央

图 13.21 圣母玛利亚的生活场景

的雕塑上刻着圣母头戴王冠、怀抱圣子的场景（图13.22）。而在她的脚下，描绘着夏娃堕落之后，回到伊甸园，站在亚当身旁的场景。中世纪时，人们普遍认为，圣母和夏娃之所以同时出现，是因为圣母玛利亚代表"新夏娃"。因为"老夏娃"不服从上帝，酿成死亡悲剧。为了弥补她的过错，圣母将让世人走向救赎。

在沙特尔、巴黎、亚眠以及其他地方，许多雕塑家埋头苦干，在大教堂外立面上雕刻出成千上万的人物形象。通常而言，一个外立面就能反映出不同工匠、不同风格、不同时代的劳动成果。现在的沙特尔教堂不仅是该地的至少第五座大教堂，也是

图 13.22 圣母和圣子（上部）及亚当、夏娃受到诱惑（底部），公元13世纪，巴黎圣母院西大门的中心间柱

396 人文传统

触类旁通

从基督教创立开始，信徒就将圣母玛利亚作为敬拜对象，并长期尊称她为"第二个夏娃"。第一个夏娃不遵圣谕，带来了诅咒和死亡的双重后果。因此，玛利亚致力于将人类从诅咒和死亡中拯救出来，从而受到了人们的尊敬。作为美德和贞洁的典范人物，玛利亚成为一位理想的女性，这与伊西丝在古埃及世界的形象略有不同。

多数大教堂都会供奉玛利亚，并将她尊为上帝之母、基督的新妇和天界的王后。通常，圣母头戴王冠，站在耶稣身旁。因此，她不仅与耶稣地位相当，而且看起来在尺寸上也不相上下。公元12世纪，人们开始逐渐关注耶稣的仁慈之心。这时，玛利亚被塑造成一位受苦受难的母亲。她不仅富有同情心，也是耶稣和信徒的代祷者。同时，文学作品和歌曲也在称赞她的美德。

随着她的奇迹故事逐渐增多，人们去教堂参拜的热情也日益高涨，很多信徒甚至只向圣母祈祷。由于描绘玛利亚及其生活的画像不断增加，这些艺术作品开始用于装饰教堂大门、彩绘玻璃窗、祭坛和彩饰手稿等。

众多建筑争奇斗艳的集中体现。王者之门保留了罗马式风格的简洁线条，但在公元13世纪初，人们又在南、北两座大门上新加入一些雕像，从而形成一种脱离于石砌框架之外的视觉效果。

正如巴黎圣母院西立面上的雕塑一样，这些人物庄严肃穆、栩栩如生。人物身上的长袍反映了肢体运动，他们的手势也十分微妙、变化多端。显然，在公元11世纪—13世纪之间，中世纪雕塑已经朝着增强现实主义的方向发展。在这样的趋势下，宗教意象和建筑细节也日渐增多。在哥特式晚期，一些教堂的外立面已成为石刻雕塑的百科全书。

彩绘玻璃

对哥特式大教堂而言，彩绘玻璃相当于早期基督教教堂内的马赛克艺术。两者都让人赏心悦目，不仅为人们带来宗教启迪，也散发出神圣的光辉。教堂制作彩绘玻璃形成了一套流程。首先，人们在熔化后的玻璃中加入金属氧化物；然后，按预先设计，将成形的彩绘玻璃板切割成片；接着，人们先用铅带封圈固定，再用铁条围成格栅绑住，最后放入石头砌成的直棂（竖框）中。如此，玻璃在带状支架中才能得以妥善固定。随着自然光的不断改变，玻璃闪耀出五彩缤纷的光芒。石墙也映出彩虹般的颜色，仿佛在人们的视线中消失。

基督教世界的忠实信徒将大教堂的窗户视为珍宝。他们认为，这些窗户像玻璃挂毯一样，能让上帝之家充满光亮，尤其是沙特尔教堂的窗户。相比于其他颜色，这些窗户上明亮的蓝色，需要一种化学成分——氧化钴。这种色彩来自法国以外的遥远地区。据说，作为第一个发现彩绘玻璃具有美学潜力的教士，修道院长叙热通过研磨蓝宝石制作出蓝色玻璃。这个故事虽然并不属实，但反映出教堂玻璃能和珍贵宝石一样受人欢迎。

叙热认为彩绘玻璃是神启降临人间的媒介。对中世纪的信徒而言，光是耶稣的象征，因为他曾向使徒们宣告："我是世界的光。"（《约翰福音》

8：12）于是，叙热借助耶稣与光之间构成的神秘纽带，不仅认定哥特式教堂的新曙光是上帝的象征，而且认为窗户就是上帝传播爱意的媒介。在叙热看来，光还象征着崇高的知识，尤其是当光穿过教堂的彩绘玻璃窗时，人的精神能够逐渐净化，并伴随灵魂升入天堂（这个主题也贯穿于但丁的《神曲·天堂篇》，见第十二章）。

由于受到新柏拉图学派（见第八章）的启发，叙热对光明的理解具有神秘色彩。他一直坚信，如果基督徒注视着教堂玻璃的多彩宝石，那么就能从尘世升入纯洁的天堂。在圣德尼大修道院教堂回廊的墙壁上，院长叙热写下了这样一句话："珠联璧合，散发奇光异彩。杰作之上，闪耀万丈曙光。"

叙热对光的这一象征意义深信不疑。这一点既不同于中世纪的布道文学和专著，也不同于教会的日常礼拜仪式。这一思想给希尔德加德带来巨大影响（见阅读材料12.2），她在作品中将上帝称为"生命之光"。这一象征意义也在圣安布罗斯的赞美诗《古代晨祷》中成为重要主题（见阅读材料9.2）。

图 13.23 沙特尔教堂南面圆花窗和尖顶窗，公元13世纪。沙特尔教堂的三大圆花窗之一，以基督形象为中心，他的周围分别是福音传道者的符号、焚香的天使及《启示录》中的长老。在尖顶窗上，玛利亚和基督圣子站在《旧约》中的四位先知中间，他们肩负着四位福音传道者的重任，在视觉上代表了耶稣将履行希伯来律法的观念。在五扇尖顶窗的底部，可以看到跪拜的捐赠者形象

沙特尔的彩窗艺术

公元12世纪末至13世纪早期，无疑是彩绘玻璃的黄金时代。在沙特尔教堂，共有175块玻璃面板留存至今，上面表现了4000多个人物，共同构成了

人类宗教和世俗历史的宏大叙事。在第二次世界大战期间，出于安全，人们移除了沙特尔教堂的窗户，并在后来根据教堂精心编排的设计方案，又将玻璃安装到原来的位置。这一举措正如修道院长叙热所言，"要为百姓展示……他们应该相信的东西"。

在沙特尔最古老的一扇窗户上，红色与蓝色相互映衬，生机勃勃。人们受到启发，称之为美丽大玻璃窗圣母（见图13.1）。玛利亚在画中具有双重身份，不仅是上帝之母，也是天界的王后。她将基督圣子抱在膝盖上，靠在两腿之间。

在沙特尔教堂中，有三扇圆花窗最有名。虽然"圆花窗"一词直到公元17世纪才开始使用，但许多罗马式教堂早已采用了这一轮式设计。光在经过沙特尔教堂南面圆花窗时，从圆形和半圆形玻璃中透入，从而产生了华美的光影变幻效果。在教堂南面的耳堂，墙上的圆花窗下有一些尖顶窗（图13.23）。中间窗上描绘着圣母和圣子的形象，两侧是《旧约》中的四位先知，他们肩负着福音传道者的重任，象征着基督教信仰承前启后，即旧制度（希伯来律法）支持着新制度（《四福音书》）。

通常而言，选用的颜色不仅要符合设计要求，也要具有象征意义。例如，中西侧尖顶窗上刻画着耶稣受难的场景。在画中，耶稣背的十字架为绿色。这种草木的颜色象征着重生。沙特尔教堂的许多窗户都由贵族捐赠，这些贵族会以跪拜祷告的姿势出现在画中。面包师、屠夫、石匠以及其他劳动者的活动也经常出现在彩窗画中，从而纪念各式各样行会的守护神。

圣礼拜堂：中世纪的"珠宝盒"

彩绘玻璃艺术在圣礼拜堂达到了新高度。公元1245年至1248年，法国国王路易九世（圣路易）下令在法兰西岛建造这座皇家小礼拜堂（图13.24），旨在盛放耶稣的荆棘王冠。对于这一象征基督受难的珍贵遗物，基督教十字军声称是他们将其重新找到，并连同其他遗物带回法国的。

在这座礼拜堂中，下层部分配有丰富的壁画装饰，模拟出天幕的效果，而上层部分几乎完全由49英尺高的尖顶窗组成，彩绘玻璃颜色主要为宝石红色和紫蓝色（图13.25）。窗户上描绘了一千多个故事，占据了礼拜堂上层三分之二的墙壁面积。大面积的肖像工程不仅让人眼花缭乱，也具有超凡脱俗

图13.24 圣礼拜堂 巴黎西南部，公元1245年—1248年

图 13.25 圣礼拜堂内部

的视觉效果。因此，这个中世纪的"珠宝盒"成为法国哥特式艺术的最佳典范。

中世纪绘画

由于受到日耳曼、伊斯兰和拜占庭艺术等多方面影响，中世纪艺术家逐渐开始喜欢用线条装饰抽象风格。在壁画、手工彩饰和板面画中，线条的作用在于平整塑形、消除留白，并增强作品的图像质感。例如，艺术家们为卡斯蒂利亚[1]的布拉切（圣路易的母亲）赞美诗绘制了作品《基督在十字架上受难并倒下》（图13.26），从而再现了彩绘玻璃窗的几何布局，以及简单浓郁的色彩。

艺术家们将基督教会（代表新制度）和犹太教堂（代表旧制度）描绘在两个交叉圆盘的左右两侧。彩饰书稿的人可能会用到许多介绍图案花色的小册子。册子中涵盖了大量历史和宗教的传统主题，但这种做法却让风格样式趋于保守，缺乏变化。尽管如此，中世纪艺术家为各种世俗与宗教手稿绘制了成千上万幅细密画和页边插图。这些作品体现了他们的奇思妙想。

中世纪制备手稿不仅价格十分昂贵，过程也费时费力，通常需要各种工人通力合作。比如，制作一本《圣经》需要先屠宰约200只绵羊或200头牛犊，再将它们的皮剥掉、褪毛，并精细加工成叠好的羊皮纸或牛皮纸，最后组合成书。此外，大量的黄金也被用于"装饰"图像，而丰富的色彩，比如图13.26中使用的蓝色颜料，可能来自阿富汗等更加遥远的地方。

在礼拜堂，祭坛供奉着圣母或圣徒，并在前后配有装饰画。这些祭坛装饰画同样也是中世纪绘画中的杰出范例（图13.27、图13.28）。典型的哥特式祭坛装饰画会在一块木板或一组面板上涂上石膏泥（白色粉状灰泥），并在人物表面刷一层蛋彩画颜料（一种颜料粉末，能让附在表面的颜色干燥、平滑），再用金箔进一步加以装饰，从而能映照出祭坛蜡烛闪烁的光芒。由于信徒需要向祭坛装饰画祈祷，所以画中通常会展示基督教圣贤的生活场景，包括耶稣、圣母玛利亚、受人欢迎的圣徒或殉道者。

公元13世纪晚期，佛罗伦萨画家契马部埃（约1240—1302）创作了一幅祭坛装饰画（图13.27）。

1. 西班牙古国名称。

图 13.26 基督在十字架上受难并倒下 约1235年

画中描绘了圣母带着圣子坐在高大如塔的王座之上，周围聚集着众天使，而在圣母的脚下，四位希伯来先知徐徐展开卷轴，预测耶稣的降临。为了突出圣母在王座上的重要地位，作者有意缩小天使和先知的形象。如此森严的等级安排，不仅是中世纪艺术的典型特征，也是古埃及和拜占庭作品的特点。

契马部埃在祈祷圣像上大量镀金，从而让人物显得十分优雅。在圣母的深蓝色披风上，线条让衣服上的褶皱变得锐利，富有金属质感。在众天使的翅膀上，线条也让画面变得蜿蜒起伏。在幼年基督的画像上，线条不仅让人物轮廓更加分明，也让宝座表面上的装饰物清晰可见。圣母的形象既吸收了拜占庭圣像令人陶醉、宏伟壮丽的特点，也结合了吉斯勒贝尔在欧坦创作基督像时体现的轻灵、纯净与神圣等特点（见图13.7）。比起上述形象，契马部埃创作的圣母虽然更加趋近于人，但仍保有庄严华贵的王者气度。

中世纪的祭坛画借鉴了哥特式建筑的装饰语言，以及彩绘玻璃窗上的明亮色彩。公元1333年，意大利锡耶纳画家马提尼（约1280—1344）在祭坛装饰画《圣母领报》（图13.28）中，巧妙运用了哥特式建筑图案。祭坛框架上布满了优雅的哥特式尖顶，双弯曲线拱（顶部附近尖拱呈S形曲线）上也镶满黄金，出现了大量的尖顶饰和叶卷形花饰。

图 13.27 圣母登基 契马部埃，约公元1280年—1290年

第十三章 中世纪的艺术 401

图 13.28 **圣母领报** 马提尼，公元1333年

此外，画面背景镀有金箔，让人仿佛看到生气的圣母玛利亚、报喜的天使和装满百合花的瓶子（象征玛利亚的纯洁）悬浮在时空之中。马提尼的构图取决于他对线条的灵活使用。比如，大天使加百列双翼上的优美曲线与他飘扬的法衣相得益彰。当圣母回避天使报喜之时，画面呈现的曲线不仅让身体轮廓清晰可见，也让披风上的褶皱一目了然。最后，圣母披风上的颜料由天青石碾制而成。

中世纪音乐

中世纪早期的音乐和教仪剧

正如建筑发展过程一样，修道院在中世纪早期的音乐发展中同样发挥了重要作用。在查理大帝统治时期，随着视觉艺术的复兴，修道院不断改革教堂的礼拜仪式和圣歌。教堂音乐的早期形式为单音清唱（见第九章），并未加入伴奏。中世纪时，一位僧侣听到了这种庄严的声音，便在歌集页边处写下："沉闷的单旋律圣歌，折磨着我柔软的双耳。"

在圣加尔修道院，僧侣们或许是为了平复这些抱怨，增加了交替圣歌或者宗教经文中出现的诗歌，将传统格列高利圣咏的表现范围进一步扩大。加洛林僧侣先在单旋律颂歌中加入修饰成分，然后又加入借喻，即在已有的礼拜仪式颂歌中添加新的音乐或文字。因此，歌词"主啊，怜悯我们吧"逐渐演化成为"主啊，全知全能的天父，上帝呀，万物的创造者，怜悯我们吧"。这种特殊的借喻被称为序列借喻，即在花唱式长段落中加入词语，例如"哈利路亚"和"阿门"都会在每首弥撒歌曲的末尾部分出现（图13.29）。

公元10世纪，歌唱者们开始分成小组，分别演唱圣诞节和复活节弥撒的各个部分，这些部分现在已经被花唱和序列借喻等装饰得更加华丽。随着越来越多的重要事件被添加进弥撒歌词中，日渐成熟的音乐剧开始出现。最终，这些音乐剧与礼拜仪式再无关系，转而在弥撒仪式各部分的间歇中穿插表演。比如，公元12世纪，《但以理剧》的"剧目"选自《但以理书》中的生活片段，即基督徒开始预言弥赛亚的诞生。因此，这个故事适合在圣诞节期间演出。

到了公元12世纪，音乐剧引入了人物对话和乐器。在希尔德加德主持的修道院中，本笃会的修女们或许已经表演了她的作品《德行之律》（见第十二章）。作为西方历史上已知最早的道德剧，善行和恶魔在剧中相互争夺信徒的灵魂。表演者需要说出恶魔的台词，而并非唱出，这与希尔德加德的信念如出一辙，即恶魔并不理解音乐的和谐与秩序。

然而，希尔德加德最重要的作品是礼拜仪式的音乐。为了纪念圣徒，她创作出很多单旋律赞歌和交替圣歌。这些作品不仅会在日经课上演唱，而且也起到音乐冥想的作用。有些作品赞美女性和圣母，而其他作品，如颂歌《哦，继承者们》则讴歌

图 13.29 一位天使告诉约雅敬，亚拿将有身孕（借喻上面带有乐谱）英格兰，约公元1050年，羊皮纸

了告解神父。作为基督的"继承人"，他们聆听忏悔，给予告解。

中世纪的乐谱

乐谱诞生于中世纪的修道院。克吕尼本笃会的僧侣对中世纪音乐的发展起到了举足轻重的作用，可与罗马式建筑的影响力相媲美。据说，克吕尼修道院的第二位院长，克吕尼的奥多（878—942）设

计出一个音乐符号系统，用字母A到G表示西式音阶的七个音符。

在奥多成果的基础上，意大利本笃会的圭多（约997—1050）引入了一系列彩色线条（黄色为C调，红色为F调等），并在歌词上方附上纽姆（见第九章）这一传统注音符号，从而表示音调的上升或下降。此外，圭多还创立了一套方法，能够精确表示音高变化。因此，歌手不仅可以依靠自己的记忆，还能查阅带有文字和音符的乐谱。这些进步不仅促进了礼拜仪式音乐的演奏和传播，而且为中世纪复调音乐中的各种复杂调式奠定了基础。

中世纪的复调结构

我们虽然对早期中世纪音乐知之甚少，但也有理由相信，即使在公元1000年之前，唱诗班成员已在尝试用多行音乐代替单音风格的格列高利圣咏。复调（由两行或多行旋律组成的音乐）诞生于西方，直到近代才在亚洲出现。

最早的复调音乐需让歌唱者同时演唱两部分格列高利旋律。两个声部逐个音符平行推进，则称为平行奥尔加农。如果让二声部反向推进，则称为自由奥尔加农。如果在歌词的各独立音节中加入一些音符，则称为花唱奥尔加农。在复调音乐中，二声部通常要比一声部升高四度音或五度音，这样的安排不仅符合古代的和谐规则，也能表现出声音的跌宕起伏，从而创造出纯净的回声。

纵观中世纪鼎盛时期，法国北部，尤其是巴黎，是复调音乐的中心。这一区域不仅建造了哥特式大教堂，也诞生出一种全新的音乐风格。这种音乐风格的主要特点在于能让几条旋律线的节奏取得平衡。其中，最重要的巴黎作曲家是佩罗坦（约1160—1240）。

佩罗坦曾就读于巴黎圣母院创办的学校。他以格列高利圣咏为基础，创作出三声部与四声部的复调乐曲，从而让基督教弥撒仪式显得更加华丽。佩罗坦的音乐通常包括一个主音或"高音"，用于演唱圣歌或"固定曲调"，此外还配有一个或多个声部，以更快的节奏穿插在较短的乐句中。两三个声部既彼此独立，又相互关联，这样的音乐技巧被称为对位法，它激发了公元12世纪末至13世纪的音乐活力。实际上，声部之间的相互叠加不仅让声音更加响亮，也让中世纪音乐的旋律更加复杂，就像哥特式建筑的相互对立丰富了视觉质感一样。

中世纪复调音乐促进了声调和声部的增加。因此，哥特式教堂为容纳更多的歌唱者，扩建了合唱区域。由于巴黎圣母院这样的大教堂能够让声音回响，复调弥撒音乐产生了一种绚丽的听觉效果，仿佛教堂内部闪耀着五彩的光芒。正如大教堂建筑本身一样，复调弥撒音乐让精心设计的各部分水乳交融。所以，复调音乐并非在空间中实现融合，而是在时间中浑然一体。

《神怒之日》

《神怒之日》是中世纪文化融合的最佳例证之一，尤其是该诗作服务于基督教追求不朽的意识形态。这部赞美诗长达57行，起源于公元13世纪的方济各会。诗中又加入了罗马天主教的安魂曲（为死者举行的弥撒仪式），并很快成为基督教葬礼的标准流程之一。《神怒之日》不仅唤起了人们对时间尽头的执念，而且用音乐表达出上帝在末日的布道。该诗作宣扬最终审判的降临，上帝将在大门处向世人庄严宣告最后的厄运。赞美诗开头为：

神怒之日！哦，悲痛之日！
看吧，先知的警告已经实现，
天地将在燃烧中化为灰烬！

就像大多数末日主题的艺术作品一样，包括但丁的《神曲》，赞美诗宣扬宽恕和解脱：

> 哦，将我放在绵羊群中，得您恩宠！
> 或是放在山羊群中，让我免于屈辱，
> 您只是抬起右手，将我托起。
> 当邪恶的人惊慌失措，
> 痛苦的火焰也未曾寥落，
> 呼唤我，让您的圣徒保佑在我身旁。

正如其他中世纪的表现方式一样，《神怒之日》将罪人和圣徒的永恒命运做了鲜明对比。在之后的几个世纪，该作激发了莫扎特、柏辽兹和威尔第创作出震撼人心的安魂曲。至今，这种音乐仍是死亡和天谴的常见象征。

经文歌

公元13世纪诞生了一种全新的宗教音乐体裁——经文歌。作为一种简短的复调合唱曲，经文歌的内容以圣言文本为基础。无论在教堂内外，人们都能放声歌唱。因此，经文歌在中世纪广受欢迎，是最为流行的宗教歌曲。起初，歌手会在花唱式乐章中尝试加入言语，经文歌便由此逐步发展而来，这一过程与借喻十分类似。中世纪经文歌通常将两种或多种简单主题放在一起，每个主题都配有各自的歌词与韵律形式，演唱方式也十分轻快、充满活力。

在教堂外吟唱的经文歌通常会加入世俗小调中的方言词语。而一首由三部分组成的经文歌则会融入本地爱情歌曲、知名的圣母赞歌，以及固定曲调中用拉丁语写成的礼拜仪式诗等多种元素。因此，公元13世纪，经文歌通常具有多文本、多音调与多旋律等特征。

在编排世俗与宗教歌曲方面，音乐家不仅会选用多种旋律（正如中世纪图案册子中的大量图片一样），也可以让两者共用一种旋律。中世纪的许多经文歌都暗藏了各种形式的象征。比如，称颂春天的流行歌曲，不仅可以指耶稣复活，也可以指浪漫爱情的觉醒，抑或兼而有之。

器乐

乐器首先在宗教音乐中出现，用于在复调乐曲中替代人声。中世纪时，人们并不使用乐器为歌曲伴奏，正如行吟诗人的诗歌和民间史诗一样。中世纪的音乐主要依靠音色而不是音量来产生效果，大多数中世纪乐器发出的声音与现代乐器发出的声音（更不用说经过电子放大）相比都更为柔和、微弱。

中世纪的弦乐器包括拨弦乐器（如竖琴、索尔特里琴和琉特琴）和弓弦乐器（如维奥尔琴和雷贝克琴）。管乐器包括便携式管风琴、竖笛和风笛等。打击乐器包括编钟、钹、铃鼓、鼓（图13.30）。中世纪舞蹈配乐只需要器乐演奏，并没有歌手伴唱。打击乐器为各种活泼的舞蹈确立了基本节奏。其中，埃斯坦比耶是一种广受欢迎的舞曲，动作简短重复，富有节奏感。

图 13.30 **音乐及其侍从** 选自波伊提乌斯《音乐纲要》,公元14世纪。音乐这一寓言形象,手持便携式管风琴,周围有许多宫廷乐师

回 顾

罗马式教堂

公元1000年以后，罗马式朝圣教堂遍布整个西欧。这些教堂的石门和柱顶上展示了基督教救赎和拯救的主题。

大部分教堂位于乡村地区。其中，小礼拜堂供奉着圣徒和殉道者遗骸，吸引了大批朝圣者前往参观。

由于朝圣者是欧洲城镇和教堂的主要收入来源，各教区纷纷腾出教堂内部空间，竞相吸引游客的目光。教会重新采用罗马人的各式石拱技术。罗马式教堂以拉丁十字设计为基础，配有圆形拱门、厚实的桶形拱顶和交叉拱顶。

罗马式风格的特点在于生动的线条和奇思妙想，不仅体现在入口大门的石雕中，也体现在柱顶图饰与彩饰手稿等方面。

哥特式教堂

哥特式大教堂是中世纪城镇的焦点与荣耀。哥特式风格巧妙融合了三种结构元素：扇形肋拱顶、尖拱和飞拱。

教堂内部空间宽阔，足以容纳整个城镇的人口。作为城市社区的中心，哥特式大教堂引人入胜，许多市民活动、公共节日与戏剧表演都在此举办，进而带动了当地的商业活动。

这些宏伟的大教堂大部分供奉玛利亚，将她尊为上帝之母、基督的新娘和天界的王后。作为美德和贞洁的典范，玛利亚塑造了理想的女性形象。

在中世纪大教堂中，所有的视觉、文学和音乐艺术，都围绕一个共同目的相互交融。

哥特式雕塑

在哥特式大教堂中，雕塑作品不仅包罗万象，而且简要介绍了《旧约》和《新约》历史故事、古典箴言、基督教戒律，以及民间传奇故事等。大教堂的雕塑工程具有统一的表现形式，能够向人们传递基督教义和礼拜仪式的内容。所以，无论是学者，还是世俗人士，都能从中获益。

公元13世纪，雕塑作品变得更加细致和逼真。人物姿势更加自然，不再受到建筑框架的束缚。哥特式雕塑逐渐向现实主义风格发展。随着这一趋势的发展，宗教意象和建筑细节也日渐增多。

彩绘玻璃

彩绘玻璃不仅令人赏心悦目，也是获得宗教启迪的源泉。在修道院长叙热之后，虔诚的基督徒将大教堂的窗户视为玻璃挂毯，认为它们通过过滤神圣真理之光来服务于上帝的殿堂。

沙特尔教堂和巴黎圣礼拜堂的窗户，代表了中世纪彩绘玻璃装饰艺术的巅峰。

中世纪绘画

由于受到日耳曼、伊斯兰和拜占庭艺术等多方面影响，中世纪绘画风格通常十分抽象，充满了象征意味。这些作品不仅能够让线条富有张力，而且能运用明亮色彩，并在空间形态中加入装饰。

在中世纪，数以千计的手稿均为手写而成，并配有丰富的彩绘。彩饰书稿员经常使用图样册子，并从中选取大量历史和宗教主题。尽管如此，这些手稿的制作过程仍费时费力。

中世纪的祭坛装饰画位于祭坛前后，并以展示圣母、圣徒等形象为特色。同时，这些人物也是虔诚信徒祈祷的对象。中世纪意大利祭坛画不仅配有大量的镀金，而且呈现出人性化的拜占庭风格。

中世纪音乐

正如视觉艺术一样，中世纪的音乐也与宗教仪式密切相关。在加洛林王朝时期，人们用序列借喻修饰基督教颂歌，这一过程导致教仪剧的诞生。公元11世纪，本笃会修士设计了一套音乐符号系统，不仅对演奏有所助益，也使得音乐能够完整保留，代代相传。

中世纪复调音乐由多个独立旋律组成，为宗教和世俗音乐引入了全新元素。宗教复调音乐以经文诗为代表，通常吸收了方言歌词和世俗旋律的特征。

众多中世纪乐器共同为舞蹈和世俗娱乐提供配乐。

术语表

交替圣歌：一种轮流吟唱的颂歌，歌词之间相互呼应。

拱门缘饰：一种用模压或手工装饰而成的饰带，既可用于拱门的周围，也能用于开口的拱形框架结构。

隔区：一种在建筑物中经常出现的空间单元，在中世纪建筑中指拱形隔间。

对位法：一种音乐技巧，指两个或多个独立旋律的相互结合；该词常与"复调音乐"替换使用。

尖顶饰：一种教堂装饰物，形状通常为尖头。表面用箔片装饰，顶端为尖塔或小尖顶。

楣梁：开口门框上的横梁或横向条石。

曼多拉：一种环绕在圣像画人体周围的光环。

经文歌：宗教中使用的一种复调短歌，改编自圣言文本。

直棂：一种细长、垂直的窗间壁，在窗户、门或幕帘上形成条状图案。

双弯曲线：尖拱两侧的S形曲线。

奥尔加农：最古老复调音乐作品的通称。在平行奥尔加农中，两个声部完全平行；在自由（反向）奥尔加农中，第二个声部反向推进；而花唱奥尔加农则在歌词的每个独立音节中加入多个音符。

索尔特里琴：一种弦乐器，由扁平的音板和粗细不一的拨弦组成。

安魂曲：一种悼念死者的弥撒仪式或赞美死者的庄严圣歌。

序列借喻：一种特殊借喻，指在格列高利圣咏的花唱段落中加入的词语。

三拱式过廊：中世纪教堂中，神殿上方与天窗下方之间狭窄的拱形步廊。

间柱：支撑大门上层建筑的立柱。

檐壁内拱形面：位于门廊上方，附在楣梁之上的半圆形空间及其穹顶。

第十四章
西方之外的世界：印度、中国和日本

约公元500年—公元1300年

乾称父，坤称母；予兹藐焉，乃混然中处。

——张载

图 14.1 观音像 公元10世纪—12世纪初。这尊木雕菩萨源自中国，表面镏金，色彩鲜艳。人物身着华丽长袍，佩戴各式珠宝以及华丽头饰

西方国家的学生通常容易忽视一个事实，即欧洲作为他们最为熟悉的文化家园，只是亚欧大陆西部的一隅之地。而在亚欧大陆东部，诞生了两大文明古国——印度和中国，以及不容小觑的弹丸之国——日本。在欧洲中世纪时期，穆斯林是东西方贸易的中间商。他们定期进行贸易，并进行技术交流。除此之外，东西方之间鲜有接触。

公元500年至1300年，印度诞生了一批梵语文学佳作。并且，在寺庙建筑和雕塑艺术方面，印度达到了一个全新高度，不仅在技艺上更加繁复，而且在造型风格上也更加富有想象力。印度音乐也在这一时期蓬勃发展。同时，中国历史开始进入唐宋时期，诗歌和绘画的发展达到顶峰。此外，中国不仅在技术发明方面独步世界，也在精细陶器和纺织品领域引领全球。中世纪时期，日本创作出了世界上最古老的散文小说，以及能剧这种独特的戏剧表演形式。在世俗和宗教艺术方面，日本以清新优雅和自然简约为主要风格。通过简要考察上述三大文明的艺术成就，我们便能将中世纪置于全球视角之下，从而提高对这一时期历史的认识。

印度

按照西方观点，"中世纪"是从古典时代到近代早期之间的中间时期，但这一术语却并不适用于印度历史。在印度史研究中，学者们则将该术语定义为：从印度笈多王朝末期（约公元500年）开始，至公元14世纪蒙古入侵印度为止。这段时期与西方中世纪大致相当。随着中亚匈奴人的入侵，笈多王朝最终土崩瓦解，这与罗马的陷落以及中国汉朝的灭亡十分类似。南亚最伟大的文明就此终结。

随后，印度政局陷入混乱无序的境地之中。此时，武士阶层（与欧洲中世纪的封建贵族阶层大致相同）开始崛起并执掌大权，印度再次分裂为独立的邦国。统治阶级——世袭的首领或拉其普特人（意为"列王的后裔"）——遵循骑士准则，这使得他们有别于下层阶级。

在印度，种姓制度盛行了许多世纪，从而让统治阶级与民众之间泾渭分明。此外，该制度又根据职业和社会地位将不同种姓的人进一步细分。因此，种姓之间的隔阂越来越深，差异也越来越大。在同一种姓的大家庭中，最年长的男性不仅执掌大权，还会拥有很多妻子。家中的儿童很早就开始订婚。而且女性的责任得到了明确规定，即照顾家庭、养育子女（重男轻女）。在男权社会中，印度有一句谚语广为人知，即"女性从来不适合独立"。高种姓的女性要对丈夫做出巨大牺牲。印度有一种习俗——萨底——将这一特点体现得淋漓尽致：妻子要在丈夫火葬时自焚殉夫。

公元8世纪早期，阿拉伯穆斯林进入印度，并开始向当地人传播伊斯兰教。在印度北部，穆斯林政权开始落地生根，并以高种姓的身份登上政治舞台。公元10世纪，土耳其穆斯林入侵印度，进一步加剧了混乱局面。公元1192年，穆斯林大军攻陷德里，并在次年摧毁了那烂陀寺。

由于伊斯兰教禁止偶像崇拜，穆斯林军队破坏了印度教和佛教大量的雕塑。最终，在印度河流域（今巴基斯坦伊斯兰共和国）及孟加拉（今孟加拉人民共和国）地区，伊斯兰教取代了印度教和佛教。然而在其他地方，印度本土的传统教派仍广受欢迎。实际上，大多数印度人仍十分信奉印度教，并一直在抵抗穆斯林的入侵，直到公元14世纪为止，这一点在印度最南部地区尤其如此。今天，印度约有85%的人口信仰印度教。而佛教于公元13世纪在印度沉寂。

印度教

印度教并没有创立者，这在历史上是独一无二的。根据印度教教义，众生的一切都属于同一个神圣的实体，即客观的、无处不在的绝对精神——婆罗门。按照印度教的主要著作《奥义书》与《薄伽梵歌》（参见第三章）对泛神论的定义，印度人崇拜的男女诸神似乎与其大相径庭。

公元14、15世纪，印度教将各种各样的地方宗教神、古代自然神，以及《吠陀》神话故事中的虚构人物相互融合。因此，人们开始虔诚信奉多个神明。这种崇拜诸神的行为表明印度人奉行多神论。但事实上，印度人认为诸神代表了主神的各个方面，更确切而言，他们是主神的化身，就像钻石有不同的面一样。正如基督徒把耶稣视为上帝的化身，印度人也认为梵天具有化身，并以不同的名字和形态降临于世，有时甚至是动物的形态。所以，印度教教徒认为，佛和耶稣一样，都是绝对精神在人间的化身。

印度教有许多教派，但它们既没有统一的组织（例如西方基督教会）统领，也没有一致的礼拜仪式。印度教鼓励信徒们用自己的方式或以古鲁（精神领袖）传授的方式寻求与婆罗门的结合。如此，印度教徒树立了一种基本信念——坚信世界上有无数种与神联结的方式。

　　印度教的礼拜仪式包括参拜圣地，献上祈祷、鲜花或食物。凝视神像是必不可少的，因为神像中具有神识。因此，教徒和神像进行眼神交流，就等同于与神直接交流。这样的参拜方式叫作"观见"（看到神，也被神看到），并在之后广为人知。作为一种表达崇敬的方式，凝视神像不仅能真诚表达出强烈的情感，也能获得神的庇佑。

　　印度中世纪时期，印度教有三大主神：梵天、毗湿奴与湿婆。印度教教徒将这三位主神与婆罗门力量的三种表现联系在一起，即创造、保护和毁灭。首先，作为婆罗门的阳性词，他们将梵天尊为世界的创造者。其次，他们尊崇毗湿奴为保护神。印度神话讲述了毗湿奴出现在人间的9个化身，其中包括《摩诃婆罗多》中的英雄神黑天（见第三章）。

　　在图14.2中，毗湿奴神头戴锥形冠，上方的右手拿着火红的日轮，而左手握着一枚海螺。海螺不仅是原始海洋的象征，也是毗湿奴在远古战争中吓退敌人的号角。下方的右手做出穆德拉舞的动作，象征着保护，而左手指向大地与圣洁的莲花，象征着宇宙起源。印度工匠吸收并采用了希腊黄金时代的失蜡法，铸造了这样的青铜神像，并使之成为独立人像雕塑的精品。

　　公元10世纪，印度南部的泰米尔纳德邦出现了大量青铜神像。通常来说，为了向公众展示这些圣像，人们会在神像上挂满鲜花，并抬着它们列队行进。（注意图14.2中站立的毗湿奴雕像，其底座的四角都有环，因此能够搬运。）

　　公元9世纪时，泰米尔诗人说过，"神会降临在每个人的身边"。正因如此，作为印度三大主神之一，湿婆成为印度的再生之神，并主管毁灭与创造、疾病与死亡，以及性爱与重生，代表着宇宙生生不息的律动。湿婆常常以男女双性的面貌出现在人间，但大多数人却将他舞蹈之王的形象铭记于心。这一形象不仅唤起了人们对宇宙动态的关注，而且展示了印度教对时间的观点。

　　西方人认为，时间是线性的、不断前进的，但印度人认为时间具有循环的特点，如同一个永不停息的宇宙之轮。作为舞蹈之王，四臂湿婆是中世纪

图 14.2 站立的毗湿奴 来自印度南部，公元10世纪，朱罗王朝

图 14.3 湿婆舞王像 来自印度南部，公元11世纪，朱罗王朝。达拉斯艺术博物馆。湿婆在火焰的环绕下用舞蹈展示出宇宙的永恒律动，即出生、死亡与重生

印度最受欢迎的印度教神像（图14.3）。事实上，随着湿婆的盛行，泰米尔雕塑家为他塑造了许多种雕像。在这些作品闻名之后，很多人将其称为"视觉布道"。

印度宗教文学

无论是吠陀时期的颂歌，还是印度两大史诗《摩诃婆罗多》和《罗摩衍那》（见第三章），中世纪印度文学都借鉴了早期印度教的神话和传说。印度人用梵语写下了这些印度文学经典。作为受教育阶层的语言，梵语与拉丁语在中世纪西方发挥的作用相同。几个世纪以来，梵语将印度多种方言凝聚在一起。

在印度文学中，最受欢迎的是"往世书"。这套宗教书籍共18本，记载了印度神的神话传说。几个世纪以来，这些神话传说口耳相传，直到公元前

调查研究

湿婆，舞蹈之王

随着天界之火在身边环绕，湿婆神跳起了创造与毁灭之舞，演绎着宇宙的生死循环。他像蛇一样弓着身子，跳着印度特有的舞步，脖子、腰肢与膝盖也随之扭动。这座雕塑（图14.3）的每个部分都有象征含义，有些部分有多重意义。比如，湿婆的耳坠并不对称，代表着男女两重性别。此外，作为天界力量的象征（昆达里尼，意为生命力），眼镜蛇表现了各种各样的神圣力量。

湿婆的右手持一面小鼓，象征创造；另一只右手做出穆德拉舞的动作，代表抵御恶魔侵扰。一只左手掌控火焰，象征毁灭；另一只左手指向自己的脚，象征从世俗中解脱，而右脚踩碎了一只象征自负和无知的侏儒恶魔。湿婆外表十分安详，代表着印度神的五种能力，即创造、保护、毁灭、解脱与觉悟。通过这些动作，神的舞蹈展示了宇宙的缘起缘灭。

第十四章 西方之外的世界：印度、中国和日本

6世纪才有书面记录。印度史诗中的神话解释了毗湿奴和湿婆及其化身的神秘力量。在有关毗湿奴的史诗中，人们将黑天（毗湿奴最受尊敬的第八个化身）描绘成"诸神之首"，他认为虔诚的信徒应该放纵感官享受，诱导他们变成虔诚的信徒。

接下来的5个世纪里，印度教中的虔诚越来越受到重视，虚幻的信仰渐渐黯然失色，黑天变得越来越人性化。作为他最爱的妻子，拉达成为宗教诗歌的焦点。其中，最著名的诗歌是胜天在12世纪撰写的《牧童歌》。这首史诗在印度宗教音乐和艺术中占重要地位，描述了黑天和拉达以及黑天与他16000位妻子和情人之间持久的爱情（图14.4）。

在"往世书"和《薄伽梵歌》里，强烈的世俗激情成为自我与婆罗门结合的隐喻。不同于中世纪对纵情声色的谴责，印度教重视男性与女性肉体的结合，并认为这是灵与肉结合的象征。这种精神联结能让信徒从轮回的循环中解脱。《奥义书》区分了这种相似性：

在他最爱的人怀抱中，一个男人能忘记整个世界，无论是隐藏在内心的事，还是外界的事。任何拥抱自我的人，也会忘记心底事和外界事。

在《毗湿奴往世书》的一个段落里，黑天有很多形象，有时他是感情的骗子，有时又是人间的浪子。这两种身份象征着神对人类灵魂的热爱，以及人类灵魂对主神的吸引力。

阅读材料14.1
摘自《毗湿奴往世书》
（记载于公元500年后）

（黑天）观察着清澈的天空和朗朗的秋月。空气中弥漫着野生莲花的芬芳。嗡嗡作响的蜜蜂聚在它的花蕾中，并想与挤奶女工一同嬉戏。

接着，玛德瓦（黑天）来到她们中间，用轻柔的话语、俊逸的面容博得了女工们的好感；作为无人不知的神灵，他牵着一些女工的手，和她们一起在舞池里嬉戏。然而，由于每个女工都试图留在靠近黑天的一侧，所以一直未能围成跳舞的圆圈。他用手触碰每一个人。她们受到了这样的触碰之后，害羞地闭上了眼睛，如此便形成了圆圈。接着，舞蹈开始。她们的手镯碰在一起，叮当作响。女工们找准旋律，唱起了歌，赞美秋天的魅力。黑天只唱了一首关于秋月的歌曲，将温柔的月色表现得淋漓尽致。但女工们却不停赞美黑天。其中，有位女工不停地旋转跳舞，手臂上的镯子也叮当作响。有时，等到疲惫不堪的时候，她就搂着马杜（黑天）的脖子。另一位女工则拥抱着

图 14.4 黑天和拉达以及他的情人 摘自《牧童歌》。黑天宣告了他对拉达的爱，象征着人们对虔诚的渴望。他的仆人在右边，下面有一个花园，花园内放有小吃

他，为他歌唱自己擅长的赞歌。来自哈里（黑天）手臂上的汗珠，如同甘霖一样，从女工的鬓角上缓缓流下。黑天歌唱的旋律与舞蹈的节奏完美契合。挤奶女工经常为他的歌声喊出"棒极了，黑天"。

当他引领时，她们便跟随着他；当他返回时，她们便与他邂逅；无论他如何进退，她们都会跟随他的步伐。当在嬉戏的时候，她们认为，若与黑天错过，每一刻都好似万年；即使她们的丈夫、父亲、兄弟出面制止，对她们而言也是徒劳。到了晚上，她们便从家中离开，去和黑天一起嬉戏，因为这是她们爱慕的对象。

因此，作为一个独特的存在，他移除了所有的不完美，并化身为一个青年，混迹在弗拉扎的年轻女工之中。他以自身魅力，向她们注入自己的本性和神性，并像风一样渗入她们的每一个毛孔之中。即使众生能够理解以太、火、土、水和空气等各种元素，他也无处不在……

问：作为印度精神的隐喻，"引诱"和"舞蹈"在文中如何发挥作用？

印度诗歌

如果印度的宗教文学具有感官性的特点，那么其世俗文学也是如此，其中很多都致力于描写肉体的欢愉。梵语抒情诗是全世界文学作品中最色情的诗。不同于其他古代文化中的诗歌，印度的诗歌通常以吟诵的形式表达，而不是歌唱。另外，梵语诗歌与古希腊、拉丁诗歌类似，同样缺乏韵律。印度诗歌的文学表现手法包括头韵（在连续的单词中重复第一个音节）和半谐音（元音字母相同）。

印度诗歌中，暗示和暗讽比直接的陈述或断言更加重要。梵语中的同义词有许多词义、双关语和语言游戏。印度诗歌中存在着很多的同义词或者近义词。虽然这些词可以表达丰富的内容，但也给翻译带来了相当大的困难。比如，梵语中"莲花"一词大约有50种表达。梵语诗人运用了大量的明喻，比如：女性面如明月，眼眸似莲花，以及其他比喻。根据古代对诗歌风格的定义，每首诗都必须传递出典型的情感，如愤怒、勇气、激情。然而，作为一种人们想逃避的情感，痛苦却并未在任何诗歌或者戏剧中占据主流。

公元4世纪—10世纪，印度文学方兴未艾，一片繁荣。但是，直到公元11世纪著名的诗歌选集才出现。公元11世纪后期，出现了一部最著名的诗歌选集，名为《妙诗集》，由佛教徒维迪亚卡拉所著。该作品共有1739首诗，书中的诗歌可以追溯到公元700年—1050年。正如大多数印度诗歌选集一样，这部作品也以爱情为主题，而且很多情诗描述了肉欲细节，这将在下文的诗歌节选中有所体现。相比于古代或中世纪欧洲的情诗，印度诗歌更加直白、色情；而与大多数伊斯兰诗歌相比，印度诗歌很少关注浪漫情节。

阅读材料14.2
《妙诗集》节选
（约公元1050年）

我的爱人啊，当我们已经相爱

我的爱人啊，当我们已经相爱，
爱让我们脸色苍白，气喘吁吁，
我的爱人，我喜欢你脸颊散发出的汗香；
并且，当我们彼此交欢，就要放松快活，
经历过爱情的慌张，

我仍然更爱我们那交织的气息。

当他渴望看到她的乳房

当他渴望看到她的乳房，
她就紧紧地抱住了他；
当他渴望吻她的嘴唇，
她就在脸上化上新妆。
她坚定地握住他的手，
并放在大腿之间紧紧按住；
不让他爱抚，
而让他优游快活。

我那未出现的新娘若是池塘

我那未出现的新娘若是池塘，
她的眸子是水百合，她的脸为莲花，
她的眉宇泛起涟漪，她的双臂好似玉藕；
接着，我就一头扎进她如水的爱意，
清凉舒爽的四肢，让我摆脱尘世之苦，
爱却又像火焰一样熊熊燃烧。

问：这些诗歌与埃及、希腊、罗马的爱情诗相比，有何不同之处？

印度建筑

在印度漫长的历史中，印度教诞生了一些艺术和建筑杰作。此外，佛像影响了中世纪印度艺术的风格。佛教徒在岩壁上凿出寺庙和神龛，为信仰印度教的建筑师树立了榜样。公元6世纪至14世纪，为了纪念毗湿奴和湿婆神，印度教教徒建造了成千上万的寺庙与神龛。由于地域不同，这些建筑外形各异，但一般而言，其外形多为土堆状（通常是方形或者矩形），并在顶部配有高耸的塔楼或尖塔。在建造时，人们不仅使用石头或砖块作为建筑材料，并且经常用铁销代替泥浆固定。如同早期的窣堵波（见图9.13）一样，印度教寺庙也将神山视为精神象征。印度教教徒甚至效仿喜马拉雅山雪白的峰顶，将一些寺庙刷成白色。

虽然窣堵波无一例外都是坚实的土堆，但是印度教寺庙并未采取这样的设计，而是更趋近于佛寺大殿（见图9.14），有一个封闭的空间能通向神龛的位置，即神在凡间的寓所。在印度教寺内，无论是配有屋顶或尖塔的门廊，还是一连串装饰华丽的走廊，都成为信徒进入寺庙的必经之路。穿过这些区域之后，一座大厅映入眼帘。最终，信徒看到了这座昏暗的圣所，里面供奉着用于崇拜的神像。

印度寺庙并非如中世纪的教堂一样是集体礼拜的场所，其基本职能在于让私人或个人到此礼拜。在印度寺庙中，信徒可以参观逗留并向神献上供品。通常，朝拜活动集中于一年的特殊时期。那时，寺庙将会举行宗教节日，从而让信徒专门向神祷告。

印度寺庙设计不仅要以宇宙坛场（宇宙示意图）为基础，而且要受到宗教命理的约束。圣地中心是婆罗门的原始塑像，周围的广场相当于诸神。由此而论，诸神的作用在于守卫绝对精神。虽然，在设计和功能方面，印度寺庙与哥特式大教堂截然不同，但两者都表达出人们渴望营造出天与地、物质与精神之间的联系。

肯达利亚·玛哈戴瓦神庙位于印度卡杰拉霍，是现存的25个印度神庙遗址之一。这些神庙圣地就像茫茫山峰一样，耸立在印度中北部风沙弥漫的平原之上。11世纪初，这座寺庙开始专门供奉湿婆神。由于寺庙坐落在石砌露台上，游客只能爬上高耸的门廊进入寺庙（图14.5）。

正如大多数印度寺庙一样，肯达利亚·玛哈戴瓦神庙也有着一连串配有大量装饰的横向飞檐。飞

图 14.5 肯达利亚·玛哈戴瓦神庙 印度卡杰拉霍，约公元1000年

檐高度越高，檐口越窄，而檐顶状如莲花。塔楼为蜂巢状，每一层都有一排高凸浮雕。下层描绘着印度伟大史诗中的人类和动物，而上层描绘的是神圣的仙女和天界的诸神。整个浮雕装饰共有约600个人物（图14.6）。

印度寺庙与哥特式大教堂一样，都是一种刻在石头上的"圣经"。这两种艺术本可以有更多相似之处。然而，中世纪教会抵制裸体描绘，并认为这暗示着纵欲和罪恶。相反，印度教却极力展现人体的魅力，并将其视为充裕、繁荣与重生的象征。弯曲的人体展现出疲倦、色情的姿势，从而让肯达利亚·玛哈戴瓦神庙的表面富有生机。

在这些精雕细琢的雕像中，人物双臂柔软灵活，胸部和臀部十分丰满。这些人物的身体象征着神对生死和"丰富"的态度。相爱的夫妇（称为米特那）热情相拥（图14.7），这让人们不禁想起《毗湿奴往世书》中的舞者图像。他们不仅象征着宇宙中男女力量的相互依存，也代表人与神圣爱情的终极结合。

图 14.6 肯达利亚·玛哈戴瓦神庙上的雕刻人物

图 14.7 米特那夫妇 印度奥里萨邦，公元12世纪—13世纪。印度教寺庙的外部刻有许多雕塑，米特那经常让人联想到肉欲，但在这里象征灵魂渴望与婆罗门结合。夫妇上面繁密的树梢也可能暗示着生育

印度音乐和舞蹈

在印度，音乐与宗教仪式密切相关。印度音乐的历史可以追溯到约3000年前。在古代，印度形成了一种音乐体系，其特征包括特定的旋律调式（拉格）和节奏（塔拉）。几个世纪以来，印度创作出了成千上万的拉格旋律，其中60种仍作为规范使用，9种成为基础旋律。每一种拉格旋律包括7个基础音调，并以特定顺序排列组合。演奏者选定一种拉格旋律后，能够即兴创作出任何形式、任何长度的歌曲。印度拉格与希腊调式类似，每种基本旋律都与不同的情绪、心情与风尚有关。比如，有一则著名的印度逸闻：公元16世纪时，一位宫廷音乐家在中午自娱自乐，唱了一曲夜色拉格。这段旋律是如此优美，以至于夜幕瞬间降临在他站立的地方。塔拉是印度音乐主要韵律形式，不仅能与拉格交相呼应，而且能塑造出音乐作品的情绪。

印度音乐将八度音阶分成22种基本音调和许多微分音，并让这些音调具有同样的作用。因此，印度传统音乐没有主调与和音。相反，印度音乐作品的特点取决于拉格的选择和发挥。通常而言，典型的拉格旋律会以较为舒缓的韵律作为开始，然后使用不同种类的韵律过渡至第二部分，再以快速、复杂的切分音达到高潮，最后以狂乱的即兴创作进入尾声。

印度人发明了多种弦乐器，包括拉弦乐器与拨弦乐器。作为印度最受欢迎的乐器，西塔尔琴诞生于公元13世纪。这种弦乐器琴颈修长，琴鼓为葫芦状（图14.8），与古希腊乐器基萨拉琴十分类似（见第五章）。西塔尔琴能够发出独特的嗡嗡声，而琴弦可以弹奏出美妙的音乐。在笛子、鼓、铃和号角等乐器的伴奏下，西塔尔琴演奏者喜欢在低音的共鸣声中快速连续地转换音部，即兴演奏乐曲。

在梵语中，音乐（sangeeta）一词既指"声音"，又指"韵律"。正如其他古老文明中的音乐一样，印度音乐与舞蹈同样密不可分。印度舞蹈通过恪守固定的舞步和手势抒发情绪、讲述故事，这与舞蹈中的拉格伴奏十分相似。

在印度，受过训练的职业舞者能够做出复杂的腿部与脚步动作。在印度寺庙的外立面上（见图14.6），我们可以看到这些动作形态。印度传统舞蹈共有30多支，每一支都需要一系列复杂的肢体动作，有100多种。所以在中世纪印度，各种艺术形式

图 14.8 拉维·香卡（右，1920—2012）弹奏西塔尔琴，另两位音乐家演奏塔布拉鼓（手鼓）与坦布尔琴（弦乐器）

科技发展一览表

公元499年	印度数学家将已知的数学和天文学规则汇编成书。
约公元600年	印度使用十进制。
公元876年	印度率先使用数字0。

紧密结合，可以与中世纪西方的艺术融合相媲美。另外，印度艺术中的肉欲特征却与欧洲基督教艺术截然不同。

中国

在历史的长河中，中国的单一文化传统能够始终占据主导地位，这在世界上独树一帜。公元13世纪，欧洲商人到访中国时，发现中国人已经享有长达1700年的灿烂文明。中国拥有丰富的耕地、矿产，以及动植物资源，可以让大量人口过上自给自足的生活。这些人口中的绝大多数依靠土地生存，从而形成了广大的农民阶级。中国不仅经历了数次改朝换代，也遭遇过北方游牧民族的反复袭击。尽管如此，中国形成了单一形式政体，即君主专制，也让政治秩序趋于成熟。公元13世纪，随着蒙古大军的入侵，这一状况发生了改变。但即使在蒙古人忽必烈（1215—1294）建立统治之后，中国长期依赖的官僚机构依然保持完整。并且，中国文化也在继续蓬勃发展。

公元14世纪初，中国的财富和辉煌让西方人赞叹不已、心向往之，比如著名的威尼斯商人、冒险家——马可·波罗（约1254—1324）。实际上，在欧洲崛起成为经济霸主之前的两个世纪（特别是公元1250年—1350年），中国一直是"中世纪世界中最为辽阔、人口最多、技术最先进的国家"。

唐朝

唐朝时期（公元618年—907年）的中国是一个统一的中央集权国家，不仅在亚洲无与伦比，也让中世纪西方国家黯然失色。相比于印度，中国的阶级差异并不明显，并允许一定程度的阶层流动。此外，得益于科举考试制度，平民百姓也可以成为统治精英阶层中的一员。然而，中国的绝大多数佃农在政治事务上并没有发言权，这与前现代时期的亚洲和欧洲文明如出一辙。

在唐朝历代皇帝的统治下，中国经历了一次文化大繁荣。世界上任何国家都无法与之相比。纵观中国历史，人们通常将唐朝称为最伟大的朝代。唐朝疆域辽阔，府库充盈，社会安定和睦，人民团结一心。唐朝皇帝虽然承袭前朝的经济政策，但也大力实施了一系列重要改革。

首先，唐朝完成了大运河工程，成功将黄河下游河谷和长江东岸连在一起。这一工程不仅促进了南北之间的漕运通航，也增强了国家的经济实力与凝聚力。其次，阿拉伯商人经陆路或海路到达中国之后，需要上报商业汇兑的公平标准，以及丝绸、珍珠、金银等奢侈品数量。商人们将钱币兑换成中国铜币后，才能进行交易。

唐朝历代皇帝都会进行全面人口普查（比诺曼英格兰早了约四个世纪），每三年调查一次。而

图 14.9 捣练图（局部）唐代张萱原作，宋摹本。从细节中可以看出仕女们在宫中准备新织的丝绸

科技发展一览表

公元700年	中国完全掌握了瓷器制造工艺，以至于欧洲称瓷器为"china"。
公元725年	中国人建造了配有调节装置的水运钟，预示了机械钟表的到来。
公元748年	北京出现了第一份印刷报纸。
公元868年	世界上最早的印刷书籍《金刚经》在中国出版。

且，皇帝让刑法不再严酷，并努力保障农田供给，让佃农有田可耕，从而刺激农业生产。此外，唐朝鼓励丝绸生产（图14.9），并推动丝绸贸易走向繁荣。并且，唐朝发起税制改革，收税不再依据农业产出，而是将田亩数量定为评价标准。唐朝还将支付方式从货物转变为铜钱。

唐帝国不仅疆域辽阔、人口众多，而且在知识、教育方面也成果斐然，这让西方的加洛林帝国相形见绌。由于受到儒家传统的熏陶，并接受了文学经典的严格训练，唐代官员要先成为知识分子精英，然后才能博取功名，参与政事。从公元7世纪开始，每位政府官员都要接受严格的科举考试。传统观点认为，领导力的基础在于教育水平和能力，而科举制度的产生则与这一悠久传统密不可分。

一名年轻男子需要通过三级考试（乡试、会试和殿试）才可以做官。科举制度不仅检验了考生对中国经典著作的熟悉度，也考查了考生对时政的掌握程度。对于较低等级的职位，考生需要参加法律、数学和书法考试。

正如伊斯兰世界和西方基督教一样，中国的高层次教育也要求学生对宗教和哲学的基础著作十分熟悉。由于几个世纪以来，汉字并无太大变化，学生们得益于此，可以轻松阅读1500年前的著作，就像阅读当代书籍一样。因此，中国学者能够读懂古代经典，而西方学者却在某种程度上，无法理解希腊、罗马的经典著作。

一方面，备考科举的过程极为艰苦，需要考生大量背诵并全面了解中国文学传统。另一方面，科举考试也十分重视原创性。比如，考生必须以散文、诗歌与策论的形式撰写文章，从而证明自己的才华。此外，科举考试的评分标准也十分严格，只有1%—10%的考生能通过第一级考试，而未通过的考生可以反复参加考试，其中不乏中年和老年考生。

公元7世纪时，在唐朝首都长安（今西安）的国子监，共有约3000名男子参加科举考试。唐朝与西方一样，女性不能接受高等教育。这些知识分子官员构成了当时中国社会的最高阶层。但是，绝大多数农民仍生活在无知与贫困之中。

唐朝贵族与官宦家庭普遍享有财富和地位（图14.10）。世界上只有中国（或许还有公元9世纪的巴格达）认为，个人声望与学识才华密切相关。尽管家族关系能够影响仕途，但科举考试制度仍是求取功名的主要途径，直到公元20世纪才被废除。

中国有一项不开明的陋习，并一直延续到近代，那就是女性缠足。起初，中国女性不仅参与农业生产，而且负责制作丝绸。其中，很多女性接受过音乐和舞蹈训练。然而，公元10世纪早期，女性逐渐脱离劳动，在中国社会中似乎成为一种装饰品。因此，女性缠足在上层社会十分普遍。为了彰显自己的女性后代可以免于劳作，城市中富有的家庭会将女婴的双脚绑住，并折断足弓，从而使脚变短至正常生长的一半。作为一种彰显社会地位的残酷手段，缠足一直持续到公元20世纪早期才宣告

图 14.10 韩熙载夜宴图（局部）五代南唐顾闳中原作，宋摹本，描绘南唐中书侍郎韩熙载的夜宴活动

终结。

儒家思想

唐朝时期，儒家思想仍是中国最重要的道德哲学。儒家教义提倡社会和谐，并对统治者抱有敬意。所以，中国人将皇帝尊称为"天子"。虽然，唐朝统治者为巩固自己的统治，吸收了佛教和道教思想。但在当时，儒家思想仍占据主流。儒家文化坚持世俗伦理，强调适当的行为（礼）和现世的重要性。

这些思想原则既不影响中国人对自然神灵的普遍崇拜，也不反对祭拜祖先的古老仪式。因此，儒家的秩序、和谐和孝道等理念与道家思想并不冲突。中国人对所有宗教都十分宽容，从不发动宗教战争，也不会像基督教国家一样，对伊斯兰文明发动大规模十字军东征，最终两败俱伤。

佛教

唐朝是中国佛教发展的黄金时期。佛教寺院不仅盛极一时，不同教派也如雨后春笋般涌现。这些教派注重的方向各异，涵盖了佛陀的教义或践行的方方面面。其中，人们最先注重的是冥想。罗汉（或称阿罗汉，意为尊者）在深度冥想中入定的形象，受到了人们的欢迎，成为克己和忘我的榜样。这一理想形象与基督圣徒大不相同。

唐朝最著名的佛教教派是净土宗，专修阿弥陀佛，即无量光佛。根据大乘佛教的传统观点，净土宗注重信仰（反复吟诵佛名）的作用，并认为信徒能在净土中得到重生。信徒每天只要多次吟诵佛名，就能确保获得救赎。此外，慈悲的观音菩萨也会为阿弥陀佛的追随者提供帮助。

在佛教中，禅宗同样具有影响力。禅宗并没有采用其他教派流行的做法，例如研究经文或多行善举，而是将冥想视为开悟（在电光石火之间得到解脱）的唯一手段。

通常而言，儒家思想对流行的宗教仪式并不排斥。但是，儒家重视家庭，反对佛教主张的独身思想。佛教团体不仅积累了巨额财富，也拥有一定的政治影响力，这让大量人才皈依佛教。因此，有些皇帝不仅限制佛教寺院的数量，也限制人们受戒成为僧尼。最终，这一举措在公元845年达到高潮。此时，宗教禁令如暴风骤雨一般迅速推行至全国。佛寺庙宇关闭，僧尼也被迫还俗。然而，该禁令的持续时间较为短暂。随后几年，佛教继续蒸蒸日上。

宋朝

唐朝灭亡后，中国出现了短暂的政治动荡，游牧民族袭扰不断。随后，宋朝（公元960年—1279年）重新统一中国。相比于唐朝的疆域，宋朝的领土面积大大减少。并且，宋朝在西部和北部，还需要面对实力强大、野心勃勃的邻国。尽管如此，在文化和技术方面，宋朝仍然取得了伟大的成就，并享国300余年。与此同时，穆斯林文明进入知识的黄金时代。阿拔斯帝国在这一时期逐渐衰落，欧洲进入诺曼统治时代（见第十章和第十一章）。

宋朝时期，人口迅速增长，农业生产力提高。并且，商品贸易蓬勃发展，让中国成为茶叶、丝绸和陶瓷的出口中心。由于经济复苏，农村人口开始迁入城市，社会流动性与日俱增。宋朝首都开封和杭州都拥有100多万人口。城内各种场所也一应俱全，包括餐馆、茶馆、寺庙、花园、商店、书店和宠物店等。

相比于西方，中国城市规模更大，人口更多。城镇居民享受着良好的治安环境，就连当代人也对此羡慕不已。在杭州，每晚都有人巡逻大街小巷。城内的桥梁与运河两岸不仅有人把守，而且装有护栏，防止醉酒狂欢者落入水中。

由于北方邻国一直对宋朝虎视眈眈，因此建立常备军势在必行。然而，宋朝军队却以募兵为主。中世纪时期，无论是伊斯兰文明，还是西方封建国家，都崇尚英雄主义和战争艺术。然而，中国人却并不重视参军入伍。比如，中国有一句俗话：好铁不打钉，好男不当兵。由于宋朝士兵离家戍边，中国诗人经常为其家庭生活的破碎而悲痛不已。

在战争中，中国人更倾向于用断粮迫使敌人就范。中国人崇尚和平的特质给第一批到访中国的西方游客留下了深刻印象。1275年，马可·波罗到达中国，并惊奇地发现，中国人竟不携带武器。直到20世纪，中国人仍然信奉宇宙和谐观。作为新儒学思想家之一，张载（1020—1077）的著作最能表现这一观点：

> 乾称父，坤称母；予兹藐焉，乃混然中处。故天地之塞，吾其体；天地之帅，吾其性。民吾同胞，物吾与也。

宋朝时期，儒家、道教和佛教继续蓬勃发展。正是在这一时期，观音菩萨的慈悲形象让其具有了女性特征。正如中世纪基督教世界的圣母玛利亚一样，这样的圣像呈现了信仰中的爱与宽恕，从而受到了人们的喜爱。

唐宋时期的技术

在技术发明的数量上，中华文明取得了卓越成就。许多技术在中国使用很久之后，才在世界其他国家发挥作用。其中，一个最典型的例子就是印刷术。约公元6世纪，该技术在中国诞生，但直到15世纪，西方才将其完全掌握。公元868年，《金刚经》

图 14.11 金刚经 世界上最早的印刷书籍，出版于公元868年。公元1900年，在中国一处洞穴中，人们发现了《金刚经》以及其他数百个卷轴

（图14.11）由大型木刻雕版印刷而成，成为世界上现存最早的印刷文献。

公元11世纪中期，中国人发明了活字印刷术，而到该世纪末时，所有佛教和儒家经典及注释都已印刷成册。其中，《诗经》就是一个例子。作为一部弥足珍贵的诗歌总集，《诗经》共收录300多首诗歌，其历史可以追溯至公元前1000年。这部经典在印刷成书之后，成为考生参加科举考试的必备书籍。到了公元11世纪，中国人还印刷出了纸币，但制作伪钞等"职业"也得以兴起。虽然在中国，活字印刷术并没有让人的思想发生变化，从而引发社会革命（就像文艺复兴时期的欧洲那样），但它提高了民众的文化素质，促进了学术发展，并让文化经典得以在中国留存。

中国往往能巧妙运用自然原理生产省力设备，比如水磨（用于研磨茶叶，并为机械设备的运行提供动力）、独轮车（至少在公元3世纪，该技术就已经在中国使用，但在欧洲，该技术直到1000多年之后才得到使用）、船尾舵及磁性罗盘。其中，船尾舵与磁性罗盘均起源于汉朝，但罗盘在宋代得到改

科技发展一览表

公元1000年	中国发明了用于航海的磁性罗盘。
公元1009年	中国首次将煤当作燃料使用。
约公元1040年	曾公亮记载了3种火药。
约公元1041年	中国使用活字印刷术。

进，促进了海洋贸易的兴起。无独有偶，这两种装置同样对西欧国家产生了革命性的影响。西欧人用它们开启了探索与发现的新时代。

中国人早在公元7世纪就发明了火药，起初用于烟花表演。公元10世纪中期，中国人将火药用于军事（火箭等燃烧弹）。公元14世纪，火药才传入西方。其他发明包括算盘、水运仪象台，以及铸铁技术（唐宋时期用于铸造武器、桥索，以及一些佛塔）。几个世纪以来，西方人对此一无所知。他们并未参考中国技术原型，而是独自发明了这些技术。例如，直到18世纪，西欧才掌握了钢铁铸造技术，而中国早在公元6世纪就已将其投入使用。

中国最重要的技术贡献，如马镫（早在公元4世纪得到使用）和火药，不仅提高了军队的作战能力，而且协助军队成功抵御了匈奴、突厥及其他游牧民族的屡次侵袭。然而，在西方世界，这些发明却产生了革命性的结果。马镫这一军事装备开启了中世纪封建制度，而火药最终让城堡变得毫无意义，并促进了现代作战方式的形成。公元13世纪，中国在科技领域远远领先于中世纪西方。但在之后，中国丰富的人力（数亿人口）也许是工业技术未能继续得到重视的一大原因。

中国不仅在机械工程和冶金方面独具匠心，也在医学实践上引领世界。从公元11世纪开始，中国人使用疫苗预防疾病，并建立免疫科学。他们对人体构造颇有了解，并认为疾病源于气（生命能量）的失衡。基于以上两点，中国人开创了针灸疗法，即用针头扎身体的特定部位，从而调节和恢复体内能量的正常流动。

中国医学百科全书可以追溯至公元12世纪，并远远领先于中世纪西方的任何一部相关著作。无论在印度，还是中国，传统治疗方法（如冥想和瑜伽）均以身心一体的理念为指导。近几十年来，这些方法在西方受到了热烈追捧。

中国文学

中国文学受外来文化的影响较小。从古至今，中国文学作品反映了对本土传统的高度重视，着重宣扬儒家、道家思想中的宇宙和谐概念。然而，从哲学本质上讲，中国文学显然缺乏宗教色彩。公元5世纪到9世纪，当佛教发展到鼎盛时，大部分中国文学作品仍以世俗生活为主。因此，无论是中世纪欧洲文学，还是亚洲其余地区的文学作品，几乎都与中国文学截然不同。

唐宋时期出现了各种各样的文学体裁，包括历史、地理、宗教、经济和建筑等领域的论文，关于动植物学的专著，关于政务的文章，戏剧、小说和抒情诗。由于善于汇集信息，中国人不仅撰写了各种各样的百科全书、占卜手册、礼仪道德论文集，而且根据孔子及其他学者的教义编纂出相关文集。正如中世纪西方学者一样，中国学者同样尊重经

科技发展一览表

公元1045年	苏颂建造了巨大的水运仪象台，以及浑天仪。
公元1100年	中国人用焦炭炼铁。
公元1145年	中国出版了描绘体内器官和循环血管的插图。
公元1221年	中国人设计出装有火药的碎片炸弹。

典。但与欧洲人不同的是，他们认为信仰和理性之间并没有冲突（因此也没有必要调和）。

公元12世纪至13世纪，说书在宋朝城市中心蓬勃发展。并且，大众戏台纷纷出现，上演了一幕幕精彩戏剧。其中，流行剧种包括喜剧、历史剧、日常生活故事，许多剧种都以爱情故事为特色。随着剧作家开始将文学情节改为戏曲，戏曲成为普通市民与达官显贵的流行娱乐。小说则继承了口头叙事的悠久传统，并专注于描写同时期英雄人物的冒险故事。

然而，小说这种文学体裁并非源于中国，而是源于中世纪日本的贵族和封建文化（本章稍后将讨论）。在中国，历史小说《三国演义》（作者是公元14世纪的剧作家罗贯中）代表了早期小说发展的最高水平。这部作品描绘了数百个人物，不仅详细描述了精彩的战争场面，也让汉朝灭亡后三国时期（公元220年—280年）的乱世风云跃然纸上。

中国音乐与诗歌

中国人认为，音乐的意义在于模仿并证实大自然中的和谐统一。道家和儒家都认为，音乐能够表达宇宙秩序。道家甚至用阴阳学说区分音符。如同古代的大多数音乐一样，中国音乐也只有一个声部，但鼻音的独特音色，不仅能让音调升高，而且让音调产生微妙变化。

中国音乐的特点在于滑动的鼻音。这种声音与古筝相似，经常用于佛教吟唱经文（见第九章）。早在公元1世纪，乐谱就在中国诞生了，用于为演奏者提供指导。中国乐器包括古筝、琵琶、长笛、铃铛和编钟等。

无论是否有乐器伴奏，独唱歌曲都是中国最受欢迎的音乐类型。汉语的独特性让中国音乐和言语之间的联系更加密切。汉语由5万多个汉字组成。在发音时，语调会发生微妙的变化。语调的高低能让单词具有不同的含义。不同的语调可能让一个汉字具有多种含义。

从这种意义上说，汉语之间的交流都带有音乐色彩。对中国诗歌而言，这一现象尤为重要。中国诗歌如同口头传唱的音乐。实际上，吟诵一行诗如同唱一首歌一样，一连串音调要在各种韵律下出现高低起伏的效果。而且，由于汉语是单音节语言，几乎没有词尾，因此韵律在言语中十分常见。由于所有中文诗歌都押韵，英语在长时期内几乎无法还原这种效果。另外，中文诗歌还有一些特点同样很难在译文中体现，比如最具特色的修辞手法——缩略和影射。

唐朝时期，中国创作出了世界文学中最优美的诗歌。公元8世纪至9世纪，中国诗歌进入黄金时代。那时，诗歌与日记十分类似，主要记录个人的日常生活经历。不同于印度诗歌，中国的叙事诗不仅没有感官或色情内容，而且很少关注身体抚触或浪漫爱情。

唐诗格律严谨、复杂精致，博学的诗人（所谓文人）才能创作出诗歌。并且，他们认为，诗歌创作与书法、绘画等艺术一样，都是知识和智慧的精华。最初，自然景观和自然意象在中国诗歌中发挥了重要作用。唐代诗人延续了这一悠久的传统。他们的诗歌中不仅宣扬了道教的沉思精神，而且传达出人与自然相统一的精神内涵。

李白（701—762）和杜甫（712—770）是唐代最伟大的两位诗人。他们和其他有修养的人同属中国的文化精英阶层，都对中国经典了如指掌。

作为中国伟大的诗人之一，杜甫创作了1400多首诗，其中一些记录了发生在公元8世纪的安史之乱，另一些主要反映了作者的真情实感与乐观幽默。相比之下，公元9世纪，唐朝诗人白居易（772—846）在担任司马一职后，写诗抒发了自己的愤世嫉俗之感。从此，批判流俗不仅成为晚唐时期的诗歌特点，也对之后的宋代诗歌有所影响。白居易与那时的大多数诗人一样，不仅在朝做官，而且精通书法，并具有极高的道德修养和美学造诣。因此，他不仅多才多艺，更是理想人物的化身。很久之后，文艺复兴时期的欧洲才让这一概念变得至关重要。

阅读材料14.3
唐宋诗歌
（公元750年—900年）

李白 《望庐山瀑布》

日照香炉生紫烟，遥看瀑布挂前川。
飞流直下三千尺，疑是银河落九天。

李白 《古风五十九首·其九》

庄周梦胡蝶，胡蝶为庄周。
一体更变易，万事良悠悠。
乃知蓬莱水，复作清浅流。
青门种瓜人，旧日东陵侯。
富贵故如此，营营何所求。

杜甫 《春夜喜雨》

好雨知时节，当春乃发生。
随风潜入夜，润物细无声。
野径云俱黑，江船火独明。
晓看红湿处，花重锦官城。

杜甫 《奉济驿重送严公四韵》

远送从此别，青山空复情。
几时杯重把，昨夜月同行。
列郡讴歌惜，三朝出入荣。
江村独归处，寂寞养残生。

白居易 《嗟发落》

朝亦嗟发落，暮亦嗟发落。
落尽诚可嗟，尽来亦不恶。
既不劳洗沐，又不烦梳掠。
最宜湿暑天，头轻无髻缚。
脱置垢巾帻，解去尘缨络。
银瓶贮寒泉，当顶倾一勺。
有如醍醐灌，坐受清凉乐。
因悟自在僧，亦资于剃削。

白居易《山中独吟》

人各有一癖，我癖在章句。
万缘皆已消，此病独未去。
每逢美风景，或对好亲故。
高声咏一篇，恍若与神遇。
自为江上客，半在山中住。
有时新诗成，独上东岩路。
身倚白石崖，手攀青桂树。
狂吟惊林壑，猿鸟皆窥觑。
恐为世所嗤，故就无人处。

> 问：这六首诗主要说明了什么主题？
> 问：这些诗歌和中世纪印度诗歌（见阅读材料14.2）有何区别？

中国山水画

唐朝时期，中国绘画以人物画为主。但到了公元10世纪，山水成为最受欢迎的题材。尤其在宋朝，当时的文人认为，画为无字诗，诗为无形画。这一观点反映了中国艺术中绘画与诗歌之间的密切关系。

在处理自然山水主题时，中国诗歌与绘画都倾向于抒发情感，并不把握客观现实中的每一个细节。中国画中的风景致力于传达天地之间的和谐精神。作为儒家、道教和佛教的思想基础，这种精神需要观赏者不能简单观察所要描绘的对象，而是凝神静思，从宇宙的角度观想自然，再将不同视角合为一体。前景、中景和背景的转换与阅读诗句时产生的心理变化十分类似。

通常而言，中国画有三种基本形式：长卷、挂轴和册页。首先，长卷需要从右向左观赏，缓缓打开，既让人欣喜万分，又耐人寻味。画卷需要观赏者独自展开，每次观赏其中的一部分。因此，画中"情节"就能像诗一样徐徐展开。其次，挂轴为纵向展开，观赏者需要从底部开始观赏，也就是从下往上观看。最后，册页将诗与画有序排布在同一页面，并通常附在书中。

卷轴和册页的材料通常是绢帛或纸。并且，油墨或淡水彩呈现单色或柔和颜色，从而为画作增添光彩。中国有一个非常有趣的现象，收藏艺术品的人都喜欢在画作上钤印。不仅如此，他们偶尔还会在画作边缘处批注或题诗，表达自己观看后的感受。所以，诗歌也许延伸了绘画作品内容的意义。中国画经过代代相传之后，成为画家和艺术爱好者抒发个人情感的宝库。

相比于中世纪的西方艺术，中国画并不以宗教为主题，而是着眼于描绘人们的日常活动。然而，中国艺术家很少赞扬人的成就，人物在中国的风景画中显得十分渺小。所以，人物的日常活动在画中只是一种平淡的点缀。

李成（919—967）创作的《晴峦萧寺图》（图14.12）构思精妙，让人回味无穷。在画中，我们无法从单一角度观察山水、树木和人类居住地。相反，我们需要从整体感知全局。公元11世纪，中国艺术评论家将其称为整体角度。当我们往下看时，可以看到屋顶等元素，而向上看时，可以看到树顶等元素。画中高耸的山脉和缓缓流下的瀑布，似乎保护着寺庙、房屋和人物等微小形象。雾气缭绕的区域成为前景、中景和背景之间的过渡。每一个场景画面，甚至包括背景在内，艺术家都能做到一丝不苟、精益求精。无论何处，中国绘画风格都展现出线条和色彩的恰到好处。换言之，艺术家用有限的画笔，描绘出了无限的生活场景。李成的挂轴实现了中国山水画家的主要目标（由宋代评论家所界定），即在几英寸的空间内凸显出整个宇宙。

传说，宋徽宗绘制了《五色鹦鹉图》（图14.14）。这幅画作不仅在细节处理上更加细腻，而且采用明暗相间的微妙布局，从而反映出宋朝宫廷对花鸟装饰图案的品位。相较于传统山水画的宏大布局，丝绸上素雅的色彩和墨水让自然景物更加精致。背景布置平淡无奇、波澜不惊，体现了自然元素的独特魅力。

右边不仅有皇帝的题诗和署款，还将这只鸟与美丽、高贵联系在一起。在诗序列举的信息中，这只鸟既是"来自遥远地方"的异国礼物，也是来自天界的祥瑞。它的到来赞许了皇帝对艺术积极保护的开明政策。

宋朝诞生了大量的中国画专著。这些著作讲述了绘画元素的互补性，比如明暗轮廓、深浅线条、

触类旁通

山水画表达了中国传统文化的精髓。为了致敬这一题材，中国当代艺术家黄岩创作了《中国山水画：文身》（图14.13）。黄岩用身体作为画布，创作了一幅栩栩如生的宋代山水画。他将山、水、树木等图像变形，并画在皮肤上，然后以巨型彩绘的形式展现出来。

作为一幅重新构想的作品，"生动的风景画"可能成为现代行为艺术的先驱。对此，黄岩解释道："山水画是我身体的居所……是一种释放禅宗思想的方式。"黄岩不仅将东亚传统元素与当代艺术风格融为一体，而且将人体视为展示艺术的媒介。

图 14.12 晴峦萧寺图 李成作品，北宋，约公元950年。在中国，群山是不朽的象征，人们通常将山看作生命体。山上的云表现出生命的力量（气）

图 14.13 中国山水画：文身 黄岩，公元1999年。身体彩绘

第十四章 西方之外的世界：印度、中国和日本 429

图 14.14 五色鹦鹉图 宋徽宗作品。在这幅作品中，精湛的画工不仅详细展现了这只五彩长尾鹦鹉的全貌，而且突出了画风精细的特点。这一风格也对中国和日本的册页产生了深远影响

疏密布局、大小形式、阴阳构图。每一组元素相辅相成，符合宇宙万物的阴阳之道。

作为一种独特的书写艺术，画家的绘画技巧是中国画的"风骨"。每种特定的绘画技巧都带有独特的名字，并用于描绘不同的自然景物，比如松针、岩石、山峰等。对最为精美的中国画而言，颜色与线条要做到恰到好处，人物动作既要保持自然，又要富有表现力。同样，中国最优美的诗歌也需要具有这些特点。比起原创，中国人更推崇传统。画家们不仅能自由借鉴大师的画作，而且可以通过"引用"他们的诗或画，表达自己对前人的尊敬。

中国工艺

从远古时代起，中国人就善于烧制陶器和瓷器。他们将陶土制成精美的器物，并用于日常生活以及墓室陪葬。唐朝时期，中国工匠制作了很多逼真的黏土肖像。比如，在这尊陶像上（图14.15），我们可以看出这位宫廷舞女身着优美裙装，长袖随着身影翩翩飞舞。其他陶像上的女性人物，不是在打马球，就是在弹奏乐器，从而表明了贵族女性对这些活动的喜爱。在中国，马匹十分珍贵，但描绘骑手和马匹的陶俑却在唐代坟墓中大量出现。这些陶俑通常先由模具铸造而成，再分段组装，最后用绿色、黄色和棕色上釉（图14.16）。

此外，唐宋时期的工匠熟练掌握了各种类型瓷器的烧制技术，其中最精美的是陶瓷。这种材料

质地坚硬，呈半透明状，在极高温度下才能烧制而成。由于釉面色彩细腻，密不透水，陶瓷器皿不仅体现了复杂先进的技术，而且体现了精巧简约的优秀设计。此外，瓷器优雅的外形主要源于天然形状，如花瓣和花蕾。

公元9世纪，一位商人描述了唐代精美的陶瓷器皿。人们可以从"像玻璃一样精致"的瓷碗中看到水面上的波光粼粼，这让他惊叹不已。然而，直到宋代，国际瓷器贸易才逐渐兴起。瓷器随着丝绸、漆器和雕刻象牙向海外出口，并成为最受欢迎的中国奢侈品之一。的确，瓷器非常受欢迎，以至于西方人仍将餐具和盘子称为"china"（瓷器）。

古代瓷器反映了传统的文雅精致。瓷器形状的灵感来源于商朝早期的青铜器。而中国最好的瓷器通常为浅蓝和黄绿色，这不禁让人想起玉器的颜色和质地。公元13世纪，中国诞生了一些其他类型的瓷器，如青花瓷，对伊斯兰艺术有巨大影响。

在中国，金属工艺品、镶嵌木、雕刻漆器和纺织品种类繁多、装饰华丽，这与中国陶器色彩暗淡、格于成例形成了鲜明对比。宋代织工不仅能制造出精美的丝绸，而且在丝绸上配有花鸟图案的刺绣。在丝绸之路沿线，中国刺绣让奢华的丝绸价值倍增。通常而言，丝绸将与精美的陶瓷和金银器一同埋葬于亚洲富人的坟墓中。作为一条贸易路线，丝绸之路长达8000英里，东起太平洋方向的长安城，西至黑海的君士坦丁堡。

中国建筑

中国建筑不仅是风水思想的体现（见第七章），也反映了道教对自然和谐的追求。在中国建

图 14.15 宫廷舞女彩陶 唐朝，公元7世纪中期。唐朝的墓葬中有非常多的陶俑出土，记录了女性在中国社会中扮演的各种角色

图 14.16 马与骑手 三色釉彩陶，唐朝，公元8世纪初期

尖顶饰
分支托架
屋顶梁

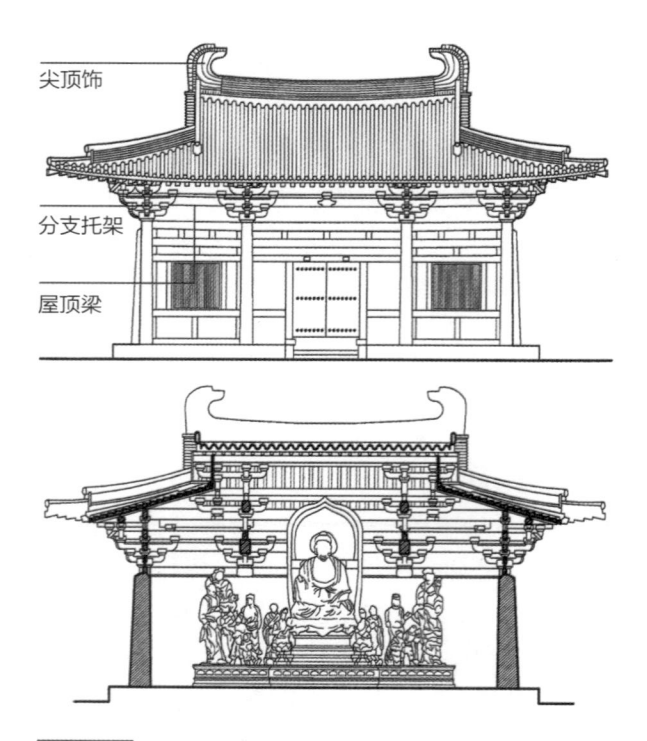

图 14.17 南禅寺主殿的正面与横截面，山西省，重建于公元782年，中国现存最古老的木制佛教寺庙大殿之一。建筑师使用分支托架支撑屋顶梁。悬臂支架能让屋顶从外部伸出，不仅体现了建筑物轻盈、优雅等特点，而且在恶劣天气时有一定的防护作用

外，工匠们创造了榫卯结构，这正是中国古代建筑的独特之处。这种结构不仅能代替墙壁承受整个屋顶的重量，也能让房屋具有抗震性能。

同样在唐代，拱顶技术开始走向成熟。中国建筑拱顶由一系列错综复杂的木制悬臂组成（横向支架从水平托架上伸出），并为中心斜顶、木瓦顶或琉璃顶提供支撑。公元10世纪，人们确立了木结构建筑的审美特征。在接下来的一个世纪里，学者们将这些原则铭记于心，并写下了中国第一部建筑专著。

公元1000年末，早期的中国寺庙几乎都已被毁。由于木制建筑非常容易着火，中国建筑师开始用砖石和铸铁作为建筑材料。然而，无论使用何种材料，中国的佛塔、寺庙等建筑，及其突出的上翘屋檐，都成为优雅设计的典范。此外，日本和东南亚也有许多壮丽的佛塔。这一发现说明，这些地区也受到了中国木悬臂建筑风格的影响。

筑体系中，结构讲究四平八稳，紧贴大地。无论是整个城市，还是单个建筑，都要按照自北向南的中轴线安排布局。各种天象主导着房屋设计。例如四扇门代表一年四季，八扇窗代表八面来风，十二座大厅代表一年十二个月。房屋大门朝南，能在夏天迎接太阳光照，而封闭的后墙可以抵御北方的寒冷。在历史上，北方也是少数民族部落的家园，自始至终都在威胁着中国。通常而言，中国住宅是全封闭结构，而院内有庭院或花园。

作为中国建筑的古典时期，唐代的佛寺建筑群吸引了无数朝圣者前来拜访。在此类建筑群中（图14.17），大殿供奉着佛像，而多层宝塔则存放着佛陀的遗骨。尽管中国精通铸铁技术，但在唐宋时期，佛教寺庙和神龛仍是木建筑结构。中国拥有十分丰富的木料，并十分看重木材的自然之美。此

日本

公元6世纪初，佛教从中国经由朝鲜传入日本。同时，日本积极效仿中国，并在国内施行政治体制改革。日本的上层精英也敞开国门，接受了来自中国的一切事物，包括汉字书写、文史记录、典章制度，以及中国艺术和建筑的基本原理。公元8世纪，日本将佛教和中国文化融为一体。随后，在长达约4个世纪的时间里（公元794年—1192年），日本以首都平安京（今京都市）为中心，迎来了文化的黄金时代。在此期间，日本不仅出现了首部原创文学作品，而且诞生了一系列审美规范，这为日本文化留下了永久印记。

在文学方面，日本以散文式的小说享誉世界。

例如，日本文学经典《源氏物语》（约公元1004年）不仅讲述了平安宫廷中"光源氏"的故事，也揭示了源氏以及其他人物的心理活动。因此，该作品被称为世界上第一部心理小说。不仅如此，这部小说还详细描绘了日本社会中少数贵族的日常生活。

在贵族社会中，无论男女，人们不仅推崇华美的衣服（女人通常穿着5到12层丝绸长袍）和精致的礼仪，而且十分注重创作诗词的才艺。当时，如果有人无法当场作出合适的诗歌，则被认为有严重的社交缺陷。在日本平安时代，贵族阶层不仅将儒家经典视为教育的根本，而且注重培养舞蹈、音乐和书法技艺。总之，这些价值观念不仅比欧洲的文艺复兴早五百多年，也成为当时宫廷才子们的理想典范。

《源氏物语》的作者紫式部（约978—约1016）不仅是当时杰出的女性作家之一，也是平安时代宫廷中的一员。在东亚文学史上，人们对紫式部这样的上流社会女性推崇备至。她们创作的散文作品精彩优美，举世闻名。甚至在公元10世纪，有一位男性日记作家欲使自己的作品读起来像是女性执笔。她们的成就之所以更加引人注目，是因为她们从小不能接受良好的教育（就像同时期的中国女作家一样），因而也没有接受汉字书写的训练。尽管如此，这些女性作家采用源自汉字的表音符号系统，写出了中世纪日本散文的杰出名作。

《源氏物语》篇幅过长，本书无法将其全部引用。但是，通过简要阅读《紫式部日记》，读者可以深入了解她的才华，以及她笔下平安宫廷的人物。此书著于公元1008年至1010年之间，体现了她对视觉细节的敏锐捕捉，这在描写宫廷服装的段落中尤为明显：

年长一些的妇女穿着黄绿或深红色的朴素外套，袖口上有五条花纹。她们的裙裾上印有波浪图案，闪闪发光，引人注目。并且，腰线部分也有繁杂的刺绣。她们穿着白色长袍，里面配有三到五层的深红平绢内衬。年轻姑娘们穿着的外套，通常配有五种不同颜色的袖口，外层为白色，再用黄绿配上深红，内部只配有一层绿色衬里。并且，白色外套穿在中间，能让服装的红色由浅至深，从而显示出颜色的明暗层次。这些服装的搭配设计都极尽巧妙。

《紫式部日记》一书具有重要意义。该作不仅尝试采用自我分析的写作手法，而且具有十分重要的史学价值。此书不只是一部自传，而且是一系列回忆、逸事和经历的集大成之作。该作还记录了作者在尔虞我诈的宫廷中，对自己的作家身份及其地位的思考。正因如此，《紫式部日记》不仅体现了自我意识这一全新维度，而且打破了人们对这一现象只属于西方的思维习惯。

阅读材料14.4
摘自《紫式部日记》

丹波守的正夫人，中宫妃和道长大人都称她为匡衡卫门。虽然所作的和歌并不是特别出色，但其歌中确有独自的风格，并且她本人也并不因为自己被称为歌人而随便吟咏。她的作品，凡是为世人所知的，哪怕是偶然的小作，都隽美得令我羞愧。而那些咏着上句、下句快要断开来的和歌，做出了点不值得一评的风格就自以为是佳辞妙句而得意扬扬的人，让人觉得既可恨又可怜。

清少纳言[1]是那种脸上露着自满，自以为了

---

1. 日本女性作家（约966—?），著有《枕草子》，一部描述平安时代上层阶级日常生活的随笔集。

不起的人。总是摆出智多才高的样子，到处乱写汉字，可是仔细地一推敲，还是有许多不足之处。像她那样时时想着自己要比别人优秀，又想要表现得比别人优秀的人，最终要被人看出破绽，结局也只能是越来越坏。总是故作风雅的人，即使在清寂无聊的时候，也要装出感动入微的样子，这样的人就在每每不放过任何一件趣事中自然而然地养成了不良的轻浮态度。而性质都变得轻浮了的人，其结局怎么会好呢。

回顾人生，纷纷杂杂，竟没有一件能铭刻在心的事情。那时候人生未卜，无以安心。内心里的空寂导致了精神上的颓唐，但我至少保持住了在行为上绝不自弃。多思之秋，夜晚靠近缘廊而坐，呆呆地望月，月色勾起了我对往日盛时的怀念。明月依旧，人事已非。因月下多有禁忌，我稍稍向屋内退了退，而心中仍思绪不断，难以平静。

凉风习习的傍晚，四周寂静无人。独自抚琴而弹。弹着弹着，心事又害怕被外人听出"苦叹伴琴音"。那时的我真是既悲惨又愚蠢。我的琴一直是调好了弦放在黑暗的房间里，没有想到要吩咐一声"下雨天把音桥按倒"，琴放在那里天长日久积了厚厚的灰尘。

琴和一对大橱柜紧紧地堆在一起，其中的一个橱子里装着古歌和物语的卷册，虫子在那上面做了窝，一打开就有虫子往外乱爬，看着很恶心，所以就没有人打开它。另一个橱子里收藏着汉籍书卷。自从珍爱它们的人不在世以后，就再没有别人抚摸过了。有时百无聊赖，也从那橱子里抽出一两册汉籍来浏览。这时，侍女们就会聚起来议论："汉籍读得多了，才会薄幸，为什么身为女人却要读汉文呢？从前的女子，就连阅读经书都要被制止的呀。"这些背地里的议论传进了我的耳朵。我很想反驳说，"迷信那些东西真的会使人长命无恙吗？没有人见过，也无法证实呀"。可是，我不能真的反驳，那样会显得我思虑不深。另外，侍女们说的或许真的有点道理。

世上的万事都因人而异。有的人自命不凡，讲究体面，看起来心情惬意；还有的人无所事事，闲得发慌，又难以排遣，便搜寻出旧日的习帖来看，或者勤谨敬佛，捻响着手中的数珠，每日诵经不断。以上的做法均不合我意。我连自己在家中想做又不能做得到的事情都要顾及侍女们的耳目，克制自己不去做，何况现在已入仕宫中，与众女官为伍，虽然有时遇事也想说一句两句，但转念一想还是什么都不说了吧。对那些根本听不懂的人，说了也是枉费口舌，而在那些既好评头品足又妄自尊大的人面前，说什么都只会引起麻烦，所以我更加噤口不言。总之，诸事通达之人实在是太少了。一般人只知道以自我的判断标准来衡量他人，专挑自己得意之事，别人全不在眼里。

这些人看见我的脸色不好，就认定我是因为自己的容貌不佳而腼腆羞愧，其实我并不是羞愧，而是不想遇到麻烦。既然总要和这些人不得已地对面而坐，我不想招来她们的非议。在宫中的日子长了，我自己也彻底地变成了一个迟钝呆漠的人。

于是，她们说："没想到你是这样的性格啊。原来以为你是心高气盛、以风流自居的人，孤傲得让人难以接近。我们都曾议论过你，想象着你一定为人清高，只嗜好物语，动不动就立刻吟出一首和歌，而且又瞧不起别人，因此我们都憎恨你进宫。想不到见了面之后，才发现你温厚得让人感到意外，根本就不是我们想象的那样。"

听了这样的品评，心中不太愉快。她们竟把我看扁了，把我看成了一个简单的老好人。不过，在宫中的表现是我自己故意做出来的姿态，就连中宫妃都几次说过，"原以为你会很难相处，没想到关系倒比别人更融洽"。我还要注意，不要让那几位性格怪僻又故作优雅，被中宫妃高看一眼的上葛女官们对我产生反感。

凡天下女子，都应以稳重谦和为本。只有做到了心神怡静才能培养出高尚的品位和丰富的情趣。即使生性妖娆浮华的女子，只要她为人诚实，性格不怪僻，别做出让周围人生厌的姿态，就不会惹人憎恨。

而那些自命不凡又正经得太刻板的人，言语态度故作威严，举止也往往与众不同，当然也会引起他人的瞩目。而人一旦被他人所瞩目，注定要受到他人目光的挑剔。遇事时，无论是在言谈话语中，还是在走过来坐下的动作中，乃至站起来而去的背影中，都能让人挑得出毛病。而那些说话自相矛盾或者动不动就贬低他人的人，恐怕在她们的身上只会更加集中起周围人的耳目吧。只要一个人没有什么不良的毛病，别人也就不忍心让她听到什么非议，反倒想向她表示一点好感呢。

我认为如果有人故意做出可恨的事情，那么就和做错了坏事相同，尽可以直接批评而不需要有什么顾虑。品德高尚者，可能会怜悯，甚至还可能照顾憎恨自己的人；而一般人则无论如何也做不到这么善良。就连大慈大悲的佛祖，也未曾说过诽谤三宝[1]是轻罪吧，更何况陷入浊世深渊的世俗之人呢。

有些人的态度是你让我难堪，我也让你不好过；互不服输，恶语相向，甚至怒目以对。而有些人则相反，喜怒哀乐不形于色，表面上总是悠然的样子。遇事是否沉得住气，全在于一个人的深思熟虑的程度。

问：这篇材料揭示了中世纪日本怎样的宫廷文化，女性在这种文化中起到什么作用？

日本的佛教

随着佛教传遍整个日本，数以百计的寺院庙宇也纷纷建成。在日本故都奈良城外，人们发现了最古老的寺庙建筑群，名为药师寺。这座寺庙建于公元8世纪，是世界上最为古老的木制建筑遗址。寺中有一座五层佛塔（图14.18）精巧绝伦，保留了从中国传入的原木风格。

公元6世纪，大乘佛教传入日本，并与日本本土的神道教共存。神道教不仅宣扬天皇的神性，也崇拜乡村当地众多的自然神灵。佛教和神道教这两种

图 14.18 药师寺东塔 日本奈良，约公元720年

---

1. 三宝：佛宝、法宝和僧宝。

图 14.19 阿弥陀佛像 雕塑家定朝所刻，平等院凤凰堂，平安时代晚期，约公元1053年。阿弥陀佛的双手结上品上生印。公元11世纪中叶，在设计建造日本佛龛时，定朝作为当时的雕刻大师，尝试了各种木材接合技术

信仰相互交织，形成了一个充满活力的混合体，从而能够适应当地众多的信仰和习俗。在日本，佛教中的净土宗广为流传，信徒们相信自己会在西方极乐世界重生。该教派以阿弥陀佛为尊。

平等院是供奉阿弥陀佛著名的寺院之一。这座皇家寺院位于京都城外的宇治，经过改建，成为净土园林的一部分。寺院的中心是阿弥陀堂（也称凤凰堂），那里有一尊阿弥陀佛像（图14.19）。佛陀坐在雕刻精美的莲花宝座上，耀眼夺目，表面镀有金漆。精致的光环上装饰着飞天。堂内许多壁画栩栩如生，透雕的天花板上也镶嵌着珍珠。平等院大殿是东亚宗教艺术中极具人文色彩的雕塑建筑之一。

武家政权时代：镰仓幕府
（公元1192年—公元1333年）

公元12世纪中叶，平安时代政权开始让位于强大的地方氏族。为了夺得政治和军事优势，众多强藩相互攻伐。其中，平氏和源氏两大家族爆发了全面战争，并依靠"武士"这一军事贵族上阵杀敌（参见下一页的专栏）。公元1192年，日本内战结束。源氏的将军成为日本的统治者，并在今天东京附近的镰仓建立了自己的政权。

源赖朝（1147—1199）接受了"征夷大将军"这一封号，并以天皇的名义建立了军事独裁统治。在镰仓时代，日本动荡不安，大事频发。这些事件被记录在《平家物语》中。该作不仅是一部日本战

触类旁通

公元9世纪至12世纪，西方进入中世纪战争时期。此时，日本封建制度也在蓬勃发展，但与欧洲大不相同。在日本，人们称骁勇的战士为"武士"（日语意为"服役者"）。这些战士通过为当地领主服兵役获得土地，这与西方封建制度如出一辙。武士的忠诚决定了日本氏族的力量。

武士为了争夺权力和地位，装备有战马和精良的盔甲，并接受弓道和剑道训练。他们的荣誉准则被称为武士道——推崇高度忠于领主、忘我作战与视死如归。如果武士丧失荣誉，该准则提倡仪式自尽，通常为自行切腹。因此，武士刀成为这一阶级的独特象征，这一点并不令人意外。

图 14.20 平家物语绘卷（局部）住吉庆恩绘，描绘平治之乱的故事

图 14.21 金刚力士 定庆之作，镰仓幕府时期，约公元1288年

争史诗，也是日本12世纪的一幅画卷，展现了源氏进攻京都宫殿并捕获平氏领袖的场面（图14.20）。

就雕塑而言，日本人精于木雕。在镰仓时代，雕塑家们形成了强烈的现实主义风格。公元12世纪晚期，雕塑家定庆负责为寺庙制作一系列木制彩绘金刚雕塑。这些作品体现出日本人对人物激烈动作的迷恋。这些金刚力士肌肉绷紧、面目狰狞，对那些不尊佛法之人怒目圆瞪（图14.21）。定庆通过夸张、直率的细节，成功将武艺的优雅和武士的凶恶融为一体。此后，镰仓幕府继续掌握日本朝政，直到公元1333年才宣告灭亡。不过，武士的价值观却一直盛行至今。

能剧

作为日本最为古老的戏剧形式，能剧源于平安时代（甚至可能更早）流行的舞蹈、歌曲和哑剧表演。与古希腊戏剧类似，能剧从文学和历史遗产中选取严肃主题。正如索福克勒斯讲述底比斯城的历史一样，能剧作家不仅通过回忆武士之间的内战找创作思路，也从《源氏物语》的片段中汲取灵感。然而，能剧并不注重角色发展或真实事件的情景再现。相反，一部能剧通过极具形式化的文本、手势、舞蹈和音乐（通常用长笛和鼓演奏）讲述一个特定的故事，从而揭示出其潜在的意义。

在今天的日本，能剧依然方兴未艾。能剧表演的舞台为方形木制，周围有三面朝向观众，并配有一个凸起的走廊通向台下的更衣室。虽然舞台配有屋顶，但台上的布景寥寥无几，只起到象征的作用。正如古希腊戏剧一样，所有角色皆由男性扮演。乐师坐在舞台一侧，负责用音乐表达出不同演员的心路历程。剧中优雅别致的服装和面具通常配有精美的雕刻与图案，从而用于表现不同的角色。

图14.22的这副年轻女子面具揭示了平安时代女性的典型偏好，包括涂有白粉的脸、修剪过的眉毛和染黑的牙齿。在中世纪日本，这些元素均为上流社会女性的流行风尚。一部能剧（持续约6个小时）由多幕剧组成，而每幕剧的类型又有多种选择，比如神事物（以神祇为题材）、修罗物（以武士为题材）和鬘物（以妇人为题材）。戏剧之间还会穿插多种诙谐的幕间节目，以舒缓观众的紧张情绪。

起初，能剧的演出形式并不固定。到公元15世纪初，剧作家和演员世阿弥（1363—1443）为能剧演员编写了一本教学手册，名为《风姿花传》。此书不仅为有志向的演员规定了严苛的训练内容，也分析了能剧的哲学和美学宗旨。在下文的选段中，日本文化的某些特征将会显现，包括高度重视美学

图 14.22 能面 约公元1573年至1615年。彩绘木，高约8英寸

效果，以及对人生表现出的敏感、忧郁和感伤。

阅读材料14.5
摘自世阿弥《风姿花传》

有时，观看能剧的观众会说，"观赏'无为'的时刻是最令人愉快的"。而从事这项艺术的演员都会保守其中的秘密。无论是舞蹈和音乐，还是动作以及各种哑剧表演，演员都需要用身体演绎出这些元素。除此之外，还要穿插很多"无为"的时刻。为何这些无动作的表演能让人愉快？当检视这一问题的时候，我们发现，人们能够注意到演员某种潜在的精神力量。

无论是在歌舞结束之时，还是在各类哑剧表演与念白的间隔时期，演员都不会放松身体，而是保持紧张，维持坚定的内在力量。这种内在力量会表现得不露声色，并给人带来享受。然而，演员却不能轻易向观众显现这种内在力量。如果这种力量太容易被感知，那么就变成了一种表演，而不再是"无为"。在穿插"无为"时刻前后，演员的动作都必须进入一种无意识状态。在这种状态下，演员甚至需要将自己隐藏起来，不能显露自己的意图。若将所有的艺术表现力集于一心，演员就具有了让观众感动的能力。

无论是生与死，还是过去与未来，
都如同舞台上的提线木偶一般，
当丝线断裂之时，
只剩下残肢断臂。

一方面，这段话用隐喻的手法，将人生比作生死轮回。另一方面，舞台上的提线木偶看似能以各种方式移动，但实际上，真正移动的并不是这些木偶，而是用丝线操纵它们的人。当丝线断裂之时，木偶就会落下，摔成碎片。"能"这项艺术亦是如此，各种哑剧动作都是人所设计的产物。而演员的意识才是让木偶肢臂联成一体的关键。而这样的意识不能向观众透露。如果观众发现了这些意识，那么就如同看到了木偶背后的丝线。演员的意识必须像丝线一样，把所有的艺术表现力凝聚在一起。如此，演员才不至于江郎才尽。这一决心绝不能止于演员登台表演之时。无论何时、何事、何种身份，演员都不应该忘记这一决心，而应该将其作为不灭的明灯，指引自己凝聚起所有的艺术表现力。如果演员能够对此坚持不懈，他的才能将稳步提高。

问：什么是能剧演出？能剧和舞台如何配合？

年代表

印度	公元550年—1192年	邦国时期
	公元1192年	穆斯林征服德里
中国	公元618年—907年	唐朝
	公元960年—1279年	宋朝
日本	公元794年—1192年	平安时代
	公元1192年—1333年	镰仓幕府时代

回顾

印度

笈多王朝崩溃之后，印度当地各方势力争权夺利。公元8世纪初期，阿拉伯穆斯林进入印度，使得当地人开始信奉伊斯兰教。公元12世纪初，穆斯林成为统治阶层。

尽管如此，印度教仍是印度大部分地区的主流信仰，并最终让佛教黯然失色。公元13世纪，佛教在印度销声匿迹。

印度教教徒开始逐渐信仰吠陀神话中的男女诸神，并将梵天、毗湿奴和湿婆三大主神视为婆罗门不朽力量的化身。三位主神分别代表创造、保护和毁灭。青铜神像是宗教活动的核心要素。并且，印度教教徒将参拜神像视为与神沟通的一种形式。

作为印度流行的宗教文学，"往世书"不仅大量取自印度教早期的神话传说，而且引用了吠陀诗歌与印度两大史诗《摩诃婆罗多》和《罗摩衍那》。

在众多梵语诗歌中，肉欲是一个关键特征。

为了供奉诸神，印度神庙以佛寺大殿为参考，并如群山一样耸立在印度各地。正如中世纪大教堂一样，数百个高凸浮雕装饰在这些寺庙外立面。但人物多为裸体，并以色情的姿势紧紧相拥，象征了人和神圣爱情的结合。这与中世纪的宗教雕像截然不同。

印度单一的音乐传统主导着世俗和宗教音乐。无论是规定的旋律序列（拉格），还是节奏样式（塔拉），都与某种心情和情绪相关。同样，为了表示不同的心态，舞蹈艺术也规定了具体的手势和舞步。

中国

唐朝时期的中国是一个统一的中央集权国家，不仅在亚洲无与伦比，也让中世纪西方国家黯然失色。由于受到儒家传统的熏陶，并接受了文学经典的严格训练，唐代官员组成了中国知识分子的精英阶层。

作为中国佛教发展的黄金时期，唐朝不仅见证了佛教寺院和宗派的发展，而且促进了佛教塑像的普及。佛教寺庙和圣地使用木质悬臂支撑斜屋顶，这不仅能起到抗震作用，也让建筑十分雅致。

到了宋朝，人口迅速增长，农业生产力提高，以茶叶、丝绸和陶瓷为中心的商业贸易蓬勃发展。

中国通常能够巧妙运用自然原理生产省力设备。这些发明包括水磨、独轮车、马镫、铸铁技术、火药、活字印刷术和船尾舵等。

中国文学与音乐密切相关。戏剧和小说很受欢迎。唐宋诗人留下了无数诗歌。这些作品风格雅致，情感丰富。

中国人开创了独具一格的山水画：在绢帛卷轴和册页上，书画大师从宏观角度描绘自然环境，人类在伟大的自然面前显得微不足道。

在丝绸之路沿线，丝绸、瓷器与其他奢侈品的贸易为中国带来了财富和声望。

日本

公元8世纪，日本不仅接受了佛教信仰，而且吸收了来自中国的一切事物，包括汉字书写、文史记录、典章制度，以及中国艺术和建筑的基本原理。

在世界文学史上，第一部小说诞生于日本。紫式部所写的《源氏物语》，不仅讲述了平安宫廷中"光源氏"的故事，也揭示了源氏以及其他人物的心理活动。因此，该作品被称为世界上第一部心理小说。

佛教和神道教这两种信仰相互交织，形成了一个充满活力的混合体，从而能够适应当地众多的信仰和习俗。印度和东亚地区都接受了大乘佛教。寺庙里的佛像与罗汉像多为彩绘木雕，造型逼真。

武士文化始于镰仓幕府。作为一项封建传统，这种文化衍生出精良的武器、盔甲和宫廷肖像。

能剧作为日本的经典戏剧形式，其视觉艺术与文学内涵共同体现了日本人对精巧形式与美学效果的偏好。

术语表

头韵：一种文学修辞手法，指在两个连续音节或两个相邻词语中，作者会重复使用第一个音节。

半谐音：一种文学修辞手法，指两个词的元音发音相似，但辅音却并不相同。

米特那：印度教词语，表示男女热情相拥在一起的画面。

拉格：印度教的一种音乐模式或旋律形式。

塔拉：印度音乐中的一系列节奏准则。

侍：中世纪日本的武士贵族。